예술, 문학, 정신분석

예술, 문학, 정신분석

지크문트 프로이트 정장진 옮김

일러두기

1. 열린책들의 『프로이트 전집』 2020년 신판은 기존의 『프로이트 전집』(전15권, 제2판, 2003)을 다시 한 번 교열 대조하여 펴낸 것이다. 일부 작품은 전체를 재번역했다. 권별 구성은 제2판과 동일하다.
2. 번역 대본은 독일 피셔 출판사S. Fischer Verlag 간행의 『지크문트 프로이트 전집Sigmund Freud Gesammelte Werke』과 현재까지 발간된 프로이트 전집 가운데 가장 충실하고 권위 있는 전집으로 알려진 제임스 스트레이치James Strachey 편집의 『표준판 프로이트 전집The Standard Edition of the Complete Psychological Works of Sigmund Freud』을 사용했다. 그러나 각 권별 수록 내용은 프로이트 저술의 발간 연대기순을 따른 피셔판 『전집』이나 주제별 편집과 연대기적 편집을 절충한 『표준판 전집』보다는, 『표준판 전집』을 토대로 주제별로 다시 엮어 발간된 『펭귄판』을 참고했다.
3. 본 전집에는 프로이트의 주요 저술들이 모두 수록되어 있다. 다만, (1) 〈정신분석〉이란 용어가 채 구상되기 이전의 신경학에 관한 글과 초기의 저술, (2) 정신분석 치료 전문가들을 위한 치료 기법에 관한 글, (3) 개인 서신, (4) 서평이나 다른 저작물에 실린 서문 등은 제외했다. (이들 미수록 저작 중 일부는 열린책들에서 2005년 두 권의 별권으로 발행되었다.)
4. 논문이나 저서에 이어 ( ) 속에 표시한 연도는 각 저술의 최초 발간 시기를 나타내며, 집필 연도와 발간 연도가 다를 경우에는 [ ] 속에 집필 연도를 병기했다.
5. 주석의 경우, 프로이트 자신이 붙인 원주는 각주 뒤에 〈 — 원주〉라고 표시했으며, 옮긴이주는 별도 표시 없이 각주 처리했다.
6. 본문 중에 용어의 원어가 필요할 때는 독일어를 병기했다.

이 책은 실로 꿰매어 제본하는 정통적인 사철 방식으로 만들어졌습니다.
사철 방식으로 제본된 책은 오랫동안 보관해도 손상되지 않습니다.

차례

빌헬름 옌젠의 『그라디바』에 나타난 망상과 꿈

빌헬름 옌젠의『그라디바』에 나타난 망상과 꿈

Der Wahn und die Träume in W. Jensens Gradiva(1907[1906])

1906년 여름에 쓰인 이 글은『꿈의 해석』에 나오는『오이디푸스왕』과『햄릿』에 대한 평을 제외한다면 프로이트 최초의 문학 작품 분석서이다. 프로이트는 카를 융C. G. Jung을 통해 독일 북부 출신의 극작가이자 소설가인 빌헬름 옌젠Wilhelm Jensen(1837~1911)의 작품에 관심을 갖게 되었다.

프로이트는 옌젠의 작품에 나타난 폼페이의 역사적 운명(도시의 매몰과 유적 발굴)과 인간의 정신적 사건(억압에 의한 기억 상실과 분석에 의한 기억의 되살림) 사이의 유사 관계를 자세히 설명하고 있다.

이 논문은 1907년 헬러Heller에서 처음 출간되었으며, 1941년『전집Gesammelte Werke』제7권에 수록되었다. 영어 번역본은 1917년 다우니H. M. Downey가 번역하여 Delusion and Dream이라는 제목으로 뉴욕에서 출간되었으며, 1921년에는 런던에서 출간되었다. 또한 1959년에는『표준판 전집The Standard Edition of the Complete Psychological Works of Sigmund Freud』제9권에 수록되었다.

1

이 글을 쓰고 있는 내 노력에 의해 꿈의 중요한 비밀들이 밝혀졌다고 평가하는 사람들이 모인 한 서클에서 어느 날, 우리가 꿈 속에서 꾼 것이 아니라 작가들에 의해 창작되고 소설이라는 울타리 속에서 상상의 인물들이 꾼 것으로 간주되는 꿈이 문제가 된 적이 있었다.

이런 유형의 꿈을 살펴보고자 하는 기획은 놀라움을 줄 수도 있고, 또 한가한 일인 것처럼 보일 수도 있다. 그런데 어떤 각도에서 보면 정당한 것으로 볼 수도 있을 것이다. 전체적으로 볼 때 사람들은 꿈이 의미를 갖고 있고 해석될 수 있다는 사실을 전혀 믿지 않는다. 꿈을 해석해 보라는 요구를 받으면 학문하는 사람들과 대부분의 양식 있는 사람들은 미소를 지을 것이다. 고대인들의 신앙을 계승하면서 미신을 믿는 민중들만이 꿈이 해석될 수 있다는 가능성을 포기하지 않을 것이고, 『꿈의 해석』의 저자인 나도 엄밀한 학문의 반대를 무릅쓰고 감히 고대인들과 미신의 편을 든 적이 있다. 나는 분명히 말하건대 꿈속에서, 사람들이 시대를 막론하고 모든 정당치 못한 수단을 동원해 알고 싶어 했던 미래에 대한 예언 같은 것을 얻으려고 하는 것이 아니다. 그러나 꿈과 미래의 관련성을 완전히 부정할 수는 없을 것이다. 왜냐하면 힘든 해석 작업을 끝내고 나면, 꿈이 꿈꾸는 자의 〈충족된 욕망〉을 나타낸다는 것을 알 수 있기 때문인데, 사실 일반적으로 말해 욕망이라는 것이 무엇보다도 미래의 문제에 관한 것이라는 사실을 누가 부인할 수 있겠는가?

나는 방금 위에서 꿈은 충족된 욕망이라고 말했다. 두려워하지 않고 어려운 책을 읽어 나가는 사람과, 정확성과 진실을 희생하더라도 노력을 줄이기 위해서는 아무리 복잡한 문제라도 간단하고 쉽게 이야기되어야 한다고 주장하지 않는 사람이라면 아마도 내가 쓴 『꿈의 해석』 속에서 위 명제에 대한 풍부한 증거들을 찾을 수 있을 것이고, 또 그럼으로써 꿈은 곧 욕망의 충족이라는 사실에 반대해서 그 자신이 이제까지 가지고 있었던 여러 반대 의견을 제거할 수 있을 것이다.

우리의 짐작이 많이 앞섰는지도 모른다. 지금은 결코 꿈의 의미가 모든 경우에 욕망의 충족으로 해석될 수 있는지, 아니면 그것이 불안한 기다림, 어떤 계획, 깊은 생각 등 다른 것들을 같은 빈도로 나타내는지 따위를 따질 수 있는 계제가 아닌 것이다. 지금 문제가 되어야 하는 것은 오히려 꿈이 의미를 갖고 있는지, 그래서 꿈에 정신 현상으로서의 가치를 부여할 수 있는지 여부를 따지는 것이다. 과학은 이러한 의문에 부정적인 답을 할 것이고, 꿈꾸는 행위를 순수하게 심리적인 현상으로 간주할 것이다. 따라서 과학은 심리적 현상의 배후에서 어떤 뜻이나 의미나 의도를 찾을 필요가 없다고 말하는 것이다. 잠을 자는 동안 육체에 가해지는 자극들이 심리적 기관에 영향을 미쳐서 의식으로 하여금 정신적 일관성이 없는 이러저러한 표현들을 하도록 한다는 것이다. 꿈이란 단지 경련에 지나지 않고, 따라서 정신 현상이 표현되는 움직임들과는 결코 비교될 수 없다는 것이다.

그런데 꿈의 가치를 논하는 이러한 논쟁에서, 작가들은 고대인들, 미신을 믿는 일반 민중들, 그리고 『꿈의 해석』을 쓴 나와 같은 편에 서 있는 것 같다. 왜냐하면 작가들이 상상력으로 만들어 낸 인물들에게 꿈을 꾸게 할 때, 그들은 인간의 생각과 감정들이 꿈속에서도 계속된다는 일상적인 경험을 따르고 있는 것이고, 인물들이 꾸는 꿈을 통해 그들의 정신 상태를 묘사하기 때문이다. 그런데 작가들은 나를 도와줄 수 있는 누구보다도 귀한 원군이라고 할 수 있으며, 그들의 증언은 매우 높게 평가해야 할 것이다. 왜냐하면 작가들은 우리가 학교에서 배운 보잘것없는 지식으로는 미처 생각하지도 못했던 하늘과 땅 사이에서 일어나는 수많은 것들을 알고 있기 때문이다. 그들은 우리 같은 보통 사람들보다 훨씬 앞서 있는 사람들인데, 특히 심리적인 문제에 있어서 그렇다. 왜냐하면 그들은 우리가 탐구를 시작하지도 못한 영역을 창작의 원천으로 삼고 있기 때문이다. 그러나 꿈이 본성상 뭔가를 의미한다는 사실을 편드는 이 작가들의 입장이 조금만 더 분명했으면 하는 바람이 없는 것은 아니니 안타깝기만 한 것이다! 그래서 좀 더 세련된 어떤 이들은 작가는 꿈의 정신적 의미를 옹호하지도 거부하지도 않는다고 이의를 제기한다. 작가는 사람이 잠을 잘 때, 그의 의식 안에서 여전히 활동하고 있는 자극들이 잠들기 전에 남은 마지막 여파로 어떻게 잠든 의식 속에서도 활동하는지를 지적할 뿐이라는 것이다.

그러나 이런 냉정한 확인이 있다고 해도 작가들이 꿈을 사용하는 방식에 대한 우리의 관심이 약화되는 것은 결코 아니다. 비록 이런 연구가 꿈의 본질에 대해서는 새로운 것을 가르쳐 주지 않는다고 해도 우리는 이런 연구를 통해 문학 창조의 본성에 대해서는 작은 지식이나마 얻을 수 있을 것이다. 우리가 꾸는 꿈 자체가 이미 무질서하고 혼란스러운 창조라고 할 수 있는데, 그것을 다시 재창조한다면 뭐라 달리 할 말이 있을 것인가! 그러나 정신 현상에는 우리가 통상적으로 생각하는 것보다는 그렇게 많은 자유와 임의성이 있지 않다. 어쩌면 자유와 임의성이 전혀 없는지도 모른다. 우리가 흔히 우연이라고 생각하는 세상사들이 일정한 법칙에 따라 일어나고 있는 것들임이 드러나는 경우가 많다. 정신 현상에서도 아직은 비록 어렴풋하게 느낄 수 있을 뿐이지만 임의적이라고 여기고 있는 것이란 없다. 그것은 늘 일정한 법칙들에 의존한다. 자, 이제 이 점을 좀 더 자세히 살펴보도록 하자.

이러한 연구를 위해서는 두 가지 길이 있을 것이다. 한 문학 작품을 골라 이 개별적인 사례를 집중적으로 살펴보는 것이 한 방법일 수 있겠고, 두 번째는 여러 작가의 작품 속에 나타나는 모든 꿈들을 모아 상호 비교해 보는 것이다. 두 번째가 훨씬 좋은 방법이고 어쩌면 유일하게 정당한 방법일 것이다. 왜냐하면 여러 작가를 단일한 그룹으로 간주할 때 생기는 문제점들을 피할 수 있기 때문이다. 조금만 자세히 들여다보면 똑같이 꿈을 다루는 작가들이라고 해도 그들 사이에는 다양한 질적 차이가 존재한다는 것을 알 수 있다. 우리가 경의를 표하고 싶은 작가가 있고, 나아가서는 인간의 영혼에 대한 가장 깊은 이해를 갖고 있는 작가를 만날 수도 있다. 그러나 우리는 첫 번째 방법을 택하기로 했다.

앞에서 밝혔듯이 나는 어떤 모임에 참석했다가 이런 글을 써보고 싶은 마음을 갖게 되었는데, 그 모임에서 내 저서인 『꿈의 해석』의 방법대로 해석해 보고 싶을 정도로 실제의 꿈과 많은 유사점들을 갖고 있는 문학 작품을 읽었다는 한 인사를 만난 적이 있다.[1] 그의 말에 따르면, 자신이 그 작은 소설을 읽으면서 흥미를

1 프로이트가 명시적으로 이름을 밝히지는 않았지만, 그가 만났다는 사람은 융

느낄 수 있었던 것은 거의 전적으로 소설의 주제와 배경 때문이었다고 하는데, 왜냐하면 폼페이에서 전개되는 이 소설은 인생에 흥미를 느끼지 못한 채 고대의 유적에만 몰두해 있다가 다시 현재의 삶으로 돌아오는 한 젊은 고고학자의 이야기를 다루고 있기 때문이라고 했다. 이 젊은 고고학자가 다시 현재의 인생에 관심을 갖게 되는 과정이 매우 독특하면서도 동시에 완벽하게 논리적이었던 것이다. 이 시적인 주제를 다루고 있는 소설을 읽는 동안, 그는 줄곧 소설 속의 꿈이 실제의 꿈을 움직이는 논리를 거의 그대로 따르고 있다는 느낌을 받았다는 것이다. 소설은 빌헬름 옌젠의 『그라디바』라는 작품인데, 작가 스스로 〈폼페이 환상곡〉이라는 부제를 붙여 놓았다.

독자들에게 이제 나는 이 글을 잠시 옆에 놓아두고 1903년에 출간된 소설 『그라디바』를 먼저 읽어 보라고 권하고 싶다. 나는 앞으로 이 소설을 자주 인용할 것이기 때문이다. 이미 소설을 읽은 독자들의 기억을 되살리기 위해서 간략하게 줄거리를 요약해 보겠다. 독자들은 기억을 되살려 내면서 요약하게 되면 사라질지도 모르는 작품의 매력을 되찾게 되기를 바란다.

한 젊은 고고학자 노르베르트 하놀트는 로마의 한 박물관에서 부조 한 점을 발견한다. 이 부조가 너무나 마음에 들었던 그는 모조품을 손에 넣게 되자 너무나도 기뻐 자신의 서재에 그것을 걸어 둔다. 독일의 한 작은 대학 도시에 있는 이 부조에는 한 젊은 여인이 조각되어 있었다. 걷고 있는 모습이었는데, 주름이 많은 옷을 약간 들어 올린 채 샌들을 신은 두 발을 드러내 놓고 있었다. 한쪽 발은 완전히 땅에 닿아 있었고 뒤따라오는 발은 발끝만 닿을 가리킨다.

아 있었을 뿐 발바닥과 뒤꿈치는 거의 수직으로 세워져 있었다. 이렇게 매력적으로 묘사된 흔치 않은 걸음걸이가 아마도 그 옛날 부조를 조각한 예술가의 주목을 끌었던 것 같았고, 엄청난 세월이 흐른 뒤 한 젊은 고고학자의 눈에 들어온 것이다.

방금 언급한 부조에 대한 소설 주인공의 관심은 작품의 심리적 전개에 근간을 이루고 있다. 따라서 단번에 설명할 수는 없다. 〈고고학 박사이자 대학교수이기도 했던 노르베르트 하놀트는 그가 가르치고 있는 학문의 관점에서 볼 때 이 부조에서 특별히 주목할 만한 것을 발견하지는 못했다.〉〈그 조각이 유난히 그의 마음을 끌었던 이유가 설명되지는 않았다. 그가 알 수 있었던 것은 단지 뭔가가 그의 마음을 움직였고, 처음에 받았던 그 인상이 그때 이후로 변하지 않은 채 그대로 남아 있다는 것뿐이었다.〉 그사이 그의 상상력은 끊임없이 부조에 나타난 모습에 매달린다. 그는 마치 옛날의 조각가가 길거리에 나가 〈현장에서〉 직접 모습을 포착한 것 같다는 상상을 하며 조각 작품에서 뭔가 〈현재의 것〉을 느끼게 된다. 그는 조각 속의 처녀에게 〈걷고 있는 여인〉이라는 뜻의 〈그라디바〉라는 이름을 붙인다. 그의 생각으로는 그녀가 한 귀족 가문의 딸이고, 어쩌면 〈풍요의 여신을 위해 일하면서 수리 시설을 담당하는 귀족의 딸〉일 것만 같았다. 그녀는 지금 여신을 모시는 신전을 향해 걸어가고 있는 중이었다. 그는 그렇게 조용하고 평온한 걸음걸이로 여인이 소란스러운 대도시를 걷고 있었다고 생각하니 왠지 싫었고, 마침내 그의 상상은 여인을 폼페이로 인도해 간다. 그녀는 비가 오는 날 발을 적시지 않고 길을 갈 수 있도록, 또 마차들이 쉽게 지나다닐 수 있도록 하기 위해 이제 막 깔아 놓은 납작한 포석 위를 걸어간다. 상상 속에 나타난 그녀의 얼굴은 그리스풍이다. 그녀가 그리스 여인이라는 것은 의심할 여지가 없다. 그는 이렇게 상상 속에서 자신의 모든 고고학 지식을 동원해 부조에 새겨진 여인과 관계된 자신의 모든 환상을 점점 더 사실로 믿고 있었다.

이때 젊은 고고학자에게 한 가지 의문이 떠올랐고, 어떤 식으로든지 답을 찾아야만 했다. 이 의문은 적어도 그의 생각으로는 학문적인 것이었다. 즉 〈조각가가 그라디바의 걸음걸이를 묘사하면서 실재 모델의 걸음걸이를 보고 그대로 모방했는지 아닌지〉를 알아보아야만 했다. 그 자신은 아무래도 그런 걸음걸이를 흉내낼 수 없었다. 그는 곧 이런 걸음걸이가 실재하는지 알아보기 위해서는 〈직접 사람들을 관찰하면 되겠다〉고 생각했다. 하지만 그러자면 그에게는 전혀 어울리지 않는 행동들을 해야만 했다. 〈그때까지 하놀트에게 여자란 대리석이나 청동으로 만든 조각 작품에 지나지 않았고, 길거리를 지나가는 어떤 여성에게도 단 한 번 주의를 기울인 적이 없었다.〉 그는 불가피한 사회적 의무를 항상 성가신 일로 여겼다. 여자들을 만나는 일이 있더라도 거의 이야기를 나누지 않았기 때문에 나중에 길거리 같은 곳에서 우연히 만나더라도 인사할 수가 없었고, 이런 이유로 그는 평판이 좋지 않았다. 하지만 이제 학문적 목적에서 여자들을 관찰해야만 했던 그는 날씨가 맑은 날은 물론이고, 특히 비가 오는 날에 길거리로 나가 여자들을 유심히 관찰해야 했다. 이런 그의 행동은 대부분의 여자들을 화나게 했지만, 간혹 유혹하는 듯한 몸짓을 보이는 여자들도 있었다. 〈그러나 어떤 경우든 그가 찾고 있는 걸음걸이를 볼 수는 없었다.〉 그는 그라디바의 걸음걸이를 현실에서 찾을 수 없다는 결론을 내리게 되었고, 낙담할 정도로 마음이 상했다.

얼마 후 그는 베수비오 화산이 폭발하던 그날, 현장에서 도시가 멸망하는 것을 목격하는 악몽을 꾸게 된다.

그는 주피터 신전 인근의 포룸에 있었는데, 그때 얼마 떨어지지 않은 곳에서 그라디바가 걸어가는 것이 언뜻 보였다. 그때까지 이런 장소에 그라디바가 있으리라는 생각을 전혀 할 수 없었던 그였지만, 그녀를 보자 문득 폼페이인인 그녀가 자신의 고향에 있는 것이 지극히 당연한 일이라는 것을 알았다. 그러나 그는 〈그녀가 자신과 같은 시대에 살고 있다는 사실은 전혀 생각하지 못하고 있었다〉.

젊은 여인을 기다리고 있는 재앙에 생각이 미치자 그는 놀라서 고함을 쳤고, 이 소리에 평온한 걸음걸이로 길을 가던 그라디바는 소리 나는 쪽으로 고개를 돌렸다. 그러나 그녀는 다시 발걸음을 옮겼고, 신전의 열주 회랑에 도착한 그녀는 계단에 앉아 천천히 머리를 기댄 채 몸을 눕히고 있었다. 그녀의 얼굴은 서서히 백색 대리석처럼 하얗게 변해 갔다. 그녀를 향해 달려갔을 때, 그녀는 마치 화산재가 비 오듯 쏟아질 때까지 잠을 자겠다는 듯이 평온한 표정으로 계단 위에 길게 누워 있었다.
잠에서 깨어났을 때 그의 귀에는 여전히 살려 달라고 외치는 사람들의 아우성 소리와 으르렁거리는 파도 소리가 들리는 것만 같았다. 다시 감각을 되찾았고 그를 깨웠던 주위의 소음을 알아들을 수 있었지만, 그래도 그는 여전히 그가 꿈속에서 보았던 것들이 현실처럼 느껴졌다. 마침내 자기가 2천 년 전에 일어난 폼페이 멸망의 현장에 있었다는 생각에서 벗어날 수는 있었지만, 그라디바가 폼페이 여인이고 79년에 그곳에서 매몰되어 죽었다는 생각은 떨쳐 버릴 수가 없었다. 그라디바에 관련된 그의 환상은 그가 꾼 꿈의 영향을 받아 계속되었고, 그는 마치 사랑하는 여인을 잃은 것 같은 극심한 상실감에 빠지기 시작했다.

이런 생각에 사로잡힌 채 창문에 기대어 있던 그는 문득 정면으로 보이는 집의 창문에 걸린 새장 속에서 카나리아가 울고 있는 것을 보게 된다. 그때까지도 완전히 꿈에서 깨어나지 못했던 그는 갑자기 온몸이 떨리는 것을 느꼈다. 길거리에서 그라디바와 흡사한 여인을 본 것만 같았고, 특히 그 여인이 특이한 그녀의 걸음걸이를 갖고 있는 것만 같았던 것이다. 앞뒤 생각할 겨를도 없이 그는 그 여인을 뒤쫓기 위해 거리로 달려 나갔다. 잠자리에서 막 일어난 사람의 옷차림을 하고 있던 그는 사람들의 웃음소리에 정신이 들어 급히 집으로 돌아왔다. 방에 돌아온 그는 계속해서 카나리아를 보면서 자신이 카나리아를 닮았다는 생각을 하게 된다. 자신도 새장에 갇혀 있는 것 같았다. 하지만 새장에서 빠져나가기는 자신이 새보다 훨씬 용이할 것 같았다. 꿈이 계속되고 있었던 것일까, 아니면 따스한 봄바람 때문이었을까? 이탈리아로 봄 여행을 떠나자는 생각이 그의 가슴속에서 문득 고개를 들었다. 비록 〈불현듯 여행을 떠나겠다는 생각이 찾아온 것이고, 또 그 비밀스러운 이유도 정확하지는 않았지만〉 그는 서둘러 여행을 정당화하기 위한 학문적인 이유를 찾고 있었다.

여기서 잠시 이 이유가 불분명한 여행에 대해 알아보면서 주인공의 성격과 행동을 좀 더 자세히 살펴보도록 하자. 우리가 보기에 주인공은 합리적이지도 못할 뿐만 아니라 이해할 수 없는 성격의 소유자이기도 하다. 그의 특이한 광기가 어떤 방식으로 우리 모두의 공감을 불러일으키는지 우리로서는 알 길이 없다. 이러한 불분명한 상태에 우리를 방치해 놓는 것은 작가의 특권인지도 모른다. 작가에 대해서는 신뢰를 보내고 주인공에 대해서는 공감할 준비가 되어 있는 우리 독자들에게 돌아오는 보상이라면 작가의 아름다운 언어와 그의 상상력이 제공하는 행복을 들 수 있겠다. 주인공에 대해 작가는 그가 가족의 전통에 따라 고고학을 하게 되었다는 정보를 주고 있다. 주인공은 독립된 것이기는 하지만 완전히 고립된 생활을 하면서 고고학에 몰두했고, 생활의 모든 쾌락을 등지고 있었다. 그에게는 대리석과 청동 조각들만이 진정으로 살아 있는 것으로 보였고, 오직 그것들만이 삶의 목표이자 가치였다. 그런데 이런 주인공을 가엾게 여긴 자연의 신이 주인공의 핏속에 그의 학문과는 전혀 어울리지 않는 대단한 상상력을 주입한 결과, 그는 꿈속에서만이 아니라 반쯤 잠이 깬 상태에서도 상상의 여행을 하고 있다. 상상력과 지적 능력이 전혀 별개의 독립된 세계를 형성하고 있는 주인공은 시인이 되도록 태어난 사람이거나, 아니면 신경증 환자가 될 수도 있는 사람이다. 그는 이 세상에 자신의 왕국을 갖고 있지 않은 사람들 중 하나였다. 이런 이유로 그는 조각에 묘사된 걸음걸이가 특이한 여인에게 그토록 애착을 느낄 수 있었던 것이다. 이 여인을 중심으로 그는 자신의 여러 공상을 펼쳐 나간다. 이름도 지어 주고 가문도 상상해 낸다. 상상 속에서 만들어 낸 인물을 1천8백 년 전 땅속에 파묻힌 폼페이로 데려가기도 하고, 이상하기만 한 꿈을 꾸면서부터는 그라디바라는 이름을 가진 이 여인의 삶과 실종을 현실로 믿는 망상에 사로잡히기도 한다. 이 망상은 그의 행동을 결정하게 된다. 이렇게 작가가 상상해 낸 것들을 우리가 현실에서 그대로 만난다면 이상하고도 이해하기 힘든 행동들로만 느껴질 것이다. 주인공 노르베르트 하놀트는 작가가 만들어 낸 상상의 인물이기 때문에, 우리는 소설가에게 조심스러운 어조로 오직 상상력만으로 이런 인물을 만들 수 있었는지, 아니면 다른 어떤 힘이 있었는지 묻고 싶어지는 것이다.

주인공이 카나리아의 지저귀는 소리를 듣고 이탈리아로 목적이 불분명한 여행을 떠나려 할 때 우리는 잠시 소설을 떠났다. 그가 목적지도 정하지 않고 여행 목적도 없었다는 것을 독자들은 알게 된다. 불안과 욕구 불만에 쫓겨 그는 로마에서 나폴리로 이동한 다음, 나폴리에서 다음 장소로 간다. 그는 떼를 지어 몰려다니는 신혼부부들을 우연히 만나게 되고, 어쩔 수 없이 수많은 〈아우구스트〉와 〈그레테〉 들에게 신경을 써야만 한다. 신혼부부들은 언제나 다정한 남편들과 사랑스러운 아내들이다. 문득 신혼부부들의 행동이 주인공에게는 도저히 이해할 수 없는 것으로 느껴진다. 주인공은 마침내 다음과 같은 결론을 내린다. 〈결혼은 인간의 모든 어리석은 행동들 중에서도 가장 크고 도저히 생각할 수 없는 실수로서 첫 번째 자리를 차지하고 있다. 따라서 이탈리아로 말도 안 되는 신혼여행이라는 것을 떠나는 인간들에게 우행상(愚行賞)이라도 수여해야 할 것 같았다.〉 옆방에 든 신혼부부들 때문에 잠을 설친 주인공은 로마를 떠나 나폴리로 향하지만, 그곳에서도 신혼부부들을 만난다. 신혼부부들이 나누는 이야기를 엿들은 결과, 이 다정한 〈잉꼬들〉이 폼페이의 폐허를 보고 싶어 하지 않는다는 것을 알게 되자, 주인공은 그들과 반대로 행동하기로 마음먹는다. 출발한 지 얼마 안 되어, 〈처음 예상과는 달리 이렇게 해서 노르베르트 하놀트는 꼭 그럴 의도가 없었으면서도〉 폼페이에 발을 들여놓게 된다.

그러나 폼페이에서도 그는 원했던 평온을 얻지 못한다. 그때까지 그의 생각을 방해하고 정신을 산란하게 했던 신혼부부들 대신 폼페이에서는 이제 파리 떼들이 그를 괴롭힌다. 그의 눈에는 파리 떼들이야말로 절대 악의 화신이자 자연 만물 중에서 가장 무용한 피조물이었다. 이렇게 해서 신혼부부들과 파리 떼들은 우리의 주인공에게 악령의 화신처럼 느껴지고, 결국은 한 종류의 악으로만 보이게 된다. 파리 떼를 만나면 그의 머릿속에서는 신혼부부들이 연상되었고, 파리 부부들도 신혼부부들처럼 〈사랑하는 아우구스트〉, 〈사랑하는 그레테〉 하며 이야기를 나누는 것만 같았다. 그러던 어느 날, 그는 〈자신이 느끼고 있는 욕구 불만이 반드시 주위 환경 때문에 생긴 것만이 아니라 부분적으로는 자신의 내부에도 그 원인이 있다〉는 사실을 알게 된다. 〈무엇인지는 말할 수 없었지만 뭔가 한 가지 중요한 것이 그에게 부족했기 때문에 그의 기분이 그토록 좋지 않았던 것〉이라는 생각이 든 것이다.

다음 날 아침 그는 폼페이 유적지로 갔고, 안내인과 헤어진 후 발길 닿는 대로 시가지를 이리저리 배회한다. 이상하게도 그는 자신이 얼마 전에 꿈속에서 폼페이의 멸망을 지켜보았음에도 불구하고 이 사실을 기억하지 못한다. 고대인들에게는 유령의 시간으로 알려져 있던 〈뜨겁고 거룩한〉 정오가 되자 다른 관광객들은 모두 자리를 떴고, 홀로 남은 그의 눈앞에 인적이 끊긴 폐허만이 햇빛 속에 펼쳐져 있었다. 고고학자였음에도 불구하고 그는 다시 이 흙 속에 파묻힌 생명에 대해 몽상을 한다.

학문이 가르쳐 주는 것은 죽은 것만 보도록 하는 고고학적인 관점이고, 그의 입을 통해서 나오는 모든 소리는 철학자들의 죽은 언어다. 이 모든 것들은 인간이 영혼과 감정과 가슴으로 생각하는 것을 도와주지 못한다. 이 욕망, 그것을 어떻게 불러야 할지 잘 모르겠으나, 이 욕망을 지니고 있는 자는 이곳으로 와야만 한다. 정오의 그 불타는 적요(寂寥) 속에서 유일하게 숨쉬고 있는 생명, 그대는 이곳으로 와 몸의 눈을 버리고, 육체의 귀를 버려야 할 것이다. 그때 (……) 죽은 자들은 잠에서 깨어나리라. 폼페이는 다시 살아나는 것이다.

상상 속에서 이렇게 과거를 되살리고 있던 그의 눈앞에 갑자기 부조 속에 있던 그라디바가 나타난다. 그녀는 어떤 집에서 나와 가벼운 발걸음으로 용암석으로 된 포석을 밟으며 길 건너편으로 가고 있었다. 그녀는 꿈속에서 아폴론 신전의 계단 위에 잠을 자듯 누워 있던 그날 밤의 모습 그대로였다.

이 기억이 떠오르자 뭔가가 어렴풋이 그에게 느껴졌고, 그는 처음으로 그것이 무엇인지를 깨달았다. 무엇이 자신으로 하여금 여행을 떠나도록 부추겼는지도 전혀 모른 채 그는 이탈리아 여행길에 올랐고, 또 로마와 나폴리에 머물지 않고 폼페이까지 내쳐 내려오고 말았는데. 그랬다. 이 모든 것은 그라디바의 흔적을 찾기 위해서였다. 말 그대로 그가 찾으려고 했던 것은 흔적이었다. 독특한 걸음걸이를 갖고 있던 그녀는 화산재 위에 다른 사람들의 발자국과 섞여 있더라도 쉽게 알아볼 수 있는 그 발가락들이 닿았던 흔적을 남겨 놓았을 것이기 때문이다.

이제까지 작가가 유지해 오던 긴장감은 이 대목에서 잠시 우리를 당혹케 할 정도로 이완되고 만다. 주인공이 정신의 균형을 잃어버린 것은 물론이고, 우리들 역시 돌로 된 부조와 오직 공상 속에서만 모습을 보이던 그라디바가 살아 있는 인물처럼 눈앞에 나타났을 때, 이를 어떻게 받아들여야 할지 모르게 된 것이다. 망상에 사로잡힌 주인공의 환각인지, 정말로 유령인지, 아니면 살아 있는 사람을 본 것인지 종잡을 수가 없는 것이다. 여러 가지 가정을 해볼 수는 있겠지만 그렇다고 유령들을 믿을 필요까지는 없을 것이다. 어쨌든 작가는 독자들을 과학이 지배하고 있는 따분한 현실 세계로 인도할 것인지, 아니면 유령과 혼백들이 실제로 살아 움직이는 환상의 세계로 인도할 것인지 설명할 기회를 아직 갖지 못했다. 상황은 이렇게 불분명하지만 우리는 『햄릿』과 『맥베스』의 예들이 보여 주는 것처럼 이미 환상의 세계를 따라갈 준비가 되어 있다. 이 경우 우리는 상상력이 풍부한 고고학자의 망상이 어떤 것인지 좀 더 자세히 살펴보기 위해서 몇 가지 다른 기준을 세워야 할 것이다. 마찬가지로 고대의 부조와 똑같은 모습을 한 여인이 실제로 살아서 움직인다는 것이 얼마나 터무니없는 생각인지를 고려한다면, 우리가 할 수 있는 가정은 두 가지로 좁혀질 수밖에 없다. 주인공이 본 것은 환영이든, 아니면 정오에 나타난다는 유령이든 두 경우 중 하나인 것이다. 그런데 한 구절의 묘사로 첫 번째 가정은 일찌감치 제거된다. 몸집이 큰 도마뱀 한 마리가 햇볕 속에 길게 누워 있다가 그라디바가 가까이 다가가자 길을 건너 돌 틈 사이로 사라진 것이다. 따라서 주인공이 본 것을 환영이라고 할 수는 없다. 꿈을 꾸고 있는 듯한 주인공의 감각을 떠난 외부에 뭔가가 있었던 것이다. 그런데 만일 〈다시 살아나〉 피와 살을 가진 사람처럼 그라디바가 왔다 갔다 했다고 하더라도 도마뱀이 정말로 도망갔을까?

멜레아그로스의 집 앞에서 그라디바는 모습을 감춘다. 망상에 빠져 있던 노르베르트 하놀트는 자신의 주위에 있는 모든 것들이 유령의 시간인 정오에 다시 살아나고, 또 그렇게 다시 살아난 그라디바가 79년 8월 운명의 날이 닥쳐오기 이전에 그녀가 살았던 집으로 들어간다고 생각한다. 망상이기 때문에 이것은 결코 놀라운 일이 아닐 수도 있다. 집에 살았던 멜레아그로스라는 사람과 그라디바의 관계를 생각하며 주인공이 상상해 내는 기묘한 가정들은 그의 고고학적 지식들이 망상을 북돋우기 위해 사용되고 있다는 것을 일러 준다. 집 안으로 들어간 노르베르트는 두 번째로 그라디바를 만난다. 그녀는 노란색의 두 기둥 사이에 있는 낮은 계단 위에 앉아 있었다. 〈두 무릎 위에는 뭔지 알 수 없는 흰 것이 놓여 있었는데, 파피루스처럼 보였고…….〉 그녀의 국적과 관련된 자신의 마지막 가정대로 그는 그라디바에게 그리스어로 말을 건넸고, 부조에 새겨진 모습 그대로인 그녀에게 말을 하는 능력이 있는지 없는지 조마조마해하며 답을 기다렸다. 그녀가 대답을 하지 않자, 이번에는 라틴어로 물었다. 그러자 그녀는 미소를 지으며 입을 열었다. 〈나와 말을 하고 싶으시다면 독일어로 하셔야 합니다.〉

이것은 독자들의 입장에서는 하나의 모욕이다. 작가는 이렇게 우리 독자들을 조롱하면서 폼페이의 불도가니 같은 햇볕 속으로 인도해 가듯이 주인공의 망상 속으로 독자들을 끌고 들어가 정오의 태양에 취해 있는 불행한 주인공에 대해 더욱 관대한 생각을 갖게 한다. 잠시 동안 혼란에 빠지기는 했지만, 이때부터 우리는 그라디바가 실존하는 젊은 독일 아가씨라는 것을 알게 되는데, 이 가정은 너무나도 개연성이 희박해 고려조차 하지 않았다. 주인공의 망상을 굽어볼 수 있는 높은 곳에 자리를 잡고 있는 우리는 이 젊은 아가씨와 돌에 새겨진 아가씨 사이에 어떤 관련이 있는지, 어떻게 해서 망상에 사로잡힌 젊은 고고학자가 그라디바의 실존을 믿게 되었는지 궁금해진다.

어쨌든 주인공은 우리만큼 빨리 자신의 망상을 깨닫지 못한다. 왜냐하면 작가의 말에 따르면 〈어떤 믿음을 가짐으로써 인간이 행복해진다면, 그 믿음은 있을 법하지 않은 다른 일들을 그 종류와 양에 관계없이 하나의 전체로 믿게 하는 것이다.〉게다가 주인공의 망상은 우리로서는 알 수도 없고 우리 가슴속에는 있지도 않은, 오직 그의 마음속 깊은 곳에만 뿌리를 두고 있는 망상 같기도 하다. 그가 망상을 버리고 다시 현실로 돌아오기 위해서는 강력한 치료가 필요했을지도 모른다. 그러나 당장은 자신의 망상을 방금 그가 겪은 신비한 체험에 일치시킬 수 있을 뿐이다. 폼페이가 땅에 묻힐 때 함께 죽었던 그라디바가 그가 보기에는 영혼이 다시 살아난다는 그 짧은 시간 동안 다른 영혼들과 함께 다시 살아난 것이 틀림없었던 것이다. 그렇다면 왜 그는 그라디바가 독일어로 한 대답을 들은 후에 이렇게 말했을까? 〈당신이 이런 목소리를 갖고 있을 줄 나는 확신하고 있었소.〉우리만 이런 질문을 하지는 않을 것이다. 젊은 아가씨 역시 같은 질문을 해야 했다. 하놀트는 아무리 생각해 봐도 이런 목소리를 전에는 들은 적이 없었다. 하지만 꿈속에서 이 목소리를 듣고 싶어 했던 적이 있었다. 그가 신전의 계단 위에 누워 있는 그라디바를 향해 소리를 쳤을 때였다. 다시 그렇게 해보라고 그라디바에게 부탁하지만, 그녀는 몸을 일으키면서 매서운 시선으로 그를 한 번 쏘아본 후에 마당에 있는 기둥들 사이로 사라지고 만다. 그녀가 사라지기 직전에 아름다운 나비 한 마리가 몇 번 그녀의 주위를 맴돌았다. 나비를 두고 고고학자는 죽은 자를 다시 지옥으로 소환하러 온 하데스의 전령이라고 해석한다. 왜냐하면 이미 영혼들의 시간이라는 정오가 지났기 때문이다. 하놀트는 사라지는 아가씨에게 소리친다. 〈내일 정오에 다시 이곳에 올 거요?〉우리는 비속한 해석을 할 수도 있는데, 어쨌든 하놀트가 어떤 꿈을 꾸었는지 알지 못하는 젊은 아가씨로서는 그의 질문에 왠지 기분이 상해 자리를 떴던 것이다. 하놀트는 자신이 꾸었던 꿈으로 인해 그런 요구를 할 수밖에 없었는데, 이런 요구가 갖고 있는 에로틱한 성격을 그녀는 감지하지 못했던 것일까?

그라디바가 사라지고 난 이후 호텔로 돌아온 주인공은 디오메데스 호텔과 스위스 호텔의 식탁에 앉아 밥을 먹고 있는 모든 손님들을 살펴보지만, 폼페이에서 그가 알고 있는 이 유일한 두 호텔에서는 아무리 찾아보아도 그라디바를 조금이라도 닮은 사람을 찾을 수 없다는 것을 그 또한 모르지는 않았다. 두 호텔 중 어느 곳에서 그라디바를 정말로 만날 수 있다는 희망이 어처구니없는 생각이라는 것을 그도 알고 있었기 때문에 그런 희망을 일찌감치 포기했던 것이다. 베수비오의 뜨거운 대지에서 자란 포도로 빚은 포도주 때문에 그는 낮에 한층 더 현기증을 느꼈을 것이다.

다음 날 어떤 일이 일어날지는 불확실했지만, 하놀트가 정오에 멜레아그로스의 집에 있으리라는 것만은 확실했다. 이 시간을 기다리면서 그는 금지된 길인 옛 성벽을 넘어서 폼페이로 들어간다. 은방울같이 생긴 꽃들을 줄줄이 달고 있는 수선화가 지옥의 꽃답게 상징적인 의미를 듬뿍 갖고 있는 것 같아서 그는 한 줄기 꺾어든다. 그러나 시간을 보내고 있던 사이 그는 문득 자신이 고대에 관해 알고 있는 모든 지식이 세상에서 가장 무용하고 무가치하다는 느낌을 받게 된다. 그는 전혀 다른 문제에 봉착해 있었던 것이다. 그 문제란 〈죽었으면서도 동시에 살아 있는 한 인간의 외관이란 도대체 어떻게 생긴 것인지를 밝혀내는 것이었다. 특히 유령들이 출몰하기 좋은 정오의 시간에만 살아나서 움직이는 인간이 문제였던 것이다〉. 그는 동시에 그녀가 다시 그 장소에 나타나지 않을지도 모른다는 생각이 들자 두렵기도 했다. 왜냐하면 그녀는 아주 먼 훗날에야 다시 나타날 수 있는 허락을 받을 것만 같았기 때문이다. 그래서 기둥들 사이에서 그라디바의 모습을 보았을 때에도 그는 그것이 자신의 상상력이 만들어 낸 허깨비라고 생각했고, 괴로운 듯이 신음을 토해 낸다.

그대가 오직 살아만 있다면! 아직도 살아 있는 것이라면!

그러나 이번에는 그의 의심이 너무 지나쳤다. 기둥들 사이에 모습을 나타낸 그라디바는 자기에게 주려고 꽃을 따 왔느냐고 상냥한 목소리로 물었고, 또 한 번 크게 당황한 주인공과 긴 이야기를 시작했다. 그라디바가 살아 있는 여인이라는 것을 이미 알고 있는 독자들에게 작가는 그녀가 전날 주인공을 떠나면서 쏘아보았던 그 기분 나쁜 듯한 눈빛이 이제는 호기심으로 가득 찬 시선으로 바뀌었다는 것을 보여 준다. 실제로 그녀는 질문을 퍼붓는다. 전날 어떻게 해서 자신을 알아보았는지, 또 잠을 자듯이 길게 누워 있던 그녀에게 언제 가까이 다가왔는지 등을 물었다. 그녀는 이렇게 해서 노르베르트의 꿈속에서 그녀가 고향인 폼페이와 함께 땅에 묻혀 사라졌다는 것과 자신의 모습을 새긴 부조가 있다는 것, 그녀가 걸을 때 발의 위치가 고고학자의 관심을 끌었다는 것 등을 알게 된다. 이제 그라디바는 직접 노르베르트가 보는 앞에서 걸어 보였고, 그녀의 걸음걸이를 보고 있던 그는 부조에 있는 모습과 한 가지 차이점이 있음을 알게 된다. 부조에서는 샌들을 신고 있었던 반면에 그녀는 연한 가죽으로 만든 모래색의 구두를 신고 있었는데, 그녀의 말에 따르면 구두가 현대에 더 잘 어울린다는 것이다. 물론 그녀는 이미 고고학자의 망상 속으로 들어와 있었고, 결코 그가 하는 말에 반대하지 않으면서도 스스로 망상을 깨닫도록 유도하고 있었다. 자신의 감정을 주체하지 못해 그녀가 맡은 역할을 포기할 뻔했던 적이 있었다. 부조에 사로잡혀 있던 노르베르트가 첫눈에 그녀를 알아보았다고 말했을 때였다. 이때는 아직 그녀가 부조의 존재에 대해 모르고 있었는데, 노르베르트의 말을 믿지 않으려는 찰나에 생각을 바꾸게 된다. 그라디바가 하는 이야기들이 이중의 의미를 갖고 있다는 것은 오직 독자들만이 알고 있었다. 그녀의 말은 현재와 현실에 관계된 이야기들이기도 했고, 또 동시에 꿈에 관계된 것이기도 했다. 예를 들면 젊은 고고학자가 길가에서 그라디바의 걸음걸이를 알아보지 못한 것을 그녀가 안타까워할 때, 이 이야기는 이중의 의미를 지니고 있었던 것이다.

정말 안됐군. ……이렇게 먼 여행을 하지 않아도 됐을 것이고.

부조의 이름이 그라디바라는 것을 알게 되자, 그녀는 자신의 이름이 조에라는 것을 알려 준다. 〈너에게는 그 이름이 잘 어울리는 것 같아. 그런데 내 귀에는 씁쓸한 아이러니처럼 들리는데. 조에라는 말은 《생명》을 뜻하는 말이니까 말이야.〉 그녀는 대답한다. 〈피할 수 없는 것은 받아들여야만 해. 나는 이미 오래전부터 죽은 상태에 이렇게 익숙해져 있어.〉 다음 날 정오에 같은 장소에 다시 오겠다는 약속을 하고 그녀는 수선화를 건네받은 다음 사라진다. 〈운이 좋은 여인들은 봄이 되면 장미를 선사받겠지. 그러나 내가 너에게서 받아야 하는 꽃은 이 망각의 꽃이야.〉 이미 오래전에 죽었고 짧은 순간 동안만 다시 살아날 수 있었던 여인의 가슴속에는 깊은 우울이 자리 잡고 있었을 것이다.

독자들은 이제 상황을 파악할 수 있게 되었고, 희망을 가질 수도 있을 것이다. 그라디바의 모습을 한 채 나타나기도 했던 젊은 처녀가 하놀트의 망상을 받아들였다면, 그것은 그를 망상에서 해방시키기 위해서인 것이다. 다른 방법이 없었다. 그의 망상에 반대만 했다면 결코 그를 망상에서 구해 낼 수 없었다. 현실에서도 이런 유형의 병에 대한 치료는 일단 환자의 망상 속으로 들어간 다음 자세히 살펴보는 것 이외에 다른 길이 없다. 조에는 이런 치료를 수행하기에 적합한 사람이었고, 우리는 그녀를 통해 주인공이 앓고 있는 병이 어떤 식으로 치료되는지 배울 수도 있을 것이다. 또한 우리는 이런 병이 어떻게 발생하는지에 대해서도 알고 싶다. 망상에 대한 치료와 조사가 동시에 수행되고, 그래서 병의 기원이 병이 사라지는 바로 그 순간에 드러나는 것을 자주 목격할 수 있는데, 이는 결코 이상한 일이 아니다. 물론 우리는 소설 속의 병이 〈평범한〉 사랑 이야기로 끝날 것이라고 예상할 수 있는데, 이 경우 사랑이 갖고 있는 치료 능력을 무시해서는 안 될 것이다. 게다가 그라디바의 이미지에 사로잡혀 있는 주인공의 상태는, 비록 그것이 과거와 비생물체 쪽으로 방향이 틀어져 있기는 하지만 진정한 사랑의 상태이기도 할 것이다.

그라디바가 사라진 후 폐허 위를 날아가는 한 마리 새만이 조롱하는 듯한 울음소리를 내며 멀리 날고 있었다. 청년은 그라디바가 뭔가 하얀색의 물건을 놓고 간 것을 발견하게 된다. 그것은 물론 파피루스가 아니라 연필로 폼페이의 여러 풍경을 그린 수첩이었다. 이렇게 물건을 놓고 간 것은 다시 돌아오겠다는 약속으로 보아도 될 것이다. 왜냐하면 어떤 숨겨진 의도나 비밀스러운 이유 없이 사람들이 물건을 잊어버리지는 않는다는 것을 우리는 알고 있기 때문이다.

이렇게 반나절을 보낸 주인공은 오후 내내 스스로 생각해도 기이한 여러 가지 발견과 확인을 거듭하는데, 그 전체를 하나로 다루면서 어떤 논리를 찾을 생각은 못 한다. 그라디바의 모습이 사라진 벽에서 그날 그는 작은 틈새를 하나 찾아내는데, 그 틈새는 몸이 마른 사람이라면 쉽게 빠져나갈 수 있을 정도였다. 조에-그라디바가 반드시 땅속으로 사라졌다고 믿을 필요는 없었던 것이다. 이 생각은 또 얼마나 어리석은 것이었나. 그 자신도 이런 생각이 들자 얼른 떨쳐 버렸다. 그녀는 이 틈새를 빠져나가 무덤으로 돌아간 것이다. 그러자 디오메데스 빌라 앞에 펼쳐져 있는 무덤의 거리 끝에서 희미한 그림자 하나가 언뜻 나타났다가 사라지는 것만 같았다.

전날과 똑같은 문제에 골몰한 채 똑같은 현기증을 느끼면서 그는 폼페이 인근을 배회하고 있었다. 그라디바의 몸은 어떤 것일까, 그녀의 손을 잡아 보면 무엇인가 느낄 수 있을까? 실험해 보고 싶은 이상한 충동이 끓어올랐지만, 소심한 그는 생각 속에서마저도 얼른 고개를 가로저었다.

햇볕이 내리쬐는 산등성이에서 그는 중년의 한 신사를 만난다. 차림새로 보아 동물학자이거나 식물학자인 것 같았는데, 뭔가를 잡는 데 몰두하고 있었다. 그가 고개를 돌려 노르베르트를 보면서 말을 건넨다.

선생도 파라글리오넨시스에 관심이 있으시오? 믿기는 어렵지만 나는 그래도 그놈이 카프리해의 파라글리오니 제도에서만이 아니라 인내심을 갖고 찾아보면 내륙에서도 발견할 수 있다는 것이 가능한 이야기라고 봅니다. 내 동료인 아이머[2]가 일러 준 방법

2 19세기 후반의 유명한 동물학자.

은 실제로 유용하더군요. 벌써 여러 번 성공적으로 써먹었지요.
부탁인데 조용히 해주시겠소……

말을 마친 사나이는 긴 풀잎으로 만든 올가미를 바위틈에 대고
기다렸다. 잠시 후에 그 틈새로 파란빛을 띤 도마뱀이 작은 머리
를 내밀었다. 노르베르트는 저런 터무니없는 일로도 사람들이 이
렇게 폼페이까지 긴 여행을 한다는 것을 의아해하며 올가미 사냥
꾼을 떠났다. 올가미 사냥꾼을 이상한 사람으로 보았지만 하놀트
는 폼페이의 화산재에 찍혀 있는 그라디바의 발자국을 찾겠다는
자신의 생각과 망상에 사로잡힌 자신은 물론 이상하게 여기지 않
았다. 그런데 사냥꾼의 얼굴이 왠지 낯설지가 않았다. 호텔에서
본 사람 같기도 했다. 게다가 그 사내는 마치 아는 사람에게 말을
건네는 투였다.
  길을 계속 가던 노르베르트는 이제까지 보지 못했던 호텔을 발
견하게 된다. 알베르고 델 솔레³라는 호텔이었다. 할 일이 없던 호
텔 주인은 기회를 잡았다는 듯이 노르베르트에게 호텔 자랑을 하
며 호텔이 보관하고 있는 유물들에 대해서 길게 이야기했다. 피
할 수 없는 종말이 다가오는 것을 보며 서로 끌어안은 채 죽은 두
연인의 시체를 포럼 근처에서 발굴해 냈는데, 자기는 발굴 당시
현장에 있었다는 것이었다. 하놀트는 전에도 이런 이야기를 들은
적이 있었다고 어깨만 들썩해 보였을 뿐이다. 이야기하기 좋아하
는 사람이 상상력으로 지어낸 이야기겠거니 생각했던 것이다. 그
런데 그날 호텔 주인이 들려주는 이야기는 그에게 확신을 주었다.
호텔 주인이 죽은 여인의 유물 중에서 직접 찾아낸 것이라고 하
면서 파랗게 녹청이 슨 금속 브로치를 가져왔을 때 그의 확신은

  3 〈태양 호텔〉이라는 뜻.

점점 더 굳어져 갔다. 하놀트는 의심도 해보지 않고 그 브로치를 샀다. 호텔을 나설 때 그는 한 창문에 있는 흰 수선화가 꽂힌 꽃병을 보았다. 마치 무슨 신호를 보내는 것 같기도 했던 이 죽음의 꽃들을 보자 하놀트는 자신이 방금 손에 넣은 유물이 진짜라는 확신이 더욱 강하게 들었다.

그러나 이 브로치로 인해 그는 다시 새로운 망상에 사로잡히게 된다. 혹은 그의 옛 망상이 연장되고 있는 것인지도 몰랐다. 어쨌든 이것은 이제 막 치료가 시작된 시점에서는 결코 좋은 징조는 아니었다. 포룸 근처에서 서로 꼭 껴안고 죽은 두 연인을 발굴해냈는데, 그가 꿈속에서 아폴론 신전 근처에 누워 있는 그라디바를 만난 곳이 바로 그곳이었다. 그녀가 몸을 일으켜 누군가를 만나기 위해 좀 더 걸어갔을 가능성도 있고, 두 사람이 함께 죽었을 수도 있다는 생각이 든 것이다. 이런 가정을 하자 그는 고문을 당하는 듯한 고통을 느꼈는데, 이것은 아마도 질투의 감정이었을 것이다. 자신이 불확실한 짐작을 하고 있다는 생각을 하며 마음을 누그러뜨리면서 그는 다시 힘을 내어 디오메데스 호텔로 저녁을 먹으러 간다. 새로 호텔에 투숙한 〈한 쌍의 남녀〉가 그의 시선을 끌었다. 두 사람은 너무나도 닮아서 — 머리 색은 서로 달랐지만 — 남매지간이 아닌가 생각되었다. 여행을 하며 그가 만났던 사람들 중에서 처음으로 그는 이 두 사람에게 호감을 느낄 수 있었다. 여인이 가슴에 꽂고 있었던 소렌토의 붉은 장미를 보자 어렴풋이 기억이 하나 떠올랐는데, 어떤 기억인지는 알 수가 없었다. 그는 잠자리에 들었고, 그날 밤 꿈을 꾼다. 꿈은 얼토당토않은 혼란스러운 것이었지만, 낮에 받았던 여러 가지 인상으로 이루어진 것임에는 틀림없었다.

햇볕이 내리쬐는 곳에 그라디바가 앉아 있었고, 그녀는 도마뱀을 잡기 위해 가느다란 풀잎으로 올가미를 만들고 있는 중이었다. 그가 다가가자 다음과 같은 말을 했다.

「미안하지만 조용히 좀 있어 줄래? 내 동료가 옳았어. 이 방법은 정말 좋아. 그녀는 이 방법을 써서 대성공을 거두었거든……」

잠을 자면서도 그는 자신이 꾸고 있는 꿈이 어처구니없다고 중얼거렸다. 조롱하는 듯한 울음소리를 내며 부리로 도마뱀을 물고 사라지는 새 덕택에 그는 간신히 꿈에서 깨어날 수 있었다.

꿈은 한없이 이상했지만 잠에서 깼을 때 기분은 오히려 담담하고 평온했다. 호텔 앞에 있는 장미 나무에는 전날 젊은 여인이 꽂고 있던 장미와 똑같은 꽃들이 피어 있었고, 장미를 보자 꿈속에서 누군가가 봄에는 장미를 선사한다고 했던 기억이 되살아났다. 몇 송이 꺾어 들면서 그는 장미 속에 뭔가 그의 마음을 해방시켜 주는 것이 있다는 느낌을 받는다. 장미를 손에 든 채, 그리고 브로치와 전날 주웠던 수첩을 몸에 지닌 채 그는 그라디바에 관련된 이런저런 생각들을 하며 늘 걷던 길을 따라 폼페이로 향했다. 그를 사로잡고 있었던 망상들이 논리적 결함을 갖고 있다는 사실이 서서히 느껴지면서 의혹이 생기기 시작했다. 그라디바는 왜 하루 중 다른 시간에는 나타나지 않고 오직 정오에만 나타나는 것일까? 그러나 그의 생각은 망상의 마지막 부분에만 집중되었고, 자신의 감정이 질투의 감정이라는 것을 알 수 없었던 그는 여러 가지 변형된 모습으로 그를 찾아오는 이 감정에 시달릴 수밖에 없었다. 그라디바의 모습이 다른 사람들의 눈에는 보이지 않고 오직 자신의 눈에만 보이는 것이기를 원했는지도 모른다. 그가 그라디바를 오직 자신만이 갖고 있는 소유물로 여길 수 있었다면 이런 이유에서였다. 정오가 되기를 기다리면서 그는 뜻하지 않았던 사람들을 만나게 된다. 〈파우노의 집〉에서 그는 다른 사람들의 시선을 피할 수 있다고 생각해서인지 서로 부둥켜안은 채 입을 맞추고 있는 두 사람의 그림자를 본 것이다. 그 두 사람은 놀랍게도 전날 호텔에서 이상하게 호감이 갔던 바로 그들이었다. 그들이 서로 끌어안고 입을 맞추는 시간이 너무 길어 두 사람이 남매지간이 아니라는 것은 이제 분명해졌다. 따라서 그들은 사랑하는 사람들이었고, 신혼부부임에 거의 틀림이 없었다. 이상한 것은 이 광경을 보고 있던 그의 마음에 야릇한 만족감만 찾아왔을 뿐, 그전에 느꼈던 역겨운 감정은 들지 않았다. 누구의 눈에도 띄지 않은 채 이루어져야 할 일을 훔쳐보고 있기라도 한다는 듯이 그는 몸을 숨겼다. 그가 오랫동안 가질 수 없었던 남녀 간의 애정에 대한 존경심이 다시 그의 마음속에 싹텄던 것이다.

멜레아그로스의 집에 도착하자 그는 다시 한번 그라디바가 다른 남자와 함께 있다는, 견디기 힘든 불안에 사로잡혀 그녀가 나타났을 때 인사를 하는 대신 퉁명스럽게 묻는다. 〈너, 거기 혼자 있어?〉 장미를 꺾어 온 것이 그라디바에게 주기 위해서였다는 사실을 그에게 알게 하는 데는 적지 않은 힘이 들어야만 했다. 그라디바에게 그는 자신의 마지막 망상을 고백했다. 자신은 포룸에서 남자의 품에 안긴 채 발견된 여자가 그녀인 줄 알고 있었고, 브로치도 그녀의 것으로 알고 있었던 것이다. 비꼬는 의도가 없는 것은 아니었지만, 그녀는 브로치를 태양에서 얻은 것이 아니냐고 물었다. 그녀의 생각으로는 이탈리아어로 〈솔레〉라고 하는 태양이 모든 혼란을 만들어 내고 있는 것처럼 보였다. 머리가 빙빙 도는 현기증을 느낀다는 그를 치료하기 위해서 그녀는 가지고 온 점심을 나누어 먹자고 제안하고, 얇은 종이에 싸인 흰 빵을 둘로 나누어 반을 건네준다. 나머지 반을 그녀는 배가 고팠다는 듯이 먹어 치운다. 그녀의 이는 입술이 벌어질 때마다 하얗게 빛이 났고, 빵 껍질을 깨물 때에는 듣기 좋은 작은 소리를 내고 있었다.

이미 우리 두 사람이 지금부터 2천 년 전 어느 날 이렇게 빵을 나누어 먹었던 것만 같아. 너는 생각이 안 나니?

그녀가 물었을 때 하놀트는 뭐라고 답을 해야 될지 몰랐다. 그러나 빵을 좀 먹은 그는 다시 정신이 돌아왔는지, 그라디바가 지금 눈앞에 살아 있다는 분명한 모든 증거들이 서서히 효과를 나타내기 시작했다. 그는 이성을 되찾았고, 그라디바가 정오에만 나타나는 유령이라는 망상을 의심하기 시작했다. 그러나 그녀 스스로 2천 년 전에 그와 함께 빵을 나누어 먹었다고 하지 않았는가. 딜레마에 빠진 하놀트는 되찾은 용기를 발휘해 이제까지의 경험을 거울삼아 결정을 내린다. 그라디바는 그때 손가락이 가느다란 왼손을 무릎 위에 올려놓고 있었는데, 그 지긋지긋한 파리 한 마리가 뻔뻔스럽게도 마침 그녀의 손등에 앉았다. 하놀트의 손이 들어 올려지더니 마치 무거운 파리채처럼 파리를 덮치며 그라디바의 손등을 내리쳤다.

이 대담한 행동은 두 가지 결과를 가져온다. 우선, 그는 살아 있는 따뜻한 인간의 손을, 누구도 반박할 수 없는 실재하는 인간의 손을 만졌다는 기쁜 확신을 얻을 수 있었다. 반면에 그는 호된 비난을 받아 겁에 질린 나머지 그 자리에 벌떡 일어서고 말았다. 기가 막혔던 그라디바의 입에서는 〈노르베르트 하놀트, 너 정말로, 완전히 미쳤구나!〉 하는 소리가 튀어나온다. 이름을 직접 부르는 것이 잠든 사람이나 몽유병 환자를 깨우는 가장 좋은 방법이라는 것은 널리 알려진 사실이다. 불행하게도 소설 속에서는 폼페이에서 아무에게도 알려 주지 않았던 그의 이름을 그라디바가 불렀을 때 그에게 어떤 효과를 불러일으켰는지 설명이 없다. 대신 이름을 불렀던 그 순간 파우노의 집에 있던 그 다정한 신혼부부가 나타나고, 젊은 여인은 반가운 음성으로 깜짝 놀란 듯이 그라디바를 향해 소리를 친다.

조에! 너도 폼페이에 와 있었어? 너도 신혼여행 중이니? 어떻게 나한테 편지 한 장 안 보내고!

그라디바가 살아 있다는 이 명백한 증거 앞에서 하놀트는 도망가고 만다.

이 갑작스러운 만남이 그라디바에게는 즐겁지만은 않았다. 그녀는 뭔가 중요한 일을 하고 있는 것만 같았다. 그러나 다시 정신을 가다듬은 그녀는 친구의 질문에 답을 하면서 길게 수다를 늘어 놓았다. 그녀의 이 긴 이야기를 통해 독자들은 상황을 파악할 수 있게 될 뿐만 아니라, 그라디바는 친구 부부에게서 떠날 수 있었다. 친구에게 그녀는 축하를 보낸다고 하면서 자신은 신혼여행을 온 것이 아니라고 일러 준다.

방금 전에 가버린 그 사람은 말도 안 되는 공상에 사로잡혀 있어. 뭐라더라, 자기 머릿속에 파리가 들어와서 웅웅 대고 있다나! 기가 막혀서, 우리 모두는 각자 한 마리씩 작은 곤충을 가지고 있다는 거야! 어쩔 수 없이 또 내가 곤충학자 티를 냈는데, 이런 때 써먹을 줄 누가 알았겠어. 아버지와 나는 솔레에 묵고 있어. 우리 아빠도 묘한 분이야. 갑자기 폼페이로 가자고 하시는 거야, 글쎄.

게다가 내 일은 내가 알아서 하고 무슨 일이 있더라도 아빠에게 부탁하지 않는다는 조건을 내걸었는데도 뭔 변덕이 생기셨는지 나를 이곳까지 데리고 온 거란 말이야. 나는 속으로 나 혼자 이곳에서 뭔가 귀한 것을 하나 발굴해 내겠다고 생각하고 있었지. 그런데 오늘 이런 발견을 하게 될 줄은 정말 몰랐어. 기자, 너를 만났으니 오늘 발굴은 대성공이다, 그 말이지.

그녀는 〈솔레〉에서 아버지와 함께 식사를 해야 했기 때문에 서둘러 자리를 떠나야만 했다. 그녀는 자신이 동물학자의 딸이라는 것을 독자들에게 알려 주고, 또 이중의 뜻을 지닌 말을 통해 자신이 망상을 치료하는 역을 하고 있음을 암시한 다음 사라진다. 하지만 그녀가 들어선 길은 아버지가 기다리고 있던 태양 호텔로 가는 길이 아니었다. 어떤 그림자 하나가 디오메데스 빌라 인근에서 마치 자신의 봉분을 찾는 것처럼 어른거리더니 장례 기념물 뒤로 사라졌다. 그래서 그녀는 무덤의 거리를 향해 뒤꿈치를 수직으로 세운 채 걸음을 옮기고 있었던 것이다. 바로 그곳에 하놀트가 당황하고 겁에 질린 채 숨어 있었다. 아직도 남은 문제들을 해결해 보려고 생각을 집중한 채 열주 회랑의 기둥들 사이를 끊임없이 왔다 갔다 하고 있었다. 이제 한 가지만은 이론의 여지 없이 분명해졌다. 자신이 육체를 가지고 다시 살아난 한 젊은 폼페이 여인을 만났다고 믿었다면, 이것은 명백히 자신이 이성을 잃었다는 증거였다. 자신이 이성을 잃었다는 이 자각은 다시 건강한 이성을 회복하는 데 필요한 매우 중요한 첫걸음이기도 하다. 그러나 다른 한편으로 생생하게 살아 있는 다른 사람들이 자주 만나는 그 여인의 이름은 그라디바였고, 그녀 역시 그의 이름을 알고 있었다. 이 수수께끼를 풀기에는 이제 막 깨어나기 시작한 하놀트의 이성은 아직 그리 힘이 없었다. 그는 또한 이런 시도를 하기에는 아직 마음의 평온도 충분히 얻지 못한 상태였다. 그는 더 이상 조에-그라디바를 보지 않기 위해서라면 차라리 2천 년 전에 디오메데스 빌라에 파묻혔으면 하는 마음이었다.

마음 한구석에 남아 있는 이 도망가고 싶은 충동은 그녀를 다시 만나고 싶다는 욕망과 싸우고 있었다.

문의 한쪽 모퉁이를 돌아서던 그는 갑자기 뒤로 물러서고 말았다. 무너진 벽 위에 이곳에서 죽은 한 여인이 앉아 있었던 것이다. 이 환상은 노르베르트에게는 마지막 환상이었고 금방 사라졌다. 앉아 있던 여인은 물론 그라디바였다. 그녀는 치료를 하던 중 잊어버린 것을 보충하기 위해서 다시 찾아온 것이다. 하놀트가 보인 첫 번째 반응은 그곳을 떠나고 싶다는 것이었지만, 그가 떠날 수 없는 것은 명백했다. 밖에 어마어마한 소나기가 퍼붓고 있었던 것이다. 그녀는 자신의 손등에 앉아 있던 파리를 가지고 도대체 어떻게 할 생각이었느냐고 인정사정 보지 않고 하놀트에게 질문을 퍼부었다. 그라디바의 진짜 이름을 부를 용기가 나지 않던 그는 불쑥 다음과 같이 고백을 한다. 이 고백은 더 큰 용기를 필요로 했다.

나는, 그래…… 흔히 말하듯이, 머리가 좀 어떻게 됐었나 봐. 미안하게 됐어, 손을 그렇게……. 나도 이해를 못 하겠어, 내가 어떻게 그렇게 멍청하게도……. 그런데 또 한 가지 도저히 이해할 수 없는 것은, 나에게 손을 얻어맞은 사람이 어떻게 내 이름을 부르면서 내가 저지른 그…… 미친 짓을…….

이해력에서는 너는 나아진 것이 별로 없어! 하기야 놀랄 것도 없는 일이지만. 벌써 얼마 전부터 나 또한 익숙해져 버렸으니까. 그런 경험을 다시 하고 싶지도 않지만, 그렇다고 해도 폼페이까지 올 필요는 없을 거야. 여기서 1백 리나 떨어진 곳에서도 너는 또 내게 똑같은 사실을 확인시켜 줄 테니까!

네가 살고 있는 아파트 맞은편에서 옆 골목을 약간 돌아가면 우리 집이 있고, 내 방 창문에는 카나리아가 있는 새장이 걸려 있어.

이제까지 아무것도 이해를 못 하던 청년에게 그라디바가 들려 준 이야기였다.

그녀의 마지막 말은 마치 먼 과거의 추억이 떠오른 것처럼 하놀트의 마음에 와닿았다. 그녀는 새 이야기를 하고 있었고, 하놀트가 이탈리아 여행을 떠나게 되었던 것도 바로 이 새의 울음소리 때문이었다.

그 집에 아버지가 살고 계셔. 동물학 교수인 리하르트 베르트강.

따라서 이웃에 살고 있던 그녀는 하놀트가 누구라는 것과, 그의 이름 등을 다 알고 있었던 것이다. 그러나 독자들의 긴장을 유지시키지 못한 채 소설이 이렇게 평범한 설명을 했다면 독자들을 실망시키고 말았을 것이다.

노르베르트 하놀트가 다음과 같이 말을 더듬고 있었을 때, 그는 자신이 아직도 완전히 제정신으로 돌아오지 않았다는 것을 드러내고 있었다.

베르트강…… 아니, 그러면, 그러면…… 당신이 조에 베르트강
이란 말입니까? 하지만 나는 한 번도 그분을 이렇게 본 적이…….

독자들은 베르트강 양의 대답을 통해 두 젊은이 사이에 이웃에
산다는 것 이외에 또 다른 관계들이 있다는 것을 알게 된다. 그녀
는 말을 놓으려고 했고, 하놀트가 정오의 유령에게는 말을 하면
서 살아 있는 자신에게서는 도망가려고 한다는 것을 알고 있었다.
그러나 그녀는 유령으로 보이면서도 자신이 친구로서 갖고 있는
옛 권리들을 포기하지는 않았다.

네가 그런 식으로 말하는 것이 더 좋다고 하면 나도 존댓말을
쓸 수 있어. 하지만 지금처럼 말하는 것이 더 자연스러울 것 같아.
글쎄 옛날에도 그랬는지는 모르겠어. 하지만 매일매일 다정한 친
구로 만나서 함께 뛰어다니고 주먹질, 발길질을 하며 싸우기도 하
면서 지낼 때는 나에게 이렇게 대하지는 않았어. 그러나 당신은
요 몇 년 동안 나에게 딱 한 번 눈길을 주었어요. 딱 한 번. 만일 당
신이 눈을 뜨고 있었다면 내가 이렇게 변했다는 것을 진작에 알았
을 거예요…….

어린 시절에는 두 사람 사이에 우정이나 사랑이 있었고, 그래
서 성인이 된 다음에도 자연스럽게 반말을 할 수가 있었다. 그런
데 이런 식의 설명은 앞에서 우리가 했던 것만큼 평범한 설명이
아닐까? 하지만 이러한 어린 시절의 관계를 통해 우리가 두 사람
의 현재의 관계에 대해 자세한 것들을 알 수 있다면, 우리는 상황
을 좀 더 깊이 이해해 볼 수 있을 것이다. 노르베르트 하놀트가 유
령의 육체에 대한 의문을 풀기 위해서라며 조에-그라디바의 손을

때린 것은 〈주먹질이나 발길질을〉 하고 싶다는 충동, 다시 말해 그녀의 이야기 속에서 확인할 수 있듯이 두 사람의 어린 시절에 특징적으로 나타나는 그 충동이 다시 살아난 것은 아니었을까? 그리고 그라디바가 고고학자에게 2천 년 전에 함께 점심을 나눠 먹은 기억이 나지 않느냐고 물었을 때, 이 말도 안 되는 질문은 만일 우리가 젊은 여인의 기억에는 생생하지만 청년의 머릿속에서는 사라진 것처럼 보이는 어린 시절을 역사상의 과거와 동일한 것으로 간주한다면 어떤 의미를 갖게 되지 않을까? 그라디바에 관련된 고고학자의 망상들을 잊혀진 어린 시절의 기억에서 나오는 반향이라고 생각할 수는 없을까? 그의 망상들은 요컨대 아무 근거 없이 순수하게 상상력이 만들어 낸 것이 아닐 수도 있다. 그의 망상은 자신은 의식하지 못했겠지만 어린 시절의 여러 인상으로 이루어진 내용에 의해, 다시 말해 본인은 잊어버렸지만 그의 마음속에서 지금도 활동하고 있는 내용들에 의해 결정된 것이다. 비록 가정에 지나지 않는다고 하더라도, 세부를 살펴봄으로써 망상의 이러한 기원을 입증해 내야 할 것이다. 예를 들어 그라디바가 절대적으로 그리스 태생이어야 하고, 또 풍요의 여신을 모시는 제사장의 딸일지도 모른다고 했을 때, 이것은 조에라는 그녀의 그리스식 이름과 그녀가 동물학 교수의 딸이라는 사실이 자아내는 효과와 상당히 일치하는 것이다(이것들은 하놀트가 알고 있었다). 그러나 만일 하놀트의 환상이 그의 어린 시절의 기억들이 변형된 것이라면, 우리는 조에 베르트강이 들려주는 이야기 속에서 망상의 기원에 관련된 사항들을 읽어 낼 수 있다는 희망을 가져 볼 만하다. 자, 이제 귀를 기울여 보자. 그녀는 어린 시절의 친밀했던 우정에 대해 이야기를 하고 있다. 이 어린 시절의 관계가 훗날 두 사람에게서 어떻게 발전하는지를 알 수 있을 것이다.

왠지는 모르겠지만 사람들이 우리를 두고 〈순정파〉[4]라는 말을 했을 때, 나는 이미 당신에 대해서, 솔직히 말해 이상한 감정을 느끼곤 했어요. 이 세상 어느 곳에서도 당신보다 더 좋은 친구를 찾을 수 없다고 생각하고 있었던 거예요. 나는 어머니가 없었고, 오빠든 동생이든 아무도 없었어요. 아버지는 나보다도 알코올 병에 들어 있는 발 없는 도마뱀에 더 관심이 있었어요. 어쨌든 나 같은 젊은 처녀를 포함해 우리 모두는 각자 몰두할 수 있는 무엇, 항상 곁에 두고 함께 지낼 수 있는 그 무엇이 필요한 거지요. 당시 나에게 그 무엇은 당신이었어요. 그러나 당신이 온몸을 던져 고고학에 정신없이 몰두하는 것을 보자 나는 너라는 사람……, 미안해요, 당신이라는 사람이 점점 변해 갈 때, 나는 주위에서 들리는 소리에 화가 치밀었고, 뭐라고 말을 할 수가 없었어요……. 결국 나는 네가 어린 시절 동안 우리가 나누었던 우정을 완전히 잊어버렸고, 이제는 도저히 만날 수 없는 그런 사람이 된 걸로 생각해 버리고 말았어. 나는 다 기억하고 있었지만 너는 우리의 우정을 간직하고 있는 귀도 눈도 마음도 다 잃어버린 사람이 되고 말았어. 나 또한 달라졌지. 내가 옛날의 나와 달라졌다면 바로 이런 이유 때문이야. 내가 종종 너를 어떤 리셉션 같은 데서 만나도, 먼 옛날로 거슬러 올라갈 필요 없이 지난겨울만 해도, 너는 나를 안중에 두지 않았고 나에게 말 한마디 건네는 법이 없었어. 하기야 그 점에서는 나만 특별 대우를 받았다고 할 수는 없지. 너는 누구에게나 그렇게 대했으니까. 나는 너에게 눈에 보이지 않는 공기 같은 존재였어. 옛날에는 종종 땋고 다니기도 했던 이 탐스러운 금발을 보아도 너는 지

4 독일어 원본에는 *Backfische*라고 되어 있다. 말 그대로 〈튀긴 생선〉인데, 사춘기를 보내고 있는 청소년을 빗대어 부르는 일상적인 말이다. 문맥에 어울리는 적당한 역어를 찾지 못해 밋밋한 단어이지만 의미를 전달하기 위해 〈순정파〉라고 옮겨 본다.

겨워했고 무뚝뚝하기만 했어. 또 그 박제가 된 도가머리 없는 흰 잉꼬나, 뭐에 비유해야 좋을지 모르겠는데…… 그래 맞아, 그 거만한 시조새, 노아의 홍수가 닥치기 이전에 살았다고는 하지만, 화석으로 남아 있는 그 괴물새만큼이나 나에게 말 한마디 하지 않았어. 그런데 네 머리는 어떻게 된 것인지, 여기 폼페이에 와서는 나를 땅속에 묻혀 있다가 살아 나온 여자로 여기고 있는 거야. 내가 예상이나 했겠어. 갑자기 네가 내 앞에 나타났을 때 나는 처음에는 너의 그 상상력이 만들어 낸 믿을 수 없는 공상 속에 내가 들어가 있다는 것이 괴로웠어. 그런데 조금 지나면서 흥미가 생겼지. 이야기 자체는 완전히 미친 사람의 것이었지만 나는 흥미를 느꼈던 거야. 왜냐하면 이미 말했듯이, 그런 너의 모습은 내가 전혀 예상하지 못했던 것이었거든.

두 사람이 어린 시절에 몇 년간 우정을 나누었다는 사실이 이제 확실해졌다. 뭔가 마음을 줄 곳이 필요했기 때문에 소녀에게 이 우정은 진정한 사랑으로 변해 갔다. 소설에서 지성과 명석함을 대표하는 인물이었던 조에는 이제 자신의 심리적 변천 과정도 독자들에게 분명히 밝히고 있다. 한 젊은 여인의 애정이 처음에는 아버지를 향해 있었다는 것은 일반적인 법칙과 일치하는 일인데, 조에의 경우 가족이라고는 아버지밖에 없었기 때문에 이런 환경에 특별히 노출되어 있었던 것이다. 그러나 자신의 연구 대상에만 몰두해 있던 아버지는 딸에게 아무것도 주지 못했다. 다른 대상을 찾아야 했던 조에는 이렇게 해서 어린 시절의 소꿉친구에게 각별한 애정을 보내게 된 것이다. 그런데 이 어린 시절의 소꿉친구마저 그녀를 안중에 두지 않았다. 하지만 조에의 사랑은 변하지 않았다. 오히려 그녀의 애정은 더욱 강렬해졌는데, 왜냐하면 하놀트가 그녀의 아버지를 닮아 갔기 때문이다. 하놀트 역시 학문에 몰두한 나머지 조에에게서 멀어져 가고 있었던 것이다. 이렇게 해서 조에는 사랑받지 못하는 상태에서도 자신의 사랑을 유지할 수 있었고, 사랑하는 남자에게서 아버지의 모습을 볼 수 있었다. 두 사람에 대한 각각의 감정이 하나의 감정으로 합쳐졌고, 두 사람이 그녀의 애정 속에서 동일시되었다고도 할 수 있다. 흔히 자의적으로 보일 수도 있는 이러한 우리의 해석은 어디에 근거를 두고 있을까? 작가는 한 짧은 묘사 속에서 우리의 해석을 뒷받침해 주는 근거를 제공하고 있는데, 짧지만 이 묘사는 매우 특징적이다. 옛날 소꿉친구가 가슴 아프게도 그녀에게서 멀어져 갔을 때를 회상하며 조에는 친구를 시조새에 비유하면서 나무라는데, 이 괴물 같은 새는 동물학의 대상이면서 동시에 고고학의 대상이기도 하다. 그녀는 구체적인 하나의 표현을 찾아냄으로써 두 사람을 동일시할 수 있었던 것이다. 그녀가 가슴속에 품고 있었던 원한은 같은 단어를 통해 사랑하는 남자와 아버지를 동시에 겨냥하고 있다. 이 경우 시조새는 말하자면 하나의 중간 상태 *Mittelvorstellung*[5]를 나타내고 있다. 다시 말해 사랑하는 남자의 광기와 그와 유사한 아버지의 광기를 하나로 연결시켜 주는 매개물인 것이다.

조에의 경우와 비교해 청년에게는 상황이 전혀 다르게 전개된다. 그는 고대를 연구하는 일에 완전히 사로잡혀 있었고, 그에게 이성이란 오직 대리석과 청동으로 만든 여인들뿐이었다. 정념으로 변하기는커녕 그의 어린 시절의 우정은 완전히 사라져 버렸고, 기억들도 다 지워져 옛 친구를 알아보지도 못했다. 그래서 모임

---

5 이 〈중간 상태〉는 꿈에서 아주 중요한 역할을 하며, 실제로 1차적인 정신 과정이 지배적인 곳이면 어디든지 중요한 역할을 떠맡는 경우가 많다. 『꿈의 해석』 참조.

같은 곳에서 마주쳐도 아는 체조차 할 수가 없었던 것이다. 물론 이후에 전개되는 이야기를 보면 주인공인 고고학자의 모든 심리적 움직임이 〈망각〉으로 종결되었는지는 의심스러울 수밖에 없다. 마치 내부에서 어떤 거센 저항이 일어난 것처럼, 외부에서 아무리 강한 충격을 주어도 떠오르지 않는 회상하기 힘든 망각이 있다. 이런 종류의 망각을 심리학에서는 〈억압〉이라고 부른다. 작가가 우리에게 보여 주는 망각도 이런 〈억압〉처럼 보인다. 전체적으로 보아 어떤 한 인상이 망각되는 것이 정신 현상 내에서 그 인상을 기록하고 있는 기억의 흔적이 사라지는 것과 관련이 있는지 우리는 확신할 수 없다. 그러나 반면에 〈억압〉의 경우는 이러한 상식과 아무런 관련이 없다는 것을 확실하게 말할 수 있다. 그것은 추억이 소멸된 것과는 관련이 없다. 억압된 것은 단지 기억이라는 형태로만 의식에 떠오르는 것이 아니다. 그것은 기억되지 않으면서도 작용할 수 있고, 어떤 효과들을 만들어 낼 수도 있다. 억압된 것은 어느 날 외부의 충격을 받아 그에 상응하는 정신적 결과들을 보이는데, 이 결과들은 망각된 기억이 변형되거나 그 잔존물들인 것이다. 이런 식으로 보지 않으면 외부로 드러난 결과들은 이해 불가능한 것으로 남을 수밖에 없다. 그라디바를 중심으로 이루어지는 노르베르트 하놀트의 환상들 속에서 우리는 그가 조에 베르트강과 어린 시절에 나누었던 우정과 관련된 억압된 기억들의 잔존물들을 식별해 낼 수 있다고 생각한다. 우리는 한 사람의 에로틱한 감정들이 억압된 인상들에 연결되어 있을 때, 또 그의 애정 생활이 억압에 의해 침윤되었을 때, 억압된 것이 위의 경우와 유사하게 특이한 규칙성을 지닌 채 회귀한다고 기대해 볼 수 있다. 오래된 로마의 속담이 이런 경우들에 해당될 것이다. 이 속담은 외부의 영향들에 의해 내적인 갈등이 사라짐을 말하는

것이 아니라, 내부의 갈등이 그대로 남아 있음을 강조한다고 볼
수 있다. 〈쇠스랑을 흔들어 쫓아내도 자연은 다시 돌아온다.〉6 이
속담이 전부를 말해 주고 있는 것은 물론 아니다. 속담은 단지 자
연의 억압된 부분이 다시 돌아온다는 사실만을 말하고 있을 뿐,
이 회귀가 얼마나 기이한 방식으로 이루어지는지에 대해서는 아
무것도 일러 주지 않는다. 억압된 것의 회귀는 말하자면 일종의
음험한 배신행위와도 같이 이루어진다고 할 수 있다. 억압된 것
을 운반하고 있는 것은 바로 — 속담에서 쇠스랑처럼 — 억압의
수단으로 사용된 것이다. 다시 말해 억압된 것이 확고하게 자리
를 잡는 곳은 억압하는 심리적 단계, 즉 억압의 심급 속이다. 펠리
시앙 롭스7의 잘 알려진 판화는 누구도 주의를 기울이지 않았던
이 문제, 그러나 반드시 고려해 보아야 할 이 문제에 대해 우리에
게 그 어떤 긴 설명보다 더 명료한 해설을 제공한다. 화가는 성자
들과 수인들의 삶 속에 나타난 표본적인 사례를 보여 주고 있다.
한 금욕적인 성자가 외딴곳으로 들어가 — 물론 그 목적은 세상
의 유혹에서 도망가기 위해서였겠지만 — 십자가에 못 박혀 죽은
구세주 곁에 앉아 있다. 그때 십자가가 갑자기 그림자처럼 흐물
흐물해지면서 소용돌이치더니 예수가 묶여 있던 자리에 한 풍만

6 원서의 라틴어 표현은 다음과 같다. 〈*Naturam furca expellas, semper redibit.*〉
호라티우스의 『서한집』에 나오는 문장이다. *Naturam*을 〈자연〉으로 옮긴 것은 적절하
지 않을 수도 있으나 〈인간의 본성〉으로 옮겨도 적절하지 않기는 마찬가지고 속담이
라는 형식이 갖고 있는 간결성마저 훼손될 수 있기에 원문대로 〈자연〉으로 옮겼다.
7 Félicien Rops(1833~1898). 벨기에 화가. 파리에서 동판화를 배우며 보들레
르와 친교를 맺기도 했던 그의 판화들에서는 후일 툴루즈-로트레크를 연상시킬 정도
로 창녀의 세계에 대해 기울였던 관심을 읽을 수 있다. 에로틱하면서도 악마성이 느껴
지는 그림들은 바르베-도르비이의 상징주의와도 깊은 관련을 맺고 있다. 프로이트가
이야기하고 있는 판화는 플로베르의 극작품으로도 잘 알려진 「성자 앙투안의 유혹」이
라는 것으로, 십자가를 앞에 놓고 있던 성자가 눈을 들었을 때 한 전라의 여인이 갑자
기 나타나 십자가에 못 박혀 있던 예수를 밀어내고 대신 십자가에 매달려 있는 환상을
묘사한 판화다.

한 나신의 여인이 똑같이 십자가에 못 박힌 형태로 나타난다. 엇비슷한 유혹의 이미지를 표현하면서도 심리적인 통찰력이 미치지 못하는 다른 화가들은 십자가 상의 예수 곁에 오만하고 의기양양한 모습으로 죄를 형상화시켜 놓는 데 그친다. 오직 롭스만이 구세주를 밀어내고 그 자리에 죄를 위치시키고 있다. 이는 억압된 것이 돌아올 때 억압이 이루어졌던 바로 그 심급에서 회귀가 일어난다는 것을 그가 알고 있었음을 말해 준다.

몇 가지 병적인 사례를 살펴보면, 억압 상태에 있는 정신은 억압된 것이 접근할 때 매우 예민한 반응을 보이며 경미하고 사소한 유사성만 주어져도 억압된 것이 억압하는 심급의 배후에서 바로 그 억압하는 심급에 힘입어 다시 활동적이 된다는 것을 알 수 있다. 언젠가 나는 의사로서 한 청년을 치료했던 적이 있는데 — 당시 이 청년은 거의 소년이라고 해도 좋을 정도의 나이였다 — 이 청년은 처음으로 자신이 원하지도 않았는데 성욕이 일어나는 과정을 경험하게 되었고, 그 이후 그에게 그런 감정을 불러일으키는 모든 욕망을 피해 다녀야만 했다. 그 결과 그는 다양한 억압 수단들을 동원했다. 이전보다 더 열심히 공부에 몰두해 보기도 했고, 어머니에게 어린아이처럼 매달리며 유치한 행동을 하기도 했다. 나는 여기서 억압된 성이 어떻게 어머니와의 관계 속에서 다시 모습을 나타냈는지에 대해서는 상세하게 이야기하고 싶지 않다. 반면에 이 젊은이가 동원한 한 방어 수단이 전혀 예상치 못한 상황에서 무너졌던 경우를 소개하고자 한다. 수학은 흔히 성적 관심을 다른 곳으로 돌리는 데 효과가 좋기로 정평이 나 있다. 장 자크 루소도 이런 충고를 이미 그에게 등을 돌린 한 부인에게서 받은 적이 있었다. 〈여자를 포기하고 수학을 공부하세요.〉 내 환자였던 젊은이도 역시 수학과 기하학에 각별히 열중했다. 그의 이 열성은 성적인 것과 아무런 관련이 없는 수학이나 기하학 문제를 풀다가 그 문제들의 영향을 받아 그의 이해력이 갑자기 마비될 때까지 계속되었다. 그가 부딪친 문제들은 다음과 같은 것들이었다.

〈두 물체가 서로 충돌했다. 한 물체의 속도에 따라……〉〈표면의 지름이 m인 원 안에 하나의 원뿔을 그리고……〉 성애 장면을 연상시킬 수도 있는 이런 문제들은 내가 만난 환자 이외의 다른 사람들에게는 전혀 아무런 성적 연상을 주지 않는 문제들이었겠지만, 젊은이는 수학에서마저도 자신의 욕망이 드러났다고 생각했고 끝내는 수학을 멀리하고 말았다.

만일 노르베르트 하놀트 역시 이와 같이 고고학이라는 방어 수단을 동원해 사랑과 어린 시절의 우정에 대한 기억을 몰아내고 있었다면, 어린아이의 감정을 갖고 사랑했던 여자 친구에 대한 사라진 기억이 고대의 부조 작품을 통해 다시 그의 가슴속에 되살아나는 것은 논리적인 것이고 규칙에 부합하는 것이기도 하다. 노르베르트는 그런 운명을 살 수밖에 없었다. 다시 말해 자신이 버렸던 살아 있는 조에가 설명할 길 없는 유사성으로 인해 부조에 조각된 인물인 그라디바 뒤에서 그에게 영향을 미치고 있었고, 따라서 그는 돌로 된 여인을 보면서도 그 여인에게 반할 수밖에 없었던 것이다.

조에 역시 젊은 고고학자의 망상에 대해 우리와 같은 관점을 가지고 있었던 것처럼 보인다. 그녀는 노르베르트가 그라디바에 대해 관심을 가졌던 것은 처음부터 그라디바를 조에 그녀 자신과 동일시하고자 하는 욕망이 그에게 있었기 때문이라고 생각하고 있었다. 그녀가 〈자세하게 예를 들며 야단치는 듯한 어조로 길게 끌어 오던 이야기〉를 끝내면서 큰 만족감을 맛볼 수 있었던 것은 그녀가 이렇게 상황을 파악하고 있었기 때문이라는 이유 외에 다른 이유를 찾을 수가 없다. 그러나 그녀는 망상이라는 위장된 모습에도 불구하고 단지 있는 그대로 파악했을 뿐이지 노르베르트의 사랑까지 기대하고 있었던 것은 아니다. 하지만 그녀가 그에게 행했던 치료는 좋은 영향을 미쳤다. 그의 망상은 무엇인가 왜곡되고 완전치 못한 모방이었는데, 이제 그는 이 망상을 떨쳐 버리고 대신 모방의 대상이었던 그 무엇을 되찾음으로써 망상에서 해방된 것이다. 그는 기억도 자유스럽게 할 수 있었고, 그녀가 어린 시절의 명랑하고 영리한 친구였다는 것도 알아볼 수 있게 되었다. 그럼에도 아주 이상하게 생각되는 한 가지 다른 것이 있었다.

젊은 아가씨는 다음과 같이 말했다.

네가 하고 싶은 말은 다시 살아나기 위해서는 죽어야만 한다는 것이지! 고고학에서는 모든 것이 그렇게 진행되어야 한다는 거지!

어린 시절의 우정에서 지금 다시 형성되고 있는 애인 관계로 넘어오기 위해서는 노르베르트에게 고고학이라는 우회 수단이 필요했지만, 조에는 이 우회 수단을 아직 완전히 용인했던 것은 아니다.

베르트강이라는 말은 그라디바라는 말과 같은 뜻을 갖고 있어. 그 말은 〈걸음걸이가 아름다운 여인〉이라는 뜻이거든.[8]

이런 말이 그의 입에서 나올 줄은 독자들인 우리 역시 예상하

---

8   독일어에서 베르트강*Bertgang*이라는 말의 어원이 되는 *bert*나 *brecht*는 〈멋진, 근사한〉이라는 뜻이 있고, *gang*은 〈가다, 움직이다〉라는 뜻이 있다.

지 못했다. 주인공은 이제 몽상가라는 오명을 벗어던지기 시작했고, 치료에서도 적극적인 역할을 하고 있었다. 그는 누가 보더라도 완벽하게 망상에서 벗어난 것이다. 망상을 굽어보는 위치에 서서 마지막 남은 망상의 그물을 풀고 있었던 것이다. 이는 환자들이 보이는 반응과 동일했다. 망상들 뒤에 숨어 있는 억압된 것을 환자들에게 보여 줌으로써 망상들이 그들에게 강요해 오던 속박에서 풀어 주었을 때 환자들도 동일한 행동을 보인다. 이해하게 되면 환자들은 불현듯 생각을 떠올리며 자신들의 이상한 상태를 풀 수 있는 마지막이자 가장 중요한 비밀들을 스스로 가져오곤 한다. 우리는 이미 상상의 인물인 그라디바가 그리스 태생이라는 사실이 〈조에〉라는 그리스식 이름의 일정한 반향일 것이라는 의혹을 갖고 있었지만, 〈그라디바〉라는 이름에 대해서는 아직 접근해 보지 못하고 있었다. 노르베르트 하놀트가 자유로운 상상력을 동원해 지어낸 이름이라고만 생각했던 것이다. 그런데 이 이름은 다름 아니라 그가 사랑했던, 그러나 스스로는 잊어버렸다고 여겼던 어린 소녀의 억압된 이름에서 파생된 것이었고, 나아가 그 이름의 번역어이기도 한 것이다!

망상의 기원을 찾아 거슬러 올라가야 했던 길은 이제 끝이 났고 망상도 해결되었다. 이 이후 계속되는 이야기는 아마도 작가가 자신의 소설을 조화롭게 마무리 짓기 위한 것에 지나지 않을 것이다. 잠시 언급해 본다면, 망상에서 빠져나오기 위해 발버둥치던 한 가련한 청년이 다시 건강을 회복한 감동적인 모습을 볼 수 있고, 또 이제까지 그를 괴롭히던 몇몇 정신적 충격들을 조에로 하여금 경험하게 하는 모습도 만나게 된다. 실제로 그는 멜레아그로스의 집에서 불쑥 나타나 두 사람의 대화를 방해했던, 호감이 가던 그 여인을 상기시키고, 또 그 여인이 이 세상에서 자신의 마음에 든 첫 번째 여인이라는 점을 고백함으로써 조에의 가슴속에 질투심을 불러일으켰다. 이 이야기를 듣자 조에는 이제 모든 것을, 특히 자기 자신이 이성의 자리를 되찾았다는 말을 남기고 대뜸 가겠다며 일어섰다. 그녀의 말은 기자 하르틀레벤이라는 그 여자 친구를 만나러 갈 테면 가보라는 투였고, 폼페이에 머물고 있는 그녀에게 고고학적인 지식을 서비스할 테면 해보라는 식이었다. 자신은 아버지가 점심 식사를 기다리고 있는 솔레 호텔로 가겠다는 것이었다. 앞으로 언젠가 독일의 어느 파티장이나, 혹은 달나라 같은 곳에서 서로 만날 수도 있을 거라고 하면서…….
이때 노르베르트는 한 번 더 불청객인 파리를 핑계 삼아 그녀의 뺨과 두 입술을 빼앗았고, 사랑에 빠진 남자의 공격성을 유감없이 발휘하고 있었다. 조에가 아버지에게 가지 않으면 아버지는 굶어 죽을지도 모른다고 했을 때, 단 한 번 어두운 그림자가 두 사람의 행복을 스쳐 지나갔을 뿐이다.

너의 아버지?……너의 아버지에게 무슨 일이 일어나겠니?

그러나 능숙한 아가씨는 얼른 이 우려를 풀어 주었다.

그런 일은 결코 없을 거야, 아마도. 내가 아버지의 동물학에 없어서는 안 될 그런 종류는 아니니까. 만일 내가 그런 종류였다면 내 마음은 이미 너에게 이렇게 엉뚱하게 기울지도 않았을 거야!

비록 아버지가 반대한다고 해도 자신에게는 확실한 방법이 있다는 것이다. 하놀트는 카프리로 가서 라세르타 파라글리오넨시스를 잡고 있으면 된다는 것이다. 그러면서 그녀는 자신의 새끼

손가락을 내밀며 사냥 연습을 해보라고 한다. 만일 내륙 파라글리오넨시스를 잡는다면 동물학자인 아버지가 보는 앞에서 다시 놓아주고 아버지가 도마뱀과 딸 중에서 어느 것을 선택하는지 지켜보면 된다는 것이다. 조롱과 씁쓸함이 함께 섞여 있는 그녀의 이 말은 동시에 약혼자에게 보내는 일종의 경고이기도 했다. 즉 그녀는 사랑받는 여인이 자신을 사랑해 주는 남자를 선택하는 식으로 그를 선택한 것이 아니라는 말을 하고 있다. 노르베르트 하놀트는 자신의 가슴속에서 일어난 큰 변화를 얼굴 가득히 나타내며 독자들을 안심시키고 있다. 그는 마치 자신이 언제 신혼부부들을 미워했느냐는 듯이, 조에와 함께 이탈리아의 폼페이로 신혼여행을 오겠다고 선언을 한다. 고향인 독일을 떠나 공연히 수백 킬로미터씩이나 여행을 하고 있는 것처럼 생각되던 신혼부부들을 만나면서 그동안 자신이 느꼈던 것은 이제 그의 기억에서 완전히 사라져 버린 것이다. 작가가 이러한 유형의 기억 감퇴를 정신이 변화하고 있다는 중요한 신호로 간주했다면 그의 생각은 옳은 것이었다. 〈그녀의 어린 시절의 친구, 그 역시 파묻혀 있다가 발굴되었고 이제 다시 생명을 얻은〉 친구가 여행 계획을 이야기하자, 어디로 신혼여행을 갈 것인지를 결정할 만큼 자신은 아직 충분히 살아난 것 같지 않다고 말한다.

망상은 사라졌고 행복한 현실이 찾아온 것이다. 망상은 이제 두 젊은이가 폼페이를 떠나기 전에 마지막으로 두 사람의 사랑을 회복시켜 준 공로를 인정받기에 이른다. 콘솔라레 거리 초입의 오래된 포석들이 놓여져 있는 헤라클레스의 문에 도착했을 때 노르베르트 하놀트는 걸음을 멈추고 조에에게 앞장서 걸어가라고 부탁한다. 말뜻을 알아차리고 〈왼손으로 치마를 가볍게 치켜올리며 조에 베르트강으로 다시 태어난 그라디바는, 노르베르트 하놀트가 꿈꾸는 듯한 눈으로 계속 걸어가라는 듯이 지켜보고 있는 가운데 포석을 밟으며 길을 건너가고 있었다. 평온하고도 경쾌한 발걸음으로, 온몸에 햇살을 받으며.〉 애정이 승리를 거두는 순간, 망상 속에 들어 있던 아름답고 귀한 것도 동시에 인정받게 된다.

작가는 〈매몰된 상태에서 발굴된 어린 시절의 친구〉라는 마지막 비유를 통해 억압된 기억을 위장하기 위해 주인공의 망상이 의존했던 상징체계 전반에 대해 독자들에게 해답을 제공하고 있다. 실제로 억압 — 어떤 정신적인 요소를 도저히 접근 불가능한 것으로 변형시켜서 보존하고 있는 억압 — 에 대한 비유로서는 그 운명의 날 폼페이가 겪어야 했던 매몰보다 더 적절한 비유는 없을 것이다. 매몰된 도시는 곡괭이질을 통해서 다시 솟아오를 수 있었다. 이런 이유로 망각 속에 있던 청춘을 되돌려 준 그 부조의 원래 모델인 조에를 젊은 고고학자는 자신의 상상 속에서 폼페이까지 데리고 갔을 것이다. 소설가는 섬세한 직관을 통해 한 개인의 정신 현상과 인류사의 한 페이지를 차지하고 있는 역사적 사건 사이의 유사성을 간파해 낼 수 있었고, 이는 또한 적절한 것이었다.

2

『그라디바』라는 제목의 소설 속 여기저기에 나타난 두세 개의 꿈을 정신분석적인 방법을 통해 살펴보려는 것만이 우리의 처음 의도였다. 그런데 우리는 줄거리 전체를 고찰하고 두 중심인물의 심리적인 움직임까지 검토하지 않을 수 없었다. 어떻게 된 것인 가? 우리가 행한 작업은 실제로 결코 부수적인 것이 아닌 필수적 인 사전 작업이었다. 실존 인물이 직접 꾼 꿈들을 이해하려고 할 때도 우리는 그 사람의 성격과 삶 전체에 대해 각별한 주의를 기 울여야 하고, 또 꿈을 꾸기 직전에 있었던 일들뿐만 아니라 먼 과 거와 관련된 것도 가능한 많이 알아낼 수 있도록 수련을 쌓아야 한다. 어쨌든 우리가 처음에 의도했던 원래의 작업으로 다시 돌 아갈 수 있을 만큼 소설에서 자유스러워진 것은 아니다. 아직도 소설을 더 살펴보아야 하고 끝내야 할 사전 작업이 남아 있는 상 태이다.

우리의 작업을 지켜본 독자들은 이제까지 우리가 두 인물, 노 르베르트 하놀트와 조에 베르트강이 마치 한 작가의 창조물이 아 니라 현실 속에 실재하는 사람들인 것처럼, 또 작가의 의식이 마 치 그 어느 것도 굴절시키거나 불분명하지 않은 완벽하게 투명한 매개물인 것처럼 생각하며 두 인물의 심리적인 움직임과 표현들을 다루고 있다는 점을 느끼며 놀라지 않을 수 없었을 것이다. 작가가 자신의 소설에 〈환상곡〉이라는 부제를 붙이면서 의도적으로 사실주의를 포기했으므로 우리의 작업이 한층 더 놀라움을 주었을 수도 있다. 그러나 우리가 보기에 작가의 묘사는 너무나도 현실에 충실한 것이어서 『그라디바』가 환상곡이 아니라 임상 보고서라는 부제를 달고 있었다고 해도 이의를 제기할 수는 없었을 것이다. 단지 두 가지 점에서만은 작가가 소설가로서 가진 자유를 이용해 현실의 법칙에 뿌리를 내리고 있지 않은 전제를 만들어 놓았다. 소설가는 젊은 고고학자로 하여금 의심할 여지 없는 고대 유물인 부조를 발견하게 했다. 이 부조는 특이한 걸음걸이뿐만 아니라 얼굴 모습과 몸놀림에서도 살아 있는 여인을 그대로 재현하고 있어서, 고고학자는 나중에 이 여인이 눈앞에 나타났을 때 그녀가 돌에 조각된 여인으로 착각하고 만다. 이것이 소설의 첫 번째 전제였다면, 두 번째 전제는 주인공이 고향 마을에서 보았던 살아 있는 여인에게서 이미 멀리 떠나 있으면서도 작가가 그로 하여금 다른 곳이 아닌 바로 그가 상상을 통해 죽은 여인을 데리고 갔던 폼페이에서 그 살아 있는 여인을 다시 만나게 했다는 것이다. 그러나 이 두 번째 결정을 내림으로써 작가는 현실에서 우리가 만날 수 있는 가능성들을 배제하지 않았고, 그럼으로써 현실을 왜곡하지 않을 수 있었다. 작가는 우리의 운명에 빈번하게 개입하는 우연에 의지함으로써, 오히려 이 우연의 정확한 의미를 밝힐 수 있었다. 왜냐하면 이 우연이란 다름 아니라 피해서 달아났던 것을 만나기 위해서 도망을 간 것이 되는 운명이었기 때문이다. 첫 번째 전제는 두 번째 것에 비해 더 환상적으로 보이고, 전적으로 작가의 자유스러운 선택의 결과이다. 이 전제 속에는, 즉 조각된 모습과 살아 있는 여인 사이의 완벽한 유사성 속에는 이후에 전개될 모든 사건이 들어 있다. 반면 작가의 절제된 상상력은 두 인물 사이의 유사성을 걸음걸이의 특징에만 한정하고 있다. 독자들은 상상력에 몸을 맡긴 채 소설에서 이야기된 내용이 현실에서 실제로 일어났었을 수도 있다고 믿고 싶을지 모른다. 이 경우 베르트강이라는 이름은 이미 이 가문의 여인들이 우아한 걸음걸이로 유명했다는 것을 일러 주는 것으로 생각할 수 있을 것이고, 베르트강 가문은 지금은 독일에 살지만 그리스 혈통이고 그중 한 여인이 고대의 조각가에게 가문의 여인들이 갖고 있는 그 특이한 걸음걸이를 조각해 달라고 부탁했을 가능성도 있다. 그러나 인체의 형태가 다양하기는 하지만 상호 간에 유사성이 없는 것도 아니고, 또 박물관의 유물들을 보면 몇몇 특징적인 모습들이 반복해서 나타나는 것을 볼 수 있듯이, 베르트강이 모든 면에서 옛 조상의 모습을 그대로 물려받았다고 상상할 수도 있을 것이다. 어쩌면 이런 근거 없는 상상을 자꾸 하는 것보다는 차라리 작가에게 그런 상상력이 어디서 나왔는지 직접 물어보는 것이 더 현명한 일인지도 모른다. 이런 경우 우리는 작가의 자유로운 상상력에서 나온 것 같은 요소를 어떤 법칙에 근거해 실재하는 것으로 파악할 수 있다는 희망을 가져 볼 수 있을 것이다. 그러나 작가의 정신생활의 근원[9]에 대해서 전혀 알 수 없는 우리로서는 그가 현실과 완전히 부합되는 묘사를 개연성이 없는 전제에 기대어 전개시켰을 때, 셰익스피어가 『리어왕』을 쓰면서 요구했던 작가의 권리를 인정해 주지 않을 수 없다.[10]

이 점을 제외하면 앞에서도 여러 번 이야기했듯이, 소설은 완

---

9   이 논문의 뒤에 실린 〈덧붙이는 글〉을 참조.
10   『리어왕』에 나타난 〈개연성 없는 전제〉에 대한 언급은 프로이트의 논문 「세상자의 모티프」에서 찾아볼 수 있다.

벽할 정도로 정확하게 정신분석 연구서를 닮아 있어서 의사인 우리가 갖고 있는 지식과 견주어 볼 만하다. 소설 속에서 우리는 병과 치료에 관한 기록을 읽을 수 있는데, 이 치료는 심리 의학의 몇몇 근본적인 근거들을 심화시키고 있는 것처럼 보인다. 작가가 의도적으로 그렇게 했다면 이것은 실로 기이한 일이다! 그런데 만일 작가가 이러한 의도를 갖고 있지 않았다고 단호하게 대답한다면, 소설과 정신분석의 이 기묘한 일치를 어떻게 이해해야 할 것인가? 양자 사이의 유사성을 찾아내고 작가의 의도를 밝혀내는 것은 결코 어려운 일이 아니다. 작가가 생각하지도 못했던 구체적인 의미를 이 아름다운 시적 작품 속에 끌어들인 사람은 사실 우리 자신일지도 모른다. 얼마든지 그럴 가능성이 있는데, 이 문제는 잠시 후에 다시 다루기로 하자. 지금까지 우리는 소설가의 말과 그 말에 대한 작가 스스로의 설명을 직접 인용해 가며 자의적인 해석을 피하려고 애썼다. 앞에서 우리가 행한 긴 요약과 소설 『그라디바』를 비교해 보면 이 점을 인정하지 않을 수 없을 것이다.

아마도 많은 사람들의 눈에는 소설에서 심리 치료 연구의 한 예를 찾는 우리가 작가를 헐뜯고 있는 것처럼 보일지도 모른다. 요컨대 사람들의 주장은, 작가는 정신 치료에는 관계하지 말아야 하며 병적인 상태들을 묘사하는 일은 의사들에게 맡겨야 한다는 것이다. 그러나 실제로 작가라는 이름값을 하는 진정한 작가는 이제까지 이런 규칙을 지킨 적이 없다. 오히려 인간의 정신적 움직임을 묘사하는 것이야말로 작가들의 고유한 영역이었다. 작가는 어느 시대를 막론하고 과학의 선도자였고, 과학적 심리학의 분야에서도 예외가 아니다. 그런데 우리가 흔히 정상적이라고 하는 정신 상태와 병적이라고 부르는 정신 상태 사이의 경계는 한편으로는 관례적인 구분이고, 다른 한편으로는 또 매우 불확실한 것이기도 해서 사람들은 실제로 하루에도 몇 번이나 이 경계를 넘나들고 있다. 게다가 정신 의학은 미묘한 심적 장치에 심각한 손상이 가해져 발생하는 병적인 상태만을 담당해야 한다는 것은 잘못된 생각이다. 정신적 힘의 혼란 상태에 지나지 않아 정상적인 상태에 견주어 보아 그리 심각하다고 할 수 없는 회복 가능한 일탈 현상들도 정신 의학의 관심 분야에 속하는 것이다. 아니 오히려 이런 상태에 대한 연구를 통해서만 정신 의학은 건강한 상태와 심각한 병적인 상태 양자를 모두 이해할 수 있다. 작가는 정신병 의사에게, 또 정신병 의사는 작가에게 서로의 자리를 양보하지 않는 것이다. 작가가 다룬 정신 치료에 관계된 주제가 아무리 정확한 것이라고 해도 소설의 시적인 아름다움이 사라지는 것은 아니다.[11] 소설에서 이야기된 병과 치료는 정말로 정확한 것이었고, 소설이 끝나면서 우리의 호기심이 충족되었을 때 그 전체적인 모습을 우리는 굽어볼 수 있게 된다. 이제 우리는 정신분석의 전문적인 용어들을 사용해서 소설을 재구성해 보고자 한다 — 어쩔 수 없이 앞에서 이미 행했던 요약을 다시 반복해야 되는 경우가 있을 것이다.

작가는 여러 번에 걸쳐 노르베르트 하놀트의 상태를 〈망상〉이라고 지칭하는데, 우리 또한 이 용어를 거부할 이유가 전혀 없다.[12] 〈망상〉에 대해 우리는 두 가지 주된 특징을 지적할 수 있다.

11 창조적 작가들의 정신 병리학적 소재 사용에 관한 프로이트의 다른 의견 개진은 그의 사후에 출판된 논문 「무대 위에 나타나는 정신 이상에 걸린 등장인물들」에서 찾아볼 수 있다.
12 사실 옌젠은 이 말을 그의 소설에서 단 한 번도 사용한 적이 없다. 〈망상〉을 지칭하는 독일어 *Wahn* 대신에 작가는 〈착각〉이나 〈공상〉 등의 단어를 썼다. 프로이트는 실수를, 그것도 고의적으로 저지른 셈이다.

물론 망상을 완벽하게 설명해 주는 것은 아니지만, 두 가지 특징은 다른 병들과 망상을 선명하게 구별시켜 준다. 우선 망상은 신체에 직접적인 영향을 미치지 않고 단지 정신적인 증후들을 통해서만 외부로 나타나는 병들 중 하나이다. 두 번째 특징은 망상이 〈환상〉의 지배하에 놓여 있다는 것이다. 다시 말해 환상이 사실로 인식되고 행동에 영향을 미치는 것이다. 폼페이에서 화산재 속에 남아 있는 그라디바의 발자국을 찾는 노르베르트 하놀트를 상기해 보자. 이 장면은 망상의 지배하에서 이루어진 행동의 한 탁월한 모델이다. 정신과 의사라면 노르베르트 하놀트의 망상을 파라노이아*Paranoia*, 즉 편집증군 속에 포함시킬 것이고, 〈페티시즘적 색정증*Fetischistische Erotomanie*〉[13]으로 명명할 수도 있을 것이다. 의사는 실제로 젊은이가 돌에 새겨진 여인과 사랑에 빠졌다는 사실에 주목할 것이고, 또 그가 여인 전체가 아니라 발과 걸음걸이에만 유독 관심을 갖는다는 사실에서 〈페티시즘*Fetischismus*〉을 의심할 수도 있다. 그러나 망상의 내용에 따라 이렇게 다양하게 명명하고 분류한다고 해도 여전히 뭔가가 부적절하고 불충분하다.[14] 한 발 더 나아가 좀 더 세심한 의사라면 소설의 주인공을 〈퇴행적〉으로 볼 수도 있을 것이다. 왜냐하면 주인공은 특별한 애착에 기초해 자신의 망상을 발전시키고 있기 때문이다. 어쩌면 의사는 주인공에게 피할 수 없는 이런 운명을 부여한 유전적 요소를 탐구해 보려는 생각을 할 수도 있을 것이다. 물론 소설가는 당연한 일이지만 이런 방향으로 소설을 끌고 가지는 않았다. 작

13 *Fetishism*. 이성의 몸의 어느 특정한 부위나 옷 등 이성과 관계된 물건을 통해 성적 흥분을 느끼는 변태 심리. 여성의 내의를 수집하는 것이 전형적인 경우이다.
14 노르베르트 하놀트의 경우는 사실 편집증적 망상이라기보다는 히스테리성 망상으로 분류되어야 할 것이다. 편집증적 특징들이 확연하게 드러나지 않기 때문이다 ─ 원주.

가는 쉽게 〈감정 이입〉을 경험할 수 있도록 주인공을 우리들과 유사한 인물로 묘사해 놓았다. 학문적으로 입증이 가능하든 아니든 〈퇴행〉이라는 진단을 받게 된 주인공은 실제로 우리가 접근할 수 없는 먼 곳으로 이동해 갔다. 독자들은 정상인들이고 판단의 척도이다. 게다가 작가는 이런 병적 상태를 구성하는 유전적 요소들에 대해서는 거의 신경을 쓰지 않는다. 반면에 그는 이런 망상의 기원에 도사리고 있을 수 있는 한 개인의 정신적 조직에 집착한다.

노르베르트 하놀트는 다음과 같은 점에서 특히 정상인과는 다른 행동을 보여 준다. 그는 결코 살아 있는 여인에게는 아무런 관심도 갖고 있지 않은 것이다. 그가 전공하는 학문이 그에게서 이런 관심을 빼앗아 갔고, 돌이나 청동으로 된 여인들 쪽으로 관심을 이동시켰다. 이것을 별 중요성이 없는 단순한 특징으로 보아서는 안 된다. 살아 있는 여인에 대한 이 완전한 무관심은 소설에서 이야기되는 모든 사건들이 발생하는 근본적인 조건이었다. 무관심으로 일관하던 어느 날, 보통은 살아 있는 여인에게 향해야 할 모든 관심이 돌에 새겨진 여인에게 쏠렸고, 바로 여기서부터 그의 망상이 시작되었기 때문이다. 우리는 이미 이 망상이 주위의 이러저러한 도움을 받아 치료되고 조각에 쏠렸던 관심이 다시 살아 있는 여인에게로 돌아오는 과정을 보았다. 주인공은 어디서 어떤 영향을 받았기에 살아 있는 여자들을 회피하는 상태에 빠지게 된 것일까? 작가는 이런 의문에 답하지 않는다. 단지 그는 그러한 행동은 선천적인 기질로 설명되지 않는 것이고 오히려 환상적인 욕구들을 내부에 갖고 있다는 것만을 지적하고 있다. 작가는 환상적인 욕구라고 했지만, 우리는 이에 성적 욕구를 보태고 싶다. 노르베르트 하놀트는 어린 시절에 다른 아이들과 떨어져서 지내지는 않았다. 어린 시절에 그는 한 여자 친구와 우정을 나누었다. 그는 꼬마 여자 친구의 둘도 없는 단짝이었고, 점심도 같이 나누어 먹었으며, 종종 주먹질도 해서 여자 친구에게 반격을 당하기도 했다. 이렇게 친밀함과 공격성이 혼재해 있는 상태에서 우리는 어린 시절의 불완전한 에로티시즘이 표현되고 있음을 볼 수 있다. 이 에로티시즘은 나중에서야 그 결과를 나타내는데, 그때는 참을 수 없는 성격을 띠게 된다. 어린 시절에서 이렇게 에로티시즘을 알아볼 수 있는 사람은 오직 의사와 작가들밖에는 없다. 우리의 작가도 그 자신 역시 같은 생각을 갖고 있음을 보여 준다. 적절한 기회에 그는 주인공으로 하여금 갑자기 여인의 발걸음과 발의 위치에 대한 강렬한 호기심을 느끼게 한다. 이 관심으로 인해 그는 정신분석적으로 볼 때나 도시의 여인들에게서나 발에 편집증이 걸린 사람이라는 명예스럽지 못한 평판을 얻을 뿐이다. 그러나 우리가 보기에 여인의 발과 발걸음에 대한 그의 관심은 어린 시절에 함께 놀았던 여자 친구의 기억에서 나온 것이다. 젊은 여인은 이미 어린 시절부터 뒤꿈치를 거의 수직으로 세우고 걷는 아름다운 발걸음을 갖고 있었을 것이고, 고대의 부조가 노르베르트 하놀트에게 그토록 중요성을 가졌던 것도 바로 그 부조가 이 특이한 걸음걸이를 나타내고 있었기 때문이다. 작가는 게다가 페티시즘이라는 기이한 증상의 병인을 찾아 가면서 정신분석학과 완전한 의견 일치를 보이고 있다. 비네[15] 이후 우리는 페티시즘이 어린 시절에 받은 강한 성적 인상들에 기원을 두고 있다고 본다.[16]

15 Alfred Binet(1857~1911). 프랑스의 생리학자이자 심리학자로 유명한 비네-시몽 유아 지능 검사의 창시자이다.
16 성도착에 대한 비네의 관점은 프로이트의 「성욕에 관한 세 편의 에세이」(프로이트 전집 7, 열린책들)에 자세히 기술되어 있다. 그러나 그는 그들의 정당성에 대

여인을 멀리하는 상태가 지속되면 한 개인의 적성이 변화되고, 우리가 흔히 말하듯이 망상을 일으킬 수 있는 사전 조건이 형성된다. 정신적 혼란은 어떤 갑작스러운 인상이 망각되었으나 성적 성격을 지니고 있었던 어린 시절의 경험들을 다시 일깨울 때 시작되는데, 적어도 그 기억의 흔적만이라도 떠올리게 한다. 그러나 망상이 시작되면서 연이어 일어나는 일을 고려한다면 〈일깨운다〉라는 말은 정확한 표현이 못 된다. 우리는 여기서 소설가가 묘사한 망상을 심리학의 전문 용어로 재구성해 보아만 할 것이다. 노르베르트 하놀트는 부조를 보면서 자신이 유사한 걸음걸이를 이미 어린 시절의 여자 친구에게서 보았다는 것을 기억해 내지 못한다. 아무것도 기억 못 하지만 부조에 의해 생긴 모든 현상들은 어린 시절에 받았던 강한 인상과 관계를 맺고 있었다. 어린 시절의 인상이 다시 깨어나 활동을 시작한 것이고, 영향력을 행사하고 있었던 것이다. 그러나 그 인상을 의식하지는 못했고, 오늘날 정신 병리학에서 빼놓을 수 없는 용어가 된 단어를 빌려 말한다면 〈무의식〉 속에 남아 있었던 것이다. 이 무의식이 철학자들의 논쟁에서 제외되었으면 하는 것이 우리의 바람이다. 왜냐하면 그들에게 무의식은 어원적인 의미밖에는 지니지 못할 것이기 때문이다. 매우 왕성하게 활동을 하고 있지만 한 개인의 의식에는 도달하지 못한 정신 활동을 지칭하기 위해서 우리는 이 잠정적인 용어보다 더 적절한 말을 아직 갖고 있지 못하다. 위에서 말한 것이 우리가 〈무의식〉이라는 말로 뜻하고자 하는 것이다. 난센스인 것처럼 보일 수도 있기 때문에 만일 많은 사상가들이 이러한 무의식의 존재를 부정한다면, 그것은 우리의 생각으로는 그들이 단 한 번도 무의식이라고 불러 마땅한 정신 현상들을 다루어 본 적 한 의심을 덧붙이고 있다. 성도착에 대한 프로이트의 논문 참조.

이 없기 때문이다. 그들은 활동적이고 강렬한 모든 정신 현상은 자연히 의식적인 것일 수밖에 없다는 매우 일반적인 생각을 벗어나지 못하고 있다. 이런 사상가들은 아무리 강렬하고 중대한 결과를 만들어 내는 것이라고 하더라도 의식에서 멀리 떨어진 채 진행되는 정신 현상들이 있다는 것을 알아야 할 것이다. 우리의 소설가는 이 점을 잘 알고 있었다.

이미 앞에서 우리는 어린 시절에 조에와 맺었던 관계들에 대한 노르베르트 하놀트의 기억이 〈억압〉 상태에 있다는 점을 지적했고, 그 기억을 〈무의식적〉 기억이라고 불렀다. 이제 그 의미가 상통하는 두 용어 사이의 관련성에 잠시 주목해 봐야 할 것이다. 이 문제에 대해 설명을 제공하는 것은 그리 어려운 일이 아니다. 〈무의식〉이 의미가 넓은 개념이라면, 〈억압〉은 좁은 의미를 갖고 있는 개념이다. 억압된 모든 것은 무의식적이다. 그러나 모든 무의식적 것이 억압된 것이라고 말할 수는 없다. 만일 노르베르트 하놀트가 부조를 보면서 조에의 걸음걸이를 기억해 낼 수 있었다면, 이전에는 무의식적이었던 기억이 활동적으로 되면서 동시에 의식적인 것이 되는 것이다. 이는 그 기억이 이전에 억압되어 있지 않았다는 것을 일러 준다. 〈무의식〉이라는 말은 순수하게 묘사적인 용어이고 여러 면에서 불명확하며, 또 말하자면 정태적(靜態的)인 용어이기도 하다. 반면에 〈억압된 것〉은 정신적인 힘의 작용을 표현하는 역동적인 용어이다. 〈억압된 것〉이라는 말속에는 모든 정신적 움직임들은 표출되려는 경향이 있다는 뜻이 내포되어 있다. 의식적인 것이 되려는 움직임도 이 표출되려는 것들 중 하나이다. 동시에 이 〈억압〉이라는 말속에는 표출되려는 힘과 반대되는 힘이 있다는 뜻도 있다. 즉 정신적 움직임의 한 부분을 금지할 수 있는 저항이 있다는 뜻도 포함되어 있는데, 의식적인 것이 되려는 움직임도 이 저항을 받아 금지되어야 하는 것들 중 하나이다. 억압된 것의 두드러진 특징은 바로 그 강렬한 활동에도 불구하고 의식에 도달할 수 없다는 데 있다. 하놀트의 경우에도 부조를 보는 순간부터 억압된 무의식, 한마디로 말해 억압된 것이 활동을 시작한 것이다.

걸음걸이가 예쁜 꼬마 여자 친구와 맺었던 관계는 노르베르트 하놀트에게는 억압되어 있었다. 그러나 이것만으로는 그가 처하게 된 심리적 상황을 정확하게 살펴볼 수가 없다. 그의 기억과 의식에 머무르는 한 우리는 여전히 표면만을 보는 것에 지나지 않는다. 심리적 움직임에서 중요한 것은 오히려 감정들이다. 모든 정신적 힘들은 감정을 자아내는 가능성에 의해서만 의미를 갖게 된다. 옛 기억들이 억압되었던 것은 바로 기억들이 일어나서는 안 되는 감정의 해방과 관련되어 있었기 때문이다. 억압은 감정과 관련되어 있다고 말하는 것이 좀 더 정확한지도 모른다. 그러나 우리가 감정을 파악할 수 있는 것은 오직 그 옛 기억들을 통해서만 가능하다. 따라서 노르베르트 하놀트에게 억압된 것은 성적인 감정이었고, 그의 에로티시즘은 조에 베르트강 이외에는 다른 대상이 없었기 때문에(혹은 없기 때문에), 그녀와 관련된 기억도 잊혀진 것이다. 고대의 부조가 나타나 잠자고 있던 이 에로티시즘을 깨웠고, 동시에 어린 시절의 기억들도 활동적으로 만들었다. 그러나 이 에로티시즘에 대한 저항이 있었기 때문에 그의 기억들은 단지 무의식적인 기억들로서만 활동할 수 있었다. 이후에 그의 의식 속에서 전개되는 것은 에로티시즘의 힘과 그것을 억압하는 힘 사이의 싸움이었다. 그의 망상은 이 싸움이 겉으로 드러난 것이다.

작가는 주인공에게 사랑이 억압되었을 때 그 억압이 어떤 동기들 때문에 일어났는지를 밝히지 않고 있다. 주인공의 학문 활동은 억압이 이용한 한 수단에 지나지 않는다. 의사라면 여기서 좀 더 깊이 파고들겠지만, 소설을 다루고 있는 지금 문제의 핵심에는 도달할 수 없을 것이다. 반대로 소설가는 앞에서 우리가 찬사를 보내면서 강조했듯이, 억압된 에로티시즘이 어떻게 해서 바로 억압에 봉사했던 수단에서 깨어나는지를 묘사하고 있다. 여인을 조각한 고미술품 한 점이 우리의 젊은 고고학자를 사랑의 무관심에서 끌어내고, 또 그에게 우리가 태어나면서부터 생명을 얻는 대가로 인생에 대해 지게 된 빚을 갚도록, 다시 말해 인생의 고난을 겪도록 명령을 내린 것이 분명하다.

부조가 하놀트의 의식 속에 불러일으킨 첫 번째 심리적인 움직임들은 부조에 묘사된 여인을 중심으로 이루어지는 망상이었다. 여인은 그에게 마치 조각가가 길거리를 걷고 있는 여인을 〈살아 있는〉 그대로 묘사한 것처럼 왠지 〈오늘날의〉 여인인 것만 같았다. 그는 이 고대의 젊은 처녀에게 사람들이 전쟁터로 나가는 군신, 마르스의 이름에 붙인 별호 〈그라디비우스〉를 모방해 그라디바라는 이름을 준다. 그라디바는 점점 더 많은 특징들을 부여받게 된다. 그녀는 신을 모시는 경배 의식을 담당하던 한 영향력 있는 귀족의 딸일지도 모른다고 생각되기도 했다. 주인공은 그녀의 모습에서 그녀가 그리스 태생임을 간파했다고 생각했고, 마침내는 그녀를 번잡한 대도시를 벗어나 좀 더 조용한 폼페이 유적지로 데려가고 싶어 했다. 그곳에서 주인공은 그녀로 하여금 길을 건너는 데 사용하도록 돌을 깔아 만들어 놓은 포석 위를 걷게 한다. 작가의 상상력이 만들어 놓은 이러한 이야기들은 어느 정도는 자의적인 데도 있지만, 어쨌든 별로 의미가 있는 것도 아니고 의심스러운 것도 아니다. 그런데 환상에 사로잡혀 처음으로 환상을 행동으로 옮겨 보려고 했을 때, 또 그러한 발의 위치가 정말로 현실과 일치하는 것인지의 문제에 몰두해 있던 고고학자가 거리로 나가 여인들을 관찰하기 시작했을 때, 이 행동은 마치 돌에 새겨진 그라디바의 모습에 대한 그의 모든 관심이 순수하게 자신의 직업인 고고학에서 나온 관심인 듯이 그가 의식하고 있었던 학문적 동기들을 부여받고 있었다. 길거리에서 그가 관찰의 대상으로 삼았던 여인들은 그의 행동을 성적인 추행 정도로 해석할 수밖에 없었다. 우리는 여기서 이 여인들의 해석이 옳았다고 해야 할 것이다. 하놀트가 자신의 행동이 어떤 동기에서 나온 것인지는 물론이고, 그라디바에 관련된 환상이 어디서부터 시작되었는지도 모르고 있었다는 것은 의심할 여지가 없다. 나중에 알게 된 것이지만 그의 환상들은 어린 시절의 추억들이 만들어 낸 메아리였고, 또 그것들이 변형되고 왜곡된 것들이다. 어린 시절의 기억들은 이러한 변형과 왜곡을 거치지 않고서는 의식에 도달할 수 없었던 것이다. 스스로는 미학적인 판단으로 생각하고 있었지만 돌에 조각된 모습이 왠지 〈현재〉의 여인을 나타내는 것 같다는 판단은 실제로는 고고학자의 학문적 판단과는 아무런 관련이 없다. 고고학자는 그러한 걸음걸이가 자신이 알고 있는 여인의 것이기를, 〈그가 지금 살고 있는〉 길거리를 걷고 있는 여인의 걸음걸이기를 원하고 있었던 것이다. 부조가 〈살아 있는 모습 그대로〉 제작되었다는 느낌과, 조각이 헬레니즘 시대의 것이라는 환상의 배후에는 그리스어로 〈생명〉을 뜻하는 조에라는 이름이 숨어 있었다. 망상에서 완전히 벗어난 후 주인공이 들려주는 설명에 따르면, 그라디바라는 말은 〈걸음걸이가 우아하고 화사한 사람〉을 뜻하는 〈베르트강〉이라는 가문의 이름, 즉 성을 번역한 말이다. 비록 망상 속에서이긴 했지만 그가 여인의 아버지에 대해 이것저것 상상할 수 있었던 것은 조에 베르트강의 아버지가 저명한 대학교수라는 것을 알고 있었기 때문에 가능했다. 다시 말해 그는 망상 속에서 저명한 대학교수를 고대 사회에서 신전을 지키는 귀족 가문의 제사장으로 바꿔 놓을 수 있었던 것이다. 마지막으로 그의 상상력이 그라디바를 폼페이로 옮겨 놓은 것은 〈그라디바의 걸음걸이가 조용하고 평온하기 때문〉이 아니라, 그의 전공인 고고학이라는 학문이 알 수 없는 어떤 상호 교섭 작용에 의해 어린 시절의 우정에 대한 기억을 깨달을 수 있었던 이상한 상태에 대해 폼페이보다 더 적절한 비유를 제공할 수 없었기 때문이다. 그가 자신의 어린 시절과 고대라는 과거를 동일시했다면 — 모든 상황이 이런 동일시를 유도하고 있었다 — 땅에 파묻혀 몰락한 폼페이, 다시 말해 사라졌으면서도 그대로 보존되어 있는 과거인 매몰된 폼페이가 그것 자체로 〈억압〉에 대한 하나의 완벽한 비유였기 때문이다. 그는 이 억압을 〈내심리적(內心理的)〉[17]이라고 부를 수 있는 지각을 통해 깨달았던 것이다.

이때 그의 의식 속에서 작동하고 있던 상징체계는 작가가 소설 말미에서 조에라는 젊은 여인에게 부여해 의식적으로 이용하게 한 상징체계와 동일한 것이다.

여기서 나 혼자 뭔가 흥미로운 것을 발굴해 낼 수 있을 것이라

[17] *endopsychisch*의 역어다. *endo-*는 그리스어에서 온 접두사로 〈내부의〉 혹은 〈중심에 가까운〉 정도의 의미를 지닌 채 다른 단어와 결합해 복합어를 만들 때 쓰인다. 프로이트가 이 단어를 굳이 고안해 쓰게 된 것은 억압된 무의식과 매몰된 폼페이의 유사성을 중심으로 해서 형성되어 있는 관계를 통해 소설의 주인공인 고고학자가 자신의 무의식을 인식할 수 있었다는 것을 말하기 위해서였다. 이때 발굴되어 외부로 드러난 폼페이는 현재와 과거의 만남이면서 동시에 의식에 의해 인식된 무의식의 비유이기도 하다. 요컨대 과거와 현재, 매몰과 발굴, 그리고 무의식과 의식의 중첩되고 반복되는 유비적 관계 내부에서 그 관계의 한 항인 무의식이 그 관계에 의해 지각된다는 말일 것이다.

고 생각했어. 이런 우연한 만남이 있으리라고는 꿈에도 생각지 못
했는데…….

소설의 결말 부분에서 젊은 처녀는 〈비유적으로 말해 매몰된
상태에서 발굴되어 생명을 건진 것과 같은〉 그녀의 소꿉친구가
밝힌 여행 계획에 응하게 된다.
　이렇게 하놀트의 망상이 발전시킨 첫 번째 환상들과 그에 부수
된 행동들만 보아도 서로 다른 기원을 갖고 있는 두 세계가 하나
의 흐름을 형성하고 있음을 알 수 있다. 하나는 하놀트에게 나타
난 것이고, 다른 하나는 그의 정신적 움직임들을 살펴본 우리에
게 나타난 것이다. 하놀트에게 관련된 것은 그가 의식하고 있었
던 것이고, 다른 하나는 완벽하게 무의식적인 것이었다. 하나는
고고학이라는 학문을 상징하는 것들에서 유래했고, 다른 하나는
고고학자인 주인공의 의식 속에서 깨어난 어린 시절의 억압된 기
억과 그 기억에 연결되어 있는 정서적 충동들에서 온 것이다. 하
나가 다른 하나를 숨기고 있는 표면이라면, 다른 하나는 그 표면
뒤에 숨어 있는 무엇이다. 학문적 동기는 무의식적인 성적 동기
의 핑계 역할을 했고, 고고학은 망상을 위해 동원되었다고 말해
도 좋을 것이다. 그러나 무의식적인 결정이 학문적이고 의식적인
결정을 만족시키는 것 이외에 다른 것을 할 수 없다는 점을 잊어
서는 안 될 것이다. 망상의 여러 증후 —— 환상들과 그에 따른 행동
들 —— 는 실제로 두 정신적 움직임 사이에서 발견된 일종의 타협
의 산물이고, 이 타협은 두 정신적 흐름의 요구를 동시에 헤아리
고 있다. 그러나 각각의 정신적 흐름은 스스로가 원하는 것의 일
부를 단념해야만 했다. 타협이 성립된 곳에 투쟁이 있다. 우리가
다루고 있는 소설의 경우, 투쟁은 억눌려 있는 에로티시즘과 그

것을 억압 상태 속에 유지시키려는 힘들 사이의 갈등으로 나타난
다. 망상이 형성되는 과정 속에서 이 투쟁은 엄밀히 말해 끝이 없
다. 하나의 타협이 성립될 때마다 공격과 저항은 다시 반복된다.
타협 자체가 완전한 만족이 아니기 때문일 것이다. 작가는 이 점
을 잘 알고 있었고, 그래서 그는 정신적 혼란이 시작되는 단계에
걸맞게 욕구 불만과 이해할 수 없는 불안이 주인공을 지배하도록
한 것이다. 이런 감정들은 이후에 전개될 사건들을 암시하고 보
증하는 역할을 하고 있다.

환상과 결심을 동시에 지배하는 요소의 중요한 특이성들과, 억
압된 것이 가장 큰 역할을 하는 행동을 위한 동기 부여 속에서 의
식적인 핑계들을 만들어 가는 과정의 역시 중요한 특이성들을 우
리는 앞으로 더 자주, 그리고 아마도 더 분명하게 만나게 될 것이
다. 이것은 당연한 일일 텐데, 왜냐하면 작가는 병적인 정신적 움
직임의 가장 주된 성격을 이미 파악하고 있었으며 소설 어느 곳
에서나 그것을 만날 수 있도록 배치해 놓았기 때문이다.

노르베르트 하놀트의 망상은 꿈을 통해 계속 발전해 가는데, 어
떤 새로운 사건이 일어난 것은 아니었다. 망상은 갈등으로 가득
한 그의 정신적 움직임에서 동력을 얻고 있었을 뿐이다. 그러나
소설가가 주인공의 꿈을 구성하면서 꿈의 메커니즘에 대해 깊은
이해를 갖고 있었는지 알아보기 전에 여기서 잠시 멈추어 보자.
우리는 앞에서 망상의 기원에 관계된 전제 조건들을 정신 의학이
어떻게 말하는지를 물었고, 정신 의학이 억압과 무의식의 역할,
또 갈등과 타협의 형성 등에 대해서는 어떤 태도를 취하는지에
대해서도 자문해 보았다. 한마디로 말해 우리는 망상의 발생 과
정을 문학적으로 재현했을 때, 이 재현이 과연 정신분석학이라는
과학을 기준으로 해서 판단할 때도 유효한 것인지를 물었다.

이 문제에 대해 우리는 아마도 예상치 못한 답을 할 수밖에 없을 것 같다. 사실상 위치가 역전된 것이다. 다시 말해 정신분석학이 한 소설가의 창작 행위 앞에서 그 유효성을 의심받게 된 것이다. 정신분석학은 망상이 일어날 수 있는 유전적이고 체질적인 전제 조건들과 창작된 망상들 사이에 존재하는 메울 수 없는 간극을 그대로 놓아두는 반면에, 소설가는 이 공백을 메워 놓았다. 과학은 억압의 중요성을 아직 의심하지 않지만 정신 병리학적 현상들을 설명하기 위해서는 무의식이라는 개념이 절대적으로 요구된다는 것을 인정하지 않았고, 망상의 원인을 정신 내부의 갈등에서 찾으려고도 하지 않았으며, 또 망상의 증후들을 타협이 형성된 것으로 간주하지도 않는다. 그렇다면 작가만이 과학에 홀로 맞서고 있는 것일까? 그렇지는 않다. 이 글을 쓰고 있는 내가 이것이 과학에 관련된 글들이라고 스스로 평가할 권리를 갖고 있다면, 작가 홀로 과학에 맞서고 있는 것은 아니다. 왜냐하면 이미 오래전부터 — 그리고 최근에 이르기까지 대단히 고독한 상태 속에서[18] — 그는 자신이 지금 전문 용어들을 동원해 가며 이 글 속에서 하고 있는 것처럼 옌젠의 『그라디바』에서 끌어낸 모든 관점들을 옹호했기 때문이다. 그는 히스테리나 강박 관념이라는 이름으로 알려져 있는 상태 속에서 정신적 혼란이 일어날 수 있는 개인적인 조건[19]을 지적했다. 그것도 상세하게 설명했다. 충동의 한 부

18 블로일러E. Bleuler의 중요한 저작 『정동(情動), 암시 감응성, 편집증Affektivität, Suggestibilität, Paranoia』참조. 동시에 카를 융의 『진단학적 연상 연구Diagnostische Assoziationsstudien』도 참조. 위 두 책은 1906년 취리히에서 출간되었다. 프로이트는 1912년에 다음과 같이 덧붙인다. 〈1912년, 오늘 이 글을 쓰고 있는 나는 그가 위에서 했던 말이 더 이상 현재의 상황에 어울리지 않기 때문에 수정할 수도 있다. 그때 이후로 내가 선도하고 있는 《정신분석 운동》은 커다란 진전을 보았고, 지금도 그 추세는 계속되고 있다〉 — 원주.

19 일반적으로 드러나는 유전적 요인과는 대조적인 것이다.

분이 억눌려 있고, 또 그 억눌린 충동이 외부로 나타나는 표출 방식에 억압되어 있을 때 정신적 혼란이 발생할 수 있다. 그 후 얼마 지나지 않아 나는 같은 개념을 다양한 형태의 망상에 적용했다.[20]

이런 이유들로 인해 고려의 대상이 되는 충동들은 그렇다면 매번 성적 충동의 한 부분에 지나지 않는 것일까? 아니면 성적 충동 이외의 다른 충동이 있는 것일까? 이 문제는 소설 『그라디바』를 분석하고 있는 우리와는 무관한 것인지도 모른다. 왜냐하면 소설가가 선택한 문제는 다름이 아니라 억눌린 성적 감정의 문제이기 때문이다. 정신적 갈등과 증후의 형성 과정을 서로 갈등하고 있는 두 정신적 흐름 사이의 타협으로 간주하는 관점, 이 연구를 수행하고 있는 나는 이 관점을 소설가가 상상해 낸 노르베르트 하놀트의 경우를 다룰 때와 똑같은 방식으로 의학적으로 관찰되고 처치된 실제의 병을 다룰 때도 적용했다.[21]

이 글의 저자와 정신 의학의 대가 샤르코의 제자인 자네에 앞서 이미 요제프 브로이어와 나는 공동으로 신경 질환들의, 특히 히스테리성 질환들의 발생을 살펴보기 위해서 무의식적 사고가 갖고 있는 힘들까지 거슬러 올라갔던 적이 있다.[22]

1893년 이후 몇 년 동안 정신 이상의 기원에 대한 연구에 몰두해 있을 때에는 내가 얻은 결과들을 작가들에게서 확인해 볼 수 있다는 생각을 전혀 하지 못했다. 그래서 1903년에 나온 소설 『그라디바』 속에서 한 소설가가 내가 의학적인 경험을 통해 얻었다고 생각했던 새로운 발견을 소설 창작의 기초로 삼고 있다는 사실을 확인했을 때 적지 않게 놀랐던 것이다. 어떻게 해서 이 소설

20 『신경증에 관한 논문집 Sammlung kleiner Schriften zur Neurosenlehre』(1893~1906).
21 「도라의 히스테리 분석」(프로이트 전집 8, 열린책들) 참조 — 원주.
22 『히스테리 연구』(프로이트 전집 3, 열린책들) 참조 — 원주.

가는 의사와 똑같은 깨달음에 다다를 수 있었던 것일까? 혹은 소설가는 어떻게 마치 의사와 똑같은 깨달음을 갖고 있는 것처럼 소설을 쓸 수 있었던 것일까?

앞에서 말했듯이 노르베르트 하놀트의 망상은 그라디바의 걸음걸이와 똑같은 걸음걸이를 찾기 위해 고향의 길거리를 헤매고 다니던 어느 날 그가 꿈을 꾸면서 새로운 전개를 맞게 된다. 이 꿈의 내용을 간략하게나마 살펴볼 필요가 있을 것이고, 그리 어려운 일도 아닐 것이다. 꿈속에서 주인공은 불행한 도시가 멸망하는 바로 그날 폼페이에 가 있게 된다. 자신에게는 아무런 위험도 없는 상태에서 그는 끔찍한 공포를 시민들과 함께 경험한다. 문득 그라디바가 걸어가고 있는 모습이 눈에 띄자, 그는 〈그녀가 자기와 같은 시대에 산다는 사실은 의심하지 못한 채〉 그녀가 폼페이 여인이고, 따라서 고향에 산다는 것이 지극히 당연한 일이라고 단번에 생각해 버리고 만다. 그는 그녀로 인해 심한 불안에 떨었고, 그녀를 소리쳐 불렀다. 그 소리에 그녀는 한순간 얼굴을 돌렸다. 그러나 그녀는 누구에게도 눈길 한 번 주지 않은 채 계속 길을 갔고, 아폴론 신전의 계단 위에 길게 몸을 눕힌다. 그녀의 얼굴은 서서히 백색 대리석처럼 하얗게 되어 갔고, 몸 전체가 돌로 만든 조각처럼 변해 가다가 마침내 비처럼 내리는 화산재에 파묻히고 만다. 잠에서 깨어났을 때에도 침실까지 들려오는 대도시의 소음들이 그에게는 여전히 폼페이 시민들의 아우성 소리와 성난 파도 소리로만 들렸다. 꿈속에서 일어난 일이 그에게 정말로 일어난 일이라는 느낌, 혹은 착각이 잠에서 깨어난 지 꽤 되었는데도 여전히 그의 머릿속에 남아 있었다. 이 꿈은 그에게 그라디바가 폼페이에서 살다가 재앙이 닥쳤던 그날 그곳에서 죽었다는 확신을 주었고, 이 확신을 새로운 출발점으로 삼아 그의 망상은 다시 시작된다.

요약은 그리 어려운 일이 아니었는지 모르지만, 작가가 이 꿈을 통해서 하고자 했던 이야기가 무엇이었는지, 또 무엇이 그로 하여금 꿈을 새로운 망상을 전개시키기 위한 출발점으로 삼게 했는지를 밝히기는 훨씬 어려운 일이다. 꿈을 열심히 연구하는 사람들은 정신 이상이 꿈과 관련을 맺는 방식과 꿈에서 기인하는 방식 등에 대해 많은 사례들을 수집해 놓았고, 저명인사들의 전기를 보면 이러저러한 결정과 행동을 했을 때는 언제나 꿈에서 영감을 받았다는 기록을 찾아볼 수 있다. 그러나 이러한 유사점은 우리에게 그리 도움이 되지 않는다. 소설가가 상상해 낸 고고학자 노르베르트 하놀트의 경우를 좀 더 깊이 살펴보도록 하자. 만일 이 꿈이 단순한 소설적 장식이 아니고, 그래서 이 꿈을 소설의 전체적인 문맥 속에 위치시킨다면 어떤 부분에서부터 이 꿈에 접근해 들어가야 할 것인가?

독자들 중에는 이 꿈을 쉽게 설명할 수 있다고 생각하는 사람도 있을 것이다. 주인공이 꾼 꿈은 대도시의 소음에 자극을 받아 꾸게 된 단순한 악몽인데, 폼페이 여인에 몰두해 있던 한 고고학도가 폼페이의 몰락으로 해석했을 뿐이라는 것이다. 일반적으로 꿈을 대수롭지 않게 여기기 때문에 사람들은 실제로 어떤 꿈을 설명한다고 하면서 어느 정도 꿈과 일치하기만 하면 외부의 자극을 근거로 해서 꿈의 내용을 대부분 설명하려고 한다. 외부의 자극이란 잠자는 사람을 깨운 소음이었고, 따라서 문제가 된 꿈의 의미는 모두 밝혀진 것인지도 모른다. 가령 우리는 그날 아침 도시는 평상시보다 유난히 시끄러웠고, 또 노르베르트 하놀트가 여느 날과는 달리 창문을 열어 놓은 채로 잠이 들었다거나 하는 식으로 여러 가정을 해볼 수도 있다. 그러나 작가가 소설을 쓰면서 이런 가정을 뒷받침해 줄 만한 설명을 하지 않았으니 우리로서는 안타까울 뿐이다! 또 모든 악몽이 그렇게 간단한 것이라면 얼마나 좋겠는가! 우리가 다루고 있는 꿈은 결코 그렇게 간단한 꿈이 아니다.

외부의 감각적인 자극과 연계해서 꿈을 재구성할 필요는 없다. 잠을 자는 사람은 이러한 외부 세계의 자극을 무시해 버릴 수도 있으며, 혹은 그런 자극 때문에 꿈에서 깨어난다고 해서 반드시 그것을 꿈의 내용과 연관 짓는 것도 아니다. 물론 여기서 제기된 것처럼 어떤 이유로 그 자극이 상황에 적절하다고 하여 꿈의 내용 속에 짜맞출 수도 있다. 그러나 잠자는 사람의 감각에 가해지는 자극에 의해 그런 식으로 꿈의 내용이 결정된다는 사실을 입증하기 불가능한 꿈들이 무수히 많다. 따라서 우리는 다른 길을 찾아야 한다.

어쩌면 잠에서 깨어난 하놀트에게 남아 있는 꿈의 찌꺼기를 출발점으로 삼을 수 있을지도 모른다. 이때까지는 그라디바가 폼페이인이라는 것은 노르베르트 하놀트에게도 하나의 환상이었다. 그러나 꿈을 꾸고 난 이후 그의 억측은 하나의 확신으로 변했고, 이 확신에서 그라디바가 79년에 폼페이에서 화산재에 파묻혔다는 두 번째 확신이 또 시작된다. 이러한 망상의 발전 과정에는 우울한 감정들이 그의 꿈을 가득 채우고 있는 불안의 메아리처럼 따라다닌다. 그라디바에 관련된 이 새로운 괴로움은 얼른 이해되지 않을지도 모른다. 왜냐하면 79년의 매몰에서 살아남을 수 있었다 해도 그녀는 이미 오래전에 죽었을 것이기 때문이다. 어쩌면 이런 식으로 노르베르트 하놀트나 소설가와 논쟁하지 말아야 하는 것인지도 모른다. 어쨌든 어떤 식으로든 설명은 불가능하다. 하지만 우리는 이 꿈에서 시작되어 점점 증가하는 망상에 괴로움으로 가득한 감정이 긴밀하게 연결되어 있음을 알 수 있다.

위에서 말한 이해할 수 없는 부분을 제쳐 놓는다고 하더라도 우리의 당혹감이 줄어드는 것은 아니다. 이 꿈은 그 자체로는 설명이 되지 않는다. 우리는 여기서 나의 저서인 『꿈의 해석』에 의존해야만 할 것 같고, 꿈의 수수께끼를 풀기 위해 책에서 밝힌 바있는 몇몇 규칙들을 빌려 와야만 할 것이다.

그 규칙들 중의 하나는 꿈이 꿈꾸기 전날에 있었던 행위들과 관련이 있다는 것이다. 소설가가 이 꿈을 하놀트의 〈발 연구〉에 직접적으로 연결시키고 있는 것을 보면, 그는 자신이 이 규칙을 알고 있음을 밝히고 싶었던 것만 같다. 그런데 그의 발 연구는 그가 특이한 걸음걸이를 통해 알아볼 수 있기를 원했던 그라디바를 찾는 행위 이외에 다른 것이 아니다. 따라서 꿈은 그라디바가 있는 장소를 일러 주어야만 했던 것이다. 실제로 꿈은 그녀가 폼페이에 있음을 일러 주고 있다. 그러나 이것은 우리에게 그리 새로운 정보가 아니다.

꿈의 또 다른 규칙에 따르면, 어떤 꿈을 꾸고 난 이후 꿈에서 보았던 이미지들이 현실에서도 실재한다는 믿음이 평상시와는 달리 유난히 오래 지속되어서 또다시 꿈을 꾸고 있는 것 같은 느낌을 받는다면, 그것은 꿈에서 보았던 이미지들이 너무나 생생해서가 아니라 그러한 지속성 자체가 하나의 독립된 정신 행위이기 때문이라는 것이다. 이 정신 현상은 꿈의 내용에 대한 하나의 보증이라고 볼 수 있는데, 꿈을 꾼 사람의 내부에 꿈을 꾼 것과 정말로 똑같은 무언가가 있고,[23] 그래서 그 보증을 믿는 것이 옳다고 말하는 정신적 움직임이다. 꿈의 이 두 가지 규칙에만 의존해도

[23] 『꿈의 해석』을 볼 것. 프로이트는 〈늑대 인간〉의 꿈에 대해 언급할 때 이 점을 다시 강조한다.

우리는 결론에 도달할 수 있다. 꿈은 그토록 찾아 헤맸던 그라디바가 있는 곳에 대한 정보를 주었다. 그리고 이 정보는 현실과 일치하는 것이었다. 우리는 이제 하놀트의 꿈을 알게 되었다. 이 두 규칙을 그의 꿈에 적용한 결과, 우리가 하놀트의 꿈속에서 어떤 합리적인 의미를 발견할 수 있었던 것일까?

우리는 이상하게도 그렇다고 대답할 수 있다. 이 의미는 단지 특이한 방식으로 위장되어 있어서 즉각적으로 알아볼 수가 없을 뿐이다. 꿈속에서 하놀트는 그가 찾던 여인이 도시에 살고 있고, 또 그와 같은 시대에 살고 있다는 것을 안다. 물론 이 여인은 조에 베르트강이다. 단지 그녀가 살고 있는 도시가 독일의 대학 도시가 아니라 폼페이라는 점과, 시대가 현대가 아니라 서기 79년이라는 차이점이 있을 뿐이다. 이것은 이동에 의해 일어난 왜곡과 같다. 그라디바가 현재의 시간으로 이동한 것이 아니라, 꿈꾸는 자가 과거 속으로 이동한 것이다. 그러나 중요하고도 새로운 것, 다시 말해 꿈꾸는 자가 자신이 찾는 여인과 함께 시간과 공간을 공유하고 있다는 것 역시 이런 방식으로 이야기되고 있다. 꿈의 실질적인 의미와 내용에 대해 필연적으로 독자들과 꿈꾸는 자를 함께 농락할 수밖에 없는 이러한 배경의 변화와 위장은 어디에서 기인하는 것인가? 우리는 이미 이 질문에 만족할 만한 답을 할 수 있는 여러 가지 수단을 확보하고 있다.

망상의 전주곡에 해당하는 환상들의 성격, 그리고 기원에 관련해 우리가 이제까지 살펴보았던 모든 것을 상기해 보자. 환상은 저항 때문에 변형되지 않고서는 의식에 도달할 수 없는 어린 시절의 억압된 기억들의 자리를 대신 차지하고 있는 기억의 후예들이다. 기억들은 저항의 검열에서 비롯되는 변형과 왜곡을 치러야만 의식에 도달할 수 있다. 일단 이런 타협이 형성되면 기억들은 환상으로 변하는데, 의식의 눈으로 보면 이 환상은 결코 쉽게 이해가 가지 않는다. 다시 말해 이 환상들은 지금 지배하고 있는 정신적 흐름의 진행 방향 속에서 이해될 수 있다. 이제 꿈속에 나타난 이미지들을 인간의 생리학적인 작용에 의해 만들어진 망상으로 생각해 보자. 다시 말해 비록 낮 동안에는 건강한 정신을 갖고 생활하더라도, 거의 모든 사람들에게서 찾아볼 수 있는 갈등인 억압된 것과 지배하는 요소 사이의 갈등으로 생각해 보자는 것이다. 이때 우리는 꿈속의 이미지들을 뭔가가 왜곡된 것으로 생각해야만 한다는 것을 알게 된다. 즉 그 왜곡된 것의 배후에는 다른 것이, 곧 뭔가 왜곡되지 않은 것, 그러나 어떤 의미에서 보면 하놀트의 환상 뒤에 숨어 있는 그의 억압된 어린 시절의 기억과도 같은 매우 충격적인 것이 숨어 있는데, 이것을 찾아내야만 한다. 이러한 대립을 우리는 꿈을 꾼 사람이 깨어났을 때 기억하고 있는 것, 즉 우리가 〈꿈의 표면적 내용〉이라고 부르는 것과 〈꿈에 잠재된 생각〉이라고 부르는 것으로서 검열에 의해 왜곡되기 이전에 꿈의 기반을 형성하는 것을 구분하여 다른 방식으로 표현할 수 있다. 꿈을 해석한다는 것은 이때 꿈의 표면적 내용을 잠재된 생각으로 번역하는 것이고, 저항의 검열로 인해 잠재된 생각으로 받아들여야만 했던 왜곡된 모습을 제거하는 것이기도 하다. 만일 이러한 개념들을 지금 우리가 다루고 있는 꿈에 적용해 본다면, 꿈의 잠재된 내용이란 것이 다음과 같은 것일 수밖에 없음을 알게 된다. 〈아름다운 걸음걸이를 갖고 있고 네가 그토록 찾아 헤맸던 젊은 처녀는 정말로 너와 함께 이 도시에 살고 있다.〉 이런 잠재된 형태에서는 물론 잠재된 생각이 의식의 대상이 될 수 없다. 이러한 잠재된 생각에 다음과 같은 사실이 대립될 것이다. 이전에 이루어진 타협의 결과인 환상을 통해 그라디바가 폼페이인이고, 따라서 그녀가 자신과 같은 장소, 같은 시대에 살고 있다는 사실이 보존되어야만 했다면 왜곡이 일어나는 것 이외에 다른 방법이 없었던 것이다. 꿈의 표면적 내용은 다음과 같은 생각을 나타낼 것이다. 〈너는 그라디바가 살았던 시대에 그녀와 함께 폼페이에 살고 있다.〉 꿈의 표면적 내용은 또한 이 생각을 현재 체험하고 있는 상태로 나타내게 된다.

꿈이 단 하나의 생각만을 재현하거나 연출하는 경우는 매우 드물다. 대부분의 경우 꿈은 여러 생각으로 이루어진 하나의 연쇄이고 조직이다. 하놀트의 꿈에서도 우리는 왜곡된 모습에서 어렵지 않게 다른 내용을 식별해 낼 수 있고, 이 내용이 대신 자리를 차지하고 있음으로써 비켜 있는 잠재된 생각을 드러낼 수 있다. 꿈은 꿈이 현실이라는 믿음으로 끝이 나는데, 잠재된 생각이란 이 믿음을 연장할 수 있는 꿈의 한 부분이다. 실제로 꿈속에서 그라디바는 걷고 있다가 돌에 새겨진 조각처럼 변형되고 만다. 그런데 이것은 문학적인 표현에 지나지 않지만 동시에 현실에서 일어난 일들을 내포하고 있다. 하놀트는 실제로 살아 있는 여인에 대한 관심을 돌에 새겨진 여인에게로 이동시켰다. 그에게는 사랑하는 여인이 돌로 만든 부조로 변신한 것이다. 무의식 속에 머물러 있어야 하는 꿈의 잠재된 생각들은 이 돌에 새겨진 모습을 다시 살아 있는 여인으로 변화시켜야만 했다. 이전에 일어났던 것과 관련지으며 잠재된 생각들은 꿈꾸는 자에게 다음과 같은 말을 속삭였을 것이다. 〈만일 네가 그라디바라는 부조에 흥미가 있다면 그것은 단지 그 조각 작품이 너에게 지금 여기에 살고 있는 현재의 조에를 연상시키기 때문이다.〉 그러나 만일 이것을 깨닫게 되면, 다시 말해 이 발견이 의식의 대상이 되면 망상은 끝나고 말 것이다.

우리는 꿈의 표면적 내용에서 분리된 부분들 하나하나를 매번 이렇게 무의식적 생각들로 대체해야만 하는 것일까? 엄밀하게 말하자면 그렇다. 실제로 꾼 꿈을 해석하는 경우라면, 이 의무를 소홀히 할 수 없는 것이다. 또 꿈을 꾼 사람은 우리의 질문에 가능한 한 상세하게 답을 해야만 한다. 그러나 한 작가의 문학 창작품이 문제가 되는 경우에는 끝까지 이런 요구를 할 수는 없을 것이다. 하지만 우리는 아직 이 꿈의 가장 중요한 내용을 해석 작업의, 혹은 번역 작업의 대상으로 삼지 않았다.

하놀트의 꿈은 하나의 악몽이다. 내용은 끔찍한 것이었고, 꿈을 꾼 사람은 잠을 자는 동안 엄청난 두려움을 경험했으며, 고통스러운 느낌은 잠에서 깨어난 이후에도 지속되었다. 이런 이유로 꿈도, 그에 대해 설명을 해보려는 우리의 노력도 결코 간단할 수 없는 것이다. 그래서 우리는 다시 꿈의 해석이 제공하는 이론에 의존할 수밖에 없다. 그런데 이 이론은 우리에게 경고하고 있다. 다시 말해 우리는 무엇보다도 꿈의 내용에서 꿈을 꾸는 동안 받았던 두려움을 끌어내는 실수를 저지르지 말아야 하며, 또 꿈의 내용을 꿈에서 깨어난 상태에서 기억해 낸 내용으로도 간주하지 않아야 하는 것이다. 꿈의 해석이 제공하는 이론에 따라 우리는 종종 아무런 두려움을 느끼지 못하는 상태에서도 가장 끔찍한 것들을 꿈꿀 수 있다는 사실에 주목할 수 있다. 이 이론은 우리에게 실상은 전혀 다르다는 것을 일러 주고 있다. 쉬운 일은 아니지만 입증해 낼 수는 있다. 악몽의 두려움은 다른 모든 두려움과 마찬가지로 성적 충격, 즉 리비도가 감각에 미치는 작용과 상관관계를 맺고 있고, 억압의 과정을 통해 리비도에서 나온다.[24] 따라서 우리는 꿈을 해석할 때

24 〈신경 쇠약과 불안 신경증이라는 이름으로 통칭되는 일정한 증후적 복합체를 구별하는 것이 정당하다.〉 불안 신경증에 대한 첫 논문 「신경 쇠약증에서 〈불안 신경

두려움을 성적 자극으로 대체시켜야 한다. 발생한 두려움은 — 늘 같은 방식으로는 아니지만 매우 빈번하게 — 꿈의 내용에 선택적으로 영향을 미치게 되고, 꿈에서 깨어난 이후 꿈에 대해 잘못된 해석이나 이해를 할 때 두려움이라는 충격을 발생시키기에 적절하다고 생각되는 요소들을 꿈의 내용에 가져오는 것이다. 물론 앞에서 말했듯이 언제나 그렇지는 않다. 왜냐하면 내용이 전혀 두렵지 않은, 그래서 꿈을 꾸며 느꼈던 두려움을 의식의 상태에서는 설명할 수 없는 그런 유형의 악몽들이 많기 때문이다.

꿈속에서 느낀 두려움을 이런 식으로 설명하는 것이 상식을 벗어난 것처럼 보이고, 쉽게 신뢰를 얻지 못할 것임을 나는 잘 알고 있다. 그러나 이런 설명과 친숙해져야 한다는 충고 이외에 나는 달리 들려줄 말이 없다. 게다가 노르베르트 하놀트의 꿈이 두려움에 대한 이러한 개념과 관련되어 있고, 이 개념에서 출발해 설명될 수 있다는 것이 매우 기묘한 일처럼 보일 수도 있다. 그렇다면 우리는 다음과 같이 말해야 할 것이다. 사랑에 대한 욕망이 한밤중에 잠을 자며 꿈을 꾸는 사람의 마음속에서 움직였고, 이 욕망은 사랑하는 여인에 대한 기억을 의식할 수 있어서 망상에서도 꿈꾸는 사람을 끌어낼 수 있도록 매우 강력한 힘을 행사했다. 그러나 이 사랑의 욕망은 다시 거부당해야 했고, 그로 인해 두려움으로 바뀌어야 했는데, 이 두려움은 꿈꾸는 사람의 어린 시절의 기억에서 나온 끔찍한 이미지들을 꿈의 내용에 가져온 것이다. 꿈의 진정한 내용, 다시 말해 꿈꾸는 사람이 예전에 알고 있었던 바로 그 조에에 대해 갖고 있는 사랑의 욕망이라는 무의식적 내

증)이라는 특별한 증후군을 분리시키는 근거에 관하여」(프로이트 전집 10, 열린책들)와 『꿈의 해석』을 참조 — 원주. 프로이트는 저서 「억압, 증상 그리고 불안」(프로이트 전집 10, 열린책들)에서 불안의 원인에 대한 새로운 관점을 표명했다.

용은 이렇게 해서 폼페이의 매몰과 그라디바를 잃어버린 상실을 내용으로 갖고 있는 꿈의 표면으로 변하게 된 것이다.

지금까지 한 설명은 완전히 수긍이 갈 것이다. 그러나 이때, 만일 성적 욕망이 꿈의 왜곡되지 않은 내용을 이루고 있다면, 개조된 꿈속에서 그 변하지 않은 내용을, 아니면 적어도 알아볼 수 있는 형태로 어딘가에 숨어 있는 그 잔해만이라도 드러내야 할 것이라고 사람들은 요구할 것이다. 이 요구는 정당한 것이다. 이것을 드러내는 일은 소설의 내용을 좀 더 살펴보면 가능해진다. 하놀트가 처음으로 그라디바로 추정되는 여인을 만났을 때 그는 자신이 꾸었던 꿈을 생각했고, 유령과 같이 생각되던 그녀에게 다시 한번 길게 누워 보라고 부탁한다. 왜냐하면 그는 이미 이전에 그녀가 그렇게 하는 것을 보았기 때문이다. 그러나 이런 부탁을 받은 젊은 여인은 화를 내며 자리에서 일어났고, 이상한 남자를 홀로 놔둔 채 자리를 떴다. 그녀는 하놀트가 망상 속에서 지껄인 말속에서 꺼림칙한 성적 욕망을 읽을 수 있었던 것이다. 그라디바의 해석은 바로 우리의 해석이기도 하다. 성적 욕망을 나타내는 묘사 속에서, 비록 그것이 실제로 꾼 꿈속에서였다고 하더라도 이보다 더 정확한 묘사를 요구할 수는 없을 것이다.

하놀트의 첫 번째 꿈에 이렇게 해석의 몇 가지 규칙을 적용시켜 본 결과, 우리는 그의 꿈이 갖고 있는 주요한 특징들을 파악할 수 있었고, 또 그의 꿈을 소설이라는 전체적인 문맥 속에 위치시킬 수도 있게 되었다. 그렇다면 소설가 역시 이러한 규칙을 준수해 가며 소설을 쓴 것일까? 답을 하는 대신 다른 질문을 하나 제기해 보자. 작가는 망상을 전개시키기 위해서 왜 꿈을 소설 속에 끌어들였던 것일까? 나로서는 이것을 하나의 매우 기발한 착상이라고 보고 싶은데, 사실 이 또한 현실에 너무나 충실한 것이었다.

실제의 병적 사례들에서 망상은 매우 빈번하게 꿈과 연관되어 있다는 것을 우리는 이미 알고 있다. 그러나 꿈의 본질에 대해 설명한 지금 다시 수수께끼를 풀려고 할 필요는 없을 것이다. 꿈과 망상은 억압되어 있는 같은 근원에서 유래된다. 꿈은 말하자면 건강한 정상인의 생리적 망상이라고 할 수 있다. 억압된 것이 일상 생활 속에서 망상으로 자리 잡을 수 있을 만큼 강력한 것으로 변하기 전에 수면 상태라는 더욱 유리한 조건 속에서 꿈의 형태를 빌려 자신의 첫 번째 승리를 얻어 낸 것이다. 실제로 잠을 자는 동안에는 전체적으로 정신 활동이 둔화되고, 의식을 지배하던 정신적 힘들이 억압된 것에 맞서 내세우던 저항의 강도가 이완하게 된다. 꿈이 가능한 것은 바로 이 이완 때문이고, 그래서 꿈은 우리에게 정신의 무의식적 영역에 접근할 수 있는 최적의 통로인 것이다. 깨어 있는 상태의 정신적 힘들이 다시 포위해 오면 꿈은 사라지고, 무의식에 의해 점령되었던 땅은 다시 소개(疎開)되는 것이다.

3

계속되는 이야기 속에서 우리는 또 하나의 꿈을 만나게 된다. 이 꿈은 첫 번째 꿈보다 훨씬 더 우리에게 해석하고 싶은 유혹을 불러일으키고, 주인공의 전체적인 정신적 움직임 속에 그것을 위치시키고 싶은 마음도 자아낸다. 그러나 아무런 사전 설명 없이 단도직입적으로 이 두 번째 꿈을 다루는 것은 꿈을 이해하는 데도 별로 도움이 되지 않을 것이다. 실제로 다른 사람의 꿈을 해석하고자 하는 사람은 꿈을 꾼 사람이 외적으로나 내적으로 경험한 것들을 가능한 한 가까이에서 빠짐없이 살펴보아야 한다. 따라서 소설의 흐름을 따라가는 데 머문다고 하더라도 알맞는 주석으로 소설의 전개를 풍요롭게 하는 것이 최선의 길인 듯 보인다.

79년의 폼페이 몰락 당시 일어난 그라디바의 죽음을 주제로 하고 있는 새로운 망상이 우리가 앞 장에서 분석했던 첫 번째 꿈 이후에 일어난 유일한 결과는 아니다. 꿈을 꾼 이후 하놀트는 바로 이탈리아로 여행을 떠나기로 결정한다. 이 여행은 결국 그의 발걸음을 폼페이로까지 인도한다. 그러나 여행을 결심하기 이전에 다른 일이 하나 일어난다. 창문에 몸을 기대고 있던 그는 언뜻 그라디바의 걸음걸이와 몸매를 닮은 여인이 지나가는 것 같아, 비록 잠자리에서 막 일어난 옷차림이었지만 길거리로 달려 내려간다. 그는 조롱하는 듯한 사람들의 웃음소리에 놀라 여인을 만나지 못한 채 다시 집으로 돌아온다. 그러고 나서 그는 맞은편 집 창문에 걸려 있는 새장에서 카나리아가 울고 있는 것을 보고 문득 자신이 감옥에 갇힌 죄수 같다는 느낌을 받게 되고 자유를 생각해 본다. 그의 봄 여행은 이렇게 해서 머리에 떠오르자마자 바로 실행에 옮겨지게 된다.

소설가는 하놀트의 이 여행에 특별하게 생생한 빛으로 조명을 비추고 있고, 주인공으로 하여금 적어도 부분적으로는 자신의 마음을 명확하게 읽도록 한다. 물론 하놀트는 여행을 떠나기 위해 학문적 이유를 스스로 둘러댔지만, 이 핑계는 그리 오래가지 못한다. 실제로 그는 〈여행을 떠나고 싶은 충동이 그의 가슴속에서 솟아난 것은 자신도 알 수 없는 어떤 강한 느낌 때문〉이라는 것을 알고 있었다. 묘한 불안에 휩싸인 그는 여행 도중에 만나는 모든 것에서 불만을 느꼈고, 로마에서 나폴리로 또 나폴리에서 폼페이로 가지만 어느 곳에서도 안식처를 찾지 못한 채 계속 이동해야만 했다. 나폴리에서 폼페이로 가는 마지막 여행에서도 그는 마음의 평온을 얻을 수가 없었다. 신혼여행 중인 멍청해 보이는 젊은 부부들은 그의 신경을 자극했고, 폼페이에서는 호텔에 들러붙어 있는 무례하기 짝이 없는 파리 떼들 때문에 분통을 터뜨려야만 했다. 그러나 어쨌든 그는 착각하지 않았다. 즉 〈그는 곧이어 자신이 느끼고 있는 욕구 불만이 반드시 주위 환경 때문에 생긴 것만이 아니라 부분적으로는 자신의 내부에도 그 원인이 있다〉는 것을 알고 있었다. 자신의 신경이 예민해졌다는 생각도 했고, 〈그것이 무엇인지는 말할 수 없었지만 뭔가 한 가지 중요한 것이 그에게 부족했기 때문에 그의 기분이 그토록 좋지 않았던 것만 같았다〉고 느끼고 있었다. 〈사실 그의 기분은 어디를 가더라도 좋지 않았다.〉 이런 기분 속에서 그는 심지어 자신이 받들어 모시던 〈학문〉에까지 짜증을 내게 된다. 처음으로 정오의 태양이 내리쬐는 폼페이를 산책하던 중이었는데, 〈그의 지적 능력은 완전히 마비되어 있었다. 그뿐만 아니라 잃어버린 지적 능력을 전혀 복구하려고도 하지 않았다. 지식이라는 것이 그에게는 아득히 멀리 떨어져 있는 것으로 여겨졌고, 야위고 넌덜머리가 나는 늙은 할망구처럼 생각되었다〉.

그가 거의 만족스럽지 못하고 혼란스러운 정신 상태에 처해 있는 동안, 이 여행과 관련된 수수께끼들 중 하나가 풀린다. 처음으로 폼페이 시를 가로질러 가는 그라디바를 보았을 때, 〈그는 처음으로 그것이 무엇인지를 깨달았다. 무엇이 자신으로 하여금 여행을 떠나도록 부추겼는지도 전혀 모른 채 그는 이탈리아 여행길에 올랐고, 또 로마와 나폴리에 머물지 않고 폼페이까지 내려오고 말았는데, 이 모든 것은 바로 그라디바의 흔적을 찾기 위해서였다. 말 그대로 그가 찾으려고 했던 것은 흔적이었다. 독특한 걸음걸이를 갖고 있던 그녀는 화산재 위에 다른 사람들의 발자국과 섞여 있더라도 쉽게 알아볼 수 있는 그 발가락들이 닿은 흔적을 남겨 놓았을 것이기 때문이다〉.

소설가가 이 여행을 매우 공들여 묘사하고 있으므로, 우리도 이 여행이 하놀트의 망상과 어떤 관련을 맺고 있는지와 여행이 사건들의 전체적인 흐름 속에서 차지하고 있는 위치에 대해 관심을 갖고 살펴보아야 할 것이다. 이 여행은 처음에는 당사자도 모르고 있던 동기들에서 시작되었고, 이 동기들은 나중에 드러난다. 소설가는 이 동기들을 의도적으로 〈무의식적인 것〉으로 지칭하고 있다. 이런 일들은 물론 현실 생활을 관찰하면서 얻은 것임에 틀림없다. 그러나 망상 상태에 빠졌을 때만 이런 식으로 행동하는 것은 아니다. 건강한 사람들조차도 자신들의 행동과 그 행동의 동기들에 대해 착각하는 경우가 있고, 또 그것들을 나중에야 깨닫곤 하는데, 이것은 일상적인 현상이다. 여러 감정 사이의 갈등이 사람들의 마음속에 혼란의 조건을 만들어 놓을 때면 이런 일은 흔히 일어난다. 하놀트의 여행은 처음부터 그의 망상을 북돋아 그라디바의 흔적을 찾기 위해 그를 폼페이로 데려가도록 되어 있었다. 꿈을 꾸기 이전과 꿈을 꾼 직후에 그는 그라디바를 찾아야 한다는 생각에 온통 사로잡혀 있었고, 또한 꿈 자체는 의식에 의해 억눌려 있었지만 그라디바가 어디에 있는지에 대한 응답이었음을 상기해야 할 것이다. 그러나 우선 알지 못할 어떤 힘이 여행 계획이 망상에서부터 시작되었다는 것을 깨닫지 못하도록 금지하고 있었고, 그 결과 여행에 의식적인 동기를 부여하기 위해서는 단계마다 불충분한 핑계들을 새로 만들어야만 했다. 소설가는 내적인 관련이 없는 여러 사건을 연속해서 나열함으로써 하나의 새로운 수수께끼를 우리에게 던지고 있다. 꿈, 하놀트가 그라디바로 추정한 길거리에서 본 여인, 카나리아의 울음소리를 듣고 결심한 이탈리아 여행…….

소설의 이러한 복잡한 전개를 우리는 조에 베르트강이 나중에 들려준 이야기에 힘입어 분명하게 파악할 수 있다. 하놀트가 창문에서 보고 길거리로 뛰어 내려가 잡을 수도 있었던 여인은 그라디바의 원형인 조에 베르트강이었다. 이에 대한 정보는 꿈에서 얻을 수 있다. 〈그녀는 실제로 지금 너와 같은 도시에 살고 있다.〉이 정보는 한 다행스러운 우연에 의해 반박할 수 없는 것으로 확인되는데, 고고학자의 경직된 의식도 이 정보 앞에서는 무릎을 꿇고 말았을 것이다. 그러나 하놀트를 여행길에 오르게 했던 카나리아는 조에가 기르던 새였고, 새장은 하놀트의 집과 마주 보고 있는 길 건너편 집의 창문에 걸려 있었다. 젊은 처녀가 비난하는 것처럼 있는 것을 없는 것으로 여기는 〈부정적인 착각〉을 하는 재주를 타고났는지 눈앞에 있는 사람조차 못 보고 못 알아보는 하놀트였지만, 그는 우리가 나중에야 알게 되는 것을 처음부터 무의식적으로 알고 있지 않을 수가 없었다. 조에가 가까이에 산다는 증거들, 길거리에 나타난 그녀의 모습, 그리고 자신의 창문을 너무나도 가까이에서 마주 보면서 지저귀는 카나리아의 울음소리들은 꿈의 결과를 한층 강렬하게 했다. 하놀트는 에로티시즘에 저항하기 위해서 더없이 위험한 이런 상황에서 도망가야만 했던 것이다. 여행은 꿈속에서 밀고 올라온 사랑의 욕망에 대한 급격한 저항의 결과였고, 사랑하는 여인이 눈앞에 있다는 사실에서 도피하는 것이었다. 이는 사실에서는 억압의 승리를 의미한다. 하놀트의 이전 행동, 즉 부인들과 젊은 처녀들을 쫓아다니며 〈족상 연구〉를 할 때에는 에로티시즘이 승리했다면, 이번에는 억압이 망상 속에서 지배권을 행사하고 있었던 것이다. 그러나 이렇게 엎치락뒤치락하는 싸움 속에서도 늘 타협은 아슬아슬하게 유지되었다. 그래서 하놀트를 살아 있는 조에에게서 멀리 떼어 놓았던 여행은 그를 조에의 대리물인 그라디바에게로 인도한 것이다. 꿈의 잠재적 생각들에 대한 도전으로 시도된 여행은 폼페이를 최종 목적지로 일러 주는 꿈의 표면적 내용에 대한 복종이었다. 이렇게 해서 에로티시즘과 저항이 싸울 때마다 망상도 역시 새로 시작되곤 했다.

우리가 하놀트의 여행을 바로 곁에 있는 여인에 대한 사랑의 욕망이 깨어나 그 욕망을 피하려는 도피로 볼 때만 작가가 묘사한 그대로 하놀트가 이탈리아 여행을 하면서 갖고 있었던 정신상태와 이 여행은 일치하게 된다. 그를 지배하고 있었던 에로티시즘에 대한 거부는 여행을 하는 동안 만났던 신혼부부들에 대한 혐오 속에 잘 나타난다. 하놀트는 로마에서 하룻밤을 자면서 얇은 벽을 뚫고 들려오는 독일에서 온 어느 신혼부부의 대화를 어쩔 수 없이 엿듣게 되는데, 그날 밤 그 대화에 자극받아 그가 꾸게 된 짧은 꿈은 그가 이전에 꾸었던 첫 번째 긴 꿈의 성적인 성격들을 일러 주고 있다. 이 새로운 꿈은 하놀트를 다시 베수비오 화산이 폭발하고 있는 폼페이로 데려갔고, 이렇게 해서 이 새로운 꿈은 여행을 하는 동안 줄곧 그에게 영향을 미치고 있던 첫 번째 꿈과 연결되었다. 그러나 하놀트는 짧은 꿈속에 등장해서 살려 달라고 외치는 사람들 가운데에서 ─ 그 자신도, 또 앞서 꾼 꿈에서처럼 그라디바도 아닌 ─ 벨베데레의 아폴론과 카피톨의 비너스를 알아본다. 이 두 인물은 아마도 옆방에서 자고 있던 부부를 조롱하기 위한 과장된 이미지였을 것이다. 아폴론은 칠흑 같은 어둠 속에서 비너스를 들어 올려 어딘가에 눕혀 놓는 것 같았는데, 아마도 〈삐걱거리는 소리〉가 들렸던 것으로 보아 마차나 짐수레인 것 같았다. 꿈은 이 외에 아무런 특이한 장식도 갖고 있지 않아서 해석이 필요 없는 것처럼 보이기도 한다.

우리가 이미 신뢰하고 있는 것처럼 묘사하면서 한 군데도 무의미하고 불필요한 터치를 남겨 놓은 적이 없는 작가는 여행을 하는 동안 하놀트를 지배하고 있었던 비(非)성적인 경향에 대해 다른 근거를 제공하고 있다. 그가 몇 시간 동안 폼페이 시를 아무렇게나 배회하고 있었을 때, 그는 〈자신이 화산에 대한 꿈을 꾸었다는 사실에는 단 한 번도 생각이 미치지 못하고 있었다〉. 그에게 이 꿈이 문득 떠오른 것은 단지 그라디바를 보았을 때였다. 동시에 그는 수수께끼 같은 여행을 떠나게 했던 그 이상한 동기도 깨닫게 된다. 그렇다면 이 꿈의 망각이 의미하는 것, 즉 여행 중에 그를 지배하고 있었던 정신 상태와 꿈 사이에 가로놓여 있는 이 방어벽이 뜻하는 바는 무엇일까? 답은 한 가지밖에 없을 것이다. 여행을 하게 된 것은 꿈의 직접적인 사주를 받아서가 아니라, 오히려 꿈의 비밀스러운 의미에 대해 아무것도 알고 싶지 않다는 의지가 발현된 하나의 반항이었던 것이다.

그러나 하놀트는 에로티시즘에 대한 이러한 승리를 별로 달가워하지 않았다. 막연한 불안과 금지를 수단으로 해서 억압을 행사하는 충동에 대해 억눌린 정신적 충동은 복수를 할 수 없을 만큼 연약한 것이 결코 아니다. 하놀트의 강렬한 욕망은 불안과 불만으로 변하게 되고, 이 불안과 불만은 그에게 여행을 의미가 없는 것으로 보게 한다. 망상을 가능케 한 여행의 동기가 겉으로 드러나서는 안 된다. 여행 동기에 대해 안다는 것은 금지되어 있는 것이고, 폼페이 같은 곳을 여행한다는 것은 고고학자의 모든 흥미를 불러일으키게 마련인 고고학 여행이 될 수도 있었지만, 여행과 고고학의 관계도 전혀 분명치가 않다. 이렇게 해서 작가는 우리에게 사랑을 피해 도망간 이후의 주인공의 모습을 보여 주는데, 소설가는 완전한 혼란과 비논리 속에서, 다시 말해 갈등을 일으키고 있는 두 힘 중 어느 것도 양자 사이의 차이점이 견고한 정신 체제를 세울 수 있을 만큼 강하지 못할 때, 흔히 병의 극한 상태에서 일어나는 일종의 파탄 상태 속에서 위기를 맞고 있는 주인공의 모습을 보여 주고 있다. 이때 소설가가 구원자의, 혹은 조정자의 모습을 하고 개입한다. 다시 말해 바로 이 순간에 소설가는 그라디바를 출현시켜 그녀로 하여금 망상을 치료하도록 하는 것이다. 자신이 만든 허구적 인물들의 운명을 행복한 결말로 끌고 갈 수 있는 소설가만이 갖고 있는 권리를 이용해 — 이렇게 하기 위해서 인물들이 거쳐야 하는 모든 필연적 과정도 생략한 채

— 작가는 하놀트가 도망갔던 그 젊은 처녀를 바로 폼페이로 불러들였고, 그렇게 함으로써 상상 속에서 사랑하는 여인 역을 대신하고 있는 여인이 죽은 그곳으로 가기 위해 사랑하는 여인이 살고 있는 도시를 떠나면서 망상에 사로잡힌 젊은 청년의 광기를 바로잡도록 한다.

그라디바의 모습을 하고 나타난 조에 베르트강의 출현은 소설의 극적 긴장에서 한 정점에 해당할 뿐만 아니라, 우리의 분석적 관심에서도 전환점을 이룬다. 만일 지금까지 우리가 망상의 전개 과정을 보아 왔다면, 이제 우리는 그 망상이 치료되는 과정의 증인이 되는 것이고, 그래서 작가가 이 모든 치료 과정을 순수하게 상상을 통해 창조했는지 아니면 실제로 존재하는 어떤 가능성에 의존했는지 자문하지 않을 수 없는 것이다. 조에가 우연히 만난 여자 친구와 나누었던 이야기 속에서 우리는 그녀가 이러한 치료 의지를 갖고 있음을 알 수 있다. 그런데 그녀는 이 치료에 어떻게 임할 것인가? 하놀트의 요구 — 〈그때〉처럼 잠을 자듯이 다시 한 번 길게 누워 보라는 부탁 — 에 화가 났지만 이내 화를 삭이고 그녀는 그다음 날 그를 만났던 시간인 정오에 같은 장소에 다시 나타난다. 또다시 하놀트를 만난 그녀는 전날 자신이 몰랐기 때문에 이해할 수 없었던 그의 행동을 본인의 입을 통해 직접 듣게 된다. 그녀는 그의 꿈과, 그라디바라는 이름의 부조와, 자신이 부조의 여인과 똑같이 갖고 있다는 그 특이한 걸음걸이에 대해서 이야기를 들었다. 그녀는 망상에 빠진 하놀트가 그녀에게 부여한, 한 시간 동안만 잠시 환생할 수 있는 유령 역을 순순히 받아들인다. 그녀는 또 하놀트가 의식하지 못한 상태에서 꺾어 온 무덤의 꽃을 받아 들며 장미를 못 받아서 섭섭하다는 말을 하면서 새로운 태도로 그를 대한다.

이 놀라운 혜안을 갖고 있는 젊은 처녀는 어린 시절의 사랑을 되찾아 그를 자신의 남편으로 만들려고 했던 것인데 ─ 따라서 그녀는 이미 망상 뒤에 숨어 있는 하놀트의 사랑이 그를 계속해서 괴롭히고 있다는 것을 알고 있었다 ─ 이 처녀에 대해서도 우리는 관심을 기울여야겠지만, 하놀트의 망상이 우리에게 준 놀라움은 그에 비할 바가 아니었다. 이 마지막 망상(그는 79년에 땅에 파묻혀 죽은 그라디바가 정오의 유령처럼 잠시 나타나 자신과 한 시간 동안 이야기를 나눈 후 다시 땅속으로, 혹은 자신의 무덤 속으로 사라진다고 믿고 있었다), 다시 말해 고생을 해가며 만들었으나 전혀 말이 되지 않는 이 망상에 사로잡힌 한 청년이 만들어낸 작품은 그녀가 현대식 구두를 신고 있는 것을 보고, 또 그녀가 고대어를 모르는 대신 옛날에는 존재하지도 않았던 독일어를 유창하게 한다는 사실을 확인해도 전혀 무너지지 않는다. 이 망상은 소설가가 자신의 작품에 붙인 〈폼페이 환상곡〉이라는 부제가 적절한 것이었음을 입증해 주긴 하지만 망상을 치료한다는 임상적 견지에서 보면 전혀 고려의 가치가 없는 것이기도 하다.

그렇긴 해도 좀 더 자세히 살펴보면, 이 개연성이 희박한 망상의 비논리성이 많은 부분 사라지게 된다. 사실 이 망상의 책임은 부분적으로는 소설가에게 있고, 조에가 모든 모습에서 부조의 분신이라는 것을 소설의 전제로 삼은 사람도 소설가 자신이었다. 따라서 소설이 전제로 삼고 있는 이 비개연성을 그것이 가져온 결과와 혼동해서는 안 될 것이다. 그 결과란, 다시 말해 하놀트는 젊은 처녀를 조에가 아니라 환생한 그라디바로 여겼다는 것이다. 작가 스스로 독자들에게 합리적인 것을 제공한 적이 없다는 점을 염두에 둔다면, 이러한 우리의 설명은 의미를 지닌다. 게다가 작가는 캄파넬라의 뜨거운 태양과 베수비오 화산의 능선에서 수확한 포도로 담근 포도주, 그 외에도 여러 가지 부차적인 소도구와 상황에 의존함으로써 정상이 아닌 주인공의 정신 상태를 이해하도록 하고 있다. 그러나 하놀트를 설명해 주고 이해하게 하는 모든 요인들 중에서 가장 중요한 것은 강한 정신적인 충격을 내포하고 있는 충동들이 이러한 내용에서 만족을 느낄 때, 우리의 지성, 혹은 이해력이 말도 안 되는 내용을 수긍하면서 보이는 그 용이함이다. 심지어 매우 똑똑한 사람들조차도 이와 유사한 심리적 상황에 처하면 너무나도 쉽게, 또 너무나도 자주 부분적인 정신박약증을 보이게 된다. 이것은 사실 매우 놀라운 일인데 아무도 주목하지 않는다. 자기에 대해 확고부동한 자신감을 갖고 있지 않은 겸손한 사람이라면, 아마도 이런 것을 물리도록 경험했을 것이다. 그런데 생각이 진행되는 과정의 한 부분이 무의식적이거나 억압된 동기들에 관련된 것이라면 우리는 어떤 말을 할 수 있을 것인가! 이와 관련해서 나는 편지를 내게 보내온 한 철학자의 말을 인용하고 싶다.

명약관화한 실수를 저질렀던 경우들과 의식하지 못한 채 내가 행했던 행동들을 나 역시 눈치채기 시작했습니다. 이런 실수와 행동들에 대해 사람들은 일이 다 끝난 이후에야(그것도 매우 비합리적인 방법으로) 동기들을 찾아 나서곤 합니다. 얼마나 많은 어리석음이 백일하에 드러나는지를 지켜보게 되는데, 이는 끔찍한 일이지만 매번 반복되는 일이기도 합니다.

여기에 다음과 같은 사실을 첨가해야 할 것이다. 종교에서 많은 지지를 얻고 있고, 또 우리 모두가 적어도 어린 시절에는 다 같이 믿었던 영혼과 유령과 귀신의 존재에 대한 믿음은 교양과 지식을 갖추었다고 해도 여전히 모든 사람들에게 사라지지 않은 채 남아 있다. 게다가 합리적인 생각을 갖고 있는 많은 사람들조차도 심령학과 이성을 조화시켜 나갈 수 있다고 여긴다. 냉철한 두뇌를 갖고 있고, 누구의 말도 믿지 않는 사람이 있다고 해도 그 역시 약간의 수치심은 느끼겠지만 자신이 얼마나 쉽게 유령의 존재를 다시 믿게 되는지를, 그리고 그럴 때면 이상한 전율과 당혹감이 동시에 찾아온다는 것을 확인할 수 있을 것이다. 나는 의사를 한 사람 알고 있는데, 그가 치료하던 바제도병에 걸린 여자 환자가 사망한 일이 있었다. 의사는 자신의 신중하지 못한 투약으로 인해 환자를 죽음으로 몰고 갔다는 의심을 완전히 떨쳐 버릴 수가 없었다. 몇 년이 지난 어느 날, 그는 병원 문을 열고 들어서는 한 젊은 처녀를 보는 순간, 있는 힘을 다해 아니라고 부정해도 그 처녀가 몇 년 전에 죽은 바로 그녀라는 것을 인정하지 않을 수 없었다. 그는 달리 생각할 수가 없었다. 죽은 사람이 다시 돌아올 수 있다는 것이 사실임을 인정해야 했다. 겁에 질려 있던 그는 병원을 찾아온 그녀가 같은 병으로 몇 년 전에 죽은 여인의 동생이라고 신분을 밝혔을 때에야 겨우 자신이 착각하고 있었음을 깨달았다. 바제도병은 병에 걸린 사람들의 얼굴을 매우 닮아 보이게 한다. 그래서 자매였는데다가 병으로 인해 더욱 닮아 보였던 것이다. 그 의사가 겪은 일이 나에게 일어나지 말라는 법은 없다. 나는 이런 이유로 해서 노르베르트 하놀트가 환생한 그라디바 앞에서 보인 간단한 망상을 의학적으로 치료할 수 없다고 부인하고 싶지 않은 것이다. 모든 정신과 의사들은 상태가 심각한 만성적인 망상의 경우일수록 환자들이 말이 되지 않는 이야기를 치밀하게 준비해 가지고 와서 그럴듯하게 주장한다는 것을 알고 있다.

그라디바와 헤어진 후 노르베르트 하놀트는 그가 폼페이에서 아는 두 호텔을 옮겨 가며 다른 사람들이 모두 식사를 하고 있는 동안 포도주만을 마셨다. 그는 그라디바가 어떤 호텔에 투숙해서 밥을 먹고 있는지를 알기 위해서 자신이 그렇게 행동하고 있다는 〈말도 안 되는 생각은 눈곱만큼도 하지 못했다.〉 그의 행동이 다른 뜻을 갖고 있다고 말하기는 어렵다. 멜레아그로스의 집에서 두 번째로 그녀를 만난 다음 날, 그는 겉으로 보기에는 아무런 관계가 없어 보이는 모든 종류의 이상한 일들을 경험한다. 그는 그라디바가 사라진 회랑의 한 벽에 좁은 틈이 있는 것을 발견하고, 마치 잘 아는 사이인 것처럼 말을 건네는 기이한 도마뱀 사냥꾼을 만나고, 또 후미진 한 골목에서 세 번째 호텔인 솔레 호텔을 찾아낸다. 이 허름한 여관 주인이 감언이설로 꾀는 바람에 그는 폼페이에서 죽은 한 젊은 처녀의 유골을 발굴하면서 찾아낸 것이라고 하는 파랗게 녹청이 슨 금속 브로치를 사게 된다. 호텔로 돌아온 그는 이제 막 도착한 듯한 한 젊은 부부에게 관심을 보인다. 남매처럼 보였고 왠지 호감이 갔다. 이 모든 인상들은 얽히고설켜 그날 밤 그는 〈기가 막힐 정도로 터무니없는〉 꿈을 꾸게 된다.

햇볕이 내리쬐는 곳에 그라디바가 앉아 있었고, 그녀는 도마뱀을 잡기 위해 가느다란 풀잎으로 올가미를 만들고 있었다. 그가 다가가자 다음과 같이 말했다.

「미안하지만 조용히 좀 있어 줄래? 내 동료가 옳았어. 이 방법은 정말 좋아. 그녀는 이 방법을 써서 대성공을 거두었거든…….」

그 역시 꿈을 꾸면서도 정말 어처구니없는 꿈이라고 스스로를 비난하며 이 꿈을 부정하려고 했고, 꿈에서 빠져나오려고 발버둥

쳤다. 그러던 중 그는 조롱하는 듯한 울음소리를 내며 나타나 도마뱀을 입에 물고 사라진 눈에 보이지 않는 새 때문에 잠에서 깨고 만다.

이 꿈 역시 위험을 무릅쓰고 해석해 보아야 할까? 다시 말해 이 꿈 역시 잠재된 생각들이 왜곡되면서 생긴 것이라고 간주할 수 있을까? 이 경우 해석은 꿈 못지않게 어처구니없을 것이다. 그런데 바로 이 꿈의 어처구니없는 속성이야말로 꿈이 충분히 의미 있는 정신 활동이라는 것을 부정하는 주장의 논거가 되어 왔다. 이 주장에 따르면, 꿈은 정신적 요소들이 한정하는 어떤 목적 없이 한낱 자극에 의해서 생긴다는 것이다.

그러나 우리는 이 꿈에도 역시 꿈의 해석이 제공하는 정형화된 방법을 적용할 수 있을 것이다. 표면적인 꿈속에 나타난 눈에 보이는 전체에 연연해하지 말고 내용의 모든 부분을 분리해서 고려하고, 각 부분이 어떻게 해서 꿈꾸는 자의 인상들과 기억들과 자유 연상들에서 연유하는지를 찾는 것, 이것이 꿈의 해석이 일러주는 해석의 기술이다. 하지만 하놀트를 꿈꾼 사람처럼 불러다가 조사할 수는 없기 때문에 우리는 인상들에 의지하는 선에서 만족해야 할 것이고, 우리 자신의 연상을 그가 한 것들로 간주할 때도 결코 확신할 수는 없을 것이다.

〈햇볕이 내리쬐는 곳에 앉아 그라디바는 도마뱀을 잡으며 말을 한다……〉 — 꿈의 이 대목만을 놓고 볼 때 그날 낮의 어떤 인상이 이 부분에 영향을 미친 것일까? 이론의 여지 없이 그것은 도마뱀 사냥꾼이었던 중년의 사내를 만난 것이다. 따라서 이 중년의 신사는 꿈속에서 그라디바로 대치되어 있다. 이 신사 또한 〈햇볕에 탈 듯한〉 능선에 앉아 있거나 누워 있었고, 똑같이 하놀트에게 말을 걸어왔다. 그라디바가 꿈속에서 한 말은 이 신사가 한 말을 그대로 복사해 놓은 것이기도 하다. 비교해 보자. 〈내 동료인 아이머가 일러 준 방법은 실제로 유용하더군요. 벌써 여러 번 성공적으로 써먹었지요. 부탁인데 조용히 해주시겠소…….〉 ─ 그라디바 역시 꿈속에서 거의 똑같은 말을 했다. 차이점이 있다면, 동료 아이머가 그녀가 이름을 명시하지 않은 여자 동료로 대치되었다는 것뿐이다. 물론 이 외에도 동물학자의 말속에 들어 있던 〈여러 번〉이라는 말이 그녀의 말에는 없고, 문장의 연결도 약간 다르다. 결국 낮에 경험한 이 일은 꿈으로 변하면서 몇 가지의 변형과 왜곡을 겪은 것이라고 볼 수 있다. 그런데 왜 이 일이 꿈속에 나타났고, 또 이 변화들과 그라디바가 신사를 대신한 것과 이름을 알 수 없는 그 〈여자 동료〉는 과연 무엇을 뜻하는 것일까?

꿈을 해석하는 규칙들 중에는 꿈속에서 들은 말은 항상 취면 상태에서 들었거나, 혹은 취면 상태에서 스스로 한 말을 기원으로 갖고 있다는 규칙이 있다. 이 규칙은 우리가 다루고 있는 경우에서도 지켜지는 것처럼 보인다. 꿈속에서 그라디바가 한 말은 낮에 나이 든 동물학자에게 들었던 말이 약간 변형된 것에 지나지 않는다. 또 다른 해석의 규칙에 따르면 한 사람이 다른 사람으로 대체되거나, 혹은 한 사람을 다른 사람에게 고유한 상황 속에 있게 하는 경우처럼 두 사람이 섞이는 것은 두 사람을 동일시하고 있다는 것을, 다시 말해 두 사람 사이에 상관관계가 있다는 것을 의미한다. 우리가 위험을 경계하면서도 이 규칙을 지금 다루고 있는 꿈에 적용한다면 다음과 같은 결과를 얻을 수 있을 것이다. 〈그라디바는 나이 든 신사처럼 도마뱀을 잡고 있다. 그녀는 또 그 신사 못지않게 도마뱀을 포획하는 데 능숙하다.〉 아직 이 결과는 완전히 명백한 것은 아니어서 우리는 다른 의문에 봉착하게 된다. 꿈속에서 그 유명한 동물학자인 아이머를 대신하고 있는 그 〈여자 동료〉라는 인물은 낮에 받은 어떤 인상과 관련을 맺어 주어야 할 것인가? 다행스럽게도 우리에게는 선택의 여지가 없다. 문제가 되는 동료란 하놀트가 오빠와 함께 여행하고 있다고 추정한 그 호감이 갔던 젊은 여인일 수밖에 없는 것이다.

여자의 웃옷에는 붉은 장미 한 송이가 꽃혀 있었고, 홀 한쪽 구석에 앉아 있던 노르베르트는 이 꽃을 보자 뭔가 희미한 기억 하나가 떠오르는 것 같았다. 그러나 어떤 기억인지 정확히 알 수는 없었다.

소설가의 이러한 지적을 통해 우리는 이 젊은 여인을 꿈속에 나타난 동료로 볼 수 있을 것이다. 하놀트가 다시 기억해 낼 수 없었던 것은 다름 아니라, 그라디바로 추정되는 여인이 무덤의 꽃을 달라고 하면서 운이 좋은 여인들은 봄이 되면 장미꽃을 선사받는다고 했던 바로 이 말이었다. 하놀트가 기억해 내지 못한 이 말속에는 사랑의 요구가 들어 있었다. 그렇다면 이 운 좋은 동료에게 좋은 결과를 안겨다 준 도마뱀 사냥은 과연 무엇을 뜻하는 것인가?

그다음 날 하놀트는 남매로 추정하던 두 사람이 서로 끌어안고 있는 것을 우연히 목격하게 되고, 그 전날의 오판을 수정할 수 있었다. 그들은 사랑하는 사이였고, 잠시 후 세 번째로 서로 대면하는 하놀트와 조에의 만남을 그들이 예기치 않게 방해할 때 알게 되지만, 신혼부부였다. 이제 우리가 만일, 이 두 사람을 의식 상태에서는 오빠와 누이동생으로 여겼던 하놀트가 곧이어 무의식 속에서는 그다음 날 한 점 의혹 없이 드러나는 그들의 진짜 관계를 알아차렸다고 생각한다면, 꿈속에서 들은 그라디바의 말은 충분한 의미를 갖게 된다. 붉은 장미는 이때 사랑의 상징이 되는 것이다. 하놀트는 자신과 그라디바가 그 두 남녀처럼 되리라는 것을 알았다. 그래서 도마뱀 사냥은 남자 사냥이라는 의미를 지니게 되고, 그라디바가 했던 말은 결국 다음과 같은 말이 된다. 〈내가 하려는 대로 놔둬. 나 또한 저 젊은 여자 못지않게 남자를 정복하는 데 수완을 갖고 있어.〉

그런데 이러한 조에의 의중을 꿰뚫어 보는 날카로운 시선이 왜 늙은 동물학자가 한 말을 빌려 꼭 꿈속에 나타나야만 했던 것일까? 왜 또 남자를 사로잡는 조에의 능숙한 솜씨는 도마뱀을 잡는 나이 든 신사의 솜씨를 통해 표현되어야 했던 것일까? 이런 질문에 답하기는 어렵지 않을 것이다. 이미 오래전부터 우리는 도마뱀 사냥꾼이 조에의 아버지이고, 게다가 하놀트를 잘 알고 있는 것이 틀림없는 동물학 교수 베르트강이라는 것을 알고 있다. 그랬기에 그는 마치 잘 아는 사람에게 말을 걸 듯이 하놀트에게 말했던 것이다. 하놀트가 무의식 속에서 교수를 금방 알아보았다는 것을 염두에 둔다면 ── 〈도마뱀 사냥꾼의 얼굴을 노르베르트는 어디선가 한 번 본 적이 있는 것 같았는데, 봤다면 두 호텔 중 한 곳에서 본 것 같았다〉 ── 조에의 의중이 꿈속에 나타날 때 보였던 이상한 모습은 설명이 된다. 그녀는 도마뱀 사냥꾼의 딸이었고, 아버지에게 능숙한 사냥 솜씨를 물려받은 것이다.

그라디바가 꿈속에서 도마뱀 사냥꾼을 대신하고 있는 것은 요컨대 무의식 속에서 알게 된 두 사람의 관계를 나타내는 것이다. 아이머라는 이름의 동료 동물학자 대신에 〈여자 동료〉가 꿈속에 들어온 것도 조에가 남자를 정복하려고 한다는 것을 하놀트가 알고 있었다는 것을 표현하기 위해서였다. 지금까지 꿈은 낮에 겪었던 일 속에 들어 있는 두 가지 요소를 하나의 상황 속에 접합시켜 놓았다. 이는 꿈의 해석에서 사용되는 용어를 빌려 말하면 〈압축〉에 해당하는 것인데, 이렇게 함으로써 의식의 대상이 될 수 없는 두 가지 발견은 거의 알아볼 수 없는 모습을 갖게 되었다. 해석을 여기서 끝낼 수는 없을 것이다. 해석을 조금 더 진행시켜 본다면 낮에 일어났던 일들이 꿈의 겉모습에 어떤 영향들을 미쳤는지 살펴볼 수 있을 것이고, 꿈이 갖고 있는 그 이상야릇함도 줄일 수 있을 것이다.

　지금까지 우리가 했던 설명, 즉 도마뱀을 잡는 장면을 꿈의 핵심으로 간주하는 설명을 완벽한 것이라고 볼 수는 없다. 도마뱀이 꿈의 표면에서 부각되는 데에는 꿈에 잠재되어 있는 다른 생각들이 나름대로 영향을 미쳤을 것이기 때문이다. 우리의 이런 가정이 좀 더 사실에 부합하는 것이리라. 그라디바가 사라졌다고 생각되는 곳에 왔을 때 하놀트가 벽에 균열이 나 있는 것을 발견했음을 상기해 보자. 이 균열은 〈몸이 날씬한 사람이라면 빠져나갈 수 있을 정도의 넓이를 갖고 있었다.〉 이 사실을 확인한 하놀트는 그의 망상을 바꾸게 된다. 〈그라디바가 그의 눈앞에서 사라졌을 때 그녀는 땅속으로 들어간 것이 아니라 이 길을 통해 자신의 무덤을 다시 찾아간 것이다.〉 젊은 여인의 갑작스러운 잠적에 대해 자연스러운 설명을 얻었다고 하놀트는 무의식 속에서 생각할 수 있었다. 그러나 이렇게 좁은 틈을 비집고 사라지는 모습은 도마뱀의 움직임을 연상시키는 것이 아닐까? 벽에 난 좁은 틈으로 사라짐으로써 그라디바는 스스로 민첩하고 작은 그 도마뱀처럼 행동했던 것은 아닐까? 우리는 이 좁은 균열을 발견함으로써 꿈의 표면적 내용에 〈도마뱀〉이라는 요소가 나타날 수 있었다고 보아도 될 것이다. 즉 꿈속에 도마뱀이 등장한 상황은 조에의 아버지인 동물학자를 만난 것과 마찬가지로 낮에 받았던 이 인상이 꿈속에 나타난 것이라고 볼 수 있다.

이제 더욱 대담해진 우리는 낮에 일어난 일에 포함되어 있으나 아직까지 살펴보지 못한 다른 한 요소, 즉 태양 호텔이라는 〈알베르고 델 솔레〉가 꿈속에서는 어떤 표상을 갖고 있는지 알아봐도 되지 않을까? 작가는 이 에피소드를 매우 자세하게 다루고 있을 뿐만 아니라, 너무나도 많은 것들과 관련을 맺어 놓고 있어서 이 삽화가 꿈이 형성되는 데 나름대로 영향을 미치지 않았다고 볼 수가 없다. 그 호텔은 역에서 멀리 떨어진 후미진 골목에 자리잡고 있어서 하놀트는 그때까지 모르고 있었다. 이 호텔로 들어간 것은 뜨거워진 머리를 식히기 위해 광천수 한 병을 사서 마시려는 생각에서였다. 호텔 주인은 이 기회를 이용해 자신이 갖고 있던 고대 유물들을 자랑하며 하놀트에게 브로치 하나를 보여 주는데, 이 브로치는 주인 말에 따르면 애인과 끌어안고 죽은 채 발견된 한 젊은 여인의 것이었다. 이때까지 그런 이야기를 종종 들어오면서도 결코 믿지는 않았던 하놀트였지만, 이번에는 알 수 없는 어떤 압력을 받고 있는 듯이 이 가슴 뭉클한 이야기가 진짜처럼 느껴져 왔고, 찾아냈다는 물건에 대해서도 믿음이 갔다. 그는 주인이 내미는 물건을 샀고 바로 호텔을 나왔다. 밖으로 나오면서 그는 창가에서 꽃병에 꽂혀 있는 흰 수선화 가지 하나가 자신을 향해 밖으로 기울어져 있는 것을 보았고, 그 꽃을 보는 순간 그가 방금 손에 넣은 물건이 진품이라는 확신이 들었다. 이 확신은 브로치가 그라디바의 것이었고, 따라서 그라디바 자신이 사랑하는 남자의 품에 안겨 죽은 바로 그 여인이라는 망상으로 변하면서 그의 마음속을 파고들었다. 괴로운 질투심에 사로잡힌 그는 그다음 날 그라디바를 만나 그녀에게 브로치를 보여 주면서 자신이 의심하고 있는 것을 확인해 보겠다는 생각을 하며 간신히 질투심을 누그러뜨릴 수 있었다. 이것이 새로운 망상을 구성하고 있는 참으로 이상한 요소인데, 과연 그날 밤 꾼 꿈속에서는 이에 상응하는 어떤 흔적도 찾을 수 없을까?

이렇게 새로 덧붙혀진 망상은 물론 설명해 볼 만한 가치를 갖고 있고, 망상의 새로운 요소가 발견의 어떤 새로운 요소를 대체하고 있는지도 살펴볼 만하다. 망상은 솔레 호텔의 주인을 만나면서부터 시작됐는데, 하놀트는 마치 그의 이야기에 홀린 것처럼 이상하리만치 순진한 태도를 보인다. 호텔 주인은 금속 브로치를 보여 주었고, 그 브로치가 사랑하는 남자의 품에 안겨 죽은 한 젊은 여인의 것이라는 이야기를 들려준다. 이때 하놀트는 이야기뿐만 아니라 그 브로치에 대해서도 의심을 해볼 수 있는 고고학자였음에도 불구하고 그 말을 그대로 믿고, 이 의심스럽기 짝이 없는 물건을 사고 만다. 그가 왜 이런 식으로 행동해야만 했는지는 정말 이해하기 힘들다. 호텔 주인이 우리에게 어떤 해결책을 제공할 것이라고 암시하는 바도 전혀 없다. 그런데 이 에피소드 속에는 이것 이외에 또 다른 수수께끼가 들어 있고, 이 두 개의 수수께끼는 서로가 서로에게 답이 되어 준다. 호텔을 떠나면서 하놀트는 창문에서 꽃병에 꽂혀 있는 수선화를 본다. 이 꽃은 그에게 금속 브로치가 진품이라는 확신을 준다. 이런 일이 과연 가능한 것일까? 그러나 다행히도 우리는 답을 찾을 수 있다. 그 흰 꽃은 바로 그가 정오에 그라디바에게 준 것이었고, 호텔에서 흰 꽃을 보았을 때 그는 그때까지 미심쩍었던 무엇인가를 확인할 수 있었던 것이다. 물론 그가 확신을 갖게 된 것은 브로치의 진품 여부가 아니라, 그때까지 모르고 있었던 호텔을 그가 발견하는 순간 이미 그에게 느껴졌던 무언가 다른 것이다. 하놀트는 이미 그 전날에도 그라디바의 모습을 하고 나타난 여인이 묵고 있을 법한 폼페이의 두 호텔 속에서 마치 무엇인가를 찾는 것 같은 행동을 했었다. 그러던 그가 뜻밖에도 세 번째 호텔을 이제 발견한 것이고, 그는 무의식 속에서 다음과 같이 자신에게 말했을 것이다. 〈그녀가 이 호텔에 묵고 있다.〉 호텔을 나서면서는 또 다음과 같이 말했을 것이다. 〈실제로 저 흰 꽃은 내가 그녀에게 준 수선화가 아닌가? 그렇다면 저 창문은 그녀가 머물고 있는 방의 창문임에 틀림없다.〉 망상이 대신 자리를 차지하고 있던 새로운 발견이란 바로 이것이었다. 이 발견은 결코 의식의 대상이 될 수 없었다. 왜냐하면 그라디바는 실제로 살아 있는 사람이고, 이전에 자신이 알고 지냈던 사람이라는 전제가 의식의 대상이 될 수는 없었기 때문이다.

그런데 어떻게 해서 망상이 이 새로운 발견을 대체하는 일이 일어날 수 있었을까? 이 발견에 대한 확신은 확실한 것이었고 계속 유지될 수 있었던 반면에 의식의 대상이 될 수는 없었던 이 발견의 자리에 발견과 연결되어 있는 다른 내용이 개입하고 있었던 것이다. 그렇게 해서 확신은 그때부터 사실상 그에게 낯선 내용과 연관을 맺게 되고, 이 내용은 망상으로 스스로를 드러내게 된다. 하놀트는 그라디바가 이 호텔에 묵고 있다는 확신을 그가 호텔에서 받은 다른 인상들에 전이시키고 있는데, 이 전이는 총체적인 것이어서 그는 호텔 주인의 말을 그대로 믿을 정도였다. 금속 브로치가 진품이라는 것과, 서로 끌어안고 죽은 두 남녀의 이야기가 사실이라는 것을 그는 호텔 주인이 들려주는 대로 그대로 믿었던 것이다. 그가 들은 모든 이야기를 오직 그라디바에게만 연관시키면서……. 이미 언제든지 불거져 나올 상태에 있던 그의 질투심이 이 모든 재료들을 지배하고 있었고, 심지어 그가 꾼 첫 번째 꿈과 모순을 일으키면서도 그는 망상 속에서 그라디바를 애인의 품에서 죽은 여인으로 만들어야 했으며, 그가 손에 넣은 브로치도 그녀의 것으로 여겨야 했던 것이다.

그라디바와 나눈 대화와 〈꽃을 받아 들고〉 그녀가 한 은근한 사랑의 고백들이 이미 하놀트에게 중요한 변화를 주었다는 사실에 주목할 필요가 있다. 의식적인 핑계들을 대지 않을 수는 없었지만 남성적 욕망의 특징들과 리비도의 구성 요소들이 그의 가슴 속에서 일어났다. 비록 그라디바가 죽은 사람인지 산 사람인지의 문제를 따지는 과학적 성격으로 위장되어 있었지만, 그날 하루 종일 하놀트를 쫓아다녔던 그라디바의 〈육체〉에 관한 문제가 여인의 육체에 대한 한 청년의 성적 호기심에서 비롯된 것임은 두말할 필요가 없다. 질투심도 역시 하놀트가 이제 막 사랑의 행위를 시작했다는 신호이다. 다음 날 그는 이야기를 나누기 시작하자마자 이 질투심을 드러냈고, 그때 새로운 핑계를 대며 젊은 여인의 육체에 손을 대고 또 어린 시절에 그랬던 것처럼 그녀를 때리기도 한다.

이제 다음과 같은 질문을 할 때가 된 것 같다. 이런 망상이 형성되면서 밟게 되는 과정을 이제까지 우리는 소설가가 제공한 이야기로부터 추론해 냈는데, 다른 경우들 속에서도 이런 과정을 발견할 수 있는지 혹은 이런 과정이 실제로 가능한 것인지를 물어 볼 때가 된 것이다. 우리의 의학적 지식에 따르면, 이 과정은 정확한 것이었다고 말할 수 있다. 그뿐만 아니라 망상은 어쩌면 이런 과정을 거쳐야만 망상의 병적인 특징들 속에 내재해 있는 요지부동의 확신에 이를 수 있다고 말할 수도 있다. 만일 환자가 자신의 환상을 확고부동하게 믿는다면, 그것은 그의 판단력이 봉괴되었기 때문이 아니다. 이 믿음이 또 망상 속에 있는 비논리적인 것들에서 오는 것도 아니다. 모든 망상은 어느 것이든지 한 줌의 진실을 갖고 있다. 망상 속에는 정말로 무엇인가 믿을 만한 것이 있는데, 이것이 바로 환자의 확신을 나름대로 정당한 것으로 여기게 하는 근원이다. 그러나 이 한 줌의 진실은 오랫동안 억압되어 있었다. 이 진실이 마침내 왜곡된 형태로 의식에 다다를 때, 그에 연결되어 있던 확신의 감정은 보상 작용을 통해 엄청난 강도를 갖게 된다. 이제 확신의 감정은 억압된 진실을 대체하고 있는 왜곡된 대리물에 집착하고, 모든 비판에 맞서 이 왜곡된 대리물을 옹호하게 된다. 말하자면 확신은 무의식의 진실에서 그 진실과 연결되어 있는 의식의 오류 쪽으로 이동한 것이고, 바로 이 이동으로 인해 그곳에 고정된 채 머무르고 만다. 하놀트의 첫 번째 꿈에서부터 시작된 망상의 형성 과정은 이러한 이동과 동일한 경우는 아니라고 하더라도 그와 유사한 경우이다. 실제로도 소설가가 묘사한 적이 있는 과정, 즉 하놀트의 망상 속에서 확신이 생성되는 과정은 억압된 것이 개입하지 않는 정상적인 경우들 속에서 확신이 형성되는 방식과 본질적으로는 다르지 않다. 우리 모두는 자신들의 확신을 진실과 오류가 서로 맞물려 있는 생각의 내용들에 연결시키고, 이 확신이 진실에서 오류 쪽으로 연장되는 것을 방치하곤 한다. 말하자면 확신은 진실에서 그 진실과 연결되어 있는 오류 쪽으로 전파되는 것이고, 비록 망상 속에서처럼 확고부동하게는 아니라고 하더라도 의당 이 오류가 받아야 하는 비판에서 오류를 보호하는 것이다. 정상적인 심리 속에서도 이러한 관계들과 보호들이 한 개인의 고유한 가치를 대체할 수 있을 것이다.

이제 나는 다시 꿈으로 돌아와 보잘것없지만 그러나 의미가 없지 않은 한 특징을 강조해 보고자 한다. 이 특징은 꿈을 꾸게 했던 두 사건을 연결시키고 있기도 하다. 그라디바는 흰 수선화와 붉은 장미를 대비시키고 있다. 솔레 호텔의 창문에서 수선화를 다시 발견한 것은 새로운 망상에서 표현된 하놀트의 무의식을 발견하는 데 매우 중요한 증거가 된다. 또한 호감이 갔던 젊은 여인의 옷에 꽂혀 있던 붉은 장미도 하놀트를 무의식 속에서 그로 하여금 젊은 여인, 그리고 그녀와 동행하고 있던 남자와의 관계를 정확하게 판단하도록 했고, 이것은 결코 일상적인 경험이 아니어서 이 여인은 그의 꿈속에서 〈동료〉로 등장하기까지 한다.

그러나 꿈의 표면적 내용 속 어디에 하놀트가 행했던 발견, 즉 다시 말해 그라디바가 아버지와 함께 숨겨져 있던 폼페이의 세 번째 호텔인 솔레 호텔에 묵고 있다는 흔적과 그 표현이 있는 것일까? 우리는 이미 그의 망상 속에서 이 발견의 대체물을 보았다. 그리 심하게 변형되지 않은 상태로 그의 꿈속에 전체가 들어 있다. 나는 여기서 그것을 직시하는 것이 좋을지 어떨지 망설이게 된다. 왜냐하면 지금까지 인내심을 갖고 나의 글을 따라와 준 독자들이라고 하더라도 내가 시도하려는 해석에 대해서는 강한 반감을 느끼리라는 것을 나는 잘 알고 있기 때문이다. 하놀트의 발견은, 반복하자면 꿈의 표면적 내용 속에 완전하게 드러나 있다. 그러나 그것은 매우 교묘한 방법으로 가려져 있어서 눈에 띌 수가 없었다. 하놀트의 발견은 하나의 말장난 뒤에, 즉 한 단어가 갖고 있는 양의성 뒤에 숨어서 꿈속에 나타나 있다. 〈햇볕이 내리쬐는 곳에 그라디바가 앉아 있었다〉고 했을 때, 이곳은 하놀트가 조에의 아버지인 동물학자를 만났던 곳이라고 우리는 정당한 근거에 입각해 밝혔다. 그러나 이 말은 또한 〈태양에서〉라는 뜻, 다시 말해 그라디바는 〈태양 호텔〉인 알베르고 델 솔레에 머무르고 있다는 것을 의미하는 것이 아닐까? 그리고 아버지와의 만남과는 관계가 없는 이 〈햇볕이 내리쬐는 곳〉이라는 말은 그라디바가 묵고 있는 장소에 대해 정확한 정보를 제공하고 있기 때문이라는 바로 그 이유로 인해 위선적으로 부정확한 표현이라고 볼 수는 없는 것일까? 실제의 꿈들을 해석하면서 얻은 경험에 의하면 나는 한 단어의 양의성을 이렇게 이해해야 한다는 것에 확신을 갖고 있으나, 만일 소설가가 나를 적극 도와주지 않는다면 이러한 해석 작업의 단편적인 사항을 무리하게 독자들에게 납득시키려고 하지 않을 것이다. 그다음 날 소설가는 젊은 처녀가 금속 브로치를 보았을 때 우리가 꿈의 내용 속에서 장소를 해석해 내기 위해 의존했던 것과 동일한 말장난을 그녀에게 시키고 있다.

너, 혹시 그것을 태양에서 찾지 않았니? ……이런 많은 물건들에게 빛을 비추는 태양 말이야.

하놀트가 이 말을 이해하지 못하자, 그녀는 자신이 이탈리아에서는 〈솔레〉라고 부르는 〈태양〉 호텔에 대해 말하는 것이라고 설명한다. 그녀는 이미 이 호텔에서 알려진 고대의 유물을 보았다.

이제 우리는 〈기가 막힐 정도로 엉뚱한〉 하놀트의 꿈을 그 꿈 뒤에 숨어 있고 또 꿈과는 너무나도 판이한 무의식적 생각들로 대체하는 실험을 시도해 보려고 한다. 그 생각들이란, 가령 다음과 같은 것이다. 〈그녀는 아버지와 함께 태양에 묵고 있다. 그런데 그녀는 왜 나와 이런 장난을 하려는 것일까? 나를 조롱하겠다는 것일까? 아니면 그녀가 나를 사랑하고 있어서 나를 남편으로 삼겠다는 것일까?〉 마지막 가능성은 잠을 자는 동안 의심의 여지 없이 부정되고 만다. 그것은 순수하게 공상일 뿐인데, 겉으로 드러난 꿈과는 얼른 보기에 상반되는 대답이다.

비판적인 독자들은 하놀트에 대한 그라디바의 조롱에 지금까지 우리가 이렇게 근거 없이 덧붙인 이야기들이 어디서 온 것인지 의당 궁금해할 것이다. 이 의문에 우리는 『꿈의 해석』에 근거해서 답할 수 있다. 조롱과 야유와 끈질긴 모순 등은 괴상한 형태를 띠고, 다시 말해 전혀 앞뒤가 맞지 않는 형태로 꿈의 표면적 내용에 나타난다. 이러한 꿈의 괴상한 모습은 정신 활동이 마비되어 있지 않다는 것을 일러 준다. 앞뒤가 맞지 않는 꿈의 모습은 그와 반대로 꿈의 작업이 이용하는 표현 방식들 중 하나이다. 여기서도 작가는 다른 어려운 고비에서 그랬듯이 우리를 도와주고 있다. 하놀트가 꾼 어처구니없는 꿈은 새 한 마리가 나타나 조롱하는 듯한 울음소리를 내며 부리로 도마뱀을 물고 사라지는 짧은 에필로그를 갖고 있다. 그러나 하놀트는 이와 비슷한 조롱하는 소리를 그라디바가 사라질 때 들은 적이 있었다. 이 웃음소리는 사실 조에의 소리였다. 그녀는 지하 세계에서 살아 돌아온 사람이라는 매우 중요한 역을 맡았는데, 이제 그 역에서 해방되었고, 그녀의 웃음은 이때 흘러나온 것이다. 그라디바는 정말로 하놀트를 놀리고 있었다. 그러나 새가 도마뱀을 물고 사라지는 꿈의 이미지는 벨베데레의 아폴론이 카피톨의 비너스를 데리고 가는 모습, 즉 이전에 꾸었던 다른 꿈의 이미지를 연상시킨다.

도마뱀을 사냥하는 장면이 사랑을 구하는 것을 의미한다고 해석하면, 그런 해석은 근거가 희박하다고 생각할 사람들이 아마도 한둘이 아닐 것이다. 그런데 친구를 만나 이야기를 나누면서 그녀가 폼페이에서 뭔가 자신에게 의미 있는 것을 〈발굴〉할 것만 같다고 말했을 때, 그녀는 바로 하놀트가 미심쩍게 생각하고 있던 것을 고백한 것이다. 마치 각자의 특성을 교환하고 싶어 하는 두 사람이 서로를 지향하고 있다는 듯이, 하놀트가 동물학에 의지함으로써 도마뱀의 비유를 할 수 있었던 것처럼 조에는 고고학적인 표현을 잠시 빌린 것이다.

이렇게 해서 우리는 이제 두 번째 꿈에 대한 해석을 끝내야 할 시점에 왔다. 만일 꿈꾸는 사람이 의식의 상태에서는 잊고 있었던 것을 자신의 무의식 속에서는 알고 있고, 또 망상 속에서는 모르고 있던 것을 무의식 속에서는 정확하게 판단하고 있다는 두 가지 사실을 전제한다면, 우리는 두 개의 꿈을 이해할 수 있다. 물론 이렇게 하면서 우리는 몇 가지 사항에 대해서 단언해야만 했는데, 이러한 단언들은 아마도 독자들에게는 낯설기 때문에 이상한 것으로 비쳤을 것이고, 또 어쩌면 이 단언들은 우리 자신의 관점을 독자들에게 마치 소설가의 관점인 것처럼 제공했다는 의혹을 불러일으켰을지도 모른다. 우리는 무엇보다 이런 의혹을 피하고 싶고, 그래서 가장 까다로운 쟁점들 중 하나라고 여겨지는 것을 좀 더 자세히 살펴보고자 한다. 다시 말해 〈햇볕이 내리쬐는 곳에 그라디바가 앉아 있었다〉는 것과 같은 이중적 의미를 지닌 말들에 대해 자세히 살펴보고자 하는 것이다.

소설 『그라디바』를 읽은 독자라면 누구라도 작가가 두 주인공의 입을 통해 매우 빈번하게 이중의 의미를 지닌 말들을 한다는 사실에 놀라게 된다. 하놀트가 어떤 말에 의미를 부여하면 그 말을 들은 그라디바는 다른 의미로 그 말을 이해한다. 예를 들어 그가 그라디바의 첫 대답을 들은 후에 〈당신이 이런 목소리를 갖고 있을 줄 나는 확신하고 있었소〉라고 말하면, 아직 상황을 파악하지 못하고 있던 조에는 그가 어른이 된 자신의 목소리를 그때까지 아직 들어 본 적이 없기 때문에 어떻게 그것을 알고 있느냐고 반문하게 되는 것이다. 두 번째 대화에서 젊은 처녀는 하놀트가 자신을 금방 알아봤다고 주장했기 때문에 잠시 당황하게 된다. 그녀는 어쩔 수 없이 하놀트의 말들을 그의 무의식 속에서 차지하고 있는 의미에 따라 이해하게 된다. 다시 말해 조에는 어린 시절까지 거슬러 올라가는 두 사람의 관계를 하놀트가 인정하고 있는 것으로 이해하는 것이다. 반면에 하놀트는 자신이 하는 말의 파장을 전혀 헤아리지 못하고 자신을 지배하고 있는 망상의 관점에서만 이야기할 뿐이다. 조에가 하는 말들도 이중의 뜻을 갖고 있는데, 그것은 망상에 빠져 있는 하놀트와는 달리 명철한 두뇌의 소유자인 그녀가 의도적으로 그렇게 했기 때문이다. 그녀가 하는 말이 갖고 있는 두 개의 의미 중 하나가 하놀트의 망상과 일치해서 그의 의식 속에서 이해된다면, 또 다른 의미는 망상과 유리된 채 별도로 떨어져 있으면서 망상에 대한 해석과 망상이 나타내는 무의식의 진실들을 독자들에게 제공한다. 동일한 표현을 통해 망상과 진실을 함께 나타낼 수 있었다는 것은 정신의 정교함이 거둔 개가라고 할 수 있다.

조에는 우연히 만난 여자 친구에게 상황을 설명해 주어야 했고, 또 그녀를 얼른 보내 버려야 했다. 이때 조에가 친구에게 들려준 이야기 역시 이중의 의미를 갖고 있었다. 사실 이 말들은 친구에게 하는 말이라기보다 작가가 독자들에게 하는 말이었다. 하놀트와 나누는 대화에서는 대부분 말의 이중적 의미는 조에가 사용하는 상징들에서 발생하는데, 이미 앞에서 살펴본 것처럼 이 상징들은 매몰과 억압, 폼페이와 어린 시절 사이의 유비적 동일성에 기대어 하놀트의 첫 번째 꿈을 지배하던 것들이었다. 이렇게 그녀는 이중의 뜻을 지닌 말에 힘입어 한편으로는 하놀트의 망상이 그녀에게 지정한 역을 계속 수행할 수 있었고, 다른 한편으로는 실제의 상황들을 지적함으로써 하놀트가 그의 무의식 속에서 상황을 파악하도록 도울 수 있었다.

나는 죽은 상태에 이렇게 이미 오래전부터 익숙해져 있어.

내가 너에게서 받아야 하는 꽃은 망각의 꽃이야.

이런 말들 속에서는 그녀가 하놀트를 시조새에 비유하면서 마지막으로 호통을 칠 때 터져 나왔던 비난이 아직은 매우 조심스럽게 나타나고 있다. 얼마 후 그녀는 망상이 사라지자 마치 자신이 했던 모호한 말들을 풀 수 있는 열쇠를 주겠다는 듯이 〈다시 살아나기 위해서는 죽어야만 한다는 것이지! 네가 하고 싶은 말은, 고고학에서 모든 것이 그렇게 진행되어야 한다는 거지!〉라고 말한다. 그러나 그녀가 이용한 상징체계가 가장 성공적으로 적용된 것은 그녀가 다음과 같은 질문을 했을 때이다.

이미 우리 두 사람이 지금부터 2천 년 전 어느 날 이렇게 빵을 나누어 먹었던 것만 같아. 너는 생각이 안 나니?

이 말속에서 독자들은 역사적 차원의 시간이 어린 시절을 대체하고 있다는 것과, 이러한 과정이 어린 시절의 기억을 상기시키려는 노력임을 인정하지 않을 수 없을 것이다. 그런데 소설 『그라디바』에 나오는 이 이중의 뜻을 지닌 표현에 대한 각별한 애착은 어디에서 유래하는 것인가? 이는 결코 단순한 우연이 아니라 소설의 몇 가지 전제들에서 파생된 필연적인 결과처럼 보인다. 표현의 이중성은 증후의 이중성이다. 말 그 자체도 증후인 것이다. 따라서 말은 증후들처럼 의식과 무의식의 타협에서 유래하는 것이다. 그러나 다음과 같은 차이점은 제외해야 할 것이다. 즉 우리는 말의 이중적 기원을 행동의 이중적 기원보다 훨씬 쉽게 판별해 낼 수 있는데, 하나의 동일한 언어 배열 속에서 말이 갖고 있는 두 개의 의미 하나하나에 적절한 의미를 부여할 수 있을 때 — 유연한 언어적 장치의 속성으로 인해 이런 경우는 자주 있다 — 우리는 흔히 〈모호함〉 속에 있게 된다.

　망상이나 그와 유사한 정신 질환을 치료하는 동안 우리는 자주 환자에게 이런 유형의 모호한 말을 하도록 한다. 이 모호한 말들은 매우 짧은 순간 동안이기는 하지만 새로운 증후들이고, 의사는 이 증후들을 이용할 수 있기 때문이다. 이렇게 함으로써 의사는 말들이 환자의 의식에 대해서 갖고 있는 의미를 통해 환자 스스로 무의식 속에서의 의미를 이해하도록 유도하는 경우가 자주 있다. 내 경험에 비추어 보면, 말이 갖고 있는 이중의 의미가 정신 분석에 문외한인 사람들에게는 충격으로 받아들여질 수 있고, 가장 조야한 오해를 불러일으킨다는 것을 알고 있다. 그러나 어떤 경우든 소설가가 꿈과 망상이 형성되는 과정에서 발생하는 이런 말의 이중적 의미를 작품 속에서 표현할 때는 낯설지 않게 느껴진다.

4

의사의 역할을 하고 있는 조에가 소설 속에 등장함으로써, 이
미 앞에서 지적했듯이, 우리는 새로운 차원의 흥미를 느끼게 된
다. 조에가 하놀트라는 인물에 대해서 성공적으로 행했던 것과
같은 치료가 이해할 만하고 가능한 것인지, 그리고 작가가 망상
의 발생 조건들에 대해서처럼 망상을 사라지게 하는 조건들을 식
별해 낼 때에도 똑같은 정확성을 기했는지 우리로서는 아직 판단
을 내릴 수가 없다.

의심할 여지 없이 우리는 여기서 화자가 묘사한 경우, 원칙적
으로 말해 그러한 흥미를 느낄 수 없고 또 밝혀져야 할 아무런 문
제도 인정하지 않는 또 다른 작품 구상의 가능성에 맞닥뜨리게
된다. 망상의 대상이었던 그라디바로 추정된 여인이 일단 하놀트
가 지어낸 이야기들이 모두 부정확한 것임을 납득시켰고, 또 그
에게 어떻게 그녀가 자신의 이름을 알고 있는지 수수께끼 같던
모든 문제들에 대해 매우 자연스러운 설명을 제공했다면, 이제
실제로 하놀트는 단지 자신의 망상을 떨쳐 버리기만 하면 되는
것인지도 모른다. 하놀트의 병적인 사례는 이렇게 해서 논리적으
로 해결된 것일 수도 있다. 따라서 작가는 젊은 여인이 사랑 고백
을 하고 있으므로 소설을 읽을 여성 독자들에게 흡족함을 줄 요

량으로, 이런 경우 흔히 대하게 되는 결론인 결혼으로 이야기를 끝마칠 수도 있었을 것이고, 또 그렇게 끝났다고 해도 소설은 나름대로 흥미로운 것으로 남을 수 있었다. 그뿐만 아니라 이보다 더 논리적인 다른 결론도 가능했을 것이다. 일단 자신의 망상에서 벗어나게 되자 젊은 학자는 여인에게 감사의 마음을 표시한 후, 자신은 돌과 청동으로 만든 고대의 여인들이나 그와 비슷한 조각들에 계속해서 강렬한 관심을 가질 수 있고 또 그런 여인들을 언제든지 만날 수 있게 되었으니, 같은 시대에 살고 있는 피와 살을 지닌 여인과는 할 일이 없다는 핑계를 대며 헤어질 수도 있을 것이다. 소설가는 이런 식으로 고고학과 관련된 공상과 사랑의 이야기를 매우 자의적으로 접목시킬 수도 있었던 것이다.

이런 불가능한 구상들을 제쳐 놓고 나면 우리는 우선 망상에서 벗어난 것이 하놀트에게 일어난 변화의 전부가 아니라는 것을 알 수 있다. 망상이 사라지는 동안, 그리고 심지어 망상이 사라지기 이전에도 그에게 사랑에 대한 욕구가 있었다는 것은 부인할 수 없는 사실이다. 이 사랑의 욕구는 지극히 자연스럽게도 한 젊은 여인에 대한 사랑의 요구로 연결되었고, 이 여인은 그를 망상에서 구원해 낸 것이다. 우리는 이미 여인의 육체에 대한 호기심과 질투의 감정과 갑작스럽게 일어난 남성적 충동 등이 하놀트가 한참 망상에 빠져 있을 때 어떤 핑계와 위장들을 통해 나타났는지를 강조한 바 있다. 또 이 모든 것이 억압된 사랑의 욕망으로 인해 그가 첫 번째 꿈을 꾸게 된 이후의 일임도 지적했다. 그라디바와 두 번째 대화를 하고 난 후 하놀트에게 처음으로 호감을 주는 살아 있는 여인이 나타났고, 또 그가 이전에는 신혼여행을 하는 부부들에게는 혐오감만을 느꼈으면서도 처음에는 이 젊은 부인에게서 갓 결혼한 신부의 모습을 보지 못했다는 것 등을 하놀트의 사랑의 욕망을 입증해 주는 보충 증거로 덧붙여 두기로 하자. 그러나 그다음 날 아침 하놀트는 우연히 그 젊은 여인이 처음에는 그녀의 오빠로 추정했던 남자와 서로 애정을 나누는 장면을 목격하게 되고, 마치 어떤 신성한 행사라도 방해한 듯이 두려워하며 바로 자리를 뜬다. 그는 신혼부부들을 대할 때마다 퍼부었던 조롱과 야유를 다 잊어버렸고, 그 대신 사랑에 대한 존경심이 그의 마음속에 자리를 잡았다.

작가는 이렇게 망상 사랑에 대한 갈망의 출현 사이에 긴밀한 관련을 맺어 놓았고, 그럼으로써 소설이 필연적으로 사랑 고백으로 끝나도록 준비할 수 있었다. 실제로 그는 비평가들보다 망상의 본질에 대해 더 잘 알고 있었다. 그는 망상이 일어나기 위해서는 사랑의 욕망을 구성하는 한 부분이 사랑을 억압하는 한 요소와 결합되어야 한다는 것을 알고 있었던 것이다. 그래서 작가는 소설 속에서 치료를 시도하는 젊은 여인으로 하여금 하놀트의 망상 속에서 자신에게 관련된 부분을 알아차릴 수 있도록 한 것이다. 이런 발견이 없었다면 그녀는 망상을 치료하겠다고 나설 수 없었을 것이다. 자신이 망상에 빠져 있는 사람에게 사랑받고 있다는 확신만이 그녀에게 자신의 사랑을 고백하도록 인도할 수 있었다. 치료는 하놀트가 마음속에서는 드러낼 수 없는 억압된 기억들을 외부에서 다시 그에게 복원시켜 주는 것이었다. 그러나 이 여자 치료사가 이렇게 치료하면서도 만일 하놀트의 감정들을 헤아리지 못했거나, 또 망상의 결론을 〈잘 봐, 이 모든 것은 결국 네가 나를 사랑한다는 거야〉라고 내릴 수 없었다면 치료는 아무런 효과도 거두지 못했을 것이다.

소설가가 등장인물 조에에게 그녀의 어린 시절의 친구를 치료하기 위해 사용토록 한 방법은 브로이어 박사와 본인이 1895년에 의학계에 소개한 이후 완성시켜 나간 치료 방법과 완벽하다고 할 정도로 똑같다. 브로이어는 처음에 〈정화적〉이라고 했지만 본인은 지금 〈정신분석적〉이라고 부르고 싶은 이 치료법은 하놀트와 유사한 질환을 앓고 있는 환자들에게서 그들을 환자로 만든 무의식의 억압된 부분을, 그라디바가 두 사람의 어린 시절의 관계들과 관련된 하놀트의 억압된 기억에 대해 그렇게 했듯이, 말하자면 강제로 의식의 영역으로 이끌어 내는 것이다. 물론 그라디바가 맡은 일은 의사의 일보다 훨씬 수월한 것이었다. 그녀는 여러 가지 면에서 가장 이상적인 위치에 있었다. 환자의 마음을 단번에 꿰뚫어 볼 수가 없고, 또 환자의 무의식 속에서 조직되고 있는 것을 자신의 의식 속에 기억하고 있을 수도 없는 의사로서는 이러한 불리한 점을 보충하기 위해 매우 복잡한 기술을 이용할 수밖에 없다. 의사는 환자의 의식적인 생각들과 그와 나눈 이야기들에서 억압되어 있는 것을 끌어내고 엄밀한 결론을 내릴 수 있어야 하며, 또 외부로 드러난 표정이나 의식적인 행동들 뒤에서 무의식이 드러날 때 바로 그곳에서 무의식의 존재를 감지해 낼 줄도 알아야 한다. 의사는 그때 노르베르트 하놀트가 소설 말미에서 〈그라디바〉라는 이름을 〈베르트강〉이라는 이름으로 다시 번역할 때 그 자신이 직접 이해하고 있던 것과 유사한 것을 만들어 낸다. 그때 혼란은 원점으로 다시 돌아와 사라지게 되고, 분석을 통한 치료 역시 동시에 완성된다. 그런데 그라디바가 의지했던 방법과 심리 치료가 이용하는 방법 사이의 유사성은 이 두 가지, 즉 억압된 것을 의식화시키고 규명과 치료를 일치시키는 것에서 끝나지 않는다. 양자 사이의 유사성은 모든 변화의 가장 핵심에 자리 잡고 있는 감정의 소생으로까지 이어진다. 하놀트의 망상과 유사한 모든 혼란, 전문 용어로 정신 신경증이라고 부를 수 있는 이 혼란은 충동을 구성하는 한 부분의 억압, 좀 더 구체적으로 말하자면 성 충동의 억압을 전제로 한다. 무의식적이고 억압된 병의 이유를 의식 선상으로 끌어내려는 시도를 할 때마다 관련된 충동은 필연적으로 깨어나게 되고, 그 충동을 억압하고 있는 힘들과 다시 싸움을 벌인다. 이 싸움은 마지막 선택에 몰린 충동이 그것을 억누르는 힘들과 균형을 이루기 위한 것인데, 이때 환자들은 종종 격렬한 반응을 보이게 된다. 우리가 〈사랑〉이라는 말로 성 충동의 모든 다양한 구성 요소를 총칭한다면, 치료가 이루어지는 과정은 비유적으로 말해 사랑이 재발될 때 완결된다. 이 사랑의 재발은 치료를 위해서는 없어서는 안 될 요건이다. 왜냐하면 치료는 증후들을 대상으로 시도되는데, 이 증후들이란 억압이나 억압된 것의 회귀와 관련되어 이전에 일어났던 갈등의 앙금들이기 때문이고, 또 오직 같은 욕망이 되돌아올 때만 사라지게 할 수 있기 때문이다. 모든 정신분석적 치료는 증후의 타협 속에서 빈약한 출구를 찾았던 억압된 사랑을 해방시키기 위한 하나의 시도이다. 소설 『그라디바』의 작가가 묘사한 치료 과정이 보여 주는 완벽한 유사성은 심리 치료에서도, 사랑이든 증오든 다시 깨어난 격한 감정이 매번 의사 자신을 대상으로 한다는 점을 염두에 둘 때 절정에 달한다.

그러나 바로 이 유사성에서 그라디바의 경우를 의학적 방법으로는 접근할 수 없는 이상적인 경우로 생각하게 만드는 차이점들이 시작된다. 그라디바는 무의식에서 의식으로 뚫고 올라온 사랑에 응할 수 있었지만, 의사는 그럴 수가 없는 것이다. 그라디바는 그녀 자신이 억압된 옛 사랑의 대상이었다. 그녀는 환자의 해방된 사랑의 욕망에 자기 자신을 대상으로 내줄 수가 있었다. 반면에 의사는 남이었고, 치료 후에는 다시 한번 낯선 타인이 되기 위해 노력해야 한다. 종종 의사는 환자들이 되찾은 사랑의 능력을 생활하면서 이용하기 위해 어떤 충고를 해주어야 할 경우가 있다. 『그라디바』의 작가가 묘사한 대로, 사랑에 의한 치료의 모델에 어느 정도라도 접근해 보려면 의사는 어떤 편법과 대용물을 이용할 수 있을 것인가? 이 문제는 간략하게 다룬다고 하더라도 이미 우리가 정한 주제와는 너무나도 거리가 먼 곳으로 우리를 인도해 갈 것이다.

이제 앞에서 여러 번 회피했던 마지막 질문을 할 때가 온 것 같다. 억압, 망상과 그와 유사한 정신 질환의 기원들, 꿈의 형성 과정과 설명, 사랑의 역할과 이런 유형의 질환들에 대한 치료 등에 대해 이제까지 우리가 갖고 있었던 관점들은 결코 과학의 공동재산이 되지 못하고 있으며, 교양 있는 사람들이 안심하고 소유하려고 하는 관점은 더욱 되지 못하고 있다. 우리가 실제의 병에 대한 기록처럼 자세히 분석할 수 있도록 작가가 그의 〈환상곡〉을 쓸 수 있었던 것이 만일 직관에 의한 것이었고, 그 직관이 학식의 성격을 띤 것이라면 우리는 이 학식의 근원이 어디에 있는지 알고 싶어진다. 이 글을 시작하며 밝혔듯이 소설 『그라디바』에 나타난 꿈과 그 꿈에 대한 해석이 가능한가의 문제에 관심을 가지고 있었던 모임에 소속된 한 인사는 작가가 정신분석의 영역 속에서 소설에 나타난 것과 같은 이론적 지식을 갖고 있었는지 직접 작가에게 문의해 보았다. 예상했던 대로 작가는 부정적인 답을 보내왔고, 그의 답 속에는 약간의 퉁명스러움도 들어 있었다. 그의 말에 따르면, 『그라디바』는 순수하게 상상력의 산물이고 소설을 쓰는 동안 많은 쾌락을 맛보았다는 것이다. 그의 『그라디바』가 마음에 들지 않는 사람들은 읽지 않으면 그만 아니겠느냐는 말이었고, 그러나 그는 자신의 소설이 독자들을 얼마나 즐겁게 할 것인지에 대해서는 의심하지 않는다고 했다.

작가의 비난은 위에서 말한 것보다 훨씬 더했을 가능성이 높다. 우리는 작가가 소설을 쓰면서 정신분석의 규칙들을 따랐다고 말했지만, 작가는 어쩌면 그런 규칙을 전혀 모르고 있었다고 반박할지도 모르고, 또 그의 소설 속에서 우리가 작가의 의도로 읽었던 것들을 모두 부인할 수도 있을 것이다. 이런 일은 얼마든지 있을 수 있는데, 이때 다음과 같은 두 가지 가정이 가능할 것이다. 첫째, 작가가 전혀 생각지도 않았던 의도들을 순수한 문학 작품에 부여함으로써 우리가 해석이라는 이름으로 작품을 희화시킨 것일 수 있고, 그래서 우리는 이번에도 사람은 자신이 몰두해 있는 것만을 보게 된다는 평범한 진리를 입증한 셈이다. 문학사 속에서 우리는 이런 가능성을 일러 주는 기묘한 예들을 얻을 수 있다. 이러한 설명을 받아들이고 아니고의 문제는 이때 독자들 스스로 결정을 내려야 할 것이다. 물론 우리는 다른 생각을 갖고 있다. 이제 우리의 생각을 살펴보자. 작가가 정신분석의 규칙들이나 의도들을 알 필요가 전혀 없다는 것은 우리의 판단이기도 하다. 그래서 작가가 그런 것을 따르지 않았다고 말했을 때, 그것은 얼마든지 정직한 말일 수 있다. 그러나 우리가 작품 속에 들어 있지 않은 것을 작품 속에서 본 것은 아니다. 작가와 의사는 같은 샘물에서 물을 긷고 있는 것인지도 모르고, 방식은 다를지 몰라도 같은 대상을 다루고 있는 것인지도 모른다. 결과 속에서 확인할 수 있는 일치는 의사와 작가가 모두 정확하게 일을 했다는 것을 보증해 주는 것처럼 보인다. 우리의 작업 방식은 정신적 움직임의 과정을 밝혀내고, 그것을 지배하는 법칙들을 알아내기 위해 상궤에서 벗어난 정신적 움직임을 관찰하는 데 있다. 작가는 다른 방식으로 일한다. 작가가 무의식에 관심을 돌리고, 무의식의 발전 가능한 모습을 지켜보면서 그것들을 의식의 비판을 통해 없애 버리는 대신 예술적 표현을 부여하는 것은 모두 그 자신의 정신 속에서 일어나는 일이다. 그는 우리 의사들이 다른 사람들에게서 배우는 것을 자기 자신과 스스로의 경험에서 끌어내는 사람이다. 그렇다면 이때 무의식의 활동은 어떤 법칙에 복종하는 것일까? 그러나 작가는 이 법칙을 이론화할 필요가 전혀 없다. 작가는 법칙들을 명확히 인식할 필요조차 없다. 작가의 통찰력은 무의식의 법칙들이 그의 작품들 속에서 육화되어 나타나는 것을 용인하기 때문이다. 실제의 질환들을 다루면서 법칙들을 알아내듯이 우리는 작가의 작품들에 대한 분석에서 출발해 이 법칙들을 발전시켜 나간다. 그러나 다음과 같은 결론은 반박할 수 없을 것이다. 의사처럼 작가도 무의식을 잘못 이해했든지, 아니면 두 사람 모두 정확히 이해했든지 둘 중의 하나인 것이다. 이러한 결론은 우리 의사들에게는 매우 귀중하다. 이 결론에 다다르기 위해서는 옌젠의 『그라디바』에 나타난 꿈들처럼, 의학적인 정신분석의 방법들에 의존하면서 망상이 형성되는 과정과 치료에 대한 묘사를 가능한 한 가까이에서 살펴볼 만했던 것이다.

이제 우리의 연구를 끝낼 때가 된 것 같다. 하지만 주의 깊은 독자라면 우리가 연구를 시작하면서 꿈을 충족된 욕망의 표현으로 간주할 수 있다고 했던 가정을 기억할 것이고, 그 가정이 아직 입증되지 않았다고 지적할 것이다. 이런 독자에게 우리는 지금까지의 작업이 〈꿈은 욕망의 성취〉라는 몇 마디 말로 그런 문제에 대한 설명을 다 포괄한다는 것이 얼마나 부당한 것인가를 잘 일러주고 있다고 답할 수 있을 것이다. 그렇지만 우리의 주장은 이 점에서 여전히 변함이 없고, 『그라디바』에 나타난 꿈들에 대해 그런 증거를 대기는 쉬운 일이다. 꿈의 잠재적 생각들은 — 우리는 이제 이것이 무엇을 의미하는지 알고 있다 — 그 종류가 다양하다. 『그라디바』에서 그것은 〈낮에 남은 잔존물〉, 즉 낮에 일어난 경험에 대한 정신적 활동으로 인해 이해되지도 않고 사라지지도 않은 채 남아 있는 생각들이다. 그러나 이런 잠재된 생각들에서 꿈이 발생하기 위해서는 욕망 — 대부분의 경우 무의식적인 욕망 — 의 개입이 있어야 한다. 이 무의식적 욕망이 꿈의 형성에 필수적인 동력을 만든다면, 낮에 남은 잔존물들은 꿈의 재료들을 제공하는 것이다. 노르베르트 하놀트의 첫 번째 꿈에서 두 가지 욕망이 서로 경쟁하며 꿈을 만들어 냈는데, 하나는 의식에 접근할 수도 있었던 반면에 다른 하나는 무의식에 속한 것으로 억압에서 힘을 얻어 활동적이 된다. 첫 번째 욕망은 고고학자라면 누구든지 이해할 수 있는 것으로서, 79년 그 유명한 참사가 일어났을 때 현장에서 직접 눈으로 목격했다면 하는 욕망이다. 이 욕망이 꿈 이외의 다른 방법으로 실현될 수만 있다면 고고학을 전공하는 사람의 경우 어떤 희생인들 마다하겠는가! 꿈의 또 다른 형성자인 다른 욕망은 성애적 성격을 띠고 있는 욕망이다. 다시 말해 이 욕망은, 대략적이고 불완전하게 말할 수밖에 없겠지만, 사랑하는 여인이 잠을 자기 위해 몸을 눕혔을 때 그곳에 있고 싶다는 욕망이라고 말할 수 있다. 이 욕망은 거부되었을 때 꿈을 악몽으로 만든다. 두 번째 꿈을 움직이는 욕망들은 첫 번째 것들보다 덜 분명하지만, 그러나 앞서 행했던 해석을 상기해 보면 이것 역시 성애적인 것들로 볼 수 있다. 도마뱀을 사냥하는 장면에서 유추해 낼 수 있는 것처럼, 사랑하는 여인에게 붙잡히고 싶고, 그녀의 요구에 따르며 복종하고 싶다는 욕망은 실제로 수동적이고 피학대 음란증적 성격을 띠고 있다. 그다음 날 우리의 몽상가는 마치 반대되는 성적 경향, 즉 가학적 욕망의 지배를 받게 되었다는 듯이 사랑하는 여인을 때린다. 그러나 우리의 이야기는 여기서 끝나야 할 것이다. 그러지 않는다면 우리는 두 주인공, 하놀트와 그라디바가 한 소설가가 만들어 낸 허구적 인물에 지나지 않는다는 것을 정말로 잊어버리고 말 것이기 때문이다.

1912년 제2판에 덧붙이는 글

본 연구 집필이 끝난 이후 지난 5년 동안 정신분석적 탐구는 여전히 나의 것과는 다른 의도 속에서 작가들의 창조 행위에 대한 대담한 접근들을 시도했다. 정신분석을 통해 실제의 신경증 환자들에 관련해서 발견해 낸 것들을 문학 작품 속에서 확인하려는 것뿐만이 아니라 작가가 과연 어떤 인상과 기억들에서 출발해 작품을 구성하는지, 그리고 어떤 경로와 과정을 거쳐 그러한 재료들을 작품 속에 들어오게 하는지에 대해서도 사람들은 알고 싶어 했다.

그러나 오히려 우리가 다루었던 옌젠(1911년에 사망함)처럼, 창조한다는 순수한 기쁨 속에서 흔히 상상력이 제공하는 충동들을 따라가며 작업을 하는 작가들에게서 이런 의문들에 대한 답을 찾을 수 있다는 것은 공인된 사실이나 다름없다. 『그라디바』에 대한 나의 분석적 연구가 발표되고 얼마 지나지 않아 나는 나이가 많은 소설가가 정신분석적 연구에 관심을 가질 수 있도록 시도해 보았지만, 그는 협력할 의사가 없다고 거절해 왔다.

그 후 한 친구가 나에게 같은 작가가 쓴 다른 소설 두 권을 알려 주었다. 『그라디바』와 유사한 기원을 갖고 있는 이 두 소설은 『그라디바』를 쓰기 위한 사전 작업의 성격을 갖고 있는 것 같았고, 동일한 사랑의 문제를 역시 문학적인 관점에서 만족스럽게 해결해 보려는 노력을 읽을 수 있었다. 두 소설 다 중편인데, 「빨간 우산」이라는 제목을 갖고 있는 첫 번째 소설은 흰 무덤의 꽃, 잊어버린 물건(그라디바의 데생용 수첩), 일정한 의미를 지니고 있는 작은 동물들(나비와 『그라디바』에 나오는 도마뱀) 등과 같은 많은 모티프들이 다시 등장하고 있다는 면에서 『그라디바』를 연상시켰다. 그러나 무엇보다도 두 소설 사이의 유사성이 두드러지는 것은 죽은 여인이, 혹은 죽었다고 생각되었던 여인이 정오의 뜨거운 태양 아래에서 다시 살아 돌아오는 소설의 중심 스토리가 반복되고 있다는 점에서다. 『그라디바』에서는 폼페이의 발굴된 유적지가 중심 무대였다면, 「빨간 우산」에서는 폐허가 된 한 성(城)이 여인이 나타나는 무대의 역할을 하고 있다.

다른 중편은 「고딕식의 집에서」라는 제목을 갖고 있는데, 『그라디바』와 「빨간 우산」처럼 위에서 언급한 것과 같은 유사성을 갖고 있지는 않다. 그러나 세 작품의 잠재적 의미가 밀접한 연관을 맺고 있다는 것을 일러 주는 것이 없는 것은 아니다. 세 번째 중편은 두 번째 것과 함께 『높은 곳의 힘들』이라는 제목이 붙은 한 권의 책 속에 함께 들어 있다. 이 세 편의 소설들이 같은 주제를 다루고 있다는 것은 쉽게 알 수 있다. 세 편 모두 어린 시절의 남매 관계 속에서 볼 수 있는 내밀성으로 충만한 공동생활이 끝난 이후, 이 내밀성이 사랑으로 발전하는 과정을 다루고 있다.

나는 또한 에바 바우디신Eva Baudissin이 쓴 서평을 통해(1912년 2월 11일 「디 차이트」) 작가 자신의 젊은 시절이 상당 부분 투영되어 있는 옌젠의 마지막 소설인 『인간들과 섞여 사는 이방인들』이 〈사랑하는 여인에게서 누이를 느끼는〉 한 남자의 운명을 묘사한 소설이라는 것을 알게 되었다.

앞서 언급한 두 중편에서는 『그라디바』의 주요한 모티프였던 특이한 아름다움을 갖고 있는 걸음걸이와 수직으로 치켜 올려지는 발 같은 것을 볼 수 없다.

옌젠이 로마의 것으로 간주한 아름다운 걸음걸이를 갖고 있는 여인의 부조는 실제로 그리스 예술의 전성기에 제작된 조각이다. 현재 조각은 바티칸의 시아라몬티 박물관에 유물 번호 644로 소장되어 있다. 1903년에 하우저는 이 부조를 포함하고 있는 전체 조각을 찾아냈고 해석한 바 있다. 〈그라디바〉를 피렌체와 뮌헨에 있는 다른 조각들과 비교하면서 그는 각각 세 명의 인물을 묘사하고 있는 두 쪽의 부조를 얻을 수 있었고, 이 인물들 속에서 어렵지 않게 초목의 여신들과 이 여신들의 친척인 땅을 비옥하게 하는 이슬의 여신들을 알아낼 수 있었다.[1]

---

1 하우저는 기원전 4세기 말 그리스에서 처음 만들어진 그 작품들을 로마 사람들이 복제했다고 생각했다. 현재 〈그라디바〉 부조는 시아라몬티 박물관의 VII/2관에 유물 번호 1284로 보관되어 있다.

옌젠이 프로이트에게 보낸 세 통의 편지[1]

1907년 5월 13일

바이에른

깊이 존경해 마지않는 선생님께[2]

뮌헨에서 발송된 『그라디바』에 대한 선생의 평론을 나는 현재 머물고 있는 시골집에서 받았고, 받자마자 읽어 보았습니다. 실로 흥미로운 글이었고 나에게는 대단한 기쁨이기도 했습니다. 책을 보내 주신 선생님께 깊은 감사의 마음을 전합니다. 물론 이 작은 이야기는 정신 치료의 관점에서 판단되고 상찬되기 위해 쓰인 것은 아닙니다. 선생님은 실제로 글의 이곳저곳에서 작가가 전혀 생각하고 있지 않았던, 어쨌든 의식적으로는 생각하고 있지 않았

1 옌젠이 프로이트에게 보낸 세 통의 편지 중 첫 번째 편지는 프로이트가 보낸 「빌헬름 옌젠의 『그라디바』에 나타난 망상과 꿈」을 받고 옌젠이 프로이트에게 보낸 것이고, 나머지 두 통은 프로이트의 편지에 대한 답신이다. 옌젠이 보낸 편지는 1929년에 『정신분석 운동 *Psychoanalytische Bewegung*』지에 독일어로 실렸었다. 프로이트가 옌젠에게 보낸 편지는 뉴욕의 지크문트 프로이트 문서실에도 소장되어 있지 않은 것으로 보아 없어진 것으로 보인다. 옌젠의 답신을 읽어 보면 프로이트가 보냈던 편지의 내용을 어느 정도는 짐작할 수 있을 것이다.

2 〈깊이 존경해 마지않는 선생님께*hochgeehrter Herr*〉는 이례적인 존칭이라 볼 수 있다.

던 의도들을 작가에게 부여했습니다. 하지만 전체적으로 볼 때 선생님의 글은 결국 내 작은 책의 가장 깊은 의도를 짚어 냈고, 정확하게 보고 있었습니다. 가장 설득력이 있는 부분은 비록 내가 옛날에 했던 의학 공부가 나름대로 역할을 했다고 하더라도, 정신적 움직임과 그로부터 파생되어 나온 행동들에 대한 묘사가 시적인 직관에서 비롯되었다고 쓰신 부분이었습니다. 어쨌든 나는 내가 부탁을 받았을 때 〈약간 퉁명스럽게〉 대답을 한 적이 없음을 알려 드리고 싶고, 만일 내가 그랬다면 그분께 미안하다는 말을 전하고 싶습니다.[3]

나는 출판사에 『응용 심리학 논문집 Schriften zur angewandten Seelenkunde』[4] 첫 호를 몇 부 더 보내 달라고 요청했고, 다음 호에 대해서도 알려 줄 것을 부탁했습니다.

건강과 행운이 함께하시길 빌며, 다시 한번 감사드립니다. 안녕히 계십시오.

빌헬름 옌젠 드림

3 여기서 〈그분〉이란 프로이트에 앞서 편지를 보냈던 융을 가리킨다.
4 프로이트의 연구가 처음 발표된 잡지.

프리엔, 1907년 5월 25일
바이에른

프로이트 선생님께

보내 주신 답장 기쁘게 받아 보았습니다만, 알고 싶어 하시는 것에 대해서는 안타깝게도 답을 해드릴 수가 없습니다. 다음과 같은 점만을 전해 드릴 수 있을 것 같습니다.

내가 쓴 〈환상곡〉에 대한 착상은 강한 인상을 받았던 고대의 부조에서부터 비롯되었습니다. 이 부조의 모조품을 나는 몇 개 갖고 있는데, 이는 나르미의 훌륭한 복사본들로서 뮌헨에 있습니다(소설 첫장에 십화로 쓰인 것도 이 모조품이었습니다). 어쨌든 나는 여러 해 동안 원본을 찾기 위해 나폴리 국립 박물관을 가보았지만, 결국 실패하고 말았습니다. 단지 로마의 박물관에 원본이 있다는 것만 알 수 있었습니다. 선생님께서는 내가 근거 없는 어떤 〈고정 관념〉을 갖고 있어서 원본이 나폴리에 있다고 생각했고, 나아가서는 조각에 묘사된 여인을 폼페이 여인으로 간주했다고 보실 수도 있을 것입니다. 폼페이 유적지에서 하루 종일 시간을 보내곤 했던 것이 한두 번이 아니어서 나는 폼페이를 잘 알고 있었고, 그래서 폼페이의 포석을 밟으며 걸어가는 여인을 쉽게 머릿속에 그릴 수 있었습니다. 모든 방문객들이 점심을 먹으러 가는 조용한 시간인 정오에 나는 기꺼이 홀로 그곳에 남아 있곤 했습니다. 뜨거운 고독 속에 홀로 남은 나는 눈앞에 있는 현실과 상상의 풍경이 맞닿아 있는 경계 지점에 늘 도달하곤 했습니다. 노르베르트 하놀트라는 이름의 주인공이 태어난 것은 불가능하지만은 않다는 두려움마저 느꼈던 이런 정신적 상태에서입니다.

나머지는 문학적 필요성에서 나온 것입니다. 망상들을 완전히 지리멸렬한 것이 아니라 그로테스크한 것으로 만들면서 그 전개를 가능하게 하는 전제들이 소설의 나머지 부분을 지배한 것입니다. 하놀트는 겉으로 보기에만 경직된 사람입니다. 그는 실제로는 강렬한 상상력의 지배를 받고 있었고, 누구보다도 방황하기에 적합한 사람이었습니다. 또한 부조에서 그가 느낀 쾌락에서 알 수 있듯이, 여인의 아름다움을 증오하는 사람도 아니었습니다. 〈신혼부부들〉이 그의 신경을 자극했다면, 그것은 다름 아니라 〈이상적인〉 여인에 대한 잠재적인 욕망이 그의 가슴속에 있었기 때문입니다. 하지만 그는 자신의 마음속에서 어떤 일이 일어나고 있는지 알지 못했고, 〈파리 떼들〉로 인해 그의 기분이 상할 정도로 뭔가가 그에게 없다는 느낌만 있었을 뿐입니다. 이 인물을 통해 나는 불만에 쌓여 자기 자신에 대해 착각하고 있고, 그래서 늘 환상을 좇아갈 수밖에 없는 한 인간을 그럴듯하게 묘사해 보고자 했습니다.

문학은 부조와 〈환생〉을 일치시키면서도 이 일치가 현실에 뿌리내리고 있는 것이기를 절대적으로 요구합니다. 외적인 유사성을 충족시켜야 했던 것입니다. 그러나 이 외적인 유사성을 완벽한 것으로 설정한다고 해도 얼굴 표정이나 외모나 옷매무새 같은 것들까지 완벽하게 일치시킬 수는 없습니다. 고대 의상을 연상시키는 밝은 색깔의 가벼운 천으로 만든 주름이 많은 옷 덕택에 외모의 유사성을 곧이곧대로 일치시키는 것을 피할 수 있었습니다. 두 인물을 혼동하게 한 것은 부분적으로는 햇볕 때문에 달구어진 대기가 피워 올리는 아지랑이와 눈부심 같은 빛의 움직임들이었습니다. 하지만 두 인물을 한 사람으로 착각하고 있던 이는 오직 하놀트 한 사람뿐이었습니다. 왜냐하면 그의 욕망이 부추기고 있었기 때문입니다. 여기에 어린 시절의 기억이, 다시 말해 의식 밑에서 움직이고 있는 기억이 개입했을까요? 이 질문에 대해, 적어도 그라디바의 걸음걸이가 하놀트에게 불러일으킨 효과에 대해서는 나는 결코 확답을 할 수가 없습니다. 하놀트가 어렸을 때, 비록 어떤 감정도 개입시키지 않았다고 해도 그라디바를 마음속으로 받아들이고 있었으므로 모든 행동의 진정한 동기는 바로 거기에 있을 것입니다. 그래서 성인이 된 이후 하놀트에게 다시 젊은 처녀가 나타났을 때, 그에게 불분명한 사랑의 감정이 일어났을 것입니다. 이 사랑의 감정은 점점 증폭되어 갔고, 이성의 지배를 파괴했을 것이고, 마침내는 꿈의 성격을 띠고 있는 욕망의 우세한 힘이 이성을 대치하게 되었던 것입니다.

정신적 움직임의 기초를 이루고 있는 생각에 대해서 나는 위와 같이 말할 수 있습니다. 이 생각을 둘러싸고 있는 장식들과 생각을 전개시켰던 사건들, 그리고 살아 있는 그라디바 — 그녀 자신의 마음속에서 스스로 설명을 얻을 수 있었기 때문에 하놀트의 광기에 대해 알고 있었던 그라디바 — 의 행동들, 이 모든 것은 아마도 긴 설명이 필요치 않을 것입니다. 나의 작은 이야기는 어떤 갑작스러운 충동의 산물일 것이고, 이 충동은 나로 하여금 소설을 쓰게 만든 것이 나 자신 속에서도 움직이고 있었다는 것을 일

러 주겠죠. 이 소설을 일단 시작했을 때 서두를 끝내는 데는 며칠
이 걸리지 않았습니다만, 겉으로 보기에는 미리 어떤 생각을 하
고 있었던 것 같지도 않은데, 문득 종이 위에 옮겨 적고 보니 그
이전에 이미 오랫동안 호흡이 긴 어떤 일에 푹 빠져 있었다는 느
낌을 받게 되었습니다. 일단 소설을 시작하면 나는 곤경에 빠지
지 않습니다. 늘 모든 것이 이미 준비되어 있는 것처럼 떠오릅니
다. 그러면 다시 한번 겉으로 보기에는 미리 아무런 생각도 하지
않은 채 쓰는 것 같아집니다. 이렇게 완성된 소설 전체는 내가 경
험한 것과는 전혀 아무런 관계도 없는 것처럼 보입니다. 소설의
부제가 일러 주듯, 소설은 처음부터 끝까지 환상입니다. 이 환상
은 몽유병자의 발걸음처럼 칼날만큼이나 좁은 소설의 줄거리에
기댄 채 앞으로 나아가고 있습니다. 사실 따지고 보면 이것은 모
든 문학 창조 속에서 일어나는 일일 것이고, 또 어느 정도는 파악
이 가능한 일이기도 합니다. 『그라디바』 역시 이런 조건 속에서
다양한 판단을 받을 수 있었습니다. 어떤 독자들은 이 소설을 유
치한 장난으로 여겼고, 또 어떤 이들은 내 작품들 중에서 최고로
꼽기도 했습니다. 우리 모두는 자신이 내린 판단 속에 갇혀 있을
것입니다.

내게 한 질문에 이 이상의 답변을 할 수는 없을 것 같군요. 한
가지 덧붙이자면, 아내와 저는 선생님께서 이번 여름에 우리 고
장을 지나갈 기회가 있으시면 프리엔 역에서 20분 거리에 있는
우리의 작은 시골집에 한번 들러 주셨으면 하는 것입니다. 얼마
전에 집 수리가 끝났습니다.

안녕히 계시기를 바라며
빌헬름 옌젠 드림

1907년 12월 14일
뮌헨, 바바리아링, 17번지

교수님께

　때가 때인지라, 특히 성탄절이 가까워 오면서 아이들과 손자
손녀들이 몰려오는 바람에 다음과 같이 간략하게 답을 드리니 양
해하시길 바랍니다.
　〈아닙니다.〉 나에게는 누이동생이 없었고, 사촌 친척도 없었습
니다. 하지만 「빨간 우산」은 내 개인적인 기억들로 이루어진 소설
입니다. 어릴 때부터 가까이 지내던 한 여인을 사랑한 젊은 시절
의 기억인데, 그 여인은 열여덟 살 때 폐병으로 사망했습니다. 또
한 소설은 다른 사랑의 추억에도 기대고 있는데 ─ 많은 세월이
흐른 뒤였지만 ─ 그때 만났던 여인도 갑작스럽게 찾아온 죽음으
로 내 곁을 떠나갔습니다. 지금도 그녀의 빨간 우산이 눈에 선합
니다. 소설에서는 이 두 여인의 모습이 서로 섞여서 내 느낌으로
는 한 인물을 만들어 내고 있는 것 같습니다. 주로 시 속에서 표현
된 신비한 요소 역시 두 번째 여인에게서 빌려온 것입니다. 사라

의 추억에 근거하고 있는 「청춘의 꿈」이라는 중편은 — 이 소설
은 『고요한 시절』이라는 작품집 2권에 실려 있습니다 — 첫 번째
여인하고만 관계가 있습니다.

「고딕식 집에서」라는 소설은 순수하게 지어낸 것입니다.

안녕히 계십시오.

빌헬름 옌젠 드림

무대 위에 나타나는 정신 이상에 걸린 등장인물들

Psychopathische Personen auf der Bühne(1942[1905~1906])

막스 그라프 박사는 1942년 『계간 정신분석』에 실린 논문을 통해서 1904년 프로이트가 이 논문을 썼으며, 자기에게 선사했다고 밝혔다. 이 논문은 프로이트에 의해서 출판된 적이 없다. 논문에 헤르만 바르의 글이 언급되어 있는 것을 보면, 이 글이 쓰인 연도에 대해서는 약간의 착오가 있었던 듯하다. 바르의 희곡 「또 다른 여인」은 1905년 11월 25일 빈에서 초연되었으며, 1906년까지 책으로 출간되지 않았다. 따라서 그라프 박사에게 증여된 이 논문은 1905년 말에서 1906년 초에 쓰였다고 추정할 수 있을 것이다.

이 논문의 독일어판은 1962년 『새로운 관찰자Neue Rundschau』 제73권에 처음 실렸으며, 1969년 『연구 저작집Studienausgabe』 제10권에도 실렸다. 영어 번역본은 1942년 벙커H. A. Bunker가 번역하여 "Psychopathic Characters on the Stage"라는 제목으로 『계간 정신분석』 제11권 4호에 실렸으며, 1953년에는 제임스 스트레이치J. Strachey의 번역으로 『표준판 전집』 제7권에도 실렸다.

무대 위에 나타나는 정신 이상에 걸린 등장인물들

아리스토텔레스 시대 이래로 극(劇)의 목적은 관객의 마음속에 〈공포와 연민〉을 불러일으켜 〈감정을 정화(靜化)〉시키는 데 있다고 생각되어 왔다. 만일 극의 목적이 그렇다면, 우리는 이것을 좀 더 구체적으로 이렇게 말할 수 있을 것이다. 즉 여간해서 쾌락이나 즐거움을 누릴 수 없는 지적 활동의 영역에서 농담이나 재미가 쾌락이나 즐거움의 원인을 제공할 수 있는 것처럼, 극은 우리의 정서적인 삶의 영역에서 쾌락과 즐거움의 원천을 드러내는 데 그 목적이 있다. 이런 맥락에서 볼 때 일차적으로 가장 중요한 요소는 분명 〈울분을 풀어냄으로써〉 자신의 감정을 지워 버리는 과정일 것이다. 그럼으로써 얻어지는 즐거움은 완전한 감정의 해소에서 비롯되는 안도감이나 위안이라고 말할 수 있다. 그리고 또 한 가지 분명한 것은, 그 즐거움이 다른 한편으로는 감정 해소 과정에 수반되어 일어나는 성적 흥분과 일치한다는 사실이다. 그 이유는, 어떤 감정이 움직여 일어날 때마다 부산물처럼 따라 나타나는 성적 흥분은 사람들에게 그들이 몹시 바라 마지않는 심리 상태의 가능성을 한껏 드높여 준다는 느낌을 주기 때문이다. 관객으로서 관심을 가지고 어떤 광경이나 연극[1]을 지켜본다는 것은

---

1 여기서 연극으로 번역된 독일어의 *Schauspiel*이란 복합 명사는 원래 〈극적 행

놀이를 통해 어린아이들이 어른이 하는 일을 자기들도 할 수 있지 않을까 하는 서투른 희망을 충족시키는 것과 같은 효과를 성인들에게 가져다준다. 여기서 관심을 가진 관객이란 경험이 적은 사람, 스스로를 〈그 어느 의미 있는 일도 일어날 수 없는 가엾고 불운한 존재〉로 느끼는 사람, 세상사의 중심에서 자신의 인격으로 꿋꿋하게 서고자 하는 야망을 이미 오래전부터 일찌감치 거두어들인 사람, 그래서 더더욱 모든 일을 자신의 욕망에 따라 느끼고, 행동하고, 해결하고 싶어 하는 사람 — 간단히 말하면 바로 주인공이 되고 싶어 하는 사람 — 이다. 그런데 극작가나 주인공 역을 하는 배우가 바로 그 관객에게 스스로를 주인공과 〈동일시〉하는 것을 허용함으로써 그가 자신의 욕망을 충족시킬 수 있게 해주는 것이다. 물론 극작가나 배우가 그에게 유보시켜 놓은 것이 있다. 사실 관객은 극에서 나타나는 그런 영웅적인 행위가 자신에게는 불가능한 일임을 잘 알고 있다. 그런 영웅적인 행위를 하기에는 너무도 큰 아픔과 고통과 엄청난 두려움이 뒤따르고, 따라서 행위에 따른 즐거움은 전혀 기대할 수도 없기 때문이다. 더 나아가 관객은 자신의 생명은 〈하나밖에 없는〉 것이라는 사실과, 역경에 맞선 그런 영웅적 투쟁을 〈단 한 차례〉 벌이다가도 목숨을 잃을지 모른다는 사실을 잘 알고 있다. 따라서 관객이 극에서 즐거움을 얻는다면, 그것은 바로 환상에 기초한 것이다. 말하자면 다음과 같은 분명한 사실에 의해 그의 현실적 고통이 경감된다. 첫째, 무대 위에서 행위를 하고 고통을 겪는 것은 그 자신이 아닌 다른 사람이라는 사실이다. 둘째, 결국은 극에서 이루어지는 행

위〉의 의미를 가지고 있다. 프로이트는 원문에서 이 단어를 *Schauspiel*로 표기함으로써 〈광경〉이나 〈구경거리〉란 의미의 *Schau*와 〈놀이〉 혹은 〈게임〉이란 의미의 *Spiel*이란 두 단어의 의미를 충분히 살리려고 했다.

위가 그의 개인적인 안전에 아무런 위해도 가하지 못하는 하나의 게임에 불과하다는 사실이다. 이런 조건에서 관객은 한 사람의 〈위인(偉人)〉이 되는 즐거움을 누릴 수 있고, 그동안 억압되었던 충동, 즉 종교적, 정치적, 사회적, 성적인 문제 등에 대해 자유를 누리고자 하는 갈망에 아무런 양심의 가책도 없이 몸을 내맡길 수 있으며, 무대 위에 재현된 삶의 부분으로서의 다양한 거대 상황 속에서 어느 식으로든 〈울분을 풀어낼〉 수 있다.

극 이외에 창작의 다른 형식들에서도 즐거움의 향유를 위한 전제 조건은 역시 마찬가지다. 다른 어떤 형식보다도 서정시는, 옛날 한때 춤이 그랬던 것처럼 다양한 종류의 강렬한 감정이 분출될 수 있는 통로를 제공해 왔다는 의미에서 즐거움의 향유라는 목적을 충실히 이루어 온 셈이다. 또한 서사시는 승리의 순간에 위대한 영웅적 인물이 누리는 그 즐거움을 독자들도 똑같이 누릴 수 있게 해주는 데 그 목적이 있었다. 그러나 극은 감정의 가능성을 더욱 깊이 탐구한다는 점에서, 불행의 전조(前兆)에도 즐거움의 형태를 부여한다는 점에서, 그래서 갈등을 겪는 주인공을 묘사하고, 더 나아가 패배로 괴로워하는 주인공을 (피학적인 만족 속에서) 그리고 있다는 점에서 다른 문학 형식과는 다르다. 고통과 불행의 이와 같은 관계가 바로 극의 특징으로 불릴 수 있으며, 그것은 처음에 불안과 의혹이 일어났다가 나중에 완화되는 심각한 극이든 고통이 실제로 구현되는 비극이든 마찬가지다. 극이 신(神)을 숭배하여 제물(가령 염소나 희생양)을 마치는 의식에서 비롯되었다는 사실 또한 이러한 극의 의미와 관계가 없다고 할 수는 없다. 말하자면 극은 우주를 지배하는 신성에 대한 반항 — 이것이 고통의 원인이다 — 을 달래는 형식이다. 주인공은 신, 혹은 신성한 그 무엇에 대항하는 최초의 반항자이며, 신의 그 막강한 힘 앞에서 허약한 존재가 겪게 되는 고통을 보고 관객들은 쾌락 — 온갖 역경 속에서도 위대함을 잃지 않으려는 등장인물로부터 얻는 직접적인 즐거움에서 비롯된 것이면서 동시에 피학적 만족에서 연유하는 쾌락 — 을 즐기게 된다. 다시 말해 관객은 프로메테우스와 같은 심정을 겪으면서도 그 고통스러운 심정을, 일시적인 만족감으로 한순간이나마 스스로를 추스릴 수 있다는 대단치 않은 마음가짐으로 어느 정도는 달랠 수 있다.

그러므로 어떤 형식으로 주어지든 고통은 극의 주제이며, 그 고통을 통해 극은 관객들에게 쾌락을 약속한다. 이제 우리는 극이라는 예술 형식의 첫 번째 전제 조건에 도달한 셈이다. 극은 관객에게 고통을 불러일으키지 않아야 한다는 것과, 만족을 줄 수 있는 가능한 방법을 통하여 관객의 마음속에 일어나는 공감적 고통을 보상할 수 있어야 한다는 것이다(현대 작가들은 바로 이와 같은 규칙을 제대로 따르지 못하고 있다). 물론 여기서 제시된 고통이라는 것도 〈정신적인〉 고통에 국한되어야 한다. 왜냐하면 육체적 고통으로 인한 신체 느낌의 변화로 모든 정신적인 즐거움이 얼마나 빨리 사라질 수 있는지를 아는 사람들은 어느 누구도 〈육체적〉인 고통을 원하지 않기 때문이다. 아플 때면 우리는 오로지 한 가지 소망, 즉 얼른 건강을 회복하여 현 상태에서 벗어나고자 하는 바람만을 가지게 된다. 그래서 우리는 의사를 부르고, 약을 복용하며, 스스로의 고통에서부터 즐거움을 얻게 해주던 환상의 활동을 다시 불러들이게 된다. 만일 한 관객이 육체적으로 병든 어느 사람의 위치에 있다면, 그는 즐거움이나 정신적인 활동을 누릴 수 있는 능력이 자신에게는 없음을 알게 된다. 따라서 육체적으로 병든 그 관객은 질병이 내보이는 어떤 독특한 신체상의 특징으로 인해 정신적인 활동이 가능해야 하는데 — 가령 「필록테테스」에 나오는 영웅 필록테테스의 병든 처량한 상태나 훌륭한 극작품에서 폐결핵과 같은 소모성 질병에 걸린 인물들이 겪는 무력감 ─ 만일 그렇지 못하다면 그 관객은 주인공에 의지하지 못하고 단순히 극을 이루는 여러 구성 요소 가운데 무대 그 자체에만 의지할 수밖에 없게 된다.

정신적 고통에 대한 사람들의 이해는 주로 그 고통을 유발하는 상황을 통해서 이루어진다. 그러므로 정신적 고통을 다루는 극은 그 고통의 원인이 되는 사건을 보여 주어야 한다. 보통 극이 그 사건의 전개에서 시작되는 것이 바로 그런 이유에서다. 일부 극에서, 가령 「아약스」2나 「필록테테스」에서처럼 원인이 되는 사건보다는 정신적인 고통이 먼저 소개되는 경우도 있긴 한데, 그런 경우는 분명히 예외에 속한다. 그리스 비극에서는 그 소재가 익히 알려진 것이기 때문에 막이 극 중간에 올라가는 경우가 많다. 여기서 정신적 고통의 원인이 되는 사건의 전제 조건이 무엇인지 알아보는 일은 어렵지 않다. 우선 그런 사건은 갈등을 유발해야 한다. 그리고 그 사건 속에는 저항심과 더불어 의지적인 노력도 포함되어야 한다. 이런 전제 조건이 최초로, 그리고 굉장히 웅장하게 드러나는 경우가 바로 신과의 투쟁이다. 앞에서도 언급했지만 이런 종류의 비극이 바로 반항의 비극이며, 그 극 속에서 극작가와 관객은 반항자의 편에 서게 된다.

신성함에 대한 믿음이 약화될수록 세상사에 대한 〈인간〉의 관리가 그만큼 중요하게 되고, 그에 따라 인간의 지혜가 늘어나는 한편 고통의 책임이 이제는 인간에게 주어진다. 따라서 주인공의

---

2 소포클레스의 비극으로, 아약스Ajax는 그리스 신화에 나오는 트로이 전쟁의 영웅이다. 트로이 전쟁 시 아킬레스의 시신을 구했지만 그 아킬레스의 갑옷이 오디세우스에게 돌아가자 질투심 때문에 자살하고 만다.

다음 투쟁 대상은 인간 사회로 바뀌게 되며, 여기서 우리는 훌륭한 〈사회〉 비극의 출현을 볼 수 있다. 그러나 필요한 전제 조건이 여실히 드러나는 또 다른 경우를 우리는 개인 사이의 갈등에서도 찾을 수 있다. 그런 경우가 바로 〈성격〉 비극이다. 이런 비극은 〈갈등agon〉의 모든 요소들을 보여 주는 극으로, 인간 제도의 구속으로부터 자유로워지고자 하는 출중한 인물들이 주로 등장한다. 그리고 주인공이 〈두 명〉인 경우가 많다. 또한 사회극(비극)과 성격극의 융합, 즉 어느 한 주인공이 세도를 부리는 인물로 상징되는 사회 제도에 대항하는 내용을 그린 극도 생각해 볼 수 있다. 순수한 성격극의 경우 즐거움의 원천으로서의 저항 정신이 부족할 수도 있지만, 사회극(가령, 입센의 극)에서는 그런 저항 정신이 그리스 고전 비극 작가들의 역사극 못지않게 강력하게 표출될 수 있기 때문이다.

〈종교〉극, 〈사회〉극, 〈성격〉극 등이 고통으로 나아가는 행위의 전개 영역에서 본질적으로 차이가 난다는 사실을 감안하면 우리는 극의 전개상 또 다른 영역을 고려해 볼 수 있다. 바로 〈심리〉극이다. 심리극에서는 고통을 유발하는 갈등이 주인공의 마음속에서 일어난다. 이것은 상이한 충동들 간의 갈등이며, 주인공의 죽음이 아니라 그 상이한 충동 가운데 어느 하나가 체념 속에서 소멸되면서 가라앉는다. 물론 이 심리극의 전제 조건과 앞에서 거론한 다른 극의 전제 조건의 조합이 가능하기도 하다. 예를 들어 사회 제도 자체가 주인공의 내적 갈등의 원인이 될 수도 있다. 사랑의 비극이 그런 경우다. 왜냐하면 문화적인 이유 때문이든 관습 때문이든, 혹은 오페라에서 우리가 흔히 볼 수 있듯이 〈사랑과 의무〉 사이의 갈등 때문이든 사랑을 억누르는 것이 온갖 갈등 상황의 출발점이기 때문이다. 실제로 사랑을 둘러싼 갈등이란 남성들이 꿈꾸는 에로틱한 백일몽Tagtraum만큼이나 무한하다.

　그러나 고통의 양상에 따른 극의 종류가 여기에서 그치는 것은 아니다. 우리가 경험하고, 또 그로부터 우리가 즐거움을 이끌어 내는 고통의 근원이 거의 동등한 두 의식적인 충동 사이의 갈등에 있는 것이 아니라 하나의 의식적인 충동과 또 하나의 억압된 충동 사이의 갈등에 있는 경우, 심리극은 정신 병리학적 극(사이코드라마)으로 바뀌게 된다. 이 경우 즐거움의 전제 조건은 관객 자신이 신경증 환자여야 한다는 사실이다. 왜냐하면 그런 갈등의 드러냄(폭로)을 통해, 그리고 억압된 충동을 얼마간 의식적으로 인식함으로써 혐오감 대신 쾌락을 이끌어 낼 수 있는 사람이 오직 신경증 환자와 같은 사람들이기 때문이다. 신경증 환자가 아닌 사람들에게서는 억압된 충동의 인식이 혐오감으로 이어지며, 따라서 예전에 그 충동에 가했던 억압 행위를 다시 한번 반복하고자 하는 마음이 생기게 된다. 이 경우에는 단 한 차례의 억압 행위를 가해도 예전부터 억압되어 온 충동을 완전히 억제하는 것이 충분히 가능하다. 그러나 신경증 환자에게는 억압의 힘이 거의 소멸 직전에 있다. 말하자면 매우 불안정한 상태에 있기 때문에 지속적인 억압이 필요하다. 그런데 이때의 억압 행위는 억압된 충동에 대한 인식이 이루어진다면 유보될 수 있다. 그러므로 극의 주제가 될 수 있는 그런 종류의 갈등이 신경증 환자에게서만 일어날 수 있다고 말하는 것이다. 그러나 이런 경우라도 극작가는 단순히 해방의 〈즐거움〉만을 촉발시킬 것이 아니라 그것에 대한 〈반발심〉도 불러일으켜야 할 것이다.

　이런 종류의 현대극 가운데 최초의 것이 바로 『햄릿』[3]이다. 이 작품은 정상이었던 사람이 자신이 해야 하는 어떤 일의 그 독특

3　프로이트의 『햄릿』에 관한 최초의 논의는 『꿈의 해석』에서 찾을 수 있다.

한 성격상 신경증 환자로 변모하는 과정, 즉 그동안 잘 억압되었던 충동이 서서히 고개를 들어 움직이는 과정을 주제로 삼고 있다. 『햄릿』은 이 글의 논의와 관련하여 중요한 듯이 보이는 다음과 같은 세 가지 특징을 지니고 있다. (1) 주인공이 원래부터 정신병 환자는 아니다. 다만 극에서 행위가 이루어지는 가운데 정신병 환자가 되었을 뿐이다. (2) 주인공 내면의 억압된 충동은 우리 모두에게서 마찬가지로 억압되어 있는 그런 충동들 가운데 하나다. 그리고 이 충동의 억압이 바로 우리 인격 형성의 가장 본질적인 부분이다. 그런데 극에서 연출되는 상황에 의해 흔들리는 것이 바로 이 억압이다. 이 두 특징의 결과로 관객들이 주인공 속에서 자신을 발견하는 일이 쉬워진다. 말하자면 우리는 주인공과 똑같은 갈등에 빠지기 쉽다. 〈어떤 상황에서도 이성을 잃지 않는 사람은 잃어버릴 이성을 가질 수 없다.〉[4] (3) 의식 속에 떠오르려고 애를 쓰는 충동은, 우리가 그것이 무엇인지 아무리 분명하게 인식하려고 해도, 뭐라고 정확히 이름 붙일 수가 없다는 사실이 바로 이 작품과 같은 예술 형식의 필요 전제 조건이다. 따라서 관객들에게서도 역시 이 과정은 회피된 관심 속에 이루어지게 되며, 관객은 벌어지고 있는 일을 자세히 살펴보기보다는 자신의 감정의 소용돌이에 휘말리고 만다. 이런 식으로 어느 정도의 저항심이 수그러들게 되는데, 이것은 분석 치료에서 억압된 요소의 여러 파생물은 반발의 강도가 낮기 때문에 의식 속으로 진입할 수 있지만 억압된 요소 그 자체는 그렇지 못하다는 사실에서도 찾아볼 수 있다. 결국 『햄릿』에 나타난 갈등은 정말 효과적으로 감춰진 것이기에 그것을 드러내는 일(폭로하는 일)은 관객 자신의 몫으로 남겨지게 된다.

4 레싱Lessing의 『에밀리아 갈로티*Emilia Galotti*』, 제7막 4장.

다른 많은 정신병적 등장인물들이 현실 생활에서처럼 무대에서도 아무런 공헌을 하지 못하는 이유는 바로 앞의 세 가지 전제 조건을 무시한 결과라고 할 수 있다. 왜냐하면 신경증 환자의 갈등은 그것이 완전히 고착(固着)된 경우에 우리가 처음 마주하게 되면, 그 갈등을 전혀 이해할 수 없기 때문이다. 그러나 반대로 우리가 그 갈등을 인식하게 되면, 우리는 그 신경증 환자가 스스로 자신의 갈등을 인식함으로써 병을 치유할 수 있게 되는 것과 마찬가지로 그를 더 이상 병든 사람으로 기억하지 않게 된다. 우리에게 똑같은 병을 앓게 하는 것이 극작가의 일인 듯 보인다. 우리로 하여금 병으로 고통받는 사람과 함께 그 병의 진행 상태를 따라가도록 할 때 극작가의 그 일은 제대로 이루어질 수 있다. 더욱이 이것은 우리에게는 아직 존재하지 않는 억압을 처음 제시할 때 특히 필요한 작업이며, 무대 위에서 신경증을 다루는 데 『햄릿』보다도 한 단계 더 발전된 양상을 보여 주게 될 것이다. 실제로 우리가 어떤 신경증의 증상과 마주할 때 그것이 분명한 신경증의 증상이면서도 우리에게는 낯선 것으로 보이게 되면 차라리 의사를 부르거나(실제에 있어서와 마찬가지로), 그런 인물은 무대에 등장해서는 안 된다고 선언해 버리는 것이 오히려 편하기 때문이다.

이러한 잘못이 — 극에서 제시된 문제에 내재되어 있는 두 번째 잘못과는 별개로 — 바르H. Bahr의 「또 다른 여인Die Andere」[5] 이라는 작품에 나타나는 것 같다. 그것은 어느 특정인이 그 여주인공에게 완전한 만족을 줄 수 있는 유효한 권리를 과연 가지고

5 오스트리아의 소설가이자 극작가인 헤르만 바르Hermann Bahr(1863~1934)의 작품인 이 극은 1905년 말 처음 공연되었다. 자신을 손아귀에 넣은 한 남자에 대한 집착(육체적인 감정)에서 벗어나려고 하지만 아무리 애를 써도 벗어나지 못하는 이중 성격의 여주인공을 중심으로 이야기가 전개되고 있는 작품이다.

있는지 우리가 확신을 갖지 못한다는 사실이다. 그러므로 그 여주인공의 경우는 우리의 경우가 될 수 없다. 또 하나, 세 번째 잘못이 있다. 그것은 그 극에서 우리가 찾아낼 것이 아무것도 없다는 사실, 그리고 미리 결정된 사랑의 조건을 우리가 받아들일 수 없기에 그 조건에 대해 반발심이 생기지 않을 수 없다는 사실이다. 이런 관점에서 볼 때 앞에서 내가 언급한 세 가지 형식상의 전제 조건 가운데 아마 가장 중요한 것은 관객의 관심을 다른 곳으로 돌릴 수 있는 극의 능력이 아닌가 싶다.

　일반적으로 우리는 이렇게 얘기할 수 있을 것 같다. 즉 대중들의 신경증적 불안정, 그리고 관객들의 반발심을 피하고 그들에게 사전 쾌락을 제공할 수 있는 극작가의 능력만으로도 무대 위에 등장하는 비정상적인 인물들에게서 우리가 얻을 수 있는 즐거움의 한계를 설정할 수 있다는 것이다.

작가와 몽상

Der Dichter und das Phantasieren(1908[1907])

이 글은 원래 1907년 12월 6일에 빈 정신분석학회 회원이자 출판업자인 후고 헬러Hugo Heller가 제공한 장소에서 90명의 청중을 대상으로 한 강연이었다. 이 강연의 모든 내용이 처음 실린 곳은 1908년 초 새로 창간된 베를린 문학 잡지인 『신평론Neue Revue』이었다. 글의 주된 관심은 『그라디바』에 관한 연구에서도 언급되고 있는 몽상에 관한 것이다.

이 논문은 1908년 『신평론』 제1호에 처음 실렸으며, 『신경증에 관한 논문집』 제2권(1909), 『시와 예술에 관한 정신분석적 연구 작업』(1924), 『전집』 제7권(1941)에도 수록되었다. 영어 번역본은 1925년 그랜트 더프I. F. Grant Duff가 번역한 "The Relation of the Poet to Day-Dreaming"이 『논문집』 제4권(1925)에 실렸으며, 『표준판 전집』 제9권(1959)에도 수록되었다.

작가와 몽상

　문외한인 우리는 문학을 창작하는 특별한 사람들이 과연 어디
서 소재를 가져오는지, 또 그 소재를 통해 어떻게 그토록 우리를
사로잡을 수 있고, 우리로서는 생각조차도 불가능해 보이는 감동
들을 어떻게 우리의 가슴속에 불러일으키는지 — 가령 아리오스
토에게 그 유명한 질문을 했던 추기경의 심정이 되어[1] — 매우 궁
금해하지 않을 수 없었다. 우리가 설사 문인들에게 질문을 한다
고 해도 그들은 우리에게 아무런 정보도 줄 수 없거나, 혹은 불충
분한 정보들밖에 줄 수 없기 때문에 궁금증만 더 커질 뿐이다. 문
학 소재를 선택하는 조건들과 문학적 형상화에 관련된 예술의 본
질 등에 대해 빼어난 안목을 가지고 있다 해도 그것만으로 결코
창조자가 될 수는 없다. 그러나 이러한 사실을 인정한다고 해서
우리의 호기심이 수그러드는 것은 아니다.

　우리같이 평범한 사람들에게서 어떤 식으로든 문학 창조와 관
련된 성향을 조금이라도 발견할 수 있다는 희망은 정말 부질없는
것일까? 이것이 부질없는 것이 아니라면 우리는 이 유사점을 탐

1　아리오스토Ludovico Ariosto(1474~1533)는 이탈리아 문예 부흥기의 대표적
시인. 『광란의 오를란도』의 저자. 아리오스토는 추기경의 비서로 일했고 추기경은 그
의 첫 번째 후원자이기도 했다. 추기경은 이렇게 물었다고 한다. 〈그런 이야기들을 도
대체 어디서 찾아내는가, 루도비코?〉

구해 봄으로써 문학 창조에 대한 첫 번째 시사점을 얻을 수 있다는 희망을 가져 볼 만하다. 실제로 이런 희망을 갖게 되는 데에는 이유가 있다. 즉 작가들은 자신들의 특이성과 인간의 보편적인 본질을 구분하는 거리를 그들 스스로도 기꺼이 좁혀 보려고 한다. 모든 인간 속에는 시인이 숨어 있고 마지막 인간이 사라질 때 마지막 시인도 사라진다는 점을 누누이 우리에게 확인시켜 준 이들은 문학인 자신들이었다.

문학적 성향의 최초의 흔적들을 찾아야 한다면 어린아이들에게서 찾아야 하지 않을까? 어린아이가 가장 애착을 느끼고 몰두하는 것은 놀이다. 어쩌면 우리는 놀고 있는 아이야말로 자기만의 세계를 창조하고 있다는 면에서, 혹은 좀 더 정확히 말하자면 그 세계의 사물들을 새로운 질서에 맞추어 자신의 취향에 따라 배치하고 있다는 면에서 마치 한 사람의 시인처럼 행동한다고 말할 수도 있을 것이다. 이때 아이가 그 세계를 진지하게 여기지 않는다고 생각한다면 이는 잘못일 것이다. 오히려 그 반대로 아이는 자신의 놀이를 진지하게 여기고 있으며, 엄청난 양의 감정을 놀이 속에 쏟아붓는다. 놀이의 반대편에 있는 것은 진지함이 아니라 오히려 현실일 것이다. 유희 세계에 모든 감정을 집중시키면서도 아이는 현실과 자신의 유희 세계를 구별할 줄 알 뿐만 아니라, 현실 세계의 가시적이고 만져서 알 수 있는 사물들을 상상적인 대상과 상황들과 연결 짓는 것을 좋아한다. 어린아이의 〈놀이〉를 〈몽상〉에서 구별시켜 주는 것 역시 바로 이러한 연결 고리다.

창조적인 작가는 결국 놀이를 하는 아이와 동일한 것을 하고 있다. 그 역시 몽상적 세계를 창조하고 있는 것이고, 그 세계를 진지하게 여기고 있다. 다시 말해 현실과 자신의 몽상적 세계를 선명하게 구분하면서도 창조 행위에 엄청난 양의 감정을 쏟고 있다.

우리가 사용하는 언어 속에는 어린아이의 놀이와 시인의 창조 행위 사이의 이러한 유사성을 일러 주는 흔적들이 남아 있다. 언어는 재현될 수 있는 유형의 대상과 연관되어 있을 것을 요구하는 상상적 글쓰기의 형식에 *Spiel*(놀이)이라는 이름을 부여하고 있는 것이다. 이 단어는 *Lustspiel*(희극), *Trauerspiel*(비극)이라는 말들 속에 들어 있고, 이러한 극들을 공연하는 사람을 *Schauspieler*(배우)라고 부른다.[2]

그러나 문학 창조라는 세계의 비현실성에서부터 예술적 기법에 관계된 매우 중요한 결과들이 나오게 된다. 왜냐하면 현실 그대로라면 쾌락을 제공할 수 없는 많은 것들이 몽상의 세계 속으로 들어오면서부터 쾌락을 줄 수 있도록 변화되기 때문이다. 그것 자체로는 고통스러운 감정들이지만, 그 감정들은 문학 창조자들의 이야기를 듣고 보는 관객들에게는 쾌락의 원천이 되는 것이다.

현실과 유희 사이에 존재하는 또 다른 유사성을 밝히기 위해 양자의 대립적 관계에 대해 조금 더 언급해 보자. 아이가 성인이 되어 더 이상 놀이를 하지 않게 되고, 또 몸소 체득한 것을 통해 수십 년 동안 현실을 이해하려고 정신적으로 노력을 기울인 이후라고 해도 그가 어느 날 현실과 유희의 대립을 다시 무너뜨리는 어떤 정신적 상태에 빠지는 경우가 있을지 모른다. 어른이 되었지만 그는 옛날에 자신이 얼마나 진지하게 놀이에 몰두하곤 했는지 기

---

2 프로이트는 여기서 독일어의 복합 명사들 속에 공통으로 들어 있는 요소를 추출함으로써 자신의 논거를 세우려고 한다. 독일어의 희극*Lustspiel*, 비극*Trauerspiel*, 배우*Schauspieler* 등의 단어들 속에는 실제로 놀이나 행위를 뜻하는 *Spiel*이라는 단어가 공통으로 들어가 있다. *Spiel*이라는 단어에 각각 〈쾌락〉을 뜻하는 *Lust*, 〈슬픔〉을 뜻하는 *Trauer* 등의 단어가 합성되어 있고, 배우*Schauspieler*의 경우에는 〈바라보다〉라는 뜻의 *Schau*가 *Spiel*에 결합된 것이다. 영어에서는 익히 알려져 있듯이 극작품을 지칭할 때 *a play*라고 한다. 프랑스어에서는 독일어와는 달리 *jouer un rôle*(역을 한다, 어떤 역으로 출연하다), *jouer une comédie*(희극을 공연한다)라고 표현한다.

억할 수 있을 것이고, 또 진지하게 대해야 한다는 현재의 일들을 어린아이의 놀이와 동일시함으로써 짓누르는 삶의 중압감에서 빠져나와 〈유머〉[3]라고 하는 고급스러운 쾌락을 얻게 될 것이다.

사춘기를 지나 청년이 되면 놀이를 중단하여 언뜻 보기에는 그가 놀이에서 얻을 수 있었던 쾌락을 포기한 것처럼 보인다. 그러나 인간의 정신적 삶이 어떤 것임을 아는 사람이라면, 그는 한번 경험한 쾌락을 포기하는 것보다 더 어려운 일이 없다는 사실 또한 알 것이다. 사실을 말하자면 우리는 그 어느 것도 포기하지 않는다. 우리는 단지 대상을 바꿀 뿐이다. 다시 말해 단념한 것처럼 보이지만, 그 내부에서 실제로 일어나고 있는 것은 단념이 아니라 한 대상을 다른 것으로 바꾸는 대체 작업인 것이다. 대용물을 찾고 있었던 것이다. 마찬가지로 한 청년이 놀이를 더 이상 하지 않을 때, 그는 현실적인 대상과의 고리 외에 아무것도 포기한 것이 없다. 이제 그는 〈놀이〉를 하는 대신 자신의 〈몽상〉을 따라가는 것이다. 그는 구름 잡는 이야기 속에서 모래성을 쌓는 것이다. 흔히 〈비몽사몽〉이라고 하는 꿈을 꾸는 것이다. 대부분의 사람들은 삶의 어느 순간에서든 이런 몽상의 세계를 그려 보았던 때가 있었을 것이다. 이 사실을 사람들은 오랫동안 모르고 있었고, 따라서 그 중요성을 낮게 평가해 왔다.

성인의 몽상은 어린아이의 놀이보다 관찰하기가 훨씬 더 어렵다. 실제로 어린아이는 혼자 놀기도 하고, 혹은 다른 아이들과 어울려 유희적 목적을 띤 하나의 폐쇄된 정신적 시스템 속에 들어가게 된다. 심지어 아이들은 그들이 결코 어른들을 위해 놀이를 하는 것이 아니라고 해도 어른들에게 놀이를 숨기지 않는다. 반면에 성인이라면 자신이 빠져 있는 몽상을 수치스럽게 생각하고

3 『농담과 무의식의 관계』(프로이트 전집 6, 열린책들) 참조.

다른 사람에게는 숨기려고 하면서, 그런 몽상들을 지극히 개인적인 자신만의 내면적 삶으로 여겨 마음속에만 품고 있게 된다. 일반적으로 보아도 그는 자신의 몽상들을 이야기해야 할 때에 오히려 자신이 저지른 오류들을 고백하는 길을 택할 것이다. 이런 이유로 해서 오직 자신만이 그런 몽상들을 품고 있다고 생각하는 경우가 있고, 그래서 다른 사람들에게서도 완벽하게 유사한 몽상적 창조물들을 볼 수 있다는 느낌조차 가질 수 없게 된다. 놀이를 하는 사람과 몽상을 좇는 사람 사이에 존재하는 이런 행동의 차이는 두 가지 행동 동인(動因) 속에 그 근거를 두는데, 양자는 서로를 지속시킬 수 있을 뿐이다.

어린아이의 놀이는 욕망들에 의해 인도된다. 좀 더 정확히 말해 아이의 인격 형성에 도움을 주는 욕망, 즉 자라서 어른이 되겠다는 욕망에 의해 인도된다. 아이는 〈어른인 것처럼〉 놀며, 어른들의 삶에서 배운 것들을 놀이에서 모방하게 된다. 아이가 자신의 놀이를 숨겨야 할 이유는 전혀 없다. 그러나 성인의 경우에는 상황이 전혀 달라진다. 성인인 경우 그는 한편으로 사람들이 더 이상 그가 놀이를 하지 않기를, 혹은 더 이상 몽상을 좇지 않기를 기대하고 있다는 사실을 잘 알고 있다. 다른 한편으로 몽상을 불러일으키는 욕망들 중에는 어떤 경우에도 숨겨야만 할 욕망이 많다. 그렇기 때문에 어른들은 자기의 몽상을 마치 유치하고 해서는 안 될 것인 양 수치스럽게 생각하는 것이다.

이제 독자들은 내게, 만일 몽상이라는 것이 몽상을 하는 사람들 자신과 그들의 그토록 많은 비밀에 의해 장막에 가려져 있다면 어떻게 해야 이 몽상에 대해 알 수 있을 것인가 하고 물을 것이다. 그것은, 이 세상에는 어떤 신이 있어서가 아니라 가혹한 한 여신, 즉 〈피할 수 없는 운명〉이라는 이름의 여신이 있어서 이 여신에게서 자신들이 무엇으로 괴로워하고 즐거워하는지 말하는 것을 책무처럼 부여받은 한 무리의 사람들이 별도로 존재하기 때문에 가능하다.[4] 이들은 신경이 극도로 예민한 자들로서 의사를 찾아가 고백을 해야만 하고, 의사가 정신적 치료를 통해 원상태대로 회복시켜 주기를 기대하는 사람들이어서 그들의 몽상까지 털어놓곤 한다. 우리가 가장 정확한 지식을 얻는 것은 바로 이곳인데, 우리를 찾아온 환자들이 건강한 사람들의 입을 통해 들을 수 있는 것들과 전혀 다르지 않은 이야기를 하고 있었다는 사실을 확인하게 되는 것이다.

이제 몽상의 몇 가지 특징들을 알아보자. 행복한 사람들은 몽상을 좇지 않는다고 말할 수 있다. 오직 만족을 모르는 자들만이 몽상을 좇을지도 모른다. 충족되지 못한 욕망은 몽상을 움직이는 힘이고, 모든 몽상은 욕망의 완결이며 동시에 만족을 주지 못하는 현실에 대한 보정(補整)이다. 몽상을 움직이는 욕망은 몽상을 좇는 사람들의 성별과 성격과 생활 환경에 따라 다르다. 그러나 이들은 그 자신들이 지향하는 두 가지 주된 방향에 따라 무리 없이 두 그룹으로 나뉠 수 있다. 하나는 자신의 격을 높이려는 야망과 관련된 욕망이고, 다른 하나는 성적 욕망이다. 젊은 여인들을 지배하는 욕망은 거의 전적으로 성적 욕망이다. 왜냐하면 여인들에게 있어 야망이란 일반적으로는 사랑의 갈구에 빨려 들어가는 것이기 때문이다. 젊은 남자의 경우에는 성적 욕망 이외에 자기중심적이고 야망에 찬 욕망이 분명하게 우위를 차지하고 있다. 그렇지만 우리는 욕망의 이 상반된 두 방향을 강조하고 싶지는

4   괴테의 『타소*Torquato Tasso*』 마지막 장에서 시인-영웅이 말하는 다음의 유명한 구절의 비유이다. 〈괴로워하는 인간이 입을 다물 때, / 신은 나에게 얼마나 고통스러운지 말할 것을 허락하였노라*Und wenn der Mensch in seiner Qual verstummt, / Gab mir ein Gott, zu sagen, wie ich leide*.〉

않다. 오히려 두 방향의 빈번한 일치를 강조해야 할 것이다. 수많은 성당의 벽화 속에서 흔히 모서리 한구석에 그려져 있는 기증자의 얼굴을 볼 수 있듯이, 마찬가지로 우리는 대부분의 야망적 몽상의 어느 후미진 구석에 자리 잡고 있는 한 귀부인을 만나게 되는데, 이 여인을 위해 몽상가는 업적을 쌓아야만 했고, 또 자신의 모든 성공은 이 여인의 발아래 바쳐지기 위한 것이었다. 은폐하려는 강한 동기들이 바로 여기에 존재한다는 것을 알 수 있다. 실제로 곱게 자란 여인이라면 일반적으로 자신이 최소한도의 성적 욕망만을 갖고 있다고 인정할 것이다. 청년은 세상에는 자신과 유사한 욕망을 가지고 있는 수많은 사람들이 살고 있다는 것과, 또 이런 세상에 적응하며 살기 위해서는 지나치게 애지중지하며 자랐던 어린 시절에서부터 자신의 과도한 자기애가 초래되었다는 사실을 깨달음으로써 극복하는 것을 배워야만 한다.

그러나 이러한 상상 행위의 결과들, 즉 몽상들, 모래성들, 비몽사몽 등을 언제 어디에서나 고정불변하는 것으로 생각해서는 안 된다. 이것들은 오히려 변화무쌍한 삶의 여러 인상 속에서 형성된 것들이고, 개인적인 상황이 변화할 때마다 같이 변화하며, 또 매번 우리가 흔히 〈시대의 각인〉이라고 부르는 새로운 자국들을 덧붙이게 된다. 몽상과 시간의 관련은 일반적으로 매우 중요한 요소다. 몽상은 세 개의 각기 다른 시간 사이를, 다시 말해 재현 행위의 세 순간 사이를 부유하고 있다고 말할 수 있다. 정신 활동은 현재의 인상에 밀착되어 있는데, 이 현재의 인상이란 개인이 품고 있는 어떤 큰 욕망을 일깨우는 한 계기이기도 하다. 이 계기에서 시작해 우리의 정신 활동은 이전의 경험에 대한 기억으로 돌아가게 되는데, 이 경우 대부분은 현재의 인상으로 인해 일깨워진 욕망이 충족되었던 어린 시절의 경험으로 되돌아간다. 정신 활동은 이때 미래와 연관된 상황을 창조해 내는데, 이 상황이 욕망이 충족되는 상황, 더 정확히 말해 백일몽 혹은 몽상인 것이다. 이 욕망은 현재의 계기와 과거의 기억에서 출발해 욕망이 시작되었던 기원의 흔적들을 정신 활동 속에서 드러나게 하는 것이다. 시간을 가로지르는 욕망의 도화선이 요컨대 과거, 현재, 미래라는 세 시간대를 꿰뚫고 있다.

가장 진부한 다음과 같은 예가 우리의 주장을 더욱 명확히 해 줄 수 있다. 부모를 잃은 한 가난한 젊은이에게 그를 고용할지도 모르는 어떤 기업인의 주소를 일러 주었다고 하자. 기업인을 찾아가면서 이 젊은이는 적당한 기회만 주어진다면 자신을 불우한 환경에서 벗어날 수 있게 해줄 방법들을 이리저리 궁리하며 꿈꾸어 본다. 이 꿈의 내용은 가령 다음과 같은 것일 수 있다. 일단 입사를 한 그는 새로운 사장의 마음에 들어 급기야 회사에 없어서는 안 될 인물이 된다. 사장의 가족과도 한 식구처럼 지내던 그는 사장의 예쁜 딸과 결혼까지 한 데 이어, 처음에는 협조자의 위치겠지만 후일에는 사장의 후계자로서 회사를 직접 경영하게 된다. 이런 꿈을 꾸면서 젊은이는 행복했던 어린 시절을 이 꿈의 자리에 병치시킨다. 자신을 보호해 주던 집, 다정했던 부모님, 그리고 정들었던 여러 물건이 꿈의 자리에 들어오는 것이다. 이제 우리는 이런 예를 통해 욕망이 어떻게 현재의 계기를 이용해 과거의 모델에 바탕을 두고 미래의 그림을 그리는지 알게 된다.

몽상에 대해서는 이 외에도 더 많은 것을 이야기해야 할 것이다. 그러나 나는 가장 간략한 몇 가지만을 지적하고자 한다. 신경증과 정신 이상이 발생할 수 있는 조건들을 형성하는 것은, 다름아니라 여러 몽상이 모였을 때 그로부터 몽상들이 얻게 되는 지배적인 지위이다. 몽상은 이성적인 정신 활동의 마지막 단계이면서 또한 환자들이 종종 호소해 오는 고통스러운 증후들의 전 단계이기도 하다. 바로 이 지점에서 병으로 이어지는 넓은 측면 도로가 갈라지게 된다.

나는 몽상과 꿈의 관계에 대해서도 그냥 지나쳐 버릴 수가 없다. 우리가 밤에 꾸는 꿈들도 역시 이미 꿈의 해석을 통해 분명히 드러난 것처럼 이와 같은 몽상들과 하나도 다를 것이 없다.[5] 탁월한 예지로 언어는 이미 오래전부터 몽상을 좇는 이들의 뜬구름 잡는 이야기들을 〈백일몽〉으로 명명함으로써 꿈의 본질에 대해 결론을 내리고 있었다. 만일 이런 지적에도 불구하고 여전히 우리가 꾸는 꿈의 의미가 많은 경우 불분명한 채로 남아 있다면, 그것은 수치스러워서 우리 자신에게도 숨겨야 하고, 또 이런 이유로 해서 억압되고 무의식 속으로 밀려나야만 했던 욕망들이 밤에도 낮처럼 움직이고 있기 때문이다. 그런데 이렇게 억압된 욕망들과 그 욕망들의 작은 싹들은 오직 엄청나게 변형된 표현만을 갖게 된다. 과학적 작업이 이루어져서 〈꿈의 변형〉을 밝혀낸다면, 우리가 익히 잘 알고 있는 몽상과 낮에 꾸는 꿈과 마찬가지로 밤에 꾸는 꿈 역시 욕망의 완성이라는 사실을 어렵지 않게 인정할 수 있을 것이다.

몽상에 대해서는 이쯤 해두기로 하고, 이제 문학 창조에 대해 이야기해 보도록 하자. 과연 우리는 정말로 문학 창조자와 〈대낮에 꿈꾸는 자〉를 아무 주저 없이 비교할 수 있고, 또 그의 창조를 낮에 꾸는 꿈과 견주어 볼 수 있을까? 이 경우, 우선 다음과 같은 첫 번째 구별을 해야 할 것이다. 즉 옛날의 서사 시인과 비극 작가들처럼 이미 완전히 준비되어 있는 소재들을 다시 취하는 작가들과 자유롭게 이야기를 만들어 내는 자들을 구분해야 할 것이다.

5 『꿈의 해석』 참조.

작가들의 경우로 한정해 보자. 그것도 비평가들의 총애를 한 몸에 받아 온 작가들을 택하지 말고 오히려 한층 덜한 야망을 지닌 소설가들, 그래서 남녀 불문하고 가장 많은 열성적인 독자를 확보했던 이야기꾼들을 택해 보자. 이 이야기꾼들의 창조 속에는 다른 무엇보다 우리를 놀라게 하는 한 가지 특징이 있다. 모든 이야기들은 흥미의 중심에 주인공이 있고, 이 주인공을 위해 작가는 모든 수단을 동원해 독자들의 공감을 얻어 내려고 한다. 또한 작가는 마치 특별한 섭리라도 지닌 듯이 주인공을 보호하려고 한다. 소설의 한 장이 끝나는 대목에서 만일 독자들이 심한 상처를 입고 피를 흘리는 주인공을 보았다면, 이 주인공은 틀림없이 다음 장이 시작되는 대목에서는 가장 극진한 간호를 받으며 이미 원기를 회복해 가는 모습으로 다시 나타나는 것이다. 또 만일 소설의 첫 권에서 주인공이 탄 배가 난파당하는 장면으로 끝났다면, 독자들은 어김없이 두 번째 권의 초입에서 기적적으로 구원을 받은 주인공을 다시 만나게 될 터인데, 이러한 기적적인 구원이 없다면 사실 소설은 더 이상 계속되지 못했을 것이다. 위험으로 가득 찬 운명의 길을 헤쳐 나가는 주인공을 따라가면서도 독자들이 느끼게 되는 누군가에게 보호받는 듯한 느낌은 현실에서 어떤 한 영웅이 물에 빠진 사람을 구하기 위해 물속으로 뛰어들 때나, 혹은 한 병사가 공격 포대를 설치하기 위해 적군의 포화 속으로 뛰어들 때 그들이 가지는 느낌과 동일한 것이다. 바로 이 영웅적 감정을 우리의 가장 훌륭한 작가들 중 한 사람이 음미해 볼 만한 표현을 빌려 말한 적이 있다. 〈*Es kann dir nix g'schehen.*〉[6] 이 의미

6 〈그곳에서는 아무 일도 그대에게 일어날 수 없다.〉 19세기 오스트리아의 극작가인 안첸그루버가 쓴 통속적인 오스트리아 구어체를 상기시키기 위해 원문을 그대로 인용했다. 프로이트는 특히 안첸그루버의 이 표현을 좋아했던 것 같다. 그는 같은 표현을 「전쟁과 죽음에 대한 고찰」(프로이트 전집 12, 열린책들)에서도 인용한다.

있는 불멸성을 염두에 둔다면 우리는 어렵지 않게, 낮에 꾸는 모든 꿈속의 영웅인 〈자아 폐하〉를 모든 소설의 주인공들과 동일시할 수 있을 것이다.

이러한 자아 예찬식 소설들이 지니고 있는 또 다른 특징들 역시 동일한 친족 관계에 포함시킬 수 있다. 소설에 등장하는 모든 여자들이 남자 주인공을 사랑한다면, 우리는 이것을 현실의 반영이 아니라 낮에 꾸는 꿈의 한 요소로 볼 수 있다. 마찬가지로 소설의 다른 인물들이 우리가 현실에서 관찰할 수 있는 인간 심성의 복잡한 양상과는 달리 선인과 악인으로 선명하게 나누어질 때도 이 구분은 몽상의 한 요소인 것이다. 즉 선인들이 주인공의 동조자들이라면 반대로 악인들은 영웅이 된 자아의 적이고 경쟁자들인 것이다.

우리는 많은 문학 작품들이 단순하기 짝이 없는 백일몽의 모델과 매우 먼 거리를 유지하고 있다는 사실을 결코 무시할 수 없다. 그러나 가장 극단적인 변형들이 일련의 전이 과정을 거쳐 동일한 모델과 관련을 맺을 수 있다는 우리의 추측을 지워 버릴 수 없다. 흔히 〈심리〉 소설이라고 부르는 작품들 속에서 나는 주인공이라는 단 한 인물만이 그 내부에서부터 묘사되고 있다는 사실에 놀란 적이 있다. 말하자면 작가는 주인공의 영혼 속에 들어가 있는 것이고, 다른 인물들은 외부에서부터 그려진다. 심리 소설의 특이성은 전체적으로 볼 때 아마도 현대의 작가들이 자신을 관찰하면서 자아를 여러 개의 부분적인 자아들로 나누는 경향에서 비롯되는 것 같다. 그 결과 여러 정신적 갈등이 다양한 인물들로 의인화하는 경향을 띠게 된 것이다. 대낮의 몽상이라는 한 모델에게서 가장 멀리 떨어져 있는 것처럼 보이는 소설들은 흔히 〈편심적(偏心的)〉이라고 불리는 작품들인데, 이런 소설 속에서 주인공으로 설정된 인물은 자신의 적극적 역할을 극도로 제한받게 되고, 그래서 마치 구경꾼의 입장에 서서 자신의 눈앞에서 전개되는 다른 인물들의 행동이나 괴로움을 바라다볼 뿐이다. 졸라의 마지막 몇몇 작품들은 이러한 유형에 속한다. 하지만 문학 창조자들이 아니면서도 정상인들의 모습과는 다른 양상을 보이는 사람들에 대한 심리 분석은 자아가 단지 관객의 역할에 만족해하는 대낮에 꾸는 꿈들과 여러 가지 유사한 모습을 갖고 있다는 점을 나는 강조해 두고 싶다.

창조적인 작가들과 꿈꾸는 자들을 동일시하고, 또 문학 창조와 낮에 꾸는 꿈을 동일시하는 우리의 논리가 어떤 의미를 지닌다면, 무엇보다도 이 논리는 어떤 식으로든 자신의 이론으로서 풍요성을 입증해야만 할 것이다. 가령 우리는 앞에서 밝혔던 세 가지 시간과 몽상의 관련이나 그 시간들을 관통하고 있는 욕망과의 관련들을 문학 작품에 적용해 볼 수 있을 것이고, 더 나아가 이런 방법을 통해 작가의 삶과 작품들의 관계도 연구해 볼 수 있을 것이다. 그러나 전체적으로 볼 때 아직은 어떤 구도 속에서 이 문제에 접근해야 하는지 아무도 알지 못한다. 사람들은 종종 지나치게 단순한 방식으로 관계들을 생각해 왔다. 이제 우리는 획득한 몽상들에 대한 전체적인 조망에서 출발해 다음과 같이 한 걸음 더 나아간 연구 상태를 기대해도 무방할 것이다. 현재의 강한 체험은 대부분 작가에게 어린 시절의 기억에 포함되어 있는 이전의 기억을 다시 일깨우는데, 이렇게 환기된 어린 시절의 기억에서 풀려나온 욕망은 마침내 문학 창조 속에서 충족을 얻게 되는 것이다. 우리는 문학 작품을 통해 작가의 신변에 일어난 최근의 계기를 이루는 요소들뿐만이 아니라 옛 기억의 요소들도 알아낼 수 있다.[7]

7　프로이트가 1898년 7월 7일 플리스에게 보낸 편지 속에 마이어C. F. Mayer의

이 논리가 너무 복잡하다고 두려워할 필요는 없다. 오히려 이 논리는 곤궁하기 짝이 없는 하나의 도식일지도 모른다. 그렇지만 이 논리가 현상의 근사치에 대한 첫 번째 접근일 수는 있다. 나는 내가 시도했던 몇몇 작업들의 결과를 놓고 볼 때 문학 작품을 이런 식으로 보는 관점이 풍요로운 결과를 가져올 것이라는 생각을 품게 되었다. 우리는 문학 창조자들의 삶 속에서 어린 시절이 차지하는 중요성을 매번 강조했는데, 이는 요컨대 문학 창조는 백일몽과 마찬가지로 그 옛날 어린 시절 유희의 연장인 동시에 대체물이라는 우리의 마지막 논거에서 도출된다.

무(無)에서 시작되는 자유로운 창조가 아니라 기성의 익숙한 소재들을 재가공한 소설들이 있다. 이제 우리가 그러한 사실을 깨닫게 되는 소설들로 다시 돌아가 보자. 같은 모델에 기초한 소설들이라고 해도 작가에게는 여전히 모델을 선택하고 변형시키는 과정에서 자신의 개인적 성향을 드러낼 수 있는 여지가 주어지고, 또 흔히 모델과 상당히 거리가 먼 소설들이 태어나게 한다. 그러나 어떤 경우든 모델이 되는 소재들은 대부분 신화나 전설 혹은 민담이라는 민속적 보고들에서 유래되었다. 일반 대중들의 심리에 근거를 두고 있는 이러한 이야기 구성물들에 대한 탐구조사는 이제 시작 단계에 있을 뿐인데, 그렇다고 해도 가령 신화의 경우만 보더라도, 그런 신화들이 한 국가 전체에 고유한, 나아가서는 인류의 한 유년기에 고유한 환상적 욕망들이 변형을 거쳐 남게 된 유산들과 상통하고 있음은 거의 확실해 보인다.

독자들은 문학 창조에 대해 말할 것처럼 제목을 정해 놓았음에도 불구하고 내가 문학 창조에 대해서는 언급하지 않고 오히려 몽상에 대해서만 이야기하고 있다고 말할지도 모르겠다. 이 점을

단편 소설의 한 주제에 관해 비슷한 견해가 이미 제시되었다.

인정하지 않을 수 없지만, 그러나 이 분야에 관한 현재의 연구 수준이 아직도 미흡하다는 사실이 내게는 어느 정도 핑계가 되어 줄 수 있을 것이다. 나는 여기서 몽상에 대한 연구에서 출발해 문학 창조자들의 소재 선택에 관련된 문제를 다룰 수 있도록 단지 연구자들에게 자극을 주고 권유를 할 수밖에 없는 것이다. 다른 문제, 즉 어떤 과정을 거쳐 작가가 우리에게 정서적 충격을 주게 되는지 하는 문제에 대해서는 전혀 언급을 할 수가 없었다. 나는 우리가 행한 몽상에 관한 분석들이 어떤 경로를 거쳐 시적 효과에 대한 연구에 이를 수 있게 하는지를 지적하고자 했다.

앞에서 우리는 낮에 꿈을 꾸는 사람들이 스스로 수치스럽게 생각해 그들의 몽상을 세심하게 신경 쓰며 다른 사람들에게 숨기려 한다는 사실을 지적한 바 있다. 한 가지 덧붙이자면, 비록 그들이 우리에게 자신들이 품고 있는 환상을 털어놓는다고 해도 우리가 그들의 고백을 들으며 결코 어떤 쾌락을 경험하지는 않는다는 것이다. 오히려 이런 몽상들은 거부감을 주거나 기껏해야 냉담한 반응만을 얻게 된다. 그러나 만일 창조적인 작가들이 작업을 하거나 혹은 우리가 보기에는 개인적인 몽상에 가까운 이야기들을 들려줄 때에는 반대로 진한 쾌락을 느끼게 되는데, 이는 아마도 여러 다양한 원인이 복합적으로 작용하고 있기 때문일 것이다. 작가는 어떻게 이러한 결과를 가져올 수 있는 것일까? 이것은 작가만이 갖고 있는 내밀한 비밀일 것이다. 한 개인과 다른 사람들 사이를 가로막고 있는 수많은 장벽들과 관련된 이러한 거부감을 넘어서서 즐거움을 줄 수 있는 바로 이 기교 속에 아마도 진정한 시학(詩學)이 존재할 것이다. 이 기교는 두 과정으로 이루어져 있지 않을까 생각해 볼 수 있을 것이다. 문학 창조자는 낮에 꾸는 꿈을 변형시키거나 베일로 가림으로써 자아 예찬이 주조를 이루는 꿈의 성격을 약화시키면서도 다른 한편으로는 그의 몽상을 통해 순수하게 형식적인, 다시 말해 미학적인 쾌락을 제공하여 독자들을 유희의 세계로 인도하는 것이다. 이렇게 얻은 즐거움은 깊은 정신적 움직임들에서 시작하는 좀 더 큰 쾌락에 대한 욕구를 상쇄시킬 수 있는데, 바로 이것을 우리는 흔히 〈상여 유혹(賞與誘惑)〉 혹은 〈사전 쾌락(事前快樂)〉이라고 불러 왔다.8

내가 보기에 문학 창조자들이 제공하는 쾌락은 이와 같은 사전 쾌락의 속성을 지니고 있고, 또 문학 작품이 고유하게 갖고 있는 쾌락이란 우리의 영혼 속에 자리 잡고 있는 긴장들이 해소됨으로써 발생하는 것 같다. 문학 창조자들을 통해 우리 역시 스스로의 환상을 즐길 수 있게 되는데, 이 사실 또한 문학 작품이 생산해 내는 결과들 중 하나일 것이다. 여기서 우리는 새로운 연구가 있어야만 한다는 생각을 하지 않을 수 없다. 이러한 연구는 흥미로우면서도 복잡한 연구가 되겠지만, 어쨌든 우리의 분석을 끝내며 다음으로 미루어야겠다.

8   프로이트는 『농담과 무의식의 관계』에서 이 〈사전 쾌락〉과 〈상여 유혹〉의 이론을 농담에 적용시키고 있다. 그리고 「나의 이력서」(프로이트 전집 15, 열린책들) 제6장에서는 창작 과정과 연관시켜 이 이론을 논하고 있다. 쾌락은 독자가 마치 실제의 일인 듯 상상의 상황 속으로 들어갔을 때만 얻어지는 정신적 움직임에서 나오므로, 이 쾌락은 비록 그것이 상상의 유혹이지만 유혹을 당했을 때 일종의 덤으로 얻어진다. 따라서 육체의 움직임이 수반되지 않는 쾌락이므로, 다시 말해 행동 이전에도 가능한 쾌락이므로 사전 쾌락이라고도 볼 수 있다. 이 두 개념을 프로이트는 농담에도 적용했고, 또 「성욕에 관한 세 편의 에세이」(프로이트 전집 7, 열린책들)에서도 분석한 바 있다.

레오나르도 다빈치의 유년의 기억

레오나르도 다빈치의 유년의 기억

Eine Kindheitserinnerung des Leonardo da Vinci (1910)

레오나르도에 대한 프로이트의 관심은 1898년 10월 플리스W. Fließ에게 보낸 편지에 잘 드러나 있다. 프로이트는 메레시콥스키 D. S. Merezhkovsky의 『레오나르도 다빈치』와 레오나르도의 어린 시절에 대한 정보가 담긴 스코냐밀리오 N. S. Scognamiglio의 『레오나르도 다빈치의 청년 시절에 대한 조사 자료집 *Ricerche e documenti sulla Giovinezza di Leonardo da Vinci*』을 읽은 후 1909년 빈의 정신분석 학회에서 레오나르도에 대한 주제를 발표했다. 그리고 이 논문은 다음 해인 1910년 5월에야 출간되었다.

프로이트는 이 글에서 레오나르도가 어린 시절 겪었다고 기억하고 있는 독수리 환상을 통하여 모성(母性)을 가진 독수리가 어떻게 레오나르도의 동성애적 성향을 불러일으키는지, 그의 예술적 기질과 과학자로서의 모습이 어떻게 상치되고 어떤 방향으로 발전해 나갔는지 논의하고 있다. 프로이트는 작가이자 시인이며 화가이고 과학자인 레오나르도의 생애와 그의 천재성, 미완성으로 남아 있는 레오나르도의 작품이 갖는 의미를 사생아였던 그의 어린 시절의 경험과 성적인 억압이라는 근거를 통하여 파악하고 있다.

이 논문은 1920년 도이티케 출판사에서 처음 발간되었으며, 1943년 『전집』 제8권에 실렸다. 영어 번역본은 1916년 브릴A. A. Brill이 번역하여 *Leonardo da Vinci*라는 제목으로 뉴욕에서 처음 발간되었으며, 1922년에는 같은 번역본이 런던에서 발행되었다. 또한 1957년에는 앨런 타이슨Alan Tyson이 번역하여 『표준판 전집』 제11권에 실렸다.

1

　보통은 인간이 갖고 있는 보잘것없는 모습들을 다루는 데 만족
하곤 하는 정신 의학적 연구가, 문외한인 사람들이 정신 의학에
너무나 자주 부여하곤 하는 그런 이유들 때문에 인류 역사상 위대
한 업적을 남긴 위인을 다루려고 하는 것은 아니다. 정신 의학의
연구 목적은 〈빛을 발하는 것을 어둡게 하고 숭고한 것을 먼지 속
으로 끌어들이는 것〉이 아니다.[1] 다시 말해 완벽한 인간과 정신 의
학의 대상인 범속한 인간 사이의 거리를 좁힘으로써 정신 의학이
어떤 만족을 얻으려고 하는 것은 절대로 아니다. 오히려 정신 의
학은 모범적인 이 위대한 인간들이 드러내는 모든 것이 인간적으
로 이해할 수 있는 것들이라는 사실을 입증하려고 할 따름이다. 나
아가 정상적인 인간의 행위와 병적인 인간의 행위를 동시에 지배
하는 엄밀한 법칙에 자신들 역시 종속되어 있음을 수치스럽게 여
기는 위인이란 없을 것이라는 점이 정신의학의 판단이기도 하다.
　레오나르도 다빈치(1452~1519)는 생존 당시 이미 이탈리아
르네상스 시대의 가장 위대한 인물들 중 하나로 추앙받고 있었지
만, 동시에 지금의 우리와 마찬가지로 동시대인들에게도 수수께
끼 같은 인물이었다. 〈대충의 윤곽만 짐작할 수 있을 뿐, 그 한계

1　실러F. Schiller의 시 「오를레앙의 신부Das Mädchen von Orleans」에 나오는 한 구절.

를 알 수 없는),² 모든 분야에 통달한 천재로서 레오나르도 다빈치는 무엇보다도 화가로서 그의 시대에 가장 결정적인 영향을 끼쳤다. 자연 과학의 탐구자로서 (또 기술자로서)³ 그의 위대함도 인정하지 않을 수 없는데, 이러한 경향은 그에게는 늘 예술가 다빈치의 위대함과 일체를 이루고 있었다. 우리에게 많은 회화 걸작들을 남겨 놓았음에는 틀림없지만, 그가 걸어간 길을 돌아보면 그의 과학적 발견들이 당시에는 출간되거나 활용되지 않았음에도 불구하고 연구자로서의 다빈치는 예술가로서의 다빈치를 결코 자유스럽게 활동하도록 허락하지 않았으며, 그의 예술에 심각한 영향을 끼쳤고 급기야는 예술을 억압했던 것 같다. 바자리G. Vasari는 다빈치가 임종 때에 자신이 예술가로서의 의무를 저버림으로써 신과 인간을 모욕하고 말았다며 자책했다고 전하고 있다.⁴ 바자리의 이러한 언급은 외적인 상황으로 볼 때나 내적인 심리를 고려할 때나 큰 신빙성은 없지만, 이미 〈신비한 대가(大家)〉가 살아 있는 동안 시작되었던 전설의 일부인 것은 틀림없고, 당시 사람들에게 비친 다빈치의 인상을 알려 주는 매우 가치 있는 증거로 볼 수 있다.

그렇다면 대체 무엇이 동시대인들로 하여금 다빈치라는 인간을 이해하지 못하도록 했을까? 다빈치는 자신이 발명한 악기인 수금의 연주가로서 일명 일 모로il Moro라고도 불렸던 밀라노의

2 알렉산드라 콘스탄티노바A. Konstantinova의 『레오나르도 다빈치에 의한 성모 마리아상의 발전 *Die Entwicklung des Madonnentypus bei Leonardo da Vinci*』(1907)에서 인용한 야코프 부르크하르트J. Burckhardt의 말(1927) ─ 원주.
3 괄호 속의 언급은 1923년에 추가로 삽입한 것이다.
4 바자리는 다음과 같이 말했다. 〈레오나르도는 경건한 태도로 침대에서 일어나 앉더니 자신의 병과 심경을 털어놓았고 그동안 자신이 예술에 전념하지 않음으로써 얼마나 신과 인간을 모욕했는지를 토로했다〉 ─ 원주. 바자리의 『뛰어난 화가, 조각가, 건축가의 생애 *Le Vite de' più eccellenti Architetti, Pittori et Scultori Italiani*』(1550).

영주 루도비코 스포르차Ludovico Sforza의 궁정에 출입하기도 했고, 또 병기(兵器) 제조인이나 건축가로서 자신이 거둔 성과를 자랑스럽게 열거한 편지를 그에게 보내기도 했지만, 이런 다방면에 걸친 그의 재능과 학식으로 인해 동시대인들에게 이해받지 못했던 것은 아니다. 다빈치의 경우는 가장 탁월한 예에 속했지만, 한 인간이 다양한 재능을 소유하고 있다는 것은 르네상스 시대에서는 매우 흔한 일이었다. 그렇다고 다빈치는 보잘것없는 외모를 타고나 인생의 외적인 형식들에 아무런 가치도 두지 않은 채 참담한 기분에 사로잡혀 인간관계를 회피하는 그런 유형의 천재도 아니었다. 오히려 그는 큰 키에 균형 잡힌 몸매를 갖고 있었다. 얼굴도 준수했으며 체력도 뛰어났고 몸가짐도 매력적이었다. 나아가 뛰어난 화술로 모든 이들에게 호감을 살 수 있었다. 그는 주위에 늘 아름다운 물건들을 놓고 지냈으며, 화려한 의상을 즐기기도 했고, 일상생활에 품격을 더해 주는 세련된 것들을 소중히 여겼다. 그의 저서 『회화론(繪畫論)』의 한 페이지에서 회화와 인접 예술들을 비교하며 조각가가 겪는 고초들에 대해 이야기할 때는 쾌활한 생활인으로서의 면모를 엿볼 수 있다. 〈대리석 먼지를 뒤집어쓴 더러운 얼굴을 하고 있는 조각가는 마치 빵을 구워 파는 빵 장수 같고, 대리석 먼지에 가려 모습이 잘 보이지도 않는다. 등에 쌓인 돌 먼지로 인해 마치 눈을 맞은 것 같고, 집 안은 온통 돌가루와 먼지 투성이다. 화가의 경우 이와는 전혀 다르다. 화가라면 단정하게 옷을 입고 편안하게 앉아 작업을 할 것이고, 가볍게 붓을 놀려 가며 마음에 드는 색깔들을 고를 것이기 때문이다. 취향대로 입고 싶은 옷을 고를 수도 있을 것이고, 그의 집도 아름다운 그림들로 장식되어 있고 빛이 날 정도로 깨끗할 것이다. 종종 음악과 다양한 책을 벗 삼아 망치 소리도 그 어떤 소음도 없는 크

나른 희열 속에서 음악과 낭송을 즐기기도 할 것이다.〉5

　물론 밝고 쾌활하고 향락적인 이런 면모는 이 거장의 가장 길었던 초기 생활기에만 국한된 것일 가능성이 높다. 로도비코 스포르차가 권력을 잃게 되자 그 역시 밀라노를 떠나지 않을 수 없었고, 활동 무대와 확실해 보이던 위치도 포기해야만 했으며, 급기야는 프랑스에서 마지막 안식처를 구하기까지 거의 아무런 예술적 성과도 거두지 못하는 불안한 생활을 보내게 된다. 그의 쾌활하던 성격도 한층 빛을 잃었을 것이고, 이전에는 눈에 띄지 않았던 행동들도 한층 더 기이하게 보였을 것이다. 해가 갈수록 예술을 멀리하고 과학에 경도(傾倒)되어 갔던 그의 변화 역시 동시대인들과 그 사이에 가로놓여 있던 심연을 한층 더 깊게 했을 것이다. 당시 사람들은 다빈치가 (예를 들어 동료였던 페루지노처럼) 주문을 받아 착실하게 그림을 그려서 부를 쌓는 대신 공연히 시간을 낭비하고 있다고 여겼기 때문에, 공상적인 도락(道樂)을 즐기거나 심지어 〈마술〉에 탐닉하고 있다고 의심했던 것이다. 그가 남긴 수기(手記)들을 통해 그가 어떤 기술들을 연구했는지를 아는 우리들로서는 이 점에 있어 그를 당시 사람들보다 더 잘 이해할 수 있다. 교회의 권위가 서서히 고대의 권위에 자리를 양보하기 시작했고, 일정한 전제 없이는 연구할 수 없었던 당시, 베이컨Bacon이나 코페르니쿠스Copernicus의 선구자일 뿐만 아니라 그들과 어깨를 겨루어도 손색이 없었던 그로서는 어쩔 수 없이 다른 사람들의 몰이해 속에서 살아야만 했을 것이다. 다빈치가 말이나 사람의 시신을 해부하고 공중을 나는 기계를 제작하고, 또 식물의 배양과 독에 대한 반응을 연구하고 있을 때, 그는 분명 아

　5 『회화론-Trattato della Pittura』 ─ 원주. 루트비히가 번역한 독일어판이 1906년 출간되었다.

리스토텔레스의 주석가들과는 상당히 멀리 떨어져 있는 대신 경멸의 대상이었던 연금술사들에게 가까이 다가가 있었다. 실험을 통한 연구가 전혀 인정을 받지 못하는 시대에 그 역시 연금술사들처럼 실험실에서 살았다.

그 결과 회화에서 그는 아무런 즐거움 없이 붓을 잡는 날이 늘어갔고, 날이 갈수록 작품 수가 줄어들었으며, 시작했던 작품도 자주 끝내지 못했다. 작품이 사후(死後)에 맞이하게 될 운명에 대해 전혀 개의치 않았던 것이다. 바로 이런 이유로 다빈치와 예술의 관계를 이해하지 못한 당시의 사람들은 그를 비난할 수밖에 없었다.

레오나르도의 예찬자들은 훗날 이러한 그의 불안정한 모습들을 감추려고 했고, 그에게서 발견되는 결점은 모든 위대한 예술가들에게 공통된 결점이라고 의미를 부여하기도 했다. 미켈란젤로를 보라. 열심히 일에 매진했던 이 예술가 또한 많은 작품을 미완성인 채로 남겼고, 그랬다 하더라도 그것이 비난받을 일은 아니다. 레오나르도 역시 마찬가지다. 게다가 많은 작품들이 그가 처음에 작정했던 상태에 훨씬 못 미칠 정도의 미완성도 아니다. 문외한들에게는 걸작으로 보이는 작품들도 창조자 자신에게는 여전히 자신의 의도가 불충분하게 형상화(形象化)된 것으로만 보일 수도 있다. 예술가는 완벽함을 언뜻 느낄 뿐이고, 그것을 이미지 속에서 재현하려고 할 때마다 절망하는 것이다. 그렇다고 해서 그의 작품들이 맞게 될 최종적인 운명에 대해 예술가에게 책임을 물을 수는 없는 것이다.

그러나 이런 정황들이 설득력을 갖고 있다고 해도, 레오나르도를 다루며 우리가 만나게 되는 모든 문제들을 설명해 주지는 못한다. 작품과의 고통스러운 싸움, 작품에 대한 포기, 그렇게 버려진 작품이 맞게 될 향후의 운명에 대한 무관심 등은 비단 레오나르도만이 아니라 거의 모든 예술가들에게서 볼 수 있다. 솔미E. Solmi는 레오나르도의 한 제자가 한 말을 다음과 같이 인용한 적이 있다.[6] 〈그림을 그리고 있을 때면 그는 언제나 몸을 떨고 있었던 것 같다. 그러나 시작한 것을 끝내는 경우란 거의 없었는데, 그 정도로 예술을 너무나도 위대한 것으로 여기고 있었고, 그래서 여느 사람들에게는 걸작으로 보이는 작품 속에서도 그의 눈은 실수를 찾아내곤 했다.〉 다빈치의 마지막 작품들인 「레다」, 「산타 오노프리오의 마돈나」, 「바쿠스」, 「젊은 세례 요한」 등은 〈그의 거의 모든 작품들처럼〉 미완성으로 남아 있다. 「최후의 만찬」을 모사(模寫)한 적이 있었던 로마초Lomazzo는 한 소네트 형식의 시에서 그림을 끝내지 못하는 다빈치의 이러한 무력감을 다음과 같이 읊은 적이 있다.

신과도 같은 다빈치, 결코 그림을 끝내지 못하는 다빈치,
그 옛날 그림에서 붓을 떼지 못했던
프로토게네스를 닮았구나.[7]

레오나르도가 천천히 작업을 했다는 것은 잘 알려져 있다. 밀라노에 있는 산타 마리아 델레 그라제 수도원에 있는 「최후의 만찬」의 경우, 매우 세밀한 사전 준비를 하고 그림을 시작했음에도 불구하고 3년에 걸쳐 작업을 해야 했다. 당시 수도원에 소속된 젊

6   솔미의 「레오나르도 작품의 부활La resurrezione dell'opera di Leonardo」(1910) 참조─원주.
7   스코냐밀리오N. Smiraglia Scognamiglio의 『레오나르도 다빈치의 청년 시절에 대한 조사 자료집Ricerche e documenti sulla Giovinezza di Leonardo da Vinci』(1900)에서 인용─원주. 프로토게네스는 기원전 4세기에 활동했던 그리스 화가.

은 수도사로 그의 곁에 있었던 소설가 마테오 반델리의 이야기에 따르면, 레오나르도는 새벽에 사다리를 타고 올라가 먹거나 마실 생각도 하지 않은 채 일에 몰두하다가 황혼이 질 때에야 붓을 놓곤 했다고 한다. 그러다가도 붓을 놓은 채로 그림 앞에서 며칠을 보내곤 했고, 어떤 날은 몇 시간을 그림 앞에 앉아 마음속으로 그림을 느껴 보곤 했다. 또 어떤 때에는 그림 속의 한 인물에 붓질 몇 번을 하기 위해 프란체스코 스포르차의 기마상을 다듬고 있던 밀라노 성관(城館)을 떠났다가 불현듯 다시 돌아오곤 했다.[8] 피렌체 인 프란체스코 델 조콘도의 부인이었던 모나리자상을 그릴 때에도, 바자리의 이야기에 따르면, 끝내 완성을 보지 못했음에도 불구하고 무려 4년 동안이나 작업을 했다. 이 점은 주문한 사람에게 그림이 인도되지 못하고 자신이 소장하고 있다가 프랑스로 올 때 갖고 왔다는 사실로도 확인할 수 있다.[9] 프랑스 왕 프랑수아 1세가 구입한 이 그림은 오늘날 루브르 박물관이 소장하고 있는 가장 진귀한 작품들 중 하나가 되었다.

레오나르도는 상당한 분량의 소묘(素描)와 작업 기록들을 보관하고 있었고, 이 자료들을 통해 그림 하나하나의 모티프마다 헤아릴 수 없을 정도의 습작이 이루어졌음을 알 수 있다. 그의 작업 방식에 대한 정보와 이러한 자료들을 함께 고려할 때, 차분하지 못하고 충동적인 그의 기질이 예술에 아무런 영향도 미치지 못했다고 생각할 수는 없을 것이다. 오히려 그와 반대로 우리는 완벽을 추구하려는 한 비범한 인간을 만나게 되는데, 그가 확신했을 때에만 내리는 최후의 선택을 위해 거쳐야 했던 다양한 가

8 자이틀리츠W. von Seidlitz의 『레오나르도 다빈치, 르네상스 시대의 전환점 *Leonardo da Vinci, der Wendepunkt der Renaissance*』(1909) 제1권 참조 — 원주.
9 자이틀리츠의 『레오나르도 다빈치, 르네상스 시대의 전환점』 제2권 참조 — 원주.

능성과 힘들게 충족시킬 수 있었던 제약들, 그리고 예술가와 레오나르도가 품었던 이상적인 계획 사이의 어쩔 수 없는 괴리만으로는 설명되지 않는 창작 과정 속에서 겪는 일종의 정신적인 금기(禁忌) 등을 알게 된다. 레오나르도가 작업을 하면서 겪어야만 했던 지체는 이러한 정신적인 억제Hemmung 상태의 한 징후임이 분명하며, 훗날 그의 작업에 영향을 미쳐 회화에서 그를 멀리 떼어 놓게 되는 전조로 볼 수 있다.[10] 「최후의 만찬」에서도 그림의 운명을 결정했던 것은 역시 느린 작업 속도였는데, 이런 면에서 보면 레오나르도의 책임이 없다고만도 할 수 없다. 레오나르도는 표면이 건조되기 이전에 신속하게 작업을 끝내야 하는 프레스코 작업에는 적합한 사람이 아니었다. 물감을 선택할 때에도 그는 기분에 따라 여유 있게 작업을 완성할 수 있도록 천천히 건조되는 것을 골라서 썼지만, 이렇게 선택된 물감들은 밑칠 또한 벽에 밀착되지 않아 벽에 색을 칠할 수가 없었다. 이렇게 적합하지 않은 벽과 기타 주위 공간의 예기치 못했던 이상들로 인해 작품의 손상은 피할 수 없었던 것처럼 보인다.[11]

레오나르도가 미켈란젤로와 경쟁을 해가며 피렌체의 살라 델 콘실리오의 벽에 그리다가 이 역시 완성시키지 못하고 포기한 프레스코화 「앙기아리의 전투」가 끝내 마모되어 버린 것도 유사한 기술적 시도가 실패했기 때문이다. 실험가로서의 기이한 관심이 처음에는 예술적 관심을 북돋아 주었지만 끝내는 예술 작품을 손상시키고 말았던 것처럼 보인다.

10   페이터W. Pater는 이렇게 말했다. 〈그러나 그가 인생의 어느 시기엔가 예술가로서의 활동을 거의 단념했다는 것은 확실하다〉 — 원주. 『르네상스 역사의 연구 Studies in the History of the Renaissance』(1873) 참조.
11   자이틀리스의 책 『레오나르도 다빈치, 르네상스 시대의 전환점』 제1권 참조. 이 작품의 복원과 보존 작업에 관한 부분을 참조 — 원주.

레오나르도의 성격에는 이 외에도 여러 가지 특이하고도 명백한 모순이 보인다. 게으름과 무관심은 부정할 수 없는 그의 성격의 한 부분이었다. 당시에는 좀 더 넓은 활동 영역을 얻으려고 누구나 다른 사람들을 상대로 공격적인 태도를 보이는 것이 상례였는데, 그의 온순하고 온화한 성격과 누구와도 싸움을 하지 않으려는 듯 적의를 드러내지 않았던 그의 태도는 놀라움을 준다. 그는 모든 이들을 부드럽고 순하게 대했고, 전하는 말에 따르면 동물들의 생명을 존중한 나머지 육식을 피했으며, 또 시장에서 새들을 사서 풀어 주는 것을 유독 즐겼다고 한다.[12] 그는 전쟁과 유혈을 단죄했고, 인간을 동물계의 왕이라고 부르는 법이 없었으며, 오히려 인간은 그가 보기에는 가장 잔혹한 야수였다.[13] 그러나 이러한 여성적인 섬세한 감수성에도 불구하고, 그는 고통으로 일그러진 얼굴을 연구하고 스케치하기 위해 사형 선고를 받은 죄수들이 형장으로 끌려갈 때 따라나서기도 했다. 그뿐만 아니라 그는 잔인한 공격용 무기들을 시험 제작하기도 했고, 수석병기 기술자로서 체사레 보르자를 위해 일하기도 했다. 그는 종종 선과 악의 문제에 무관심한 모습을 보이기도 했고, 어떤 때는 별도의 기준으로 평가받기를 요구하기도 했다. 가장 비열하고 잔인한 적인 체사레로 하여금 로마니아를 차지하게 한 원정에 함께 떠난 것도 그가 높은 지위를 차지하고 있을 때였다. 레오나르도

12 뮌츠E. Müntz의 『레오나르도 다빈치Leonardo da Vinci』(1899). 같은 시기에 살았던 한 사람이 메디치가에 보낸 편지에는 레오나르도의 이러한 특이한 행동이 암시되어 있다. 리히터J. P. Richter의 책을 참조할 것 — 원주. 리히터의 『레오나르도 다빈치의 저작The Literary Works of Leonardo da Vinci』(1939) 제2권 참조. 언급된 문장은 다음과 같다. 〈가자라티족 같은 부족들은 피를 갖고 있는 것이면 어느 것이든 먹지 않는다. 그 사람들은 레오나르도 다빈치처럼 생명을 갖고 있는 동물들에게는 결코 해를 입히지 않는다.〉

13 보타치F. Bottazzi의 「생물학자, 해부학자로서의 레오나르도Leonardo biologico e anatomico」(1910) 참조 — 원주.

의 글 속에는 이 당시의 사건에 대한 비판이나 참여에 관련된 어떤 언급도 발견할 수 없다. 프랑스군의 원정에 대한 괴테J. W. von Geothe의 입장과 그의 입장을 비교해 보는 것도 쓸데없는 일은 아닐 것이다.

전기(傳記)를 통해 진정으로 한 인물의 정신적 삶을 이해해 보려고 한다면, 신중함을 기하기 위해서든 혹은 체면을 위해서든 대부분의 전기들에서 흔히 볼 수 있는 것처럼 그 인물의 성생활 Sexualleben과 특이한 성적 취향 등을 침묵 속에 묻어 두어서는 안 될 것이다. 이 점에 있어 우리는 레오나르도에 대해 거의 아는 바 없기는 하지만, 이 보잘것없는 정보가 우리에게는 소중하다. 고삐 풀린 듯한 관능과 어두운 금욕주의가 대립하고 있던 시대에, 레오나르도는 여인의 아름다움을 묘사하던 예술가에게서는 기대할 수 없는 성(性)에 대한 냉담한 거부를 보였다. 솔미는 그의 성적 불감증(不感症)에 대해 잘 일러 주는 다음과 같은 문장을 레오나르도에게서 직접 인용하고 있다. 〈생식 행위와 그에 관련된 모든 것은 너무나도 추한 것이어서, 만일 이것이 오래된 관습이 아니었고, 또 인간을 성행위로 인도하는 아름다운 얼굴이나 관능을 느끼는 정서를 갖고 있지 않았다면, 인간은 이미 소멸해 버렸을 것이다.〉[14] 그가 남긴 글들은 물론 고도의 과학적 문제만을 다루고 있지는 않고 위대한 정신의 소유자에게는 그리 잘 어울리지 않는 것처럼 보이는 자질구레한 것들(자연에 대한 우의적[寓意的] 이야기, 우화, 익살, 예언)[15]도 실려 있는데, 전체적으로는 — 금욕적이라고도 할 수 있을 정도로 — 상당히 순결해서 지금 쓰

14 솔미의 『레오나르도 다빈치Leonardo da Vinci』(1908) 참조 — 원주.
15 헤르츠펠트M. Herzfeld의 저서 『사상가, 연구가, 시인으로서의 레오나르도 다빈치Leonardo da Vinci:der Denker, Forscher und Poet』(1906) 참조 — 원주.

인 문학 작품 속에서 발견한다고 해도 놀라움을 줄 수 있을 정도다. 탐구자의 지식 욕구에서 마치 살아 있는 모든 것들의 주관자인 에로스만은 다룰 만한 것이 아니라는 듯이 그의 글들은 성적(性的)인 것은 결코 다루고 있지 않다.[16] 위대한 예술가들이 에로틱하고 심지어 난잡하기까지 한 그림들을 그리며 얼마나 자주 상상의 나래를 펼쳤는가를 우리는 잘 알고 있다. 그런데 이와 반대로 레오나르도에 대해서 우리는 여인의 내성기(內性器)와 산모의 몸속에 있는 태아의 위치 등에 관련된 소묘 몇 점 정도밖에는 가지고 있지 않다.[17]

16 그가 수집한 『익살집Belle facezie』이 아마도 아직 번역되지 않은 유일한 예외일 것이다. 그러나 이는 무시해도 될 듯하다. 헤르츠펠트의 『사상가, 연구가, 시인으로서의 레오나르도 다빈치』를 참조 — 원주. 「쾌락 원칙을 넘어서」(프로이트 전집 11, 열린책들) 참조.

17 (1919년에 추가된 각주) 결코 음란하다고는 볼 수 없는 그림인 성행위 장면을 수직 단면도로 그린 레오나르도의 그림에는 몇 가지 기이한 실수들이 나타나 있는데, 라이틀러R. Reitler 박사는 「레오나르도 다빈치의 해부학적, 예술가적 실패Eine anatomisch-künstlerische Fehlleistung Leonardo da Vinci」(1917)에서 이 실수들을 우리가 레오나르도의 특이함을 이야기했던 것과 같은 시각으로 지적하고 해설을 붙인 바 있다.

〈이 엄청난 탐구 열정은 생식 행위를 묘사하는 바로 이 그림 속에서 — 물론 탐구 열정보다 훨씬 강력했던 성적 억압으로 인해서 — 완벽하게 실패하고 만다. 남자의 몸은 전체가 그려져 있는 반면에 여자는 부분만 묘사되어 있다. 만일 이 그림을 머리 아랫부분을 가린 채 상황을 모르고 있는 일반인에게 보여 준다면, 그림을 본 사람이 머리를 여인의 머리로 생각할 것이라는 점은 확실하다. 머리 앞으로만이 아니라 4, 5번 요추(腰椎) 부근까지 흘러내린 곱슬머리는 그림 속의 머리가 남자의 것이 아니라 여인의 머리임을 명백하게 일러 주고 있다.

여인의 가슴에 대한 묘사도 두 가지 잘못을 드러내고 있다. 우선 예술적 견지에서 볼 때 여인의 젖가슴은 천하게 늘어져 있고, 두 번째 해부학적 관점에서 볼 때 성적인 금기로 인해 레오나르도는 아이에게 젖을 빨리고 있는 여인의 젖을 한 번도 정확하게 본 적이 없다는 것을 알 수 있다.

레오나르도가 사랑에 빠져 여인을 안아 본 적이 있었는지는 의
심스럽다. 또한 미켈란젤로가 비토리아 콜로나와 가졌던 관계처

만일 그가 한 번이라도 정확하게 관찰했다면, 젖이 서로 분리되어 있는 여러 배설
관을 통해 분비된다는 사실을 알지 못했을 리 없었을 것이다.

그러나 레오나르도는 복강 깊숙이 박혀 있는 단 하나의 관만을 그렸는데, 아마도
그는 단 하나의 유관(乳管)이 유미낭(乳糜囊)에서 젖을 빨아올리는 것으로 알았던 것
같고, 나아가 이 유관이 성기들과 모종의 관련을 맺고 있는 것으로 알았던 것 같다. 물
론 시체 해부가 시체 모독으로 간주되어 엄격하게 처벌받던 당시로서는 인체 내부에
대한 연구가 매우 어려웠다는 점을 감안해야 할 것이다. 그러나 매우 적은 수의 해부
학 재료만을 다룰 수 있었을 뿐이긴 해도 레오나르도가 복강(腹腔)에서 하나의 림프
액 주머니를 보았다는 사실은 시사하는 바가 크다. 그는 분명히 그의 그림 속에 복강
을 우리의 의혹을 자아내도록 그려 놓았다. 하지만 그가 내성기에 닿을 정도로 밑으로
깊이 내려간 유관을 묘사한 것은 임신 말기와 젖 분비가 시작되는 시점이 일치한다는
해부학적 관련성을 묘사하려고 했다는 추측을 가능케 한다. 비록 우리가 당시의 상황
을 고려해 예술가 레오나르도의 해부학 지식이 불충분하다는 사실을 용납한다고 하
더라도, 그가 여성의 생식 기관을 그토록 무관심하게 묘사했다는 점은 놀라운 일이 아
닐 수 없다. 질(膣)을 알아볼 수 있고, 자궁 경부에 대한 간략한 묘사도 알아볼 수 있지
만, 자궁 그 자체는 거의 알아볼 수 없게 그려져 있다.

반대로 남자의 생식기를 레오나르도는 훨씬 정확하게 묘사해 놓았다. 예를 들어
그는 단지 고환을 묘사하는 데만 그치지 않고 그의 그림 속에 거의 완벽에 가까운 정
확성을 기해 음경까지도 그려 놓았다.

레오나르도가 묘사한 성교 장면의 체위는 가장 야릇한 묘사들 중의 하나다. 유명
한 예술가들은 바로 누운 자세나 옆으로 누운 자세의 성교 장면을 그렸는데, 이처럼
서 있는 자세의 성교 장면을 그린다는 것은 쓸쓸하고 그로테스크하기까지 한 이러한
묘사의 배후에 매우 강력한 성적 억압이 있었음을 추측케 한다. 즐기고자 할 때는 흔
히 가능한 한 편안한 자세를 취하게 마련이다. 이것은 식욕과 사랑이라는 두 가지 기
본적인 욕구 모두에 해당되는 사항이다. 대부분의 고대인들은 식사할 때 누운 자세를
취했고, 성교할 때도 오늘날의 우리들처럼 흔히 누운 자세를 취했다. 누운 자세를 취
한다는 것은, 말하자면 원하는 상황에 오랫동안 머물러 있기를 원한다는 것을 뜻한다.

그뿐만 아니라 여인의 머리 모습을 하고 있는 남자의 얼굴에서는 역겨운 표정으로
도 볼 수 있는 일종의 거부 의사를 읽을 수가 있다. 눈썹은 찌푸려져 있고 시선은 놀란
듯이 옆으로 향해 있다. 입술은 굳게 다물어져 있고 양 끝은 밑으로 처져 있다. 실제로
이 얼굴에서는 사랑을 준다는 기쁨도, 그것을 받는다는 행복함도 읽을 수가 없다. 단
지 혐오와 환멸만이 느껴질 뿐이다.

무엇보다도 레오나르도는 두 개의 하체를 묘사하면서 가장 큰 실수를 범하고 있
다. 남자의 다리는 실제로 오른쪽 다리여야만 했다. 왜냐하면 레오나르도는 성교 장면
을 수직 단면도로 그리고 있었기 때문에 왼쪽 다리는 그림의 뒤쪽에 있어야 했으며,
반대로 같은 이유로 해서 여자의 다리는 왼쪽 다리여야만 했다. 하지만 레오나르도는
여자와 남자를 뒤바꾸어 놓았다. 남자는 왼쪽 다리를, 여자는 오른쪽 다리를 갖고 있

럼 그가 여인과 은밀한 정신적인 관계를 맺었는지에 대해서도 알려진 것이 없다. 아직 견습생으로서 스승인 베로키오의 집에 기거하고 있을 당시 그는 동성애*Homosexualität*의 혐의를 받고 다른 젊은이들과 함께 고발당했으나 곧 무혐의로 풀려난 적이 있었다. 그가 이러한 혐의를 받게 된 것은 평판이 좋지 않은 한 청년을 모델로 썼기 때문이다.[18] 훗날 스승이 되었을 때 그는 자신이 제자로 삼은 많은 어린 소년들과 청년들에 둘러싸여 지내게 된다. 제자들 중 막내였던 프란체스코 멜치는 프랑스까지 동행했고, 죽을 때까지 스승 곁에 머물렀으며, 스승의 상속자로 지명받았다. 그와 제자들 사이에 성적 관계가 있었을지도 모른다는 가능성을 위인에 대한 근거 없는 모독이라고 하여 제외시킨 몇몇 전기 작가들의 확신을 좇는 것은 아니지만, 제자들과 함께 생활하는 당시의 관례를 고려할 때 레오나르도와 젊은 제자들의 다정한 관계가 성행위로까지 진전되지는 않았다고 보는 것이 좀 더 타당할 것 같다. 그가 이러한 성행위를 했다고는 볼 수 없다.

이러한 정서 생활과 성생활의 특이성은 예술가이자 탐구자였던 레오나르도의 이중성을 고려할 때 한 가지 방식으로밖에는 이

다. 각 인물의 엄지발가락이 발의 안쪽으로 달려 있다는 사실을 보면 이렇게 뒤바뀐 것을 가장 쉽게 알아볼 수 있다.

이 단 한 장의 그림만으로도 우리는 이 위대한 예술가이자 연구자를 혼란으로 몰고 갔던 성적 에너지의 억압을 추론해 낼 수 있을 것이다〕 — 원주.

(1923년에 추가된 각주) 라이틀러의 보고는 그런 거친 스케치에서 중대한 결론을 이끌어 내기는 어려우며, 그림의 각 부분이 어떻게 조화되는지 불분명하다는 비판을 받았다.

18   스코냐밀리오에 의하면, 모호한 나머지 여러 상이한 해석이 내려지곤 했던 『아틀란티쿠스 고서본*Codex Atlanticus*』에 다음과 같은 구절이 있다고 한다. 〈주님을 아이로 그렸다고 해서 당신은 나를 감옥에 가두었지만, 주님을 어른으로 그렸다면 당신은 나에게 더 나쁜 짓을 행할 것이오〉 — 원주.

해할 수가 없다. 거의 심리적인 관점을 채택하지 않은 전기 작가들 중에서 내가 알기로는 솔미 단 한 사람만이 이 수수께끼에 대한 해결에 거의 접근한 것처럼 보인다. 이와 아울러 레오나르도를 주인공으로 삼아 한 권의 역사 소설을 쓴 드미트리 세르게예비치 메레시콥스키 역시 이 예외적인 인물을 소개할 때 유사한 인식에 기초해 있었고, 그의 견해를 무미건조한 언어가 아니라 시인의 방식을 따라 조형적인 언어로 명쾌하게 표현했다.[19] 솔미는 『레오나르도 다빈치』에서 다음과 같이 레오나르도를 평가하고 있다. 〈자신을 둘러싸고 있는 모든 것의 정체를 확인하고 가장 심오하고 완벽한 비밀을 고매한 냉정함을 유지한 채 파악해 내려는 이 충족시키기 어려운 욕구로 인해서 레오나르도의 작품들은 언제나 미완성으로 남을 수밖에 없었다.〉『콘페렌체 피오렌티네 *Conferenze fiorentine*』에는 레오나르도의 신앙 고백이자 그라는 존재의 진실에 대한 단서를 간직한 그 자신이 한 말이 인용되어 있다.

우선 그 사물에 대해 알지 못한다면 우리에게는
그 무엇을 사랑할 권리도 미워할 권리도 없다.[20]

바로 이 문장을 레오나르도는 자신의 비종교성에 대한 비난으로부터 자신을 옹호했던 『회화론』에서 다시 반복하고 있다.

그 검열자들은 입을 다물어야 할 것이다. 왜냐하면 바로 이것이 그토록 아름다운 것들을 창조한 자를 알 수 있는 방식이며, 또

19 메레시콥스키의 레오나르도 다빈치에 관한 소설 『신들의 부활』(1902) 참조. 이 작품은 『그리스도와 적그리스도』라는 삼부작으로 된 대작의 중간 권에 해당한다. 나머지 두 권의 제목은 『배교자 율리아누스』, 『표트르 대제와 알렉세이』이다 — 원주.
20 보타치의 「생물학자, 해부학자로서의 레오나르도」 참조 — 원주.

한 바로 이것이야말로 한 위대한 창조자를 사랑하는 방법이기도 하기 때문이다. 또 진실로 한 위대한 사랑은 사랑하는 대상에 대한 위대한 지식으로부터 태어나기 때문이다. 만일 그대가 사랑하는 대상에 대해 거의 아는 것이 없다면 그 대상 역시 거의 사랑할 수 없거나 혹은 사랑하지 못할 것이고……. 21

레오나르도의 이 선언이 지닌 가치는 선언이 중요한 심리적 사실을 전해 준다는 데 있지는 않다. 왜냐하면 이 선언이 주장하고 있는 바는 분명히 잘못된 것이며, 레오나르도 자신도 우리만큼 이 사실을 잘 알고 있었을 것이기 때문이다. 인간이 자신이 애정을 쏟아 사랑하는 대상의 본질을 연구하고 인식하기 이전까지는 사랑과 증오의 감정을 지체시킬 수 있다는 것은 사실이 아니다. 오히려 인간은 지식과는 아무런 관련이 없는 충동적인 동기들로 인해 사랑을 하게 되고, 지식은 기껏해야 이 사랑이 자아내는 결과를 의식과 성찰을 통해 완화시킬 뿐이다. 따라서 레오나르도가 하고 싶었던 말은 다음과 같은 것이었다. 〈인간의 행위는 비난받을 것이 없는 진정한 사랑일 수가 없다. 사랑하되 감정을 억누르는 방식으로 해야만 하며, 감정을 사고에 종속시켜 사고의 시험을 거치기 이전에는 결코 마음대로 흘러가도록 내버려 두어서는 안 된다.〉 우리는 이를 통해 레오나르도가 자신에게도 상황은 마찬가지였다는 말을 하고자 했음을 알 수 있다. 즉 그는 사랑과 증오에 대해 다른 모든 이들이 자신과 똑같은 태도를 갖도록 노력하는 것이 바람직하다고 말하고 싶었던 것이다.

그런데 실제로도 그랬던 것 같다. 그의 욕망은 순화되어 탐구 본능Forschertrieb에 종속되었다. 그는 사랑하지도 않았으며 미워

---

21 레오나르도 다빈치의 『회화론』 ─ 원주.

하지도 않았다. 그러나 그는 사랑해야만 했던 것과 미워해야만 했던 것의 유래와 의미에 대해서 스스로에게 질문을 던졌고, 그럼으로써 선과 악, 미와 추에 대해 무관심한 것처럼 보일 수는 있었다. 탐구 작업이 진행되는 동안 사랑과 증오는 그것들이 가지고 있던 표식들을 잃어버렸고, 마찬가지로 사고에 대한 관심으로 변모되었다. 사실상 레오나르도가 격정에서 벗어난 것은 아니었고, 직접적이든 간접적이든 모든 인간 활동의 원초적 동력*il primo motore*인 신적(神的)인 섬광을 버린 것도 아니었다. 그는 단지 이 격정을 지적인 열정으로 변형시켰을 뿐이다. 따라서 그는 열정에서 유래하는 꾸준함과 의지를 심화시키는 능력을 가지고 탐구에 몰두했다. 그래서 지적 작업의 절정에서 일단 지식을 터득하면 그는 오랫동안 억눌러 왔던 충동을 풀어놓았고, 이 충동은 마치 물레방아를 돌리고 난 물줄기가 갑문을 따라 다른 곳으로 흐르듯이 열려진 갑문을 통해 다른 곳으로 흘러갔다. 탐구의 정점에서 그가 조직된 전체를 한눈에 굽어볼 수 있을 때, 비로소 감동의 파토스가 그를 사로잡았고, 그는 흥분된 어조로 자신이 연구한 작품이 갖고 있는 숭고함을 칭송하거나 혹은 일종의 종교적 형태를 빌려 창조자의 위대함을 극찬하기도 했다. 솔미는 레오나르도에게서 일어나고 있었던 이 변화 과정을 정확하게 파악했다. 솔미는 레오나르도가 자연의 거스를 수 없는 숭고함을 칭송한 대목 ─ 〈오, 기적과도 같은 필연성이여……〉 ─ 을 인용한 후, 다음과 같이 말했다. 〈자연에 대한 지식이 종교적 감정으로 변화하는 이 변용은 다빈치의 글들 속에서 가장 두드러진 특징 중의 하나이고, 이러한 표현은 그의 글 속에서 수백 번도 넘게 등장한다.〉[22] 레오나르도는 이 탐욕스럽고 지칠 줄 모르는 탐구욕으로 인해 이탈리

---

22   솔미의 「레오나르도 작품의 부활」 참조 ─ 원주.

아의 파우스트라고 불려 왔다. 그러나 탐구 열정이 생의 쾌락으로 바뀔 수 있는지 — 파우스트의 비극에서 근본적인 것으로 간주할 수 있는 변용 — 에 대한 의구심을 일단 논외로 하더라도 이러한 견해는 레오나르도의 사고를 스피노자의 사고 유형과 유사한 것으로 보게 만들 위험이 도사리고 있다.

정신적인 충동이 여러 다양한 활동으로 전이Übertragung되면 육체의 경우와 마찬가지로 힘이 소진되기 마련이다. 레오나르도의 예는 우리에게 이런 과정들을 연구하려 할 때 얼마나 많은 영역을 고려해야 되는지를 잘 일러 준다. 완전하게 지식을 획득할 때까지 사랑을 연기한다는 것은 결국 사랑을 지식으로 대체하게 만든다. 대상을 속속들이 다 알고 난 이후에는 진정한 사랑도 증오도 더 이상 가능하지 않다. 그때는 사랑과 증오를 넘어선 지점에 가 있게 된다. 사랑하는 대신 탐구를 하게 되는 것이다. 그리고 아마도 바로 이런 이유로 레오나르도의 인생에서 사랑은 다른 위대한 예술가들이나 위인들의 삶에 비해 현저하게 빈한했다. 본질적으로 흥분을 일으키고 힘을 소진시킬 수밖에 없는 격정적인 정념(情念)은 다른 이들에게는 인생의 절정을 맛보는 기회였겠지만 레오나르도를 사로잡지는 못했다.

이 외에도 여러 다른 결과가 있었다. 탐구는 창조 행위를 대신하기도 했다. 잘 짜여진 우주의 장엄함과 그 필연성들을 예감하기 시작한 자에게 보잘것없는 한 개인에 불과한 자아das Ich를 상실하는 것은 쉬운 일이었다. 찬미의 삶을 살며 진정으로 겸손해진 자는 너무나도 쉽게 바로 그 자신이 이 움직이는 힘들의 한 부분임을 잊을 것이고, 자신의 개인적 힘이 허락하는 한도 내에서라도 우주의 필연적인 흐름의 한 부분을 바꿀 수 있다는 것도 잊고 살기 쉽다. 우주란 작은 것이 위대한 것보다 결코 덜 의미롭지도 또 덜 찬탄을 불러일으키는 것도 아닌 세계인 것이다.

솔미가 믿고 있듯이 레오나르도의 탐구들은 처음에는 예술에 도움을 주기 위해 시작되었을 것이다.[23] 그는 빛, 색, 음영(陰影), 원근법 등의 속성과 법칙들을 이해하려고 노력했다. 이것은 자연의 묘사에 있어 원숙함을 획득하기 위한 것이었으며, 또한 다른 이들에게 모범을 보이기 위한 것이기도 했다. 당시에 그는 이미 예술가에게 학식이 차지하는 비중을 과대평가하고 있었다. 또 그는 그림을 그리고 싶은 충동에 이끌려 가면서도 묘사 대상들, 즉 동물들, 나무들, 인체 비례 등에 대한 탐구로 기울어 갔고, 그리하여 대상의 외관을 떠나 내적인 구조와 생명 현상에 대한 지식을 얻으려고 했다. 이 생명 현상이라는 것도 표현될 때에는 물론 외관(外觀)을 통해서 표현될 것이고, 따라서 예술의 형상화를 요구한다. 결국 압도적이 되어 버린 탐구 열정은 그를 예술의 제약들에서 멀어지게 했고, 급기야 그는 역학(力學) 원리나 아르노 계곡의 화석과 지층 형성 과정의 역사를 탐구하는 데까지 이르게 된다. 그는 책 속에 커다랗게 〈태양은 움직이지 않는다Il sole non si move〉라고 기록해 놓을 정도였다. 그는 각 영역의 발견자로서 혹은 적어도 예언자나 선구자로서, 실제로 자신의 탐구를 자연 과학의 각 영역으로 확대해 나갔다.[24] 어쨌든 그에게 알고자 하는 충동은 외부 세계를 향해 있었고, 어떤 이유에서인지 인간의 심혼(心魂)에 대한 탐구에서는 멀리 떨어져 있었다. 그가 아카데미

---

23   솔미의 『레오나르도 다빈치』 참조. 〈레오나르도는 자연 연구를 화가가 지켜야 할 규칙으로 삼았는데 이 연구 열정이 점차 지배적인 것이 되어 갔고, 그는 예술을 위한 과학이 아니라 과학 자체를 위한 과학을 하고 싶었던 것이다〉 — 원주.

24   헤르츠펠트가 쓴 훌륭한 전기 『사상가, 연구자, 시인으로서의 레오나르도 다빈치』의 서문과 『콘페렌체 피오렌티나』에 실려 있는 여러 산문, 기타 여러 곳에 열거되어 있는 레오나르도의 과학적 업적을 참조 — 원주.

아 빈치아나Academia Vinciana를 위해 상징들이 정교하게 서로 얽혀 있는 상징도(象徵圖)를 그리긴 했어도 여기에도 심리학을 위한 자리는 거의 없었다.

그는 이후 탐구 생활에서 원래의 출발점이었던 예술로 돌아오려고 시도했는데, 그때마다 새로워진 그의 관심 영역과 심리적 성격의 변화에서 유래하는 혼란을 가슴속에서 경험하지 않을 수가 없었다. 그림 속에서 그의 관심을 끄는 것은 오직 문젯거리였고, 이 문젯거리 뒤에는 또 다른 여러 문제가 헤아릴 수도 없이 많다는 것을 알게 되었다. 이런 상황은 그가 끝도 한도 없는 자연을 탐구하며 이미 익숙해져 있었던 상황이었다. 그는 자신의 주장을 양보하거나 예술 작품을 독립적으로 다루거나, 혹은 예술 작품이 속해 있는 더 큰 전체에서 예술 작품을 떼어 놓으려고 하지 않았다. 그의 의식Bewußtsein 속에서 작품과 관련을 맺고 있는 모든 것을 작품 속에 표현해 내려는 힘든 노력을 기울인 이후에도, 그는 작품을 완성시키지 못한 채로 포기해 버리거나 혹은 미완성이라고 선언해 버렸다.

이전에는 예술가를 돕는 조수에 지나지 않았던 탐구자가 이제는 더 강한 자가 되어 이전의 주인을 압도하게 된 것이다.

한 인간의 성격 속에서 레오나르도의 탐구욕처럼 과도하게 발달된 충동을 볼 때, 우리는 이를 설명하기 위해 지금으로서는 정확한 그 무엇도 거의 발견된 것이 없지만 신체 기관에 의해 미리 결정되는 특이한 기질을 참조하게 된다. 그러나 신경증Neurose 환자들에 대한 정신분석에 힘입어 모든 개별적인 경우에서 인정받을 수 있는 두 가지 가정을 하게 되었다. 우리는 과도하게 발달한 충동이 이미 유아기 때에도 작동하고 있었다고 생각할 수 있고, 또한 이 충동이 지배력을 갖게 된 것은 어린 시절에 받은 인상들 때문이라고 생각할 수도 있다. 나아가 우리는 이 충동이 최초에는 성적인 성격을 띠고 있던 힘을 끌어들여 스스로를 강화하면서 충동으로 변했고, 바로 그렇기 때문에 이 충동은 훗날 성생활의 한 부분 속에 다시 모습을 나타낸다고 볼 수 있다. 따라서 이런 사람은 다른 이들이 헌신적으로 사랑을 할 때 바로 그 정열로 탐구하는 것이고, 실제로도 사랑 대신 탐구를 했던 것이다. 탐구 열정뿐만 아니라 특이한 강도를 지닌 충동이 나타나는 모든 경우에서 충동은 성적인 충동이 보강된 것이라는 결론에 이르게 된다.

일상생활을 관찰해 보면 대부분의 사람들이 상당한 양의 성 충동Sexualtrieb을 성공적으로 자신들의 직업 활동으로 우회시키고 있음을 볼 수 있다. 성적 충동은 이러한 공헌을 하기에 매우 적합한데, 그 까닭은 성 충동이 승화될 수 있는 본성을 갖고 있기 때문이다. 다시 말해 성 충동은 즉각적으로 충족되는 대신 비(非)성적이고 때로는 매우 높은 가치를 지닌 목적으로 대체될 수 있는 상태에 있다. 한 사람의 유년기를 통해, 곧 그의 정신 발달의 역사를 통해 어린 시절의 가장 지배적인 충동이 성 충동임을 알게 될 때, 우리는 이러한 과정이 입증된 것으로 간주할 수 있다. 또한 다음과 같은 사실에서도 이것을 확인할 수 있다. 즉 성인의 성생활에서는 쇠락의 조짐이 눈에 띄게 나타나는데, 이는 곧 성적 활동의 한 부분이 다른 지배적인 관심사에 의해 대체되었음을 일러 준다.

어린아이들에게 그렇게 심각한 충동이 있다거나 성적 충동이 있다는 사실을 일반적으로는 믿지 않으려고 하기 때문에, 다빈치를 지배했던 탐구 본능에 이러한 가정을 적용하기에는 여러 가지 어려움이 따를지도 모른다. 그러나 이런 어려움들은 쉽게 제거될 수 있다. 어른들에게는 기이하게 생각되겠지만 어린아이들이 지칠 줄 모르고 질문을 해댈 때, 이는 알고자 하는 그들의 강력한 욕구를 드러내는 것이다. 아이들의 모든 질문이 에둘러 물어본 것에 불과하고 정작 묻고 싶은 것을 숨기고 있다는 사실을 어른들이 이해하지 못하는 한, 그들은 이러한 질문들을 당황스럽게 받아들일 뿐이다. 아이들이 좀 더 성장하고 지력(智力)을 갖추게 되면 이런 질문 공세는 갑자기 줄어든다. 그러나 정신분석적 연구를 통해 우리는 많은 아이들, 혹은 거의 대부분의 아이들이 예민한 경우라면 세 살 무렵부터 〈아동의 성적(性的) 탐구 시기〉라고 불러도 좋을 시기를 통과하게 된다는 사실을 명백히 알 수 있다. 이 나이 무렵의 아동들에게 지적 욕구는 우리가 아는 한 자발적으로 발생하지 않는다. 아이들의 지적 욕구는 남동생이나 여동생의 탄생과 같은 외적 변화로 인해 자기중심적인 상황에 위협이 가해졌다는 것을 인식할 때의 강력한 심적(心的) 충격에 의해 일어난다. 이때 탐구는 아기가 어디서 오는지의 문제에 집중되는데, 아이는 마치 결코 일어나서는 안 될 어떤 사건을 예방하기 위해 이제까지 여러 가지 방법과 수단들을 찾는 행동을 해왔던 것처럼 보인다. 그래서 아이들이 어른들이 들려주는 이야기들, 예를 들어 황새가 아기를 물어 왔다는 식의 신화적(神話的) 의미로 충만한 이야기들을 믿지 않고 거부하며, 바로 이러한 불신에서 아이들의 정신적인 독립이 시작된다. 또 어른들에게 반항하며 그들에게 속는 것을 더 이상 용납하지 않는다고 해도, 우리는 이런 사실들을 별 놀라움 없이 받아들이게 된다. 아이는 개인적인 방식으로 자신의 탐구를 지속시켜 나가며 어머니의 뱃속에서 아기가 머물러 있는 시간을 알아내고, 또 자기 자신의 성적 충동에 이끌려 먹는 행위에 근거해서 아이의 기원에 대해 생각하기도 하고, 나아가 내장(內臟)과 관련된 출생과 발견해 내기 어려운 아버지의 역할들에 대해서도 나름대로 생각하게 된다. 그뿐만 아니라 아이는 이때 이미 뭔가 거칠고 거부감을 불러일으키는 것으로 느껴지는 성행위에 대해서도 의혹을 갖게 된다. 그러나 아이 자신의 성은 아직 생식을 담당할 만큼 성숙한 단계가 아니기 때문에 아기가 어디서 오는지에 대한 탐구는 밑 빠진 독에 물 붓기 식으로 끝나게 마련이고, 종결시킬 수 없는 탐구는 마침내 포기되기에 이른다. 최초의 자율적인 지적 시도가 이루어지는 이때 맛본 실패에 대한 인상은 지워지지 않으며, 아이에게 깊은 좌절감을 남기는 것처럼 보인다.[25]

이러한 어린아이의 성적 탐구 시기가 강력한 억압*Supression*을 받아 종결될 때부터 탐구 본능은 성적 관심과 연결되었던 과거로 인해 세 가지 변화의 가능성을 갖는다. 우선 탐구는 성이 걷게 될 운명을 나누어 가지며, 이때부터 알고자 하는 욕구는 금기시되고 자유로운 지적 활동은 제한을 받는데, 아마도 평생 그러할 것이다. 이러한 제한은 이후 교육을 받으면서 종교로 인한 강력한 사고 금지 작용이 시작됨으로써 한층 강화된다. 신경증적 자기 억제의 전형이 바로 이에 해당된다. 이런 식으로 획득된 연약한 사고가 신경증을 얼마나 잘 유발할 수 있는지는 이미 잘 알려진 사실이다. 두 번째 경우를 보면, 지적인 발달이 충분히 이루어져 성장을 끊임없이 방해하는 성적 억압에 저항하는 것을 볼 수 있다. 어린아이의 성적 탐구가 사라진 이후 얼마 되지 않아 한번 강화된 아이의 지력은 이전의 관계를 기억하며 성적 억압을 피해 갈 수 있는 도움을 제공한다. 억압된 성적 탐구는 반추(反芻) 강박

25 독자들은 이러한 믿어지지 않는 주장들이 옳다는 것을 「다섯 살배기 꼬마 한스의 공포증 분석」(프로이트 전집 8, 열린책들)과 여타의 유사한 분석들에서 확인할 수 있다. 나는 「어린아이의 성 이론에 관하여」(프로이트 전집 7, 열린책들)에서 이러한 반추(反芻)와 의혹들이 이후 모든 문제에 대한 사고의 원형이 되고, 최초의 실패는 항상 마비시키는 작용을 하게 된다는 주장을 편 바 있다 ― 원주.

*Grübelzwang*의 형태를 띠고 무의식*das Unwebuβte*에서 다시 돌아오는데, 이 반추 강박은 물론 변형되어 있지만 그렇다고 자유스러운 것은 아니다. 하지만 이 반추 강박은 사고 자체를 성적인 것으로 만들고, 엄밀한 의미에서의 성적 발달 과정에 수반되는 고유한 쾌락과 두려움의 흔적을 지적 작업에 남길 만큼 강력하다. 여기서 탐구는 종종 그대로 성적 행위가 되어 버린다. 사고의 형태로 이루어진 해소되었다는 느낌과 침전시켰다는 느낌 등은 성적 만족*die sexual befriedigung*을 대체하게 된다. 그러나 결론을 내리지 못한 상태로 남아 있다는 어린아이의 성적 탐구가 지닌 성격은 이러한 반추가 결코 끝이 없다는 사실과, 해결책을 찾았다는 지적 만족 또한 항상 요원하기만 하다는 사실 속에서 다시 반복된다.

　가장 희귀하고 완벽하다고 할 수 있는 세 번째 경우는, 독특한 기질에 힘입어 사고의 자기 억제에서도 자유스러울 뿐만 아니라 신경증적인 사고 강박*Denkzwang*에서도 벗어날 수 있다. 물론 이 경우에서도 성적 억압이 개입하지만, 그것은 성욕의 한 부분 본능*Partialtrieb*을 무의식 속으로 보내 버리지 못한다. 그와는 반대로 리비도는 억압을 벗어나 처음부터 스스로를 알고자 하는 욕구로 승화시키고, 탐구 본능과 연결되어 이 욕망을 보강하기에 이른다. 여기서도 탐구는 일종의 강박이 되고 성적 행위의 대리물이 된다. 그러나 잠재적인 정신 발달 과정의 본질적인 차이로 인해(다시 말해, 이 경우에는 무의식 밖으로의 분출이 아니라 승화가 이루어진다) 신경증적인 특성들은 찾아볼 수 없고, 나아가 어린아이의 성적 탐구가 지니고 있는 원래의 콤플렉스에 복종하지도 않는다. 충동은 지적 작업을 위해 자유스럽게 활동한다. 충동은 성적인 문제들을 다루지 않게 되었지만, 여전히 승화된 리비도를 통해 자신을 그토록 강하게 변화시켜 놓은 성적 억압의 영향권 내에 있게 된다.

레오나르도에게 탐구 본능의 지배가 강화되면서 성생활의 쇠퇴가 초래되었다는 점을 숙고해 보면 ― 물론 이 성생활의 쇠퇴는 흔히 이야기하듯이 관념상의 동성애에 지나지 않았지만 ― 우리는 그가 위에서 언급한 세 번째 경우에 해당된다고 생각할 수 있다. 어린 시절에는 알고자 하는 욕구를 성적인 관심에 집중시켰지만, 그 이후 레오나르도는 리비도의 대부분을 탐구 본능으로 승화시킬 수 있었는데, 이 점이 바로 레오나르도라는 존재의 가장 중요한 특징이자 비밀인 것이다. 하지만 이러한 우리의 생각이 정당한 것임을 입증해 내기는 그리 쉽지 않다. 이를 위해서는 그의 어린 시절에 이루어졌던 정신 발달 과정을 세밀하게 추적해야 한다. 그러나 이런 작업을 위한 자료를 기대한다는 것은 어불성설일 뿐만 아니라, 그의 삶에 관해 남아 있는 자료라는 것도 그 수가 지극히 적고 신뢰할 수 없다. 그 자료마저도 그때그때의 상황에 대한 기록들이라, 심지어 지금 여기서 살고 있는 우리에게도 아무런 흥미를 불러일으키지 못한다.

우리는 레오나르도의 젊은 시절에 대해서 거의 아는 바가 없다. 그는 1452년 피렌체와 엠폴리 사이에 위치한 작은 마을 빈치에서 태어났다.[26] 그는 사생아였는데, 당시로서는 신분상의 오점(汚點)이라고 할 수 없는 흔한 일이었다. 그의 부친은 세르 피에로 다빈치로 공증인이었고, 빈치라는 지방 이름에서 성을 따온 그의 가문은 대대로 공증업과 농업을 주업으로 삼아 왔다. 다빈치의 어머니는 카테리나라고 불리던 여인으로서 농부의 딸이었을 가능성이 많고, 훗날 빈치에 사는 다른 남자와 결혼한다. 이 어머니

26 프로이트의 설명은 정확하지 못하다. 실제로 다빈치가 태어난 빈치는 엠폴리와 피렌체 인근의 피스토이아 사이에 있는 마을이었다.

는 레오나르도의 전기들 속에서 아들의 탄생과 관련되어 이야기되는 때를 제외하고는 더 이상 언급되지 않는다. 단지 작가 메레시콥스키만이 어머니의 흔적을 기록할 수 있다고 믿었다. 레오나르도의 어린 시절에 관한 가장 확실한 정보는 1457년의 공식 서류를 통해 알 수 있을 뿐인데, 그것은 바로 피렌체 징세(徵稅) 장부로 이 서류에 레오나르도는 빈치가(家) 세르 피에로의 다섯 살배기 서자(庶子)로 언급되어 있다.[27] 세르 피에로는 도나 알비에라라는 여인과 결혼했는데, 두 사람 사이에는 아이가 없었고, 이로 인해 꼬마 레오나르도는 아버지의 집에서 양육되었을 것이다. 레오나르도가 아버지의 집을 떠나게 되는 것은 안드레아 델 베로치오 화실에 견습생으로 들어가기 위해서였는데, 몇 살 때 그가 집을 나갔는지는 확인할 길이 없다. 하지만 레오나르도라는 이름은 이미 1472년 〈화가 조합〉의 회원 명부(名簿)에 나타나 있다. 우리가 아는 것은 이것이 전부다.

27 스코냐밀리오의 『레오나르도 다빈치의 청년 시절에 대한 조사 자료집』 — 원주.

2

내가 알기에 레오나르도는 자신의 유년에 대한 기억을 오직 단 한 번 그의 과학 논문 속에서 언급했다. 독수리의 비상(飛翔)을 다루고 있는 글 속에서 레오나르도는 갑자기 글을 멈추고 아주 먼 어린 시절의 기억을 좇아간다.

> 내가 이렇게 독수리에 대해 깊은 관심을 갖게 된 것은 오래전부터인 것만 같다. 아주 어렸을 때의 기억인 것 같은데, 요람에 누워 있을 때 독수리 한 마리가 내게로 내려와 꽁지로 내 입을 열고는 여러 번에 걸쳐 그 꽁지로 내 입술을 쳤던 일이 있었기 때문이다.[28]

이 어린 시절의 기억은 너무나도 기이한 기억이라고 할 수밖에 없다. 우선 그 내용이 그렇고, 이 기억의 배경이 되는 나이도 그렇다. 젖먹이 시절의 사건을 기억한다는 것은 불가능한 것만이 아니지만, 이 기억은 확실한 것이 아닐 수도 있다. 어쨌든 이러한 레오나르도의 기억을 통해 확인할 수 있는 것, 다시 말해 독수리가 꽁지로 아이의 입을 열었다는 것은 도저히 믿기지 않는 지어낸 이야기 같다. 따라서 우리는 이 기억에 대해 위에서 제기한 두 가

28   스코냐밀리오의 『아틸란티쿠스 고서본』— 원주.

지 의심을 해소시켜 줄 수 있고, 우리가 판단을 내리는 데 좀 더 많은 도움을 줄 수 있는 다른 생각을 갖게 된다. 이 독수리 장면이 꼭 레오나르도의 기억일 필요는 없다. 그것은 그가 훗날 품게 된 환상Phantasie으로서 자신의 어린 시절로 옮겨 놓은 것에 지나지 않을 것이다.[29]

사람들의 어린 시절에 대한 기억들은 종종 동일한 기원을 갖고 있다. 어린 시절의 기억들은 어른이 되었을 때의 기억들처럼 실제로 겪은 경험에서 고정되어 반복되는 것이 결코 아니다. 어린 시절의 기억들은 어린 시절이 지나간 이후 발굴되어 변형되고, 왜곡Entstellung되어 이후의 경향들에 종속되며, 그래서 흔히 기억과 환상의 구분이 가지 않을 정도로 섞여 있게 마련이다.[30] 어쩌면 어린 시절의 기억에 관련된 이러한 상황은 고대인들에게 글로 기록된 역사가 처음 탄생했던 상황을 연상함으로써만 더욱 잘 설

---

29 (1919년에 첨가된 각주) 엘리스H. Ellis는『정신과학 저널』에 실은「프로이트의 〈레오나르도 다빈치의 유년의 기억〉에 대한 보고Review of S. Freud's 'Eine Kindheitserinnerung des Leonardo da Vinci'」(1910)에서 내 글에 관한 호의적인 서평을 쓰면서 어린 시절의 기억들은 흔히 생각하는 것보다 훨씬 멀리 거슬러 올라갈 수 있기 때문에 레오나르도의 기억이 현실적인 근거를 갖고 있다고 주장했고, 위에서 제기한 생각에 대해 이의를 표명한 바 있다. 큰 새는 정확하게 독수리가 아닐 수도 있다. 이 점에서 나는 내 주장을 양보할 수 있고, 다음과 같은 가정을 함으로써 이 어려움을 줄여 보고자 한다. 즉 레오나르도가 아니라 그의 어머니가 큰 새 한 마리가 아들 곁에 날아오는 것을 보았고, 이 큰 새의 방문을 어머니는 의미 있는 전조로 생각하여, 훗날 그녀는 이 큰 새 이야기를 여러 번에 걸쳐 아이에게 들려주었을 것이다. 현실에서 흔히 그렇듯이 아이는 이 이야기를 자기 자신의 경험으로 혼동하여 기억하고 있었을 가능성이 있다. 그러나 이렇게 기억을 변형시킨다고 하더라도 내 주장의 신빙성이 줄어드는 것은 아니다. 인간이 자신의 어린 시절에 대해 품게 되는 환상은 일반적으로 흔히 잊고 지내기 마련인 아주 먼 과거의 자질구레한 사건들에 기초한다. 따라서 실제로 있었지만 아무것도 아닌 어떤 작은 사건이 떠올라, 이 기억을 레오나르도가 독수리로 착각한 큰 새를 가지고 이상한 행동을 지어낸 것과 같은 방식으로 꾸미기 위해서는 어떤 비밀스러운 동기가 있어야만 하는 것이다 ― 원주.

30 이 점에 관해서는 프로이트의「덮개-기억에 대하여Über Deckerinnerungen」(1899)를 참조.

명될 수 있을지도 모른다. 미미하고 유약했을 동안에 고대인들은 그들의 역사를 글로 쓸 생각을 하지 않았다. 단지 그들은 땅을 갈고 인근 부족들의 공격에 대항하여 삶을 지켰을 뿐이며, 때로는 인근 부족을 침략해 땅을 넓혀 재산을 늘리려고 했을 것이다. 이 시기는 영웅의 시대였지 역사가의 시대는 아니었다. 그 후 사고(思考)를 하고 자신들이 부강하다는 것을 느끼게 되는 시기가 찾아오는 동시에, 자신들이 어디서 왔으며 어떻게 변해 갈 것인지에 대해 알고 싶어 하는 욕구가 생겨나게 되었을 것이다. 현재 일어나고 있는 그날그날의 삶을 기록하는 것으로 시작되었던 역사는 과거를 향해 시선을 돌리게 되었고, 구전되어 오던 전통과 전설들을 모았을 것이며, 관례와 풍습 속에 살아남아 있는 옛것들을 해석했고, 그렇게 하여 흘러간 옛 시대의 역사를 창조해 냈을 것이다. 이러한 선사 시대, 즉 기록 이전의 역사라는 것이 과거의 기록이 아니라 오히려 현재의 의견이나 욕망의 표현이었음은 불가피한 일이었다. 왜냐하면 많은 일들이 민족의 기억에서 사라졌고, 남아 있는 다른 것들은 왜곡될 수밖에 없었기 때문이다. 과거의 흔적들은 현재의 정신 속에서 다르게 해석되었다. 그뿐만 아니라 역사를 기술한다고 해도 알고자 하는 객관적인 욕구에서가 아니라 오히려 현재 살고 있는 동시대인들에게 영향을 주어 자극하고 고양시키기 위해, 혹은 그렇게 함으로써 그들에게 모범이 될 만한 하나의 거울을 제공하기 위해 역사를 썼다. 한 인간이 자신의 성년기의 체험들에 대해 가진 의식할 수 있는 기억은 쓰인 역사에 해당할 것이고, 어린 시절의 기억은 그 기원과 사실 여부에서 한 민족이 태동되던 시기에 관하여 의도적으로 사후에 조작된 이야기에 상당한다고 볼 수 있다.

만일 요람에 누워 있던 레오나르도를 찾아온 독수리에 관한 이야기가 단지 훗날 지어낸 이야기에 불과하다면, 이 기억에 오래 머물 하등의 이유가 없다고 생각할 수도 있다. 이 기억을 설명하자면 드러난 그대로의 의미, 즉 평소 새들의 비상에 대해 관심을 기울이고 있던 그가 독수리의 비상에 운명을 결정짓는 어떤 의미를 부여했다는 정도로 설명할 수도 있다. 그러나 이런 식으로 이 기억을 낮게 평가한다면, 이는 한 민족의 선사 시대가 제공하는 전설과 구전과 이에 대한 해석들을 가볍게 여겨 내버리는 것과 마찬가지의 잘못을 범하는 것이 된다. 모든 변형과 왜곡에도 불구하고 이러한 선사 시대에 관한 자료들은 과거의 현실을 나타내고 있다. 그것들은 이전에는 강력했고 지금도 여전히 영향을 미치고 있는 어떤 동기들의 지배로 고대인들이 겪은 원초적인 경험들을 근거해서 만들어진 것이다. 만일 여기서 작동하고 있는 모든 힘들을 인식해 이러한 왜곡들을 제거할 수만 있다면, 이러한 전설적인 자료들의 배후에 도사리고 있는 역사적 진실을 발견할 수 있을 것이다. 어린 시절의 기억이나 개개인의 환상에서도 상황은 마찬가지다. 한 인간이 자신의 어린 시절의 기억이라고 하는 데에는 나름대로 이유가 있다. 스스로 이해하지도 못하는 기억의 흔적들 속에는 일반적으로 그의 정신적 발달의 중요한 윤곽들에 관한 귀중한 증언들이 숨겨져 있다.[31] 정신분석의 기술들은

31　(1919년에 추가된 각주) 나는 이 이후 또 다른 역사상의 위인이 갖고 있는 이해할 수 없는 어린 시절의 기억을 살펴본 적이 있다. 괴테가 예순 살 때 쓴 자서전 『시와 진실 Dichtung und Wahrheit』의 첫 부분에서 독자들은 이웃 사람들의 부추김을 받은 어린 괴테가 창문을 통해 크고 작은 사기그릇들을 내던졌음을 알게 된다. 이것은 괴테가 기억하는 유일한 어린 시절의 기억이다. 이 기억의 내용은 다른 어느 기억과도 연결되지 않았지만, 평범한 일생을 살다 간 다른 사람들의 기억과 이 기억이 일치한다는 사실, 예를 들어 괴테가 자신이 세 살 9개월일 무렵 태어나 열 살 되던 해에 죽은 남동생에 대해 이 기억을 회상할 때 아무런 언급을 하지 않는다는 사실과 일치하는 부분이 있었기 때문에 나는 괴테의 기억을 분석할 수 있었다(물론 괴테는 나중에 어린 시절에 앓았던 많은 병들을 이야기할 때 이 남동생에 관해 언급한다). 나는 이런 분석을 통

이 숨겨진 진실을 드러내는 탁월한 방법이므로, 레오나르도의 어린 시절의 환상에 대한 분석을 통해 그의 불완전한 전기(傳記)를 보충할 수 있다고 가정한다면 이 시도는 정당한 것이리라. 만일 우리의 시도가 바람직한 결과에 이르지 못한다고 하더라도, 이 신비에 싸여 있는 위인에 대한 다른 연구들 역시 아직은 어떤 확신할 수 있는 결과를 내지 못했다는 점에서 우리는 위안을 얻을 수도 있을 것이다.

레오나르도의 독수리 환상을 정신분석의 시각에서 살펴보면, 이 환상이 그렇게 엉뚱한 것만은 아니라는 것이 곧 드러난다. 예를 들어 우리는 꿈속에서 그와 유사한 상황을 자주 경험한다는 것을 기억하고 있으며, 따라서 고유한 언어로 이루어진 이 환상을 일반적으로 이해할 수 있는 언어로 해석해 낼 수 있을지도 모른다. 이때 해석은 에로틱한 경향을 띠게 될 것이다. 꽁지인 〈coda〉는 이탈리아어뿐만 아니라 다른 언어에서도 남성의 성기를 지칭하는 수많은 상징들 중 하나이다. 환상의 내용은 ─ 독수리가 어린아이의 입을 열고 꽁지를 쑤셔 넣었다 ─ 상대방의 입안에 성기를 삽입하는 성행위의 일종인 펠라티오를 나타낸다. 그런데 레오나르도의 환상은 매우 철저하게 수동적인 위치를 내포하고 있다는 점이 특이하다. 또한 그의 환상은 일정한 꿈들과 유

해 괴테의 어린 시절의 기억을 그 스스로가 묘사한 자신의 모습에 좀 더 잘 어울리는 다른 것으로 바꿀 수 있지 않을까 생각하기도 했고, 특히 그 내용으로 인해 괴테의 전기 속에서 어린 시절의 기억이 차지하고 있는 바로 그 자리까지 삽입되어도 좋다고 생각했다. 짧은 분석을 통해 나는 그릇을 내던지는 행위가 한 훼방자에 대한 주술적 행위임을 알 수 있었고, 사건이 기술된 바로 그 지점에서 나는 분석을 통해 그 행위가 엄마와 아이 사이의 내밀한 관계가 두 번째 아이에 의해 어떤 경우에도 방해받지 말아야 한다는 승리에 대한 의지 표명임을 해석해 낼 수 있었다. 이와 같이 위장된 모습 속에 숨어 있는 어린 시절의 기억들이 ─ 괴테에게 있어서나 레오나르도에게 있어서나 ─ 어머니와 관련을 맺고 있다는 사실은 과연 놀랄 만한 것일까? ─ 원주. 「괴테의 『시와 진실』에 나타난 어린 시절의 추억」(프로이트전집 14, 열린책들) 참조.

사할 뿐만 아니라 여자들의 환상이나(성 체위에서 수동적인 여자의 역을 맡아 하는) 수동적인 동성애자의 환상과도 유사하다.

여기서 독자들은 정신분석을 시작하자마자 위대하고 순수한 한 위인에 대해 용서할 수 없는 중상을 가하고 있다고 생각하여 분노가 끓어오르겠지만, 바라건대 이 분노를 자제하여 정신분석을 거부하지 말고 따라와 주기를 바란다. 어쨌든 독자들의 분노가 레오나르도의 어린 시절의 환상이 의미하는 바가 무엇인지를 밝혀 주지는 못할 것이다. 다른 한편, 레오나르도 자신이 이런 환상을 갖고 있었음을 스스로 분명히 하기도 했으며, 우리는 이런 환상이 꿈이나 환각이나 혹은 착란과 같은 모든 정신적 현상들처럼 모종의 진실을 내포하고 있다는 기대를 — 이를 편견이라고 해도 어쩔 수 없겠지만 — 포기할 수 없다. 그러므로 아직 결론을 내린 것도 아닌 이 분석 작업에 귀를 기울여 보도록 하자.

남성의 성기를 빨기 위해 입으로 무는 성향은 부르주아 사회에서는 구역질 나는 퇴폐적인 성행위의 하나로 간주되지만, 오늘날의 여인들에게서는 매우 흔하게 볼 수 있고 — 예술 작품들이 입증해 주고 있듯이 옛 여인들에게서도 흔히 볼 수 있고 — 또 사랑에 빠진 상태에서는 그 충격적인 성격을 완전히 상실하게 된다. 의사라면 이러한 성향에 기초한 공상들을 여성들에게서도 자주 보게 되는데, 이 여성들이 폰 크라프트-에빙R. von Krafft-Ebing이 쓴 『성 정신 병리학Psychpathia sexualis(1893)』이나 혹은 다른 정보를 통해 이런 종류의 성적 만족을 얻을 수 있다는 것을 알고 있는 여인들은 아니다. 여성들에게는 누구로부터 배운 것이 아닌 스스로의 깨달음을 통해 이와 같은 유별난 소원 환상Wunschphantasie을 그리 어렵지 않게 얻을 수 있는 것처럼 보인다.[32] 아울러 연구

32 이 문제에 관해서는 「도라의 히스테리 분석」을 볼 것 — 원주.

를 계속해 나가면 우리는 도덕에 비추어 무척이나 비난을 받고 있는 이러한 행위가 실제로는 가장 순수한 기원에서 출발하고 있다는 사실을 알게 된다. 이 행위는 단지 젖을 빨기 위해 어머니나 유모의 젖을 입으로 물던 옛날에 *essendo io in culla* [33] 우리 모두가 안락함을 느꼈던 어떤 상황이 다시 재가공된 것에 지나지 않는다. 이 생생한 첫 즐거움이 우리의 신체 기관들 속에 만들어 놓은 인상은 아마도 지울 수 없는 흔적으로 남아 있을 것이다. 아이가 자라면서, 기능면에서는 어머니의 젖과 유사하지만 배 밑에 붙어 있는 위치나 모양으로는 남성기(男性器)와 유사한 암소의 젖통을 알게 되었을 때, 아이는 이 첫 단계를 거쳐 훗날에는 앞서 이야기되었던 그 충격적인 성행위를 할 수 있게 되는 것이다. [34]

이제 우리는 왜 레오나르도가 독수리와의 그 경험을 자신이 젖을 먹던 시기와 관련지어 기억하는지 이해할 수 있다. 그러나 이 엉뚱한 기억 뒤에는 다른 것이 아니라, 단지 어머니의 젖을 먹던 기억, 다시 말해 모든 다른 예술가들과 마찬가지로 그 역시 붓을 통해 하느님의 어머니와 그 아들을 묘사함으로써 표현해 내고자 했던 지극히 인간적이고 아름다운 장면만이 숨어 있을 뿐이다. 그런데 사실을 말하자면, 우리는 또한 남성과 여성 모두에게 의미가 있는 이 기억이 레오나르도의 경우에는 자신을 여성의 위치에 놓는 수동적인 동성애로 재가공되었다는 점을 — 이 점이 우리로서도 아직은 이해되지 않는 부분이긴 하지만 — 지적하고자 한다. 우리는 동성애와 어머니의 젖을 빤다는 사실 사이에 어떤 관련이 있는지에 대해서 잠시 옆으로 비켜 놓을 것이다. 단지 여

33 〈아직 요람에 있을 때〉라는 뜻. 스코냐밀리오가 인용한 다빈치의 글을 참조.
34 프로이트의 꼬마 한스에 대한 분석 「다섯 살배기 꼬마 한스의 공포증 분석」을 참조.

기서는, 전하는 바에 따르면 레오나르도가 동성애의 감수성을 지닌 사람이었다는 점만 상기하고자 한다. 이때부터 청년 레오나르도에게 가해진 비난이 정당한 것인지 아닌지는 우리와 무관한 문제이다. 누군가에게서 도착적인[35] 특이성을 발견할 수 있는지 없는지를 결정짓는 것은 실제의 행위가 아니라 감정적 태도이다.

레오나르도의 이 엉뚱한 어린 시절에는 이해되지 않는 또 다른 특징이 하나 있는데, 이것이 무엇보다 우리의 관심을 끈다. 앞에서 우리는 어머니의 젖을 빨던 기억에 기초하여 그의 엉뚱한 기억을 해석했는데, 그렇다면 어머니의 자리에 독수리가 있던 것이 된다. 이 독수리는 어디서 온 것일까? 어떻게 독수리가 이 자리에 나타난단 말인가?

한 가지 생각이 떠오르긴 한다. 물론 이 생각은 우리가 다루고 있는 주제와 너무 멀리 떨어져 있어서 단념해 버리고 싶기도 하다. 고대 이집트의 픽토그램, 즉 그림 글자에서는 〈어머니〉가 실제로 독수리로 표기되었다.[36]

이집트인들은 또한 모성신(母性神)을 숭배했는데, 이 모성신은 독수리의 머리로 표현되곤 했다. 때로 이 모성신은 여러 개의 머리를 가진 형상으로 표현되곤 했는데, 그럴 때면 언제나 그중 하나는 꼭 독수리의 머리였다.[37]

이 여신의 이름은 〈무트Mut〉였다. 이 발음은 독일어의 어머니를 뜻하는 〈무터Mutter〉와 유사한데, 이는 단지 우연일 뿐일까? 독

---

35 1910년 판에서는 〈도착적인〉이라는 말 대신 〈동성애적인〉이라고 되어 있다.

36 호라폴로Horapollo의 『상형 문자 Hieroglyphica』. 《〈어머니〉라는 말을 표시하기 위해 그들은 독수리를 그렸다》 — 원주.

37 로셔W. H. Roscher의 『그리스 로마 신화 사전 Ausführliche Lexicon der griechischen und römischen Mythologie』(1894~1897)와 란초네R. Lanzone의 『이집트 신화 사전 Dizionario di mitologia egizia』(1882)을 볼 것 — 원주. 이 그림은 프로이트의 글에는 실려 있지 않다. 독자들의 이해를 돕기 위하여 란초네의 책에서 인용한다.

수리는 이렇게 실제로 어머니와 관계가 있다. 하지만 이 사실이 우리에게 무슨 도움이 될 것인가? 이집트의 상형 문자를 처음으로 해독해 낼 수 있었던 사람은 프랑수아 샹폴리옹François Champollion(1790~1832)이었다.[38] 그런데도 레오나르도가 이집트의 상형 문자에 대한 지식을 갖고 있었다고 추정할 수 있을까?

어떤 경로를 거쳐서 고대 이집트인들이 독수리를 모성의 상징으로 삼았는지 알아보고 싶은 사람이 있을지도 모르겠다. 하기는 이집트인들의 종교와 문화는 이미 그리스인들과 로마인들의 학문적 호기심의 대상이었고, 우리가 이집트의 기념물들에서 의미를 읽어 낼 수 있게 된 것은 최근의 일로서, 우리는 이미 오래전부터 이에 관한 자료들을 갖고 있었다. 이 자료들은 스트라보, 플루타르코스, 암미아누스 마르켈리누스 등과 같이 이름이 알려진 저자들이 쓴 고대의 저술 중 아직까지 보존된 것에서 얻은 것이기도 하고, 한편으로는 호라폴로의 『상형 문자』나 헤르메스 트리스메기스토스트라는 신이 썼다고 전해져 오는 동방의 성직자용 경전과 같이 저자나 기원이나 작성 시기가 불분명한 책들에서 유래한 것이기도 하다. 이러한 자료들을 통해 우리는, 독수리에게는 수컷이 없다고 믿었기 때문에 당시 이집트인들이 독수리를 모성의 상징으로 여겼다는 것을 알게 된다.[39] 고대인들의 자연사에 대한 지식에서는 이렇게 독수리에게는 수컷이 없다고 했지만, 반대로 암컷이 없는 생물들도 존재했다. 이집트인들이 신성 갑충(神聖甲蟲)이라고 숭배했던 풍뎅이과의 곤충들에게는 암컷이 존재하

---

38 하르틀레벤H. Hartleben의 『샹폴리옹: 삶과 업적*Champollion: sein Leben und sein Werk*』(1906)을 참조 — 원주.

39 〈옛날에는 독수리가 수컷은 없고 오직 암컷만 있다고 생각했다.〉엘리엔의 『자연의 동물에 대하여』에서 뢰머L. von Römer가 「생명의 양성(兩性)적인 이념에 대하여Über die androgynische Idee des Lebens」(1903)에서 인용한 것을 재인용한 것이다.

이집트의 여신 무트

지 않는다고 생각되었다.[40]

모든 독수리가 암컷이었다면 독수리들의 생식은 어떻게 이루어졌을까? 이 문제에 대해 호라폴로[41]는 그럴듯한 답을 제공하고 있다. 즉 일정한 시기가 되면 독수리들은 하늘 높이 날아올라 간 상태에서 정지해 자궁을 열고 바람의 힘으로 수태를 한다는 것이다.

이제 우리는 조금 전만 하더라도 말도 안 되는 것으로 치부해야 했던 것을, 예기치 않게도 뭔가 개연성이 있는 것으로 간주할 수 있게 되었다. 레오나르도는 이집트인들이 독수리 그림을 통해 어머니라는 관념을 나타낼 수 있었을 때, 우리의 눈으로 보면 한낱 미신에 지나지 않지만, 이를 가능케 했던 이집트인들의 과학

40　플루타르코스는 이렇게 말했다. 〈이집트인들은 풍뎅이에는 수컷만 있다고 믿었다. 그리고 독수리에게는 수컷이 없다고 추측했다〉— 원주.

41　리만스C. Leemans는 『호라폴로의 상형 문자Horapollonis Niloi Hieroglyphica』(1835)에서 〈(그들은 독수리를 이용해) 어머니를 지칭했는데, 왜냐하면 이 동물종(種)에게는 수컷이 없었기 때문이다〉라는 호라폴로의 말을 인용했다 — 원주. 호라폴로는 1세기 초에 살았던 이집트 작가로서 상형 문자에 관한 두 권의 책을 남긴 바 있다.

적 지식을 알고 있었을 가능성이 높다. 그는 문학과 과학의 전 영역에 걸쳐 호기심을 갖고 있었던 대단한 독서가였다. 『아틀란티쿠스 고서본』을 보면 그가 일정한 시기에 갖고 있었던 책 목록이 남아 있는데,[42] 여기에 우리는 그가 친구들에게 빌린 책들을 읽으며 남긴 수많은 설명들을 덧붙여야 할 것이다. 리히터[43] 부인이 그의 메모장에서 뽑아 재구성해 놓은 발췌본만 보더라도[44] 우리가 레오나르도의 독서 범위를 결코 과대평가하고 있는 것은 아니다. 그가 읽은 책 속에는 옛것에서부터 동시대의 것에 이르기까지 자연 과학에 대한 저술들도 포함되어 있다. 당시에는 이미 이러한 책들을 모두 인쇄된 상태로 구할 수 있었고, 밀라노는 이탈리아에서 이제 막 피어나기 시작한 인쇄업의 중심지였다.

이런 방식으로 계속 추적한 끝에 우리는 레오나르도가 독수리 전설을 알고 있었을지도 모른다는 가능성을 확신으로까지 올라서게 해주는 한 가지 기록을 만나게 되었다. 호라폴로에 대한 박식한 편집자이자 주석가인 한 저자[45]는 다음과 같이 쓰고 있다. 〈게다가 교부(敎父)들은 열성적으로 독수리에 관한 이 이야기에 몰두했는데, 이는 자연의 원리에서 끌어낸 논리로 동정녀 마리아의 분만을 부정하는 자들을 반박하기 위한 것이었다. 거의 모든 교부들이 이를 언급한 것은 바로 이런 이유에서였다.〉

독수리들의 단성(單性)과 공중 수정(授精)에 관한 이러한 이야기는 이와 유사한 신성 갑충에 대한 이야기와 마찬가지로, 이렇게 해서 사람들의 관심을 끌지 못하고 스쳐 지나가는 일화로 남을 수가 없었다. 교부들은 이 이야기들을 재빨리 포착해 자연의

42 뮌츠의 『레오나르도 다빈치』 참조 — 원주.
43 리히터의 『레오나르도 다빈치의 저작』 참조.
44 뮌츠의 『레오나르도 다빈치』 참조 — 원주.
45 리만스의 『호라폴로의 상형 문자』 참조.

원리에서 예수의 탄생과 관련된 성스러운 이야기를 믿지 못하는 회의주의자들에게 대항할 논리를 끌어냈다. 고대의 믿을 만한 자료들에서 독수리가 바람에 의존하여 수태한다면 한 여인에게도 같은 일이 일어나지 말라는 법이 있겠는가? 독수리 이야기는 이렇게 바뀔 수 있었기 때문에 교부들은 〈거의 모두〉 습관적으로 이 이야기를 했고, 따라서 매우 강력한 후원자 밑에 있던 레오나르도에게도 이 이야기가 전달되었을 가능성은 의심할 여지가 없을 것이다.

이제 우리는 레오나르도의 독수리 환상을 다음과 같이 추측해 볼 수 있다. 어느 날 그가 한 신부의 집에서나 혹은 어떤 자연 과학 서적에서 독수리는 모두 암컷이고 수컷의 도움 없이도 생식을 한다는 것을 읽었을 때, 그의 머릿속에는 한 가지 기억이 떠올라 이 이야기로 변형되었는데, 이 기억에 따르면 그 역시 어머니는 있으나 아버지는 없는 독수리의 자식이라는 것이었다. 그리고 아주 오래된 인상들이 표현되는 방식을 따라 이 기억에 어머니의 품에서 받았던 즐거움의 반향이 연결되었다. 모든 예술가들이 즐겨 그렸던 성모 마리아와 아기 예수의 그림과, 여러 작가의 언급을 통해 레오나르도에게는 이 엉뚱한 이야기가 고귀하고 의미 있는 것으로 보였음에 틀림없다. 이로 인해 그는 단지 한 여인의 아이가 아니라, 위로하고 구원하는 아기 예수와 자기 자신을 동일시하게 된 것은 아니었을까?

어린 시절의 공상을 분석하려는 우리의 목적은 실재했던 기억을 나중에 수정하고 왜곡한 동기에서 분리하려는 것이다. 레오나르도의 경우 우리는 이제 공상의 실제 내용이 무엇인지 알 수 있을 것 같다. 독수리가 어머니의 자리를 대신 차지하고 있다는 것은 아이가 자신에게 아버지가 없음을 느끼고 있었고, 나아가 어

머니와 단둘이 있다는 것을 알았음을 일러 준다. 레오나르도가
사생아였다는 사실은 그의 독수리 환상과 일치한다. 그가 자신을
독수리 새끼로 생각할 수 있었던 것은 단지 이 이유에서였다. 그
러나 우리는 그의 어린 시절에 관한 또 한 가지 확실한 사실로, 그
가 다섯 살 때 아버지의 집으로 입양되었다는 것을 알고 있다. 그
런데 이 확실한 사실도 실제로는 의심스럽다. 그렇다면 이 사건
은 정확히 언제 일어난 것일까? 태어난 지 몇 달이 지나서였을까,
아니면 징세 장부가 작성되기 몇 주 전에 일어났을까? 우리는 이
에 대해 아는 바가 전혀 없다. 그런데 우리는 바로 독수리 환상을
통해서 그가 어린 시절의 결정적인 처음 몇 년간 아버지와 계모
가 사는 집이 아니라, 그를 낳아 준 가난하고 버림받은 어머니와
함께 살았음을 알게 된다. 그리고 이 기간은 자신에게 아버지가
없다는 것을 느낄 수 있을 만큼 길었다. 이것이 정신분석의 과정
을 거쳐 도달한 결론인데, 보잘것없고 나아가서는 무모해 보일
정도이다. 그러나 이 결론은 심화시켜 감에 따라 의미를 갖게 된
다. 레오나르도가 어린 시절에 처해 있던 실제 조건들을 검토해
보면 이러한 확신은 한층 굳어질 것이다. 기록에 따르면 그의 아
버지 세르 피에로 다빈치는 레오나르도가 탄생한 그해에 귀족인
도나 알비에라와 결혼했다. 그런데 두 사람 사이에 아이가 없었
기 때문에 — 자료들이 입증하듯이 — 레오나르도는 할아버지의
집이라고 해야 옳겠지만 어쨌든 아버지의 집으로 입양된다. 그런
데 아직도 아이를 낳을 수 있는 젊은 부인에게 처음부터 사생아
를 맡긴다는 것은 관례에 어긋나는 일이었다. 따라서 공연히 적
자(赤子)를 기다리며 몇 년 동안 실망의 세월을 보낸 이후에야, 아
마도 매혹적인 소년이 되어 있었을 사생아를 입양하기로 결정했
을 것이다. 만일 적어도 세 살 혹은 어쩌면 다섯 살이 되어서야 그

가 편모를 떠나 친아버지와 계모로 이루어진 부모에게 간 것이 사실이라면, 이는 우리가 독수리 환상을 해석했던 것과 정확히 일치한다. 하지만 이미 모든 것이 다 결정된 이후였다. 이후의 경험들로 인해 더 이상 의미를 잃어버리지 않으면서, 인상들이 고정되고 외부 세계에 대한 반응 방식들이 나름대로의 길을 마련하는 것은 바로 이 인생의 초기 3~4년 동안이다.

한 인간에게 이해할 수 없는 기억들과, 이 기억에 기초해 그가 품게 되는 공상들이 그의 정신 발달에 가장 중요한 것들을 드러내 주는 것이 사실이라면 — 독수리 환상에 의해 확고해진 것이기도 한데 — 레오나르도가 어머니와 함께 인생의 처음 몇 년을 살았다는 사실이 그의 정신 형성에 결정적인 영향을 끼쳤음에 틀림없다. 이러한 여건이 조성되면 여러 결과가 생겨나겠지만, 어린 시절에 다른 아이들은 갖고 있지 않은 다른 문제를 하나 더 가진 아이가 이 풀리지 않는 수수께끼를 풀어 보려고 각별한 집착을 보이면서 같은 문제를 되풀이해 묻게 되고, 그리하여 아이는 어디서 오는지 그리고 아이의 탄생에서 아버지가 하는 일은 무엇인지의 문제로 시달리는 조숙한 탐구자가 되는 경우도 있다.[46] 자신의 탐구와 어린 시절 사이에 이러한 관계가 있음을 예감한 레오나르도는 훗날 요람에 있을 때 독수리의 방문을 받았기 때문에 옛날부터 언제나 자신은 새들의 비상에 관련된 문제에 집착하도록 예정되어 있다고 선언하게 된다. 새의 비상에 쏠린 이 탐구욕이 성에 대한 어린 시절의 호기심에서 유래한다는 것이 우리가 앞으로 다룰 과제인데, 아마도 우리는 별 어려움 없이 이 과제를 달성할 수 있을 것이다.

46 「어린아이의 성 이론에 관하여」를 참조.

3

　레오나르도가 어린 시절에 품었던 환상에 등장하는 독수리는 우리가 보기에는 실제의 기억 내용을 나타내고 있다. 레오나르도 자신이 그의 환상을 위치시킨 문맥이 이후의 삶에서 이 내용이 갖는 의미를 여실히 드러내 준다. 해석 작업을 계속해 오고 있는 우리는 지금 놀랄 만한 문제를 만나게 된다. 즉 그 기억 내용이 왜 동성애적 상황으로 재가공되었을까 하는 문제다. 아이에게 젖을 먹인 어머니가 — 아이가 젖을 빤 어머니라고 하는 것이 낫겠지만 — 독수리로 변해 꽁지를 아이의 입에 집어넣고 있다. 확언하건대, 독수리의 이 〈꽁지〉는 한 사물을 다른 사물을 통해 지칭하는 언어의 흔한 기술로서 남성의 성기, 즉 페니스 이외의 다른 것을 지칭할 수 없다. 그러나 어머니를 의미하던 새가 어떻게 해서 남성성의 특징적인 기호를 갖게 되었는지 우리는 이해할 수가 없다. 그래서 이 어처구니없는 현상에 직면한 우리로서는 환상의 산물이 어떤 합리적인 의미를 가지고 있으리라고는 생각할 수 없는 것이다.

　하지만 용기를 잃어버릴 필요는 없다. 겉으로 보기에는 얼토당토않은 얼마나 많은 꿈들이 우리의 손에 의해 그 뜻을 고백하고 말았는가! 어린 시절의 환상이 꿈보다 더 해석하기 어려울 이유가 또 어디에 있겠는가?

우선 하나의 기이한 현상을 따로 떼어 내서 다루는 것은 좋지 않다는 점을 기억해 보자. 그리고 두 번째로 좀 더 놀라운 것을 덧붙여서 함께 생각해 보도록 하자.

독수리 머리를 한 이집트의 여신, 무트는 인격신이 아니다. 로셔 사전 속에서 드렉슬러가 평가한 대로 무트는 이시스나 하토르 같은 한층 더 생생한 개성을 지니고 있는 다른 모성신들과 자주 혼동되기도 하는데, 그러면서도 개별적인 존재로서 별도의 숭배 의식을 갖고 있다. 이집트 신들의 특징은 개별 신들이 모여 통합된 종교를 형성하지 않는다는 점이다. 여러 신으로 이루어진 전체는 있지만, 그 곁에 각각의 신성은 또 나름대로의 자율성을 간직하고 있다. 독수리 머리를 한 이 모성신은 대부분 이집트인들에 의해 남근(男根)이 있는 것으로 묘사된다. 몸은 두 젖가슴을 통해 여인으로 묘사되지만 동시에 이 모성신은 발기된 상태의 남성의 성기를 갖고 있다.[47] 요컨대 우리는 이렇게 해서 레오나르도의 독수리 환상에 나타난 것과 똑같이 여신 무트에게서도 모성과 남성성이 혼재하고 있음을 볼 수 있다. 레오나르도가 책을 통해 어미 독수리의 양성성(兩性性, *Bisexualität*)을 알고 있었다고 추측함으로써 이 모성과 남성성의 혼합이 과연 설명될 수 있을까? 이런 가능성을 의심스럽다고 해야 한다. 레오나르도가 접근할 수 있었던 자료들에는 이 야릇한 양성성에 대한 언급이 없었을 것이다. 이 모성과 남성성의 일치는 오히려 모성과 남성성 양쪽에서 함께 작동하고 있는, 그러나 아직 알려져 있지 않은 공통된 동기에서 그 이유를 찾아야 할 것이다.

신화학에 따르면 우리는 양성성, 즉 여성성과 남성성의 결합이

47 란초네의 책에 실린 그림들을 참조 — 원주.

단지 여신 무트의 전유물만이 아니라 이시스나 하토르 같은 다른 여신들의 것임도 알 수 있는데, 단 이 여신들의 경우에는 모성을 갖고 있고 동시에 무트 신과 융합되는 한에서만 그렇다.[48] 신화는 또한 우리에게 네트나 훗날 그리스의 아테네 신이 되는 사이스 같은 이집트의 다른 신들도 처음에는 양성을 지닌 신으로, 다시 말해 자웅 동체(雌雄同體)로 구상되었음을 일러 준다. 그뿐만 아니라 그리스의 많은 신들, 특히 디오니소스 계열의 신들이나 훗날 사랑의 여신으로 굳어지게 되는 아프로디테의 경우에도 처음에는 양성성을 지니고 있었음을 일러 준다. 신화학은 여성의 몸에 달려 있는 남근이 자연의 원초적인 창조력을 의미하고, 자웅 동체의 신들이란 여성과 남성이 한 존재로 결합되었을 때만 신적 완벽함을 형상화할 수 있다고 하는 생각을 표현한다고 설명하려는 것이다. 그러나 이런 설명들 중 그 어느 것도 인간의 상상력은 어머니의 정수(精髓)를 구현하려고 한 형상에 모성과는 정반대되는 남성적 권위의 상징을 부여하는 데 전혀 망설이지 않는다는 당혹스러운 심리적 사실을 해명해 주지 못한다.

우리는 오히려 어린아이들의 성 이론에서 시사하고 있는 것을 얻게 된다. 남성의 생식기가 어머니의 것으로 형상화되는 시기가 있다. 남자아이의 호기심이 우선 성생활의 수수께끼에 쏠리게 될 때, 아이는 자기 자신의 성기에 대한 관심에 압도당해 있는 상태이다. 아이는 신체의 이 부분을 너무나도 귀중하고 중요한 것으로 생각한 나머지 자신과 비슷하다고 생각되는 사람들에게 똑같은 것이 없으리라는 생각을 도저히 할 수 없다. 상응하는 다른 형태의 것이 있다는 생각을 할 수 없는 아이로서는 여자를 포함하여 모든 사람들이 자신의 것과 똑같은 신체 부위를 갖고 있다고 상정

48 뢰머의 글 「생명의 양성적인 이념에 대하여」를 참조 — 원주.

할 수밖에 없게 된다. 이러한 선입견은 이 나이 어린 탐구자의 뇌리에 그대로 고정되어 버리기 때문에 이후 같은 또래의 여자아이들을 보았을 때조차 사라지지 않는다. 물론 눈으로 보았기 때문에 자신이 갖고 있는 것과는 다른 뭔가가 있다는 것을 알게 되지만, 아이는 여자아이에게는 그런 신체 기관이 없다는 사실과 자신이 직접 눈으로 본 사실을 일치시키지 못한다. 이 신체 기관이 없어질 수도 있다는 생각이 이제 아이에게는 불안하고 견딜 수 없는 것이 되어, 이에 대해 타협을 시도하는 과정에서 여자아이에게도 그 기관이 있는데 아직은 너무 작은 것이라고 생각하게 된다.[49] 이런 추측은 이후의 관찰들을 통해 틀린 것이었음이 드러나는데, 이때 아이는 다른 해결책을 찾게 된다. 여자아이에게도 그 기관이 있었는데, 그것이 잘렸고 지금은 상처만 남았다는 것이다. 이런 식으로 진전해 나아가는 아이의 성 이론은 이미 고통스러운 개인적 경험들을 활용한 결과인데, 그 사이사이에 아이는 자신에게 가해지는 위협을 느낀다. 즉 그는 이 기관에 지나치게 관심을 나타내면 사람들이 이 귀중한 기관을 떼어 버릴지도 모른다고 생각한다. 이러한 거세 위협*Kastrationsdrohung*을 받은 아이는 여자의 성기에 대해 다른 해석을 하게 된다. 즉 아이는 자신의 남성성으로 인해 공포로 몸을 떨면서도, 그가 상상하기로는 이미 그 끔찍한 처벌을 받은 불행한 사람들을 업신여기게 되는 것이다.[50]

49 『정신분석과 정신 병리학 연구 연보』에 실린 글을 참조. (1919년에 추가된 각주) 『이마고』, 『국제 정신분석 의학지』에 실린 논문 또한 참조 — 원주. 프로이트의 「다섯 살배기 꼬마 한스의 공포증 분석」, 융의 「어린이 영혼의 갈등에 대하여Über Konflikte der kindlichen Seele」(1910) 참조.

50 (1919년에 추가된 각주) 서구인들에게서 너무나도 초보적이고 비합리적인 방법으로 표현되는 유대인에 대한 증오의 한 기원을 여기서 찾을 수 있다. 사람들은 할례를 무의식적으로 거세와 동일시한다. 이런 가정을 위험을 무릅쓰고 원시 시대에까지 적용해 본다면, 할례는 거세의 약화된 대체물임을, 다시 말해 거세의 자리를 대신 차지하고 있는 어떤 것임을 느낄 수 있다 — 원주. 「인간 모세와 유일신교」(프로이

아이가 거세 콤플렉스Kastrationkomplex의 지배하에 놓이기 이전, 여인이 아이에게 아직 충만한 의미를 간직하고 있는 대상으로 보일 때, 한 성적인 충동의 활동으로서 바라보는 행위 속에 강렬한 쾌락이 표현되기 시작한다. 아이는 다른 사람들의 성기를 보려고 하는데, 이는 처음에는 자신의 것과 비교해 보기 위해서이다. 어머니에게서 오는 성애적인 유혹은, 곧 페니스로 간주된 어머니의 성기에 대한 강렬한 욕망 속에서 정점에 도달하게 된다. 이 강렬한 욕망은, 이후에 여자에게는 페니스가 없다는 사실을 알게 됨으로써 종종 전혀 반대되는 감정인 혐오감으로 변하기도 한다. 이러한 감정은 사춘기에 정신적 무력감, 여인 혐오증 그리고 오랫동안 지속되는 동성애 등의 원인이 되기도 한다. 그러나 이전에 강렬하게 욕망했던 대상, 즉 여인의 페니스에 대한 고착 Fixierung은 자신의 성적 탐구를 심화시키면서 잘 이끌어 왔던 아이의 정신적 삶에 지워지지 않는 흔적들을 남기게 된다. 여인의 다리나 신발에 대한 페티시즘적 애착은 여인의 다리를 옛날에는 강렬하게 소망했지만 없다는 것을 알게 된 여성의 페니스를 대체하는 상징으로 여기고 있기 때문일 것이다. 〈여성의 머리카락을 자르는 것을 좋아하는 성도착자〉는 자신도 모르는 채 여인의 성기에 대한 거세를 완성하는 사람의 역할을 하고 있다.

우리는 결코 어린아이의 성이 실제로 어떤 모습을 하고 있는지 모를 것이고, 또 성 기관과 일반적인 성의 기능 전체를 천한 것으로 낮게 평가하는 우리의 문화가 지속되는 한 우리는 위에서 우리가 했던 주장들을 수상쩍은 것으로 보는 정도에 머물 수밖에 없을 것이다. 어린아이의 정신적 삶에 대해 이해하려면 인류의 유아기에서 유사성을 끌어낼 수 있어야만 한다. 우리에게 성 기

트전집13, 열린책들) 참조.

관은 수많은 세대 이전부터 〈치부*pudenda*〉, 즉 수치의 대상, 심지어는 (성공적인 성적 억압의 결과로) 혐오의 대상이었다. 오늘날의 성생활을 전체적으로 살펴보기 바란다. 특히 인류 문명을 담당하고 있는 계층의 성생활을 한번 보자. 그때 우리는 오늘날 대부분의 사람들이 생식의 법칙에 복종하는 것은 마음에서 우러나와서가 아니라 그야말로 마지못해서고, 그렇게 함으로써 사람들은 자신들이 모욕을 당했고 인간의 존엄성을 훼손당한 것으로 느끼고 있다고 말하고 싶어진다.[51] 우리의 성생활에 대한 또 다른 생각은 투박한 하층민 계층에 한정되어 있다. 이러한 생각은 문화적으로 열등한 것으로 간주되어 좀 더 높고 세련된 계층 속에서는 은폐되어 있고, 만일 행동으로 표현되었을 때에는 가혹한 양심의 질책을 받아야만 한다. 그러나 원시 시대에는 상황이 전혀 달랐다. 문명 전문가들이 힘들여 모아 놓은 자료들을 보면, 성기관들이 처음에는 살아 있는 사람들의 긍지이자 희망이었다. 나아가 신적인 숭배의 대상이었으며, 이 성 기능에 부여된 신성이 이후에 인간의 모든 활동에 부여되었음을 분명하게 알 수 있다. 승화 과정을 통해 성 기관들에서 헤아릴 수 없을 만큼 많은 신의 형상들이 유래했고, 공식 종교와 성행위의 관계가 이미 집단 심리 속에 은폐되어 있을 때에도 일정한 수의 입문 의식을 거친 자들은 밀교(密敎)식 예배 행위를 통해 이 관계를 유지하려고 했다. 문명이 발달해 감에 따라 결국에는 신(神)과 성(性)에 관계된 많은 것`들에서 성적인 요소가 제거되기에 이르러, 힘을 상실한 성은 끝내 경멸의 대상이 되고 말았다. 그러나 지워지지 않는다는 모든 정신적 흔적의 속성으로 인해 성 기관에 대한 가장 원시적인 숭배의 흔적을 현재와 매우 가까운 시대에서도 찾아볼 수 있

51 이 문장에서부터 문단 끝까지는 1919년에 첨가된 부분이다.

다. 또한 현대 인류가 갖고 있는 언어, 풍속, 미신 등에서 이러한 발달 과정의 모든 단계들이 남긴 흔적들을 찾을 수 있다는 것은 놀라운 일이 아니다.[52]

우리는 이제 한 개인의 정신적 발달이 인류가 발전해 온 길을 단축하여 반복하고 있다는 사실을 양자 사이에 존재하는 엄청난 양의 생물학적 유사성을 통해 받아들일 준비가 된 셈이다. 따라서 아이의 성 기관들에 대한 판단의 문제를 다루면서 어린아이의 영혼에 대한 정신분석적 탐구가 도달한 결과에 개연성이 없다고 볼 수는 없다. 따라서 어머니의 페니스에 대한 어린아이의 가정은 모신들의 자웅 동체와 이집트의 〈무트〉, 그리고 레오나르도의 어린 시절의 환상에 나오는 독수리의 〈꽁지〉에 공통된 기원을 둔 것이라고 할 수 있다. 실제로 오해했을 경우에만 이러한 신들을 의학적 용어를 사용해 자웅 동체로 분류할 수 있을 뿐이다. 이 여신들 중 그 누구도 — 보기에도 혐오스러울 정도로 기형으로 묘사된 것과는 달리 — 두 성의 성기들을 실제로 함께 갖고 있지 않다. 이 여신들은 단지 모성의 상징으로 간주되는 젖가슴에, 아이가 어머니의 육체에 대해 최초로 갖고 있던 이미지 속에 나타난 그대로의 남성 성기를 덧붙여 가지고 있을 뿐이다. 신화를 믿는 사람들에게 최초의 숭배 대상인 어머니의 몸의 이미지가 신화 속에 보존되고 있는 것인데, 이 어머니의 몸의 이미지는 환상 속에 나타난 바로 그것이다. 따라서 우리는 이제 레오나르도의 환상 속에서 강조되었던 독수리 꽁지를 다음과 같이 해석할 수 있다. 〈어린 시절 나의 애정 어린 호기심은 어머니를 향해 있었고, 그때 나는 어머니에게도 나의 것과 똑같은 생식기가 있는 것으로 여겼다.〉 이러한 우리의 해석은 레오나르도의 첫 번째 성적 탐구를 입

---

52 페인 나이트R. P. Knight의 『음경 숭배 Le culte de Priape』(1883) 참조 — 원주.

증해 주는 보충적 증거가 되는 셈인데, 우리가 보기에는 그의 전일생에 걸쳐 결정적인 것이었다.

그런데 잠시 깊이 생각해 보면, 우리는 레오나르도의 환상에 나타난 독수리 꽁지와 관련된 이 해석에 만족할 수 없게 된다. 그의 어린 시절의 환상에는 우리가 아직 이해하지 못하는 다른 많은 사실들이 들어 있다고 여겨진다. 이 환상의 가장 큰 특징은 어머니의 젖을 빨았다는 것을 어머니에게서 젖을 받아먹은 것으로, 즉 다시 말해 자신을 수동적 위치로 이전시킴으로써 의심할 여지 없이 동성애적 성격의 상황으로 변형시켰다는 데 있는 것이 아닐까? 레오나르도의 거동이 실제 생활에서 동성애적 성향을 지닌 사람과 같았다는 개연성 있는 자료들을 고려할 때, 그의 환상이 어린 시절 어머니와의 관계와 관념적인 것이었지만 분명했던 차후의 동성애 사이의 인과 관계와 관련되어 있는 것이 아닌가 하는 의문이 들지 않을 수 없다. 만일 우리가 동성애 환자들을 정신 분석적으로 검진하면서 이런 관계가 존재한다는 것과, 이 관계가 중요하고도 필연적인 관계라는 것을 알지 못한다면, 우리는 레오나르도의 변형된 기억에서 출발해 이러한 관계를 유추하는 무모함을 범할 수 없을 것이다.

남성 동성애자들은 오늘날 자신들의 성행위에 대한 법적 규제에 대항하여 강력한 행동을 기도하고 있는데, 자신들의 이론을 대변하는 사람을 통해 자신들을 처음부터 다른 성으로, 양성의 중간 단계로, 또 〈제3의 성(性)〉으로 나타내고자 한다. 그들은 자신들에게 주어진 신체 기관적 조건들로 인해 자신들이 태아 때부터 남자와의 관계에서 쾌락을 얻고 여자와의 관계에서는 쾌락을 얻을 수 없게 되어 있었다고 주장한다. 그들의 이런 주장은 인류애의 측면에서는 얼마든지 동의할 수 있지만, 동성애의 정신적 기원을 고려하지 않은 채 성립된 그들의 이론에 대해서는 같은 정도로 정당하게 유보적인 입장을 취할 수 있다. 정신분석은 이러한 논리적 공백을 메우고 동성애자들의 확신을 검증할 수 있는 수단들을 제공해 준다. 아직 정신분석은 제한된 수의 사람들에 대해서만 이러한 일을 행하고 있지만, 이제까지 시도된 탐구들만으로도 놀라운 결과를 얻을 수 있었다.[53] 우리가 다룬 모든 남성 동성애자들은 자신들은 잊어버린 유아기 때에, 일반적으로는 어머니인 한 여성과 매우 강한 에로틱한 관계를 갖고 있었다. 이 관계는 어머니의 과도한 애정에 의해 자극되거나 조장되는데, 훗날 어린아이의 삶에서 아버지가 뒤로 물러나 있음으로써 강화되기도 한다. 자드거는 동성애 환자들의 어머니들이 흔히 여장부라고 불러야 할 강한 성격의 인물들로서 아버지의 자리를 대신 차지하고 있다는 것을 밝혀냈다. 나 또한 같은 관찰을 할 수 있었으나, 나는 아버지가 태어날 때부터 없었거나 아주 어린 나이에 사망해서 아이가 여성들의 영향을 받으며 자란 경우들을 관찰함으로써 더욱 충격을 받았다. 요컨대 강한 아버지의 존재가 대상 선택에서 아들이 반대 성을 선호하는 것을 보장해 준다고 할 수 있다.[54]

53 자드거I. Sadger의 연구들을 참조할 수 있는데, 많은 부분에서 스스로의 경험을 통해 나 자신도 확신하고 있는 바이다. 아울러 나는 빈의 슈테켈W. Stekel과 부다페스트의 페렌치S. Ferenczi와도 동일한 결론에 이르렀다 — 원주.

54 (1919년에 추가된 각주) 동성애라고 하는 성적 일탈에 대해 정신분석이 완벽한 설명을 제공했다고는 할 수 없지만, 정신분석을 통해 우리는 두 가지 의심할 여지가 없는 사실을 확인함으로써 동성애를 이해하는 데 도움을 얻었다. 첫 번째 사실은 위에서 언급했듯이, 애정 욕구를 어머니에게 고정시키는 고착이고, 두 번째 사실은 가장 정상적인 사람을 포함하여 누구나 동성애적 대상 선택Objektselektion을 할 수 있으며, 인생의 일정한 시기에 이를 실행에 옮길 수도 있고, 또 무의식 속에서는 동성애를 따라가기도 하고 때로는 강력한 거부 태도를 보임으로써 자기방어를 하기도 한다는 것이다. 이 두 가지 사실을 통해 자신들을 〈제3의 성〉으로 인정해 주어야 한다고 하는 동성애자들의 주장은 종지부를 찍어야 하며, 그뿐만 아니라 선천적 동성애와 후천적 동성애 사이의 구분이 별 의미가 없다는 것도 분명해진다. 이성의 육체적인 성적 특징

이와 같이 첫 단계가 지나고 나면 일종의 변이가 뒤를 잇게 되는데, 그 메커니즘은 익히 잘 알려져 있지만 반대로 그 추진력이 무엇인지는 아직도 알려져 있지 않다. 어머니를 향한 사랑은 계속해서 의식 내에서 발전할 수가 없다. 억압되기 때문이다. 남자 아이는 어머니에 대한 사랑을 억압한다. 이는 자신을 어머니의 위치에 놓아 어머니와 일치시킴으로써, 또 훗날 새로운 사랑 대상*Liebeobjekt*을 선택할 때 자기 자신을 모델이 될 수 있는 인물로 간주함으로써 이루어진다. 아이는 이렇게 해서 동성애자가 되는 것이다. 사실을 말하자면 이는 완만하게 진행되는 변화인데, 청소년이 된 아이가 사랑하는 소년들은 대체 인물들에 지나지 않는, 다시 말해 어머니가 자신을 사랑했듯이 아이가 사랑한 자기 자신의 분신들에 지나지 않으므로, 동성애자는 자가 성애로 되돌아간 것이다. 아이가 나르시시즘*Narziβmus*에 기초해 사랑 대상을 선택했다고도 말할 수 있을 것이다. 그리스인들은 그 어느 것도 거울 속에 비친 자기 자신의 모습만큼 그의 마음을 흡족하게 해주지 못했고, 그래서 스스로 변신하여 같은 이름의 꽃이 되어 버린 미소년을 신화 속에서 나르시스라고 불렀다.[55] 나르시시즘에 의해 동성애자가 된 자는 무의식적으로 어머니의 기억 형상*Erinnerungbilder*에 고착되어 있다는 주장은 좀 더 심화된 심리적 연구들을 통해 확인할 수 있다. 어머니에 대한 사랑이 억압되어 아이는 이 사랑

(육체적 자웅 동체의 정도)을 갖고 있을 경우, 결정적인 것은 아니지만 동성애적 대상 선택은 훨씬 쉬워지게 된다. 과학적 입장에서 동성애를 옹호하는 자들이 정신분석이 확인한 이러한 발견들을 전혀 이해할 수 없다는 것은 실로 유감스러운 일이 아닐 수 없다 — 원주.

55 프로이트가 처음으로 나르시시즘을 언급한 것은 「성욕에 관한 세 편의 에세이」(프로이트 전집 7, 열린책들)의 두 번째 판이 나오기 몇 달 전(1910), 첫 번째 에세이에 추가한 지적에서였다. 그 후 이 문제는 「나르시시즘 서론」(프로이트 전집 11, 열린책들)에서 본격적으로 다루어진다.

을 그의 무의식 속에 간직하게 되고, 이때부터 그는 어머니에게 고착된다. 소년들을 쫓아다니는 동성애자가 되었을 때, 그는 실제로 자신을 어머니에 대한 사랑을 배반한 자로 만들 수도 있는 다른 여인들을 피해 다니는 것이다. 한 개인을 직접 관찰해 본 결과, 우리는 또한 겉으로 보기에는 오직 남성적 매력에만 끌리는 것 같은 동성애자가 사실은 정상인과 마찬가지로 여인에게서 풍겨 나오는 매력에도 이끌리고 있음을 확인할 수 있었다. 그러나 동성애자는 매번 서둘러 여인에게서 받은 매력을 남성 대상에게 전이시키려고 했고, 이렇게 해서 자신으로 하여금 동성애를 획득하게 한 메커니즘을 끊임없이 반복하고 있었다.

우리는 동성애의 정신적 기원에 대한 이러한 설명이 얼마나 중요한가를 다소 과장되게 강조했다. 이 설명들에 의해 동성애자들의 공식 대변인이 내놓은 이론들은 의심의 여지 없이 반박되었다. 그러나 우리는 이런 설명이 문제를 완벽하게 밝힐 수 있을 만큼 충분히 광범위하지 못했음을 알고 있다. 실제로 동성애는 여러 가지 실제적인 이유로 그렇게 불리고 있는데, 따라서 동성애는 여러 다양한 성심리학적 억제 과정의 결과일 수 있고, 우리가 살펴본 것은 여러 유형 중 하나에 지나지 않을 수도 있다. 지금까지 다룬 유형의 동성애에서 우리가 제시한 조건들을 확인할 수 있는 사례들이 이러한 조건들에서 발생한 효과들이 정말로 실현되는 경우보다 훨씬 많다는 점도 고백해야 할 것이다. 따라서 우리는 흔히 사람들이 동성애 전체가 그로부터 유래했다고 말하곤 하는 아직 알려지지 않은 많은 구성 요소들의 동반 작용을 살펴보아야만 한다. 레오나르도의 독수리 환상은 우리에게 출발점 역할을 했는데, 만일 그가 동성애자가 아니었다면 아마도 우리는 위에서 살펴본 형태의 동성애에 대한 정신적 기원을 밝혀 볼 엄두조차

내지 못했을 것이다.

이 위대한 예술가이자 탐구자의 성생활에 대해 세세하게 알려진 것이 아무리 적다고 해도 그와 동시대에 살았던 사람들의 증언이 전체적으로 모두 부정확한 것은 아니었으리라는 추측은 가능할 것이다. 이 자료들을 살펴보면 우리에게는 레오나르도가 성적 욕구와 활동이 현저하게 저하된 인간인 듯 비치는데, 마치 더욱 높은 차원의 열망 때문에 그가 보통 사람의 정상적인 동물적 욕구를 넘어설 수 있었던 것처럼 보인다. 그래서 그가 직접적인 성적 만족을 찾은 적이 있는지, 또 그런 만족을 추구했다면 어떤 경로를 통해서였는지, 혹은 그가 정말로 완벽하게 성적 만족 없이도 살 수 있었는지 등의 문제는 간과되어 왔다. 그러나 우리로서는 보통 사람들을 강압적으로 성적 행위로 내모는 감정적 흐름들을 그에게서도 찾아볼 수 있다고 생각한다. 왜냐하면 비록 가장 넓은 의미에서의 성욕, 즉 리비도*Libido*가 원래의 목표에서 상당히 이격(離隔)되어 있거나, 혹은 모든 욕망 실현이 자제되어 있다고 해도 인간의 정신적 삶이 구축되어 갈 때, 리비도가 이 정신적 삶의 구축에서 아무런 몫도 차지하고 있지 않은 그런 인간은 없기 때문이다.

우리는 레오나르도에게서 변형되지 않은 성적 경향 이외의 다른 흔적들을 기대할 수 없을 것이다. 그러나 이 흔적들은 단 하나의 방향성을 지니고 있었고, 그래서 우리는 레오나르도를 동성애자로 볼 수 있다. 그가 오직 놀라운 미모를 갖추고 있는 준수한 소년과 청년들만을 제자로 두었다는 점이 항상 강조되어 왔다. 이 제자들에게 그는 관대하고 착한 스승이었으며, 그들이 아프기라도 하면 마치 어머니가 자식들을 돌볼 때처럼 혹은 자신의 어머니가 그를 애지중지했던 것처럼 그들을 보살펴 주었다고 한다.

그런데 재능이 아니라 외모를 기준으로 하여 제자들을 선택했기 때문에, 이들 중 — 세자레 다 세스토, 볼트라피오, 안드레아 살라이노, 프란체스코 멜지 등 — 그 누구도 훌륭한 화가가 된 사람이 없다. 이들 대부분은 스승과의 관계에서 자율성을 획득하지 못했고, 스승이 죽은 뒤에는 예술사에 이렇다 할 독창적인 면을 남기지 못한 채 뿔뿔이 흩어지고 말았다. 레오나르도는 진정으로 그의 제자라고 말할 수 있는, 루이니와 흔히 소도마Sodoma로 불리는 바치Bazzi 같은 다른 제자들과는 개인적으로 모르고 지냈던 것으로 보인다.

레오나르도의 제자들에 대한 태도에는 어떤 성적 동기도 있을 수 없고, 따라서 그로부터는 그의 성적 특성에 대한 어떤 결론도 끌어낼 수 없다는 반론이 제기될 것을 우리는 잘 알고 있다. 이 반론에 대한 답변으로 우리는 신중에 신중을 기해 가며, 우리의 조명이 없었다면 수수께끼로 남을 수밖에 없는, 스승으로서 레오나르도가 취했던 행동의 몇 가지 특이한 점들을 밝혀 보려고 한다. 레오나르도는 일기를 썼다. 작은 글씨로 오른쪽에서 왼쪽으로 써 내려간 이 일기에서 그는 오직 자신에게만 해당되는 글을 몇 편 남기고 있다. 일기에서 그는 이상하게도 자신을 2인칭으로 다루고 있다. 〈스승 루카와 함께 제곱근의 곱셈법을 배워라〉, 〈스승 아바코에게 구적법(求積法)을 배워라〉라는 대목도 있고, 또 여행을 할 때인 것 같은데, 다음과 같은 구절도 보인다. 〈정원 일 때문에 밀라노로 간다……. 짐을 두 개 꾸리도록 해라. 볼트라피오를 시켜 연마기를 가져오게 해서 돌을 잘라라……. 안드레아 테데스코 님께 그 책을 두고 오라.〉[56] 또 다음과 같은 매우 중요한 계획도

---

56 레오나르도는 여기서 마치 누군가에게 매일 고해하던 사람이 대신 일기를 쓰면서 고백하는 것처럼 행동하고 있다. 그의 고백을 들어 주던 사람이 누구인지는 메레

보인다. 〈너는 논문에서 지구가 달 같은 것처럼 하나의 별임을 증명해야 할 것이고, 그래서 우주의 장대함을 입증해야 할 것이다.〉[57] 다른 모든 사람들의 일기에서처럼 레오나르도의 이 일기에서도 종종 그날의 가장 중요한 사건들은 몇 마디 말로 끝나거나 전혀 언급이 안 되는 대신, 자질구레한 것들은 기록되어 있다는 것을 알 수 있다. 이 자질구레한 것들은 그 특이성 때문에 그의 모든 전기 작가들이 자주 인용하곤 했다. 그것들은 주로 스승의 지출 내역인데, 마치 엄격하고 오직 돈만 아는 무식한 가장이 쓴 것처럼 꼼꼼하고 정확하게 기록되어 있다. 그 반면에 더 중요한 지출에 대해서는 아무런 언급이 없고, 나아가 기록된 어느 것을 보아도 그가 진정으로 가계를 꾸려 나가는 감각을 갖고 있었다는 것을 알 수가 없다. 이런 명세서들 중의 하나는 그가 제자인 안드레아 살라이노에게서 산 외투에 대한 것이다.[58]

은색 수단	15리라	4솔디
장식용 붉은색 벨벳	9　〃	－　〃
장식 리본	－　〃	9　〃
단추들	－　〃	12　〃

매우 자세한 다른 기록에는 한 학생[59]의 좋지 못한 기질과 도벽으로 인해 레오나르도가 써야만 했던 지출 내역이 기록되어 있다.

시콥스키D. S. Merezhkovski의 『레오나르도 다빈치Leonardo da Vinci』(1902)를 볼 것. 이상의 인용은 솔미의 『레오나르도 다빈치』 참조 — 원주. 프로이트는 여기서 레오나르도의 계모 도나 알비에라를 염두에 두고 있다.

57　헤르츠펠트의 『사상가, 연구가, 시인으로서의 레오나르도 다빈치』 참조 — 원주.

58　메레시콥스키가 『레오나르도 다빈치』에 인용한 것을 재인용함 — 원주.

59　혹은 모델인지도 모른다 — 원주.

〈1490년 4월 스무하룻날, 나는 이 책을 시작했고 그 말[馬][60]도 다시 시작했다. 자코모가 1490년 막달라의 날에 나를 보러 왔는데, 열 살이다(여백에는 《도둑놈, 거짓말쟁이, 고집스럽고 욕심 많다》라는 글귀가 적혀 있다). 두 번째 날 나는 내의 두 벌과 반바지와 겉저고리를 만들 옷감을 잘라 오라고 시켰는데, 돈을 지불하려고 옆에 놓아두었더니 내 지갑에서 그 아이가 돈을 훔쳐 갔고, 아무리 자백하라고 해도 사실을 알아내기 불가능했다. 하지만 나는 진짜 확신이 있었다(여백에 《4리라》라는 글귀가 보인다).〉 꼬마의 비행(非行)에 대한 보고가 나열되어 있는 이 일기는 다음과 같이 지출된 돈을 지적하면서 끝난다. 〈첫해 — 외투 한 벌 2리라, 셔츠 6벌 4리라, 장식 리본 3개 6리라, 양말 4족 7리라 등.〉[61]

레오나르도의 이러한 연약함과 특이함을 통해 그의 정신적 삶이 지니고 있는 비밀을 설명할 생각이 전혀 없었던 그의 전기 작가들은 이 이상야릇한 계산서들을 주로 제자들에 대한 스승의 너그러움이나 관용을 나타내 주는 것으로 보았다. 전기 작가들이 잊고 있었던 것은, 설명을 필요로 하는 것이 레오나르도의 행동이 아니라 바로 그가 이런 증거들을 남겼다는 사실 자체였다는 점이다. 레오나르도가 자신의 선한 마음씨를 우리에게까지 전하려 했을 리 만무하므로, 그가 이런 글들을 남기게 된 데에는 다른 정서적 동기가 있어야만 한다. 그 동기가 무엇인지를 밝히는 것은 결코 쉽지 않다. 그래서 계산서들 사이에 끼여 있다가 발견된 다른 하나의 계산서가 제자들의 의복 등에 관한, 이 이상할 정도로 사소한 기록들에 새로운 빛을 비춰 주지 않았다면, 우리는 이

---

60   프란체스코 스포르차의 기마 상을 지칭한다 — 원주.
61   헤르츠펠트의 『사상가, 연구가, 시인으로서의 레오나르도 다빈치』에서 인용 — 원주.

또 다른 동기가 무엇인지 추측조차 할 수 없었을 것이다.

카테리나가 사망한 이후에 지출된 금액들

장례를 위해	27플로린
밀랍 2파운드	18 〃
십자가 운반 및 설치를 위해	12 〃
영구대	4 〃
인부들	8 〃
신부 4명과 수사 4명에게	20 〃
타종(打鐘)	2 〃
매장꾼들에게	16 〃
매장 허가를 위해 관원들에게	1 〃
합계	108 〃

선도금

의사에게	4플로린
설탕과 초를 사기 위해	12 〃
합계	6 〃

전체 합계 24플로린[62]

62 메레시콥스키의 『레오나르도 다빈치』참조. 이 계산서는 레오나르도의 사적인 삶에 대한 정보가 부정확할 뿐만 아니라, 그나마 양도 보잘것없음을 증명하는 서글픈 증거다. 솔미는 그의 책 『레오나르도 다빈치』에서 이 계산서를 인용하면서 상당한 수정을 가했다. 가장 당황스러운 점은 이 계산서에 명시된 화폐 단위인 플로린을 그가 솔디로 바꾸어 놓았다는 것이다. 〈플로린〉은 추정하건대 옛 〈플로린 금화〉를 지칭하는 것이 아니라, 나중에 통용된 화폐 단위로서 1과 2/3리라 혹은 33솔디 1/3의 가치를 지니고 있었다. 또한 솔미는 카테리나를 일정 기간 동안 레오나르도의 집을 돌보았던 하녀로 보고 있다. 솔미의 이러한 두 가지 해석이 어디에 근거한 것인지 나로서는 알 길이 없다 — 원주.

카테리나가 누구였는지를 말해 줄 수 있는 사람은 작가 메레시 콥스키뿐이다. 다른 두 기록에 근거하면 빈치의 가난한 시골 아낙이었던 레오나르도의 어머니는 1493년에 당시 마흔 한 살이던 아들을 방문하기 위해 밀라노로 왔다. 그러나 그녀는 그곳에서 병에 걸려 쓰러졌고, 레오나르도는 어머니를 병원으로 옮겼다. 그리고 어머니가 죽자 아들은 성대한 장례식을 치렀다.[63]

인간의 영혼을 이해할 줄 아는 이 소설가의 해석은 확인할 길이 없지만 많은 개연성을 내포하고 있고, 레오나르도의 감정에 대해 우리가 알고 있는 모든 것과 너무나도 정확히 일치하고 있기 때문에 나로서는 이 해석을 정확한 것으로 여기지 않을 수 없다. 레오나르도는 탐구한다는 명목으로 그의 감정들을 억누를 수 있었고, 감정의 자유스러운 표현을 억제하는 데에도 성공했다. 하지만 그에게도 억눌려 있던 것이 억압을 헤치고 외부로 표출되는 경우들이 있었고, 옛날 그토록 사랑했던 어머니의 죽음은 이런 경우들 중의 하나였다. 매장 비용에 관한 이 계산서에서 우리는 거의 알아볼 수 없을 정도로 변형되기는 했지만, 어머니의 죽음을 슬퍼하는 그의 감정이 외부로 드러난 것을 볼 수 있다. 이러한 변형이 일어날 수 있었다는 것에 우리는 놀랄 따름이며, 이 변형은 정상적인 정신적 과정을 보는 관점으로는 이해하기 어렵다. 신경증에 고유한, 특히 〈강박 신경증Zwangsneurose〉이라고 하는 증상이 발생할 수 있는 비정상적인 조건들 속에서만 우리는 이런 것들을 알 수 있다. 우리가 강력한 감정들, 그러나 억압 효과로 인해 무의식적이 된 감정들이 부질없고 나아가서는 어리석기까지 한 행위들로 치부하여 외면되는 것을 볼 수 있는 것은 바로 여기

---

63 〈카테리나는 1493년 7월 16일에 도착했다.〉〈지오바니나 ─ 환상적인 얼굴 ─병원에 있는 카테리나 곁에서 그녀를 염려하여라〉─원주.

다. 반대하는 힘들이 이 억압된 감정들의 표출을 너무나도 잘 저지했기 때문에, 이 감정들은 지극히 약한 강도만을 가질 수밖에 없었다. 의식은 충동을 인정하지 않으려 하지만, 무의식에 뿌리를 내리고 있는 이 충동의 진정한 힘들이 드러나는 것은, 감정 표현이 이렇게 보잘것없는 방식으로밖에는 이루어질 수 없도록 만든 어쩔 수 없는 속박 속에서이다. 강박 신경증에서 일어나는 것을 연상시키는 이러한 유사성만이 어머니가 죽었을 때 레오나르도가 작성한 장례 회계 장부를 설명할 수 있다. 레오나르도는 어린 시절 때 그랬던 것처럼 무의식 속에서 에로틱한 성격을 지닌 어떤 유혹에 이끌려 여전히 어머니와 연결되어 있었다. 유아기가 지나며 일어난 이 사랑에 대한 억압으로 인해 레오나르도는 그의 일기 속에서 좀 더 가치 있는 어떤 다른 기념비적인 것을 적을 수가 없었다. 그러나 이러한 신경증적 갈등은 타협의 형태를 띠고 어떤 식으로든지 표현되어야만 한다. 바로 이렇게 해서 장부가 작성되었고, 후대 사람들로서는 도저히 알아볼 수 없는 형태를 갖게 되었다.

장례 장부에 대해 우리가 알게 된 사항들을 제자들 때문에 초래된 지출을 기록한 장부에 옮겨서 생각한 것이 경솔한 일은 아닐 것이다. 레오나르도에게는 리비도적 충동의 보잘것없는 잔해들이 억압에 의해 변형되어 표현되었는데, 우리는 그의 회계 장부에서 하나의 사례를 본 것인지도 모른다. 어린 레오나르도 자신의 아름다운 이미지인 어머니와 제자들은 그의 성 대상들이었을 것이고 — 바로 그랬기 때문에 그를 지배하고 있는 성적 억압이 그러한 변형을 불러왔을 것인데 — 또 그들을 위해 쓴 지출 내역들을 꼼꼼하게 장부로 기록해야 한다는 강박 관념은 이 불완전한 갈등이 기이한 모습으로 나타난 결과일 것이다. 이로부터 레오나르도의 애정 생활이 우리가 그 정신적 발달 과정을 드러냈던 것처럼 전형적인 동성애에 속한다는 결론을 끌어낼 수 있을 것이고, 이 동성애적 상황이 독수리 환상을 통해 나타난 것도 이제 이해할 만한 것이 되었다. 독수리 환상은 정확하게 그런 유형의 동성애에 대해 우리가 앞에서 확인한 바 있는 바로 그것이었다. 요컨대 독수리 환상은 다음과 같이 해석될 수 있다. 〈어머니와의 이 에로틱한 관계로 인해 나는 동성애자가 되고 말았다.〉[64]

---

64 레오나르도의 억압된 리비도의 표현 형태들, 즉 세세한 것에 대한 취향과 돈에 대한 관심등은 항문 성애에서 유래하는 성격적 특징에 속한다. 「성격과 항문 성애」 (프로이트 전집 7, 열린책들) 참조 — 원주.

4

　레오나르도의 독수리 환상이 아직도 우리를 사로잡고 있다. 지나칠 정도로 분명하게 성행위를 연상시키는 표현을 사용하면서 (예를 들어 〈여러 번에 걸쳐 꽁지로 내 입술을 쳤다〉와 같은 표현) 레오나르도는 어머니와 아이 사이의 성적 관계를 강조한다. 어머니의(혹은 독수리의) 행동과 구강 부위에 대한 강조를 연결시켜 놓고 보면 이 환상 속에 두 번째 기억 내용이 들어 있음을 어렵지 않게 읽어 낼 수 있다. 그래서 우리는 이 환상을 〈어머니는 내 입술에 수도 없이 열정적인 키스를 퍼부었다〉라고 해석할 수 있다. 환상은 어머니의 젖을 빨고 입맞춤을 받았던 기억으로 구성되어 있다.

　천성적으로 재능을 타고난 레오나르도라는 예술가는 창조 행위를 통해 스스로도 알지 못하는 가장 은밀한 정신적 충동들을 표현할 수 있었다. 이 창조 행위는 나아가 예술가와 아무런 관계가 없는 타인들마저 사로잡을 수 있었다. 그러나 이들은 무엇이 자신들을 사로잡았는지는 알 수 없었다. 레오나르도의 작품 속에는 과연 그의 기억 속에 간직되어 있던 어린 시절에 받은 이 강한 인상을 입증해 줄 만한 어떤 것도 들어 있지 않을까? 이런 기대는 해볼 만한 것이리라. 하지만 예술가의 뇌리 속에 남아 있는 생생한 인상이 예술 작품의 창조에 기여하기 이전에 거쳐야만 했던 심한 변형들을 고려한다면, 레오나르도와 같은 예술가에게서는 특히 증거가 아무리 확실하더라도 이 증거를 오히려 보잘것없는 것으로 여겨야 할 것이다.

레오나르도의 그림들을 떠올릴 수 있는 사람이라면 누구나 그가 여인들의 입술 위에 그렸던 매혹적이고 신비로운 미소를 기억할 것이다. 그것은 입언저리의 양 끝이 치켜 올라간 채로 가지런히 옆으로 다물어진 두 입술 위에 고정되어 있는 미소였다. 이 미소는 레오나르도만의 특징이 되었고, 〈레오나르도식이다〉[65]라고 말할 때 그것은 무엇보다도 바로 이 미소를 지칭하는 것이었다. 미소가 사람들을 가장 강력한 힘으로 사로잡고 나아가 보는 이들을 혼란에 빠뜨리는 것은, 특히 피렌체의 한 부인이었던 모나리자 델 조콘다의 그 기이하고도 아름다운 얼굴 속에서다. 이 미소는 해석을 필요했고, 실제로도 가장 다양한 해석을 불러일으켰지만, 그중 어떤 것도 만족스럽지는 못했다. 〈모나리자는 4백 년 전부터 그녀를 오래 바라보고 나서 이야기하는 모든 사람들을 당황케 했다.〉

무터는 다음과 같이 말한 바 있다.[66] 〈관객을 사로잡는 것은 이 미소의 악마적인 매력이다. 우리에게 유혹하는 미소를 던지는 것도 같고, 때로는 영혼이 없는 차가운 시선으로 허공을 응시하는 것

---

65 (1919년에 추가된 각주) 예술 전문가라면 여기서 에진의 조각과 같은 고대 그리스의 조각들에서 볼 수 있는 고정된 야릇한 미소를 떠올릴 것이다. 나아가 레오나르도의 스승이었던 베로치오의 얼굴 묘사들 속에서도 무언가 유사한 것을 발견할 수 있을 것이다. 이로 인해 예술 전문가는 우리가 전개시킬 논리를 무작정 따라올 수만은 없을 것이다 — 원주.

66 무터R. Muter의 『회화(繪畫)의 역사 Geschichte der Malerei』(1909) 참조 — 원주.

도 같은 이 여인에 대해 수많은 시인들과 작가들이 글을 썼다. 그렇지만 아무도 이 미소의 비밀을 밝혀내지 못했고, 그 누구도 여인의 생각을 해석해 내지 못했다. 풍경에 이르기까지 모든 것이 마치 숨막히는 관능성으로 떨고 있는 것처럼 신비하게도 몽환적이다.〉

많은 비평가들이 모나리자의 미소 속에는 두 가지 상반된 요소가 결합되어 있다는 느낌을 받았다. 비평가들은 또한 이 아름다운 피렌체 여인의 그림에서 여인의 애정 생활을 지배하고 있는 두 가지 상반된 요소의 완벽한 형상화를 알아보았는데, 즉 이 여인에게서는 정숙함과 요염함, 헌신적인 다정함과 마치 자신과는 무관한 물건처럼 남자를 집어삼킬 듯한 가차 없는 관능성을 동시에 보았던 것이다. 뮌츠는 그래서 다음과 같이 썼다.[67]

〈모나리자 조콘다가 4백 년 전부터 그녀를 보려고 몰려드는 수많은 사람들에게 도저히 풀 수 없는 매혹적인 신비감을 불러일으켰다는 것을 우리는 잘 알고 있다. (피에르 드 코를레라는 가명으로 자신을 숨겼던 이 예민한 작가의 말을 그대로 사용한다면) 일찍이 어떤 예술가도 여성성의 본질을 이렇게 그려 낸 적이 없다. 다정함과 요염함, 수줍음과 은밀한 관능성, 스스로를 통제하고 있는 마음과 깊은 사색에 빠진 듯한 머리, 삼가는 듯한 태도로 오직 내면의 빛만을 드러내는 한 인격의 모든 신비를 표현한 예술가는 일찍이 없었고…….〉[68] 이탈리아인인 안젤로 콘티Angelo Conti는 햇볕을 받아 살아 움직이는 것 같은 이 그림을 루브르에서 보고 다음과 같이 말한 적이 있다.[69] 〈고결하고도 차분한 부인은 미소를 머금고 있었다. 정복하려는 본성과 잔인함, 여인 본래

---

67 뮌츠의 『레오나르도 다빈치』 참조 ─ 원주.
68 프로이트는 프랑스어 문장을 직접 인용했다.
69 콘티의 「화가 레오나르도Leonardo pittore」(1910) ─ 원주.

의 모든 특성들, 유혹하고 함정에 빠뜨리려는 그 의지, 농락하려는 저 섬세함, 잔혹한 의도를 숨기고 있는 선한 모습, 이 모든 것들은 번갈아 나타났다가는 웃음 짓는 베일 뒤로 사라졌고, 마침내는 미소 속에서 한 편의 시로 녹아들고 있었으며…… 선함과 사악함을, 잔혹함과 자비스러움을, 또 우아함과 간악함을 동시에 그대로 간직한 채 그녀는 웃고 있었다……)[70]

레오나르도는 이 그림을 그리기 위해 아마도 1503년에서 1507년까지 4년 동안 작업을 했던 것 같다. 이 시기는 그가 이미 쉰이 넘은 나이로 피렌체에 두 번째 머물고 있던 시기다. 바자리가 전하는 바에 따르면, 레오나르도는 모델이 된 여자가 포즈를 취하고 있을 때 그 유명한 미소를 잡아내기 위해 이 여인을 흥겹게 해주려고 온갖 수단을 다 동원했다고 한다. 그의 붓이 당시 그림에 담아냈던 섬세한 모든 터치들 중 오늘날까지 남아 있는 것은 그리 많지 않다. 그림을 제작할 당시에 그는 예술이 도달할 수 있는 최고의 경지에 올라 있었던 것으로 보이지만, 한 가지 확실한 것은 이 완벽한 그림도 레오나르도 자신을 만족시키지는 못했다는 것이다. 그는 그림이 미완성이라고 선언했고, 그림을 주문한 사람에게 인도하지 않았으며, 프랑스로 올 때 가져와서 그의 후견인이었던 프랑스 왕 프랑수아 1세가 루브르궁에 걸기 위해 그림을 사들이게 되었다.

모나리자 얼굴의 풀리지 않는 신비는 그대로 놓아둘 수밖에 없겠지만, 그 미소가 4세기 이전부터 그림을 보아 온 수많은 사람들뿐만이 아니라 화가 자신도 강렬한 힘으로 매혹했다는 의심할 수 없는 사실은 짚고 넘어가야 할 것이다. 이 마술을 거는 듯한 미소는 그 이후 레오나르도의 모든 그림들뿐만 아니라 그의 제자들이

70 원본에는 이탈리아어로 인용되어 있다.

그린 그림들 속에서도 찾아볼 수 있다. 레오나르도의 모나리자는 초상화이기 때문에 그가 자기 멋대로 모델이 된 여인이 갖고 있지 않은 특징을 그토록 강렬하게 표현했다고는 상상할 수 없다. 얼른 보기에는 모델이 가지고 있는 미소를 그가 단지 발견했을 것이고, 이 미소에 반한 나머지 급기야는 자신의 자유로운 상상력을 발휘해 작품들에 미소를 부여했다고 생각하지 않을 수 없다. 예를 들면 콘스탄티노바가 제공한 해석도 이런 해석에 속한다.[71]

〈모나리자 델 조콘다의 초상화를 제작하고 있던 긴 시간 동안 이 거장은 여인의 얼굴이 지니고 있는 표정의 그 우아함에 깊은 인상을 받았고, 동시에 감정도 걷잡을 수 없게 움직여서 얼굴의 특징들 — 특히 그 신비한 미소와 기이한 시선 — 을 훗날 그림을 그리거나 소묘를 할 때에도 그대로 옮겨 오지 않을 수 없었다. 조콘다의 특이한 얼굴은 루브르에 있는 「세례 요한」에서도 엿볼 수 있다. 그러나 이런 특징들이 가장 분명하게 드러나는 그림은 「두 명의 성녀와 아기 예수」라는 그림이다〉.[72]

그러나 상황이 전혀 달랐을 수도 있다. 예술가를 사로잡아 이후 한 번도 그를 떠나지 않았던 이 미소의 매력이 어디에서 연유하는지를 좀 더 깊이 따져 보아야 한다는 필요성은 이미 여러 전기 작가들도 느끼고 있었다. 모나리자를 〈수천 년 동안 사람들이

71 알렉산드라 콘스탄티노바의 『레오나르도 다빈치에 의한 성모 마리아상의 발전』 참조 — 원주.
72 루브르 박물관에 소장되어 있는 이 그림의 제목은 나라마다 다르다. 성 안나를 나이가 아니라 그 중요성에서 세 번째 인물로 보는 이탈리아식 명칭 〈Santa Anna Metterza〉와 이 명칭의 독일어 번역인 〈Heilige Anna Selbdritt〉와는 달리 영어권에서는 〈St. Anne with Two Others〉라고 한다. 반면에 적당한 역어(譯語)를 찾을 수 없는 프랑스어권에서는 그림 속에 나타난 인물들을 나열하는 식으로 〈Sainte Anna, Marie et l'Enfant Jésus〉라고 부른다. 한국어로도 적당한 역어가 없기는 하지만, 잠정적으로 현재 그림을 소장하고 있는 프랑스에서 사용하고 있는 제목을 존중하여 「두 명의 성녀와 아기 예수」 정도로 옮길 수 있을 것이다.

욕망해 왔던 것을 표현하고 있는 존재〉로 보았고, 또 〈레오나르도
의 작품 전체를 덮고 있는 뭔가 불길한 기운의 이 알 수 없는 미
소〉라고 예리하게 지적한 페이터 같은 사람이 다음과 같이 선언
할 때 우리는 전혀 다른 길로 접어들게 된다. 〈더군다나 이 그림
은 초상화다. 우리는 이 그림을 어린 시절부터의 꿈을 연상하면
서 쫓아갈 수 있을 것이고, 그래서 만일 결정적인 반증만 없다면
그림이 마침내 찾아내 표현하게 된 구원의 여인상이라고 생각할
수도 있을 것이다.〉[73]

　헤르츠펠트가 다음과 같이 말했을 때 그 역시 유사한 이야기를
한 것이다. 즉 모나리자에서 레오나르도는 아마도 자기 자신을
만났을 것이고, 바로 그렇기 때문에 〈그 특징들이 레오나르도의
영혼 속에 신비한 합일(合一)의 상태로 항상 잠재되어 있는 이 초
상화〉 속에 자신의 존재 거의 전부를 집어 넣을 수 있었다.[74]

　이런 지적들을 확실히 해보자. 모나리자의 미소가 레오나르도
의 영혼 속에 오랫동안 잠자고 있던 것을, 다시 말해 오래된 어떤
기억을 일깨웠다고 볼 수 있다면, 요컨대 레오나르도는 그 미소
에 사로잡혔다고 여길 수 있다. 그리고 이 기억은 매우 의미심장
한 것이어서 일단 일깨워지자 그 이후 줄곧 그를 떠나지 않았다.
따라서 레오나르도는 매번 이 기억을 새롭게 표현해야만 했다.
레오나르도의 어린 시절부터의 꿈속에 뒤섞여 있는 이 모나리자
의 얼굴을 따라갈 수 있다는 페이터의 주장은 믿을 만한 것이고,
말 그대로 받아들여야 할 것이다.

　바자리는 〈웃고 있는 여인들의 얼굴들〉[75]을 레오나르도의 첫

73　페이터의 『르네상스 역사의 연구』 참조.
74　헤르츠펠트의 『사상가 연구가, 시인으로서의 레오나르도 다빈치』 참조—원주.
75　스코냐밀리오의 『레오나르도 다빈치의 청년 시절에 대한 조사 자료집』—
원주.

레오나르도의 「모나리자」(루브르 박물관)

레오나르도의 「두 명의 성녀와 아기 예수」(루브르 박물관)

번째 예술적 시도로 언급한 바 있다. 증명을 하기 위한 글이 아니었으므로 의심의 여지가 없는 바자리의 글 중 문제가 되는 부분을 전역(全譯)해 보면 다음과 같다. 〈아직도 청소년이었을 당시, 레오나르도는 흙으로 웃고 있는 여인들의 얼굴 형상을 빚은 다음 이것을 다시 석고로 재현해 내야만 했다. 그는 또한 스승으로 보이는 사람이 제작한 어린아이들의 얼굴에 대해서도 똑같은 방식으로 작업을 했다.〉

우리는 이제 그의 예술 활동이 이미 앞에서 독수리 환상의 분석을 통해 이끌어 냈던 두 가지 유형의 성적 대상을 상기시키는 두 종류의 대상을 형상화함으로써 시작되었음을 알게 되었다. 어린아이들의 아름다운 얼굴들이 레오나르도 자신의 어린 시절에 대한 재현이라고 한다면, 미소를 짓고 있는 여인들은 그의 어머니인 카테리나를 재현한 것이라고 하지 않을 수 없고, 나아가 다음과 같은 가능성마저 엿볼 수 있게 된다. 즉 그의 어머니는 그 신비한 미소를 갖고 있었는데, 레오나르도가 이 미소를 잊어버리고 있다가 피렌체 여인을 통해 발견하게 되자 다시 그 미소에 사로잡힌 것이다.[76]

제작 연대를 두고 볼 때 모나리자에 가장 가까운 그림은 「두 명의 성녀와 아기 예수」이다. 이 그림은 레오나르도식의 가장 완벽한 미소를 보이고 있는 두 여인의 얼굴을 묘사하고 있다. 레오나르도가 모나리자를 그리고 나서 얼마 후에 이 그림을 그렸는지, 혹은 모나리자보다 먼저 그렸다면 얼마 전에 그렸는지 등에 관해서는 알려진 것이 전혀 없다. 어쨌든 이 두 그림은 여러 해 동안에

76 메레시콥스키는 비록 중요한 부분에 있어서는 독수리 환상에서 이끌어 낸 우리의 결론과는 다르지만 동일한 가정을 한 바 있다. 그러나 비록 레오나르도 자신이 이 미소를 보라는 듯이 전유물로 삼았다고는 하지만, 전통을 살펴보면 이런 유형의 미소가 이미 존재했음을 알게 된다—원주.

걸쳐 제작되었기 때문에 레오나르도가 거의 동시에 두 작품에 매달렸으리라는 가정을 할 수 있다. 이 가정은 레오나르도가 모나리자의 얼굴을 바라보면서 너무나도 깊은 인상을 받게 되어 자신의 환상에 입각해「두 명의 성녀와 아기 예수」를 그리게 되었다는 우리의 추측과 가장 일치한다. 만일 조콘다의 미소가 레오나르도에게 어머니의 기억을 환기시켰다면, 그것이 그로 하여금 모성을 예찬하고 그 귀부인에게서 발견한 미소를 다시 어머니에게 돌려주도록 만들었을 것이라는 점은 쉽게 짐작할 수 있는 일이기 때문이다. 따라서 우리는 이제 모나리자를 떠나 똑같이 루브르에 소장되어 있고, 거의 동일한 미적 가치를 지니고 있는 이 두 번째 그림을 주목해 보아야 할 것이다.

성녀 안나를 딸과 손자와 함께 그린다는 모티프는 이탈리아 회화에서는 거의 다루어지지 않았던 주제다. 이 주제에 대한 레오나르도의 작품은 어쨌든 같은 주제를 다룬 다른 작가들의 작품들과는 거리가 있다. 무터는 다음과 같이 말했다.[77]

〈한스 프리스, 한스 홀바인, 지롤라모 다이 리브리 등과 같은 몇몇 대가들은 마리아 옆에 안나를 앉혔고, 아기 예수는 두 여인 사이에 서 있도록 했다. 다른 화가들, 가령 베를린에 소장되어 있는 그림을 그린 야코프 코르넬리츠 같은 화가들은《삼위(三位)의 성녀 안나》라는 말의 본래적 의미 그대로 묘사했다. 다시 말해 이들은 성녀 안나를 묘사할 때 아주 작은 성모 마리아를 자신의 두 팔로 안고 있는 형상으로 묘사한 다음, 마리아의 무릎 위에는 다시 가장 작게 묘사된 아기 예수를 앉혀 놓았다.〉

레오나르도가 그린 그림에서 마리아는 어머니의 무릎 위에 앉아 앞으로 약간 몸을 숙인 채 두 팔을 뻗어 어린 양과 놀면서 양을

77 무터의『회화의 역사』참조 — 원주.

귀찮게 하는 것처럼 보이는 작은 소년을 붙잡으려는 형상을 하고 있다. 왼쪽 엉덩이 부위에 걸쳐 놓은 한쪽 팔만 보는 할머니는 딸과 손자를 향해 행복에 겨운 듯한 시선을 보내고 있다. 세 인물의 구성에 어색한 면이 전혀 없는 것은 아니다. 그러나 두 여인의 입술 위에 감도는 미소는 바로 모나리자의 얼굴에 떠오르던 그 미소이긴 하지만, 보는 이를 불안케 하는 기이한 분위기를 자아내고 있지는 않다. 오히려 이 미소는 다정함과 평화로운 축복을 표현하고 있다.[78]

이 그림을 조금만 깊이 들여다보면 숨겨져 있던 것이 갑자기 드러나는 것 같은 기분에 휩싸이게 된다. 즉 독수리 환상을 품을 수 있었던 사람이 오직 레오나르도 한 사람뿐이었기 때문에 오직 그만이 이 그림을 그릴 수 있었다는 느낌을 받게 된다. 이 그림에는 그의 어린 시절의 모든 것이 들어 있고, 그림의 세부적인 부분들은 레오나르도가 살면서 받았던 가장 개인적인 인상들로 설명이 가능하다. 아버지의 집에서 레오나르도는 단지 마음이 어진 계모 도나 알비에라만을 만났던 것이 아니라 아버지의 어머니인 할머니 모나 루시아도 만났는데, 이 할머니는 대개의 할머니들이 그렇듯이 손자에게 다정한 여인이었다. 이러한 상황으로 인해 어머니와 할머니의 보호를 받으며 어린 시절을 보냈다는 생각은 레오나르도에게는 매우 당연한 것이었다. 눈에 얼른 띄는 그림의 또 다른 특징이 있는데, 이것은 더 큰 의미를 지니고 있다. 마리아의 어머니이자 아기 예수의 할머니가 되는 성녀 안나는 그림에서도 성모 마리아보다는 약간 더 성숙하고 심각한 모습으로 묘사되

78 콘스탄티노바는 『레오나르도 다빈치에 의한 성모 마리아상의 발전』에서 〈마리아는 조콘다의 신비스러운 미소를 띠고 그녀의 아이를 바라보고 있다〉고 말했다. 또 마리아에 대해 〈조콘다의 미소가 그녀의 얼굴에 떠올랐다〉고 말하기도 했다 ― 원주.

긴 했지만, 그녀는 여전히 젊고 아직도 아름다움을 상실하지 않은 여인으로 그려져 있다. 즉 레오나르도는 실제에 있어서는 소년에게 두 사람의 어머니를 갖게 한 것이다. 아이를 향해 팔을 뻗고 있는 여인이 한 어머니라면 또 다른 어머니는 그 뒤에 있는 여인인데, 두 여인 모두 행복한 어머니의 흐뭇한 미소를 띠고 있다. 이 그림의 특이함은 이미 여러 작가로부터 감탄을 자아낸 바 있다. 예를 들어 무터는 레오나르도가 주름살들을 묘사함으로써 안나의 나이 든 모습을 표현하겠다는 결정을 내릴 수 없었고, 이로 인해 안나를 아직도 육체적인 아름다움을 간직하고 있는 여인으로 묘사하게 되었다고 생각했다. 이러한 설명은 과연 만족스러운 것일까? 이에 대해 궁여지책에 가까운 답을 생각했던 다른 이들은 흔히 〈어머니와 딸의 나이가 비슷하다〉[79]는 사실을 아무런 설명 없이 부정하곤 했다. 어쨌든 안나가 젊다는 인상이 작품을 의도적으로 곡해한 데서 비롯된 것이 아니라 그림 자체에서 나온 것이라는 점을 입증하기 위해서라면 무터가 제공하는 설명으로도 충분할 것이다.

레오나르도의 어린 시절 역시 이 그림 못지않게 특이했다. 그에게는 두 사람의 어머니가 있었는데, 한 사람은 레오나르도가 세 살에서 다섯 살이 될 때까지 돌봐 준 그의 친어머니인 카테리나였고, 다른 한 사람은 아버지의 정식 부인인 도나 알비에라로서 젊고 다정한 계모였다. 레오나르도에게는 이러한 어린 시절의 상황과 위에서 언급한 사실, 즉 어머니와 할머니가 있었다는 사실이 늘 함께 떠올랐다. 이 두 사실을 하나의 단일한 기억으로 간직하고 있었으므로, 그에게는 「두 명의 성녀와 아기 예수」라는 구성이 형상화될 수 있었던 것이다. 소년에게서 멀리 떨어져 있는

79 자이틀리츠의 『레오나르도 다빈치, 르네상스 시대의 전환점』 참조 — 원주.

어머니의 얼굴, 즉 할머니라는 인물은 그 모습이나 소년과 맺고 있는 공간상의 관계를 고려할 때 첫 번째 어머니인 친어머니 카테리나에 해당한다. 예술가는 실제로 이 첫 번째 어머니가 자신보다 신분이 좋은 경쟁자에게 처음에는 남편을, 그리고 이어 아들을 양보하면서, 불행한 여인으로서 느꼈을 법한 원통함을 성녀 안나의 행복한 미소를 통해 부인하고 있다.[80] 이렇게 우리는 레오

80 (1919년에 추가된 각주) 이 그림에서는 안나와 마리아를 서로 떨어뜨려 놓기가 결코 쉽지 않다. 마치 꿈속에서처럼 미처 완전하게 융합이 안 된 안나와 마리아의 두 모습이 서로 섞여 있어서 어디서 안나의 모습이 끝나고 어디서 마리아의 모습이 시작되는지를 꼭 집어 말할 수 없는 애매한 부분이 그림에는 많다. 예술 비평의 관점에서 보면(1919년판에만 〈예술적 관점〉이라고 썼다) 구성상의 실수나 잊어버린 행위로 볼 수 있겠지만, 정신분석의 관점에서 보면 그 숨겨진 의미를 고려할 때 이 부분은 설명이 가능하다. 어린 시절에 존재했던 두 사람의 어머니는 예술가에게는 하나의 어머니로 합쳐져야만 했던 것이다.

(1923년에 추가된 각주) 이 점에서 루브르에 있는 「두 명의 성녀와 아기 예수」와 동일한 주제를 다른 방식으로 다루고 있는 런던의 유명한 밑그림과 비교해 본다는 것은 매우 흥미 있는 일이 될 것이다(그림 1 참조).

두 어머니의 모습은 런던의 밑그림에서는 서로 한층 더 섞여 있어서 분리해 내기가 더욱 어려운데, 그래서인지 굳이 해석 같은 것에는 신경을 쓰지 않는 비평가들도 〈두 얼굴이 한 몸에 붙어 있는 것 같다〉라고 말할 정도이다.

대부분의 비평가들은 이 밑그림이 루브르의 그림보다 앞선다는 사실에는 의견의

그림 1

나르도의 다른 작품을 살펴봄으로써 모나리자 델 조콘도의 미소가
성인이 된 레오나르도에게 유년기의 어머니에 대한 기억을 떠올

일치를 보았고, 밑그림이 제작된 시기를 레오나르도가 처음 밀라노에 체류하던 시기
로(1500년 이전으로) 보고 있다. 하지만 아돌프 로젠베르크A. Rosenberg 같은 사람은
『레오나르도 다빈치』(1898)에서 반대로 밑그림의 구성을 통해 이 그림이 루브르에 있
는 것보다 나중에 그려졌다는 — 그래서 좀 더 행복한 구성을 보여 주고 있다는 — 사
실을 설명하려고 했고, 안톤 슈프링거Anton Springer의 의견에 입각하여 심지어는 라
조콘다보다도 나중에 제작된 것으로까지 본다. 밑그림이 훨씬 더 오래전에 제작된 것
이라는 의견에 우리는 전적으로 동의한다. 루브르에 있는 그림이 어떻게 이 밑그림에
서 나왔는지를 밝히는 것은 그리 어려운 일이 아닌 데 반해, 제작 과정이 반대 방향으
로 이루어졌다는 것은 이해하기 힘들다. 밑그림의 구성이 먼저라고 생각한다면, 레오
나르도는 루브르에 있는 그림을 그리면서 아마도 자신의 어린 시절의 기억과 일치하
는 두 여인의 몽환적인 혼융(混融)을 삭제해야 할 필요성을 느꼈을 것이고, 그래서 두
여인의 얼굴을 분리해야만 했을 것이다. 이 일은 마리아의 얼굴과 가슴을 어머니의 얼
굴에서 분리하여 밑으로 숙이게 함으로써 이루어졌다. 이러한 몸의 이동을 적절한 것
으로 만들기 위해서는 아기 예수가 어머니의 무릎에서 내려와 땅으로 위치를 옮겨야
했고, 이렇게 해서 꼬마 요한을 위한 공간이 없어지자 어린 양으로 대체된 것이다.

　(1919년에 추가된 각주) 루브르에 있는 그림에서 오스카 피스터O. Pfister는 매우 특
이한 점을 한 가지 발견하여 「정상인의 암호, 암호 문서와 무의식적 그림 퀴즈Kryptolalie,
Kryptographie und unbewußtes Vexierbild bei Normalen」(1913)에서 밝히는데, 이 발견을
아무 망설임 없이 수락할 수는 없다고 해도 흥미 있는 발견임에는 틀림없다. 그는 이
해하기 곤란할 정도로 이상하게 구성되어 있는 마리아의 옷에서 독수리 형상을 간파
해 냈고, 이를 수수께끼를 푸는 무의식적인 해답-이미지로 해석했다(그림 2).

그림 2

렸다는 우리의 추측이 옳았음을 확인하게 되었다. 그 이후 이탈리아 화가들의 그림에 등장하는 마돈나와 귀부인들은 머리를 약간 숙인 채로, 회화와 탐구와 그리고 고통을 숙명처럼 여기며 살아야 했던 이 훌륭한 아들을 세상에 태어나게 한 어느 가난한 시골 여인, 즉 카테리나의 저 기이하고도 행복에 겨워하는 듯한 미소를 짓기 시작했다.

레오나르도가 모나리자의 얼굴 속에서 이 미소가 지닌 이중의 의미, 즉 무한한 사랑의 약속과 불행을 예고하는 듯한 (페이터의 구절에서 인용) 위협을 동시에 재현할 수 있었다면, 그는 이 점에서 자신의 가장 오래된 기억의 내용에 충실했던 것이 된다. 왜냐하면 어머니의 애정은 그에게는 하나의 숙명이 되어 그의 운명을 결정했고, 동시에 그를 기다리고 있던 상실 또한 결정했기 때문이다. 그의 독수리 환상이 연상시키는 격렬한 애무는 지극히 자연

피스터의 말을 들어 보자. 〈화가의 어머니를 그린 그림에는 어머니의 상징인 독수리가 분명히 나타나 있다. 전면에 위치한 여인의 허리 부근에서부터 양 무릎과 오른쪽 다리까지 드리워져 있는 푸른 옷자락 속에서 독수리의 특이하게 생긴 머리와 목, 그리고 예리하게 휘어져 있는 몸통이 형성되어 있는 것을 볼 수 있다. 내게서 이 작은 발견에 관한 이야기를 들은 사람들은 이 해답-이미지의 명백한 존재를 부인하지 못했다.〉

이쯤 되면 이제 독자들은 참고로 첨부한 그림에서 쉽게 피스터가 지적한 독수리를 알아볼 수 있을 것이다. 첨부한 복제 그림에서는 가장자리가 해답-이미지의 윤곽을 나타내고 있는 푸른색 옷자락이 연한 잿빛으로 칠해져 옷의 나머지 부분과 구분되어 있다.

피스터는 다음과 같이 덧붙였다. 〈이제 어디까지 이 해답-이미지가 연장될 수 있는지를 알아내는 것이 중요한 문제로 남는다. 선명하게 부각되어 있는 이 옷자락을 날개의 가운데 부분에 해당하는 곳에서 출발하여 따라가 보면 한쪽은 여인의 발을 향해 내려가 있는 반면에, 다른 쪽은 여인의 어깨와 아기 예수 쪽을 향해 올라가 있다. 첫 번째 언급된 부분은 대충 독수리의 날개와 꼬리에 해당하며, 두 번째 언급된 부분은 볼록한 배 부분인데, 특히 깃털의 윤곽선과 유사하게 생긴 방사형으로 뻗은 선들을 주의해서 볼 때 이 부분이 새의 꽁지가 펼쳐진 곳이라는 것을 알 수 있다. 이 꽁지의 오른쪽 끝은 레오나르도의 운명에 중대한 의미를 지니고 있는 어린 시절의 꿈에서와 같이 어린아이의 입을, 따라서 레오나르도의 입을 향해 있다.〉

저자는 이어 자신의 이런 해석을 더 상세하게 설명하면서 그로부터 연유하는 어려움들을 다루고 있다 — 원주.

스러운 것에 지나지 않는다. 버림받은 불쌍한 어머니는 자신이 경험한 모든 애정에 대한 추억과 새로운 애정에 대한 갈망을 모두 모성애로 표현해야만 했을 것이다. 어머니는 남편이 없는 자신을 달래야 했을 뿐만 아니라, 쓰다듬어 줄 아버지를 갖고 있지 못한 아들의 불행까지도 대신 가슴 아파해야 했다. 이렇게 해서 그녀는 모든 불행한 어머니들이 그렇듯이 자신의 어린 아들을 남편의 자리에 대신 놓게 되었고, 이 어린 아들을 지나치게 조숙하게 만든 나머지 그의 남성성을 앗아 가게 되었다. 젖을 물리고 돌봐 주는 어머니의 어린 아기에 대한 사랑은 청소년이 된 아들에 대한 어머니의 사랑보다 아들에게 훨씬 더 깊은 영향을 미친다. 이 사랑은 완벽하게 충족된 애정 관계와 같으며, 정신적 욕망뿐만 아니라 모든 육체적 욕망마저도 채워 주는 사랑이다. 이 사랑은 인간이 접근할 수 있는 행복의 한 형태이기는 하지만, 그렇다고 해서 오랫동안 억압되어 있어 도착적이라고 불러야 할 충동들마저 아무런 비난도 없이 충족시킬 수 있다는 가능성에서 이러한 행복이 비롯되는 것은 결코 아니다.[81] 가장 행복한 젊은 부부에게 서조차도 아버지는 아이가, 특히 어린 사내아이가 자신의 경쟁자라는 느낌을 갖게 되고, 이때부터 사랑을 독차지하는 아이에 대한 적대 감정이 무의식 속에 깊이 뿌리를 박으면서 시작된다.

레오나르도가 인생의 절정기에 그 옛날 어머니가 애무해 줄 때 어머니의 입을 살아 움직이게 했던 그 행복한 유혹의 미소를 다시 만나게 되었을 때, 그는 이미 오래전부터 여인의 입술이 제공하는 이러한 애무를 결코 요구하지 못하도록 하는 금기의 지배를 받고 있었다. 그러나 그는 화가가 되었고, 이 미소를 붓으로 대신 그리려고 노력했다. 그는 이 미소를 그가 직접 그린 그림이나 제

81 「성욕에 관한 세 편의 에세이」 참조 — 원주.

자들을 감독하며 함께 그린 「레다」, 「세례 요한」, 「바쿠스」 등의 모든 그림 속에서 표현하고 있다. 마지막 두 작품은 동일한 주제의 변주(變奏)에 지나지 않는다. 무터는 다음과 같이 이 사실을 확인하고 있다. 〈성서에 나오는 메뚜기를 먹는 사람을 레오나르도는 입술에는 신비한 미소를 머금은 채 두 허벅지를 꼬고 앉아 혼란스러운 시선을 보내고 있는 바쿠스와 한 작은 아폴론으로 변신시켰다.〉 이 그림들 속에는 감히 그 비밀을 드러낼 수 없는 어떤 신비한 숨소리가 들어 있다.[82] 사람들은 기껏해야 이 그림이 레오나르도의 다른 그림들과 맺고 있는 관련성만을 지적하려고 했을 뿐이다. 이 인물들 또한 남녀 양성인데, 독수리 환상이라는 측면에서 보아 그런 것이 아니라 인물들이 모두 부드러운 여성성을 지니고 있고 몸의 자태도 여성화되어 있는 미소년들이라는 면에서 그렇다. 그들은 눈을 아래로 깔고 있지 않고, 마치 침묵을 지켜야만 하는 어떤 모종의 비밀을 간직한 큰 행복감을 자신들은 알고 있다는 듯이, 기이하게도 의기양양한 시선을 보내고 있다. 잘 알려져 있는 그 마술적인 미소는 이 비밀이 사랑에 관련된 것임을 예감케 한다. 이 그림들 속에서 레오나르도는 아마도 그의 불행한 애정 생활을 부인하고 있었고, 나아가 어머니의 유혹을 받은 한 사내아이의 욕망이 남성과 여성이 행복하게 혼용되어 있는 상태 속에서 충족되는 장면을 묘사함으로써 예술을 통해 불행한 애정 생활을 넘어서고 있었던 것이리라.

82 어렵지 않게 짐작할 수 있는 일이지만, 프로이트는 레오나르도 다빈치의 동성애 성향을 암시하고 있다.

5

레오나르도의 〈수첩〉에 실려 있는 메모들 중에는 그 내용의 중요성과 형식상의 작은 실수로 인해 읽는 사람의 관심을 끄는 부분이 하나 있다.

그는 1504년 7월에 다음과 같이 썼다.

1504년 7월 9일 수요일, 7시경에 포테스타궁의 공증인인 아버지 세르 피에로 다빈치가 7시경에 돌아가셨다. 연세는 80세였고 열 명의 남자아이와 두 명의 여자아이를 남기셨다.[83]

이 메모는 물론 레오나르도의 아버지의 죽음에 관한 것이다. 작은 실수라 함은 〈7시경〉이라는 시간을 마치 이미 언급한 사실을 잊어버리기라도 한 듯이 다시 문장 마지막 부분에서 반복하고 있음을 말한다. 이 실수는 정신분석가가 아닌 다른 사람들의 눈에는 전혀 보이지 않는 작은 실수에 지나지 않는다. 다른 사람들은 전혀 눈치채지 못했을 것이고, 지적해 주어도 아마 정신이 산만해져 있거나 충격을 받으면 누구라도 할 수 있는 실수일 테니 아무런 의미도 없다고 말할 것이다.

83   뮌츠의 『레오나르도 다빈치』—원주.

그러나 정신분석가라면 달리 생각하게 된다. 그에게는 너무 사소해서 숨겨진 정신 과정을 드러내 주지 못하는 현상이란 아무것도 없다. 정신분석가는 이미 오래전부터 망각이나 반복이 매우 의미 있는 현상들이고, 바로 이러한 〈방심 상태〉에서 숨어 있는 충동이 겉으로 드러난다는 것을 잘 알고 있다.

우리는 이 메모가 카테리나의 장례비 명세서와 제자들의 지출에 관한 메모처럼 레오나르도가 심리적 충격을 억누르는 데 실패하고, 오랫동안 숨겨져 있던 것이 부득이하게 왜곡된 형태로 표현되는 경우에 해당한다고 말할 수 있다. 메모의 외형 역시 유사하다. 심지어는 좀스러운 데까지 신경을 쓰는 세밀함과 숫자에 대한 과도한 집착도 유사하다.[84] 이러한 반복을 우리는 존속 증상 *Perseveration*[85]이라고 부른다. 이 반복은 정서적 충격의 뉘앙스를 탁월하게 일러 준다. 가령 단테Dante의 『신곡 *La Divina Commedia*』「천국편」에서 성 베드로가 자격 없는 지상의 대리자에게 퍼붓는 저주를 생각해 보자.

나 신의 아들과 함께 있어 비게 된 나의 자리를,
나의 자리를, 나의 자리를,
지상에서 찬탈해 간 자가

나의 묘지를 시궁창으로 만들었도다.[86]

---

84 물론 레오나르도는 이 메모에서 77세였던 아버지의 나이를 80세로 계산하는 실수를 범하고 있다 — 원주.

85 장애를 일으켰던 생리학적이거나 신체적인 요인이 사라진 이후에도 환자의 의식이나 무의식 속에 이 장애가 존속하는 현상.

86 「천국편」의 제27곡, 22~25행 — 원주.

레오나르도가 정서적 충격을 억압하지 않았다면, 일기에 기록된 이 메모는 대충 다음과 같은 것이 되었을지도 모른다. 〈오늘 7시에 나의 아버지, 가련한 나의 아버지 세르 피에로 다빈치가 돌아가셨다.〉 존속 증상을 통해 아버지의 사망 소식에서 하등의 중요성도 없는 사망 시간이 강조됨으로써 메모가 지니고 있어야 할 비장한 분위기는 완전히 사라져 버리고, 바로 뭔가 숨기고 억눌러야 할 것이 있음을 느끼게 한다.

공증인(公證人) 가문에서 태어나 자신도 공증인이었던 세르 피에로 다빈치는 영향력 있고 유복한 생활을 영위한 매우 활동적인 사람이었다. 그는 네 번 결혼을 했는데, 앞선 두 부인은 아이를 낳지 못한 채 죽었다. 1476년에 그가 첫아이를 갖게 된 것은 세 번째 부인을 통해서였는데, 이때 레오나르도는 이미 스물네 살이었고, 이미 오래전에 집을 떠나 스승인 베로치오의 작업실에서 일을 하고 있었다. 50대에 들어선 이후 결혼하게 된 네 번째이자 마지막 부인과의 사이에서 그는 아홉 명의 아들과 두 명의 딸을 두게 된다.[87] 이 아버지가 레오나르도의 심리적, 성적 발달 과정에서 중요성을 지니고 있음은 의심의 여지가 없다. 그 영향력은 유아기 몇 년 동안 그가 아들과 함께 있지 않았기 때문에 간접적인 것이기도 했지만, 그 이후의 어린 시절 동안에는 함께 있었기 때문에 직접적인 것이기도 했다. 어머니를 욕망하는 아이는 언제나 자신을 아버지의 위치에 놓으려고 하는 욕망에서 벗어날 수가 없고, 환상 속에서 자신을 아버지와 동일시하게 되며, 이로 인해 훗날 아버지에 대해 승리를 거두는 것을 자신의 임무로 여기게 된다. 아직 채 다섯 살이 안 된 레오나르도가 할아버지의 집에 들

87 이 부분에서도 레오나르도는 정확성을 기하려는 태도와는 달리 형제자매의 수를 헤아리는 데 착오를 범하고 있다 — 원주.

어와 살게 되었을 때, 젊은 계모인 알비에라가 그의 마음속에서는 어머니의 자리를 차지하게 되었다. 동시에 그는 지극히 정상적인 수순으로 아버지와 경쟁 관계를 맺게 되었을 것이다. 알다시피 동성애가 결정되는 것은 사춘기에 접어들면서부터이다. 레오나르도가 이러한 선택을 했을 때 아버지와 자신을 동일시하는 것은 그의 성생활에서 아무런 중요성도 지니지 못했고, 이 동일시는 대신 성적인 것과는 무관한 다른 영역들에서 지속되어 갔다. 비록 바자리가 전하는 말에 따르면 〈레오나르도가 거의 아무것도 소유하지 않았고 일도 거의 하지 않았다〉고는 하지만, 그가 화려한 장식과 옷을 좋아했고, 또 하인들과 말을 돌보았다는 것을 알고 있다. 이러한 취향들이 오직 그의 미적 감각에서만 연유했다고 볼 수는 없는데, 아버지를 모방하고 그럼으로써 아버지를 능가하려는 충동을 여기에서 엿볼 수가 있다. 이 아버지는 가난한 시골 여인에게는 한 가문 좋은 귀족이었을 텐데, 이 때문에 아들에게도 귀족 행세를 하려는 동기, 다시 말해 〈헤롯보다 더 헤롯이 되겠다 *to out-herod Herod*〉[88]는 욕구와 항상 아버지에게 진정한 귀족이 무엇인지를 보여 주려는 욕구가 있었다.

창조하는 예술가는 그의 작품에 대해 스스로를 아버지로 느끼게 된다. 아버지와의 동일시는 레오나르도의 회화 창작에서 해로운 결과를 초래했다. 그는 그림을 그렸지만 아버지가 그에 대해 신경을 쓰지 않았던 것과 마찬가지로 그림에 대해 신경을 쓰지 않았다. 훗날 아버지의 보살핌이 있기는 했지만, 그의 강박 충동 *Zwangsimpulse*을 변화시킬 수는 없었다. 왜냐하면 이 강박 충동은 어린 시절에 형성된 것이고, 무의식 속에 억압된 것으로 남아 있는 것은 이후의 경험들을 통해 수정될 수 없기 때문이다.

88 『햄릿』에 나오는 구절. 프로이트는 영어로 인용했다.

르네상스 시대에는 — 그 이후의 시대처럼 — 모든 예술가에게 작품을 주문하고 자신의 운명을 한 손에 거머쥐고 있는 대 귀족인 보호자, 즉 〈후견인 *pardone*〉이 있어야만 했다. 레오나르도는 그의 후견인을 일명 일 모로라고 불리던 루도비코 스포르차에게서 발견했다. 그는 매우 야심적이고 멋진 노련한 외교관이었지만, 변덕이 심하고 신뢰할 수 없는 인물이었다. 밀라노에 있는 이 귀족의 궁전에서 레오나르도는 자신의 인생에서 가장 화려한 시기를 보냈다. 또한 자신의 창조력을 거의 아무런 억압 없이 발휘했던 것도 이 귀족을 위해 일할 때였다. 「최후의 만찬」과 프란체스코 스포르차의 기마상 등이 이를 입증하고 있다. 불운이 덮쳐 루도비코 모로가 프랑스의 한 감옥에서 죽은 것은 레오나르도가 밀라노를 떠난 후였다. 후견인에 관한 소식을 접했을 때 레오나르도는 자신의 일기에 다음과 같이 쓴다. 〈공(公)께서는 고향과 재산과 자유를 잃어버렸고, 그가 계획했던 모든 일들은 완성을 보지 못하고 말았다.〉[89] 이 일기에서 레오나르도는 마치 그가 자신의 작품들을 미완성인 채로 내버려 둔 것에 대해 그 책임을 아버지의 자리를 차지하고 있는 사람들에게 돌리려는 듯이, 후세 사람들이 그에게 하게 될 비난을 그의 후견인에게 하고 있다. 이 점은 특기할 만하고 나아가 매우 중요하게 보아야 할 것이다. 실제로 후견인에 관련해서는 레오나르도의 견해가 틀린 것이 아니었다.

아버지를 모방하는 것이 예술가로서의 그에게 해를 끼쳤다면, 아버지에 대한 어린 시절의 반항은 그가 탐구자로서 예술 작품 못지않은 위대한 업적을 남기기 위한 조건이었다. 레오나르도는 메레시콥스키가 말한 것처럼 다른 이들이 모두 아직 잠들어 있는 어둠 속에서 너무 일찍 깨어난 인간이었다.[90]

89 자이틀리츠의 『레오나르도 다빈치, 르네상스 시대의 전환점』 참조 — 원주.

그는 모든 자유로운 탐구를 정당화하면서도 대담하기 이를 데 없는 다음과 같은 확신을 표현한 바 있다. 〈여러 의견이 서로 갈 등할 때, 권위에 의지하는 자는 자신의 이해력이 아니라 기억력 을 갖고 작업을 하는 자이다.〉[91] 그는 이렇게 오직 자신의 관찰과 스스로의 판단력에 의존하여 얻게 된 많은 지식과 직관력으로 그 리스인들 이후 자연이 간직하고 있는 비밀들에 접근한 최초의 현 대적 탐구자가 되기에 이른다. 그러나 그가 권위를 보잘것없는 것으로 여기고 〈고대인들〉을 모방하지 말라고 했을 때, 그리고 자 연에 대한 탐구가 모든 진실의 원천이라고 끊임없이 주장했을 때, 그는 인간이 접근할 수 있는 가장 높은 수준의 승화 과정을 통해 이 세계를 놀란 눈으로 바라보던 어린 꼬마가 어쩔 수 없이 취해 야만 했던 입장을 단지 새롭게 반복한 것에 지나지 않는다. 과학 적인 추상화 작업에서 개인적이고 구체적인 경험으로 위치를 바 꾸게 되자 이제 고대인들과 권위가 요컨대 아버지에 해당할 뿐이 었다면, 자연은 다시 이 아버지에게 양식을 제공하는 선하고 애 정 깊은 어머니가 된 것이다. 대부분의 아이들에게 — 오늘날이 나 아주 먼 옛날이나 마찬가지로 — 그것이 어떤 것이든 권위에 복종하려는 욕구는 너무나도 강력한 것이어서, 만일 이 권위가 위협을 받게 되면 아이들에게는 이 세계 전체가 흔들리는 것이 되지만, 레오나르도만은 바로 이 권위가 없는 상태에서 살 수 있 었다. 만일 그가 어린 시절에 아버지를 포기하는 것을 배우지 못 했다면, 그는 권위를 부정하며 살 수 없었을 것이다. 훗날 그의 과 학적 탐구가 보여 준 대담성과 독립성은 아버지에 의해 억압되지 못한 어린 시절의 성적 탐구를 전제 조건으로 하고 있고, 성적인

90 메레시콥스키의 『레오나르도 다빈치』 참조 — 원주.
91 솔미의 「레오나르도 작품의 부활」 참조 — 원주.

대상으로부터 완전히 멀어지기는 했지만 여전히 어린 시절 탐구의 연장선에 있다.

레오나르도처럼 어린 시절부터 아버지의 위협에서 벗어나 있었고 탐구를 진행하는 동안에도 권위의 사슬들을 벗어던졌던 사람이 만일 여전히 교조적(敎條的)인 종교에서 벗어나지 못한 채 신앙을 간직하고 있다면, 우리의 추측은 이론(異論)의 여지 없이 반박을 당하게 될 것이다. 정신분석학은 우리에게 아버지 콤플렉스Vaterkomplex와 하느님 아버지에 대한 신앙 사이에 내밀한 관계가 있음을 일러 준다. 우리는 또한 정신분석학을 통해 개인적인 신은 심리적으로 볼 때 경배의 대상이 된 신 이외에 아무것도 아니라는 것을 알게 되었고, 아버지의 권위가 무너져 버렸을 때 많은 젊은이들이 신앙도 잃어버린다는 사실을 일상적으로 목격한다. 따라서 우리는 종교적 욕구의 뿌리를 아버지 콤플렉스 속에서 확인할 수 있다. 정의롭고 전능하신 신과 선한 자연은 우리가 보기에는 아버지와 어머니가 위대하게 승화된 결과, 또는 어린 시절에 우리가 아버지와 어머니에 대해 품고 있었던 상(像)들의 복원과 부활로 보인다. 종교성이란 생물학적으로 볼 때 어린아이가 끊임없이 느끼는 도움을 받고자 하는 욕구와 스스로 자신을 도울 수 없는 어린아이의 무능력으로 귀착되는데, 아이는 훗날 자신이 버림받았다는 것과 인생의 거대한 힘들에 맞서 연약함을 깨닫게 될 때 자신의 상황을 그가 어린 시절에 느꼈던 것처럼 느낀다. 또한 그는 자신의 상황에 희망이 없다는 사실을 어린 시절 자신을 보호해 주던 힘들을 퇴행적으로 복원함으로써 애써 부인하려고 한다. 종교가 신경증적인 발병에서 신앙인들을 보호할 수 있다면, 그것은 다음과 같은 사실로 설명된다. 즉 종교는 동서고금을 막론하고 모든 인간이 갖고 있는 죄의식처럼 신앙인들이 갖고 있는 개인적인 죄의식과도 관련된 아버지 콤플렉스에서 그들을 해방시켜 주는 것인데, 반면에 신을 믿지 않는 자는 이 일을 홀로 치러야만 한다.[92]

레오나르도의 예가 종교적 믿음에 대한 이러한 우리의 생각을 잘못된 것으로 보이게 하지는 않을 것 같다. 그의 불신앙을 몰아세우는 혹은 당시로서는 마찬가지의 일이었지만 기독교 신앙에 대한 거부를 나무라는 비난들은 이미 그가 생존해 있을 때부터 제기되었고, 바자리가 쓴 최초의 전기(傳記) 속에서도 표현되어 있다.[93] 1568년 바자리는 그가 쓴 『생애Vite』의 두 번째 판에서 이런 내용을 포기한다. 레오나르도가 종교 문제에서 당시의 상황에 극도로 예민했다는 점을 고려할 때, 그가 메모를 쓰면서도 기독교에 대한 자신의 직접적인 입장 표명을 삼갔음은 쉽게 이해할 수 있는 일이다. 탐구자로서 그는 천지 창조에 관한 성서의 기록들로 인해 오류를 범하지는 않았다. 예를 들어 그는 대홍수의 가능성을 반박했고, 지질학에서도 현대인인 우리들과 똑같이 거침없이 천 년 단위로 계산을 했다.

그의 〈예언들〉 중에는 기독교 신앙인의 까다로운 마음을 상하게 할 것들이 하나둘이 아니다. 가령 그는 다음과 같이 말하고 있다.[94]

〈성자(聖子)들의 그림에 대한 경배에 대하여〉
귀가 있어도 듣지 못하고, 눈이 있어도 보지 못하는 자들에게

---

92 이 마지막 문장은 1919년에 프로이트가 첨가한 것이다. 「집단 심리학과 자아 분석」(프로이트 전집 12, 열린책들), 「어느 환상의 미래」(프로이트 전집 12, 열린책들), 「문명 속의 불만」(프로이트 전집 12, 열린책들) 참조.
93 뮌츠의 『레오나르도 다빈치』 참조 — 원주.
94 헤르츠펠트의 『사상가, 연구가, 시인으로서의 레오나르도 다빈치』 참조 — 원주.

말하는 사람들이 있으리라. 그들에게 아무리 말을 해봐도 아무런 답을 얻지 못하리라. 귀가 있으나 듣지 못하는 자에게 그들은 용서를 구할 것이다. 그들은 눈먼 자를 위하여 불을 켜리라.

〈성(聖)금요일의 애도에 대하여〉
전 유럽에 걸쳐 동양에서 죽은 단 한 사람의 죽음을 슬퍼하며 많은 민족들이 모여 눈물을 흘리고 있다.

흔히 레오나르도의 예술 창조를 두고 그가 성자들의 그림과 교회의 관련을 끊어 버리고 성화(聖畵)를 인간화함으로써 인간의 아름답고 위대한 감정을 표현했다고 말해 왔다. 무터는 레오나르도가 퇴폐적인 분위기를 극복하면서도 인간에게 관능성과 삶을 향락할 권리를 되돌려 주었다고 찬사를 보냈다. 자연의 위대한 신비들을 탐구하는 데 몰두해 있는 그의 모습을 엿보게 하는 메모들 속에는 물론 그 모든 위대한 비밀의 궁극의 근원으로서 창조자 하느님을 경애하는 글들이 없는 것은 아니지만, 레오나르도가 이 창조자 하느님과 개인적인 관계를 유지하고자 했다는 증거는 어디에도 없다. 인생 말년에 접어들어 얻게 된 깊은 예지(銳智)를 표현한 문장들 속에는 하느님의 선하심과 은총에는 어떤 위안도 구하지 않은 채 오직 〈필연Ananke〉에, 즉 자연의 법칙들에 복종하는 인간의 체념이 숨 쉬고 있다. 레오나르도가 교조적인 종교를 개인적인 종교로 삼지 않았고, 자신의 탐구 작업을 통해 기도교인의 세계관에서 매우 멀리 떨어져 있었음은 의심할 여지가 없다.
어린 시절의 정신 발달 과정에 대해 우리가 앞서 밝혔던 관점에서 볼 때, 레오나르도에게서도 역시 어린 시절의 탐구는 성(性)에 대한 것들이었다는 가정을 하지 않을 수 없다. 그런데 그는 독수리 환상에 대해 강렬한 탐구 본능을 보였고, 또 새들의 비상에 대해서는 운명의 특이한 이끌림에 의해 연구해야만 한다는 듯이 강조하고 있다. 이렇게 함으로써 그는 은폐하는 듯하면서도 사실에서는 분명하게 어린 시절의 탐구가 성적 탐구임을 스스로 드러내고 있다. 새의 비상에 관한 그의 몇몇 메모들이 보여 주는 예언자적 어조와 난삽한 문장은 스스로 새들의 비상술을 모방해 보겠다는 욕망을 갖게 한 그의 강력하고도 충동적인 흥미를 여실히 증명해 준다. 〈이 큰 새는 그의 거대한 백조의 등을 떠나 온 세상을 깜짝 놀라게 하며, 또 세상의 모든 책들을 그의 명성으로 가득 채우며 첫 번째 비상을 할 것이고, 그가 태어난 둥지에는 영원한 영광이 되리라.〉[95] 그는 언젠가 자신이 하늘을 날 수 있기를 희망했을 것이고, 우리는 소원 성취에 관한 꿈을 통해 이러한 희망의 성취에서 어떤 행복이 기대되는지 알고 있다.

왜 그토록 많은 사람들이 비상을 꿈꾸는 것인가? 정신분석학의 대답은 난다는 것 혹은 새가 된다는 것은 다른 욕망이 위장된 것으로, 이 욕망이 무엇인지를 알기 위해서는 언어와 사물에 대한 많은 탐구를 거쳐야 한다. 호기심 많은 아이들에게 황새같이 큰 새가 아기들을 물어 왔다고 이야기한다면, 또 고대인들이 날개 달린 남근을 묘사했고 인간의 성교를 지칭하는 가장 흔한 독일어 표현이 새 *Vogel*라는 말에서 파생된 〈교미하다 *voglen*〉이고, 나아가 이탈리아인들에게 남성의 성기가 다름 아닌 〈새 *uccello*〉라는 말로 지칭되고 있다면, 이 모든 것들은 날고 싶다는 욕망이 꿈속에서는 성교할 수 있게 되기를 바라는 강력한 욕망이 표현된 것

95 헤르츠펠트의 『사상가, 연구가, 시인으로서의 레오나르도 다빈치』 참조. 〈그의 거대한 백조〉란 피렌체 인근에 있는 몬테 세세로 언덕을 가리킨다 ─ 원주. 오늘날은 몬테 세세리인데 세세로는 고대 이탈리아어로 백조를 뜻한다.

이외에 다름이 아니라는 사실을 일러 주는 몇 가지 단편적인 예일 뿐이다.[96]

문제가 되는 것은 다름 아닌 어린 시절의 조숙한 욕망이다. 어른이 되어서 어린 시절을 회상할 때면 그 시절은 순간순간을 즐기며 욕망 없이도 미래를 향해 나아가던 행복했던 시절처럼 보이는데, 바로 이런 이유 때문에 어른은 아이들을 부러워한다. 그러나 만일 아이들이 우리에게 좀 더 일찍 상황을 알려 줄 수만 있다면, 그들은 아마도 전혀 다른 이야기를 들려줄 것이다. 어린 시절은 우리가 훗날 생각하는 것처럼 그렇게 행복하기만 한 목가적인 시기가 아닌지도 모른다. 아니 오히려 아이들은 어린 시절 내내 욕망이 휘두르는 채찍에, 다시 말해 어른이 되겠다는 그래서 어른처럼 하고 싶다는 욕망에 시달리고 있다. 어린아이들의 모든 놀이의 동력이 바로 이 욕망이다. 성적 탐구를 하는 동안 어린아이들이 그들로서는 도저히 알 수는 없으나 매우 중요한 이 영역에서 자신들은 아는 것도 행하는 것도 금지되어 있는, 뭔가 위대한 일을 어른들은 할 수 있다고 추측하여 같은 것을 해보고 싶다는 강렬한 욕망이 아이들의 가슴속에 일어나게 된다. 그리하여 아이들은 이 욕망을 비상의 형태로 꿈꾸거나 혹은 훗날 비상의 꿈을 꿀 때 이 꿈에 그들의 욕망을 싣게 된다. 이렇게 본다면 결국 오늘날에 이르러서야 목표가 달성된 항공술 역시 어린 시절에 그 성적 기원을 두고 있다고 볼 수 있다.

레오나르도는 어린 시절부터 이 비상과 자신의 개인적이고도 특별한 관계를 느꼈다고 고백함으로써, 요즈음 아이들에 대한 연

---

96   (1919년에 추가된 각주) 위의 예들은 파울 페더른P. Federn과 정신분석가가 아닌 노르웨이의 연구자 몰리 볼드J. Mouly Vold의 연구에 의거한 것이다. 페더른의 「두 가지 전형적인 꿈-감각에 대하여Über zwei typische Traumsensationen」(1914), 볼드의 『꿈에 대하여Über den Traum』(1910~1912) 참조 — 원주.

구를 통해서도 추측할 수 있는 것이지만, 우리에게 그의 어린 시절의 탐구가 성적인 것을 향해 있었음을 새삼 확인시켜 주고 있다. 어쨌든 그를 훗날 성에 대해 무관심하게 만들었던 억압에서 이 비상만은 제외되어 있었다. 어린 시절부터 지적으로 가장 성숙했던 시기까지 이 문제는 약간 의미의 변화가 있기는 했지만, 지속적으로 그의 관심을 끌었다. 그의 욕망의 대상이었던 이 하늘을 날 수 있는 비상 능력을 그는 기술적인 측면에서처럼 어린 시절의 성이라는 의미에서도 확보하지 못했고, 양자 모두 그에게는 좌절된 욕망으로 남아 있었을 가능성이 높다.

위대한 레오나르도였지만 그는 여러 가지 면에서 볼 때 평생을 어린아이로 살았다. 모든 위인(偉人)들은 어쩔 수 없이 뭔가 어린아이 같은 면이 있다고 해야 할 것이다. 비록 성인이 되었지만 그는 계속 장난을 즐겼고, 이로 인해 주위 사람들에게 괴팍하고 이해하기 힘든 인간으로 보였다. 궁정의 축제일이나 공식 만찬 등을 위해 그는 기상천외한 장난감들을 제작하곤 했는데, 그와 같은 위인이 이런 경박한 일에 자신의 에너지를 허비하는 것을 좋아할 사람은 없을 것이다. 그러나 레오나르도 자신은 이런 것들에 탐닉했던 것처럼 보인다. 바자리가 전하는 바에 따르면, 그는 주문이 없을 때에도 주문이 있을 때와 똑같이 그런 것들을 만들었다고 한다. 〈그는 (로마에서) 밀랍으로 만든 반죽으로 속이 텅 비고 아주 가벼운 동물들을 만들곤 했는데, 공중에 띄우기 위해 안에 바람을 집어넣기도 했다. 바람이 빠지면 그것들은 다시 땅으로 떨어졌다. 벨베데레의 한 포도원에서 발견된 거대하고 이상하게 생긴 도마뱀의 등에 그는 다른 도마뱀들에게서 떼어 낸 비늘로 만든 날개를 달아 놓았는데, 수은을 발라 도마뱀이 움직일 때마다 날개도 따라서 움직였다. 또한 그는 눈과 뿔과 수염도 만들어 붙였고 도마뱀을 길들였다. 그는 이 도마뱀을 상자 속에 가두어 길렀는데, 도마뱀을 본 친구들은 모두 도망을 치고 말았다.[97] 이런 발명의 재주를 통해 그는 종종 매우 중요한 생각들을 표현할 수 있는 기회를 얻곤 했다. 〈그는 어떤 때는 양의 창자에서 기름기를 제거한 다음 세심하게 씻어서 한 손에 쥘 수 있을 만큼 부피를 줄였다. 옆방에는 대장간에서 쓰는 풀무 한 쌍이 있었는데, 준비된 양의 창자를 풀무에 고정시키고 바람을 불어넣었다. 부풀어 오른 양의 창자들은 꽤 컸던 방을 가득 채우게 되었고, 참석했던 사람들이 한쪽 구석으로 몰릴 정도였다. 처음에는 거의 부피를 차지하지 않았다가 나중에는 엄청나게 늘어나는 이 투명하고 공기로 가득 찬 양의 창자들을 레오나르도는 개인적인 에너지에 비유하곤 했다.〉[98] 그가 악의 없이 물건을 숨기고 교묘하게 위장하는 유희에서 기쁨을 느꼈다는 것은 그의 우화가 보여 주는 수수께끼에서도 알 수 있다. 수수께끼는 〈예언〉 형식으로 만들어졌는데, 거의 모두가 착상이 기발했지만 놀라울 정도로 잔재주는 부리지 않은 것들이었다.

몇몇 전기 작가들은 레오나르도가 자신의 환상을 좇아가며 보여 주었던 장난과 돌출 행동들을 이해하지 못함으로써 어떤 경우에는 심각한 오류를 범하곤 했다. 예를 들어 밀라노 수사본 원고에는 〈바빌론 성왕(聖王)의 근위 대장, 디오다리오 데 소리오(시리아)〉에게 보내는 편지 초고가 들어 있는데, 이 편지 속에서 레오나르도는 자신을 공사를 위해 동방에 파견된 기술자로 소개하며, 자신에게 쏟아진 태만하다는 비난에 대해 변론하면서 도시들

97　바자리의 『뛰어난 화가, 조각가, 건축가의 생애』 참조 — 원주.
98　바자리의 『뛰어난 화가, 조각가, 건축가의 생애』 참조 — 원주. 프로이트가 사용한 독일어판 바자리의 책에서는 인용문의 마지막 문장이 〈그는 이것들을 정령(精靈)에 비유하곤 했다〉로 끝나고 있다.

과 산들에 대한 지리학적 묘사를 했고, 나아가 자신이 머물고 있을 때 지방에서 일어난 커다란 자연 현상에 대해 자세하게 이야기를 하고 있다.[99]

이 단편적인 기록에서 출발해, 리히터는 1883년 레오나르도가 실제로 이집트의 왕을 위해 일을 하는 동안 탐사 여행을 했고, 동방에서 마호메트교를 신봉하기도 했다는 사실을 증명해 냈다. 그의 이 동방 체류는 1483년경의 일로, 밀라노 경(卿)의 궁전에 자리를 잡기 이전의 일로 보아야만 한다. 그러나 다른 전기 작가들은 레오나르도가 젊은 나이에 심심풀이로 지어냈고, 세상 구경을 하며 모험을 하고 싶은 욕망을 표현했던 것을 실제로 있었다고 하는 여행의 증거로 삼으려고 한다며 비난하곤 했다.

〈아카데미아 빈치아나〉도 역시 이러한 공상의 산물일 것이다. 그것이 실제로 존재했다는 추정은 아카데미아의 이름이 새겨져 있고 정교하게 서로 묶여 있는 대여섯 개의 우의화(寓意畵)들에 근거하고 있다. 바자리는 이 그림들에 대해서는 언급을 하고 있지만 아카데미아에 대해서는 아무런 말도 하고 있지 않다.[100]

레오나르도에 대한 그의 대(大)저작의 표지에 이 장식들 중의 하나를 사용했던 뮌츠는 〈아카데미아 빈치아나〉의 실재를 믿었던 몇 안 되는 사람들 중 하나다.

레오나르도의 이러한 유희 충동Spieltrieb이 성년의 나이에 들어서자 사라지면서 그의 개성이 마지막으로 만개하게 되는 탐구

---

99   이 서한들과 그에 관련된 가정들에 대해서는 뮌츠의 『레오나르도 다빈치』를 볼 것. 서한의 내용과 그에 대한 주석들은 헤르츠펠트의 『사상가, 연구가, 시인으로서의 레오나르도 다빈치』를 볼 것 ─ 원주.

100   〈그는 끈들이 하나의 원 속에서 서로의 끝이 연결되도록 교묘하게 서로 얽혀 있는 모습을 그리는 데 많은 시간을 소비했다. 이 중 하나는 매우 아름답고 정교한 것이었는데 《레오나르두스 빈치 아카데미아》라는 각인(刻印)과 함께 인각으로 남아 있다.〉 바자리의 『뛰어난 화가, 조각가, 건축가의 생애』 참조 ─ 원주.

행위로 연결되었다고 볼 수 있다. 그러나 유희 충동이 이렇게 오랜 시간 동안 지속되었다는 사실은 어린 시절에 두 번 다시 얻지 못할 지고의 성적 행복을 맛본 사람이라면 얼마나 오랜 시간이 지나야만 자신의 유년기에서 빠져나올 수 있는지를 우리에게 일러 준다.

6

독자들이 어떤 병력학(病歷學)에 대해서든 혐오감을 갖고 있다는 사실을 우리가 숨기려 한다면 이는 부질없는 일일 것이다. 이러한 거부는 정신분석학에 대한 다음과 같은 비난에 근거한다. 즉 한 위인에 대한 병력학적 연구를 통해서는 그 인물의 위대성과 업적들을 결코 제대로 이해할 수 없다는 것이다. 따라서 이 위인을 연구하면서 다른 여느 인간에게서도 발견할 수 있는 것들을 연구한다는 것은 부질없는 엉뚱한 행동이 될 것이다. 그러나 이러한 비난은 명백히 잘못된 것으로서 단지 변명이나 위장에 지나지 않는다. 한 위인이 이룩한 것을 이해하는 것이 결코 병력학의 목적은 아니다. 우리는 그 누구에게도 그가 약속한 바 없는 것을 지키지 않았다고 비난할 수 없다. 독자들이 혐오하는 진짜 이유는 다른 데에 있다. 전기 작가들이 한 영웅을 다룰 때 매우 특별한 방식을 사용한다는 점을 고려한다면, 이 진정한 동기를 발견할 수 있다. 전기 작가들이 한 위인을 연구 대상으로 선택했다면, 그들이 흔히 자신들의 개인적이고 정서적인 이유로 영웅에게 애정을 갖고 있기 때문이다. 그래서 이들은 일종의 이상화(理想化) 작업에 몰두하게 되는데, 이 작업을 통해 그들은 위인을 어린 시절에 모델이 되었던 인물들의 반열에 올려놓으려고 한다. 이는 또

한 어린 시절 아버지에 대해 품고 있었던 상을 현재 다루고 있는 인물에게서 되살려 내려는 작업이기도 하다. 이러한 욕망을 충족 시키기 위해 그들은 위인의 모습을 묘사하면서 개인적인 특징들을 지워 버리고, 외적·내적 시련에 대항하여 그가 벌인 싸움의 흔적들도 약화시켜 버린다. 또한 그들은 위인에게서 인간적인 연약함이나 불완전함이 발견되는 것을 용납하지 못하며, 멀리서나마 우리 자신과 유사하다고 느꼈던 위인 대신 전혀 다른 차갑게 식어 버린 이상형을 보여 주게 된다. 이 점은 분명 유감스러운 일이 아닐 수 없는데, 왜냐하면 그들은 그렇게 함으로써 동시에 환상을 위해 진실을 희생하는 것이며, 또한 자신들이 어린 시절에 품었던 공상을 위해 인간 본성이 지닌 가장 매혹적인 비밀에 접근할 수 있는 기회를 포기하는 것이기 때문이다.[101]

진실에 대한 사랑과 지식에 대한 갈증을 가진 레오나르도 또한 자기가 갖고 있는 크고 작은 여러 기이함과 신비들을 통해 자신의 정신적·지적 형성 과정의 조건들을 짐작할 수 있었을 것이다. 우리는 그의 제자가 됨으로써 그에게 존경을 보내고자 한다. 따라서 그가 어린 시절에서 떨어져 나오기 위해 필연적으로 치러야 했던 희생을 연구하고, 또 이 과정이 성공하지 못함으로써 그의 인성에 비극적인 자국을 남기게 된 요인들을 정리한다고 해서 이것이 그의 위대함을 훼손하는 것이라고 할 수는 없다.

우리가 레오나르도를 신경증 환자나 혹은 어색한 표현이긴 하지만 〈신경과민 환자〉에 포함시킨 적이 없음을 분명히 상기해 두자. 그를 다루면서 심지어 병리학에서 차용해 온 관점들을 아무 망설임 없이 적용하려 한다고 우리를 비난하는 사람이 있다면,

---

101 이 비판은 일반적 성격의 비판일 뿐, 예를 들어 레오나르도의 전기 작가들 같은 특별한 대상을 염두에 두고 하는 비판은 아니다 — 원주.

그야말로 우리가 이제는 포기해 버린 편견에 아직 사로잡혀 있는 사람이다. 우리는 건강한 상태와 병적인 상태를, 또 정상인과 신경증 환자를 분명하게 구분해야 한다고 생각하지 않으며, 나아가 신경증적인 특징들이 반드시 전체적인 열등성을 나타내는 증거로 간주되어야 한다고 생각하지도 않는다. 우리는 이제 신경증적 징후들이라는 것이, 어린아이에서 문명화된 사회의 한 인간으로 우리를 인도하는 일정한 억압 과정을 대체해 버린 심리 현상임을 알고 있다. 또한 우리 모두가 이러한 대체 심리 현상을 보이고 있으며, 단지 그 빈도와 강도와 배분(配分)의 차이점들만이 병적 상태라는 개념과 선천적인 열등성이라는 결정을 합리화할 수 있음을 알고 있다. 레오나르도의 인성이 제공하는 미미한 지표들을 살펴보면, 우리가 〈강박적〉이라고 지칭하는 유형의 신경증에 그가 근접해 있었다고 말할 수 있다. 그뿐만 아니라 그의 탐구는 신경증 환자의 〈반추 강박〉에, 그의 자기 억제는 신경증 환자들의 의지 결핍에 각각 비교할 수 있다.

우리의 탐구 목적은 레오나르도의 성생활과 예술 활동 속에 나타난 자기 억제를 설명하는 것이다. 이제 우리는 지금까지 그의 정신 발달 과정에 대해 발견했던 것들을 우리의 목적에 맞추어 요약해 볼 수 있을 것이다.

그의 유전적 조건들에 관해서는 아무것도 알려진 바가 없는 반면, 어린 시절에 우연히 발생한 사건들이 깊은 장애로 작용했음을 우리는 알고 있다. 서자였기 때문에 그는 아마도 다섯 살 때까지는 아버지의 영향을 받을 수 없는 조건 속에서 자랐을 것이고, 이로 인해 그에게는 유일한 위안이었던 어머니의 사랑 가득한 유혹에 노출되어 있었다. 조숙했지만 성적인 성숙이 이루어질 때까지 어머니의 애무를 받으며 자랐던 그는 어린아이 특유의 성행위

단계로 접어들었는데, 그의 어린아이로서의 성적 호기심이 발동된 강도야말로 이를 나타내 주는 유일하고도 독특한 증거라고 볼 수 있다. 관찰하며 알고자 하는 지적 충동은 조숙한 어린아이로서 그가 받은 인상들로 인해 강하게 촉발되었다. 입이라고 하는 성감대는 지배적인 것이 되었고, 이 상태는 지속되었다. 동물들에 대한 과도한 연민처럼 훗날 나타나게 되는 상반된 행동에서 우리는 그의 어린 시절에 강렬한 가학적 특징들이 있었다는 결론을 내릴 수 있다.

강력한 억압이 이러한 어린 시절의 과잉을 종결시킬 수 있었고, 사춘기 때에 모습을 보이게 될 여러 기질을 고정시켜 놓았다. 이러한 변형의 가장 눈에 띄는 결과는 레오나르도가 모든 거친 성행위에 등을 돌리게 되었다는 것이다. 그는 금욕적인 삶을 살 수도 있었고, 성(性)과는 무관한 사람이라는 인상을 줄 수도 있었다. 파도처럼 밀려오는 사춘기 때의 자극들이 그를 덮쳤을 때에도, 이 자극들은 그로 하여금 비싼 대가를 치러야 하는 해로운 대체 심리를 형성하도록 했지만 그를 병들게 하지는 못했다. 피할 수 없는 성적 자극은 대부분 조숙한 성적 호기심 때문에 일반적인 성격의 지적 호기심으로 승화될 수 있었고, 그렇게 해서 억압에서 벗어날 수 있었다. 리비도의 매우 적은 부분만이 성적 목적을 향해 있었고, 성인이 된 그의 위축된 성생활을 설명해 준다. 어머니에 대한 사랑을 금지하는 억압으로 인해 이 사랑의 리비도는 동성애 쪽으로 밀려갔고, 소년들에 대한 이상적인 사랑의 형태로 표현되었다. 우선은 어머니에 대한, 그리고 나중에는 그와 어머니 사이에서 유지되던 관계에 대한 행복한 기억들이 무의식 속에 고착되었지만, 이것은 당분간 비활동 상태에 머물러 있게 된다. 이렇게 해서 성적 자극이 레오나르도의 정신적 삶에 끼친 영향들은 억압,

고착, 승화가 각각의 해당 부분에 가하는 조작을 받게 되었다.

어두운 어린 시절을 지나 레오나르도는 조숙한 관찰 충동 *Schautrieb*에 눈뜨게 되어 강화되었을 특출한 재능에 힘입어, 우리 앞에 예술가로서, 화가로서, 또 조각가로서 우뚝 섰다. 나는 바로 이 부분에서 우리에게 방법이 부족하다고 하더라도, 예술적 행위가 어떤 방식을 통해 원초적인 정신적 충동들로 환원되는지를 지적해 보고 싶다. 우리는 예술가의 창조 작업 역시 성욕의 우회라는 사실을 강조하고, 나아가 레오나르도에 관해서는 웃고 있는 여인과 아이들의 머리들, 다시 말해 그의 성적 대상에 대한 형상화가 그의 초기 예술적 시도들 중에서 특히 주목을 요한다는 바자리의 의견에 만족해야 할 것이다. 한창 젊었을 때 레오나르도는 우선은 자기 억제 없이 작업을 했던 것 같다. 외적인 생활에 아버지를 모델로 삼았던 것과 마찬가지로 그는 운명의 도움을 받아 아버지의 심리적 대리인이었던 루도비코 일 모로 공을 만났던 밀라노에서 바로 남성적인 창조력과 예술적인 생산성이 만개한 시기를 보냈다. 그러나 그의 가슴속에는 곧 성생활을 거의 완전하게 제거한다고 해서 성의 승화된 행위에 유리한 조건들이 주어지는 것은 아니라는 경험적 사실이 자리 잡게 된다. 성생활의 모델로서의 가치가 한층 강조되었고, 행동과 신속하게 결정을 내리는 능력은 서서히 마비되어 갔으며, 좋고 나쁨을 재고 판단을 미루는 경향이 이미 「최후의 심판」 같은 작품 속에서 장애 요인으로 느껴지고 있었다. 이러한 경향은 또한 테크닉에도 영향을 미쳐 이 위대한 걸작의 운명에 결정적인 결과를 가져온다. 그의 내부에서는 신경증 환자들에게 나타나는 퇴행으로밖에는 달리 분류할 수 없는 과정이 완만하게 진행되고 있었다. 그를 예술가로 만들었던 사춘기 시절의 그 자아 성숙은 어린 시절에 이미 결정된 또 다른 자아 성숙,

즉 그를 탐구자로 만든 자아 성숙에 의해 추월당했다. 다시 말해 그의 성적 충동에 대한 두 번째 승화는 첫 번째 억압이 이루어질 당시 준비되어 있던 최초의 승화 앞에서 힘을 잃고 말았다. 그는 탐구자가 되어 버렸다. 처음에는 여전히 예술을 섬겼지만, 갈수록 더 이상 예술에 종속되려 하지 않았고, 급기야 그는 예술을 멀리 하게 되었다. 아버지의 대리인이었던 후견인이 사라지고, 그의 삶이 갈수록 어두워지자 퇴행 속에서 이루어지는 대체 현상이 한층 더 넓게 확산되어 갔다. 그는 여전히 그의 그림을 진정으로 한 폭 갖고 싶어 했던 이자벨라 데스테 후작 부인의 전령이 전하는 대로 〈붓을 견딜 수 없는*impacientissimo al pennello*〉[102] 화가가 되어 갔다. 어린 시절이라는 과거의 시간이 그를 온통 차지해 버린 것인데, 이때부터 그의 예술 활동을 대체한 탐구 활동은 무의식적인 충동적 활동의 몇몇 특징들, 가령 만족을 모르는 경향, 추호의 여지도 없는 경직성, 현실의 조건들을 따르는 적응력의 상실과 같은 특징들을 보였던 것 같다.

인생의 절정기였던 50세 초엽, 여자의 경우 성적 특징들이 쇠퇴하고 남자의 경우에는 흔히 리비도가 여전히 강력한 힘을 발휘하려고 하는 이 시기에, 레오나르도는 새로운 변화를 맞이하게 된다. 그의 정신을 형성하고 있던 가장 깊은 층들이 다시 활동을 시작했다. 하지만 이 새로운 퇴행은 쇠락해 가고 있던 그의 예술에 유익했다. 그는 자신에게 어머니의 행복하고도 관능적인 미소에 대한 추억을 다시 불러일으켜 주었던 여인을 만났고, 이 기억이 소생됨으로써 그는 미소 짓는 여인들을 그리면서, 예술 활동초기에 그를 인도했던 충동을 되찾았다. 그가 「조콘다」, 「두 명의성녀와 아기 예수」, 그리고 신비에 싸인 미소를 특징적으로 갖고

102   자이틀리츠의 『레오나르도 다빈치, 르네상스 시대의 전환점』 참조 — 원주.

있는 일련의 그림들을 그린 것이 바로 그 당시였다. 가장 오래된 성적 충동의 도움을 받아 그는 한 번 더 예술 속에서 자기 억제를 뛰어넘어 승리를 거두고 있었다. 이 최후의 진전은 우리가 보기에는 점점 가까이 다가오는 노년의 희미한 빛 속으로 사라져 가고 있었던 것처럼 보인다. 이전에 그의 지성은 시대를 뛰어넘어 가장 높은 수준의 세계관을 실현하는 곳까지 올라갔었다.

나는 앞 장에서 레오나르도의 성장 과정에 대한 이러한 소개가 어떻게 가능하고, 그의 인생에 대한 이러한 구분과 함께 예술과 과학 사이에서 그가 보여 준 망설임에 대한 설명이 또 어떻게 가능한지 밝힌 바 있다. 어쩌면 나는 이러한 추론들을 통해 친구들과 정신분석학 전문가들에게조차 내가 정신분석학적인 한 편의 소설을 썼다는 느낌을 불러일으켰는지도 모른다. 이러한 친구들이 있다면 나는 그들에게 내가 얻은 결론의 확실성에 대해서 나 또한 과대평가를 하고 있지 않다고 답할 것이다. 나도 다른 이들과 마찬가지로 이 이해할 수 없는 위인이 발산하는 매력에 굴복했고, 그래서 이 위인의 존재 속에서 다른 사람들처럼 강력한 격정들을, 그러나 그 표현은 오직 소리 죽여 가면서만 이루어질 수 있는 충동적 성격의 그 강력한 격정들을 탐지해 낼 수 있다고 생각했다.

그러나 레오나르도의 삶과 관련된 진실이 어떠하든 우리에게는 아직도 해야 할 일이 남아 있으므로 그의 삶을 정신분석적으로 파헤쳐 보는 것을 그만둘 수가 없다. 우리는 일반적으로 전기적 연구에서 정신분석학이 어느 정도로 적용 가능한지를 규정하는 경계선을 그려 보아야만 할 터인데, 그렇게 함으로써 우리는 설명이 부족할 때마다 이것을 정신분석의 실패로 돌리려는 것을 막을 수 있을 것이다. 정신분석학적 탐구는 한편으로는 유연한 사건들과 주위 환경의 영향들로 이루어져 있고, 다른 한편으로는 우리가 고찰한 것들을 통해 개개인이 보이는 반응들로 이루어진 전기적 정보들을 분석 자료로 삼는다. 심적 기제들에 대한 지식에 의존하여 정신분석학은 한 개인이 보인 반응들에서 출발하여 탐구하며, 근원적인 정신적 충동들을 드러내고, 아울러 이 힘들이 훗날 겪게 된 변형과 발전 양상을 역동적으로 규명하려 한다. 만일 정신분석학이 이러한 일을 성공적으로 해낸다면, 한 인격체가 살면서 보이는 전체 행동은 정신 형성과 운명, 그리고 내적인 힘과 외적인 힘들이 결합되어 가했던 작용을 통해 설명될 수 있다. 레오나르도의 경우처럼, 만일 이러한 시도가 어떤 확실한 결과를 제시하지 못한다고 하더라도 이 잘못을 정신분석적 방법의 오류나 불충분함으로 돌려서는 안 될 것이고, 오히려 문제가 된 인간에 대해 전해 내려온 불확실하고 허점 많은 자료 탓으로 돌려야 할 것이다. 따라서 실패의 모든 책임은 불충분한 자료에도 불구하고 정신분석에 의거해 결론을 내리려고 했던 이 글의 저자에게 돌아와야 한다.

그러나 풍부한 역사적 자료를 다룰 수 있고 확신을 가지고 정신적 기제들을 적용할 수 있다고 해도, 정신분석적 탐구란 두 가지 중요한 관점에서 볼 때, 한 개인이 다른 인간이 아닌 바로 그런 인간이 될 수밖에 없었던 필연성을 밝히는 데에는 무력할 수밖에 없을 것이다. 레오나르도에게는 서자로 태어났다는 우연과 어머니의 과도한 사랑을 받으며 자랐다는 점이 그의 성격 형성과 훗날의 운명에 결정적인 영향을 미쳤다는 관점은 옹호되야만 할 것이다. 다시 말해 그로 하여금 리비도를 탐구 본능으로 승화시키도록 하고 평생 지속될 성(性)에 대한 무관심을 형성시키면서 어린 시절이 지나자 바로 영향력을 행사하기 시작한 성적인 억압은 받아들여야 한다. 그러나 어린 시절에 맛보았던 첫 번째 성적 만족들 이후에 일어난 억압이 레오나르도에게는 아무런 영향을 끼치지 않았을 수도 있다. 레오나르도가 아니라 다른 어떤 사람에게도 영향을 끼치지 않을 수 있고, 혹은 영향을 주더라도 미미한 수준에 머물 수도 있다. 여기서 우리는 정신분석학적으로 더 이상 축소시킬 수 없는 자유가 있음을 인정해야 할 것이다. 나아가 억압이 초래한 결과를 유일하게 가능한 결과로 간주해서도 안 될 것이다. 다른 어떤 사람이라고 해도 자신이 갖고 있는 리비도의 상당 부분을 지적 욕구로 승화시키는 데 성공하지 못할 수 있다. 레오나르도와 똑같은 영향을 받았다고 해도 다른 사람이었다면, 레오나르도와는 달리 더 오랫동안 그 폐해(弊害)를 입어서 사고 장애를 일으킬 수도 있고, 혹은 강박 신경증의 지울 수 없는 기질을 갖게 될 수도 있다. 레오나르도의 이 두 가지 특이성은 정신분석적 연구로는 설명되지 않는다. 그는 충동적인 억압을 따라가는 특이한 성향을 가지고 있었고, 또한 초기에 형성된 충동들을 승화시키는 비범한 적응력도 소유하고 있었다.

정신분석의 지식이 도달할 수 있는 마지막 지점은 충동과 충동의 변형일 뿐이다. 이 지점에서부터 정신분석은 생물학적 탐구에 자리를 양보한다. 억압 성향에 관해서는 승화 능력에서와 마찬가지로, 우리는 그것을 정신이라는 건축물의 첫 번째 기초인 신체 기관이라는 근거로 환원시키지 않을 수 없다. 타고난 예술적 재능과 구체적인 제작 능력은 승화 과정과 긴밀한 관련을 맺고 있지만, 우리로서는 예술 창작의 본질 또한 정신분석적으로는 접근이 불가능하다는 점을 인정하지 않을 수 없다. 오늘날의 생물학 연구는 인간의 체질 구조의 기본적인 특징들을 남성적 체질과 여성적 체질의 화학적 혼융(混融)으로 설명하려는 경향을 보인다. 레오나르도가 아름다운 육체의 소유자였고, 그가 왼손잡이였다는 점 등은 우리의 주장에 많은 설득력을 제공해 준다. 그렇지만 우리는 순수하게 심리적인 연구 영역을 떠나고 싶지 않다. 우리의 목적은 여전히 외부적인 사건들과 이에 대한 인간의 반응들이 맺고 있는 상호 관련성을 충동 행위를 살펴봄으로써 입증하는 데 있다. 비록 정신분석학을 통해 레오나르도가 예술가가 된 이유를 설명할 수 없다고 해도, 우리는 적어도 정신분석을 통해 그의 예술적 표출과 그 범위들을 이해해 볼 수 있었다. 레오나르도와 같은 어린 시절을 보낸 사람만이 「조콘다」와 「두 명의 성녀와 아기 예수」를 그릴 수 있고, 자신의 작품 세계에 그토록 서글픈 운명을 부여할 수 있으며, 또 자연에 대한 연구자로서 전대미문의 창조력을 획득할 수 있을 것이다. 또 그의 모든 업적들과 불운의 열쇠가 어린 시절의 독수리 환상 속에 내포되어 있었던 것 같기도 하다.

하지만 만일 어떤 한 연구가, 자신의 의지와는 무관한 부모와의 만남에 한 인간의 운명을 좌우하는 결정적인 영향력을 부여하고, 그리하여 예를 들어 레오나르도의 운명은 그가 서자로 태어났고 첫 번째 의붓어머니였던 아름다운 도나 알비에라가 불임 여성이었다는 사실에 종속되어 있다고 주장하는 결과들을 내놓았을 때, 사람들이 이런 결과에 충격을 받는다는 것은 당연한 일이 아닐까? 나는 당연한 일이라고 생각하지 않는다. 우연이 우리의 운명을 결정하지 못한다면, 이것은 경건하기 이를 데 없는 세계관으로 다시 돌아가는 것, 즉 다시 말해 레오나르도가 태양은 움직이지 않는다고 씀으로써 후세를 위해 극복을 준비했던 바로 그 세계관으로 다시 돌아가는 것 이외에 아무것도 아니다. 정당하고 자비로우신 하느님이 아무것도 가진 것이 없는 인생 초기에 그 수많은 사고들에서 우리를 그 누구보다도 더 잘 보호해 주지 않는다는 것으로 인해 우리는 자연히 심한 마음의 상처를 입는다.

그리하여 우리는 우리의 삶에 정자와 난자의 만남으로 이루어지는 탄생에서부터 시작해 실제로는 모든 것이 우연에 지나지 않는다는 사실을 기꺼이 잊어버리려고 한다. 우연, 확실히 자연의 법칙들과 필연성에 속하는 우연, 그러나 우리의 욕망이나 환상과는 아무런 관련도 없는 우연을 우리는 잊으려 한다. 우리의 인생을 결정하는 것들 속에서 이러저러한 체질을 갖도록 하는 〈필연성들〉과 어린 시절에 일어나는 〈우연들〉 중 어느 것이 어느 정도로 지배적인가를 알아내는 일은 세부적으로 들어가면 아직 불확실할지도 모른다. 그러나 전체적으로 보면 어린 시절의 중요성은 의심할 여지가 없다. 햄릿의 말을 연상시키는 레오나르도의 난삽한 말에 따르면, 자연이란 〈결코 경험해 보지 못한 수많은 이유들로 가득 찬 것〉으로 우리는 자연에 존경심을 거의 보이지 않고 있다.[103] 이 자연의 이유들이 우리의 수많은 시도들을 통해 인간의 경험을 향해 길을 내며 다가올 때, 인간 존재인 우리 각자는 이 시도들 하나하나일 뿐이다.

---

103 헤르츠펠트의 『사상가, 연구가, 시인으로서의 레오나르도 다빈치』 참조 — 원주. 실제로 다음과 같은 햄릿의 말과 유사하다. 〈호레이쇼, 온 우주에는 너의 사고 속에서 꿈꾼 것보다 더 많은 것들이 있다 *There are more things in heaven and earth, Horatio / Than are dreamt of in your philosophy.*〉 셰익스피어의 『햄릿』 제1막 5장.

세상자의 모티프

세 상자의 모티프

Das Motiv der Kästchenwahl(1913)

프로이트의 편지에 의하면 이 글의 아이디어가 떠오른 것은 1912년 6월이었기에 결국 이 글이 발표된 것은 그로부터 1년 뒤의 일인 셈이다. 1913년 7월 7일 페렌치에게 보낸 편지에서 프로이트는 이 글을 쓰면서 자신의 세 딸을 염두에 두었음을 밝히고 있다.

이 논문은 1913년 『이마고』 제2권 3호에 처음 수록되었으며, 『신경증에 관한 논문집』, 제4권(1918), 『시와 예술』(1924), 『전집』 제10권(1946)에도 실렸다. 영어 번역본은 1925년 허백이 번역하여 "The Theme of the Three Caskets"라는 제목으로 『논문집』 제4권에 수록되었고, 『표준판 전집』 제12권(1958)에도 실렸다.

1

셰익스피어의 극작품에 나오는 즐거운 장면 하나와 비극적인 장면 하나를 통해 나는 최근 한 작은 문제에 봉착하여 그 문제를 풀 수가 있었다.

즐거운 장면이란 『베니스의 상인』에 나오는 장면으로 구혼자들이 세 개의 작은 상자들을 앞에 놓고 선택하는 장면이다. 아름답고 총명한 포샤는 아버지의 뜻에 따라 세 개의 작은 함 중에서 좋은 것을 선택하는 사람을 배필로 맞아들이기로 했다. 세 개의 함은 각각 금과 은과 납으로 만들어졌다. 좋은 함이란 안에 신부의 초상화가 들어 있는 함이었다. 금함과 은함을 고른 두 구혼자는 아무것도 얻은 것 없이 떠났고, 바사니오라는 세 번째 청혼자는 납으로 만든 함을 골랐다. 이렇게 해서 그는 약혼자를 얻게 되었는데, 운명이 걸린 시험이 시작되기 전에 젊은 처녀의 마음은 이미 납으로 만든 함을 선택한 구혼자에게 기울어져 있었다. 두 구혼자는 각자 자신이 선택한 금속을 칭찬하고 다른 두 금속은 깎아내리면서 자신이 내린 선택에 대해 설명했다. 세 번째 구혼자는 이렇게 해서 가장 까다로운 해명을 해야 할 처지에 놓이게 된다. 금과 은에 비해 납이 훨씬 좋다고 말해야 했는데, 할 말이 없었을 뿐만 아니라 억지를 쓴다는 인상을 피할 수가 없었던 것이다. 그러나 환자를 만나 이야기를 듣는 것처럼 우리가 실제로 분석해 나가면서 이 연설을 직접 들어 본다고 가정한다면, 우리는 자신의 선택을 합리화시키기 어려운 이 연설의 배후에 숨어 있는 몇 가지 비밀스러운 동기들을 예감할 수 있을 것이다.

상자들의 선택이라는 신탁 이야기를 만들어 낸 사람은 셰익스피어가 아니다. 단지 그는 이 이야기를 『게스타 로마노룸Gesta Romanorum』[1]이라는 여러 이야기 중에서 하나를 다시 따왔을 뿐인데, 이 텍스트의 이야기 속에서는 황제의 아들을 차지하기 위해한 처녀가 같은 선택을 하게 된다.[2] 여기서도 행운을 가져다주는 것은 세 번째 금속인 납이었다. 우리는 이 이야기에서도 기원을 거슬러 올라가 그 기원에서 파생된 것을 가려내고, 또 해석하도록 요구하는 오래된 모티프가 문제라는 점을 쉽게 짐작할 수 있다. 금, 은, 납이라는 세 금속 사이의 선택이 무엇을 의미하는지에 대한 첫 번째 추론은 슈투켄Ed. Stucken[3]의 확언에 의해 이미 끝난 상태인데, 그는 자신의 전문 영역에서 훨씬 벗어나 이야기를 하는 도중 같은 주제를 다룬 적이 있다. 그는 다음과 같이 말했다. 〈세 사람의 신분은 그들이 선택한 것에서 분명하게 드러난다. 모로코의 왕자는 금을 선택했는데, 이것은 금이 그에게는 태양이었기 때문이다. 스페인의 아라곤 지방에서 온 왕자가 은을 골랐다면 은이 그에게는 달을 뜻하는 것이었기 때문이다. 바사니오는 납을 선택했다. 납은 별들의 자손들이었던 것이다.〉 이러한 해석을 뒷받침하기 위해 그는 에스토니아의 민간 설화인 「칼레비포그

---

1 작자 미상의 중세 이야기 모음.

2 브라네스G. Brandes의 『윌리엄 셰익스피어William Shakespeare』(1896) 참조 — 원주.

3 『히브리, 바빌로니아, 이집트의 별자리 신화Astralmythen der Herbräer, Babylonier und Ägypter』(1907) 참조 — 원주.

Kalewipoeg」에 나오는 한 일화를 인용했다. 실제로 이 일화 속에서 세 사람의 구혼자는 각각 태양과 달과 별의 아들로 등장하고 있고, 〈납을 택한 청년은 북극성의 장남으로 나온다〉. 그리고 젊은 처녀는 역시 이번에도 세 번째를 선택한다.

요컨대 우리가 의문을 느끼고 있는 작은 문제는 결국 점성술과 관련을 맺고 있다는 것이다. 그러나 이런 설명으로도 우리의 의문은 결코 명쾌하게 풀리지 않는다. 오히려 다시 의문이 생길 뿐이다. 왜냐하면 많은 신화학자들처럼 우리 역시 신화의 수수께끼가 하늘에서 답을 얻는 것이라고 생각할 수는 없기 때문이다. 오히려 우리는 오토 랑크Otto Rank와 함께 신화란 순수하게 인간적인 조건들 속에서 태어나 하늘에 투사된 것이라고 믿는다. 우리가 관심을 기울이는 것도 바로 이 인간적 내용이다.

이제 좀 더 세심하게 우리의 관심사를 살펴보자. 로마의 이야기들처럼 에스토니아의 민담에서도 문제가 되는 것은 한 젊은 처녀가 세 명의 청혼자 중에서 한 사람을 선택하는 것이다. 『베니스의 상인』에서도 얼른 보기에는 선택이 문제인 것처럼 보이는데, 여기에는 모티프를 새롭게 창작한 것처럼 보이는 한 가지 차이점이 있다. 즉 셰익스피어의 희곡에서는 한 남자가 세 상자 사이에서 선택을 하고 있다. 만일 우리가 꿈을 다루고 있다면, 우리는 이 금속 함들을 가령 상자나 통이나 갑, 혹은 바구니들처럼 여자에게 가장 중요한 부분을 상징함으로써 여자들 그 자체라고 생각할 수도 있을 것이다.

또 만일 우리가 신화에서도 꿈에서와 마찬가지로 이러한 유형의 상징적 대체가 가능하다고 생각한다면, 이때 『베니스의 상인』에서 세 금속 함이 나오는 장면은 우리가 위에서 추측한 대로 실제로 상황이 역전된 장면일 수 있다. 민담 속에서는 흔히 있을 수 있는 일이므로, 우리는 단번에 점성술적인 해석을 걷어냈다. 세 여자 사이에서 한 남자가 해야 하는 선택, 그것은 인간의 문제이다.

그런데 이 모티프는 셰익스피어가 쓴 가장 충격적인 비극인 또 다른 작품에서도 주제로 등장하고 있다. 물론 이번에는 한 약혼녀의 선택이 문제가 되는 것은 아니지만, 같은 모티프가 겉으로 드러나지 않은 많은 유사점을 가진 채 『베니스의 상인』에 나오는 상자의 선택이라는 모티프와 연결되어 있다. 늙은 왕 리어는 살아 있을 때 세 딸이 자신을 사랑하는 정도에 따라 왕국을 나누어 주기로 결심했다. 두 딸, 거너릴과 리건은 아버지에 대한 자신들의 애정을 지칠 줄 모르고 드러내며 자찬했던 반면에, 셋째 딸인 코델리아는 일체 반응을 보이지 않았다. 리어왕은 이 셋째 딸의 사려 깊고 은근한 애정을 알아보고 그에 합당한 보상을 해주어야만 했을 것이다. 그러나 그는 셋째 딸의 애정을 몰라보았고, 코델리아를 멀리 내쳐 버린 후 나머지 두 딸에게만 왕국을 나누어 주었다. 이로 인해 단지 그만이 아니라 모든 사람들이 불행해진다. 이것 역시 세 여인 사이에서의 선택이라고 볼 수 없을까? 세 여인 중 가장 젊은 여인이 가장 아름다운 여인이고, 따라서 그 누구보다도 사랑을 받을 자격이 있는 여인이 아닐까?

이제 똑같은 상황을 소재로 하는 신화와 민담과 문학 작품들의 많은 장면들이 자연스럽게 우리의 머릿속에 떠오를 것이다. 목동 파리스도 세 여인 중에서 가장 아름다운 세 번째 여인을 선택했다. 신데렐라 역시 같은 방식으로 두 언니를 물리치고 왕자님에게 가장 사랑을 받았던 셋째였다. 프시케 또한 아풀레의 이야기 속에서 세 자매 중 가장 나이 어리고 아름다운 셋째였다. 인간이 된 아프로디테처럼 숭상을 받기도 했지만, 또 한편으로는 의붓어머니에 의해 신데렐라처럼 학대당하기도 했던 프시케는 한데 뒤

섞여 자루에 가득 담겨 있는 씨앗들을 골라내야만 했고, 작은 동물들의 도움에 힘입어 일을 마칠 수가 있었다(신데렐라의 경우에는 비둘기들이 도왔고, 프시케는 개미들이 도왔다).[4] 좀 더 광범위한 탐색을 해보고자 한다면, 누구든지 핵심적인 동일한 특징들을 간직하고 있는 같은 모티프가 변형된 형태로 반복되고 있음을 알게 될 것이다.

코델리아, 아프로디테, 신데렐라 그리고 프시케의 경우로 한정해서 이야기해 보자. 세 여인이 자매 사이인 것으로 보아, 비록 그중 한 여인만이 선택된다고 해도 이들이 동일한 가계의 구성원으로 구상되었다는 것은 확실해 보인다. 리어왕의 경우에는 한 남자에 의해 선택되는 세 여인이 문제되는데 그렇다고 우리가 당황해할 필요는 없다. 왜냐하면 리어왕의 경우에는 그가 나이 많은 남자로 등장한다는 사실 이외에 다른 것을 의미하는 것이 아니기 때문이다. 세 여인 사이에서 한 늙은 남자가 행해야 하는 선택을 다른 방법으로 극화시키는 것은 결코 쉽지 않았을 것이다. 바로 이런 이유로 작품에서는 세 여인이 딸로 등장한 것이다.

이 세 자매는 과연 어떤 인간들이었고, 왜 셋째만이 선택받아야 했을까? 이 질문에 답할 수만 있다면 우리가 찾고 있는 해석의 의미에 도달하게 될 것이다. 그런데 세 개의 함은 곧 세 여인을 상징한다고 보았을 때, 이미 우리는 정신분석적 관점에 의존하고 있는 것이다. 이러한 방법을 계속 추구한다면 우리는 많은 곁길들이 있음에도 불구하고 예측할 수 없고 이해할 수 없는 세계의 한가운데서 방황하게 될 때 어떤 한 귀착점으로 인도하는 길을 따라갈 수 있을 것이다.

우리는 다른 사람들보다 더 많은 사랑을 받을 만한 자격이 있

---

4 나는 오토 랑크 박사가 작성한 대조 색인에서 이 차이점을 알았다 — 원주.

는 세 번째 여인이 대부분 자신의 미모 외에 다른 특이한 점들을 갖고 있다는 사실에 놀라지 않을 수 없다. 이 특징들은 또 어떤 통일성을 지향하고 있는 것처럼 보이기도 하는데, 그렇다고 이 특징들이 모든 예에서 똑같이 분명하게 드러나 있을 것이라고 기대할 수는 없다. 코델리아는 자신의 모습을 드러내지 않으며 또 납처럼 광채를 발하지도 않는 벙어리처럼 〈사랑하면서도 입을 다물고 있다〉.[5] 신데렐라 역시 몸을 숨겨서 어디에 있는지 찾을 수가 없었다. 어쩌면 이렇게 몸을 숨기는 것과 입을 다무는 것이 동일한 의미를 지닌다고 볼 수도 있을 것이다. 그런데 실제로는 우리가 다루기로 한 다섯 가지 경우 중에서 단지 두 경우만이 이에 해당될 뿐이다. 겉으로 드러나는 것은 아니지만 비슷한 징후는 다른 두 경우에서도 찾을 수 있다. 실제로 우리는 이런 이유로 경직된 거부를 보이는 코델리아를 주저 없이 납에 비유했던 것이다. 상자들을 앞에 놓고 바사니오가 한 납에 대한 간단한 연설은 사실 아무것도 일러 줄 것이 없다는 투로 진행된다.

너의 창백한 얼굴이 유창한 언변보다 더 나를 감동시키는구나.[6]

위의 시구는 〈너의 순박함은 다른 두 아이의 소란스러운 모습보다도 더 나를 감동시키는구나〉라는 뜻으로 해석할 수 있다. 금과 은은 〈소란스럽고〉, 납은 〈사랑하면서도 입을 다물고 있는〉 코델리아처럼 조용하다.[7] 고대 그리스 신화에 나오는 파리스의 심

5 제1막 1장에 있는 코델리아의 방백.
6 Thy 'plainness' moves me more than eloquence. 이본(異本)에 따르면 〈창백함 paleness〉 대신 〈순박함 plainness〉이 들어가 있다 — 원주.
7 슐레겔의 번역에서는 이 비유가 완전히 누락되어 있다. 심지어 전혀 반대의 뜻으로 오역되어 있다. 〈너의 순박함은 웅변적으로 내게 말을 하는구나〉 — 원주.

판 이야기 속에서 아프로디테가 말할 때에는 이와 같은 겸양의 흔적을 전혀 찾아볼 수 없다. 세 여신은 모두 미소년에게 갖가지 약속으로 그를 차지하려고 한다. 그러나 같은 장면을 완전히 현대적인 방식으로 새롭게 보고 있는 관점에 따르면 우리의 관심을 끌고 있는 세 번째 여인의 특징은 특이하게 재조명을 받게 된다. 『아름다운 헬렌』이라는 멜락과 할레비의 대본 속에서는 미의 경연에서 다른 두 여신이 어떤 제안을 해왔는지 파리스가 상세히 열거한 다음 아프로디테가 어떻게 처신했는지를 전하고 있다.

> 세 번째 여인, 아! 세 번째 여인이여…….
> 세 번째 여인은 아무 말도 하지 않는구나.
> 상을 받는 자는 그러나 바로 그녀…….

만일 우리가 〈침묵〉에서 위의 요약된 인용 속에 들어 있는 특이점을 보려고 한다면, 그것은 정신분석이 우리에게 〈침묵은 꿈속에서 일반적인 죽음의 표상〉임을 일러 주기 때문이다.[8]

십여 년 전 대단한 지성의 소유자인 한 사내가 내게 꿈 이야기를 들려준 적이 있는데, 그렇게 함으로써 그는 내게 꿈의 텔레파시*Telepathie*적 속성을 입증해 보이고자 했다. 꿈속에서 그는 아주 오래전에 연락이 끊긴 한 친구를 보았고, 그간의 침묵에 대해 친구를 몹시 나무랐다. 그런데 그가 이런 꿈을 꿀 때와 거의 같은 시기에 그 친구가 자살로 생을 마감했다는 사실을 나중에 알게 되었다. 텔레파시의 문제는 한쪽으로 비켜 놓고 본다면,[9] 이 꿈속에

---

8 슈테켈W. Stekel의 『꿈의 언어*Sprache des Träumes*』(1911)에서도 언어 장애인은 〈죽음〉의 상징으로 언급된다 — 원주.

9 1922년에 프로이트가 쓴 「꿈과 텔레파시Traum und Telepathie」를 참조할 것.

서 침묵이 죽음을 나타내고 있다는 사실은 의심할 여지가 없다.

마찬가지로 몸을 숨긴다거나, 신데렐라를 찾아 나선 매력적인 왕자가 경험했던 것처럼 찾을 수 없는 환경에 있다거나 하는 것은 꿈속에서는 인정하지 않을 수 없는 죽음의 상징이다. 이 사실은 셰익스피어의 희곡 속에 들어 있는 한 교훈에서 납의 그 〈창백함〉이 연상시키는 분명한 창백함만큼이나 명료한 것이다. 우리는 지금 꿈의 언어에 대한 해석들이 신화적 표현 양식 속으로 옮겨 가는 전이를 다루고 있는데, 만일 우리가 침묵이 필연적으로 죽음의 상태를 의미한다는 사실을 꿈이 아닌 다른 창조물 속에서도 증명해 낼 수 있다면 우리의 주장은 상당 부분 용이하게 입증될 수 있을 것이다.

나는 여기서 그림의 민간 설화 중에서 「열두 형제」[10]라는 이야기를 이용해 보려고 한다. 옛날 한 왕과 왕비가 살았는데, 그들은 딸을 낳지 못한 채 아들 열두 형제를 낳아 기르고 있었다. 어느 날 왕이 말했다. 〈만일 열세 번째 아이가 딸이면 아들들은 모두 죽을 것이다.〉 열세 번째 아이가 태어나기를 기다리며 왕은 열두 개의 관을 준비시켰다. 그러자 열두 형제는 어머니의 도움을 받아 깊은 산속으로 몸을 피했고, 그들은 만나는 모든 소녀들을 다 죽여 버리겠다고 다짐했다.

마침내 딸이 태어났고, 그녀는 어느 날 어머니인 왕비로부터 자신에게 열두 명의 오빠가 있다는 사실을 듣게 된다. 그녀는 오빠들을 찾아 나서기로 결심한다. 그리고 숲속에서 자신을 알아보는 막내 오빠를 만나게 되는데, 그는 모든 소녀를 다 죽이겠다고 한 형제들 간의 맹세를 기억하고 누이동생을 숨겨 주려고 했다. 여동생이 말했다. 〈저는 차라리 죽었으면 해요. 내가 죽어서 열두

10 그림Grimm 형제의 동화집에 실려 있는 이야기 중 하나.

명의 오빠를 구할 수 있다면요.〉 그러나 오빠들은 여동생을 진심으로 환영했고, 그녀는 오빠들 곁에 머물며 집안일을 돌보았다.

집 옆에는 작은 정원이 하나 있었고, 그곳에는 열두 송이의 백합이 피어 있었다. 소녀는 꽃을 따서 오빠들에게 한 송이씩 주었는데, 그러자마자 열두 형제는 모두 까마귀로 변해 버렸고, 집과 정원도 사라져 버렸다. 까마귀는 영혼의 새였고, 이야기 서두에서 열두 개의 관이 준비되고 있을 때 열두 형제가 사라졌던 것처럼, 여기서도 다시 한번 소녀가 저지르는 살인은 꽃을 꺾는 행위를 통해 나타나고 있다. 오빠들을 다시 죽음에서 구원하려고 했던 소녀는 그들을 위해서 자신이 7년 동안 그 어떤 말도 하지 않은 채 침묵을 지켜야만 한다는 사실을 알게 된다. 그녀는 이 시련을 받아들인다. 다시 말해 소녀는 오빠들을 처음 만났을 때처럼 이번에도 오빠들을 위해 죽음을 받아들인 것이다. 자신에게 부과된 침묵을 지킴으로써 그녀는 까마귀로 변했던 열두 명의 오빠를 다시 구해 낼 수 있었던 것이다.

거의 동일한 방식으로 「여섯 마리 백조」[11]에서도 새로 변해 버린 형제들이 구원을 받는다. 다시 말해 그들의 누이가 침묵을 지킴으로써 그들은 다시 살아나게 되는 것이다. 젊은 처녀는 〈자신의 생명을 걸어야 할 시간이 다가오자〉 형제들을 구하기 위해 굳은 결심을 하고, 급기야 왕과 결혼함으로써 생명의 위협을 받게 된다. 온갖 악의적인 험구에도 불구하고 그녀는 끝내 입을 열지 않은 채 침묵을 지켰던 것이다.

침묵이 죽음을 형상화하고 있다는 것을 이해하기 위해서라면 우리는 이를 입증할 증거들을 다른 많은 이야기들에서도 끌어낼 수 있다. 이러한 증거들을 따라가 보면 선택받는 세 번째 여동생

11 그림 형제의 동화집에 실린 이야기.

이 죽은 여인임을 알게 된다. 그러나 그녀의 의미는 여기에 한정되지 않는다.

다시 말해 그녀는 죽음 그 자체이자 죽음의 여신이기도 한 것이다. 드물지 않게 일어나는 전위 덕분에 신이 인간에게 부여한 속성들이 다시 신에게 돌아간다. 이러한 전위 중 우리를 가장 덜 놀라게 하는 것이 바로 죽음의 여신이라는 경우다. 왜냐하면 현대적으로 번안되어 제시될 이러한 이야기들 속에서 죽음 자체는 죽은 사람을 의미하는 데 지나지 않기 때문이다.

그러나 만일 세 번째 누이가 죽음의 여신이라면 우리는 이제 자매들 전체를 이해할 수 있게 된다. 그들은 운명의 상징들인 것이다. 그들은 모이라들이고 파르카들이다. 혹은 노르네스들이다. 그들 중 막내인 셋째는 아트로포스라고 불린다.[12] 즉 그녀는 피할 수 없는 운명을 나타내는 것이다.

12 운명의 세 여신을 이르는 말들로서 로마 신화에서는 파르카라고 하고, 그리스 신화에서는 모이라라고 한다. 탄생을 맡아 보는 클로토, 수명을 담당하는 라케시스, 죽음의 신인 아트로포스로 이루어져 있다. 노르네스는 게르만족의 전설에 나오는 세 운명의 여신을 지칭한다. 과거를 아는 우르트르, 현재를 담당하는 베르트란디, 그리고 미래의 여신인 스퀼트로 이루어져 있다. 이 세 여신은 이그드라실이라는 나무 밑에 서로 얽혀 있는데, 우르드라는 샘물로 나무에 물을 준다.

2

우리가 찾아낸 해석을 신화의 세계에 통합시키기 위해서는 어떤 방식을 택하는 것이 좋을지의 문제는 잠시 유보한 채, 운명의 여신들의 역할과 기원에 대한 몇 가지 지식을 신화학자들에게서 찾아보도록 하자.[13]

호메로스가 기록한 가장 오래된 그리스 신화에서는 오직 모이라 한 신만이 피할 수 없는 운명을 의인화하고 있었다. 이 유일한 여신 모이라가 세 명의 자매로 이루어진 무리로(드물게는 두 명의 여신으로 이루어진 무리로) 변모하는 과정은 아마도 모이라의 여신들과 근접해 있던 다른 신들, 즉 미의 세 여신이나 시간의 여신들과 유사성이 있었기 때문인 것 같다.

시간의 여신들은 비와 이슬을 내리는 천계에 사는 물의 신들이었고, 또 비를 내리는 구름의 신들이기도 했다. 그런데 구름은 직조된 천으로 이해되었기 때문에 그로부터 이 여신들에게는 베를 짜는 여신이라는 성격이 부여되었고, 이는 바로 모이라의 세 여신의 특징이 되어 버린다. 따사로운 햇볕이 내리쬐는 지중해 인근 지방에서 땅의 비옥함은 비와 직결되는 문제였다. 이런 이유

13 이하의 언급은 로셔Roscher(1884~1937)의 『그리스 로마 신화 사전』에서 참고했다 ── 원주.

로 시간의 여신들은 초목의 여신들로 변하게 된다. 아름다운 화초들과 먹음직스러운 과일들은 모두 이 여신들의 보살핌 덕택이었고, 사람들은 세 여신에게 온화하고 우아한 면모들을 부여했다. 세 여신은 계절을 대표하는 신들이 되었고, 바로 이런 이유로 인해 3이라는 숫자로는 충분히 표현할 수 없는 경우임에도 불구하고 여신을 표현하는 데 3이라는 성스러운 숫자가 쓰이게 된 것 같다. 실제로 고대인들은 초기에는 겨울, 봄, 여름 세 계절만을 구분했었다. 가을은 훗날 그리스-로마 시대에 와서야 추가된다. 예술에서 자주 시간의 네 여신을 형상화해 낸 것도 이때다.

호라이라고 불리는 계절의 여신들은 시간과 관계를 유지하고 있었다. 그들은 이 관계를 우선 1년의 사계절을 통해 나타냈고, 훗날에는 하루의 시간대를 나타내는 데까지 배려하게 된다. 그러다가 마침내 계절의 여신들은 현재 우리가 알고 있는 〈시간〉을 지칭하는 선까지 내려오게 된 것이다.[14] 게르만 신화의 노르네스 역시 본질은 호라이나 모이라와 유사한데, 그들의 이름은 좀 더 명시적으로 시간과의 관계를 드러내고 있다.[15] 그러나 이러한 신들의 본질은 더욱 깊은 차원에서 이해되어야만 했고, 시간의 연속성이 갖고 있는 주기적인 법칙성으로 이동이 일어날 수밖에 없었다. 이렇게 해서 호라이는 자연의 법칙을 보호하고, 또 누구도 범할 수 없는 질서에 의해 동일한 것이 다시 회귀하도록 하는 신성

14 프로이트는 독일어로 시간을 뜻하는 *Zeit*를 쓴 다음에 괄호를 하고 프랑스어와 이탈리아어로 시간을 뜻하는 *heure*와 *ora*를 첨가해 놓았다.

15 야코프 그림Jakob Grimm의 『독일 신화*Deutsche Mythologie*』에 의하면, 세 명의 노르네스는 각각 스칸디나비아식으로 우르트르, 베르트란디, 스퀼트라는 이름을 갖고 있다. 처음 두 이름은 〈……이 되다, 변화하다〉 등의 의미를 지니고 있는 동사 *werden*의 고어의 단순 과거와 현재 분사에서 파생된 말이다. 세 번째 단어는 영어의 *shall*이나 *should*, 독일어의 *soll*이나 *Schuld*와 관련된 말인데, 이는 우리가 흔히 의무나 시간적으로 미래를 나타내기 위해 사용하는 단어들이다. 따라서 세 단어가 각각 과거, 현재, 미래를 뜻한다고 할 수 있다. 반면에 노르네라는 말은 시간과는 아무런 관계도 없다.

한 질서의 수호신이 되었다.

이러한 자연 인식은 인간의 삶에 대한 개념에 많은 영향을 주게 된다. 자연의 신화가 인간의 신화로 변모하게 되는 것이다. 기상의 변화를 주도한다고 생각되었던 여신들이 운명의 여신들이 되는 것이다. 그러나 계절의 여신인 호라이의 이러한 면모가 표현되기 시작한 것은 그리스 신화의 모이라에 와서인데, 모이라의 여신들은 계절의 여신들이 자연의 법칙들을 감시하고 보호할 때와 마찬가지로 똑같이 엄정한 방식으로 피할 수 없는 인간적 삶의 질서를 유지하려고 한다. 이전에 계절의 여신들에게서는 매혹적인 모습들에 지나지 않았던 자연법칙의 그 누구도 범할 수 없는 준엄함, 그리고 그 법칙과 죽음과 사라짐의 관련들은 마치 인간은 자연법칙에 자신을 복종시킬 때만 그 자연법칙의 모든 진정한 심각함을 경험하게 된다는 듯이, 이제 모이라의 세 여신의 특징들 속에서 분명하게 윤곽을 드러내고 있다.

실을 잣는 세 여인의 이름 역시 신화학자들에게는 의미 있는 주석의 대상이 되어 왔다. 두 번째 여인인 라케시스가 〈운명의 한가운데 자리 잡고 있는 우연〉을 지칭하는 것처럼 보인다면 — 우리는 이를 경험이라고 말할 수도 있을 것이다 — 아트로포스는 피할 수 없는 것, 즉 죽음을 의미한다. 마지막으로 클로토에게는 선천적으로 갖고 태어나는 숙명적인 성격이라는 의미가 부여될 수 있을 것이다.

자, 이제 다시 우리의 관심사인 세 자매 사이의 선택이라는 모티프로 돌아갈 시간이 된 것 같다. 그러나 위에서 언급한 여러 상황을 우리가 행했던 해석에 삽입시키려고 할 때, 이 상황들이 도저히 이해할 수 없는 것이 되어 버리고 말 뿐이며, 또 우리가 시도했던 해석들의 분명해 보이던 내용과도 모순된다는 사실을 참담한 기분으로 깨닫게 된다. 세 번째 여인은 죽음의 여신일지도 모르고, 죽음 그 자체일 수도 있다. 그러나 파리스의 판단 속에서 그 여인은 사랑의 여신이었고, 아퀼레의 이야기 속에서는 사랑의 여신과 비견될 만한 미의 여신이기도 했다. 반면에 『베니스의 상인』에서는 가장 아름답고 총명한 여인이었고, 『리어왕』에서는 단 하나 남은 충직한 딸이었다. 이보다 더 분명한 모순을 다른 어떤 곳에서 찾아볼 수 있을까? 그러나 있을 수 없을 것 같아 보이는 이 모순에 직면했을 때 해답은 우리 곁에 가까이 와 있다. 실제로 모순은 우리의 모티프 속에서 볼 때 세 여인 중에서 자유롭게 한 여인을 선택해야만 했을 때마다, 또 그 선택이 매번 죽음의 선택이어야만 했을 때 드러난다. 그러나 사실 그 누구도 선택한 것이 아니었고, 단지 숙명적인 명령에 의해 희생자가 된 것일 뿐이다.

어떤 유형의 모순들이나 완전히 상반된 것들이 서로를 대체하는 현상들이 있다고 해서 그것이 우리가 행하는 분석 작업에 심각한 장애가 되지는 않는다는 점을 잊지 말아야 할 것이다. 우리는 여기서 꿈과 같은 무의식의 표현 양식에서는 서로 상반된 것들이 매우 자주 단 하나의 동일한 요소에 의해 표현되곤 한다는 사실을 상기할 필요까지는 없을 것이다. 반면에 정신 현상에서는 흔히 반응성 혹은 심인성이라고 부르는 작용에 의해 어떤 일정한 모티프들이 자신들과 상반된 것들을 통해 스스로를 대체하는 현상이 있음은 염두에 두어야 할 것이다. 우리가 행하는 작업의 성과도 이렇게 숨어 있는 모티프들을 찾아 드러냄으로써얻을 수 있을 것이다. 모이라의 세 여신은 인간 역시 자연의 작은 일부분이고, 따라서 죽음이라는 고정불변의 법칙에 종속되어 있다는 점을 인간에게 깨닫게 하는 인식의 결과다. 인간의 가슴속에는 무언가가 이러한 복종에 반대하기 위해서 꿈틀거릴 것이다. 인간이 자신이 갖고 있던 예외적인 위치를 단념할 수 있는 것은 엄청난 환멸을 경험할 때뿐이다. 인간은 자신의 환상에 의지함으로써 현실에서 실현 불가능한 욕망들을 충족시킨다는 사실을 우리는 잘 알고 있다. 마찬가지로 이렇게 해서 우리의 환상은 모이라의 신화 속에 육화(肉化)되어 나타난 비관적인 깨달음에 반항하고, 또 환상에서 신화를 창조해 낸다. 신화 속에서는 죽음의 여신이 사랑의 여신이나 인간적 형상을 띤 그 외의 다른 등가물들로 대체된다. 그래서 세 번째 여인은 더 이상 죽음이 아니라 모든 여인들 중에서 가장 아름다운 최고의 여인, 가장 소유하고 싶고 가장 사랑스러운 여인이 되는 것이다. 이러한 대체는 아무런 기술적 어려움도 제기하지 않는다. 이 대체는 이미 오랜 역사를 갖고 있는 양가성에 의해 준비되어 왔던 것이고, 망각될 수 없는 이 양가성을 충실히 따라왔을 뿐이다. 사랑의 여신은 죽음의 여신을 몰아내고 그 자리를 대신 차지하게 되었지만, 이전에는 한 여신이 두 의미를 동시에 지니고 있었다. 그리스의 아프로디테조차도, 비록 이미 오래전부터 페르세포네, 아르테미스, 그리고 세 개의 몸을 갖고 있는 헤카테와 같은 다른 신들에게 음부의 역할을 양보하기는 했어도, 여전히 지옥과 일정한 관련을 유지하고 있었다. 그러나 근동 지역 사람들이 숭배하던 모성의 대여신들은 모두 생산자일 뿐만 아니라 파괴자이기도 했고, 또 생명의 여신이자 죽음의 여신이기도 했다. 우리가 다루고 있는 모티프에서는 이렇게 상반되는 것들이 서로를 대체할 수 있는데, 그 까닭은 상반되는 것들이 최초에는 동일한 것이었기 때문이다.

이와 같이 생각함으로써 우리는 세 자매의 신화를 특징짓는 선택의 테마가 어디에 기원을 두고 있는지에 대해 답을 얻을 수 있다. 이번에도 역시 욕망이 역전된 것이다. 선택의 여지가 존재하지 않는 필연성과 숙명성의 자리에 대신 선택이 위치하게 된 것이다. 그렇게 함으로써 인간은 사고 속에서 인정했던 죽음을 극복해 냈던 것이다. 욕망이 이보다 더 찬란하게 승리를 거둔 경우는 달리 찾아보기 어려울 것이다. 실제로 벗어날 수 없는 속박에 복종해야만 하는 그곳에서 선택하는 것이고, 또 그렇게 선택된 것은 끔찍한 여인이 아니라 가장 아름답고 사랑스러운 여인이다.

물론 좀 더 자세히 들여다보면 우리는 몇 가지 부차적인 현상들에 의해 상태가 훼손되지 않을 만큼 최초의 신화에 가해진 변화들이 심각하지 않다는 사실을 알게 된다. 세 자매 사이에서 자유롭게 선택한다는 것은 결코 사실이 아니다. 왜냐하면 어쩔 수 없이 세 번째 여인을 선택할 수밖에 없기 때문이다. 만일 그렇지 않다면 『리어왕』에서 볼 수 있는 것처럼 잘못된 선택은 모든 가능한 불행을 몰고 오게 된다. 죽음의 여신의 자리를 차지한 가장 아름답고 착한 여신은 두려운 낯섦에 관련된 몇 가지 특징들을 간직하고 있는데, 우리가 숨어 있는 요소들을 찾아낼 수 있었던 것도 바로 이 특징들을 통해서이다.[16]

지금까지 우리는 하나의 신화와 거기에서 파생되어 나온 이형(異形)들을 살펴보았고, 그런 이형들이 발생하게 된 숨은 이유들이 밝혀졌으리라고 생각한다. 이제 우리는 이런 모티프가 문학 창조에 어떻게 이용되고 있는지에 대해 관심을 가져 볼 수 있을

16 아풀레의 이야기 속에 나오는 프시케는 죽음을 연상시키는 많은 특징을 보유한 여신이다. 그녀의 결혼식은 장례식과 흡사하게 거행되며, 또한 그녀는 지하 세계로 내려가 죽음과 같은 깊은 잠을 잔다(오토 랑크). 봄의 여신과 〈죽음의 신부〉로서 프시케의 의미에 대하여 기억할 것. 그림의 또 다른 이야기인 「샘 가의 거위 소녀Die Gänsehirtin am Brunnen」(1918) 속에는 「신데렐라」에서처럼 셋째 딸이 아름다운 모습과 추한 모습을 바꾸어 내보이는 것으로 나타난다. 이는 그녀의 본성이 이중적인 것을 암시하는 것으로, 이 셋째 딸은 『리어왕』에 나오는 딸처럼 테스트를 거친 후 아버지에게 따돌림을 당한다. 다른 자매들처럼 그녀도 아버지를 매우 사랑한다고 말하지만, 그 사랑의 표정을 내보이지는 못하는 것이다 — 원주.

것이다. 작가들에게서는 우리가 다룬 모티프가 탄생 신화로 수렴되는 현상이 일어나고 있고, 신화가 변형되면서 약화되었던 탄생 신화의 강렬한 느낌을 우리는 다시 경험하게 된다. 문학 창조자들이 우리의 가슴속에 깊은 영향을 미치는 것은 바로 신화에 가해진 변화들을 그들이 다시 회복시키기 때문인데, 다시 말해 우리는 부분적으로나마 기원으로 다시 돌아가게 되는 것이다.

오해를 피하기 위해 리어왕의 불행한 드라마가 일러 주는 두 가지 교훈을 내가 부인하는 것이 아님을 밝혀야겠다. 리어왕에게서 우리는 사람은 살아 있는 동안에는 결코 자신의 재산과 권리를 포기할 수 없으며, 또 아부하는 소리를 곧이곧대로 믿어서는 안 된다는 교훈을 얻을 수 있다. 그러나 이와 같은 여러 교훈이 작품 속에 들어 있는 것은 사실이지만, 그렇다고 『리어왕』이 불러일으키는 격렬한 정신적 흥분을 이와 같은 작품의 추상적 내용으로 설명한다는 것은 불가능하며, 또 작가의 개인적인 여러 동기도 이와 같은 교훈적 내용을 전달하기 위해 동원되었다고 생각할 수는 없다. 마찬가지로 어떤 사람들이 작가 스스로도 의심의 여지 없이 살을 저미는 듯한 아픔을 느끼면서 배은망덕의 비극을 썼을 것이라고 주장하거나, 나아가 연극이 자아내는 효과라는 것은 예술적인 가공에 관련된 순수하게 형식적인 요소에서 기인한다고 말한다면, 내가 보기에 이런 주장들은 세 자매 사이의 선택이라는 모티프를 파악함으로써 우리에게 열리게 된 새로운 이해를 대신할 수 없는 한낱 미봉책에 지나지 않은 듯하다.

리어는 늙은 왕이었다. 이런 이유로 해서 세 자매는 세 딸로 등장해야 했다고 이미 앞에서 지적한 바 있다. 극이 자아내는 풍부하고도 드라마틱한 여러 격정적인 흥분은 부녀 사이라는 인물 관계에서 기인하는 것으로, 이 관계는 극작품 어디에서도 상세하게 전개된 적은 없다. 그러나 리어는 단순히 늙은 왕인 것만은 아니었다. 그는 빈사 상태에 빠지기도 했다. 이 사실로 인해 이야기의 전제를 이루고 있는 유산 배분이라는 매우 예외적인 상황은 황당하다는 느낌을 배제할 수 있게 된다. 우리는 황당하다는 느낌을 받는 것이 아니라, 죽음을 눈앞에 둔 한 인간이 여인의 사랑을 단념하지 못한 채 자신이 얼마나 사랑받고 있었는지 알고 싶어 한다는 것을 깨닫게 된다. 근대 비극들 중에서 가장 극적인 장면의 하나인 가슴을 에는 듯한 작품의 마지막 장면을 떠올려 보자. 마지막 장면에서 리어는 코델리아의 시신을 무대 위로 안고 올라온다. 코델리아는 죽음이다. 만일 상황을 반대로 역전시켜 본다면, 다시 말해 코델리아가 리어의 시체를 무대 위로 안고 올라온다면 코델리아는 좀 더 이해하기 쉽고 친숙한 인물이 될 것이다. 그녀는 게르만의 신화에 등장하는 발퀴리Valkyrie처럼 전장에서 죽어 간 영웅을 나르는 죽음의 여신인 것이다.[17] 대대로 전해 내려온 신화 속에는 영원한 진리가 휘장에 가려진 채 숨어 있었고, 늙은 왕에게 사랑을 포기하고 죽음을 선택하라고, 그래서 임종의 거부할 수 없는 필연성과 친숙해지라고 충고하고 있다.

작가는 죽어 가는 한 늙은 사내로 하여금 세 여인 중에서 한 여인을 선택하도록 해서, 이 오래된 선택의 모티프를 좀 더 우리 가까이에 다가오도록 했다. 작가는 욕망의 변화에 의해 훼손된 신화에 의지함으로써 과거를 거슬러 올라갔고, 그러면서 다시 훼손된 부분을 손질했다. 이 손질을 통해 신화의 옛 의미는 다시 표면으로 떠올랐고, 마침내 우리 역시 모티프에 등장하는 세 여인에

17 발퀴리의 독일어 표현인 Walküre를 잠시 살펴보는 것도 무용하지는 않을 것이다. 어미 -kure는 〈선택하다〉라는 뜻을 지닌 고어 동사 kiesen, kor, gekoren 등과 관계있다. 발퀴리는 문자 그대로 전장에서 죽을 자들을 선택하는 여신인 것이다.

대해 개연성 있는 우의적 해석을 할 수 있었다. 여기서 해석된 것
은 남자가 여인과 맺게 되는 피할 수 없는 세 가지 관계라고 말할
수 있을 것이다. 생식자, 동반자 그리고 파괴자가 세 여인의 이미
지들이다. 혹은 이 세 이미지는 남자의 일생을 줄곧 관류해 흐르
는 어머니의 이미지일 것이다. 최초에 어머니가 있었고, 이 어머
니의 이미지에 맞추어 그는 사랑하는 여인을 선택했으며, 마지막
으로 그를 자신의 품속으로 다시 끌어들이는 대지(大地)라는 어
머니가 그를 기다리고 있다. 늙은 사내가 이전에 어머니에게 받
았던 사랑을 다시 한번 그대로 손에 넣으려 해도 소용없는 일이
다. 오직 운명의 세 여인 중 세 번째 여인만이, 이 침묵하는 죽음
의 여신만이 그를 품속으로 안아 들일 것이다.

미켈란젤로의 모세상

미켈란젤로의 모세상

Der Moses des Michelangelo(1914)

프로이트는 일찍부터 미켈란젤로의 모세상(像)에 관심을 보였다. 프로이트가 그것을 처음 본 것은 1901년 로마를 방문했을 때였다. 그는 1912년에 이미 이 논문을 쓰려는 계획을 세우고 있었다. 1912년 9월, 로마에서 그의 아내에게 보낸 편지에는 이러한 언급이 있다. 〈……날마다 성 베드로 성당의 모세상을 방문하고 있소. 아마 그에 대하여 몇 마디 써야 할 것 같소.〉 그러나 1913년 가을까지도 그는 글을 쓰지 못했다. 1933년 바이스E. Weiss에게 보낸 편지에서는 이렇게 말하고 있다. 〈1913년 몇 주 동안 나는 날마다 그 동상이 있는 교회 앞에서 내가 글로 표현하고자 하는 것이 무엇인지 깨달을 때까지 그것을 측정하고 그렸다…….〉

프로이트의 이러한 몰두는 「인간 모세와 유일신교」에도 자세히 나타나 있다.

이 논문은 1914년 『이마고』 제3권 1호에 처음 실렸다. 1924년에는 『시와 예술*Dichtung und Kunst*』에 실렸으며, 『전집』 제10권(1946)에도 실렸다. 또한 1927년에는 「미켈란젤로의 모세상에 대한 추가 연구Nachtrag zur Arbeit über den Moses des Michelangelo」
가 『이마고』에 실렸으며, 1948년 『전집』 제14권에 수록되었다.
영어 번역본은 "The Moses of Michelangelo"라는 제목으로 앨릭
스 스트레이치A. Strachey가 번역하여 『논문집』 제4호에 실렸으
며, 『표준판 전집』 제13권(1955)에도 수록되었다. 또한 "Post-
script to my Paper on the Moses of Michelangelo"라는 제목으
로 1951년 『국제 정신분석 저널』지에 앨릭스 스트레이치의 번역
으로 실렸으며, 『표준판 전집』 제13권(1955)에도 수록되었다.

미켈란젤로의 모세상

나는 우선 예술에 있어서 내가 전문가가 아니라 문외한임을 정확히 밝혀 두고자 한다. 또한 나는 예술가가 우선적인 가치를 두는 형식과 기법보다 예술 작품의 내용이 더 나를 매혹시켰다는 점을 자주 지적했다. 요컨대 예술의 수많은 방법과 효과들을 이해할 수 있는 적절한 지성이 내게 부족하다고 말할 수도 있을 것이다. 내 글에 대한 너그러운 판단을 위해서라도 나는 이 점을 이야기하지 않을 수 없다.

그렇다고는 해도 예술 작품들이 내게 강한 인상을 남기지 않았다는 것은 아니다. 특히 문학 작품과 조각의 영향은 컸으며, 간혹 회화에서도 나는 강한 인상을 받곤 했다. 그래서 나는 기회가 주어지는 대로 예술 작품들 앞에서 오랜 시간 머물게 되었고, 나아가 그것들을 내 방식대로 이해해 보려고 했다. 다시 말해 예술 작품들이 과연 무엇을 통해 내게 영향을 미쳤는지 헤아려 보려고 했다. 음악의 경우처럼 내가 파악할 수 없는 분야에서는 아무런 즐거움도 느낄 수 없었다. 합리주의적인 혹은 어쩌면 분석적인 어떤 기질이 가슴속에서 거부를 하는 바람에 나는 내가 왜 감동을 받았고, 무엇이 나를 감동시켰는지를 알지 못하고서는 감동을 받을 수 없었다.

이렇게 해서 나는 언뜻 보기에는 역설적으로 보이는 사실, 즉 어떤 예술 작품들은 가장 위대하고 매혹적인 것들임에도 불구하고 여전히 우리의 이해를 벗어나 있다는 사실을 알게 되었다. 사람들은 이 위대한 예술 작품들을 찬미하고 압도당했다고 말하지만, 그 예술 작품들이 과연 무엇을 나타내고 있는지에 대해서는 알지 못한다. 보고 들은 것이 적은 탓에 이러한 지적이 이미 있었는지, 혹은 어떤 미학자가 바로 이러한 이해력의 마비야말로 예술 작품이 가지고 있는 가장 높은 수준의 영향을 자아내는 필요조건이라고 말했는지 나로서는 알 수 없다. 나는 이러한 조건이 존재한다는 사실을 거의 믿을 수 없다.

전문 감식가나 열광자들이 우리 앞에서 어떤 예술 작품에 대해 찬사를 보내며 쩔쩔맬 때, 그들이 늘 적절한 말을 찾지 못하기 때문에 그런 것은 아니다. 물론 그런 이들이 없지는 않을 것이다. 하지만 어떤 걸작 앞에서 누구나 똑같은 말을 하는 것은 아니며, 또 그 누구도 한 단순한 감상자가 느끼는 신비감을 속 시원히 풀어 줄 수 있는 말을 하는 것도 아니다. 예술가가 작품 속에서 자신의 의도를 성공적으로 표현하고 자신의 의도를 이해할 수 있도록 하는 데 성공했다면, 우리를 강렬한 힘으로 사로잡는 것은 내 생각으로는 바로 예술가의 의도라고 본다. 물론 이때 문제가 되는 것이 순수하게 지적인 이해력이 아님은 나도 알고 있다. 예술가에게 창조의 강력한 동력을 제공하는 정서적인 상태와 정신적인 조화들이 감상을 하는 우리에게도 재현되어야만 할 것이다. 그런데 왜 예술가의 의도는 다른 여타의 정신적 현상들처럼 적절한 말로 지적되거나 표현될 수 없는 것일까? 아마도 위대한 예술 작품들의 경우에도 분석을 적용하지 않고서는 성공할 수 없기 때문일 것이다. 그러나 만일 한 예술 작품이 그것 자체로 우리에게 영향을 미치는 예술가 자신의 감동과 의도에 대한 하나의 표현이라면, 이러한 분석을 가능케 하는 것은 바로 작품 그 자체일 것이다. 이러한 작가의 의도를 알아내기 위해서는 우선 내가 예술 작품 속에 표현된 의미와 내용을 드러낼 수 있어야 할 것이고, 그 이후에 작품을 해석할 수 있어야 할 것이다. 따라서 한 예술 작품은 해석을 요구하고, 이 해석 작업을 한 이후에야 내가 왜 그토록 강한 인상(印象)에 복종했는지 그 이유를 밝힐 수 있을 것이다. 나는 이러한 인상과 분석이 성공적으로 끝난 이후에도 약화되지 않기를 바란다.

『햄릿』, 3백 년이 넘은 셰익스피어의 이 걸작을 한번 생각해 보자.[1] 정신분석학적 저작들이 출간되는 것을 지켜본 나로서는 이제 이 비극이 자아내는 신비한 효과라는 것이 정신분석이 비극의 제재를 오이디푸스 콤플렉스*Ödipuskomplex*와 관련시킴으로써 최초로 이해되었다고 믿게 되었다.[2] 정신분석학적 해석이 있기 이전에는 주인공의 성격과 극작가의 의도를 알기 위해 얼마나 많고 다양한 해석이 줄을 이었던가! 셰익스피어는 우리로 하여금 행동할 줄 모르는 한 연약한 인간이나 혹은 병자(病者)에 대해 관심을 갖게 한 것인가, 아니면 현실 세계에 적응하기에는 너무나도 착한 한 인간을 그리려고 한 것인가? 어쨌든 이 모든 해석들은 우리가 보기에는 너무나도 빈약한 것이어서 비극이 자아내는 효과를 설명해 줄 어떤 요소도 제공하지 못했을 뿐만 아니라, 우리는 그로 인해 오히려 언어의 현란함과 사고의 깊이에서 비극의 유일한 매력을 찾지 않았던가! 그런데 이러한 노력들은 이제 뭔가 다른 것이 필요함을, 다시 말해 비극이 자아내는 이 효과에는 어떤 다

1 아마도 1602년에 초연되었을 것이다 — 원주.
2 프로이트는 어니스트 존스E. Jones의 작업들을 염두에 두고 있다. 『꿈의 해석』 참조.

른 기원이 있고, 이 기원을 발견해 내야 한다는 것을 일러 주는 것은 아닐까?

이러한 신비하고 위대한 작품들 중에 미켈란젤로가 로마의 성 베드로 성당3에 세운 대리석 조각인 모세상이 포함될 것이다. 이 조각은 알려진 대로 미켈란젤로가 교황 율리우스 2세를 위해 세우려고 했던 거대한 무덤의 한 부분에 지나지 않는다.4 이 조각을 두고 〈근대 조각의 완성〉5이라는 말을 들을 때마다 나는 기쁨을 감출 수가 없다. 왜냐하면 그 어떤 조각도 이 조각만큼 나에게 강렬한 인상을 남기지 못했기 때문이다. 모든 매력이 사라진 카부르 광장에서 버려진 듯이 서 있는 성당 광장으로 이어지는 그 가파른 계단을 나는 수도 없이 오르내렸고, 그때마다 조각의 주인공이 내쏘는 그 경멸의 빛이 가득한 노기 어린 눈빛을 견뎌 내려고 했다. 어떤 때는 종종 마치 내가 그 주인공의 눈빛을 받았던 유대인들, 즉 어떤 확신도 없었고, 기다릴 줄도 믿을 줄도 몰랐으며, 우상이 제공하는 환상을 보자 곧 그것에 흠뻑 젖어 들고 말았던 유대의 그 천민들 속에 섞여 있기라도 한 듯이, 그 무서운 눈빛을 피해 슬그머니 어둠침침한 성당 중앙 홀을 빠져나오기도 했다.

그런데 왜 나는 이 조각을 두고 신비하다고 말했을까? 조각이 십계명을 새긴 석판을 들고 있는 유대인의 법관(法官) 모세를 나타낸다는 사실에는 추호의 의심도 있을 수 없다. 이 모든 것은 명약관화하다. 그러나 이런 사실 이외에 다른 무엇이 분명하단 말

3 베드로를 결박했던 사슬을 보관하기 위해 5세기에 로마 황제 플라비우스 발렌티아누스 3세의 부인이 건립한 성당. 18세기에 폰타나의 작업에 의해 오늘날과 같은 모습을 갖추게 되었다. 교황 율리우스 2세의 영묘가 있다.

4 헨리 토데Henry Thode에 의하면 작품은 1512년에서 1516년 사이에 조각되었다고 한다. 토데의 『미켈란젤로: 그의 업적에 대한 비평적 연구Michelangelo: kritische Untersuchungen über seine Werke』(1908) 참조 — 원주.

5 그림H. Grimm의 『미켈란젤로의 생애Leben Michelangelo』(1900).

인가. 한 예술 비평가 막스 자우어란트Max Sauerlandt가 다음과 같이 선언한 것은 1912년으로 최근의 일이다. 〈목신(牧神)의 머리를 하고 있는 이 모세상만큼 상반되는 평가를 받은 작품은 일찍이 없었다. 아무리 간략하게 모세를 평가하고 지나가려고 해도 이미 평가는 모순들 속에 빠져 버리게 되고……〉 나는 5년 전에 나온 한 비평[6]에서 출발해 이 모세상을 중심으로 어떤 의혹들이 제기되고 있는지를 살펴볼 것인데, 이 의혹들이 작품에 대한 이해를 허락할 수 있는 가장 중요하고도 본질적인 것들을 숨기고 있다는 것은 그리 어렵지 않게 입증할 수 있을 것이다.

6 토데의 『미켈란젤로: 그의 업적에 대한 비평적 연구』 참조 ─ 원주.

1

미켈란젤로의 모세상은 좌상(坐像)인데, 몸통은 정면을 향해 있고 얼굴은 힘 있는 수염으로 덮여 있다. 두 눈은 왼쪽을 향해 있고 오른발은 지면에 놓여 있는 반면, 왼발은 서 있어서 발가락만이 지면에 닿아 있을 뿐이다. 오른팔은 석판(石板)들과 수염들 사이에 놓여 있고, 왼팔은 배 위에 놓여 있다. 조각에 대한 좀 더 정확한 묘사를 하고자 한다면, 차차 이야기해야 할 것을 미리 말해야만 할지도 모른다. 여러 비평가의 묘사는 이상하게도 부정확하다. 이해할 수 없었던 부분 또한 부정확하게 느껴졌고, 부정확하게 묘사된 것이다. 그림Grimm은 다음과 같이 썼다. 〈십계명 석판은 오른팔 아래에 놓여 있는데, 이 오른손은 수염 속에 빠져 있다.〉 뤼케W. Lübke 또한 다음과 같이 쓴 바 있다. 〈충격을 받은 그는 오른손을 물결치며 흘러내리는 듯한 멋진 수염 속에 빠뜨리고 있다.〉[7] 그뿐만 아니라 슈프링거 역시 다음과 같이 썼다. 〈모세는 두 손 중 한 손(왼손)을 그의 몸에 붙이고 있는 반면, 다른 손 하나는 무의식적으로 그랬던 것처럼, 힘 있게 물결치는 수염 속에 빠뜨리고 있다.〉[8] 유스티C. Justi 역시 오른손의 손가락들이 〈요즈음

---

7   뤼케의 『조각의 역사 Geschichte der Plastik』(1863).
8   슈프링거의 『라파엘로와 미켈란젤로 Raffael und Michelangelo』(1895).

사람들이 종종 흥분했을 때 시곗줄을 만지작거리는 것처럼〉9 수염을 만지고 있는 것으로 보았다. 뮌츠 역시 수염을 만지작거리는 것으로 보았다.10 토데는 〈세워진 석판들 위에 있는 오른손의 단호하고도 차분한 자세〉에 대해 말했다. 토데는 오른손에서조차 유스티와 보이토C. Boito11가 원했던 것과 같은 흥분 때문에 일어난 행동을 간파해 내지 못했다. 〈손 하나는 거인(巨人)이 옆으로 머리를 돌리기 이전에 놓여 있었던 그 자리에서 그대로 수염 속에 고정되어 있다.〉 야코프 부르크하르트J. Bruckhardt는 〈그 유명한 왼손은 따지고 보면 이 수염을 몸에 고정시키는 것 이외에는 아무런 다른 할 일이 없다〉12고 한탄하기까지 한다.

묘사들이 서로 일치하지 않는다면 조각의 세세한 특징들에 대한 생각들이 서로 다른 것에 대해서는 전혀 놀랄 것이 없다. 토데는 모세의 얼굴에서 〈분노와 고통과 경멸이 뒤섞인 것을······ 다시 말해 위협하는 듯이 찌푸려져 있는 속눈썹들 속에 분노가, 두 눈의 쏘아보는 듯한 시선 속에는 고통이, 그리고 앞으로 내민 아랫입술과 밑으로 처져 있는 입가에는 경멸〉이 있다고 보았는데, 나 또한 토데보다 모세의 얼굴 표정의 특징을 더 잘 잡아내기 힘들다고 생각한다. 그러나 다른 찬미자들은 어쩔 수 없이 다른 눈으로 볼 수밖에 없었다. 예를 들어 뒤파티Dupaty의 판단을 보자. 〈위엄 있어 보이는 이마는 거대한 정신을 살짝 숨기고 있을 뿐인 하나의 투명한 막처럼 보인다.〉13 반면에 립케의 의견은 다르다. 〈머

---

9 유스티의 『미켈란젤로*Michelangelo*』(1900).

10 뮌츠의 『이탈리아: 르네상스 예술의 역사*Histoire de l'art pendant la Renaissance: Italie*』(1895).

11 보이토의 『레오나르도, 미켈란젤로, 안드레아 팔라디오*Leonardo, Michelangelo, Andrea Palladio*』(1883).

12 부르크하르트의 『치체로네*Der Cicerone*』(1927).

13 토데의 『미켈란젤로: 그의 업적에 대한 비평적 연구』 참조 ― 원주. 원본에는

미켈란젤로의 「모세」(성 베드로 성당)

미켈란젤로의 「모세」부분

리 부분에서 탁월한 지성의 분위기를 느낄 수는 없다. 수축된 이마에서는 어떤 방해물도 부러뜨릴 것 같은 힘과 큰 분노 이외에는 아무것도 느낄 수가 없다.〉얼굴 표정의 해석에서 기욤E. Guillaume은 한층 더 다른 의견을 내놓고 있다.[14] 그는 어떤 생동감도 없이 〈단지 긍지에 찬 단순함, 영혼 가득한 위엄, 믿음의 힘〉만을 볼 수 있다고 말한다. 모세의 시선은 유대 민족의 앞날과 그의 율법(律法)의 불변성을 예언하며 미래를 내다보고 있다는 것이다. 마찬가지로 뮌츠도 〈모세의 시선이 인간적 차원을 넘어서서 먼 곳을 향해 있다〉고 보았다. 그의 시선은 오직 그만이 알아볼 수 있는 신비를 향해 고정되어 있다는 것이다. 슈타인만E. Steinmann은 한발 더 나아가, 조각에 묘사된 이 모세는 〈엄한 입법자도, 여호와의 분노로 가득한 죄를 쳐부수는 무서운 적도 아니며, 오히려 세월이 흘러도 변하지 않는 충직한 사제로서 축복을 내리고 예언을 하며, 이마에는 영원의 빛을 드리운 채 마지막으로 그의 민족을 떠나고 있는 모세〉라는 것이다.[15]

미켈란젤로의 모세상에서 아무런 감동도 받지 못했다고 솔직하게 고백한 사람들도 많다. 1858년 『계간 리뷰』지에서 한 비평가는 다음과 같이 말했다. 〈전체적인 구상에 의미가 없어 작품 자체로서 하나의 전체를 이루고 있지 못하다는 생각을 갖게 하며……〉[16] 나아가 이 모세상에서 찬사를 보낼 그 어느 것도 발견하지 못하고, 반대로 전체적인 격렬한 모습과 동물을 연상시키는 머리 모양 등을 비난하며 반감을 드러내는 사람들이 있다는 것을 알게 되면 우리의 놀라움은 한층 더 커진다.

프랑스어로 되어 있다.
14 기욤의 「조각가 미켈란젤로Michel-Ange Sculpteur」(1876) — 원주.
15 슈타인만의 『르네상스 시대의 로마Rom in der Renaissance』(1899).
16 원본에는 영어로 되어 있다.

그런데 이 미켈란젤로라는 거장이 과연 이토록 다양한 해석을 할 수 있을 정도로 그렇게도 불분명하고 모호한 방식으로 돌을 조각했을까?

이제까지 언급한 불확실한 해석들을 쉽게 이해하도록 하는 다른 문제를 제기해 보자. 즉 미켈란젤로는 이 모세상에서 〈그때나 지금이나 동일한 인간의 심적 상태와 성격을〉 창조해 내려고 했던 것인가, 아니면 주인공의 매우 중요한 의미를 지니고 있는 일생의 어느 한 순간을 나타내려고 했던 것인가? 대부분의 평자(評者)들은 두 번째 가정을 지지하고 있고, 조각가가 영원히 고정시켜 놓은 모세의 인생에서 중요한 장면이 어떤 것인지를 지적할 수 있다고까지 말한 바 있다. 조각에서 문제가 되는 장면은 모세가 하느님으로부터 율법의 판을 받은 곳인 시나이산에서 내려오는 장면인데, 그사이에 유대인들은 황금 송아지를 만들어 놓고 그 주위를 돌며 환희의 춤을 추고 있었다. 모세의 시선이 고정된 곳은 바로 이 황금 송아지였고, 바로 이 춤을 추고 있는 광경이 곧 격한 행동으로 옮겨 갈 것만 같은 감정들을 그의 얼굴에 나타나게 했다는 것이다. 미켈란젤로는 폭풍우가 몰려오기 직전의 그 고요, 즉 최후의 망설임을 묘사하려고 했다는 것이다. 이후 모세는 곧 자리를 박차고 일어나 — 왼발이 이미 땅에서 떨어져 있다 — 율법의 판을 땅에 내던지고 배은망덕한 자들을 향해 분노를 터뜨린다는 것이다.

이런 해석을 하고 있는 사람들도 세부로 들어가서는 의견이 갈라지고 있다.

부르크하르트는 다음과 같이 말한다. 〈황금 송아지를 경배하는 모습을 보고 막 뛰어나가려는 모세를 묘사한 것처럼 보인다. 그리고 모세의 모습은 격렬한 행동을 예고하는, 다시 말해 그의 육체적 힘을 짐작할 수 있게 묘사된 것으로 보아, 보는 이들의 몸을 전율케 하는 격렬한 행동을 예고하고 있다.〉

또 뤼케는 다음과 같이 쓰고 있다. 〈황금 송아지를 경배하고 있는 그 비열한 광경을 본 그의 두 눈에서 번개 같은 불꽃이 일어나듯이, 마찬가지로 모세의 모든 모습은 내적인 동요로 인해 발생한 육체적 전율들로 뒤덮여 있다. 마음의 동요를 일으킨 그는 물결처럼 흘러내리는 멋진 수염 속에 오른손을 집어넣고 있는데, 마치 잠시 후면 그동안 참았던 분노를 이기지 못하고 한층 더 격렬한 동작으로 분노에 몸을 내맡길 것만 같다.〉

슈프링거 역시 이러한 관점에 동의를 하는데, 그는 이 관점에 대해 다음과 같이 주목할 만한 유보를 하고 있다. 〈힘과 격정에 사로잡힌 이 영웅은 자신의 내적 동요를 가까스로 자제하고 있다……. 이런 이유로 우리는 어떤 극적인 장면을 연상하지 않을 수 없고, 또 황금 송아지를 경배하는 광경을 보고 막 자리를 박차고 일어서려는 순간의 모세를 묘사했다고 생각하게 된다. 물론 이러한 우리의 해석은, 모세상이 상부 구조에 앉혀질 다른 다섯 개의 조각들과 함께 우선은 장식적 효과를 위해 제작되었기 때문에 조각가의 진정한 의도와는 거의 일치하지 않는다. 그러나 우리의 해석은 모세라는 한 인물이 가장 중요한 특징으로 갖고 있는 격렬함을 적절히 입증한 것일 수도 있다.〉

딱히 황금 송아지 장면에 중요성을 두지 않는 몇몇 평자들도 한 가지 점에서는, 다시 말해 모세가 곧 자리를 박차고 일어나서 행동을 취할 것이라는 인상을 준다는 데 있어서는 위와 같은 해석에 이견(異見)을 보이지 않는다.

그림은 다음과 같이 쓰고 있다. 〈전체적인 모습은 장엄함과 확신을 불러일으키며, 나아가 모세가 하늘의 진노를 손에 쥐고 있으나 자신이 몰살시켜야 할 적들이 감히 먼저 공격해 올 것을 기다리며 하늘의 진노를 잠시 늦추고 있다는 느낌도 준다. 모세는 마치 그 자리에서 벌떡 일어날 것처럼 머리를 두 어깨 위로 곧게 세우고 율법의 판이 밑에 놓여 있는 손은 두껍게 물결치며 가슴쪽으로 흘러내린 수염 속에 묻은 채, 또 콧구멍은 벌름벌름거리고 입술은 할 말을 찾고 있는 듯하면서 의자에 앉아 있다.〉

히스 윌슨C. Heath Wilson의 의견으로는 뭔가가 모세의 주위를 끌었고, 망설이고는 있지만 이제 막 벌떡 일어나려는 자세였다.[17] 분노와 경멸이 뒤섞여 있는 모세의 시선에는 아직 동정의 빛이 남아 있다는 것이다.

뵐플린H. Wölfflin은 〈억제되고 있는 행동〉을 이야기한다.[18] 그가 보기에 억제하는 이유는 인물 자체의 의지 속에 있는데, 조각이 묘사하고 있는 것은 폭발 일보 직전의, 자리를 박차고 일어나기 직전의 이러한 자제심이라는 것이다.

모세가 황금 송아지를 보았다고 가정하는 해석에 가장 설득력 있는 근거를 보여 주고, 이제까지 들추어지지 않았던 조각의 세세한 부분들과 이러한 생각을 연결시켰던 사람은 유스티이다. 그는 또한 우리로 하여금 돌로 만든 의자에서 미끄러져 내리려고 하는 두 개의 율법 판이 놓여 있는 위치에 주목하도록 했다. 그의 말을 잠시 들어 보자. 〈따라서 모세는 불길한 예감을 표현하면서 소란을 피우고 있는 곳으로 시선을 돌렸을지도 모르고, 혹은 그를 충격으로 몰아넣은 것은 바로 구역질 나는 그 광경 자체였는지도 모른다. 환멸과 분노에 기진한 채로 그는 의자에 앉아 있

17 윌슨의 『미켈란젤로 부오나로티의 삶과 업적 Life and Works of Michelangelo Buonarroti』(1876).
18 뵐플린의 『고전 미술: 이탈리아 르네상스 입문 Die klassische Kunst: eine Einführung in die italienische Renaissance』(1899).

다.[19] 그는 40일을 주야로 산 위에 머물렀고 피곤했음에 틀림없다. 모세는 한순간 지나친 행동, 어떤 거대한 운명, 죄악, 심지어 어떤 행복한 풍경 같은 것을 보았는지도 모른다. 그러나 이러한 광경들의 의미나 심각성이나 결과들을 이해할 수는 없었다. 잠시후 그는 그가 이루어 놓은 일들이 수포로 돌아갔음을 알았고, 유대 민족에게 절망하고 만다. 이런 순간에 그의 내부에서 끓어오르는 분노는 의도적이지 않은 작은 행동들을 통해 드러나게 된다. 그는 오른손으로 쥐고 있던 두 석판을 돌의자 밑으로 미끄러뜨리고 만다. 그러나 두 석판은 모서리에 걸린 채 팔뚝과 옆구리 사이에 끼여 균형을 유지하고 있다. 그러나 손은 가슴과 수염 쪽으로 향해 있다. 목을 왼쪽으로 돌리고 있어서 손으로는 수염을 오른쪽으로 끌어당길 수밖에 없었는데, 이렇게 해서 이 강인한 남성을 장식하는 수염의 대칭적 모습이 파괴되어 있다. 손가락들은 마치 요즈음 사람들이 흥분했을 때 시곗줄을 만지작거리는 것처럼 수염을 만지작거리고 있다. 왼손은 배의 높이에서 옷 속에 박혀 있다(구약 성서에서 내장은 심리적 충격이 작동하는 곳이다). 그러나 왼쪽 다리는 이미 뒤로 접혀 있고, 반면에 오른쪽 다리는 앞으로 내딛은 형태다. 잠시 후 그는 곧 벌떡 일어날 것 같고, 정신적 에너지는 감각의 차원에서 의지의 차원으로 전달될 것이다. 오른손은 곧 부르르 떨게 될 것이고, 율법의 판은 땅에 떨어져 이제 가증스러운 배교자(背敎者)들의 피가 물결처럼 흘러내릴 것이다…….〉〈그러나 행동이 시작되는 곳은 아직 이 지점이 아니다. 정신적 고통이 거의 온몸을 마비시킬 정도로 아직도 지배적이다.〉

19 주인공의 망토에 대한 세심한 묘사를 보건대 유스티의 이 첫 번째 해석은 수긍하기 힘들다는 점을 지적해야 할 것이다. 그보다는 오히려 차분한 심정으로 앉아 있던 모세가 전혀 예상치 못했던 광경을 보자 깜짝 놀라는 장면을 묘사했다고 가정해야 할 것이다 — 원주.

프리츠 크나프F. Knapp도 위에서 유보했던 첫 번째 상황과 상당히 설득력 있게 추측된 율법 판의 위치에 대한 의견을 제외하고는 완전히 똑같은 말을 한다.[20] 〈잠시 전만 하더라도 하느님과 함께 있었던 그는 이제 지상의 소란에 의해 정신이 산만해진다. 춤과 함께 어우러진 소란스러운 소리와 노랫소리를 듣게 되자, 그는 꿈에서 깨어난다. 눈을 돌려 그는 소란스러운 소리가 나는 곳을 바라본다. 경악과 분노, 모든 용솟음치는 격정들이 순간 이 거대한 인물을 사로잡는다. 율법의 판들은 밑으로 미끄러지기 시작한다. 판들은 곧 떨어져 깨질 것이다. 주인공은 일어나 배은망덕한 군중들을 향해 우레와 같은 함성으로 분노를 터뜨릴 것이다……. 바로 이 절정의 순간이 선택된 것이다…….〉 크나프는 결국 행동의 준비 단계를 강조하면서 지나친 흥분으로 인해 자기 억제를 한다는 해석에 동의하지 않는다.

유스티와 크나프의 해석처럼 우리가 지금까지 소개한 해석들이 매우 매혹적임을 부정할 수는 없을 것이다. 이 해석들이 매혹적인 것은 인물 전체에서 나오는 전반적인 인상 때문이 아니라, 전반적인 인물의 인상에 사로잡히거나 혹은 압도당한 나머지 흔히 잊고 있었던 이 인물의 특징적이고 세부적인 면들을 고려했기 때문이다. 얼굴과 눈이 정면을 향해 있지 않고 돌아가 있다는 점은 멀리 있는 뭔가를, 휴식을 취하고 있던 인물의 주의를 갑자기 끌어당긴 뭔가를 보고 있다는 가정과 일치한다. 발이 땅에서 떨어져 있다는 점도 막 뛰쳐나가려는 모습을 조각한 것이라는 가정 이외에 다른 가정을 용납하지 않을 것이고,[21] 가장 귀하고 성스러

---

20 크나프의 『미켈란젤로Michelangelo』(1906).
21 하지만 메디치가(家)의 성당에 있는 줄리아노의 왼발도 그가 매우 평온한 모습으로 앉아 있음에도 불구하고 동일한 방식으로 들려 있다 — 원주.

운 것이어서 아무렇게나 취급할 수 없는 물건인 율법 판의 매우 특이한 위치도 그것을 들고 있던 자가 심적 동요를 일으킨 나머지 땅으로 떨어뜨리게 되었다고 가정함으로써 충분히 설명된 것처럼 보인다. 요컨대 우리는 이렇게 해서 이 모세상이 모세라는 인물의 일생에서 가장 중요하고도 결정적인 순간을 묘사한 것이라는 사실을 알게 되었고, 이제 우리는 이 순간이 어떤 순간인지를 모른 척할 수 없게 되었다.

토데의 두 가지 지적으로 인해 우리는 이미 우리가 갖고 있다고 생각했던 것을 제거해 버리게 되었다. 이 관찰자는 율법의 판이 미끄러져 내리는 것이 아니라 〈견고하게 붙어 있다〉라고 보았다. 그는 〈세워져 있는 두 판을 차분하고도 견고하게 붙잡고 있는 오른손의 위치〉를 확인했다. 우리가 직접 관찰해 보아도 토데의 견해에 전적으로 동의하지 않을 수 없다. 두 개의 판은 견고하게 위치해 있어 미끄러질 위험은 없어 보인다. 오른손이 두 개의 판을 지탱하고 있다. 혹은 두 판이 오른손에 기대어 있다. 물론 이것이 두 판이 놓여 있는 모습을 설명해 주지는 못하지만, 그렇다고 이 모습이 유스티와 다른 이들의 해석과 일치하는 것도 아니다.

두 번째 지적은 더욱 결정적이다. 토데는 다음과 같은 사실들을 상기시킨다. 〈이 모세상은 여섯 개의 조각으로 이루어진 전체 작품의 한 부분이고 좌상이다. 그런데 이 두 가지 사실은 미켈란젤로가 역사적인 한순간을 고정시키려고 했다는 가정과 부합되지 않는다. 왜냐하면 첫 번째 사실, 즉 여섯 개의 조각이 하나의 작품을 이루고 있다는 점을 고려할 때, 나란히 앉아 있는 인물들을 인간의 본질을 나타내는 전형(典型)으로 — 행동 *vita activa*과 명상 *vita contemplativa*으로 — 창조해 내려고 했기 때문에 어떤 특수한 역사적 사건을 재현하려고 했다는 가정은 제외되어야 하기 때문이다. 두 번째 사실, 즉 좌상이라는 점에 관해서 말하자면, 기념물의 전체적인 예술적 구상에 따랐던 입상(立像) 제작은 역사적 사건, 시나이산에서 평지로 내려오는 사건과는 어울리지 않는다.〉

토데의 이러한 지적은 적절하다. 그렇지만 우리는 그의 지적을 좀 더 엄밀한 것으로 만들 수 있다고 생각한다. 모세상은 다른 다섯 개의 조각과 함께(나중에 수정된 안에 따르면 세 개) 무덤이 올라갈 받침대를 장식할 목적으로 제작되었다. 모세상과 짝을 이루는 상은 성 바울의 상이었다. 나머지 인물들 중 두 인물, 즉 행동과 명상을 상징하는 조각들은 각각 레아와 라첼에 의해 작업이 이루어졌는데, 이 두 조각은 안타깝게도 현재 심하게 훼손된 채로 남아 있는 기념물 위에 입상으로 조각되어 있었다. 모세상이 전체 작품의 일부분이라는 사실을 기억하고 이 조각 작품을 보고 있으면, 모세가 자리에서 일어나 공격을 하기 위해, 혹은 홀로 경고를 하기 위해 뛰쳐나가려는 느낌을 받는다는 해석을 받아들일 수 없게 된다. 만일 다른 인물들도 모세와 마찬가지로 격렬한 행동을 하기 위해 뛰쳐나가려는 모습으로 ── 이러한 가정은 거의 신빙성이 없지만 ── 조각되지 않았다면, 우리는 이러한 사실을 통해 모세상이 그의 자리와 주위의 다른 다섯 개의 상들로 이루어진 기념물 전체에서 이탈하려고 한다는 매우 난처한 해석을 끌어낼 수도 있다. 이것은 피치 못할 사정이 있는 어떤 경우를 상정하지 않고서는 미켈란젤로 같은 거장에게는 해당되지 않는 투박하기 이를 데 없는 해석이라고 하지 않을 수 없다. 그렇게 격렬한 몸짓으로 자리를 박차고 나가려는 인물은 장례 기념물이 자아내는 분위기와는 결코 어울리지 않는다.

결국 모세가 자리를 박차고 뛰어나가려고 한다는 것은 불가능하고, 그는 오히려 다른 인물들과 교황처럼(미켈란젤로는 결국 교황상을 조각하지 못했다) 위엄을 갖춘 평온한 자세로 있어야만 한다. 따라서 우리가 주의 깊게 살펴본 모세는 시나이산에서 내려와 배은망덕한 동족(同族)을 보고는 성스러운 율법의 판을 내던져 부수어 버리는 분노에 사로잡힌 모세일 수는 없다. 실제로 나는 전에 몇 번 성 베드로 성당을 찾았을 당시, 모세가 벌떡 일어나 율법의 판을 땅에 내던지며 화를 내는 장면을 볼 수 있기를 기대하면서 조각 앞에 앉아 있었는데, 그때의 실망감을 아직도 기억하고 있다. 결코 그런 일은 일어나지 않았다. 그대신 돌은 점점 더 딱딱하게 굳어만 갔고 어떤 성스러운 침묵만이, 거의 사람을 옥죄는 침묵만이 조각에서 발산되고 있었다. 나는 여기에 변하지 않은 채 머물러 있을 만한 그 무엇이 재현되어 있으며, 그 모세상은 그렇게 그곳에서 영원히 분노 속에 남아 있으리라고 느껴졌다.

그런데 조각이 우상 숭배의 장면을 봄으로써 촉발된 분노 폭발 직전의 순간을 묘사한 것이라는 해석을 포기하고 나면, 이제 우리에게는 이 조각을 성격 조각으로 해석하는 방법 외에는 달리 기댈 만한 관점이 없게 된다. 바로 여기에서 우리는 토데의 판단이 가장 덜 자의적일 뿐만 아니라 조각 전체를 살아 움직이게 하는 모티프들에 대한 분석에 입각한 가장 설득력이 있는 해석임도 알게 된다.

〈언제나처럼 여기서도 그에게 중요한 것은 한 성격 유형을 묘사하는 것이었다. 그는 신의 법을 지상에 세우는 입법자로서 자신이 띠고 있는 사명을 의식하고 있으면서도 인간들의 몰이해에 직면한 한 정열적인 인류의 인도자를 조각하려고 했다. 이러한 행동적인 인간을 조각하기 위해서는 의지력을 부각시키는 것 이

외에 달리 방법이 없었는데, 이것은 틀어져 있는 머리, 근육의 긴장, 오른발의 자세 등에서 표현된 바 있는 그대로 외적인 평온을 가로질러 가고 있는 움직임을 부각시킴으로써 가능했다. 이것은 메디치가의 성당에 있는 줄리아노를 살아 움직이게 하는 현상들과 동일한 것들이다. 이러한 전반적인 특징 부여는 정신적 갈등을 부각시킴으로써 이루어졌는데, 일반적인 인간을 묘사하려고 했던 천재 예술가는 이를 위해 어쩔 수 없이 당시의 일반적인 법칙과 맞서지 않을 수 없었다. 이렇게 해서 분노, 경멸, 고통 등의 정서적 충격들은 전형적인 표현을 획득하기에 이른다. 만일 이러한 전형적 표현을 얻지 못했다면 모세와 같은 초인(超人)의 본질을 드러낼 수 없었을 것이다. 성서가 제공하는 특징들에 형상을 부여하고, 또 교황 율리우스 2세가 그에게 남긴 개인적인 인상들과 나아가서는 — 나 또한 이 점을 믿는 바이지만 — 사보나롤라[22]의 저돌성이 그에게 남긴 인상 등에 형상을 부여함으로써 미켈란젤로는 실재했던 한 역사적 인물을 조각한 것이 아니라 불굴의 에너지를 가진 특이한 성격형을 창조했던 것이다.〉

이러한 토데의 설명에 다음과 같은 크낙푸스H. Knackfuss의 지적을 덧붙일 수 있을 것이다.[23] 〈모세상이 자아내는 신비한 효과의 본질은 자세에서 나오는 내면적 격정과 외면적 평온함의 예술적 대비에 있다.〉

나는 토데의 설명에 전적으로 동감한다. 그러나 뭔가 미진하다

---

22 Girolamo Savonarola(1452~1498). 이탈리아 르네상스 시대의 대설교가. 피렌체의 산 마르코 수도원의 설교가가 되었으나 프랑스 왕 샤를 8세의 침공 이후 정치 지도자로 군림하게 된다. 그의 대단한 카리스마는 반대파를 만들기도 했는데, 끝내는 교황에 의해 파문당하게 되고 추종자와 함께 교수형과 화형을 당한다. 특히 그의 엄격함과 불굴의 의지는 잘 알려져 있다.

23 크낙푸스의 『미켈란젤로Michelangelo』(1900).

는 느낌이 없다. 아마도 주인공의 심적 상태와 자세로부터 나오는 대비 사이에, 다시 말해 〈외면적 평온〉과 〈내면의 동요〉 사이에 좀 더 긴밀한 관련이 존재해야만 하는지도 모른다.

2

　정신분석에 대해 말할 수 있는 위치에 서기 전부터 나는 이미
이반 레르몰리예프라는 한 러시아 국적의 예술 평론가의 이름을
알고 있었는데, 그의 초기 저서들은 1874년에서 1876년 사이에
독일어로 번역, 출간되었다. 그는 기존에 이러저러한 화가의 작
품이라고 인정되어 오던 작품들을 재검토하고, 원본과 모조품을
식별하는 법을 가르치고, 또 그렇게 함으로써 기존의 판정을 뒤엎
어 그림의 원작가들을 발굴해 내는 등 유럽 화랑가에 일대 혁명
을 일으켰다. 그가 이러한 결과를 얻게 된 것은 그림의 전체적인
인상이나 몇 가지 큰 특징들에서 손톱, 귓불, 후광 등과 같이 사람
들이 흔히 눈여겨보지 않는 것들로 시선을 돌려 모사가들이 모사
(模寫)할 때 소홀히 취급하는 부차적이고 세세한 부분들을 부각
시켰기 때문이었다. 이런 부분들을 예술가들은 자기만의 독특한
방식으로 처리하곤 한다. 훗날 나는 러시아식 가명 뒤에 실제로
는 모렐리라는 한 이탈리아인 의사가 숨어 있다는 사실을 알게
되었는데, 이 사실이 매우 흥미로웠던 기억이 난다. 그는 1891년
이탈리아 왕국의 상원 의원으로 일생을 마치게 된다. 나는 그의
기법이 정신분석의 기술(技術)과 밀접한 상관관계가 있다고 생각
한다. 정신분석 역시 사람들이 고려하지 않거나 혹은 소홀히 취

급하는 특징들에서 출발하여 나아가서는 관찰에서 제외된 찌꺼기들 — 즉 〈거부된 것들〉 — 에 숨겨져 있는 은밀한 것들을 간파해 내는 데 익숙해져 있다.

그런데 모세상의 경우에도 두 가지 점에서 이제까지 고려되지 않았고, 사실을 말하자면 정확하게 지적조차 되지 못했던 세세한 부분들이 있다. 오른손과 두 율법 판의 위치가 바로 그것이다. 이 오른손이 율법 판과 분노한 주인공의 수염을 연결시켜 주고 있다고 말할 수 있는데, 그 방식이 매우 독특해서 설명이 필요하다. 손가락들이 수염 속으로 파고들어 가 그 끝자락을 만지작거리고 있는 반면, 새끼손가락 끝으로는 율법 판을 누르고 있다고 흔히 이야기되어 왔다. 그러나 이런 지적은 분명 정확한 것은 아니다. 이 오른손의 손가락들이 무엇을 하고 있는지 알아보기 위해서는 좀 더 세심한 주의를 기울여야 하고, 손가락들과 관련이 있는 거대한 수염에 대해서도 상세하게 살펴보아야 한다.

그러면 분명하게 눈에 띄는 것들을 열거해 보자. 오른손의 엄지손가락은 숨겨져 있고 수염과 실제로 접촉되어 있는 것은 검지뿐이다. 이 검지는 부드러운 수염 뭉치 속으로 깊숙이 들어가 있어 검지 위아래로(손가락이 누르고 있는 부위에서 출발하여 머리 쪽과 복부 쪽으로) 수염 뭉치는 부풀어 올라 있다. 나머지 세 개의 손가락은 제3 지골(指骨)에서 구부러져 흉부와 궁륭 형태를 이루고 있다. 이 세 손가락 위로 수염의 오른쪽 끝 부분이 살짝 닿아 있다. 말하자면 이 세 손가락은 수염에서 빠져 나와 있다. 따라서 오른손이 수염을 만지작거리고 있다거나 수염 속에 파묻혀 있다고 볼 수는 없다. 한 가지 확실한 것은 손가락들 중 하나만이 깊은 홈을 이루며 수염의 한 부분과 비스듬히 포개져 있다는 것이다. 손가락 하나로 이렇게 수염을 누르고 있다는 것은 확실히 특이하고도 이해하기 힘든 모양이다.

두고두고 찬탄의 대상이 된 모세의 수염은 두 뺨과 윗입술과 턱에서 각각 내려와 몇 가닥의 밧줄 같은 모양을 이루고 있는데, 길게 늘어뜨려진 하나하나의 가닥을 분간할 수 있게 되어 있다. 오른쪽 끝에 자리 잡고 있는 수염은 뺨에서부터 그것을 누르고 있는 검지 윗부분 쪽으로 내려와 있는데, 검지에서 멈추어 있다. 이 수염 뭉치가 검지와 가려져 있는 엄지 사이로 계속 내려가고 있다는 가정을 해볼 수가 있다. 이 오른쪽 수염과 짝을 이루는 왼쪽 끝 부분의 수염은 방향이 틀리지 않은 채 가슴 위로 매우 길게 늘어뜨려져 있다. 이 왼쪽 끝의 수염 바로 안쪽에 자리 잡고 있는 두꺼운 수염 다발은 왼쪽 끝의 수염에서 인체의 정중선(正中線)까지를 차지하며 가장 놀라운 변화를 보이고 있다. 머리는 왼쪽으로 돌아가 있는 상태이지만, 이 수염 다발은 그 움직임을 따라갈 수가 없었다. 이 수염은 부드럽게 출렁이는 수염 다발을 묘사하는 데 장애가 되었고, 오른쪽 안에 있는 수염 다발들을 가로막는 술 장식 형태를 취하고 있기도 하다. 실제로 이 수염은 정중선 왼쪽에서 출발하여 수염 전체의 거의 절반을 이루고 있음에도 불구하고 오른손의 검지에 눌려 내려가지 못하고 있다. 이렇게 이 수염은 머리가 왼쪽으로 심하게 돌아간 상태임에도 거의 전체가 오른쪽으로 휘어져 있다. 오른손 검지가 파고들어 가 있는 부분에는 이삭 모양이 형성되어 있다. 왼쪽 수염 다발과 오른쪽 다발이 만나는 지점이 바로 이곳인데, 두 다발 모두 손가락에 눌려 있다. 바로 이곳에서부터, 방향이 바뀌었던 수염 다발이 다시 자유스럽게 수직으로 내려가 그 끝 부분이 다리 위에 놓인 채 벌려져 있는 왼손에 잡히게 된다.

나는 내가 위에서 했던 묘사들이 명확하다는 환상은 결코 갖고 있지 않고, 또한 예술가가 실제로 이 수염 다발의 의미를 용이하게 해결하도록 했는지 어떤지에 대해서도 판단을 내리는 무모함을 범하고 싶지 않다. 그러나 이런 의혹을 넘어서서, 〈오른〉손의 검지가 주로 수염의 〈왼쪽〉 절반의 수염 뭉치를 누르고 있다는 사실과, 이렇게 해서 수염이 넘쳐나게 되자 수염이 왼쪽으로 돌아간 머리와 시선의 움직임을 따라갈 수 없었다는 점은 확실하다. 이제 우리는 이러한 배치가 무엇을 의미하는지, 그리고 어떤 동기에서 이러한 배치가 나오게 되었는지 궁금해진다. 만일 예술가가 왼쪽을 응시하고 있는 모세의 출렁거리는 수염 다발을 오른쪽으로 이동시킨 것이 정말로 선과 공간 처리에서의 조화 때문이었다면, 하나의 손가락이 가하는 압력을 통해 이 효과를 얻으려고 했다는 점은 결코 규모에 걸맞지 않아 보인다. 이런저런 이유로 해서 자신의 한쪽 수염을 던져 놓았다가, 그 누가 손가락 하나의 힘으로 이 수염을 다시 다른 반쪽의 수염 위로 끌어당겨 붙잡으려고 할 것인가? 어쨌든 사소하다고 할 수밖에 없는 이러한 특징들은 아무런 의미가 없는 것일까? 따라서 우리는 예술가와는 아무런 상관도 없는 것들에 매달려 공연히 골치를 썩이고 있는 것일까?

그러나 위에서 언급한 세세한 것들이 의미를 가지고 있다고 가정하며 계속 분석해 보자. 이러한 어려움들을 제거하고 새로운 의미를 엿보게 해주는 하나의 해결책이 있다. 이 모세상에서 만일 수염의 왼쪽 다발들이 오른손의 검지에 의해 눌려 있다면, 이것은 아마도 오른손과 수염의 왼쪽 반 사이에 존재하는 관계의 일부분으로 간주될 수 있다. 다시 말해 왼쪽 수염 다발과 오른손 검지의 관계란 조각가가 묘사한 순간보다 한층 더 내밀한 관계를 맺고 있었던 조금 전의 순간에 형성되어 있던 관계의 나머지다. 아마도 오른손은 수염을 훨씬 더 강한 힘으로 붙잡고 있었는지도 모르고, 따라서 수염의 왼쪽 가장자리까지 뻗쳐 있었을 것이며, 또 우리가 눈앞에 보고 있는 현재의 조각에서의 위치로 오른손이 물러났을 때 오른손은 위와 같은 움직임을 입증하는 수염의 일부분과 함께 위치하게 되었는지도 모른다. 장식 줄처럼 늘어져 있는 수염 다발은 이렇게 움직인 손의 흔적인지도 모른다.

우리는 이런 식으로 오른손이 물러났다고 그 움직임을 유추해 볼 수 있다. 이런 가정을 하면 우리는 그 결과 다른 여러 가정들도 하게 된다. 상상력을 동원해 보면 수염이 입증해 주고 있는 움직임이 한 부분에 지나지 않는 전체적인 움직임을 완성해 낼 수 있고, 나아가 아무런 자의적 해석을 하지 않고서도 쉬고 있던 모세가 동족의 소란과 황금 송아지를 보고 질겁한 나머지 자리를 박차고 일어나려고 했다는 생각을 갖게 된다. 그는 물결치는 수염을 앞으로 내려놓은 채 조용히 앉아서 쉬고 있었고, 이때는 손도 수염과는 아무런 접촉이 없었다. 그런데 이때 소란스러운 소리가 그의 귓전을 때렸다. 그는 고개를 돌려 그를 혼란스럽게 하는 쪽을 바라보았다. 광경이 눈에 들어왔고, 그 의미를 깨달았다. 그러자 그는 분노에 휩싸였고 분개하지 않을 수 없었다. 자리를 박차고 나가려 했고 신성을 모독하는 자들을 응징하고 말살(抹殺)하고 싶었다. 그러나 포악해진 그의 심성은 그 대상에 이르기 전에 우선은 몸짓을 통해 모세 자신의 육체를 덮쳤다. 임박한 행동에 긴장되어 먼저 움직이던 손은 머리를 돌릴 때 함께 움직였던 수염 속으로 파고들었고, 엄지와 손바닥 사이에 잡힌 수염을 손가락을 오그리면서 강한 힘으로 움켜쥐었을 것이다. 미켈란젤로의 다른 조각들에서도 흔히 볼 수 있는 힘과 격렬함을 표현하는 행동이다.

그런데 그 과정과 이유는 모르겠지만 위에서 언급한 움직임에 변화가 생겼다. 수염 속에 파묻힌 채 앞으로 나와 있던 오른손이 재빠르게 뒤로 물러났고, 그래서 수염을 놓쳤고, 손가락들도 풀어지게 되었다. 하지만 손가락들이 처음에 너무 깊숙이 수염 속에 들어가 있었기 때문에 수염에서 빠져나오면서 강력한 수염 다발들을 왼쪽에서 오른쪽으로 이동시켰을 것이고, 이 수염 다발은 손가락들 중 가장 위에 있고 또 가장 길기도 한 가운뎃손가락 하나의 힘만으로도 오른쪽 수염 위로 비스듬히 이동할 수 있었을 것이다. 현재의 모습으로 고정된 모세가 새롭게 취하게 된 자세는 이렇게 한순간 전에 그가 취하고 있었던 자세와 연관지어 생각할 때에만 이해할 수 있게 된다.

이제 요점을 정리할 때가 된 것 같다. 우리는 앞서 오른손이 처음에는 수염 밖에 있었다고 가정했고, 이후 정서적으로 강한 긴장이 찾아온 순간, 수염을 움켜잡기 위해 왼쪽으로 뻗었고, 결국에 이 질문들은 실제로 새롭게 제기된 문제들이다. 물론 오른손은 율법 판 옆에 자신의 자리를 갖고 있다. 또한 이 점에서 추론해 보기는 했지만, 우리가 오른손을 뒤로 물러나게 한 그 동기를 갖고 있지 않다고 인정하지 않을 수 없다. 그런데 만일 이 두 가지 어려운 문제가 완벽하게 설명 가능한 한 과정에 의해 일시에 해결된다면, 그때 상황은 어떻게 변할 것인가? 다시 말해 율법의 판에 관련된 뭔가가 오른손의 움직임을 명료하게 해준다면 말이다.

이 율법의 판에 관해서는, 이제까지 관찰할 만한 가치가 없다고 여겨져 온 것들을 지적해야 할 것이다.[24] 사람들은 흔히 손이 율법의 판을 누르고 있다고 말해 왔고, 혹은 손이 판을 받치고 있다고도 했다. 또한 사람들은 더 깊이 생각해 보지 않은 채 서로 붙어 있는 두 개의 직사각형 모양의 판이 그 모서리로 세워져 있다고도 말해 왔다. 그런데 좀 더 자세히 살펴보면, 율법 판의 하단부

24 그림 4를 참조 — 원주.

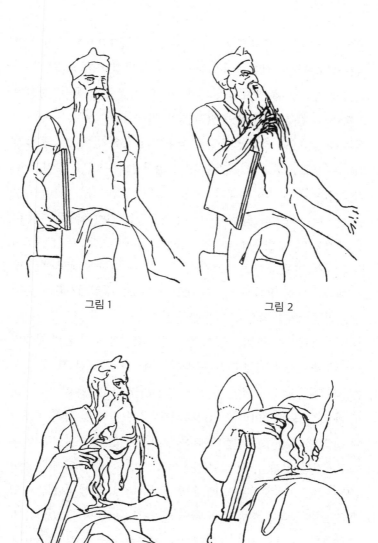

그림 1   그림 2

그림 3   그림 4

가 바로 이 돌출 부위다. 이 작은 부분이, 더군다나 현재 빈 조형 예술 아카데미에 보관되어 있는 석고 거푸집에 의거해 매우 부정확하게 짐작해 본 이 묘사가 과연 의미를 지닐 수 있을까? 성서에 의하면 이 뿔 모양이 율법 판의 상부에 해당된다는 것은 의심의 여지가 없다. 늘 밖으로 둥글게 깎이거나 혹은 안쪽으로 둥글게 깎이는 부분은 오직 직사각형 판의 상단부밖에 없다. 따라서 조각에서는 판의 위와 아래가 뒤바뀌어 있는 셈이다. 그런데 이것은 성스러운 율법의 판을 다루는 방식치고는 기이하다고 하지 않을 수가 없다. 율법 판은 머리를 땅에다 대고 있는데, 그것도 모서리로 서서 겨우 균형을 잡고 있는 상태다. 이러한 구상 속에는 대체 예술의 어떤 형식적 요소가 개입하고 있는 것일까? 혹은 이 디테일 역시 예술가와는 전혀 무관한 것일까?

따라서 우리는 율법 판들이 일정한 움직임을 보인 결과 현재의 자리에 위치하게 되었고, 이 움직임은 우리가 추론해 본 대로 오른손의 이동과 관련되어 있으며, 오른손을 다시 돌아가게 한 것도 바로 이 움직임이라고 생각하게 된다. 손과 율법 판의 움직임에 관련된 과정들은 요컨대 다음과 같은 단일한 통일성 속에서 이루어졌던 것이다. 처음 주인공이 휴식을 취하며 의자에 앉아 있었을 때, 그는 오른팔 밑에 율법 판을 수직으로 세워서 갖고 있었다. 그는 오른손으로 율법 판의 밑 부분을 거머쥐고 있었는데, 좀 더 정확히 말해 전면을 향해 있는 돌출부를 쥐고 있었다. 이렇게 판을 잡고 있는 것이 훨씬 더 용이한 일이었는데, 율법 판의 위아래가 뒤바뀐 것은 이로써 설명된다. 그 이후 소란으로 인해 휴식이 방해받게 되는 순간이 찾아온다. 머리를 돌린 모세는 광경이 눈에 들어오자 발은 자리를 박차고 일어날 태세였고, 판을 잡고 있던 손은 긴장이 풀리면서 외부로 표출되려는 주인공의 분노

를 자기 자신의 몸으로 돌리기 위해 수염의 윗부분을 거머쥐게
되었다. 이때 율법 판은 팔로 눌려져 가슴에 밀착되어 있었다. 그
러나 이렇게 판을 지탱하는 것만으로는 충분치 못했다. 율법 판
은 앞쪽으로 또 밑으로 미끄러져 내리기 시작했고, 처음에는 수
평으로 유지되어 있던 상단부가 앞으로 기울어졌으며, 받쳐 주는
힘을 잃어버린 하단부는 앞 모서리에 의지한 채 돌 의자에 가까
이 다가오게 되었다. 그 순간 모서리 위에 세워져 있던 율법 판들
은 자칫 그 자리에서 회전할 뻔했고, 만일 떨어졌다면 판의 상단
부가 먼저 떨어져 박살이 났을 것이다. 오른손이 다시 뒤로 물러
난 것은 〈바로 이것을 막기 위해서〉였고, 그러자 별 의도 없이 손
의 움직임을 따라왔던 수염을 놓아 버린 것이다. 오른손으로 판
의 가장자리를 잡아 뒤 모서리를 눌러 세울 시간은 아직 있었다.
이 뒤 모서리가 현재의 조각에서는 가장 높게 올라온 부분이다.
이렇게 수염과 손과 이상하게도 어색한 듯 들려 있는 것 같은 한
쌍의 판 전체는 손의 격렬한 움직임과 그 이후의 연쇄 동작에서
추론해 낼 수 있다. 이제까지 복잡하게 묘사한 움직임의 흔적들
을 인정하지 않는다면, 율법 판의 상단부 앞 모서리를 다시 일으
켜 세워야 할 것이고, 동시에 돌 의자에서 (돌출부를 갖고 있는)
하단 모서리의 사이를 벌려야 하며, 또 손의 위치를 낮추어서 이
제 수평이 된 율법 판의 하단부 모서리에 위치시켜야 할 것이다.

나는 한 화가의 손을 빌려 내가 이제까지 묘사한 바를 나타내
기 위해 세 장의 그림을 그려 보았다. 세 번째 그림은 현재 우리가
보고 있는 조각을 그대로 재현한 것이다. 다른 두 점의 그림은 내
해석이 상정한 전 단계들을 나타낸다. 그중 첫 번째 그림은 휴식
장면이고, 두 번째 그림은 긴장이 정점에 달해 있는 모습인데, 자
리를 박차고 뛰쳐나가려는 몸과 율법 판을 놓으려는 순간의 손과

막 미끄러져 내리려는 율법 판을 나타낸다. 그런데 내 부탁을 받은 화가가 그린 그림들이 어느 정도로 이전의 평자(評者)들이 행했던 묘사들이 부정했는지를 일러 주고 있다는 사실은 지적해 두어야 할 것이다. 미켈란젤로와 동시대인이었던 콘도비는 다음과 같이 말했다. 〈히브리 민족의 영도자요 수장(首長)이었던 모세는 명상에 잠긴 현자(賢者)의 자세로 앉아 오른팔 밑에 율법의 판을 들고 있고, 마치 피곤하고 여러 가지 걱정거리가 있는 사람처럼 왼손으로는(!) 턱을 받치고 있다.〉 조각 작품에서 이러한 모습을 볼 수 없음은 명백하다. 그러나 콘디비의 의견은 우리가 그린 첫 번째 그림이 가정했던 상황과는 일치한다. 뤕케 같은 다른 평자들은 다음과 같이 말했다. 〈동요를 일으킨 그는 오른손을 멋지게 물결치며 흘러내리는 수염 속에 파묻었고…….〉 이 해석 또한 조각과는 일치하지 않지만 우리가 그린 두 번째 그림과는 일치한다. 앞서 밝힌 대로 유스티와 크나프는 율법 판들이 밑으로 흘러내리는 중이고, 자칫 땅에 떨어져 부서질 수도 있었다고 말했다. 이들의 견해는 토데가 수정한 대로 고쳐져야 할 것인데, 토데는 율법 판들이 확실하게 오른손으로 지탱되고 있다고 했다. 그러나 이 두 사람의 의견을 조각 작품이 아니라 우리가 그린 중간 단계를 나타내는 그림에 적용하면 두 사람이 옳았다고 할 수 있다. 요컨대 이 평자들 모두 조각의 시각적 이미지에서 이탈해 자신들도 모르는 사이에 우리가 더욱 의식적이고 명시적으로 설정했던 가정들과 동일한 가정들로 그들을 인도해 갔던 움직임의 모티프에 대한 분석을 조금씩이나마 하고 있었던 셈이다.

3

　내 생각이 틀린 것이 아니라면, 이제 우리가 지금까지 기울여
온 노력의 성과를 거둘 때가 된 것 같다. 조각이 자아내는 충격을
경험한 많은 사람들에게는 해석이 피할 수 없는 것이었음을 보아
왔다. 이들에게 조각은 배교(背敎)의 죄악을 범하고 우상(偶像)
주위를 맴돌며 춤을 춘 동족의 모습을 보고 충격에 사로잡힌 모
세를 나타내는 것이었다. 그러나 이런 해석은 이제 포기해야만
한다. 왜냐하면 이 해석은 논리적으로 모세가 다음 순간에 자리
를 박차고 일어나 율법 판을 내던져 부술 것이고, 복수를 완성할
것이라는 가정을 따라가야만 하기 때문이다. 하지만 이러한 일련
의 행동들은 세 개 혹은 다섯 개의 다른 조각들과 함께 율리우스
2세의 장례 기념물의 일부를 이루기 위해 제작된 조각의 용도와
는 모순된다. 우리는 이제 이 포기된 해석을 다시 취할 수도 있는
데, 왜냐하면 우리가 보기에 모세는 그의 자리를 박차고 나가지
않았고 율법 판을 멀리 내던지지도 않았기 때문이다. 우리가 조
각 작품에서 본 것은 어떤 격렬한 행동을 예고하는 서곡(序曲)이
아니라 이미 일어난 한 움직임의 여파인 것이다. 자리를 박차고
나간다거나, 복수를 한다거나, 율법 판을 망각한다거나 하는 모
든 행동을 모세는 분노에 사로잡힌 상태에서 하기를 원했다. 그

러나 그는 이 유혹을 이겨 냈고, 그 이후 그는 사그라든 격분과 경멸이 섞인 고통을 느끼면서 의자에 앉아 있을 것이다. 그는 어디 바위에라도 부딪쳐 부서지라고 율법 판을 내던지지도 않을 것이다. 왜냐하면 바로 이 율법 판 때문에 그는 분노를 삭였기 때문이다. 자신의 격정을 눌러 이긴 것은 이 율법 판을 안전하게 구하기 위해서였다. 격정적인 분노에 사로잡혔을 때 그는 율법 판을 소홀히 다루지 않을 수가 없었을 것이고, 붙잡고 있던 손을 놓아 버렸을 것이다. 그때 율법 판은 아래로 흘러내리기 시작했고, 땅에 떨어져 부서질 수도 있었다. 이렇게 해서 모세는 율법 판에 주의를 기울이게 되었고, 자신이 맡은 사명을 떠올렸으며, 이를 완수하기 위해 분노를 행동으로 옮기는 것을 단념했다. 그의 손은 뒤로 물러나 흔들리며 땅에 떨어지려던 율법 판을 다시 잡았다. 바로 이 자세를 취하고 있던 모세가 조각으로 고정된 것이며, 이렇게 해서 미켈란젤로는 무덤의 수호자로 그를 나타낼 수 있었다.

조각을 수직으로 놓고 볼 때, 세 단계가 하나의 층을 형성하고 있음을 알 수 있다. 얼굴 표정에는 가장 두드러진 정서적 충격이 반영되어 있고, 인물의 중앙 부분에서는 억제된 행동을 나타내는 기호들이 자리 잡고 있으며, 발은 마치 감정 억제가 위에서 아래로 전달된다는 듯 억제되지 못한 채 행동을 취할 태세임을 보여 준다. 아직까지 우리가 이야기하지 않았던 왼쪽 팔이 이제 우리의 해석을 요구하는 것 같다. 왼손은 기운이 빠진 듯 복부에 놓여 흘러내린 수염 끝을 덮은 채 애무하고 있다. 이러한 모습은 잠시 전에 오른손이 수염을 거칠게 다루었던 것을 왼손이 보상하려고 한다는 느낌을 준다.

그런데 이제 사람들은 여기서 우리를 비난할 것이다. 다시 말해 사람들은 〈그렇다면 그것은 실제로 화를 내고 율법 판을 내던져서 부숴 버렸던 성서에 나오는 모세가 아니지 않느냐〉라고 이의를 제기할 수 있다. 사실 이 조각은 전혀 다른 모세, 다시 말해 예술가의 감정에 응답하고, 성서를 자유롭게 해석하며, 신이 예정한 인물을 왜곡*Entstellung*한 조각일 수도 있다. 그렇다면 우리는 신성 모독과 그리 멀리 떨어져 있지 않은 이 위반을 미켈란젤로의 책임으로 돌려야 할 것인가?

황금 송아지를 보았을 때의 모세를 묘사한 성서 구절은 다음과 같다(시대 착오일지도 모르지만, 루터가 번역한 성경을 인용했는데, 이 점 독자들의 양해를 바란다).

「출애굽기」 제32장 (7절) 그런데 주님께서 모세에게 말씀하셨다. 〈자, 내려가거라. 왜냐하면 네가 이집트에서 인도해 온 너의 족속이 모든 것을 망쳐 놓았기 때문이다. (8절) 그들은 내가 그들에게 명령한 길에서 빨리도 벗어났구나. 그들은 송아지를 몰래 들여와, 그것을 경배하고 찬양하며 제사 지내며 말한다.《이스라엘이여, 너를 이집트에서 인도해 온 너의 신이 여기에 있다.》〉(9절) 주님은 또 모세에게 말씀하셨다. 〈그들은 목이 굳은 백성이다. (10절) 그러니 이제 내가 하는 대로 내버려 두어라. 내 분노가 그들 위에 불길처럼 타오를 것이고 그들을 몰살하리라. 그리하여 너로 하여금 큰 민족을 이루게 하리라.〉 (11절) 그러나 모세는 그의 하느님, 주님께 호소하며 말했다. 〈주여, 어찌하여 당신의 진노를 당신이 위대한 힘과 강력한 손으로 이집트 땅에서 인도해 내신 당신의 백성 위에 타오르게 하시나이까?〉 …… (14절) 이리하여 주님은 당신의 백성에게 가하려는 화를 후회하시며 거두었다. (15절) 모세는 몸을 돌려 산에서 내려왔고, 그의 손에는 산에서 받은 두 개의 판이 들려 있었고, 그 판은 양쪽에 글씨가 적혀 있었다. (16절) 그런데 이 판은 주님 스스로 만드셨고, 글씨도 주님 스스로 새겨 넣으셨다. (17절) 사람들이 기뻐하며 떠드는 소리를 들은 여호수아가 모세에게 말하기를 진중에서 싸움이 일어난 것 같은 소리가 들린다고 했다. (18절) 모세가 말하기를, 그것은 서로 싸우며 이긴 자와 진 자가 내지르는 소리가 아니라, 승리의 춤 소리라고 했다. (19절) 그러나 그가 진에 가까이 다가가 송아지와 둥그렇게 모여 춤을 추고 있는 것을 보자 그는 분노의 불길에 휩싸였고, 손에 들고 있던 판을 내던져 산 밑에서 부숴 버리고 말았다. (20절) 그리고 그는 사람들이 만든 송아지를 불에 녹여 가루를 만들어 물 위에 뿌리고, 이스라엘 아이들에게 주어 마시게 했다. …… (30절) 아침에 모세가 백성들에게 말하기를 〈그대들은 큰 죄를 저질렀다. 나는 이 죄를 속죄하기 위해 하느님께로 올라가고자 한다.〉 (31절) 모세가 주님께 돌아왔을 때 그는 말했다. 〈안타깝게도 백성들이 큰 죄를 지었습니다. 그들은 금으로 신들을 만들었습니다. (32절) 그러나 그들의 죄를 용서하여 주소서. 아니면 저를 당신이 기록하신 책에서 지워 주소서.〉 (33절) 주님이 모세에게 말했다. 〈뭐라고? 나는 내 책에서 나에 대항하여 죄를 지은 자들을 지워 버리겠노라. (34절) 자, 이제 가거라, 가서 내가 네게 이른 곳으로 백성들을 인도해라. 보아라, 내 천사가 너를 앞장서 가리라. 내게 응징할 날이 오면 그때 그들이 범한 죄를 벌하리라.〉 (35절) 이리하여 주님은 아론이 만든 그 송아지를 만든 그것으로 백성을 벌한다.[25]

25   참고로 한글 개역개정판 『성경 전서』에서 해당 부분을 인용하면 다음과 같다 (「출애굽기」, 32장 7절). 여호와께서 모세에게 이르시되 너는 내려가라. 네가 애굽 땅에서 인도하여 낸 네 백성이 부패하였도다. (8절) 그들이 내가 그들에게 명한 길을 속히 떠나 자기를 위하여 송아지를 부어 만들고 그것을 예배하며 그것에게 희생을 드리며 말하기를 이스라엘아 이는 너희를 애굽 땅에서 인도하여 낸 너희 신이라 하였도다.

현대의 성서 연구에 영향을 받은 우리로서는 위의 구절에서 여러 이야기가 서툴게 표절되어 있다는 증거들을 식별해 내지 않을 수가 없다. 8절에서 모세에게 유대 백성이 여호와를 버리고 우상을 제작했음을 알리는 이는 여호와 자신이다. 모세는 죄인들을 위하여 중재에 나선다. 그러나 18절에 가서 그는 마치 이를 모르고 있었다는 듯이 여호수아의 말에 이의를 제기하고 우상 숭배 장면을 보는 순간 갑자기 분노에 사로잡힌다. 14절에서 그는 이미 죄를 지은 그의 백성을 위해 용서를 얻어 냈지만, 31절에서 그는 다시 용서를 구하기 위해 산으로 올라간다. 그는 여호와에게 백성의 배교를 전하고 응징이 연기되었다는 확인을 얻어 낸다. 그러나 35절에 이르면 신이 백성에게 응징했음이 드러나는데, 그

(9절) 여호와께서 또 모세에게 이르시되 내가 이 백성을 보니 목이 뻣뻣한 백성이로다. (10절) 그런즉 내가 하는 대로 두라. 내가 그들에게 진노하여 그들을 진멸하고 너를 큰 나라가 되게 하리라. (11절) 모세가 그의 하느님 여호와께 구하여 이르되 여호와여 어찌하여 그 큰 권능과 강한 손으로 애굽 땅에서 인도하여 내신 주의 백성에게 진노하시나이까. (중략) (14절) 여호와께서 뜻을 돌이키사 말씀하신 화를 그 백성에게 내리지 아니하시니라. (15절) 모세가 돌이켜 산에서 내려오는데 두 증거판이 그의 손에 있고 그 판의 양면 이쪽 저쪽에 글자가 있으니 (16절) 그 판은 하느님이 만드신 것이요 글자는 하느님이 쓰셔서 판에 새기신 것이더라. (17절) 여호수아가 백성의 요란한 소리를 듣고 모세에게 말하되 진중에서 싸우는 소리가 나나이다. (18절) 모세가 가로되 이는 승전가도 아니요 패하여 부르짖는 소리도 아니라 내가 듣기에는 노래하는 소리로다 하고 (19절) 진에 가까이 이르러 그 송아지와 그 춤 추는 것들을 보고 크게 노하여 손에서 그 판들을 산 아래로 던져 깨뜨리니라. (20절) 모세가 그들이 만든 송아지를 가져다가 불살라 부수어 가루를 만들어 물에 뿌려 이스라엘 자손에게 마시게 하니라. (중략) (30절) 이튿날 모세가 백성에게 이르되 너희가 큰 죄를 범하였도다. 내가 이제 여호와께로 올라가노니 혹 너희를 위하여 속죄가 될까 하노라 하고 (31절) 모세가 여호와께로 다시 나아가 여짜오되 슬프도소이다. 이 백성이 자기들을 위하여 금 신을 만들었사오니 큰 죄를 범하였나이다. (32절) 그러나 이제 그들의 죄를 사하시옵소서. 그렇지 아니 하시오면 원하건대 주께서 기록하신 책에서 내 이름을 지워 버려 주옵소서. (33절) 여호와께서 모세에게 이르시되 누구든지 내게 범죄하면 내가 내 책에서 그를 지워 버리리라. (34절) 이제 가서 내가 네게 말한 곳으로 백성을 인도하라. 내 사자가 네 앞서 가리라. 그러나 내가 보응할 날에는 그들의 죄를 보응하리라. (35절) 여호와께서 백성을 치시니 이는 그들이 아론이 만든 바 그 송아지를 만들었음이더라.

내용은 전혀 알려져 있지 않다. 반면에 20절에서 30절 사이에서 우리는 모세 자신이 스스로 행한 응징이 묘사되어 있음을 알게 된다. 『출애굽기』의 역사를 다루는 부분들이 특히 눈에 띄는 모순들과 비논리성을 많이 갖고 있음은 잘 알려진 사실이다.

르네상스 시대에 살았던 사람들에게 성서에 대한 이러한 비판은 물론 생각조차 할 수 없는 일이었다. 그들은 성서를 전체적으로 수미일관한 이야기로 여기고 있었고, 아마도 조형 예술에 성서가 어떤 지렛대 역할을 할 수 있으리라고는 미처 생각하지 못했을 것이다. 인용한 성서에 나오는 모세는 이미 백성들의 우상 숭배에 대해 알고 있었고, 관용과 용서를 베풀기로 결심하고 있었다. 그러나 그 후 황금 송아지와 군무를 보게 된 그는 돌연 격렬한 분노에 휩싸이고 만다. 따라서 이 갑작스럽게 맞닥뜨린 괴로움에 반응하는 모세를 재현하려고 했던 조각가 미켈란젤로가 내면적인 이유들로 해서 성서의 내용을 벗어났다는 것은 그리 놀라운 일이 아닐 것이다.

게다가 성서의 내용에서 벗어난다는 것이, 그 이유가 그리 중요성을 가지지 않는 경우라고 해도 전혀 없었던 일이 아니며, 또 예술가에게는 금지되어 있었던 것도 아니다. 현재 우리가 일 파르미지아니노[26]의 고향에서 볼 수 있는 화가의 유명한 그림에는 모세가 산 정상에 앉아서 율법 판을 땅에 내던지고 있는데, 이는 분명히 산 아래에서 내던졌다는 성서의 내용과 상치된다. 이미 앉아 있는 모세는 성서 속에 나타나지도 않으며, 따라서 오히려 미켈란젤로의 조각은 모세라는 한 영웅의 일생 중에서 특별한 한

26　일 파르미지아노(1503~1540). 이탈리아 중부 도시인 파르마 태생의 르네상스 시대의 화가. 「목이 긴 마리아」로 잘 알려진 이 화가는 라파엘로와 미켈란젤로의 영향을 많이 받아 이른바 마니에리스모 경향이라는 것을 세련되게 만들었다는 평을 듣고 있다.

순간을 묘사하려고 했던 것이 아니라는 주장이 옳게 보인다.

우리가 해석한 바에 따른다면, 모세의 성격에 대해 미켈란젤로가 가한 수정은 그가 성서에 충실하지 못했다는 것보다 한층 더 중요해 보인다. 전해지는 바에 따르면, 인간 모세는 화를 잘 내는 다혈질의 인간이었다. 그가 한 이스라엘인을 구타하는 이집트 사람을 때려눕힌 것도 이러한 그의 갑작스러운 분노 때문이었고, 또 같은 이유로 해서 그는 이집트를 떠나 사막으로 도망가야만 했다. 그가 신이 직접 쓴 두 개의 율법 판을 부수어 버린 것도 똑같이 감정이 폭발했을 때다.

모세의 성격에 대해 이러한 이야기들이 전해져 내려올 때, 이 이야기들을 그를 해치려는 의도적인 이야기로 볼 수는 없다. 오히려 이런 이야기들 속에는 일정한 한 시대에 살았던 어떤 위대한 인물에 대한 인상들이 간직되어 있을 것이다. 그러나 미켈란젤로는 교황의 장례 기념물을 제작하면서 전혀 다른 모세, 다시 말해 역사적 인물이나 전해져 내려오는 이야기 속의 인물보다 훨씬 더 위대한 모세를 만들어 내려고 했다. 그는 부서진 율법 판의 모티프에 수정을 가해서, 모세가 화를 이기지 못해 율법 판들을 부순 것으로 묘사하지 않았으며, 반대로 율법 판들이 부서질지도 모른다고 우려해서 자신의 분노를 삭히는 모세를 묘사했던 것이다. 어쨌든 적어도 그의 분노는 행동으로 옮겨 가는 도중에 억제되고 만다. 이렇게 함으로써 미켈란젤로는 뭔가 새롭고, 초인적인 것을 모세상에 끌어들였고, 주인공의 강인해 보이는 육체적 볼륨과 힘이 넘쳐나는 듯한 근육질 등은 인간으로서 다다를 수 있는 가장 높은 수준의 정신적 성취에 대한 육체적 표현이다. 스스로를 바친 위대한 사명을 위해 자신의 격정을 누르는 이 행위는 인간으로서 도달할 수 있는 한 빼어난 성취다.

미켈란젤로의 조각에 대한 해석은 이쯤에서 끝내야 할 것 같다. 미켈란젤로가 이렇게 상당히 변형된 모세를 율리우스 2세의 장례 기념물을 장식하기 위해 제작했을 때, 과연 어떤 동기들이 그를 움직였을까 하는 문제가 아직도 남아 있기는 하다. 여러 측면에서 볼 때, 이런 동기들은 교황의 성격과 조각가가 교황과 맺고 있던 관계 속에서 찾아야 한다는 점은 이미 여러 사람이 지적했던 바다. 율리우스 2세는 그 역시 위대하고 강력한 것, 특히 규모 면에서 큰 것을 추구했다는 점에서 미켈란젤로와 비슷한 인물이었다. 그는 행동하는 사람이었고 명료한 것을 선호했다. 그리고 교황권의 지배 하에 전 이탈리아를 통일하려는 원대한 생각을 갖고 있었다. 수 세기가 지난 후, 여러 가지 요인이 작용하여 이루어지게 될 일을 그는 한 개인의 힘으로, 그것도 그에게 주어진 짧은 임기 동안에, 초조해하면서 폭력적인 방법을 동원하여 이루려고 했던 것이다. 그는 미켈란젤로를 자신과 똑같은 인간으로 볼 수 있었지만, 동시에 자신의 급한 성격과 변덕스러움 때문에 예술가를 괴롭히기도 했다. 예술가는 자신에게도 그와 유사한 강렬한 야망이 있음을 의식했지만, 그는 심사숙고하는 경향으로 인해 사물에 대해 좀 더 깊은 안목을 소유할 수 있었을 것이고, 아마도 두 사람 모두 꿈꾸던 것을 이루지 못하리라는 것을 예감하고 있었을 것이다. 이렇게 미켈란젤로는 그의 모세상에 망자(亡者)에 대한 비난과 자기 자신에게 하는 충고의 의미를 부여하면서, 그리고 이러한 비판을 통해 스스로를 극복하면서 모세상을 교황의 무덤 위에 올려놓을 수 있었다.

4

1863년 영국인인 왓키스 로이드W. Watkiss Lloyd는 미켈란젤로의 모세상에 대한 작은 책을 한 권 냈다. 46페이지의 이 책을 손에 넣었을 때, 나는 내용을 읽어 내려가며 여러 가지 감정을 느꼈다. 나는 목적이 진지할 경우에도 하찮고 어리석은 동기들이 우리의 사고와 행위 속에 들어온다는 것을 나 자신을 통해 다시 한번 경험하게 되었다. 나의 첫 느낌은 유감스럽다는 것이었다. 내 노력의 결과였기에 내게는 소중했던 많은 관점들을 이미 로이드가 앞서서 갖고 있었기 때문이었다. 한참이 지나고 나서야 그 책이 예기치 않게 내 의견을 확인시켜 준 것에 즐거운 마음을 갖게 되었다. 하지만 우리 두 사람은 한 가지 결정적인 점에서 서로 다른 길을 가고 있다.

로이드는 우선 조각에 대해 사람들이 흔히 하는 묘사들이 부정확하고, 모세는 자리에서 일어나려고 했던 것이 아니며, 오른손은 수염 속에 들어가 있지 않았고, 여전히 수염 위에 놓여 있는 것은 단지 오른손의 검지일 뿐이라고 지적하고 있다.[27] 또한 그는 재현된 인물의 자세는 표현되지 않은 이전의 한순간을 참조함으로서만 밝혀질 수 있고, 왼쪽 수염 다발이 오른쪽으로 쏠려 있는

27   로이드의 『미켈란젤로의 모세상The Moses of Michael Angelo』(1909) — 원주.

것은 오른손과 수염의 왼쪽 반이, 조각이 재현된 자세를 취하기 이전에는 밀접하고도 매우 자연스러운 관련을 맺고 있었다는 것을 암시한다고밖에는 달리 생각할 수 없다고 지적했는데, 이 지적은 앞엣것과는 전혀 다른 의미를 지닌다. 그러나 그는 필연성을 띤 이 오른손과 왼쪽 수염의 인접 관계를 재구성하기 위하여 나오는 다른 길로 가고 있다. 그가 보기에는 손이 수염 속에 들어 있었던 것이 아니라 수염이 손 곁에 있었던 것이다. 그는 설명하기를, 〈갑작스러운 동요가 일어나기 직전, 조각의 머리는 완전히 오른쪽으로 돌아가서 지금 율법 판을 잡고 있는 것처럼 율법 판을 잡고 있는 손을 바라보고 있었다〉라고 상상해야만 한다는 것이다. 손바닥에 (율법 판에 의해) 가해진 압력으로 인해 오른손의 손가락들은 아주 자연스럽게 폭포처럼 흘러내리는 수염 다발 밑에 벌어져 있게 되었고, 머리를 갑자기 반대 방향으로 돌리는 바람에 수염 다발 중의 일부가 순간적으로 그동안 움직이지 않고 있던 손에 의해 잡히면서, 물결처럼 생겼다고 해야 할 장식 줄 모양의 다발을 만들게 되었다는 것이다.

오른손과 수염의 왼쪽 반은 다른 식으로 관련을 맺고 있을 수도 있었는데, 로이드가 이 가능성을 못 본 것은 다름 아니라 내가 했던 해석을 그가 너무나도 가까이에서 비켜 지나갔기 때문이었다. 예언자 모세가, 심지어 심하게 정신적으로 동요를 일으키지 않은 상태라고 해도, 수염을 옆으로 끌어당길 만큼 그렇게 손을 뻗었을 가능성은 별로 없어 보인다. 만일 그랬다면, 손가락들의 위치는 완전히 달라졌을 것이고, 나아가 모든 것에도 불구하고 오른손이 율법 판들을 여전히 들고 있기 위해서 작품의 위엄에 심각한 타격을 미쳤을 매우 서툰 움직임을 조각에 부여하지 않는다면, 이 움직임으로 인해 오른손의 압력으로 지탱되고 있는 율법 판들은 땅으로 떨어져야만 했을 것이다.

이 저자가 어느 부분에 부주의했는지는 쉽게 알 수 있다. 그는 물론 앞에서 묘사한 움직임의 흔적으로서 수염의 특이성들을 정확하게 해석해 냈다. 그러나 그는 동일한 추론을 이에 못지않게 어색하게 놓여 있는 율법 판들의 모습에 적용하지는 않았다. 그는 단지 수염에 관계된 표식들에서만 해석을 이끌어 냈을 뿐, 율법 판에 관계된 것들에서는 부분적으로라도 해석의 논리를 이끌어 내지 않았다. 그렇게 해서 그는 그를 우리의 생각과 동일한 생각으로 인도할 수도 있었던 길을 스스로 막아 버린 셈이다. 우리는 눈에 잘 띄지 않는 몇몇 세세한 것들을 이용함으로써, 조각 작품 전체와 그 의도들에 대한 예기치 못했던 해석에 도달할 수 있었다.

그러나 만일 우리 두 사람 다 길을 잘못 들었다면 어떻게 되는 것인가? 만일 조각가와는 아무런 상관도 없는 세세한 것들에, 단지 조각가가 어떤 신비한 것도 부여할 생각 없이 순수하게 자의적으로 일정한 형식적 동기들로 인해 만들었을지도 모를 이 세세한 것들에 우리가 무게를 두고 의미를 부여한 것이라면? 그래서 우리가 만일 예술가가 의식적으로든 무의식적으로든 창조하려고 하지 않았던 것들을 명쾌하게 밝혀냈다고 스스로 믿고 있는 그 수많은 해석자들의 서글픈 처지가 된다면? 나로서는 확답을 할 수가 없다. 다시 말해 나로서는 그토록 다양한 내용의 사고들을 작품 속에 표현하기 위해 싸움을 벌였던 미켈란젤로와 같은 한 예술가에게 그가 아무것도 결정하지 않은 상태에서 창작을 했다고 하는 것이 옳은 것인지, 아니면 모세상의 그 명확하고도 특이한 특징들을 볼 때 어떤 한 관점이야말로 정확하게 들어맞는 것인지를 말하기가 어렵기 때문이다. 결론을 내릴 때가 된 것 같은데, 자신은 없지만 한 가지 덧붙이자면, 이러한 불확실함에 대해 예술가도 우리 해석하는 사람들과 함께 책임이 있다는 말을 하고 자 한다. 미켈란젤로는 창작을 하면서 매우 자주 예술이 표현할 수 있는 최후의 한계까지 가곤 했다. 어쩌면 모세상을 제작하면 서도 그는 완벽한 성공을 거둔 것이 아닌지도 모른다. 만일 그의 의도가 격렬한 충격의 회오리가 지나간 후 되찾은 평온 상태 속 에 남아 있는 흔적들을 통해 이 격정의 회오리를 암시하는 것이 었다면 말이다.

미켈란젤로의 모세상에 대한 추가 연구(1927)

1914년, 잡지 『이마고』에 실리기도 했던 — 내 이름이 명시되지 않은 채 — 미켈란젤로의 모세상에 대한 글이 발표된 이후 여러 해가 지난 어느 날, 존스의 호의에 힘입어 『벌링턴 감식가 잡지 *Burlington Magazine for Connoisseurs*』(1921년 4월 제38권)를 한 권얻게 되었는데, 이 잡지로 인해 나는 이전에 내가 조각에 대해서했던 해석을 다시 한번 훑어보게 되었다. 이 잡지에는 미첼H. P. Mitchell이 12세기에 제작된 두 개의 청동상에 대해 쓴 간단한 기사가 실려 있었다. 현재 이 두 조각은 애시몰린 옥스퍼드 박물관에 소장되어 있는데, 당시의 훌륭한 예술가들 중 한 사람이었던 니콜라 드 베르됭Nicolas de Verdun의 것으로 추정된다. 이 예술가의 다른 작품들은 투르네, 아라스와 빈 인근의 클로스터노이부르크 등에 소장되어 있다. 쾰른에 있는 「동방 박사들의 추방」이 그의 최고 걸작으로 꼽힌다.

미첼이 분석한 두 개의 작은 조각상 중의 하나가 바로 모세상이었는데(높이가 23센티미터 정도), 옆에 놓인 율법 판이 매우 특징적이었다. 이 모세상 역시 좌상(坐像)이었고, 넓은 주름이 잡혀 있는 망토에 덮여 있었다. 얼굴은 격정으로 인해, 혹은 격정으로 인해 상기되어 있고, 오른손은 긴 수염을 잡고 있는데, 마치 손을

니콜라 드 베르됭의 모세상(애시몰린 옥스퍼드 박물관)

벌려 손바닥과 엄지로 집게처럼 수염을 쥐고 있었다. 요컨대 이 조각은 우리가 현재 미켈란젤로의 조각에서 볼 수 있는 자세 이전에 모세가 취하고 있었을 것이라고 추정되는 그림 2번의 자세를 취하고 있다.

첨부한 사진을 보면 약 3백 년 이상의 시간적 거리를 두고 제작된 두 조각 작품 사이의 주요한 차이점이 쉽게 구별될 것이다. 로렌 태생의 이 화가가 제작한 모세상에서는 왼손이 율법 판의 상단부를 누른 채 무릎 위에 놓여 있다. 만일 이 율법 판을 반대쪽으로 보내고 오른손으로 누르고 있도록 한다면, 미켈란젤로의 조각에 나타난 바로 직전의 모습을 얻을 수 있다. 만일 오른손이 수염 속에 파묻혀 있다는 나의 해석이 받아들일 만한 것이라면, 1180년에 제작된 이 모세상은 격정의 회오리가 몰아치던 순간을 보여 주고, 반면 성 베드로 성당에 있는 모세상은 이 격정의 회오리가 지나간 이후의 평온한 상태를 보여 준다고 할 수 있다.

지금 내가 보고하고 있는 이 작은 조각상이 발견됨으로써 1914년에 내 에세이에서 시도했던 해석의 개연성을 높일 수 있다는 생각이 든다. 아마도 미래에 어떤 예술 감식 전문가가 나타나 두 시기 중간에 제작된 모세상들을 정리할 수 있다면, 니콜라 드 베르됭의 모세와 이탈리아 르네상스의 거장이 만든 모세 사이에 존재하는 시간적 공백을 메울 수 있을지도 모른다.

덧없음

Vergänglichkeit(1916[1915])

이 에세이는 1915년 11월, 다음 해에 『괴테의 나라*Das Land Goethes*』라는 제목으로 출간할 괴테 기념 논문집에 기고해 달라는 베를린 괴테학회의 부탁을 받고 쓴 글로, 프로이트의 문학적 능력이 어떠한지를 잘 보여 주는 수작이다.

이 논문은 1916년 『괴테의 나라』에 처음 수록되었으며, 『연감 1927』(1926), 『전집』 제10권(1946)에도 실렸다. 영어 번역본은 1942년 제임스 스트레이치James Strachey가 번역하여 "On Transience"라는 제목으로 『국제 정신분석 저널』 제23호에 실렸으며, 『논문집』 제5권(1950), 『표준판 전집』 제14권(1957)에도 수록되었다.

덧없음

얼마 전 어느 여름날, 나는 말없이 과묵한 한 친구와 아직 나이는 젊지만 이미 명성을 날리고 있던 한 시인[1]과 함께 환한 미소로 우리를 반기는 듯한 시골길을 산책한 적이 있었다. 그 시인은 주변 풍광의 아름다움에 대해 연신 찬사를 아끼지 않았지만, 그 아름다움 속에서 환희의 기분을 누리지는 못했다. 그는 이 모든 아름다움이 결국에는 소멸되고 말 거라는 생각에 착잡한 심정이었다. 모든 인간적인 아름다움과 인간이 창조해 냈거나 창조할 수 있는 모든 아름다움이나 장관이 겨울이 오면 그 자연의 아름다움이 사라지는 것과 마찬가지로 없어질 거라는 생각에 마음이 좋지 않았다. 달리 말하면, 그가 사랑하고 찬미했던 모든 것들이 그에게는 덧없음의 운명으로 가치를 손상당하는 것으로 여겨졌던 것이다.

우리가 잘 알고 있듯이, 아름답고 완벽한 그 모든 것이 소멸과 쇠퇴의 길로 나아간다는 것은 우리 마음에 두 가지 서로 다른 충동을 불러일으킨다. 하나는 그 젊은 시인이 느꼈던 것과 똑같은 가슴 저미는 낙심이며, 또 다른 하나는 그 명백한 사실에 대한 저항이다. 가령 이렇게 얘기할 수 있지 않을까? 아니다! 자연과 예

---

1 프로이트는 1913년 8월을 돌로미테스에서 보냈다. 그러나 여기에 언급된 친구와 시인이 누군지는 확인할 길이 없다.

술의 이 모든 아름다움, 우리 감각의 세계와 외부 세계의 그 모든 아름다움이 진정 허망한 무(無)로 사라지는 것은 있을 수 없는 일이다. 너무 무감각하고, 그리 되리라는 운명 예단으로 그런 사실을 믿지 못할 뿐이다. 이 아름다움은 지속될 수 있으며, 파괴의 모든 세력들을 다 이겨 낼 수 있을 것이다.

그러나 이러한 불멸에 대한 요구는 너무도 분명한 우리 소망의 산물로 사실 현실성은 없다. 모든 것은 소멸해 버린다는 고통스러운 인식이 진정 진실인 것이다. 모든 사물의 덧없음은 반박할 길이 없으며, 아름답고 완벽한 것을 예외로 할 수도 없는 노릇이다. 그러나 나는 아름다운 것들이 덧없음으로 인해 나름의 소중한 가치마저 상실해 버린다는 식의 그 염세적인 시인의 견해에 반박하지 않을 수 없다. 아니, 반대로 그러한 덧없음으로 인해 아름다움의 가치가 더 증대되는 것이 아닌가! 무상함은 한정된 시간 속에서 희소가치를 지니는 것이 아닌가! 향유의 가능성에 어떤 한계가 있기 때문에 오히려 향유의 가치가 높아지는 것이다. 감히 선언하건대, 아름다운 것의 무상함이 그 아름다움을 즐기려는 우리의 마음에 방해가 된다는 것은 정말 이해 못 할 일이 아닌가! 자연의 아름다움을 보자. 겨울이 되면 훼손되는 그 아름다움은 다음 해에 다시 찾아온다. 따라서 자연의 아름다움은 우리 인생의 길이와 견주어 볼 때 실제 영원한 것으로 보인다. 우리 인간의 형체와 얼굴의 아름다움은 삶의 과정 속에서 끊임없이 소멸되어 간다. 그러나 그런 덧없음만이 오히려 더욱 새로운 매력을 우리 삶에 부여하는 것이다. 아무리 하룻밤만 봉오리를 피우는 꽃이라고 할지라도 그런 이유로 아름다움을 잃어버리는 것은 아니다. 그러기에 나는 어떤 예술 작품이나 지적 성취물의 아름다움이나 완벽함이 시간적 한계 때문에 그 가치를 상실한다는 얘기를 이해할 수 없는 것이다. 오늘 우리가 찬사를 보내는 미술품이나 조각상이 언젠가 부서져 없어질 날이 실제로 올 수도 있다. 혹은 오늘날의 시인들이나 사상가들의 작품을 더 이상 이해하지 못하는 세대가 출현할 날이 올 수도 있으며, 이 지상의 모든 생물들이 다 소멸되어 버리는 어떤 지질학상의 사건이 벌어질 날이 도래할지도 모른다. 그러나 모든 아름다움과 완벽함은 그것이 우리의 정서적 삶에 어떤 의미를 지니느냐에 따라 그 가치가 결정되기 때문에, 그것이 우리 인간의 삶보다 더 오래 존속해야 할 필요도 없고 그 아름다움과 완벽함은 절대적인 시간의 길이에 구속되지 않는 것이다.

이러한 생각이 나에게는 더 이상 논쟁의 여지가 없는 것이었다. 하지만 나는 당시 그 시인이나 친구에게 내 생각의 깊은 의미를 인상 깊게 심어 주지 못했던 모양이다. 결국 나는 어떤 정서상의 강력한 요인이 그들의 판단을 방해하고 있다고 추론하게 되었고, 나중에는 그 정서상의 요인이 무엇인지도 알아낼 수 있었다. 아름다움을 즐기려는 그들의 기분을 망친 것은 틀림없이 그들의 마음속에서 솟아난 슬픔에 대한 반발이었다. 눈앞에 보이는 아름다움이 덧없다는 생각은 그 예민한 마음을 가진 두 사람에게 사라질 아름다움에 대한 슬픔의 기분을 안겨 주었고, 그 결과 고통스러운 것을 피하려는 본능적인 마음의 작용으로 자신들의 아름다움의 향유가 그 덧없음에 대한 생각으로 방해받았던 것이다.

사랑하고 아끼는 것을 잃었을 때 슬퍼하는 것은 보통 사람들에게는 너무도 당연한 감정이고, 그래서 그 슬픔을 자명한 것으로 간주한다. 그러나 심리학자들에게 그 슬픔은 스스로 설명되지 않는 현상 중의 하나로, 원인을 추적해 봐야 분명히 밝혀지지 않는 수수께끼 같은 것이다. 우리는 리비도라고 부르는 사랑의 능력을 소유하고 있다. 이 리비도는 성장의 초기 단계에 자아로 향해 있다. 비록 초기 단계이긴 하지만 그래도 이 리비도는 나중에 자아에게서 벗어나 다른 대상으로 향하게 된다. 물론 그 대상도 어떤 의미에서는 자아 속에 들어 있다. 그런데 그 대상이 파괴되거나 상실되면 우리의 사랑의 능력(리비도)은 다시 해방되어 대신 다른 대상을 찾거나, 아니면 일시적으로 우리 자아에게로 되돌아오게 된다. 그러나 리비도가 그 대상과 분리되는 것이 어찌 그리 고통스러운 과정으로 나타나는지는 불가사의한 일이고, 아직 우리는 그것을 설명할 만한 어떤 가설도 세워 놓지 못하고 있다. 다만 우리가 알 수 있는 점은, 리비도가 어떤 대상에 집착한다는 것, 그리고 그 대상을 상실했을 때 비록 다른 대체물이 가까이에 있다고 하더라도 애초의 그 대상을 포기하지 않는다는 사실이다. 그래서 슬픔이 생겨나는 것이다.

그 시인과 나눈 대화는 전쟁이 일어나기 전해 여름에 있었던 일이다. 1년 후 전쟁이 일어났고, 그 전쟁은 이 세상의 아름다움을 빼앗아 가버렸다. 전쟁은 지나가는 길목에 있는 시골의 아름다움과 귀중한 예술품들을 파괴했을 뿐만 아니라, 우리가 일궈 놓은 문명의 업적에 대한 우리의 자긍심과 많은 철학자와 예술가들에 대한 우리의 존경심, 그리고 국가나 인종 간의 차별을 딛고 일어서 결국 승리를 거두리라는 우리의 희망을 산산조각 내버리고 말았다. 전쟁은 과학의 그 숭고한 불편 부당성에도 흠집을 냈고, 우리의 본능을 속속들이 다 드러냈으며, 우리가 수 세기에 걸친 교육으로 고귀한 정신으로 길들여 왔다고 생각했던 우리 내면의 사악한 정신들을 다시 풀어놓았던 것이다. 전쟁은 우리 나라를 다시 작은 나라로 만들었으며, 우리를 세계의 다른 나라들과 더 멀어지게 만들었다. 전쟁은 우리가 사랑했던 많은 것들을 빼앗아 갔으며, 우리가 불변의 것으로 간주했던 많은 것들이 얼마나 허망한 것이었는지 눈으로 보여 주었다.

우리는 그렇게 많은 대상을 잃어버린 우리의 리비도가 그나마 남겨진 대상에 더없이 강렬하게 집착하는 것에 놀라지 않는다. 우리 나라에 대한 사랑, 우리 가까이에 있는 것들에게 대한 애정, 그리고 우리 모두에게 공통적인 것에 대한 자긍심이 돌연 전보다 더 강하게 일어나는 사실에 놀라지 않는다. 그러나 우리가 상실해 버린 다른 소유물들이 아무리 쉽게 무너지고 무력하게 소멸되어 갔다고 해서, 그것들이 진정 우리에게 무가치한 것이 되어 버린 것일까? 많은 사람들은 그럴 거라고 생각한다. 하지만 내 생각은 그렇지 않다. 나는 그렇게 생각하는 사람들, 소중한 것들이 그렇게 영속적이지 않음이 드러났기에 그냥 체념할 수밖에 없다는 마음을 지닌 그런 사람들이 실은 단순히 상실한 것에 대한 슬픔의 상태에 있는 것일 뿐이라고 믿는다. 우리의 슬픔이란, 그것이 아무리 고통스러운 것일지라도 결국에는 자연히 끝나고 만다. 잃어버린 그 모든 것들을 그냥 단념할 때 슬픔은 스스로를 소진하며, 우리의 리비도는 다시 자유롭게 되어(우리가 젊고 적극적인 한) 잃어버린 대상과 똑같은, 아니 그보다 더 소중한 새로운 대상을 찾게 된다. 전쟁으로 우리가 잃어버린 것들에 대해서도 마찬가지라는 희망을 품어 본다. 일단 슬픔이 끝나면, 설혹 문명의 산물이 얼마나 허약한 것인가를 알게 되었더라도, 그 풍요로운 산물에 대한 우리의 소중한 마음에는 더 이상 잃을 것이 없다. 전쟁이 파괴해 놓은 것들을 우리는 다시 세우게 될 것이고, 그것도 전보다 더 튼튼한 기초 위에, 더욱더 오래 지탱할 기반 위에 세우게 될 것이기 때문이다.

정신분석에 의해서 드러난 몇 가지 인물 유형

정신분석에 의해서 드러난 몇 가지 인물 유형

Einige Charaktertypen aus der psychoanalytischen Arbeit (1916)

세 부분으로 이루어진 이 논문은 1916년 『이마고』에 처음 실렸다. 특히 세 번째 부분은 매우 짧지만 프로이트의 비의학적 논문으로 범죄 심리학에 새로운 생각의 문을 열어 주었다.

이 논문은 1916년 『이마고』 제4권 6호에 처음 실렸으며, 1918년에는 『신경증에 관한 논문집 *Sammlung kleiner Schriften zur Neurosenlehre*』 제4권에 실렸다. 또한 1924년에는 『시와 예술』에 수록되었고, 『전집』 제10권(1946)에도 실렸다. 영어 번역본은 1925년 메인 E. C. Mayne이 번역하여 "Some Character-Types Met with in Psycho-Analytic Work"라는 제목으로 『논문집』 제4권에 실렸으며, 『표준판 전집』 제14권(1957)에도 실렸다.

정신분석에 의해서 드러난 몇 가지 인물 유형

의사가 신경계통의 질환을 앓고 있는 환자에게 정신분석적 치료를 행할 때 무엇보다 먼저 환자의 성격에 관심을 기울여야 한다고 생각하지는 않는다. 오히려 의사는 환자의 증상들이 무엇을 의미하는지, 이런 증상들 배후에 어떤 충동들이 숨어 있고 어떤 충동들이 증상들을 통해 해소되고 있는지, 또 충동적인 욕망들이 어떤 알 수 없는 단계를 밟아 이런 증상들로 나타나게 되었는지를 알고 싶어 할 것이다. 그러나 의사가 어쩔 수 없이 따라야 할 치료 기술은 순식간에 의사 자신의 알고 싶다는 욕망을, 위에서 말했던 것들이 아닌 다른 대상으로 향하게 한다. 의사는 자신의 탐색이 환자의 저항에 부딪쳐 위협받고 있다는 사실을 깨닫게 되고, 이러한 저항을 당연히 환자의 성격 탓으로 돌릴 수 있다. 이렇게 해서 환자의 성격은 의사의 첫 번째 관심 대상으로 떠오르게 된다.

의사의 노력에 저항하는 것은 환자가 스스로 인정하거나 주위 사람들이 환자에게 부여하는 성격상의 특징들이 아니다. 별로 두드러지게 나타나지 않던 환자의 특성이 전혀 예기치 못했던 강도를 띠고 나타나는 경우가 종종 있으며, 또 어떤 때는 다른 사람들과의 관계에서는 드러나지 않는 태도들이 의사와의 관계 속에서만 드러나기도 한다. 다음의 글은 이러한 몇몇 놀라운 성격적 특

징들을 살펴보고 그 기원이 어디에 있는지 알아보기 위해 쓰인
것이다.

예외들

정신분석적 작업은 환자로 하여금 가까이에 있는 즉각적인 쾌락을 단념하도록 유도하는 일을 끊임없이 수행해야 한다. 그러나 환자가 단념해야 하는 쾌락은 일반적인 쾌락이 아니다. 이런 단념은 누구에게도 강요할 수 없을 것이다. 종교조차도 지상의 쾌락을 포기하라고 할 때면 피안(彼岸)의 세계에서 맛볼 수 있는 비교할 수 없을 정도로 높고 귀한 쾌락을 보상으로 약속해야만 한다.

환자는 어김없이 해로운 결과를 낳는 쾌락을 단념하도록 요청받을 뿐이다. 그는 이 쾌락을 잠시 유보하는 법을 배우는 것이고, 비록 그것이 시간이 걸린다고 해도 즉각적인 쾌락을 더욱 안전한 쾌락과 바꾸는 것을 배워야 한다. 혹은 다른 말로 하면, 환자는 의사의 지시에 따라〈쾌락 원칙*Lustprinzip*을 현실 원칙*Realitätsprinzip*으로 이행〉하는 임무를 완수해야 한다. 이 이행은 성숙한 인간을 어린아이와 구별시켜 주기도 한다. 이러한 교육적 성격을 띤 작업에서 의사의 통찰력은 그것이 아무리 큰 것이라고 해도 결코 결정적인 역할을 하지는 못한다. 왜냐하면 의사가 환자에게 들려줄 수 있는 말은 환자의 이성이 환자 자신에게 들려줄 수 있는 말과 다를 것이 없기 때문이다. 하지만 뭔가를 스스로 깨닫는다는 것과 다른 사람의 입을 통해 듣는다는 것 사이에는 차이가 있다.

의사는 좀 더 능률적으로 이 다른 사람의 역할을 담당하는 사람이다. 그는 한 인간이 다른 사람에게 행사할 수 있는 영향력을 이용한다.

정신분석은 관례적으로 파생되고 완화된 것을 본래적이고 근원적인 것으로 대체한다는 점을 기억해 보자. 이는 다시 말해 의사가 자신의 교육적 작업을 행하면서 〈사랑〉의 어떤 구성 부분을 이용한다는 말도 된다. 의사는 실제로는 이러한 이차 교육을 실시하면서 어떤 식으로든 첫 번째 교육을 가능케 했던 과정을 반복하는 것에 지나지 않는다. 삶이 부과하는 피할 수 없는 여러 요구 사항을 만났을 때 사랑은 위대한 교육자의 역할을 하고, 불완전한 인간은 그에게 가장 가까운 사람들의 사랑을 통해 지켜져야 할 계율을 존중하게 되며, 그것을 위반했을 때 가해지는 응징을 피할 수 있다.

그런데 환자들에게 이렇게 어떤 쾌락 충족*Lustbefriedigung*을 잠정적으로 포기하도록 요구할 때, 다시 말해 좀 더 나은 결과를 위해 잠시 동안의 고통을 참고 희생하도록 요구하거나 혹은 단지 모든 사람에게 유익한 규율에 복종하도록 결심을 하게 할 때, 어떤 환자들은 이러한 의사의 요구에 강렬하게 저항하곤 한다. 환자들은 말한다. 자신들은 고통을 충분히 당했고 박탈도 겪을 만큼 겪었다고. 그러니 이제 더 이상 자신들에게 새로운 요구를 하지 말아 달라고. 이제 더 이상 그 어떤 마음에 들지 않는 계율에는 굴복할 수 없다고. 왜냐하면 그들은 자신들을 〈예외〉라고 생각하고 있고, 계속해서 그렇게 남아 있으려고 하기 때문이다. 이런 유형의 환자들의 주장은 종종 특별한 섭리(攝理) 같은 것이 그들을 보호해 주고 있고, 그로 인해 자신들은 고통스러운 희생을 면할 수 있다는 확신으로까지 진전된다. 강렬하게 표현되는 이러한 내적인 확신들에 맞서 환자들을 설득하기에는 의사의 주장은 무력하기만 하다. 그의 영향력이라는 것도 단번에 실추되고, 의사는 마침내 환자의 이러한 해롭기만 한 선입견들이 어떤 근원에서 자양분을 얻고 있는 것인지 묻지 않을 수 없게 된다.

우리 모두가 〈예외〉로 인정받기를 원하고 있고, 다른 사람들과 비교해 특전을 누리고 싶어 한다는 것은 의심할 여지가 없는 사실이다. 바로 이런 이유로 스스로를 예외로 선언하고 또 실제로 그렇게 행동한다는 것은 이상한 일이고, 흔히 볼 수 없는 특수한 동기가 있어야만 가능한 일로 간주할 수 있다. 어쩌면 동기 이상의 것이 있을 수 있다. 내가 살펴본 사례들의 경우, 모든 환자들에게 공통된 특수성을 〈그들의 진정한 삶이 시작되기 이전의 운명들〉 속에서 밝혀낼 수 있었다. 환자들의 신경증은 어린 시절의 초기에 그들을 다치게 했던 경험들, 또는 고통들과 긴밀하게 관련을 맺고 있는데, 환자들은 전혀 그런 일이 없다고 생각한다. 그래서 그들로서는 자신들이 그러한 경험이나 고통을 겪었다는 것이 부당하고, 자신들에게 가해진 위해라고 판단할 수 있다. 이런 부당함에서 환자들이 이끌어 낸 특권들, 그리고 거기에서 비롯되는 불복종은 훗날 신경증으로 폭발하는 갈등들을 한층 첨예화시키는 데 적지 않게 기여하게 된다.

한 여자 환자가 삶의 이러저러한 목적을 이루지 못하도록 방해하고 있는 괴로운 신체적 고통이 선천적인 것이라는 사실을 알았을 때, 그녀는 방금 말했던 것과 같은 삶에 대한 태도를 갖게 된 적이 있다. 그녀가 자신의 병을 후천적으로 생긴 우연일 뿐이라고 생각하고 있는 동안에는 참을성 있게 병을 견뎌 낼 수 있었다. 그러나 병이 유전적으로 물려받은 것이라는 것을 확연히 알게 된 그날부터 그녀는 반항하기 시작했다.

특별한 신의 섭리에 의해 보호받고 있다고 믿던 한 남자 환자는 젖먹이 시절, 유모의 실수로 인해 우연한 사고를 당해 불구가 되었고, 이후 줄곧 그의 인생의 대부분을 자신의 주장들이 어디에 근거해 있는지를 헤아리지 못한 채 마치 상해(傷害) 연금을 타먹고 사는 사람처럼 그렇게 자신이 짊어지게 된 불구에 대해 피해 보상을 요구하면서 보냈다. 이 경우 환자의 희미한 기억들과 증상에 대한 해석들을 가지고 전 과정을 재구축해야 했던 분석은 환자의 가족들이 제공한 여러 가지 정보에 의해 객관적으로 입증되었다.

환자들의 사례에 대해서는 더 이상 자세한 이야기를 할 수가 없다. 또 어린 시절 동안 지속되었던 질병으로 인해 발생한 성격 이상과 고통의 세월로 점철된 역사를 살아온 민족들의 행동 사이에는 명백한 유사성이 존재하지만, 이 이야기도 여기서는 길게 할 수가 없다. 반면에 나는 가장 위대한 시인에 의해 창조된 한 인물을 떠올리지 않을 수가 없다. 이 인물의 성격 속에서 자신을 예외로 여기는 생각은 선천적인 장애에 의해 형성되고 이 장애에서 동기를 얻게 된 결정 요인과 긴밀하게 연관되어 있다.

셰익스피어가 쓴 『리처드 3세』의 막이 열리자, 장차 왕위에 오르게 될 글록스터는 독백을 하던 중 다음과 같은 선언을 한다.

나는 사랑 놀음을 하도록 생기지도 못했고, 거울을 보며 호색한(好色漢)처럼 멋도 낼 수도 없구나. 이 못생긴 나, 음탕한 춤을 추며 요정 앞에서 한 번 으스댈 수도 없도록 위대한 사랑의 신이 포기해 버린 못생긴 나. 비밀로 가득 찬 자연은 나의 육체적인 매력을 잘라 버렸고 매혹을 훔쳐 갔도다. 기형에다 미완성의 칠삭둥이로 이 세상에 온 나는 엉성한 골격에 쩔뚝거리며 다니면서 사람들의 눈살을 찌푸리게 해 개들도 가까이 가면 나를 보고 짖어 대는구나.

(중략)

　아름다운 날들을 만들며 여인들을 따라다닐 수 있는 한량이 아닌 바에야, 이제 나는 천하의 악당이 되어서 그들의 저 쓸데없는 사랑 놀음에 저주를 퍼부으리라.

　이 의도적으로 꾸며진 대사가 우리가 다루고 있는 문제와 어떤 관계가 있을까 의아해하는 사람들도 있을 것이다. 리처드는 다음과 같은 말을 했을 뿐인지도 모른다. 〈이 무료한 시간이 지겹기만 하고 좀 즐겼으면 한다. 그러나 못생긴 모습 때문에 누구에게도 사랑받는 애인이 될 수 없는 처지이니, 악당 노릇이나 하면서 음모를 꾸미고 사람들을 죽이면서 나를 기쁘게 하는 일이라면 무슨 일이든지 다 하겠다.〉 이런 주장은 경박한 것일 뿐만 아니라, 만일 그 배후에 뭔가 더욱 심각한 것이 숨어 있지 않다면 연극을 보는 관객들을 몰입해 들일 수 없을지도 모른다.

　따라서 자칫 연극 자체가 심리적으로 불가능할 수도 있다. 왜냐하면 관객이 마음속으로 아무런 저항 없이 주인공의 대담함과 능란함에 대해 공감을 느끼도록 하기 위해서 극작가는 주인공에 대해 관객이 느끼는 공감의 근저(根底)에 뭔가 비밀스러운 것을 창조해 놓지 않으면 안 되기 때문이다. 이러한 관객들의 공감은 오직 관객들 자신도 주인공과 동일한 뭔가를 갖고 있다는 느낌에 의존할 때만 가능하다.

　따라서 리처드의 독백이 모든 것을 다 말했다고 볼 수는 없다. 그의 독백은 단지 몇 가지 지적을 한 것에 불과하고, 그것을 완성시키는 일은 우리에게 남겨진 것이다. 그런데 우리가 이 독백을 완성시키려고 할 때 겉으로 보기에 경박하기만 했던 독백은 갑자기 심각한 것이 되어 버린다. 리처드가 자신의 못생긴 외모를 묘사하면서 보여 주었던 정확성과 쓰라림은 이때 매우 중요한 의미를 갖게 된다. 비록 악한이었지만 우리가 그와 함께 갖고 있는 것에 대해 우리는 의식하게 되고 이에 공감을 느끼지 않을 수 없다. 즉 리처드는 다음과 같이 말하고 있다.

사람들에게 사랑받을 수 있는 균형 잡힌 몸을 내게 주지 않음으로써 자연은 나에게 심각한 불의를 저지르고 말았다. 이로 인해 인생은 나에게 피해 보상을 요구했고, 나는 이 요구를 뿌리칠 수 없었다. 나에게는 예외일 권리가 있고, 다른 사람들을 망설이게 하는 번민들을 과감히 넘어설 권리도 있다. 나 자신이 불의의 희생자이므로 불의를 저지르는 것도 내게는 허락되어 있다.

이때 우리는 우리 자신도 리처드처럼 될 수 있다는 느낌을 받을 수 있고, 심지어 정도는 훨씬 덜하지만 이미 리처드인 것 같은 느낌을 가질 수도 있다. 주인공 리처드는 말하자면, 우리 자신의 내부에 있는 이러한 측면이 거대하게 부풀려진 것이라고 볼 수 있다. 우리는 모두 어린 시절에 받은 선천적인 피해를 내세우며 자연과 운명을 당당히 비난할 수 있다고 생각한다. 일찍부터 손상된 나르시시즘*Narzißmus*과 자기애*Eigenliebe*에 대해 우리는 모두 피해 보상을 요구하는 것이다. 왜 자연은 나에게 발두르의 저 휘날리는 금발을 주지 않았는가, 왜 자연은 나에게 지그프리트의 그 힘과 천재의 넓은 이마와 귀족의 고상한 얼굴을 주지 않았단 말인가? 왜 우리는 왕의 궁전에서 태어나지 못하고 한 평범한 가정에서 태어나야만 했을까? 이런 이유들로 지금 우리의 부러움을 사고 있는 사람들처럼 우리 역시 얼마든지 아름답고 특출한 사람일 수가 있었다.

그러나 극작가는 세련된 구성으로 그의 주인공이 모든 비밀을 큰 소리로 모두 털어놓도록 하지는 않았다. 그는 우리로 하여금 주인공과 함께 이 비밀을 나누어 갖도록 하며, 우리의 마음을 움직여 비판적인 생각 대신에 주인공과 일체가 되도록 유도하고 있다. 만일 셰익스피어가 아닌 어떤 질이 낮은 작가였다면 우리에게 전달하고자 했던 것을 좀 더 의식적으로 표현했을 것이고, 냉정하면서도 자유로운 우리의 지성에 호소함으로써 환상은 깊이를 얻는 데 실패하고 말았을 것이다.

여인들도 그네들이 삶의 갖은 속박에서 풀려나고 싶어 하고, 어떤 특권들을 주장할 때면 동일한 근거에 입각해 있다는 사실을 잠시 다루어 본 다음, 〈예외들〉을 다루는 이 장을 끝내도록 하자. 정신분석 작업을 통해 알 수 있듯이, 여인들은 전혀 아무런 잘못을 한 적이 없는데도 불구하고 자신들이 어린 시절부터 피해를 보았고 초라한 짐짝처럼 별도의 취급을 받았다고 생각한다. 많은 여인들이 자신들의 어머니에 대해서 느끼는 증오의 감정 밑바닥에는, 요컨대 어머니가 자신을 아들이 아니라 딸로 낳았다는 비난이 들어 있다.

성공했기 때문에 실패하는 사람들

    욕구 불만이 심해지면 인간은 신경증 환자가 된다는 명제를 우리는 정신분석적 작업을 통해 얻을 수 있었다. 문제가 되는 욕구 불만은 물론 리비도와 관련된 것이고, 이 명제를 이해하기 위해서는 긴 논의가 요구된다. 왜냐하면 신경증이 형성되기 위해서는 한 인간의 리비도적 욕망들과 우리가 자아라고 부르는 부분 사이에 갈등이 있어야만 하기 때문이다. 자아는 자기 보존 본능 *Selbsterhaltungstrieb*의 표현이면서 자기 존재에 대해 갖고 있는 이상들을 포괄하고 있다. 병적인 갈등은 리비도가 자아에 의해 이미 오래전에 초월되고 금지된, 따라서 영원히 자아에 의해 금지된 길과 목적을 향해 내달릴 때만 나타난다. 그리고 이상적인 자아-동조적 만족의 가능성을 박탈당할 경우에만 실제적인 쾌락 충족의 박탈과 상실은, 이렇게 해서 비록 유일한 조건은 아니라 하더라도 신경증의 첫 번째 조건이 된다.

    스스로 근거가 있다고 생각했고, 또 오랫동안 마음속에 품어 왔던 어떤 욕망이 충족되는 순간 병에 걸리는 일이 종종 사람들에게 일어난다는 것을 의사처럼 목격할 때면, 사람들은 더욱 놀라지 않을 수 없게 된다. 성공과 병 사이에 인과 관계가 있다고 의심할 수는 없기 때문에, 우리가 보기에는 이런 사람들은 자신에게 찾아온 행복을 감당할 수 없었던 것처럼 보일 수도 있다. 나는 이와 유사한 경우에 처한 한 여인의 운명을 이해할 수 있는 기회를 가질 수 있었고, 이 여인의 이야기를 비극적인 변화의 한 예로 소개하고자 한다.

좋은 가정에서 태어나 훌륭한 교육을 받고 자랐지만 그녀는 어린 소녀일 때부터 삶에 대한 갈증을 참지 못하고 집을 나가 모험을 계속했다. 그러던 중 그녀는 한 예술가를 만나게 되었다. 이 예술가는 그녀에게서 여인의 매력을 느꼈을 뿐만 아니라, 이 길 잃은 여인의 비밀스러운 성격도 예감할 수 있었다. 예술가는 그녀를 집으로 데리고 왔고, 그녀에게서 인생의 충실한 동반자를 발견했다. 그녀를 행복하게 해주는 데 부족한 것이 있었다면, 단지 그녀를 다시 부르주아로 만들어 줄 수 없다는 것뿐이었다.

몇 년 동안 동거를 한 후, 그의 가족들도 이 여인에게 호감을 갖게 되어, 마침내 법적으로 결혼을 올릴 생각을 하고 있었다. 그녀의 정신에 이상이 생기기 시작한 것은 바로 이때부터였다. 그녀는 자신이 곧 정당한 주부가 될 터인데도 전혀 집안을 돌보지 않았고, 자신을 받아들이기로 한 남편의 부모들에게 학대받고 있는 것처럼 생각했다. 남편의 모든 인간관계에 대해 질투했으며, 또 작업하는 것마저 방해했다. 그러더니 얼마 지나지 않아 곧 치료가 불가능한 정신적 증상을 보이기 시작했다.

나는 매우 존경할 만한 한 남자를 관찰하는 기회도 가질 수 있었다. 이 사내는 고등 교육 기관의 구성원이었을 뿐만 아니라, 그에게 학문의 길을 열어 준 스승의 후계자가 되려는 꿈을 오랫동안 가슴속에 품어 오고 있었다. 이 꿈은 충분히 이해되는 욕망이다. 스승이 은퇴하게 되자 동료 교수들은 스승의 뒤를 이을 사람은 당신밖에 없다고 그에게 알려 왔다. 그러나 이 소식을 전해 들은 그는 망설이지 않을 수 없었고, 자신의 자격을 의심했으며, 마침내 자신은 지정된 자리를 맡을 자격이 없다고 선언해 버렸다. 그러더니 깊은 우울증에 빠져 그다음부터 모든 활동을 중단해야만 했다.

위의 두 경우는 상이한 것이긴 하지만, 욕망이 충족되는 것과 함께 기쁨이 사라지면서 병이 나타났다는 점에 있어서는 서로 일치한다.

이러한 사례들과 인간은 욕구 불만에 의해 신경증 환자가 된다는 명제 사이에 존재하는 모순은 풀 수 없는 모순이 아니다. 욕구 불만을 〈외적인 것〉과 〈내적인 것〉으로 구분해서 생각하면 모순은 해결된다. 리비도가 만족을 얻을 수 있는 대상이 실제로 현실 속에서 사라져 버렸다면 외적인 욕구 불만이 생긴다. 그것 자체로는 아무런 영향을 미치지 못하는 이 외적인 욕구 불만은 내적인 욕구 불만과 연결되기 이전에는 병적인 것이 되지 않는다. 내적인 욕구 불만은 필연적으로 자아에서 나오는 것이고, 리비도가 차지하려는 다른 대상들을 리비도에게 허락하지 않는다. 갈등은 바로 이때 신경증의 가능성과 함께, 다시 말해 억압된 무의식에 의한 우회적인 방법을 통해 얻어지는 대리 만족과 함께 발생한다. 내적인 욕구 불만은 모든 경우에 고려의 대상이 되지만, 이렇게 실제로 일어나는 외적인 욕구 불만이 미리 자리를 준비해 놓기 이전에는 작용하지 않는다. 성공했기 때문에 병에 걸리는 예외적인 경우들은 내적인 욕구 불만이 고립된 채 작용하고 있는 경우인데, 외적인 욕구 불만이 욕망의 충족으로 인해 사라진 이후에만 내적인 욕구 불만이 나타난다. 얼른 보기에 이런 경우들은 뭔가 놀라운 것을 내포하고 있는 것처럼 생각될 수도 있지만, 좀 더 자세히 들여다보면 욕망이 환상의 수준에 머물러 있을 뿐 아직 충족되기에는 멀다고 생각되는 동안에는 자아가 욕망을 해롭지 않은 것으로 용납할 수 있는데, 욕망이 거의 충족되면서 현실이 되려고 할 때 자아는 이 욕망에서 자신을 보호해야 한다는 것을 위의 예외적인 경우들에서도 다시 한번 확인할 수 있다.

신경증의 형성 과정이 보여 주는 잘 알려진 상황들과 이러한 경우의 차이점은 일반적인 경우에는 리비도 집중의 내적 강화를 통하여 이제까지는 용납되었고 거의 고려의 대상이 되지도 못했던 환상이 두려운 상대로 바뀌는 반면, 우리가 지적한 경우들에서는 갈등을 촉발시킨 계기가 외부 현실의 변화에 있다는 점뿐이다.

분석 작업을 통해 우리는 현실에서 일어난 행복한 변화에서 오랫동안 희망했던 즐거움을 얻을 수 없게 막아서는 것이 〈윤리 의식에서 나오는 힘들〉이라는 것을 쉽게 알 수 있다. 그러나 전혀 예상치 못했던 곳에서 만나게 되는, 이러한 심판하고 응징하는 경향들의 성격과 기원을 살피는 일은 어려운 일이 될 것이다. 이 문제에 관해 우리가 알고 있거나 혹은 가정하고 있는 것에 대해, 나는 환자들의 인격을 존중해야 하기 때문에 의학적으로 관찰된 위의 두 경우를 중심으로 해서 다루고 싶지는 않다. 그래서 인간의 영혼에 대한 작가들의 풍부한 학식이 탄생시킨 허구적인 인물들에서 출발해 이 문제를 살펴보고자 한다.

성공을 위해 강인하고도 냉정하게 싸워 왔지만 성공을 거둔 후 쓰러지고 마는 인물이 있다면, 아마도 셰익스피어의 레이디 맥베스일 것이다. 그녀에게는 어떤 망설임도, 어떤 내적 갈등도 없었다. 그녀에게는 오직, 야망을 갖고 있으면서도 동정심이 많은 탓에 망설이고 있던 남편을 설득하는 것만이 유일한 목표였다. 그녀는 심지어 범죄를 통해 거머쥘 수 있었던 야망의 목표를 공고히 할 때 장차 자신에게 맡겨질 여성의 결정적인 역할을 염두에 두지 못한 채 살해 계획을 실천에 옮기기 위해 이 여성다움마저 포기하고 만다.

> 자 오너라, 악령들아,
> 사람을 죽이는 생각에 몰두해 있는 악령들아
> 와서, 나를 여자가 아니게 해다오.
> > (중략)
> 이 여인의 품속으로 와서,
> 쓸개즙 같은 내 젖을 먹으라, 이 살인의 도구들이여!
> > ——『맥베스』, 제1막 5장

> 저도 아기에게 젖을 먹여 본 적이 있고
> 젖을 빠는 아이가 얼마나 사랑스러운지 알고 있습니다.
> 그러나 내가 당신처럼 맹세했다면 갓난아이가 나를 보고 미소 짓더라도,
> 그 이도 나지 않은 잇몸이 물고 있는 내 젖가슴에서
> 아이를 떼어 내, 그 아이의 머리통을 박살 낼 수가 있습니다.
> > ——『맥베스』, 제1막 7장

> 단지 행동을 시작하기 직전에 잠시 망설일 뿐이다.
> 잠을 자는 왕의 모습이 나의 아버지를 닮지 않았다면,
> 일을 처리했을 텐데.
> > ——『맥베스』, 제2막 2장

그러나 덩컨을 죽이고 마침내 왕비가 되었을 때 그녀는 비록 순간적이었지만 뭔가 환멸이나 염증을 느끼는 모습을 내비친다.

이런 감정이 어디서 오는 것인지 의아해하지 않을 수 없다.

> 모든 일이 헛수고다. 허망할 뿐이다.
> 뜻이 이루어져도 만족을 얻을 수가 없잖은가,
> 살인을 하고 꺼림직한 기쁨에 사로잡히는 것보다는
> 차라리 살해당하는 것이 더 마음이 편했을 것이다.
>
> ─『맥베스』, 제3막 2장

그러나 그녀는 저항한다. 곧이어 벌어지는 연회(宴會)에서 그녀는 홀로 냉정을 유지하며 혼란에 빠져 있는 남편의 모습을 숨기면서 핑계를 둘러대어 손님들을 떠나 보낸다. 그리고 그녀 자신도 무대에서 사라진다. 그녀는 시해(弑害)를 저지른 날 밤의 충격에서 헤어나지 못한 채 몽유병 환자가 되고 만다(『맥베스』, 5막 1장). 한밤중에 나타난 그녀는 다시 예전처럼 남편에게 용기를 북돋워 주는 말을 중얼거린다.

> 전하, 장군이 겁을 내다니요?
> 아무도 우리의 권력에 대해 시비를 걸 사람이 없는데,
> 대체 무엇을 두려워하신단 말입니까?
>
> ─『맥베스』, 제5막 1장

그녀는 시해를 저지른 다음 남편을 공포에 떨게 했던 그 문소리를 다시 듣는다. 그러면서도 그녀는 동시에 〈돌이킬 수 없는 일을 돌이키려고〉 애를 쓴다. 손에 묻은 핏자국과 비린내를 씻어 내려고 한다. 그러나 이 모든 노력이 헛된 것임을 알고 있다. 전혀 후회를 모르던 그녀였지만 이제 후회에 사로잡혀 어쩔 줄을 몰라

한다. 그녀가 죽었을 때, 그사이에 처음 그의 아내가 그랬던 것처럼 냉혹하게 변해 버린 맥베스는 다음과 같은 간략한 마지막 인사말을 아내에게 보낼 뿐이다.

조금 더 있다가 죽어도 되었을 텐데,
이런 전갈을 받을 때가 있었을 텐데.
— 『맥베스』, 제5막 5장

무엇이 강철과도 같은 그녀의 성격을 이렇게 꺾어 놓았던 것일까 하는 의문이 든다. 일의 성공 뒤에 오는 환멸 때문이었을까? 그렇다면 여기에서, 원래는 착하고 여느 여성들처럼 부드러웠던 레이디 맥베스였는데 일부러 엄청난 노력을 기울인 끝에 그토록 긴장된 상태에서 한 가지 일에 몰두할 수 있었고, 또 원래 오래 견딜 수 없는 이런 상태 속에서 쉽게 무너진 것이라고 해석할 수 있을까? 아니면 이러한 급격한 파멸을 인간적인 측면에서 우리에게 친숙한 것으로 만들어 주는 더욱 깊은 어떤 동기들이 있다고 가정해야만 할 것인가?

어느 쪽이라고 딱 잘라서 말할 수 없다는 것이 내 생각이다. 셰익스피어의 『맥베스』는 스코틀랜드의 왕이었던 제임스 6세가 제임스 1세가 되어 영국의 왕위에 오를 때 창작된 정치 상황이 낳은 연극이다. 극의 제재(題材)는 이미 주어져 있었을 뿐만 아니라 셰익스피어 이외의 다른 작가들에 의해서도 다루어졌고, 그 자신도 당시의 관례대로 먼저 있었던 작품들을 이용했다.

극에서 다루고 있는 주제는 당시의 상황을 잘 반영하고 있다. 〈처녀 왕후〉로 불렸고 소문에 의하면 결코 아이를 낳을 수 없는 여인이었던 엘리자베스는, 예전에 제임스가 태어났다는 소식을 전해 들었을 때 자신을 〈말라 버린 그루터기〉로 여기며 통탄했다고 하는데,[1] 어쨌든 아이가 없었으므로 그녀는 스코틀랜드의 왕을 후계자로 삼지 않을 수 없었다. 그러나 이 후계자는 바로 그녀가 비록 마음이 내켜서 한 일은 아니었지만 여하튼 사형에 처하도록 한 메리, 바로 그 여인의 아들이었다. 이 메리 스튜어트는 정치적인 상황들로 인해 발생한 불화에도 불구하고 여전히 왕의 어머니로 대접받았다.

제임스 1세의 즉위는 한편으로는 후손을 볼 수 없다는 저주가 현실로 드러난 사건이었지만, 다른 한편으로는 대대손손 축복이 이어지리라는 서광과 같은 것이었다. 셰익스피어의 『맥베스』도 동일한 대비에 기초해서 전개된다.

마녀들은 맥베스에게 그가 왕이 될 것이라고 일러 주고, 뱅쿠에게는 그의 아들들이 왕위를 물려받게 된다고 예언한다. 맥베스는 이런 예언에 버럭 화를 낸다. 그는 자신의 개인적인 야망이 이루어지는 것에 만족하지 않고 한 왕조의 시조(始祖)가 되고자 했으며, 자신이 저지른 시해가 다른 가문을 위한 것이 아니기를 원하고 있었다.

셰익스피어의 연극 속에서 단지 야망의 비극만을 보려고 한다면 위에서 지적한 점은 눈에 보이지 않을 것이다. 그러나 영원히 살 수 없는 존재인 맥베스에게 자신의 뜻에 반대되는 예언을 물리칠 수 있는 방법이 오직 하나밖에 없었다는 것은 분명하다. 즉 그의 뒤를 이을 아이들을 낳는 것이다. 또 자신의 튼튼한 아내에게서 얼마든지 아이를 기대할 수 있을 것 같았다.

---

1 『맥베스』제3막 1장을 볼 것. 〈마녀들은 내 머리 위에 열매를 맺지 않는 왕관을 씌우고, / 손에는 나의 피가 섞이지 않은 다른 가문의 손이 앗아 갈 / 불모(不毛)의 왕홀을 쥐어 주었도다. / 어떤 아들도 나의 뒤를 잇지 못하고(중략)〉 — 원주.

사내아이들만 낳으시오!

두려움을 모르는 그대의 정신으로는

오직 사내아이밖에는 만들지 못할 것이니 말이오!

—『맥베스』, 제1막 7장

그러나 일단 이러한 기대가 좌절되자 그는 운명에 순종해야만 했거나 혹은 목적을 상실한 그의 행동이 의미를 잃어버린 채, 죽음이 선고된 자가 죽기 전에 자신이 욕망했던 것을 파괴시키려고 하면서 드러내 보이는 맹목적인 광기(狂氣)로 변해야만 했다는 것이 분명히 보인다. 맥베스는 이와 같은 길을 따라갔고, 비극이 정점에 달했을 때 우리는 맥더프의 다음과 같은 충격적인 선언을 듣게 된다.

그에게는 아이들이 없다.

—『맥베스』, 제4막 3장

이 선언은 이미 다양한 해석이 가능한 것으로 간주되었고, 또 맥베스의 변화를 헤아리는 데 핵심적인 역할을 할 수 있을 것이다. 이 선언이 뜻하는 바는 다음과 같은 것이다. 〈그가 내 아이들을 죽일 수 있었다면 그것은 오직 그 자신이 아이들이 없었기 때문이다.〉 그러나 이 선언에는 동시에 가장 깊숙이 숨어 있는 동기가 내포되어 있고, 또 무엇보다 먼저 이 선언은 그 동기를 백일하에 드러내고 있다. 그 동기란 맥베스로 하여금 그의 본성에 반하여 행동하게 하는 것이었고, 동시에 그의 강인한 아내가 갖고 있는 유일한 약점과 관련된 것이기도 하다. 만일 비극의 정점이기도 한 맥더프의 이 말을 주의 깊게 들으면서 사방을 돌아본다면 독자들은 작품 전체가 아버지와 아들들의 관계로 점철(點綴)되어 있다는 것을 알게 된다. 선량한 왕 덩컨의 살해는 아버지 살해 *Vatertötung*와 거의 유사하다. 뱅쿼의 경우, 맥베스는 그의 아버지를 죽였으나 아들은 죽음을 모면한다. 맥더프의 경우에는 아버지인 맥더프가 도망가는 바람에 맥베스는 대신 그의 아이들을 살해한다. 마녀들이 환영을 통해 맥베스에게 보여 주었던 것은 바로 피를 흘리며 왕관을 쓰고 있는 한 아이의 모습이었다. 이 장면에 앞서 보여 주었던 투구를 쓰고 있는 모습은 아마도 맥베스 자신의 모습이었을 것이다. 그러나 이 모든 장면들의 배후에 복수를 꿈꾸고 있는 맥더프의 어두운 그림자가 어른거린다. 맥더프는 누구였던가. 그 자신 대를 이어 가는 법칙에서 벗어나 있던 인물이었다. 그는 어머니가 낳은 아이가 아니라 제왕 절개로 어머니의 몸에서 떨어져 나온 아이였다.

일종의 시적인 정의 구현이 복수 동태(復讐同態)의 원칙에 기초해 있다는 것을 알 수 있다. 맥베스에게 아이가 없었다는 것과 그의 아내가 아이를 낳을 수 없는 여인이었다는 것은 대를 이어 간다는 성스러운 일에서 그들이 저지른 죄악에 대한 응징이었다. 맥베스가 아이들에게서 그들의 아버지를 빼앗고 아버지에게서는 아이들을 빼앗았기 때문에 그 자신 아이를 가질 수 없었고, 레이디 맥베스 역시 그렇게 해서 살인의 정령들에게 그녀가 간청했던 대로 자신의 여성성을 잃어버렸던 것이다. 내가 생각하기에는 어디 먼 데가 아니라 바로 여기서 레이디 맥베스의 병을 이해할 수 있을 것 같다. 다시 말해 그녀의 불경스러운 대담함이 회한(悔恨)으로 바뀌는 과정 속에서 우리는 아이를 낳을 수 없다는 사실에 대한 그녀의 반항을 볼 수 있다. 이 반항은 자연의 법칙에 맞선 그녀가 얼마나 무력한 인간인지를 그녀 스스로에게 납득시켜 주었고, 동시에 범죄를 저질러 얻으려고 했던 바로 그것을 범죄 자체로 인해 상실하게 된 것이 바로 그녀 자신의 약점 때문이었다는 것을 그녀에게 상기시켜 주기도 했다.

셰익스피어가 제재를 따온 홀린셰드의 『연대기』(1577)를 보면, 레이디 맥베스는 스스로 왕비가 되고 싶어 남편으로 하여금 살인을 저지르도록 사주한 야심에 불타는 여인으로 단지 한 번 언급되고 있을 뿐이다. 그 책에서는 그녀의 운명이 뒤에 어떤 길을 걸었는지, 또 그녀의 성격이 어떻게 변했는지는 전혀 문제되지 않았다. 반면에 맥베스가 잔혹한 폭군의 성격을 갖게 되는 변화는 우리가 부여했던 동기와 흡사한 이유에서 비롯된 것으로 그 책에서도 설명되어 있다. 홀린셰드가 보기에는 맥베스를 왕위에 오르게 했던 덩컨의 살해와 그가 그 후에 저지른 다른 범죄들 사이에는 〈10년〉이라는 시간적 간격이 있는데, 이 10년 동안 맥베스는 가혹했지만 정의로운 왕으로 통치를 한 것으로 보였다. 그가 변화하기 시작한 것은 이 10년의 시간이 지난 이후, 뱅쿼와 자기 자신의 운명에 관계되는 예언들이 실제로 실현될지도 모른다는 괴로운 염려가 깊어 가면서였다. 맥베스가 뱅쿼를 살해하도록 한 것은 바로 이때였고, 셰익스피어의 희곡에서 볼 수 있는 것처럼 연속 살인의 드라마가 펼쳐지는 것도 이때였다. 물론 홀린셰드의 글에서는 맥베스가 이런 길로 접어든 것이 그에게 아이가 없었기 때문이라고 분명하게 언급되어 있지는 않다. 그러나 따지고 보면 이 자명한 이유는 당시에는 굳이 말할 필요가 없을 정도로 누구나 알고 있었던 이유였다. 셰익스피어의 경우는 상황이 다르다. 등장인물들이 제공하는 정보를 종합해 보건대, 극작품 속에서 사건들은 대략 〈일주일〉의 기간 안에 모두 끝이 날 정도로 급박한 분위기 속에서 전개된다. 이러한 급박한 극의 전개는 맥베스와 그의 아내의 운명에 일어난 변천에 대해 이제까지 우리가 시도했던 모든 설명의 근거를 허무는 것이다. 계속 좌절되기만 하는 아이를 낳겠다는 희망이 한 여인을 망가뜨리고 한 남자를 광포하게 만들기에는 일주일 동안이라는 시간은 턱없이 부족하다.[2] 이것은 모순이다. 연극과 연극을 낳게 한 상황 사이의 관계만이 아니라 작품 내부의 무수히 많은 미묘한 관계들도 아이가 없다는 한 가지 이유를 중심으로 모이고 흩어지는 데 반해, 극작품 자체의 시간 설정은 가장 내적인 동기들 이외의 다른 동기들에서 일어나는 성격들의 변화를 의도적으로 제외시키고 있다.

그렇다면 의심 많은 야심가와 철가면을 쓴 채 선동을 일삼던 여인을 이렇게 짧은 시간에 두려움 없는 광포한 자로, 또 회한에 짓눌려 병이 든 여인으로 변모시킨 것은 무엇이었을까? 이 문제야말로 내 생각에는 밝힐 수 없는 문제처럼 보인다. 텍스트의 불량한 보존과 알려지지 않은 작가의 의도, 그리고 전설의 숨겨진 의미로 이루어진 이 3중의 어둠을 뚫고 들어가려는 시도는 단념해야 할 것만 같다. 그렇지만 나는 이러한 연구들은 극작품이 관객들에게 불러일으킨 비장한 감동에 비하면 부차적인 것에 지나지 않는다고 하는 비난을 받아들일 수 없다. 작품이 공연되는 동안 작가는 물론 그의 예술을 통해 우리를 사로잡을 수 있고, 또 우리의 사고를 마비시키기도 할 것이다. 그러나 그렇다고 해서 우리가 받았던 감동을 연극이 끝난 후에 작품의 심리적인 메커니즘에 근거해 이해하려는 노력이 금지되어 있는 것은 아니다. 또 내가 보기에는 일반적인 사실성의 원칙을 무시한 채 극적인 효과를 증폭시킬 수만 있다면, 극 속에서 전개되는 사건들이 현실에서 일어났을 때 필요로 하는 시간을 작가가 연극이기 때문에 마음대

2 다메스테터 J. Damesteter의 『맥베스 *Macbeth*』(1881) — 원주.

로 줄일 수 있다는 지적도 마찬가지로 그리 정확하지 못한 것처럼 보인다. 왜냐하면 이렇게 현실을 무시하는 것이 합리화할 수 있는 것은 그것이 논리적인 수미일관성을 훼손하는 경우가 아니라 현실의 개연성을 혼란에 빠뜨리는 경우에 한해서이기 때문이고,[3] 또 만일 사건들이 전개되는 시간이 극 속의 분명한 지적들을 통해 알 수 있는 것처럼 단 며칠로 축소되지 않고 불분명한 상태로 방치되어 있었다고 해도 극적 효과는 여전히 아무런 손상을 입지 않았을 것이기 때문이다.

『맥베스』가 제기하는 것과 같은 문제들을 그대로 방치해 둔다는 것은 너무나 뼈아픈 일이 아닐 수 없다. 그래서 나는 모험이 될지도 모르지만 새로운 해결책이 될 수도 있을 것 같은 한 가지 지적을 덧붙여 보고자 한다. 셰익스피어에 대한 최근의 한 연구에서 루트비히 예켈스R. Jekels는 극작가 셰익스피어가 사용한 테크닉의 비밀을 발견했다고 말했는데, 이 발견은 『맥베스』에도 적용이 가능해 보인다. 그에 의하면 셰익스피어는 한 성격을 빈번하게 두 인물로 나누어서 표현했고, 이 두 인물을 서로 합쳐 하나로 만들지 않는 한 각각의 인물에 대한 이해는 완전해질 수 없다. 맥베스와 그의 아내인 레이디 맥베스의 경우도 여기에 해당될 수 있고, 따라서 레이디 맥베스를 자율성을 지닌 하나의 독립된 인물로 간주하면서 그의 반쪽인 맥베스를 고려하지 않은 채 그녀의 성격에 일어난 변화를 살피려고 한다면 아무런 성과도 얻지 못할 가능성이 높다. 나는 이에 대해서는 더 이상 언급하지 않겠다. 다만 무엇이 이러한 주장에 확실한 근거를 부여하고 있는지에 대해서만 지적하고자 한다. 즉 살인을 저지른 날 밤부터 맥베스의 가

3　가령 리처드 3세가 자신이 죽인 왕의 관을 앞에 놓고 앤에게 청혼하는 경우를 예로 들 수 있겠다 — 원주.

습속에서 움트기 시작한 두려움의 싹들은 그가 아니라 그의 아내인 레이디 맥베스의 가슴속으로 옮겨 와 자라고 있었다. 행동을 저지르기 이전에 단검(短劍)의 환영에 시달리던 사람은 그였지만, 그 이후 정신병에 걸린 사람은 그가 아니라 그의 아내였다.[4] 살인을 저지른 직후, 그는 집 안에서 다음과 같은 외침 소리를 듣는다. 〈잠을 자지 마세요, 맥베스가 잠을 살해하고 있어요. 그러니 맥베스가 더 이상 잠을 자지 않고 있는 것이 분명해요.〉 그러나 맥베스가 잠을 자지 않고 있다고 말하는 소리를 우리가 분명하게 들을 수 있었던 것은 결코 아니다. 남편이 저지른 죄를 털어놓고 있던 사람은 바로 잠에 빠져 있는 상태에서 몽유병자가 되어 걸어다니고 있던 왕비였다. 맥베스는 당시 두 손이 피범벅이 된 채 어찌할 바를 모르며, 자신의 더러워진 두 손을 씻기에는 바닷물로도 모자랄 것이라고 괴로운 비명을 지르고 있었다. 이때 아내가 나타나 그를 위로한다. 〈이 행동을 씻어 내기 위해서는 약간의 물만 있으면 충분해요.〉 그러나 15분 동안 손을 씻는 사람은 맥베스가 아니라 바로 그녀였고, 아무리 해도 손에 묻은 핏자국을 지울 수 없는 사람도 바로 그녀였다.

아라비아의 모든 향수를 발라도 이 작은 손을 향기롭게 할 수는 없을 것이다.

— 『맥베스』, 제5막 1장

맥베스가 의식 속에서 괴로워하며 두려워했던 것들은 이렇게 그의 아내에게 옮겨져 현실로 나타나고 있다. 행동을 저지른 이후 후회를 하는 것은 그녀였고, 운명에 도전장을 내미는 사람은 그

---

4 다메스테터의 『맥베스』 참조 — 원주.

녀의 남편이었다. 두 사람은 이렇게 범죄에 대한 두 가지 가능한 반응을 각각 담당하고 있다. 그들은 유일한 한 정신의 두 부분 같기도 하고, 또 하나의 동일한 모델에서 나온 복사본 같기도 하다.

만일 이러한 레이디 맥베스의 모습 앞에서도 왜 그녀가 성공을 거두었으면서도 낙담을 했고, 급기야 병에 걸려 무너져 내릴 수밖에 없었는지 그 이유를 밝힐 수 없다면, 이제 우리는 또 다른 한 위대한 극작가가 제공하는 좀 더 나은 기회를 이용해야 할 것이다. 이 또 다른 극작가는 시종 엄밀함을 유지한 채 인물들의 심리적인 움직임을 정확하게 이끌어 갔다.

한 조산부의 딸인 레베카 감빅은 의붓아버지인 베스트 박사의 손에 의해 키워졌다. 베스트 박사는 자유 사상가로서 삶의 욕망을 옥죄는 종교적 믿음에 기초한 윤리 도덕을 경멸하는 사람이었다. 박사가 죽은 후 딸은 로스메르스홀름이라고 불리던 집에 들어가 살게 되는데, 이 집은 가족 구성원 모두가 웃음을 모른 채 오직 의무를 완수하는 것만을 목표로 살아가는, 당시로서는 보기 드문 케케묵은 가족의 처소였다. 로스메르스홀름에는 요하네스 로스메르 목사와 병약하고 아이를 낳지 못하는 그의 부인 베아타가 살고 있었다. 이 고매한 인격자로 하여금 자신을 사랑하게 하겠다는 〈야성적인, 억누를 수 없는 욕망〉에 사로잡힌 레베카는 걸림돌이 되는 목사의 부인을 쫓아내기로 결심하고, 이런 목표를 달성하기 위해 주저함이 없는 그녀의 〈발랄하고 당당하고 대담한〉 성격을 그대로 드러낸다. 그녀는 목사의 부인에게 출산이야말로 결혼의 목적이라고 쓰여 있는 책 한 권을 슬쩍 건네주고, 책을 읽은 불행한 부인은 자신의 결혼에 대해 회의하기 시작한다. 그녀는 은연중에 이제까지 자신과 함께 책을 읽고 같은 생각을 공유해 오던 남편이 예전의 믿음을 저버리고 새로운 사상을 취해 가는 것 같다는 말을 내비친다. 남편의 도덕관에 대한 부인의 믿음을 이렇게 송두리째 뒤흔들어 놓은 후 레베카는 부인으로 하여금 자신이 목사와 은밀한 불륜 관계를 가졌기 때문에 집을 떠나야겠다는 요지를 이해할 수 있도록 교묘하게 암시를 준다. 모든 계획은 성공을 거두었다. 그렇지 않아도 우울증이 있었고 의지가 약했던 가련한 목사 부인은 자신이 남편에게 어울리지 않는 여인이라는 생각이 들었고, 사랑하는 남자의 행복에 장애물이 되지 않기를 바라며 물방앗간의 난간에서 뛰어내려 자살을 하고 만다.

이렇게 해서 레베카와 로스메르 두 사람은 함께 살게 된다. 목사는 레베카와의 관계를 순수하게 정신적이고 이상적인 우정으로만 생각하고 있었다. 그러던 중 외부에서 중상과 비방이 들려오기 시작했고, 로스메르의 마음속에서도 부인의 자살 동기에 대한 괴로운 의혹들이 점점 고개를 든다. 마침내 목사는 슬픈 과거를 잊기 위해 살아 있는 새로운 현실을 받아들이기로 하고 레베카에게 자신과 결혼해 줄 것을 요구한다(2막). 이 말을 들은 레베카는 순간 기뻐서 어쩔 줄 모른다. 그러나 곧 그녀는 도저히 그럴 수는 없다고 답하면서, 만일 계속 결혼을 요구한다면 자신도 부인이었던 〈베아타처럼 자살할 것〉이라고 선언한다. 로스메르는 이 거부를 받아들인다. 그러나 사건의 자초지종을 알고 있는 우리로서는 레베카의 태도를 쉽게 이해할 수 없다. 그녀의 거부가 진정에서 우러나온 것이라고 믿는 것이 아마도 그녀의 거부를 이해하기 위해서 우리가 할 수 있는 최선의 일일 것이다.

목적 달성을 위해 〈발랄하고 당당하고 대담한〉 자신의 성격을 유감없이 발휘하며 도박을 즐겼던 여인이, 성공의 열매를 거두어야 하는 바로 그 순간에 자신의 손안에 들어온 것을 포기하는 일이 과연 일어날 수 있는 것인가? 그녀 스스로 4막에서 이 질문에 대해 답을 하고 있다.

　　끔찍한 것은 행복이 바로 눈앞에 있다는 것이다. 인생은 모든 기쁨을 내게 허락했다. 그런데 나, 지금 있는 그대로의 바로 이 나는 과거에 사로잡혀 있다.

그녀는 그동안 다른 사람으로 변했고, 윤리 의식이 다시 깨어나 죄의식을 느꼈던 것이며, 그래서 기쁨을 맛볼 수 없었던 것이다.
그런데 무엇 때문에 갑자기 그녀의 의식이 이렇게 다시 깨어난 것일까? 우선, 그녀 자신의 말을 들어 본 후에 그녀를 믿고 안 믿고를 결정해 보도록 하자.

　　내 성격은 로스메르가(家)의 정신에, 아니면 어쨌든 당신의 정신에 전염이 됐던 거예요……. 병이 든 것도 그 때문이에요. 내 성격은 낯설기만 한 법칙들 앞에서 몸을 숙일 수밖에 없었어요. 알겠어요? 당신 곁에서 보낸 내 인생은 나 자신을 고상한 사람으로 만들어 놓았단 말이에요.

이러한 감화(感化)가 시작된 것은 추정하건대, 단지 그녀가 로스메르와 단둘이 살기 시작하면서였다.

　　고요와 고독 속에서 모든 생각들과 느낌들을 당신이 느끼는 그대로 나 또한 미묘하고 섬세하게 느끼면서 살았을 때 이 큰 변화는 서서히 완성되어 있었던 거예요.

이 말을 하기 얼마 전에 그녀는 이 변화에 대해 다른 생각을 하고 있었다.

왜냐하면 로스메르스홀름이 내게는 화가 나서 견딜 수가 없었기 때문이에요. 이 집은 나의 성격과 힘을 잘라 내고 있었어요. 나를 갉아먹고 있었다고요! 망설이지 않고 무엇이든 할 수 있는 그런 시간은 이제 영원히 지나가 버렸어요. 나는 움직일 힘을 잃어버렸다고요. 로스메르, 아시겠어요.

레베카는 로스메르와 신학교 교장이자 그녀가 쫓아낸 부인의 남동생이었던 크롤에게 고백함으로써 자신이 죄인임을 만천하에 드러낸 후에 이렇게 설명한다. 입센H. J. Ibsen은 그의 빼어난 솜씨가 돋보이는 작은 묘사들을 통해 거짓말하는 것은 아니지만 그렇다고 완벽하게 진지하지도 않은 레베카라는 인물을 만들어 놓았다. 모든 편견에 초연했고 나이를 한 살 속이기도 했던 그녀였지만, 두 남자에게 털어놓은 고백에는 앞뒤가 맞지 않는 부분이 여럿 있어서 크롤이 압력을 가해야만 중요한 점들이 채워지곤 했다. 단념을 하게 된 경위에 대해 그녀 자신이 설명할 때 한 가지 새로운 사실을 알게 되는데, 그것은 동시에 다른 사실을 숨기기 위한 것이기도 했다는 점이 분명해 보인다.

물론 그녀가 로스메르스홀름의 분위기와 덕망 있는 로스메르와의 관계에 영향을 받아 자신도 변하게 되었고, 심지어는 모든 존재가 마비되는 것 같았다고 선언할 때 그녀의 이러한 증언을 의심할 아무런 이유도 없다. 그런 이야기를 통해 그녀는 자신이 알고 있는 것과 그동안 느꼈던 것을 말하고 있다. 그러나 그녀가 들려주는 이야기가 그녀의 가슴속에서 일어났던 모든 것을 모두 말해 주고 있는 것은 아니다. 또 그녀가 모든 것을 다 고려했던 것도 아니다. 로스메르의 영향이라는 것도 그 뒤에 다른 이유들을 숨길 수 있는 하나의 병풍 같은 것에 지나지 않을 수도 있는데, 한 가지 주의 깊게 살펴보아야 할 특징이 우리를 바로 이런 다른 방향으로 인도하고 있다.

막이 내리기 직전 두 사람이 나누는 대화 속에서 그녀의 고백이 끝났을 때, 로스메르는 다시 한번 그녀에게 자기 아내가 되어 달라고 부탁한다. 그는 그녀가 자신을 사랑하기 때문에 저질렀던 죄악을 용서한다. 그런데 그녀는 이 부탁을 받고 그에 응하는 대신, 마치 그녀의 의무인 듯 어떤 용서가 주어져도 불쌍한 베아타를 속이면서 저질렀던 죄에서 자신을 벗어나게 할 수는 없다고 말한다. 그뿐만이 아니라 그녀는 그녀를 자유로운 사상의 소유자로 알고 있었던 우리를 당황케 하는 비난을 스스로에게 한다. 이 비난은 레베카에게 어울리지 않는 것이었다.

이제 그 이야기는 더 이상 하지 말아요! 불가능해요! 왜냐하면 그것은…… 당신이 꼭 알아야만 할 것이 있어요, 로스메르. 나는 내 뒤에 과거를 갖고 있어요.

물론 그녀는 자신이 다른 남자와 관계를 맺었다는 이야기를 하고 있는 것이었다. 여기서 우리는 그녀가 자유스럽게 세상을 떠돌 때 저질렀고, 그래서 누구에게도 책임질 이유가 없는 이 관계가 그녀에게는 로스메르의 아내에 대한 범죄보다도 더 그와의 결합을 방해하는 요소로 생각되고 있다는 것을 알 수 있다.

로스메르는 이 과거에 대한 이야기를 듣지 않으려고 한다. 그러나 비록 이 과거에 관련된 모든 것이 연극 속에서는 숨겨져 있고, 여러 가지 암시를 통해 추론해야만 밝혀낼 수 있는 것일지라도 우리는 이 과거를 알 수 있다. 많은 암시들은 실제로 고도의 테크닉에 의해 작품 속에 들어와 있지만, 이 테크닉은 역으로 그 암시들을 이해하도록 도와준다.

레베카가 첫 번째 거부를 하고 고백할 때까지 그녀의 앞날을 결정하는 뭔가 매우 중요한 일이 벌어진다. 크롤이 찾아와 그녀가 사실은 어머니가 죽은 후 그녀를 입양해서 키웠던 베스트 박사의 사생아라는 사실을 자신은 알고 있다고 말하면서 레베카에게 모욕을 준다. 그녀를 증오하고 있던 크롤이 상대방의 약점을 찌른 것이었지만, 그는 그녀가 모르고 있던 일을 알려 준다고 생각하지는 않았다.

> 나는 당신이 사실을 알고 있다고 생각했어요. 그렇지 않다면 당신이 순순히 베스트 박사의 양녀로 들어간 것이 이상하잖아요……. 어머니가 돌아가시자마자 박사는 당신을 받아들였어요. 당신에게 거칠게 대했지만, 그럼에도 불구하고 당신은 그 사람 곁에 남아 있었죠. 당신도 알다시피 그 사람은 당신에게 한 푼도 남기지 않았어요. 당신이 받은 상속 재산이라고는 책이 가득 든 상자 하나밖에는 없어요. 그런데도 당신은 그의 곁에 있었죠. 모든 것을 견뎠고 끝까지 보살펴 주었어요, 끝까지……. 그를 위해 당신이 한 모든 일은 무의식적인 가족 간의 본능이 아니고서는 불가능한 거지요. 게다가 당신의 모든 행동을 이해하기 위해서는 당신의 출생까지 거슬러 올라가야만 할 것 같아요.

크롤은 착오를 하고 있었다. 레베카는 자신이 베스트 박사의 딸이라는 사실을 전혀 모르고 있었다. 크롤이 그녀의 과거에 대해 알쏭달쏭한 이야기를 하고 있을 때 그녀는 다른 이야기를 하고 있는 것으로 여길 수밖에 없었다. 크롤이 무슨 이야기를 하는 것인지 알고 난 다음에도 그녀는 한동안 침착을 유지할 수가 있었다. 왜냐하면 상대방이 그녀의 나이를 계산해 가며 논리를 펴고 있다는 것을 알 수 있었는데, 그 나이라는 것이 사실은 지난번에 찾아왔을 때 그에게 일러 준 가짜 나이였기 때문이다.

그러나 크롤은 그녀의 이런 반박을 보기 좋게 꺾어 버린다.

당신 말이 옳을지도 모르겠습니다만, 그럼에도 내 계산은 정확한 것입니다. 베스트 박사는 임명받기 한 해 전에 이곳에 잠시 들른 적이 있습니다.

이 말을 듣자 레베카는 이성을 잃어버리고 만다.

〈말도 안 돼요……!〉 그녀는 손을 비틀면서 방 안을 이리저리 왔다 갔다 했다. 〈도저히 그럴 수가 없어요. 당신은 지금 나에게 고백을 하라는 거예요? 말도 안 돼요! 거짓말이에요! 그럴 수가 없어요! 결코, 결코 아니에요!〉

그녀의 충격은 예상 밖으로 커서 더 이상 이야기를 할 수가 없었다.

크롤   이것 보세요, 정말로 왜 이러세요, 이것 참! 소름이 다 끼치는군요, 정말! 뭘 믿으면 좋겠습니까? 뭐라고 생각하면 될까요?

레베카   믿을 것도 없고 생각할 것도 없어요. 아무것도 없어요.

크롤 그렇다면 확실한 것도 아닌데, 왜 내 말에 이토록 가슴
아파하는 것인지 어디 설명 좀 해보세요.

레베카 (다시 침착함을 되찾으면서) 확실한 것 같군요, 교장
선생님. 그렇지만 나는 이 집에서 사생아 취급을 받고 싶지
는 않아요.

수수께끼 같은 레베카의 행동을 이해할 수 있는 방법은 오직
한 가지밖에는 없다. 베스트 박사가 자신의 아버지였을 수도 있
다는 사실이 폭로되었을 때, 이것은 그녀에게 가장 견디기 힘든
충격이었다. 왜냐하면 그녀는 박사의 의붓딸이었을 뿐만 아니라,
그 사내의 정부(情婦)이기도 했기 때문이다. 크롤이 이야기를 시
작했을 때, 그녀는 자신이 고백했음에 틀림없는 이 관계들을 빗
대어 말하는 것이라고 나름대로 짐작하고 있었다.

그러나 교장은 결코 이 생각까지는 하지 않고 있었다. 그는 박
사가 자신의 아버지라는 사실을 레베카가 전혀 모르고 있었던 것
처럼, 그녀와 베스트 박사의 사랑에 관해서 전혀 모르고 있었다.
레베카가 로스메르의 청을 거절하면서 자신에게는 과거가 있어
서 그의 아내가 될 자격이 없다고 말을 했을 때, 그녀는 오직 이
사랑의 관계만을 염두에 두고 있었던 것이다. 아마도 로스메르가
그녀의 이야기를 듣고자 했다고 해도 그녀는 비밀의 반쪽만을 그
에게 털어놓았을 뿐, 더 무거운 나머지 반쪽에 대해서는 침묵을
지켰을 것이다.

이제 우리는 어쨌든 이 과거가 그녀에게는 결혼을 결심하는 데
가장 큰 장애물로 보였다는 것을 알 수 있다. 어쩌면 그것은 가장
큰 죄악으로 보였는지도 모른다.

자신이 아버지의 애인이었다는 사실을 알게 된 후, 그녀는 자

신을 짓누르는 무거운 죄의식에 사로잡히고 만다. 그녀는 로스메르와 크롤에게 자신이 살인자였다는 고백을 하고, 죄를 저질러서라도 차지하려고 했던 행복을 단념한다. 그리고 그녀는 떠날 준비를 한다. 그러나 성공했음에도 불구하고 그녀를 파멸로 내몰았던 죄의식의 진정한 이유는 비밀로 남아 있다. 우리는 이 진정한 이유가 로스메르스홀름의 분위기나 로스메르의 고매한 인격과는 전혀 다른 것이었음을 살펴보았다.

지금까지 우리의 분석을 따라온 사람이라면 이제 몇 가지 의혹을 느끼면서 우리에게 이의를 제기할 것이다. 레베카는 크롤이 두 번째 방문을 하기 전에 이미 로스메르의 청혼을 거부했다. 다시 말해 그녀는 자신이 사생아라는 사실을 알게 되고 ─ 만일 우리가 작가를 정확하게 이해했다면 ─ 또한 근친상간에 대해 알기 전에 청혼을 거부했다. 그녀의 거부는 이때도 강력한 것이었고 진지했다. 따라서 그녀로 하여금 이제까지 했던 행동의 결실을 단념하도록 했던 죄의식은 자신이 저지른 죄를 알기 전에 이미 활동하고 있었고, 그러므로 우리는 죄의식의 근거로 간주했던 근친상간을 깨끗하게 단념해야만 할 것이다.

지금까지 우리는 레베카 베스트를, 날카로운 이성의 통제를 받는 것이긴 해도 입센이라는 한 작가의 상상력이 만들어 낸 상상의 인물임에도 불구하고, 마치 살아 있는 현실의 인간인 것처럼 다루어 왔다. 이런 관점에서 우리는 위에서 제기되었던 이의에 대해 답하려고 한다. 이의 제기는 정당한 것이다. 레베카의 의식은 그녀가 근친상간을 알기 전에 이미 각성되었다. 이러한 그녀의 변화는 레베카 자신이 인정하고 비난하기도 했던 영향들 때문에 일어난 것임에는 틀림없다. 그러나 그렇다고 해서 두 번째 동기가 없었다고 할 수는 없다. 교장이 폭로했을 때 레베카가 보여 준 행동과, 고백의 형태를 띤 폭로에 이어 즉각적으로 이루어진 그녀의 반응을 보면 행복을 단념하도록 한 가장 결정적이고 강력한 동기가 바로 그 순간에 개입했다는 사실을 의심할 수가 없다. 그러나 좀 더 정확히 살펴보면 이 경우에 문제가 되고 있는 것은 다중(多重) 동기다. 다시 말해 겉으로 드러난 피상적인 동기의 배후에 더욱 깊은 다른 동기가 숨어 있다. 문학 창조의 피할 수 없는 규약들로 인해 이런 경우를 다른 방식으로 표현할 수는 없었을 것이다. 드러내 놓고 이야기할 수 있는 동기가 아니었던, 이보다 깊이 숨어 있는 동기는 관객들 혹은 독자들의 안락한 지각 활동에 지장을 주지 않은 채 가려져 있어야만 했다. 만일 그렇지 않았다면 관객들과 독자들은 견디기 힘든 충격을 받았을 것이고, 또 강력하게 저항했을 것이다. 그리고 드라마는 끝내 훼손되고 말았을 것이다.

그러나 전면에 내세운 동기가 더욱 깊이 숨어 있는 동기와 별개의 것이 아니며, 긴밀하게 연결되어 있다는 사실을 강조할 필요가 있다. 겉으로 드러나 있는 동기는 숨어 있는 동기의 약화된 모습이고, 그로부터 파생된 것이다. 작가의 의식 속에서 이루어지는 문학적 구성이 그의 무의식적 여건들로부터 비롯된다는 사실을 믿는다면, 우리는 작가가 두 개의 동기들 사이에 긴밀한 관계를 맺어 놓지 않을 수 없었다는 사실을 입증해 보일 수 있을 것이다. 교장이 레베카에게 날카로운 분석을 통해 그녀가 근친상간을 저질렀다는 것을 일러 주기 전에, 이미 레베카의 죄의식은 근친상간에서부터 비롯되고 있었다. 작가가 암시적으로 표현해 놓은 레베카의 과거를 상세하게 재구성해 보면, 그녀가 어머니와 베스트 박사의 내밀한 관계를 모르고 있을 수 없었다는 것을 알 수 있다. 그로 인해 어머니가 죽은 후 어머니를 대신해서 베스트 박사 곁에 머물러 있을 때 그녀는 강한 충격을 받았을 것이고, 비록 오이디푸스 콤플렉스*Ödipuskomplex*라는 보편적인 이 환상이 그녀에게는 현실이 되었다는 것을 몰랐다고 하더라도 이 환상의 무의식적인 지배하에 놓여 있었다. 그녀가 로스메르스홀름에 왔을 때, 이 첫 번째 경험의 내적인 힘에 인도된 그녀는 아무런 잘못도 없이 처음에 겪어야 했던 것과 동일한 경험을 반복하게 된다. 남편과 아버지의 곁에 머물러 있기 위해 부인과 어머니를 떼어 놓는 것은 같은 행동이었다. 레베카가 어떻게 해서 자신도 모르는 사이에 베아타를 남편에게서 떼어 놓으려고 했는지, 그녀 스스로 다음과 같이 설득력 있게 설명을 하고 있다.

아니, 그러면 당신 생각에는, 내가 냉정하고도 치밀하게 사전 준비를 한 다음에 행동했다는 거예요! 아, 정말! 그 당시의 나는 지금 당신 앞에서 모든 것을 다 이야기하고 있는 내가 아니었어요. 아니, 그 이전에 누구나 마음속에는 두 종류의 의지가 있는 것이 아닌가요? 나는 어떤 식으로든지 베아타를 제거하고 싶었어요. 그렇지만 일이 이렇게 될 줄은 몰랐어요. 한 발자국씩 앞으로 위험스럽게 내디딜 때마다, 마음속에서는 누군가가 소리치고 있었어요. 〈더 이상 가서는 안 돼! 한 발자국도 더 나아가서는 안 돼!〉 그러나 나는 멈출 수가 없었어요. 몇 발자국이라도 계속 나아갈 수밖에 없었죠. 단지 한 걸음만 더, 한걸음만. 그러나 또다시 한 발자국을 옮겨야 했고, 그렇게 계속해야만 했어요. 모든 일이 다 이루어지고 말았어요. 이렇게 된 거예요, 이렇게.

레베카는 사실을 과장하지 않았다. 그녀의 말은 정확한 것이었다. 로스메르스홀름에서 그녀에게 일어났던 모든 일, 로스메르에 대한 사랑과 그의 부인에 대한 증오, 이 모두는 어머니와 베스트 박사의 관계 속에서 이루어졌던 것의 재판(再版)이었고, 오이디푸스 콤플렉스의 결과들이다.

이런 이유로 해서 로스메르의 청혼을 거부하도록 했던 죄의식은 크롤의 폭로를 들었을 때 레베카로 하여금 고백하게 한 것보다 훨씬 더 강했던 죄의식과 본질적으로 다른 것이 아니었다. 그러나 베스트 박사의 영향을 받아 그녀가 종교적 도덕을 경멸하는 자유 사상을 가질 수 있었듯이, 마찬가지로 로스메르를 사랑함으로써 그녀는 양심과 숭고함을 추구하려는 사람으로 변하게 된다. 이러한 내적인 변모를 그녀는 깊이 인식하고 있었고, 그래서 자신의 이러한 변화가 로스메르의 영향에서 비롯된 것임을 분명하게 지적할 수 있었다.

정신분석 작업을 하는 의사는 하녀든 가정 교사든, 아니면 간호사든 젊은 처녀가 한 집에 들어오게 되면, 시간이 지날수록 이 여인이 얼마나 자주 또 얼마나 강렬하게 오이디푸스 콤플렉스에 근거를 둔 공상을 하는지 알게 된다. 이 공상의 결론은 늘 이런저런 식으로 여주인을 사라지게 하고, 대신 그녀의 남편을 차지하는 것이다.

『로스메르스홀름』은 젊은 처녀들의 이러한 일상적 공상을 다룬 작품들 중에서 가장 훌륭한 걸작으로 꼽을 수 있는 작품이다. 나아가 이 연극은 여주인공의 어린 시절 속에서, 오이디푸스 콤플렉스와 정확하게 일치하는 현실이 공상에 앞서 먼저 있었다는 측면에서도 대단한 비극작품이라고 할 수 있다.[5]

5 『로스메르스홀름』에 나오는 근친상간의 테마는 이미 내가 의지했던 것과 동일한 방법에 의해 1912년에 나온 오토 랑크의 박학하기 이를 데 없는 연구서인 『문학과 전설 속에 나타난 근친상간의 모티프 *Das Inzest-Motiv in Dichtung und Sage*』에서 지적된 바 있다 — 원주.

문학 창조에 대한 이 긴 이야기를 떠나 이제 의사들의 경험을 다시 살펴보도록 하자. 그러나 이것은 의학적 이야기를 길게 하기 위해서가 아니라, 단지 문학과 의학의 완벽한 일치를 간략하게 확인할 필요가 있기 때문이다. 정신분석 작업을 통해 우리는 흔히 그렇듯이 욕구 불만의 결과로 병이 생기는 것이 아니라, 성공의 결과로 병을 일으키는 윤리 의식의 힘은 거의 모든 죄의식의 경우에서처럼 아버지와 어머니에 대한 관계, 즉 오이디푸스 콤플렉스와 밀접하게 관련을 맺고 있음을 알 수 있다.

죄의식으로 인해 죄인이 되는 사람들

　사람들은 종종 상담이 끝난 후 자신들의 젊은 시절과 특히 사춘기 이전의 어린 시절에 관해 이야기하면서 내게 자신들이 도둑질이나 사기, 혹은 방화(放火) 같은 죄를 저지른 적이 있다고 털어놓곤 했다. 이들 중에는 매우 존경스러운 사람도 있었다. 어린 시절은 억제력이 약한 시기라는 것을 잘 알고 있는 나는 습관적으로 이런 이야기에 관심을 기울이지 않았고, 이런 이야기들을 좀 더 의미 있는 전체적 맥락 속에 집어넣어 살펴보려는 시도도 하지 않았다. 그러나 모두들 나의 치료를 받고 있는 사람들이었고, 또 누구나 자신의 과거의 일들을 잊지 못한 채 간직하고 사는 사람들이었기 때문에, 결국 이러한 자질구레한 범법 행위들이 쉽게 발생하는 무분별한 경우들을 좀 더 깊이 있게 살펴보게 되었다. 정신분석 작업을 통해 우리는 이러한 행위들이 금지되어 있기 때문에, 그리고 이러한 행위들을 저질렀을 때 당사자들에게 정신적인 안도감을 주기 때문에 일어난다는 놀라운 사실을 발견하게 된다. 이런 행동을 하는 사람은 기원을 알 수 없는 무거운 죄의식으로 괴로워하고 있었고, 죄를 저지른 다음에는 죄의식의 압력을 훨씬 덜 느끼곤 했다. 죄의식은 어떤 식으로든지 더 이상 확산되지 않았다.

아무리 역설적으로 보인다고 해도 나로서는, 죄의식은 죄를 저지르기 이전에 이미 먼저 있었다고 생각하지 않을 수 없다. 다시 말해 죄에서 죄의식이 흘러나오는 것이 아니라, 반대로 죄의식으로부터 죄가 비롯되고 있다고 말이다. 이런 사람들을 죄의식으로 인해 죄인이 되는 사람들이라고 부를 수 있을 것이다. 죄의식의 선재성(先在性)은 물론 겉으로 드러나는 다른 모습들을 통해서도 입증할 수 있었다.

그러나 기이한 사실을 확인하는 것이 과학적 작업의 목표는 아니다. 따라서 다음과 같은 두 가지 질문에 답해야 할 것이다. 첫째, 행위에 앞서 먼저 존재하는 죄의식은 어디에서 온 것일까? 둘째, 범법자들이 저지르는 범죄 행위 속에서도 이런 방식으로 행동 결정이 이루어진다고 생각할 수 있을까?

첫 번째 질문을 살펴보면서 우리는 일반적으로 모든 사람들이 갖고 있는 죄의식의 기원에 대해서 알 수 있으리라고 기대할 수도 있을 것이다. 정신분석 작업이 끝나고 나면 이 기원을 알 수 없는 죄의식이 오이디푸스 콤플렉스에서 온다는 사실을 매번 확인할 수 있다. 다시 말해 죄보다 먼저 존재하는 죄의식은 아버지를 살해하고, 어머니와 성적 관계를 갖는다는 두 개의 큰 죄에 대한 반응이다. 이 두 가지 무의식적인 의도와의 관계 속에서 볼 때, 죄의식을 고정시키기 위해 저질러지는 범죄들은 죄의식으로 고통받고 있는 사람들에게는 분명히 안도감을 줄 것이다.

여기서 우리는 친부 살해와 어머니와의 근친상간이 인간의 두 가지 대죄(大罪)라는 것과, 원시 사회에서도 그대로 비난의 대상으로 저주되었던 유일한 죄라는 것을 상기해야 할 것이다. 동시에 지금은 윤리 의식을 대대로 전해 내려오는 정신적인 힘으로 이야기하고 있지만, 다른 탐구들을 통해 우리가 어떻게 해서 인류가 오이디푸스 콤플렉스 덕택에 윤리 의식을 얻게 되었다고 생각하게 되었는지도 상기해야만 할 것이다.

두 번째 질문에 대한 답은 정신분석적 작업을 통해 찾을 수 있다. 멀리 가지 않더라도, 어린아이들의 경우를 보면 아이들이 처벌을 받기 위해서 〈나쁜 사람〉이 된다는 것과, 벌을 받고 나면 조용해지고 만족을 느낀다는 것을 알 수 있다. 훗날 어른으로 성장했을 때 행하는 분석적 탐구도 종종 아이들로 하여금 처벌을 찾게 만들었던 죄의식의 흔적에 집중하게 된다.

성인 범법자들의 경우에는 이들을 구별할 필요가 있다. 전혀 아무런 죄의식을 느끼지 못한 채 죄를 저지르는 경우가 있고, 억제력이 없거나 혹은 자신들의 투쟁을 통해 사회에 맞서기 위해 자신들은 죄를 저질러도 된다고 생각하는 경우가 있다. 그러나 대부분의 다른 범죄자들, 엄밀히 말해 그들 때문에 형법이 존재하는 그런 자들에게서 우리가 위에서 말한 것과 같은 범죄의 동기는 고려의 대상이 될 수 있을 것이고, 범죄 심리의 알 수 없는 점들을 밝혀 주기도 할 것이며, 또 형벌 제도에 새로운 심리적인 근거를 제공할 수도 있을 것이다.

한 친구가 어느 날 내게 니체도 〈죄의식으로 인해 죄인이 되는 사람〉에 대한 생각을 갖고 있었다고 지적한 적이 있다. 죄의식의 선재성과 행위에 의존해서 죄의식을 합리화시키려는 성향은 〈창백한 범죄자〉를 두고 차라투스트라가 한 말들 속에 투명하게 드러나 있다. 얼마나 많은 죄인들이 이러한 〈창백한〉 죄인들 일지는 미래의 연구에 맡겨 두도록 하자.

괴테의 『시와 진실』에 나타난 어린 시절의 추억

Eine Kindheitserinnerung aus *Dichtung und Wahrheit* (1917)

이 글의 전반부는 1916년 12월 13일에 빈 정신분석학회에서 발표된 것이고, 후반부는 1917년 4월 18일에 역시 같은 학회에서 발표된 것이다. 실제 제대로 된 전체 글은 1917년 9월, 헝가리의 타트라산에서 여름휴가를 마치고 돌아오는 기차 안에서 완성되었다. 최초 발행 시기는 정확하게 알려져 있지 않다. 이 글이 처음 실린 『이마고』가 전쟁으로 인한 당시의 불안한 정세 때문에 부정기적으로 간행되었기 때문이다.

이 논문은 1917년 『이마고』 제5권 2호에 처음 실렸으며, 『신경증에 관한 논문집』 제4권(1918), 『시와 예술』(1924), 『전집』 제12권(1947)에도 수록되었다. 영어 번역본은 1925년 허백C.J.M. Hubback이 번역하여 "A Childhood Recollection from *Dichtung und Wahrheit*"라는 제목으로 『논문집』 제4권에 수록되었으며, 『표준판 전집』 제17권(1955)에도 수록되었다.

괴테의 『시와 진실』에 나타난 어린 시절의 추억

가장 먼 어린 시절에 우리에게 일어났던 일들을 기억하려고 할 때 우리는 종종 다른 사람들이 들려주는 이야기와 우리들 자신의 생생한 경험을 혼동하곤 한다.

이 말은 괴테가 예순 살에 쓰기 시작한 자서전 서두에서 한 말이다. 이런 말을 하기에 앞서 괴테는 〈1749년 8월 28일 정오에〉 태어났다고 밝히면서, 자신의 탄생에 관련된 몇 가지 지적만을 했을 뿐이다. 별자리는 그에게 길했고, 그가 살아날 수 있었던 것도 별자리 덕택이라고 한다. 세상에 태어났을 때 사람들은 그를 〈죽은 아이로 생각했고〉, 갖은 애를 다 쓴 후에야 아이는 다시 살아날 수 있었다. 이런 지적을 한 후에 괴테는 집과 아이들 — 괴테 자신과 그의 여동생 — 이 가장 좋아했던 방에 대해 간략한 묘사를 덧붙이고 있다. 그러나 괴테는 연이어 아마도 그가 기억할 수 있는, 가장 오래된 기억일(아마도 네 살 이전의) 단 한 사건에 대해서만 이야기하고 있다. 이 사건에 대해서 그는 개인적인 기억을 갖고 있는 것처럼 보인다.

그는 이 사건에 대해 다음과 같이 쓰고 있다.

……맞은편에 살고 있던 시장의 아이들인 폰 오셴스타인 형제들은 나를 귀여워해서 돌보아 주기도 했고, 때로는 나를 여러 가지 방법으로 괴롭히기도 했다.

우리 집 식구들은 엄해 보이기도 했고 외로워 보이기도 했던 그들이 내게 시켰던 여러 가지 우스꽝스러운 행동들을 즐겨 이야기하곤 했다. 그중 한 가지만 적어 보려고 한다. 마침 옹기 시장이 열렸던 날이었는데, 사람들은 며칠 후에 먹을 음식을 이런 종류의 그릇들 속에 담아 두는 것을 좋아하지 않았다. 어쨌든 어른들은 우리 아이들에게도 갖고 놀라고 작은 모형 그릇들을 몇 개씩 사주었다. 온 집안이 고요하기만 하던 어느 화창한 오후, 나는 현관에서(이미 앞에서 이야기되었던 장소로 현관은 길 쪽으로 향해 있었다) 내게 사준 접시와 항아리들을 가지고 놀고 있었는데, 별로 흥이 나지 않은 나는 접시 하나를 집어 길가로 던졌다. 나는 접시가 이상한 모양으로 깨지는 광경을 보면서 즐거워하고 있었다. 내가 기뻐서 손뼉을 치며 놀고 있는 것을 지켜보고 있던 폰 오셴스타인 형제들이 그때 소리를 쳤다. 〈한 번 더 해봐!〉 나는 돌이 깔린 길 위로 다시 그릇을 던졌고, 그때마다 〈또 해봐! 또!〉 하는 소리가 들려왔다. 이렇게 해서 나는 반복되는 이 소리에 맞추어 작은 접시들과 공기들, 그리고 항아리들을 모두 길 위로 내던졌다. 이웃에 사는 아저씨들은 계속해서 내 행동을 칭찬해 주었고, 내가 그들을 즐겁게 해줄 수 있다는 것에 나는 큰 기쁨을 느꼈다. 그릇을 몽땅 다 던지고 나서도 함성은 계속되고 있었다. 〈또 해봐!〉 나는 부엌으로 달려가 도자기 접시들을 갖고 나왔고, 이 큰 그릇들이 깨질 때의 모습은 더욱더 재미 있었다. 나는 이렇게 해서 마침내 헐레벌떡 숨을 내쉬며 바쁘게 부엌을 드나들면서 설거지 대에 꽂혀 있는 순서대로 접시를 뽑았다. 먼저 깨진 그릇들이 왠지 불완전하게 깨진 것 같아 나는 모든 그릇들을 내다 던지고 말았다. 잠시 후 누군가 부르는 소리가 들렸다. 그러나 이미 일은 벌어질 대로 다 벌어진 후였다. 깨져 버린 이 수많은 그릇들을 온전히 고쳐 놓을 수는 없었지만, 어쨌든 사람들은, 특히 나를 부추겼던 그 고약한 이웃들은 평생 동안 즐길 수 있는 이야기를 얻은 셈이었다.

분석을 하기 이전에는 이런 이야기를 우리는 아무런 주의도 기울이지 않은 채 눈 하나 깜짝하지 않고 읽을 수 있다. 그러나 곧이어 분석해 보고 싶은 마음이 든다. 실제로 사람들은 어린 시절의 기억들을 이야기하면서 나름대로 개인적인 의견을 갖고 있거나 기대를 품게 되는데, 이런 의견과 기대에 보편적인 가치를 부여하려고 한다. 기억할 수 없는 어린 시절 중에서 어떤 미세한 사건들이 여전히 기억에 남아 있는지를 알아보는 것은 무의미한 일도, 또 외면할 수 있는 일도 아니다. 그와는 반대로 기억 속에 남아 있는 것이 인생의 이 단계에서는 가장 의미 있었던 요소라고 가정해야만 할 것이다. 기억에 남아 있는 것, 그것은 그 당시부터 중요성을 부여받았던 것일 수도 있고, 혹은 훗날 다른 경험들의 영향에 의해 중요성을 획득한 것일 수도 있다.
　중요한 가치를 지닌 이러한 어린 시절의 기억들은 물론 희귀한 경우에만 떠오른다. 대부분의 경우 이 기억들은 별 의미가 없어 보이거나 나아가서는 아무것도 아닌 것처럼 보이기도 하는데, 우선 망각에도 불구하고 머릿속에 떠오르는 기억이 어린 시절의 기억인 줄을 사람들은 모른다. 게다가 오래전부터 그런 기억들을 간직해 오던 사람이나 또 그 사람에게 기억에 대한 이야기를 듣고 있는 사람이나, 모두 그 기억에서 뭔가를 끌어내지 못하기는 마찬가지다. 전체적으로 기억의 의미를 파악해 내기 위해서는 일정한 해석 작업이 필요한데, 이 작업은 떠오르는 기억의 내용을 다른 것으로 대치시켜야 할 필요성을 일러 주기도 할 것이고, 또는 의심할 여지 없는 중요성을 지닌 다른 경험들과 관계를 가지고 있는지 드러내 주기도 할 것이다. 어린 시절의 기억들은 이 다른 경험들 속에 우리가 덮개-기억이라고 부르는 형태로 개입해 있다.

한 사람의 일대기를 정신분석적으로 다룰 때마다 이런 방식을 통해 가장 먼 어린 시절의 기억들이 지니고 있는 의미를 밝혀내게 된다. 피분석자는 이 기억을 보란 듯이 제일 먼저 이야기하는데, 그러면서 그는 자신의 고백을 끼워 넣는다는 사실을 확인할 수 있다. 이 고백이야말로 중요성을 지니고 있는데, 그 속에는 정신 현상의 비밀스러운 서랍들을 열 수 있는 열쇠들이 들어 있다.[1] 그러나 『시와 진실』 속에서 회고되고 있는 어린 시절의 작은 사건에서는 기대를 걸 만한 요소들이 거의 없는 실정이다. 일반 환자들의 경우처럼 해석으로 유도될 수 있는 어떤 길이나 방법이 이 경우에는 모두 막혀 있다. 사건 그 자체로서는 사후에 받은 어떤 중요한 영향과 어떤 관련이 있는지 밝혀내기에도 적합해 보이지 않는다. 외부의 자극에 의해 저질러진 기물 파손이라는 망나니짓은 괴테가 독자들에게 전하고자 했던 그의 풍요로운 인생의 내용에 걸맞은 표식이 결코 아니라는 것이다. 그의 어린 시절의 기억 속에서는 행동의 순수성과 함께 그 행동이 어떤 다른 경험들과도 관련이 없다는 사실만 부각되고 있을 뿐이다. 그래서 우리는 정신분석주의 주장을 지나치게 과장하지 말 것이며, 또 정신분석의 영역이 아닌 곳에서 정신분석을 요구하지 말라는 원칙을 포기할

---

1 「쥐 인간」의 사례에 관한 임상 기록 서두에 프로이트가 남긴 노트 참조(프로이트 전집 11, 열린책들).

수 없는 것이다.

이 작은 문제를 이렇게 해서 나는 오랫동안 잊고 있었는데, 우연히 유사한 어린 시절의 기억이 좀 더 분명한 문맥 속에서 모습을 드러내고 있는 한 환자를 만나게 되었다. 환자는 스물일곱 살의 남자로서 대단한 교양과 능력을 갖고 있었고, 나를 만날 당시에는 어머니와의 갈등이 그의 모든 정신을 차지하고 있었다. 그 갈등은 생활의 거의 모든 이해관계와 관련되어 있었고, 그 영향으로 인해 그의 애정 능력과 삶의 자율성이 심하게 훼손된 상태였다. 이 갈등은 그의 어린 시절로 거슬러 올라가는데, 네 살 때까지라고 말해도 될 것 같다. 그는 연약한 아이였고 늘 병에 시달렸지만, 그의 기억 속에서는 이 힘든 시절이 천국에서 보낸 시간처럼 변용되어 있었다. 왜냐하면 그 당시 아이는 누구와도 어머니의 사랑을 나누어 가지지 않은 채 무한정 베풀어지는 어머니의 사랑을 독차지하고 있었기 때문이다. 네 살이 채 되기 전에 남동생이 태어났고 — 지금도 살아 있다 — 이 훼방에 대한 반발로 그는 돌연 고집 세고 말을 듣지 않는 아이가 되어 버렸다. 자연히 어머니는 아이를 엄하게 대할 수밖에 없었다. 그 후 아이는 올바른 길로 다시 돌아오지 못했다.

나를 만나 치료를 시작했을 때 — 정신분석을 혐오하던 그의 어머니가 편협한 사람이었다는 사실도 결코 무시할 수 없는 한 이유였는데 — 요람에 누워 있는 젖먹이 동생을 구타할 정도로까지 발전한 그의 질투심은 그 이후 이미 그의 기억에서 사라진 지 오래였다. 현재 그는 동생에게 많은 배려를 하며 대하고 있다. 그러나 그는 자신이 아끼던 동물들, 가령 사냥개나 정성을 들여 키우던 새들에게 갑자기 해를 입히는 뜻밖의 이상한 행동들을 하곤 했는데, 그 행동들은 아마도 그가 어린 시절에 동생에 대해 갖고 있었던 적대적인 충동들의 반향으로 해석될 수 있다.

그러던 어느 날, 환자는 자신이 미워하던 동생을 구타하곤 했던 어린 시절에 시골집의 창문 밖으로 그릇들을 손에 집히는 대로 내던진 적이 있다는 이야기를 자세히 들려주었다. 요컨대 이 이야기는 괴테가 어린 시절을 회상하며 『시와 진실』에서 이야기한 것과 동일한 것이었다! 내 환자가 외국인이어서 그가 괴테의 자서전을 읽지 않았다는 점을 지적해야 할 것이다.

이러한 공통점을 지적해 냄으로써 나는 내가 치료했던 환자의 이야기를 통해 확신할 수 있었던 방향으로 괴테의 어린 시절의 기억을 해석해 보고자 했다. 그러나 이러한 해석에 없어서는 안 될 여러 가지 상황을 우리는 작가 괴테의 어린 시절에서 얻을 수 있을까? 괴테는 자신이 저지른 행동의 책임이 폰 오센스타인 가(家) 청년들에게 있다고 했다. 그러나 그의 이야기를 잘 살펴보면, 이웃에 살던 어른들은 단지 그가 계속해서 그릇을 내던지도록 부추기기만 했을 뿐이다. 처음에 자발적으로 일을 시작한 사람은 괴테 자신이었고, 이 행동의 시발에 대해 그가 제공하고 있는 동기, 즉 〈그것이 어떤 것이든 소꿉장난을 통해서 나는 아무것도 얻을 수가 없어서〉라는 동기는, 아마도 상황을 지나치게 확대 해석하지 않더라도, 자서전을 집필할 당시나 그 이전에도 오랫동안 괴테 역시 자신이 저지른 행동의 이유를 모르고 있었다는 고백으로 해석할 수 있을 것이다.

우리는 요한 볼프강과 그의 누이 동생 코르넬리아가 수도 없이 태어났다가 일찍 죽어 버린 아이들의 맏아들과 맏딸이었음을 알고 있다. 한스 작스 박사의 친절한 협조로 나는 일찍 죽은 형제자매들에 관한 자료를 얻을 수 있었다.

다음이 그 자료다.

(1) 헤르만 야코프, 1752년 11월 27일 월요일 세례받음, 생후 6년 6주 만에 사망, 1759년 1월 13일에 매장.

(2) 카테리나 엘리자베타, 1754년 9월 9일 월요일 세례받음, 1755년 12월 22일 매장(생후 1년 4개월).

(3) 요한나 마리아, 1757년 3월 29일 세례받고 1759년 8월 11일 토요일에 매장(생후 2년 4개월). (이 여자아이는 오빠가 자랑스럽게 여겼던 예쁘고 착한 아이였다.)

(4) 게오르크 아돌프, 1760년 6월 15일 세례받음. 생후 8개월인 1761년 2월 18일에 매장.

연령으로 볼 때 괴테와 가장 가까운 동생이었던 코르넬리아 프리데리카 크리스티아나는 1750년 12월 7일에 태어났고 당시 괴테는 생후 15개월이었다. 나이 차이가 거의 안 났기 때문에 이 여동생은 질투의 대상이 되지 못했다. 아이들은 욕망이 발생할 때 이미 자신의 주위에 있는 형제들에게 결코 격렬한 반응을 드러내지 않는다는 것을 우리는 알고 있다. 아이들의 반응은 늘 새로 태어나는 아기들을 향하게 된다. 게다가 우리가 해석해 보려고 하는 장면은 여동생인 코르넬리아가 태어났을 때쯤 괴테의 어린 나이와는 어울리지 않는 장면이기도 하다.

첫 번째 남동생인 헤르만 야코프가 태어났을 때 요한 볼프강은 세 살 3개월이었다. 그의 두 번째 여동생이 태어난 것은 그로부터 대략 2년 후인 괴테가 다섯 살쯤 되었을 때다. 이 두 연령을 우리는 그릇을 내던지던 시기와 관련지어 고려할 수 있을 것이다. 주의를 기울일 만한 연령은 야코프가 태어났을 때인데, 이는 내가 치료했던 환자의 경우와 가장 일치하는 연령이기도 하다. 내가 다루었던 환자 역시 동생이 태어났을 때 세 살 9개월이었다.

더욱이, 우리가 해석해 보려고 하는 괴테의 동생 헤르만 야코프는 태어난 지 얼마 안 되어 죽은 다른 형제자매들과는 달리 집 안에 마련된 어린아이들의 방에 잠시 머물다 가는 손님이 아니었다. 괴테의 자서전을 읽으면서 우리는 형의 이야기 속에서 이 동생에 대한 어떤 사소한 언급도 찾을 수 없다는 사실에 놀라게 된다.[2] 그는 여섯 살이 넘은 나이였고, 그가 숨을 거두었을 때 요한 볼프강은 아직 열 살이 채 안 되었을 때였다. 에드 히치만 박사는 친절하게도 이 문제에 대한 자신의 의견을 내게 적어 보냈다.

〈꼬마 괴테 역시 동생이 죽는 것을 보면서도 가슴 아파하지 않았다.〉 베티나 브렌타노에 따르면 괴테의 어머니는 다음과 같이 회고했다고 한다. 〈그의 어머니는 괴테가 놀이 친구이기도 했던 동생 야코프가 죽었을 때 눈물 한 방울 흘리지 않는 것을 매우 이상하게 여겼다. 그 아이는 부모나 다른 아이들이 애통해하는 것을 보자 오히려 신경질적인 반응을 보였다. 그래서 어머니는 이 고집 센 아이에게 동생이 죽었는데도 슬프지 않느냐고 물었다. 그러자 아이는 자신의 방으로 달려가 침대 밑에서 종이 한 뭉치를 꺼내 갖고 왔는데, 거기에는 아이들에게 들려주는 동화와 공부를 한 종이들이 섞여 있었다. 아이는 어머니에게 종이들을 보여 주면서 자신이 동생을 가르치기 위해 이런 것들을 만들었다고 했다.〉 형이었던 그는 동생에게 아버지 행세를 하면서 자신의 우월성을 과시

<hr />

2 (1924년에 추가된 각주) 이번 기회에 나는 개진시키지 말았어야 했던 부정확한 단정을 취소하고자 한다. 실제로 제1권 후반부에 가면 남동생에 대한 언급과 묘사를 찾아볼 수 있다. 이 남동생 역시 〈겪지 않을 수 없었던〉 어린아이들의 가슴 아픈 병치레를 회상하는 대목에서 언급되고 있다. 〈그는 까다롭고 조용한 아이였으며 고집이 셌다. 우리 사이에는 진정한 관계라고 할 만한 것이 전혀 없었다. 게다가 그는 막 어린 시절을 벗어난 나이였다〉—원주.

했던 것이다.

이제 우리는 그릇들을 내던지던 행동이 하나의 상징적 행위였을지도 모른다는, 혹은 좀 더 정확히 말해 주술적인 행위였다는 생각을 해볼 수 있을 것이다. 이러한 행동을 통해 아이들(괴테와 내가 치료했던 환자)은 방해가 되는 불청객을 제거하고 싶은 욕망을 격렬하게 표출했던 것이다. 그릇들이 깨지면서 내는 요란스러운 소리가 아이들에게 주었을 만족감을 의심할 필요는 없을 것이다. 어떤 행동이 그것 자체로 이미 쾌락을 제공하는 것이라면, 만족을 얻었다고 해서 행동은 중지되는 것이 아니라 다른 의도들을 위해 언제든지 다시 반복되려고 하는 것이다. 그러나 그런 어린 시절의 장난이 어른이 된 괴테의 기억 속에 그토록 오랫동안 지속적으로 자리를 잡고 있었던 것이 그릇들을 깨뜨릴 때 맛볼 수 있었던 쾌감 때문이라고는 말할 수 없다. 우리는 여기서 — 비록 문제를 복잡하게 하는 것이 되겠지만 — 한 가지 새로운 사실을 덧붙임으로써 행위의 동기를 알아보고자 한다. 그릇을 깨뜨리는 아이는 자신이 나쁜 짓을 하고 있다는 사실을 알고 있고, 또 그 일로 인해 어른들에게 혼이 날 것이라는 사실도 안다. 그런데도 아이가 행동을 자제할 수 없었다면 그것은 아마도 아이가 부모들에게 원망을 품고 있었고, 그 원망을 풀 수 있는 상대도 부모들이었기 때문일 것이다. 아이는 자신이 못된 아이라는 것을 보이고 싶었던 것이다.

깨뜨리는 행위와 깨진 물건들로 인해 얻을 수 있는 쾌락이라면, 단지 물건들을 깨뜨리는 것만으로도 충분히 얻을 수 있었다. 아이가 물건들을 창문 너머의 길가로 내던졌다는 것은, 따라서 쉽게 이해되지 않는 행동이다. 그런데 이 〈밖으로〉 던졌다는 사실은 주술적 행위의 한 핵심을 이루고 있고, 숨어 있는 동기에서 나온 행동이라고 볼 수 있다. 즉 새로 나타난 아이는 〈사라져야만 했다〉. 그것도 가능하다면 창문을 통해. 왜냐하면 새로운 아이가 나타난 것도 창문을 통해서였기 때문이다. 따라서 이 행위 전체는 이미 우리가 다른 곳에서 다루었던 것처럼, 황새가 작은 동생을 데리고 왔다는 것을 알게 된 한 아이가 보였던 언어를 통한 반발과 상통하는 것이라고 할 수 있다. 그때 아이는 〈황새가 아기를 다시 데리고 갈 수 있어〉 하고 말했다.

그러나 우리는 한 아이의 행동을 해석하면서 위와 같은 단 하나의 유사성에 의존하는 것이 — 모든 내적인 불확실성들은 제외하고서라도 — 얼마나 위험한 일인지 숨길 수가 없다. 이런 이유 때문에 나는 여러 해 동안 괴테의 『시와 진실』에 나오는 이 작은 장면에 대한 내 생각을 머릿속에만 간직해 왔다. 그러던 차에 한 환자가 찾아와 다음과 같은 말을 내게 들려주었는데, 나는 그 내용을 한마디도 놓치지 않고 기록해 두었다.

나는 여덟 명인가 아홉 명인가 하는 아이들 중에서 맏이였습니다.[3] 어린 시절의 기억들 중에서 아버지가 어느 날 잠옷 차림으로 침대에 앉아서 내게, 방금 전에 남동생을 하나 얻었다고 말씀하시던 기억이 떠오릅니다. 당시 나는 세 살 아홉 달이었어요. 그러니까 나와 내 동생의 나이 차이도 3년 9개월이죠. 이 기억이 떠오르면 나는, 그러니까 얼마 지나지 않아서(1년 전이었는지도 모르겠어요)[4] 나는 여러 가지 물건을, 솔들과 — 어쩌면 솔은 하나밖에

---

3 순간적이지만 분명한 실수다. 이 실수가 남동생을 제거하려는 마음에서 유래했음은 의심할 여지가 없다(페렌치의 1912년 언급 참조) — 원주.
4 환자가 저항하기 때문에 생겼던 이 의혹은 환자의 말을 완전한 헛소리로 만들면서 대화를 파괴하고 있었다. 환자는 이 말을 하고 나서 잠시 후 자진해서 자신이 제

없었는지도 모르고요 ─ 구두들과 다른 것들을 창문 너머 길가로 내던졌던 일이 함께 떠올라요. 나는 더 오래된 기억도 갖고 있어요. 두 살 때는 부모님과 함께 잘츠카머구트를 여행하다 어느 날 밤 린츠에 있는 한 호텔에서 부모님과 함께 잠을 자게 됐죠. 그런데 그날 밤 나는 너무나도 소란을 피웠고, 또 고함을 지르기도 해서 아버지가 어쩔 수 없이 나를 때려야만 했습니다.

이 이야기를 듣자 나는 그동안 내가 갖고 있던 모든 의혹이 사라지는 것을 느꼈다. 분석이 진행되는 동안 두 가지 사실이 마치 한 호흡을 구성하는 들숨과 날숨처럼 즉각적으로 전후 관계를 맺으며 연결될 때, 우리는 이 인접성을 상관성으로 해석해야만 한다. 따라서 환자는 다음과 같이 말한 것이 된다. 방금 전에 동생을 하나 갖게 되었다는 것을 알았기 〈때문에〉, 그는 잠시 후 물건들을 길거리로 내던진 것이다. 다른 물건들과 함께 솔과 구두를 내던지는 행위는 동생의 탄생에 대한 반발로 인정해 달라는 행위였던 것이다. 집어던진 물건들이 그릇이 아니라 아이의 손이 닿는 가까운 곳에 있던 다른 물건들이었다는 사실도 우리의 해석을 방해하지는 않는다. 행동에 있어 중요한 것은 (창문을 통해 길가로) 내던졌다는 사실이다. 물건이 내던져지면서 내는 파괴음이나 내던져진 물건의 종류는 항상 일정한 것도 아니고 또 중요한 것도 아니다.

이러한 상관관계를 설정하는 것은, 가장 오래된 기억이면서도 환자가 들려준 일련의 이야기 속에서는 가장 마지막에 이야기된 세 번째 기억에 해당된다. 논리적 연결이 없이 나열된 것 같은 세 번째 이야기가 다른 두 이야기들과 맺고 있는 상관성은 쉽게 알 수 있다. 우리는 두 살 먹은 아이가 그렇게 소란스러웠던 것은 아

기했던 의혹을 철회했다 ─ 원주.

빠와 엄마가 함께 침대에 있는 것을 아이가 견딜 수 없었기 때문임을 알 수 있다. 여행을 하는 동안 어른들은 아이가 아빠와 엄마가 동침하는 장면을 보지 못하도록 할 수가 없었던 것이다. 훗날 그가 여자에 대해서 갖게 된 환멸의 감정은 이 질투에 사로잡힌 어린아이의 감정에서 유래한 것이고, 이 환멸은 이후 그가 사랑의 감정을 발전시키는 데 지속적인 방해를 가하게 된다.

정신분석학회에서 내가 위의 두 가지 경험을 바탕으로 이런 유형의 사건들이 아이들에게 드문 일이 아니라는 요지를 발표했을 때, 폰 후크-헬무트 박사는 내게 자신이 관찰한 다음과 같은 두 가지 사례를 전해 주었다.

사례 1

꼬마 에릭은 세 살 반 정도 되었을 때, 자기 마음에 들지 않는 물건들을 창문 밖으로 내던지는 습관을 〈갑자기〉 갖게 되었다. 그러나 아이는 자신에게 방해가 되지 않는 물건과 자신과는 아무런 관계도 없는 물건들도 내던지곤 했다. 아버지의 생일날 — 당시 아이는 세 살하고도 정확하게 4개월 15일이었는데 — 부엌에서 빵 만들 때 쓰는 무거운 홍두깨를 직접 끌고 나와 4층 창문을 열고 길가로 내던졌다. 며칠 후 그는 절구공이를 내던졌고, 다음에는 장롱에서 아버지의 무거운 등산화 한 짝을 찾아내 또 던졌다.[5] 이때를 전후해서 아이의 어머니가 임신 7~8개월일 때 〈유산〉을 하게 되는데, 이 이후 아이는 〈마치 딴 아이가 된 것처럼 얌전하고 조용해졌다〉. 임신 5~6개월일 때 아이는 엄마에게 여러 번에 걸쳐 다음과 같은 말을 했다고 한다. 〈엄마, 나 엄마 배 위로 뛰어

5 아이는 항상 무거운 물건만을 골랐다 — 원주.

올라간다.〉〈엄마 배를 찌를 거야〉. 〈유산〉을 하기 얼마 전인, 10월 달에는 또 다음과 같이 말하기도 했다. 〈만일 정말로 나한테 동생이 생긴다면, 그건 어쨌든 아기 예수가 태어난 다음일 거야.〉

사례 2

열아홉 살 된 한 젊은 여성이 자신의 가장 오래된 어린 시절의 기억이라고 하면서 다음과 같은 이야기를 스스로 들려주었다.

〈지금도 기억이 생생한데요, 너무나 버릇이 없어서 그랬는지, 나는 식탁 밑에 앉아 네 발로 엉금엉금 기어 나올 태세를 하고 있었어요. 나의 잔은 물론 식탁 위에 있었죠. 나는 지금도 그 자기 잔에 그려져 있던 문양들이 기억에 생생한데, 할머니가 들어오려고 할 때 그 잔을 집어서 창문 밖으로 내던질 생각이었어요.

사실 아무도 내게 신경을 쓰고 있지 않았는데, 그사이 내가 마실 커피 우유 위에 〈막〉이 생겨 있었어요. 나는 그것이 항상 무서웠는데, 지금도 마찬가지예요.

그날은 나보다 두 살 반 아래인 내 남동생의 생일이었어요. 그래서 아무도 나를 돌볼 시간이 없었을 거예요.

지금도 식구들은 내가 그날 도저히 참을 수 없을 정도였다는 말들을 하곤 해요. 정오쯤 되었을 거예요. 나는 아빠가 제일 좋아하는 컵을 식탁 밑으로 던져 깨뜨렸어요. 그리고 하루 종일 내가 입고 있던 치마를 일부러 더럽히면서 놀았어요. 그날 하루 종일 나의 기분은 최악이었어요. 나는 목욕하면서 갖고 놀던 인형도 부숴 버렸어요.〉

위의 두 경우는 별도의 해설이 필요 없을 것이다. 이 두 가지 사례를 통해 우리는 더 광범위한 연구가 없어도, 새로운 경쟁자의 출현이나 그 가능성에 의해 아이가 받게 되는 마음의 상처는 창문을 통해 물건들을 내던지는 행동이나 파괴적이고 난폭한 다른 행위들을 통해 표현된다는 사실을 확인할 수 있다. 첫 번째 경우, 〈무거운 물건들〉은 아마도 아기가 태어나지 않는 동안 아이의 분노가 겨냥하고 있었던 어머니를 상징하는 것처럼 보인다. 세 살 반의 나이를 가진 아이는 어머니의 임신을 알고 있었고, 어머니가 몸속에 아기가 있다는 사실도 알고 있었을 것이다. 이 문제와 관련지어 우리는 〈꼬마 한스〉와 그 아이가 짐을 가득 실은 마차에 대해서 갖고 있었던 특이한 두려움들을 상기해 볼 필요가 있다.[6]

두 번째 경우에서 특기할 만한 사실은 두 살 반밖에 되지 않았던 아이의 어린 나이였다.[7] 이제 다시 괴테의 어린 시절의 기억으로 되돌아가서 다른 아이들을 관찰함으로써 얻게 된 것들을 『시와 진실』의 어린 시절 속에 끼워 넣고 본다면, 우리는 자칫 발견하지 못할 수도 있었던 수미일관한 논리가 괴테의 어린 시절 속에 형성되고 있음을 알게 된다. 그 논리란 다음과 같은 것이리라. 〈나는 운이 좋은 아이였다. 태어났을 때 사람들은 나를 죽은 것으로 알았으나 운명이 나를 살려냈다. 운명은 나 대신 동생을 제거했고, 그래서 나는 어머니의 사랑을 나누어 가질 필요가 없었다.〉

6 「다섯 살배기 꼬마 한스의 공포증 분석」 참조 — 원주.
7 임신의 상징에 대해서 나는 얼마 전에 쉰 살이 넘은 한 여인에게서 나의 생각에 확신을 더해 주는 이야기를 들은 적이 있다. 그녀가 겨우 말을 시작하던 어린 시절이었는데, 가구를 가득 실은 마차가 지나가면 그녀는 흥분해서 창문 곁으로 아빠를 데리고 가곤 했다는 이야기를 사람들에게 여러 번 들었다는 것이다. 그녀가 살았던 장소들을 따져 보면, 당시 그녀의 나이가 두 살 아홉 달이었음을 알 수 있다. 그때가 바로 동생이 태어났던 시기로 가족이 늘어나 이사를 가야만 했다. 거의 같은 시기에 그녀는 잠들기 전에 자주 그녀를 향해 다가오는 듯한 이상할 정도로 거대한 무엇인가로 인해 두려운 생각에 사로잡히곤 했고, 그럴 때면 그녀의 두 손이 퉁퉁 부어올랐다고 한다 — 원주.

이러한 어린 시절에 이어 괴테의 기억은 다정하고 고요한 영혼처럼 다른 방에 살다 돌아가신 할머니에 대한 기억으로 넘어간다.

그런데 내가 이미 다른 곳에서 언급했듯이,[8] 어떤 사람이 자신이 어머니의 사랑을 독차지했다는 생각을 가지고 있을 때 그는 이 생각으로 인해 평생 동안 정복자의 감정 상태를 갖게 된다. 이 감정은 성공에 대한 확신이기도 한데, 실제로 이런 감정이 성공을 가져오는 경우가 드문 것은 아니다. 아마도 괴테가 〈나의 힘은 어머니와 나의 관계 속에 뿌리내리고 있다〉는 표현을 알고 있었다면 자서전을 시작하기 전에 한 줄 인용했을 것이다.

8 1911년, 『꿈의 해석』의 네 번째 장에 덧붙인 주를 참조.

두려운 낯섦

두려운 낯섦

Das Unheimliche(1919)

1919년 가을에 발간된 이 글은 같은 해 3월 12일에 프로이트가 페렌치에게 보낸 편지에서 처음 언급되었다. 그 편지를 보면 프로이트가 서랍을 뒤지다 발견한 옛날 원고를 다시 수정하여 발표한 글이 바로 이 글이라는 사실이 나타나 있다. 하지만 이 글이 언제 처음 쓰인 것인지, 그리고 얼마나 많은 수정이 가해진 것인지는 명확하게 밝혀지지 않았다.

독일어 사전에서 따온 항목을 길게 인용하고 있는 이 글의 첫 부분이 어렵게 느껴지기도 하겠지만, 막상 읽다 보면 재미있고 중요한 자료들이 풍부하게 들어가 있어 언어학적인 주제를 넘어서서 여러 가지 흥미로운 이야기를 발견할 수 있다.

이 논문은 1919년 『이마고』 제5권 5~6호에 처음 실렸으며, 『신경증에 관한 논문집』 제5권(1922), 『시와 예술』(1924), 『전집』 제12권(1947)에도 수록되었다. 영어 번역본은 1925년 앨릭스 스트레이치가 번역하여 "The Uncanny"라는 제목으로 『논문집』 제4권에 수록되었고, 『표준판 전집』 제17권(1955)에도 실렸다.

1

정신분석가가 미학의 주제에 몰두해 보고 싶은 유혹을 느끼는 것은 매우 드문 경우인데, 비록 관심을 갖는다고 해도 그것은 미학을 미(美)에 관한 이론으로 한정하지 않고 감수성의 여러 특질에 관한 이론으로 간주할 때이다. 정신분석가는 인간의 정신적 삶이 지닌 다양한 층위에 대해 연구하지만, 목적을 억압당한 감정들에 대해서는 거의 관심을 두지 않는다. 이 목적을 억압당한 감정들은 이미 완화된 감정들이고, 또 미학이 대상으로 삼는 매우 많은 수의 상호 의존적 관계에 종속되어 있는 감정들이기도 하다.[1] 그러나 정신분석가가 때때로 미학의 한 특수한 분야에 관심을 갖는 경우가 있는데, 이 경우 그가 관심을 기울이는 영역은 별개의 학문으로 특수화한 미학에서 멀리 떨어진 채 경시되어 오던 영역이다.

   우리가 다루려고 하는 〈두려운 낯섦〉[2] 또한 이러한 영역들 중

---

1 〈목적을 억압당한〉(영어 *aim-inhibited*, 독일어 *zielgehemmt*, 프랑스어 *inhibé quant au but*)이라는 표현은 최초의 성적 목적이 금지되어 있는 상황에서 다른 방식으로 대체 만족을 얻는다는 면에서는 승화와 유사한 개념이라고도 볼 수 있지만, 승화와는 달리 성적 목적을 단념하지는 않은 상태에 있는 인간관계나 사회 활동을 지칭한다. 부부 관계나 부녀 관계, 모자 관계 등이 가족 내에서 찾아볼 수 있는 대표적인 경우들이다. 프로이트 자신도 승화의 첫 단계라고 불렀듯이 아직도 논의의 여지가 있는 개념으로 남아 있다.

의 하나다. 이 감정이 공포감의 일종이고 극도의 불안과 공황 상태를 불러일으키는 감정이기도 하다는 점은 의심할 여지가 없을 것이다. 또한 이 단어가 그것에 정확한 정의를 줄 수 있다고 해도 언제나 정의된 의미대로만 쓰이지는 않는다는 점 역시 분명해 보인다. 그래서 대부분의 경우 사람들은 이 말을 일반적으로 불안을 자아내는 것을 지칭하기 위해서도 쉽게 혼동해서 사용하곤 한다. 그러나 왜 우리가 이 말을 하나의 특수한 개념적 용어로 사용해야 하는지에 대해 근거를 제시해 줄 수 있는 하나의 뚜렷한 단서가 이 말속에 숨어 있다고 기대해도 좋을 것이다. 일반적인 불안을 자아내는 것들 속에도 들어 있으면서 동시에 〈이상하게 불안하게 하는 것〉을 구별할 수 있게 해주는 이 공통의 단서가 무엇인지 알아보도록 하자.

그런데 혐오스럽거나 고통스러운 감정들보다는 일반적으로 그와는 반대되는 아름답고 위대하고 매력적인 감정들, 다시 말해 긍정적인 감정들과 그 (발생) 조건들이나 대상들을 다루고 있는 많은 자세한 미학 논문들 속에서 우리는 이 주제에 관해 거의 아무것도 얻을 수가 없다. 의학적인 심리학을 다루는 글들 속에서도 나는 단 한편의 논문을 얻을 수 있었을 뿐이다. 옌치E. Jentsch가 쓴 논문이 그것인데, 이 연구는 중요한 것이긴 하지만 완벽한 것은 아니다.[3] 그러나 고백하건대 독자들이 쉽게 짐작할 수 있고 또 요즘의 상황과도 관련되어 있는[4] 여러 가지 이유로 인해서 현

2 독일어 원문에는 〈집과 같지 않은〉, 〈편안하지 않은〉이라는 뜻을 가진 *unheimlich*라는 낱말로 표현되어 있다. 영역본에서는 *uncanny*, 즉 〈기괴한〉, 〈기분 나쁜〉의 뜻으로 표현된다. 우리말로 이 의미를 옮겨 보면 〈두려운 낯섦〉, 〈두려운 이상함〉 정도가 될 것이다.

3 「두려운 낯섦의 심리학에 대하여Zur Psychologie des Unheimlichen」(1906).

4 막 끝난 제1차 세계대전을 뜻한다.

재 내가 진행 중인 이 작은 연구에 관련된 참고 문헌을, 특히 외국어로 된 참고 문헌을 나 또한 꼼꼼하게 탐색하지 못했다. 이런 이유로 나의 연구가 그 어떤 연구보다 앞선다고 결코 독자들에게 주장할 수는 없는 것이다.

엔치는 두려운 낯섦에 관한 연구를 어렵게 만들겠다는 듯이 사람들이 이 감정 상태를 받아들이는 정도가 사람에 따라 매우 다양하다는 사실을 강조했는데, 그의 주장은 정확한 것이었다. 나아가 이 새로운 시도를 행했던 저자는 문제에 대한 자기 자신의 무감각을 고백해야만 했는데, 실제로 필요한 것은 오히려 예민한 감성이었던 것이다. 이미 오래전부터 그는 불안하게 하는 이상함, 낯섦이라는 느낌을 자아낼 수도 있는 그 어떤 것을 경험하지도 못했고 만나지도 못했다. 다시 말해 우선 그러한 상황에 처해 봐야만 하는 것이고, 자신의 가슴속에서 그런 느낌이 솟아날 수 있는 가능성을 스스로 일깨워야 하는 것이다. 이러한 유형의 어려움들은 확실히 다른 여타의 미학 영역에서도 만날 수 있는 것들이다. 그러므로 이 어려움이 이유가 되어, 대부분의 사람들에게 반박당하지 않으면서도 문제되고 있는 특수한 감정을 인식할 수 있는 그런 경우들을 밝힐 수 있다는 희망을 포기할 수는 없는 것이다.

이제 우리는 논의를 두 가지 방향으로 전개시킬 수 있을 것이다. 즉 언어가 변천하면서 독일어 단어인 *unheimlich*라는 말에 어떤 의미를 부여했는지를 살펴보는 것이 한 가지 방법일 것이고, 두 번째로는 사람들과 사건들 속에서, 또 감각적 인상과 경험과 상황들 속에서 우리에게 불안하게 하는 낯섦이라는 감정을 갖게 하는 모든 것을 수집한 다음, 모든 경우의 공통된 요소에서부터 이 감정의 가려져 있는 특징을 도출해 내는 것이다. 그런데 이 두 가지 방법이 동일한 하나의 결과에 당도할 것임을 미리 말해 두고 싶다. 다시 말해 두려운 낯섦이라는 감정은 공포감의 한 특이한 변종인데, 오래전부터 알고 있었던 것, 오래전부터 친숙했던 것에서 출발하는 감정이다. 어떻게 이러한 것이 가능할까? 어떤 조건들이 주어졌을 때 친숙한 것이 이상하게 불안감을 주고, 공포감을 주는 것으로 변할 수 있는 것일까? 이 점은 곧 밝혀질 것이다. 한 가지 덧붙여야 할 것이 있다면, 이 탐구는 실제에서는 특수한 경우들을 먼저 수집하고, 그 이후에 언어학적 용례에 의해 확인받는 순서를 따랐지만, 본고에서는 연구가 진행된 것과 반대의 순서로 논의가 전개될 것이다.

독일어 단어 *unheimlich*는 분명히 〈집과 같은*heimlich*〉, 〈고향 같은*heimisch*〉, 〈친밀한*vertraut*〉 같은 단어들의 반의어다. 그래서 이런 사실에서 우리는 어떤 한 사물이 두려움을 주는 것은 그것이 알려져 있지도 〈않았고〉, 친숙한 것도 아니었기 때문이라는 결론을 끌어내려고 할 수도 있다. 그러나 새롭고 친숙한 것이 〈아니라고〉 해서 분명 모든 것이 다 두려움을 주지는 않는다. 반면에 그 역은 성립되지 〈않는다〉. 새로운 것에서 사람들이 두렵고 이상하게 불안한 감정을 좀 더 쉽게 느낄 수는 있을 것이다. 새로운 것 중에는 두려움을 자아내는 것들이 있지만, 새로운 것이라고 해서 모든 것이 다 두려움을 느끼게 하는 것은 결코 아니다. 새롭고 친숙하지 않은 것이 사람들을 불안하게 하기 위해서는 무언가 다른 것이 첨가되어야만 한다.

엔치는 전체적으로 볼 때 두려움의 감정과 새롭고 친숙하지 못한 것 사이에 상관관계를 맺어 놓는 데 그치고 있다. 그는 불안한 낯섦의 감정이 발생할 수 있는 중요한 조건을 지적인 불확실성 속에서 찾은 것이다. 그의 관점에 따른다면, 이상하게 사람들을 불안하게 하는 것은 그 무엇인가 사람들로 하여금 완전히 방향을 잃게 하는 것이다. 자신을 둘러싸고 있는 주위 환경 속에서 스스로를 잘 식별해 낼수록 사람들은 이상하게 불안감을 주는 사물이나 사건들에서 그런 감정을 덜 느끼게 된다는 것이다.

이러한 논리가 모든 것을 다 설명해 주지 못한다는 것은 쉽게 확인할 수 있으므로, 우리는 이상하게 불안감을 주는 것은 친숙하지 못한 것이라는 등식을 넘어서 보려고 하는 것이다. 우선 우리는 다른 언어들을 살펴보고자 한다. 그러나 참고한 사전들 속에는 새로운 것이 아무것도 없었는데, 그것은 아마도 우리가 살펴본 단어들이 외국어였기 때문일 것이다. 공포감의 한 특이한 변종인 이 감정 상태를 지칭하는 말이 다른 나라의 말들 속에는 없지 않나 하는 느낌마저 받았다.[5]

라틴어 (게오르게스K. E. Georges의 『독일어·라틴어 소사전 *Kleines Deutschlateinisches Wörterbuch*』, 1898) —— *locus suspectus*(낯선 장소), *intempesta nocte*(두려운 밤 시간에)

그리스어 (로스트Rost와 셍클Schenkl의 사전들) —— *xenos*(이상한, 이상한 모습).

영어 (루카스Lucas, 벨로스Bellows, 플뤼겔Flügel, 뮈레-샌더스Muret-Sanders의 사전들) —— *uncomfortable*(편치 않은), *gloomy*(어두운), *dismal*(침울한), *uncanny*(낯선), *ghastly*(무시무시한), 〈집에 대해 말할 때〉 *haunted*(유령이 나오는), 〈인간에 대해 말할 때〉 *a repulsive fellow*(불쾌한 사람)

불어 (사슈-빌라트Sachs-Villatte의 사전) —— *inquiétant*(불안한), *sinistre*(사악한), *lugubre*(슬픈), *mal à son aise*(편치

5 이하에 발췌한 내용은 테오도어 라이크Theodor Reik 박사의 후의에 힘입었다.

않은)

스페인어 (톨하우젠Tollhausen, 1989) —*sospechoso*(의심스러운), *de mal agüero*(편치 않은), *lúgubre*(슬픈), *siniestro*(사악한)

이탈리아어와 포르투갈어는 프랑스어나 스페인어의 동의어들로 짐작할 수 있으므로 생략한다. 아랍어와 히브리어에서 *unheimlich*라는 독일어 단어에 상응하는 단어들은 악마적인 것, 소름끼치는 것을 지칭하는 단어들이다.

이제 독일어로 다시 돌아와 보자. 대니얼 샌더스Daniel Sanders의 『독일어 사전*Wörterbuch der Deutschen Sprache*』(1860)에서 *heimlich*라는 표제어를 찾아보면 다음과 같이 설명되어 있다. 원문 그대로 인용한 다음 필요한 부분을 재차 언급하도록 하겠다.

Heimlich, 형용사 (-keit, 여성, -en)

1. *heimelich*, *heimeling*과 마찬가지로 집의 한 부분인, 낯설지 않은, 친숙한, 길들여진, 친근하고 내밀한, 다정한*anheimelnd* 등의 뜻.

(a) (고어) 집과 가정의 한 부분을 이루는, 혹은 한 부분으로 간주되는. 라틴어 *familiaris*를 참조할 것. 친근한. *Die Heimlichen*(한 지붕 밑에 사는 사람들), *Der heimliche Rat*(비밀 위원). 현재는 이 표현보다 *Geheimer Rat*가 선호되고 있다. *Heimlicher*를 볼 것.

(b) (사람과 밀접하게 연결되어 있는 동물에 대해서 말할 때 쓰이는) 길들여진. 반의어는 야생의.

야생 동물도 아니고 길들여진*heimlich* 동물도 아닌 동물들/이 작은 동물들은 어렸을 때부터 사람들 곁에서 키우면 완전히 친근해*heimlich*지고 사랑스러워진다/양은 너무나도 다정해서*heimlich*

내 손에 있는 먹이를 먹는다.

(c) 친근한, 내밀한, 다정한. 살고 있는 집 안에 있을 때처럼 잔잔한 만족과 같은 쾌적한 느낌을 자아내는, 확실한 보호와 평안을 자아내는.

이방인들이 와서 숲을 개간한 이 지방에 살면서 너는 아직도 편안*heimlich*하다고 느끼는 거야?

위의 긴 인용에서 가장 우리의 관심을 끄는 것은 다름이 아니라 *heimlich*라는 작은 단어가 지니고 있는 다양한 의미 중에는 그 말의 반대어인 *unheimlich*의 의미를 지닌 것이 들어 있다는 점이다. *heimlich*한 것이 *unheimlich*한 것이기도 하다. 구츠코프가 제시한 예를 보자. 〈그것을 우리는 *unheimlich*하다고 하지요. 그런데 당신들은 그것을 *heimlich*하다고 하는군요.〉 이를 통해 우리는 이 단어가 유일한 의미만을 지니고 있는 것이 아니라, 두 가지 의미를 갖고 있음을 알 수 있는데, 이 두 의미는 서로 대립되는 것도, 서로 무관한 것도 아니라는 점을 알 수 있다. 즉 친숙하고 편안한 것과 숨겨져 있고 은폐되어 있는 것은 대립되는 것도, 무관한 것도 아닌 것이다.[6] *Unheimlich*라는 말은 첫 번째 뜻에서만 *heimlich*의 반의어로 쓰일 수 있을 뿐 두 번째 의미의 반의어로는 쓰일 수 없다. 그러나 샌더스는 이 두 의미 사이에 발생론적인 관계가 있을 수 있다는 가정에 대해서는 전혀 아무런 의문도 품지 않았다. 반면에 우리는 셸링의 지적에는 주의를 기울여야 하는데, 그는 *unheimlich*의 개념에 대해 전혀 예상치 못했던 완전히 새로

6   옥스퍼드 영어 사전을 봐도 영어 단어인 〈*canny*〉에 이와 비슷한 다의성이 있음을 알 수 있다. 〈*canny*〉라는 단어에는 〈안락하고 편안한〉이라는 뜻도 있지만, 〈오묘한 마술의 힘을 부여 받은〉이란 의미도 있다.

운 이야기를 한 적이 있다. 어둠 속에 비밀로 남아 있어야 하는 것
과 어둠 속에서 나온 것, 모두는 *unheimlich*한 것이라고 셸링은
말했던 것이다.

이렇게 한층 깊어진 우리의 의혹은 야코프Jacob와 빌헬름 그
림Wilhelm Grimm의 『독일어 사전*Deutsches Wörterbuch*』(1877)에
나오는 다음과 같은 지적에서 해소될 수 있을 것이다.

Heimlich, 형용사이자 부사. *vernaculus, occultus*; 중세와 그 이
전의 고대 독일어에서는 *heimelich, heimlich*라고 썼음.

874쪽: 약간 다른 의미로 쓰이기도 한다. 〈내 기분은 *heimlich*
하고 좋고 걱정이 없다.〉

[3](b) 또한 유령이 나올 것 같은 분위기를 찾아볼 수 없는 장
소를 두고 *heimlich*하다고 할 수 있다.

875쪽: 친근한, 사랑스러운, 믿을 만한.

4. 〈태생의*heimatlich*〉라는 단어와 〈가정의*hauslichen*〉라는 단어
에서 파생되어 다른 사람들의 눈에는 안 보인 채, 숨어 있는 비밀
스러운*geheim* 것이라는 개념이 생겨났는데, 이 개념은 다양한 문
맥 속에서 특수한 의미를 지니게 된다.

876쪽: 호수 왼편으로는 숲 한가운데 *heimlich*(숨어 있는) 들
판이 있다(실러의 『빌헬름 텔』, 제1막 4장).

현대적인 용법에서는 자유스럽고도 관례에 어긋날 정도까지
*heimlich*는 〈숨기다〉라는 뜻을 지닌 동사와 연관되어 쓰인다. 나
어려운 일 당할 때마다 당신의 초막 안에 숨겨 주시고(「시편」
27편 5절).

(c) 국가적 사업을 위해 중요한 자문을 하면서 자신의 신분을
숨겨야 하는 공무원들을 일컬어 비밀 위원*heimliche rathe*이라고 하

는데, 현재의 용법에 따라 형용사는 비밀스러운*geheim*으로 대체되었다.

파라오는 요셉을 〈비밀을 밝히는 자*heimlich councillor*〉라고 불렀다(「창세기」 41장 45절).

878쪽: 6. 지식에 대해 이야기할 때에 *heimlich*는 비의적인, 우의적인이라는 뜻을 갖게 된다.

mysticus(신비스러운), *divinus*(신성한), *occultus*(불가사의한), *figuratus*(상징적인).

878쪽: 위의 뜻에 연이어 *heimlich*는 다른 의미를 지니게 된다. 〈알 수 없는〉, 〈무의식적인〉. 그러나 이때 *heimlich*는 또한 〈탐구를 해봐도 뚫고 들어갈 수 없는〉, 〈폐쇄적인〉이라는 의미를 동시에 갖게 된다.

그것을 모르겠다고? 그들은 나를 신뢰하고 있지 않아, 그들은 프리들란트의 *heimlich* 〈저 알 수 없는〉 얼굴을 두려워하고 있는 거야(실러의 『발렌슈타인의 진영』, 2장).

9. 위에서 살펴본 〈숨어 있는〉, 〈위험한〉이라는 의미는 변화를 계속해 마침내 *heimlich*라는 말은 흔히 *unheimlich*라는 말에 부여되곤 하던 뜻을 얻기에 이른다.

나는 종종 어두운 길을 걸어가며 유령이 나오지 않을까 걱정하는 사람과 똑같은 두려움을 느끼곤 한다. 후미진 구석은 그에게 *heimlich*하고 소름을 돋게 한다(클링거Klinger의 「연극」, 3, 298).

따라서 *Heimlich*는 진화를 하면서 이중의 의미를 지니게 된 것인데, 이 진화는 *heimlich*가 반대어인 *unheimlich*의 뜻을 지닐 정도로까지 진행된 것이다. *Unheimlich*는 말하자면 *heimlich*의 일종인 셈이다. 비록 셸링이 우리에게 제공한 *unheimlich*에 대한 정의와 관련해서 본다면 제대로 규명된 것은 아니라고 해도 지금까지의 결론을 그대로 받아들여 보자. *Unheimlich*, 즉 불안하게 하는 이상함에 해당하는 여러 경우를 상세히 살펴보면 우리는 위의 예들에 대해 좀 더 분명한 이해를 얻을 수 있을 것이다.

2

    우리들의 가슴속에 불안한 낯섦이라는 감정을 강렬하고도 선명하게 불러일으키는 사람들과 사물들, 또 인상들과 사건들과 기타 여러 상황을 자세히 살펴보려고 하는 우리로서는 우선 적절한 예를 하나 들면서 논의를 시작하는 것이 바람직해 보인다. 옌치는 〈어떤 한 존재가 겉으로 보아서는 꼭 살아 있는 것만 같아 혹시 영혼을 갖고 있지 않나 의심이 드는 경우, 혹은 반대로 어떤 사물이 결코 살아 있는 생물이 아님에도 불구하고 우연히 영혼을 잃어버려서 영혼을 갖고 있지 않은 것이 아닌가 하는 의심이 드는 경우〉를 자신의 주장을 입증하는 적절한 예로 보여 주고 있다. 이런 예들을 들면서 그는 밀랍 인형, 마네킹, 자동 인형들에서 우리가 받는 인상들을 근거로 제시한다. 옌치는 나아가 간질 발작이나 미친 사람들의 행동거지들도 같은 맥락으로 본다. 그가 보기에 이런 모습들은 그것을 보는 사람들에게, 우리가 흔히 살아 있는 생물체에게 부여해 왔던 이미지 뒤에 자동적인 — 기계적이라고도 할 수 있는 — 어떤 과정이 숨어 있다는 예감을 불러일으키기 때문이다. 이 견해에 완전히 승복하지는 못하더라도 이것을 우리가 행할 탐구의 한 디딤돌로 삼을 수는 있을 것이다. 왜냐하면 이를 통해 우리는 불안하게 하는 이상함의 감정을 불러일으키

는 데 어느 누구보다도 큰 성공을 거둔 한 작가를 좀 더 깊이 따라
갈 수 있기 때문이다.

엔치는 다음과 같이 쓴 바 있다.

이야기들을 통해 손쉽게 불안하고 이상한 감정을 불러일으키
는 데 가장 확실한 전략들 중의 하나는 독자를 애매모호한 상태에
방치해 둠으로써 독자로 하여금 자신이 한 인간에 관한 이야기를
읽고 있는지, 아니면 예를 들어 자동 인형의 이야기를 읽고 있는지
불확실한 상태에 빠지게 하는 것이다. 그렇게 함으로써 독자는 자
신의 불확실한 상태에 적극적으로 주의를 기울이지 못하게 되고,
따라서 검토를 해볼 수도, 상황을 분명히 헤아려 볼 수도 없게 되는
것이다. 이미 앞에서 언급했듯이 그렇지 않다면 특수한 정서적 효
과는 쉽게 손상을 받을 것이다. 호프만E. T. A. Hoffman은 그의 여러
희곡 속에서 이러한 심리적 조작을 행함으로써 성과를 거두었다.

확실히 예리하다고 하지 않을 수 없는 이 지적은 다른 작품보
다 우선 『밤의 이야기들Nachtstücken』에 수록되어 있는 「모래 인
간」이라는 소설을 대상으로 삼고 있다(그리즈바흐판 호프만 전
집 제3권). 이 소설에 나오는 올림피아라는 이름의 인형은 후일
오펜바흐가 작곡한 오페라 「호프만의 이야기들」의 제1막에 등장
하기도 한다. 그러나 — 나는 이 점에서 대부분의 독자들이 나의
견해에 동의해 주리라 생각하고 있는데 — 겉으로 보기에는 꼭
살아 있는 사람같이 생긴 인형 올림피아가 소설 속에서 불안한
낯섦의 감정을 불러일으킨 유일한 장본인은 결코 아니며, 또한
이 인형의 모티프가 다른 모든 것에 앞서 이러한 정서적 효과를
불러일으켰다고도 볼 수 없다. 게다가 이러한 효과를 얻기까지는,

작가가 가벼운 터치를 가함으로써 올림피아를 둘러싸고 있는 삽화에 풍자적인 분위기를 가미시켰고, 또 이 삽화를 이용해 사랑에 대한 한 순진한 젊은 청년의 지나친 믿음을 조롱할 수도 있었다는 사실 역시 영향을 미쳤다. 이야기의 중심에는 오히려 다른 핵심적인 요소가 자리 잡고 있었다. 작가가 제목을 따온 것도 이 요소부터였고, 소설의 모든 결정적인 대목에서 이 요소는 매번 다시 강조되곤 한다. 다시 말해 이 요소란 아이들의 눈을 빼가는 〈모래 인간〉의 모티프다.

이 환상 소설[7]은 나타니엘이라는 대학생이 자신의 어린 시절을 회고하면서 시작된다. 그는 만족스러운 현재의 생활에도 불구하고 어린 시절의 기억들을 떨쳐 버릴 수가 없었는데, 이 기억들은 사랑했던 아버지의 죽음과 연결되어 있었고, 이 죽음은 그에게 이해할 수 없는 두려움을 주는 것이었다. 밤이 되면 어머니는 종종 어린애들을 침실로 보내기 위해 〈모래 인간이 온다〉라는 말로 겁을 주곤 했다. 그러면 아이들은 그때 정말로 아버지를 만나러 오는 한 방문객의 무거운 발걸음 소리를 듣곤 했다. 물론 아이

---

7 프로이트가 사용한 독일어 단어는 *phantasitisch*이다. 이 단어는 항상 일정한 의미를 지니지 않고 문맥에 따라 때로는 〈환상적인〉이라는 뜻으로, 때로는 〈환각적인〉이라는 뜻으로 쓰인다. 따라서 문맥에 따라 옮기는 것이 적절할 것이다. 또한 〈환상 소설〉이라고 할 때에도 이는 환상적이고 멋진 소설이라는 뜻이 아니라, 귀신이나 유령이 등장하는 괴기담을 지칭한다. 그러나 환상 소설이 언제나 하류 문학으로서의 괴기담만을 지칭하지는 않는다. 다시 말해 이른바 납량 특집 시리즈를 구성하는 허무맹랑한 이야기가 아니라, 〈환상 소설〉은 일반적으로 말해 이성으로는 이해하기도 제어하기도 힘든 자연의 신비나 일정한 질서에 대한 경의를 다루는 소설이라고 볼 수 있다. 이때 인간의 육체적 한계는 그 자체로 자연의 신비한 질서의 한 부분을 이루는 것으로 드러나게 되고, 정신은 형이상학에 의지해 신비주의의 분위기 속에서 방황하게 된다. 환상 소설은 크게 보아 자연과 형이상학 사이에서 인간을 정의하려는 의지의 소산이라고 볼 수 있다. 자연의 신비 속에 인간을 포함시킬 수 있었던 새로운 인식론이 시작되고 있던 낭만주의 시대에 환상 소설이 쓰인 것은 필연적이었다고 할 수 있다. 역사에 대한 믿음이 인간의 인간다움을 보존해 줄 수 있는 유일한 출구이자 터전으로 인식된 것도 동시대의 일이다. 따라서 환상 소설은 괴기담과는 전혀 별개의 것으로 구별해야만 할 것이다.

들이 모래 인간에 대해 물으면 어머니는 그것은 이야기일 뿐이라고 대답했다. 그러나 아이들을 돌보는 하녀가 들려주는 이야기는 아이들에게는 훨씬 더 생생하고 믿을 만한 것이었다.

모래 인간은 나쁜 사람인데, 잠을 자지 않는 아이들을 찾아와서는 아이들 눈 속에 모래를 뿌리는 거야. 그러고는 피가 뚝뚝 떨어지는 눈알들을 뽑아내지. 그다음에는 눈들을 자기 아이들에게 먹이기 위해 자루 속에다 담아 가지고 뿌연 반달빛을 받으며 사라지지. 모래 인간의 아이들은 저기 멀리 새둥지같이 생긴 집에서 기다리고 있다가 갈고리처럼 생긴 부리로 말 안 듣는 아이들의 눈을 콕콕 쪼아 먹는 거야.

비록 어린 나타니엘은 모래 인간의 여러 가지 괴기스러운 특징을 믿을 만큼 순진하거나 나이가 어리지는 않았지만, 모래 인간 그 자체로서 그의 마음속에 공포감을 깊게 드리웠었다. 마침내 그는 모래 인간이 어떻게 생겼는지 알아보기로 결심했고, 어느 날 저녁 다시 모래 인간이 찾아와 아버지의 서재에서 기다리고 있던 그날 미리 서재에 들어가 몸을 숨기고 있었다. 아이는 그 방문객이 대낮에 집으로 초대받아 왔을 때에도 아이들이 겁을 먹고 달아나게 했던 무서운 아저씨, 변호사 코펠리우스라는 것을 그날 알게 되었고, 그때 이후로 나타니엘에게는 코펠리우스가 바로 그 무서운 모래 인간이 되어 버린다. 장면은 계속 묘사되는데, 호프만은 우리가 목격한 것이 겁에 질린 어린 소년의 첫 번째 망상인지, 아니면 그 소설 속에서 실제로 일어난 것이라고 봐야 할 사건인지 의심하게 만든다. 아버지와 방문객은 불그스레한 불꽃이 일렁이고 있는 벽난로 앞에서 열심히 이야기를 나누고 있었다. 몸을 숨기고 있던 아이는 코펠리우스가 소리치는 것을 듣는다. 〈눈이 여기 있다! 눈이 여기에!〉 아이는 그만 소리를 지르고 말았고, 코펠리우스의 손아귀에 붙잡히게 되는데, 사나이는 아직도 시뻘건 작은 숯 조각들을 집어 아이의 두 눈에 뿌리려고 하다가 다시 난로 속으로 던졌다. 아버지가 용서를 빌고 아이의 두 눈을 구한 것이다. 시련이 끝나기까지 아이는 깊은 실신 상태에서 깨어난 후에도 오랫동안 병을 앓아야만 했다. 모래 인간에 대한 합리적인 해석을 할 수 있는 사람이라면 하녀가 들려주었던 이야기가 어린아이의 망상 속에서 꾸준하게 영향력을 발휘하고 있음을 알 수 있다. 모래알 대신 숯 알갱이가 등장하지만, 두 경우에서 그것은 모두 아이의 눈을 빼내기 위한 것이었다. 1년 후 다시 모래 인간이 집을 방문했을 때, 폭발 사고가 일어나 아버지가 죽고 만다. 집 안에 있었던 코펠리우스는 아무런 흔적도 남기지 않은 채 사라진다.

대학생이 된 나타니엘은 주세페 코폴라라는 이름의 이탈리아 출신의 한 떠돌이 안경 상인을 만나게 되는데, 이 사람의 여러 모습에서 나타니엘은 어린 시절의 기억 속에 남아 있던 그 끔찍한 얼굴을 다시 봤다고 생각한다. 나타니엘이 공부를 하고 있던 도시를 찾아온 안경 상인은 기압계를 사라고 권하지만 나타니엘은 거절한다. 그러자 상인은 다음과 같이 외쳐 댄다. 〈이봐, 학생, 이봐! 기압계를 안 사겠다고? 좋아! 자, 여기 예쁜 눈들도 있어! 예쁜 눈들 말이야!〉 상인이 눈이라고 한 것은 사실은 안경이었기 때문에 나타니엘의 두려움은 수그러들었다. 그는 코폴라에게서 주머니에 넣고 다닐 수 있는 작은 망원경을 하나 샀고, 이 망원경 덕에 기거하고 있던 집 바로 맞은편에 있던 스팔란차니 교수의 아파트를 엿볼 수 있었다. 아파트를 엿보던 중 나타니엘은 교수의 딸인 올림피아를 볼 수 있었는데, 그녀는 아름다운 여인이었다.

그러나 왠지 이상하게도 단순해 보였고, 또 움직이지 않았다. 나타니엘은 이 여인을 보는 순간 벼락을 맞은 것 같았고, 자신의 약혼녀를 잊어버리고 만다. 약혼녀는 합리적이기는 했으나 어디서나 흔히 만날 수 있는 여인이었다. 그러나 올림피아는 스팔란차니 교수가 톱니바퀴들을 조립해서 만든 자동 인형에 지나지 않았고, 인형에 눈을 박아 넣은 사람은 코폴라 — 모래 인간 — 였다. 두 사람이 서로 다투고 있는 모습이 보였다. 나타니엘이 나타났을 때 안경 상인은 두 눈이 없어진 나무 인형을 가져가 버렸고, 내부 장치를 만든 스팔란차니는 바닥에 떨어진 채 굴러다니고 있던 피범벅이 된 올림피아의 눈을 집어 코폴라가 두 눈을 그 학생에게서 훔친 것이라고 소리치며 나타니엘을 향해 던졌다. 나타니엘은 다시 발작을 일으킨다. 섬망 상태 속에서 아버지에 대한 그의 회상은 이러한 새로운 경험과 뒤섞였다. 〈우 — 우 — 우! 불의 원 — 불의 원! 돌아라, 불의 원이여! — 좋다, 좋아! 작은 꼬마 인형, 우. 아름다운 꼬마 인형이 돈다 — .〉 이렇게 말하며 나타니엘은 올림피아의 아버지라고 볼 수 있는 스팔란차니 교수에게 달려들어 목을 조르려고 했다.

　오랫동안 앓았던 깊은 병에서 회복된 나타니엘은 마침내 완전히 제정신으로 돌아온 것 같았고, 다시 만나게 된 약혼녀와 결혼을 생각하고 있었다. 어느 날 그들은 함께 시가지를 가로질러 가고 있었는데, 장이 선 광장 위로 시청의 높은 첨탑이 거대한 그림자를 드리우고 있었다. 약혼녀는 첨탑에 올라가 보자고 제안했다. 두 사람과 동행하고 있던 약혼녀의 오빠는 그냥 밑에 남아 있겠다고 했다. 탑에 올라온 클라라는 뭔가가 길을 따라 가까이 다가오고 있는 이상한 광경을 볼 수 있었다. 나타니엘 역시 주머니에 있던 코폴라 망원경을 통해 똑같은 것을 볼 수 있었다. 그러자 그는 다시 발작을 일으켰고, 같은 말을 지껄이기 시작했다. 〈작은 나무 인형아, 돌아라.〉 그러면서 나타니엘은 약혼녀를 허공으로 밀어서 떨어뜨리려고 했다. 비명 소리에 놀라 달려온 오빠에 의해 목숨을 건진 약혼녀는 서둘러 밑으로 내려왔다. 그러나 첨탑 위에 혼자 남은 나타니엘은 우리가 그 기원이 어디에 있는지 알고 있는 다음과 같은 소리를 지르며 이리저리 뛰어다니고 있었다. 〈불의 원이여, 돌아라.〉 탑 밑에 모인 사람들 중에는 어디서 나타났는지 변호사 코펠리우스의 모습이 보였다. 나타니엘은 코펠리우스가 다가오는 것을 보았기 때문에 다시 정신을 잃은 것이라고 생각할 수 있을 것이다. 사람들은 어서 올라가서 미친 사람을 진정시키자고 했으나, 코펠리우스는 미소를 지으며 다음과 같이 말한다. 〈잠시 기다려 봅시다. 스스로 내려올 겁니다.〉 나타니엘은 문득 동작을 멈추며 그 자리에 섰고, 코펠리우스를 알아보았다. 그러자 찢어질 듯한 목소리로 〈맞아! 예쁜 눈들, 예쁜 눈들〉 하며 외치더니 난간 너머로 몸을 던지고 말았다. 머리가 깨어진 채로 그의 몸이 길 위에 널브러지기 전에 이미 코펠리우스는 사람들의 아우성 소리를 뒤로한 채 사라졌다.

소설의 줄거리에 대한 이 간단한 요약을 통해서도 두려운 낯섦의 감정이 모래 인간의 모습이나 나아가서는 눈을 빼앗긴다는 사실을 연상시키는 것들과 직접적으로 관련을 맺고 있다는 사실은 의심할 나위 없이 명백해 보일 뿐만 아니라, 옌치가 지적한 바 있는 불확실성 역시 이 감정과는 확실히 아무런 관계가 없다. 그러나 올림피아라는 인형의 경우에서는 받아들여야만 하는 영혼의 존재에 대한 의혹은, 그보다 훨씬 강렬한 느낌을 주는 두려운 낯섦을 나타내는 위의 예를 다룰 때는 전혀 중요성을 지니지 못한다. 물론 소설의 서두에서 작가는 독자의 마음속에 일종의 불확실성을 불러일으킴으로써 독자들을 사실의 세계로 인도하려고 하는 것인지, 아니면 작가가 선호하는 가공의 세계로 인도하려고 하는 것인지 짐작할 수 없게 한 것은 사실이다. 그리고 이것은 아마도 의도적인 것으로 보아야 할 것이다. 작가는 실제로 그럴 권리를 갖고 있다. 그가 예를 들어 셰익스피어가 『햄릿』과 『맥베스』에서 한 것처럼, 혹은 조금 다른 의미에서는 『템페스트』와 『한여름 밤의 꿈』에서 한 것처럼 영혼이나 악마나 유령들이 떠돌아다니는 어떤 한 세계를 선택해서 무대를 꾸며 보려고 할 때, 우리는 작가에게 양보해야 할 것이고, 또 그에게 일임한 동안에는 그가 제안하는 세계를 실제로 존재하는 현실로 다루어야 할 것이다. 그러나 호프만의 이야기가 진행되어 감에 따라 이 의혹은 사라지고 우리는 작가가 우리들로 하여금 안경을 쓴 채로, 혹은 악마 같은 저 안경 상인에게서 산 망원경을 눈에 댄 채로 사물을 바라보게 하려 한다는 것을 알게 되고, 또 작가 스스로도 이런 유사한 도구를 통해 세상을 보고 있다는 사실을 알게 된다. 소설의 결말 부분은 안경 상인 코폴라가 다름 아닌 변호사 코펠리우스[8]이고, 따라서 그가 바로 모래 인간임을 일러 준다.

이제 〈지적인 불확실성〉은 더 이상 문제가 되지 않는다. 소설은 이제 한 미친 청년의 고심참담했으나 여전히 헛소리에 지나지 않는 망상이 아닌 것이다. 우리는 이 헛소리를 따라가면서 이성의 우월성을 주장하며 있는 그대로의 현실 세계를 인식할 수 있겠지만, 소설은 결코 한 미친 사람의 망상을 기록한 것이 아닌 것이다. 아무리 우리가 이 망상을 이성의 이름으로 조명해 봐도 두

---

8 교수의 이름에 대해 간단한 설명을 하자면, 코펠라*copella*는 프랑스어로 작은 컵을 지칭하는 쿠펠*coupelle*과 동일한 어원에서 파생된 단어이고(나타니엘의 아버지가 화학 실험을 하던 중에 죽었다는 점을 상기해야 할 것이다), 반면에 코포*coppo*는 (랑크 부인의 지적에 따르면) 눈구멍을 지칭한다고 한다 ― 원주.

려운 낯섦이라는 감정은 마치 각인된 듯이 남는다. 따라서 지적인 불확실성이라는 개념은 두려운 낯섦이라는 감정 상태를 이해하려고 할 때 어떤 도움도 주지 못한다.

반면에 정신분석적 경험을 통해 우리는 눈을 상한다거나 시력을 잃어버린다는 것이 어린아이들에게는 끔찍한 두려움이라는 것을 기억하고 있다. 어른이 된 이후에도 이 두려움을 그대로 갖고 있는 사람들이 많은데, 이들은 신체의 어느 부위보다도 눈의 손상을 두려워하게 된다. 실제로 우리는 어른들이 아이가 사랑스러워 견딜 수 없는 경우 〈눈에 넣어도 아프지 않겠다〉고 하는 말을 흔히 듣지 않는가?9 꿈과 환상과 신화 등을 분석해 보면 우리는 눈을 잃어버려 장님이 될 수도 있다는 공포가, 많은 경우 거세 불안의 한 변형이라는 사실을 쉽게 알게 된다. 오이디푸스라는 신화 속의 범죄자가 스스로 자신의 눈을 멀게 한 것도 거세라는 응징의 한 약화된 형태에 지나지 않는데, 이는 〈눈에는 눈, 이에는 이〉라는 논리에 입각한 유일한 대안이었을 것이다. 물론 사람들은 합리적 사고방식에 의거해 이렇게 실명(失明) 공포를 거세 불안으로 환원시키는 논리를 비난하려고 할 것이다. 그러나 눈처럼 귀중한 신체 부위라면 공포 역시 그에 걸맞은 엄청난 것일 수 있음은 이해할 수 있을 것이다. 나아가 우리는 거세 불안 자체가 이보다 깊은 다른 비밀이나 의미를 지니고 있지 않다고까지 확인할 수도 있을 것이다. 그럼에도 이런 방식으로는 꿈과 환상과 신화들 속에 나타나는 눈과 남근 사이의 상호 대체 관계를 논리적으

---

9 프로이트는 한국의 속담과 똑같은 예를 들지는 않았다. 단지 그는 〈어떤 것에 애착을 느낄 때 흔히 사람들은 눈동자처럼 사랑한다고 말하지 않는가?〉라고 썼다. 문맥상 한국의 속담이 더 적절할 것 같아 의역했다. 참고로, 자신의 단호한 의지를 나타낼 때 우리는 흔히 어른들이 〈내 눈에 흙이 들어가지 않는 한……〉이라고 말하는 것을 자주 듣기도 하는데, 이 경우도 같은 맥락으로 생각해 볼 수 있을 것이다.

로 파악할 수 없을 것이다. 하지만 성기를 잃어버린다는 공포는 그 자체만으로 불분명하면서도 각별하게 강렬한 감정 상태를 불러일으킬 수 있는데, 바로 이 감정 상태가 다른 신체 기관들의 상실에까지 그 반향을 남기는 것이다. 다른 모든 의혹들은 우리가 신경증 환자들을 분석하면서 〈거세 콤플렉스〉의 미세한 사항들을 직접 경험하고, 그들의 정신 활동에서 이 콤플렉스가 차지하고 있는 중요한 역할을 깨달을 때 사라지게 된다.

정신분석에 대해 적대감을 갖고 있는 사람들은 실명 공포와 거세 콤플렉스가 서로 무관하다는 것을 입증해 보이기 위해 바로 호프만의 소설 「모래 인간」을 증거로 내세우려고 하겠지만, 나는 그런 이들에게 자제하라고 충고해 주고 싶다. 왜 실명 공포는 소설에서 아버지의 죽음과 그토록 긴밀하게 연관을 맺고 있는 것일까? 또 왜 모래 인간은 매번 사랑의 축제에 훼방을 놓는 자처럼 소설에 등장하는 것일까? 모래 인간은 불행한 대학생과 그의 약혼녀 사이를 갈라놓고, 또 그의 가장 절친한 친구이기도 했던 그녀의 오빠와의 사이도 갈라놓는다. 그뿐만 아니라 모래 인간은 나타니엘의 두 번째 사랑의 대상이었던 아름다운 인형 올림피아도 파괴했고, 급기야는 다시 되찾게 된 클라라와의 결혼을 목전에 두고 있던 그를 자살로 내몰기까지 했다. 소설의 이러한 특징들은 모래 인간을, 거세를 집행하는 자인 아버지의 위치에 놓게 되면 곧 풍부한 의미를 지니게 되지만, 반면에 실명 공포와 거세의 관련을 부인하는 사람들에게는 단지 우연적이고 무의미한 것으로 보일 것이다.[10]

10 실제로 작가는 환각의 주제를 다루고 있었지만, 주제를 구성하고 있는 여러 요소의 원래의 배열 상태를 재구성하는 것이 불가능할 정도로 그 요소들을 마구 뒤섞어 놓지는 않았다. 주인공의 어린 시절에 관한 이야기 속에서 아버지와 코펠리우스는 양가감정(兩價感情)에 의해 상반된 두 부분으로 분할되어 있는 아버지의 이마고imago

따라서 우리는 위험이 따르더라도 모래 인간이 자아내는 두려
운 낯섦의 감정을 어린아이의 거세 콤플렉스로 환원시켜 보고자

를 각각 나타내고 있다. 한 사람은 장님으로 만들어 주겠다고 위협하고 있고, 〈좋은〉
아버지인 다른 사람은 아이의 눈을 보호하기 위해 용서를 구한다. 완벽하게 억압되어
있던 나쁜 아버지를 죽이고 싶다는 욕망은 콤플렉스의 다른 한 부분인 좋은 아버지의
죽음에서 형상화되어 나타나는데, 이 죽음은 나쁜 아버지인 코펠리우스가 맡게 된다.
이 두 부성적 존재들은 주인공의 이후의 삶에서 각각 스팔란차니 교수와 안경 상인인
코폴라로 변형되어 나타난다. 교수는 이미 그 직책상 아버지의 한 모습이었고, 코폴라
는 변호사 코펠리우스와 동일인으로 인식되고 있다. 옛날 언젠가 아버지와 변호사가
벽난로를 앞에 두고 함께 작업했던 것처럼, 교수와 안경 상인도 함께 올림피아라는 인
형을 제작했다. 게다가 교수는 올림피아의 아버지로 불리고 있다. 이렇게 두 번에 걸
쳐 반복되는 공동 작업을 통해 네 명의 인물이 부성적 이마고의 분열된 각 부분을 나
타내고 있음이 드러나게 된다. 다시 말해 몸을 조립한 교수와 눈을 붙인 안경 상인은
올림피아의 아버지일 뿐만 아니라, 나타니엘의 아버지이기도 한 것이다. 어린 시절 그
끔찍한 장면이 벌어졌을 때, 코펠리우스는 아이를 장님으로 만드는 것은 단념했지만
시험적으로 아이의 팔과 다리를 비틀어 봤는데, 이런 행동은 조립공이 인형의 몸을 비
틀어 보는 행동과 똑같다. 모래 인간의 모습에서 두드러지게 나타나는 이러한 특징은
거세에 상응하는 다른 요소(가령 죽음이나 실명과 같은 — 옮긴이주)를 부각시키게
되지만, 동시에 이 특징은 코펠리우스와 이후에 나타나는 그의 분신인 스팔란차니 교
수가 본래 동일 인물이라는 점을 일러 주게 되고, 올림피아의 모습을 다시 해석하도록
인도한다. 이 자동 인형은 나타니엘이 어린 시절에 아버지에 대해서 취하고 있었던 여
성적 태도를 의인화한 것이다. 그의 아버지들 — 스팔란차니 교수와 코폴라 — 은 사
실 원래 나타니엘이 갖고 있던 두 아버지의 변형된 모습에 지나지 않는다. 안경 상인
이 나타니엘의 눈을 파내서 올림피아에게 넣어 주려고 한다는 스팔란차니의 말은 나
타니엘과 올림피아를 동일인으로 간주하지 않는다면 달리 이해해 볼 길이 없다. 올림
피아는 말하자면 콤플렉스의 한쪽 부분인 셈인데, 다른 한쪽 부분은 나타니엘이라는
인물로 소설 속에 나타나 자신의 반쪽을 만나러 온 것이다. 나타니엘이 올림피아에게
정신 차릴 수 없이 매혹당하는 강박 관념적인 사랑에서 이 콤플렉스가 그에게 미치는
지배력을 확인할 수 있다. 이 사랑을 우리는 나르시시즘*Narzissmus*적인 사랑이라고 불
러도 무방할 것인데, 이러한 사랑에 빠진 사람은 현실에서 사랑했던 사람에 대해 낯선
이방인이 되고 만다. 거세 콤플렉스에 의해 아버지에게 매인 한 청년의 여인을 사랑할
수 없다는 이 정확한 심리적 메커니즘은 환자들에 대한 수많은 분석을 통해 입증된 것
이기도 하다. 물론 환자들의 경우는 나타니엘의 이야기보다 덜 환상적이긴 하지만 그
렇다고 덜 슬픈 이야기인 것은 아니다.
　호프만은 불행한 결혼을 한 부모를 갖고 있었다. 그가 세 살쯤 되었을 때 아버지는
가족을 버리고 떠났고, 그 이후 다시는 가족 곁으로 돌아오지 않았다. 그리즈바흐가
호프만의 전집에 붙인 전기적 서문에서 언급한 자료에 따르면, 호프만과 아버지의 관
계는 작가의 정서적 생활에서 가장 예민했던 부분이라고 한다 — 원주.

한다. 그러나 이 감정의 기원을 규명하기 위해 어린 시절의 이러한 결정 요소에 의존할 수 있다는 생각이 떠오를 때, 우리는 동시에 이 감정을 나타내는 다른 예들의 경우에서도 동일한 작업을 해보고 싶은 유혹을 받게 된다. 옌치가 주장한 대로, 「모래 인간」에서 우리는 살아 움직이는 것처럼 보이는 인형의 모티프를 볼 수 있다. 옌치는 뭔가가 살아 움직이는지 아닌지를 알려고 할 때 지적인 불확실성이 생긴다는 사실에서, 또 살아 움직이지 않는 것이 너무나도 생물체를 닮아 있다는 사실에서 두려운 낯섦의 감정을 불러일으키는 데 가장 적당한 조건을 찾았다. 인형들과 함께 우리는 어린 시절로 돌아가야 할 것이다. 인형 놀이를 하는 어린 시절부터 아이들이 흔히 살아 있는 것과 죽어 있는 것을 분명하게 구분하지 않을뿐더러 인형을 살아 있는 사람처럼 다루는 것이 어린아이들의 특이한 성향이라는 사실을 우리는 기억하고 있다. 어떤 여자 환자는 자신이 여덟 살 때 정신을 집중시켜서 인형을 한참 동안 바라보고 있기만 하면 인형이 살아서 움직이게 할 수 있다는 것을 알았다고 털어놓기도 했다. 이 경우에도 우리는 어렵지 않게 어린 시절의 한 요소를 발견할 수 있다. 그러나 모래 인간의 경우 흥미로운 점은, 인형이 살아서 움직인다는 사실이 전혀 괴로운 일이 될 수 없음에도 불구하고 옛날에 경험했던 어린 시절의 괴로움이 다시 일깨워지고 있다는 것이다. 아이는 인형이 살아서 움직이는 것을 결코 두려워하지 않는다. 오히려 아이는 인형이 움직이기를 원할 것이다. 두려운 낯섦의 감정이 발원하는 기원은 어린 시절의 괴로운 경험과 관련되어 있는 것이 아니라, 어린 시절의 욕망 혹은 단지 어린 시절의 믿음과 관련되어 있다. 이는 모순적인 것으로 보일 수도 있지만, 다양한 접근만이 우리의 이해를 도울 수 있을 것이다.

호프만은 문학 창조[11]에서 두려운 낯섦의 감정을 다루는 데는 타의 추종을 불허하는 대가였다. 그의 또 다른 소설인 『악마가 권하는 약들』에는 줄거리가 불러일으키는 두려운 낯섦의 감정의 원인으로 볼 수 있는 거의 모든 종류의 모티프들이 등장한다. 내용이 너무나도 풍부하고 복잡해서 발췌를 하면 작품을 손상시키지 않을 수 없는 소설이다. 소설 말미에 가서 지금까지 의식하지 못하고 있던 스토리의 전제들을 독자들이 알게 되었을 때, 독자들은 호기심을 충족시키게 되는 것이 아니라 오히려 완전한 혼란 속에 빠져들고 만다. 작가는 같은 유형의 요소들을 지나치게 많이 모아 놓았다. 그렇다고 전체적인 인상이 그로 인해 훼손된 것은 아니지만 작품은 이해하기 어려운 것이 되어 버렸다. 두려운 낯섦의 감정을 불러일으키는 모티프들이 과연 어린 시절의 기원에서 파생된 것인지를 알아보기 위해서는 그런 모티프들 중에서 가장 두드러진 것들을 간추려 보는 일만으로 충분할 것이다. 문제가 되는 것은 분신(分身)의 모티프인데, 이 모티프는 그 모든 발전 단계와 특성들을 낱낱이 보여 주고 있다. 다시 말해 유사한 외관으로 인해 동일인으로 취급당하는 인물들이 등장하고, 또 이 분신 관계는 — 이를 텔레파시라고 부를 수도 있을지 모르겠는데 — 한 인물의 정신적 움직임이 다른 인물에게로 즉각적으로 전이되는 과정을 통해 강조되어 한 인물은 다른 인물의 지식과 감정과 모든 경험들에 관여하게 된다. 그뿐만 아니라 두 인물이 완전하

---

11 독일어 Dichtung을 문학 창조로 옮겼다. 프로이트는 독일어에서 시인과 시를 지칭하는 단어인 Dichter와 Dichtung을 넓은 의미로 사용하고 있다. 두 단어는 실제로 현실 세계가 아닌 허구적인 다른 세계를 구상하고 꾸미는 일체의 창조 행위를 일컬을 수 있다. 프로이트는 소설가를 염두에 두고 말하면서도 위의 두 단어를 적절하게 구사하고 있는데, 우리는 문맥에 맞추어 〈작가〉, 〈저자〉, 〈문학 창조〉, 〈문학〉 등의 역어를 사용했다.

게 동일시되는 바람에 과연 어디까지가 진정한 자아인지를 물어야 하거나, 혹은 낯선 자아를 진정한 자아의 자리에 놓아야 할 것인지 말아야 할 것인지를 물어야 하는 상황이 오게 된다. 요컨대 자아의 분할, 구분, 교체라고 부를 수 있는 상황이 벌어진다. 마침내 소설은 얼굴, 성격, 운명, 범죄에서 이름에 이르기까지 여러 세대에 걸쳐 반복되고, 동일한 인물이 지속적으로 회귀[12]하고 있음을 보여 준다.

이 분신의 모티프는 같은 제목을 갖고 있는 오토 랑크의 저서에서 깊이 있게 다루어진 바 있다.[13] 저자는 그 책에서 거울에 비친 모습, 그림자, 수호 영령, 영혼에 관한 이론, 죽음에 대한 공포 등과 분신의 모티프가 맺고 있는 관련성을 검토하고 있는데, 독자들은 동시에 이 분신의 모티프가 변천해 온 놀랄 만한 역사적 과정에 대한 명료한 정리도 볼 수 있다. 분신의 모티프는 실제로 자아의 소멸에서 영속성을 보장하려는 욕망, (오토 랑크의 표현을 따르면) 〈죽음의 권능에 대한 강력한 부인〉에 기원을 두고 있기 때문에 〈불멸의〉 영혼이 육체의 첫 번째 분신이라는 사실은 설득력이 있다. 죽음에서 자아를 보호하기 위한 이러한 자아 분할은 생식에 관련된 상징을 다양화하거나 혹은 배가시키면서 꿈의 언어가 연출하는 장면들 속에서도 유사한 양상을 나타낸다. 고대 이집트의 문화에서 분신의 모티프는 죽은 사람의 모습을 썩지 않는 물질 속에 형상화하는 것을 통해 나타난다. 그러나 이러한 재현은 원초적 나르시시즘의 영역인 자아에 대한 무한한 사랑에 뿌리를 내리고 있는 것이었다. 고대 인류를 지배했듯이 이 나르시

12　이 구절은 니체의 언급(가령 『차라투스트라는 이렇게 말했다』의 마지막 부분)을 연상하게 한다. 프로이트는 「쾌락 원칙을 넘어서」에서도 〈똑같은 것의 영원한 회귀〉라는 비슷한 구절을 사용하고 있다.

13　오토 랑크의 「분신Der Doppelgänger」(1914).

시즘은 어린아이의 정신을 지배하고 있다. 이 단계가 지나가게 되면 분신에 주어졌던 표식도 변형된다. 영원불멸의 표식이었던 것은 그래서 죽음을 예고하는 두려운 예언자가 되고 만다.

최초의 나르시시즘이 없어졌다고 해서 분신이 사라지는 것은 아니다. 왜냐하면 분신의 재현은 자아가 후일 밟아 나가는 여러 단계에서 새로운 내용들을 얻게 되기 때문이다. 자아 속에는 서서히 하나의 새로운 심급이 자리를 잡아 가게 되는데, 이 심급은 옛날의 자아와 대립할 뿐만 아니라 자아를 관찰하고 비판하기도 한다. 그뿐만 아니라 정신적 검열을 행하기도 하기 때문에 우리의 심리적 움직임 속에서는 〈윤리 의식〉이라는 이름으로 인식되기에 이른다. 감시 망상에 걸린 병적인 경우, 분신과 자아 사이에 생긴 균열로 인해 분신은 자아에서 떨어져 나와 고립되는데, 정신과 의사는 이 균열을 읽을 수 있다. 옛날의 자아를 마치 사물처럼 다룰 수 있는 이러한 심급이 존재한다는 것, 즉 자신을 관찰할 수 있는 능력이 인간에게 있다는 사실은 인간의 정신이 옛날의 〈분신〉이라는 개념에 새로운 내용과 기타 다른 여러 가지 것을 부여할 수 있다는 사실을 보여 준다. 특히 자기 비판적인 눈으로 보기에는 이미 극복된 옛 나르시시즘의 파편들에 속하는 것들 또한 〈분신〉 개념에 덧붙일 수 있다.[14]

그러나 우리는 자아의 비판과 충돌하는 이 내용만 분신의 것이라고 말할 수는 없다. 이미 실패로 끝나 버리고 말았지만 환상 속

14 문학인들이 인간 속에는 두 영혼이 살고 있다고 한탄할 때나, 또 통속화된 심리학을 믿는 자들이 인간 내부에서 일어나는 갈등에 대해 말할 때 그들이 염두에 두고 있는 것은 자아가 비판의 심급과 옛 자아의 잔존물로 나누어지는 분할일 뿐이지, 결코 정신분석학에 의해 명료화되기에 이른 자아와 무의식적 억압물 사이의 대립이 아니다. 그러나 무의식의 기본을 이루는 것들이 비판되고 거부된 것들 속에 우선은 자리를 잡고 있기 때문에 자아의 상식적 분할과 정신분석적 대립이 종종 혼동되고 있는 것은 사실이다 — 원주.

에서는 여전히 가능한 것으로 보이는 운명의 모든 가능성들 역시 분신의 몫인 것이다. 그뿐만 아니라 우호적이지 못한 상황으로 인해 결코 이룰 수 없는 자아의 욕망들, 또 의지박약으로 인해 내려진 결정들을 지키지 못해서 자유 의지의 환상[15]을 불러일으키는 실행되지 못한 결정들도 분신의 몫으로 돌아간다.

그러나 이렇게 분신의 근거를 고려해 보아도 그 모티프에 연결되어 있는 강렬한 두려운 낯섦의 감정은 여전히 석연치 않은 상태로 남아 있음을 인정하지 않을 수 없다. 나아가 병적인 정신 현상을 알고 있는 우리로서는 위에서 언급한 내용의 어느 것도 그 내용을 마치 낯설고 이상한 것처럼 자아 밖으로 내던지는 방어적 노력을 설명해 주지 못한다는 점 또한 고백해야 할 것이다. 실제로 두려운 낯섦의 감정은 정신적 삶의 이미 지나간 원초적 시간에 형성된 분신에서만 유래하는데, 이 분신은 형성될 당시에는 훨씬 다정한 의미를 띠고 있기도 했다. 분신은 신들에 대한 믿음이 붕괴됐을 때 신들이 악마로 변하는 것과 같은 방식으로 끔찍한 형상을 띠게 되는 것이다(하이네의 「유배당한 신들」).

호프만이 사용한 다른 정신적 혼란들은 분신의 모티프에 따라 쉽게 가늠해 낼 수 있는 것들이다. 어떤 경우이든 문제가 되고 있는 것은 자아에 대한 의식이 겪게 되는 변천 과정에서 떨어져 나온 단계들이 다시 움직이고 있다는 것이다. 다시 말해 외부 세계와 타인의 관계에서 자아가 아직도 분명하게 스스로를 규정하지 못하고 있던 시기로 의식이 퇴행하는 것이 문제이다. 내가 생각하기에는 비록 이러한 모티프들이 두려운 낯섦의 감정에서 차지

15   오토 랑크가 자신의 저서를 시작하며 언급했던 에베르스의 『프라하의 대학생 *Der Student von Prag*』이라는 소설에서 주인공은 약혼녀에게 결투에서 상대방을 죽이지 않겠다고 약속한다. 그러나 결투장을 향해 가고 있던 그는 이미 상대방을 죽인 자신의 분신을 만나게 된다 — 원주.

하고 있는 몫을 드러내고 고립시키는 것이 쉽지 않다고 해도, 이러한 모티프들이 두려운 낯섦의 감정을 자아내는 데 무관하지는 않다고 본다.

동일한 것의 반복이라는 요소는 아마 그 누구에 의해서도 두려운 낯섦의 감정을 불러일으키는 원인으로 간주되지는 않을 것이다. 그러나 내가 관찰한 바에 의하면 정확한 상황들이 주어지고, 또 여기에 어떤 일정한 조건이 덧붙여질 때, 같은 것의 반복이라는 요소 역시 동일한 감정을 자아내는데, 이 감정은 또한 수많은 꿈속에서 경험할 수 있는 악몽 상태를 상기시키는 것이기도 하다. 어느 더운 여름날 오후, 나는 이탈리아의 한 작은 도시에서 인적 없는 작은 골목을 거닐고 있었다. 그때 나는 우연히 한 지역을 지나치게 되었는데, 그 지역이 어떤 곳인지 궁금했지만 궁금증을 푸는 데 오래 걸리지는 않았다. 길가에 늘어선 집들의 창문가에는 화장한 여인들만이 고개를 내밀고 있었고, 나는 첫 번째 교차로가 나오자 서둘러 그곳을 떠났다. 그러나 안내자 없이 잠시 혼자 이리저리 배회하던 끝에 보니, 처음에 내가 호기심의 대상이 되었던 곳으로 문득 되돌아와 있는 것이었다. 다시 서둘러 그곳을 떠났지만 나는 다른 길을 통해 세 번째로 같은 곳에 되돌아오고 말았다. 그때 나는 두려운 낯섦의 감정이라고밖에는 달리 말할 수 없는 감정 상태에 사로잡혔고, 잠시 전에 떠났던 광장으로 가는 길로 다시 접어들었을 때에는 행복한 기분이었다. 위에서 묘사한 상황과 근본적으로는 다름에도 불구하고 비의도적인 회귀서만은 공통점을 보이는 상황들도 동일한 괴로움이나 두려운 낯섦의 감정을 불러일으킬 수 있다. 예를 들면 어떤 숲속이나 산에서 갑작스럽게 안개 같은 것을 만나 길을 잃었을 때, 표지판이나 아는 길을 찾으려고 하는 모든 노력에도 불구하고 여러 번에 걸쳐 같은 장소로 되돌아오곤 할 때 역시 유사한 상황이라고 할수 있다. 혹은 낯설고 어두운 방안에서 문이나 전기 스위치 등을 찾으려다 같은 가구에 여러 번 반복해서 부딪칠 때도 비슷한 상황일 것이다. 마크 트웨인은 비록 그로테스크하게 과장을 하긴 했지만, 이와 유사한 상황을 참을 수 없을 정도의 우스꽝스러운 장면으로 변형시켜 놓은 적이 있다.[16]

다른 일련의 경험들을 통해 우리는 또한 대수롭지 않은 것이 비의도적으로 반복됨으로써 두려운 낯섦의 감정을 자아내게 되고, 또 빠져나올 수 없는 숙명성을 믿게 한다는 것을 별 어려움 없이 확인할 수 있다. 만일 두려운 낯섦의 감정이 없었다면 우리가 느꼈던 숙명성이란 한낱 우연에 지나지 않을 것이다. 가령 예를 든다면, 수화물 보관소 같은 곳에서 옷을 벗어 주고 받게 되는 꼬리표의 번호와 — 그 번호를 62번이라고 하자 — 배를 타고 들어선 선실의 방 번호가 우연히 같을 때 이 두 경우는 전혀 무관한 경우일 것이다. 그러나 만일 그 자체로서는 관계가 없는 두 경우가 62라는 같은 숫자를 하루 동안에 여러 번 만나게 되어 서로 관련이 있는 것처럼 느껴지게 된다면, 첫 번째 무관하다는 인상은 변화를 맞게 된다. 나아가 만일 번호를 갖는 모든 것들(주소, 호텔방, 객차 번호 등)이 매번 같은 번호를 갖게 된다면 비록 번호라는 것이 각 사물들의 부분적인 요소일지라도 그 일치를 완전히 무관한 것으로 볼 수 없게 된다. 이때 우리는 두려운 낯섦의 감정을 느끼게 될 것이다. 미신의 유혹을 이길 만큼 완전무결한 방비 태세를 갖추지 못한 사람이라면 같은 숫자의 이 동일한 반복에 숨어있는 어떤 의미를 읽으려고 할 것이다.[17] 가령 어떤 이들은 이 동

---

16   마크 트웨인Mark Twain의 『해외 도보 여행A Tramp Abroad』(1880).
17   이 글이 쓰인 1918년에 프로이트의 나이는 62세였다.

일한 숫자에서 자신에게 남아 있는 수명을 읽을 수도 있다. 또는 유명한 생리학자인 헤링[18]의 책을 읽는 데 몰두하고 있던 어떤 사람이 단 며칠 사이에 서로 다른 지역에서 보낸 두 통의 편지를 받았는데, 둘 다 발신자 이름이 헤링이었다고 가정해 보자. 그 사람은 그런 이름을 가진 사람을 만나 본 적도 없는데 말이다. 얼마 전에 한 영리한 과학자는 이런 동시 발생적 사건에서 어떤 법칙을 발견함으로써 이러한 사건들에서 비롯되는 두려운 낯섦의 효과를 박탈하려 시도했다. 그러나 나는 그가 성공을 거두었는지에 대해서는 장담할 수가 없다.[19] 같은 것이 반복해서 회귀함으로써 뭔가 이상하게 불안한 것이 생긴다는 사실이 어떻게 어린 시절과 관련을 맺고 있는지를 알아보아야 할 것인데, 이 점에 있어서 나는 여기서 간략하게 언급하고 지나갈 수밖에 없고, 또 이전에 내가 이미 발표한 다른 저술을 참고할 수밖에 없다.[20] 이전의 다른 책에서 이 문제는 자세히 다루어졌지만 전체적인 문맥은 사뭇 달랐다. 무의식 속에서 실제로 우리는 충동에서 기인하는 〈반복 강박〉을 구별해 낼 수 있다. 이 강박 관념은 아마도 충동들 자체의 가장 내적인 속성에 종속되어 있는 것일 텐데, 쾌락 원칙을 넘어설 만큼 상당히 강력한 것이어서 어떤 정신적 움직임들의 경우에는 마치 악령에 사로잡힌 것 같은 양상을 띠게 한다. 이 강박 관념은 어린아이들에게서도 매우 명료하게 나타나고, 또 신경증 환자를 분석하는 과정을 부분적으로 지배하기도 한다. 이전의 모든 분석을 종합해 볼 때 우리는 내적인 반복 강박이라고 부를 수 있는 것이 바로 이상하게 두려운 것으로 느껴진다는 사실을 인정하게 된다.

18 Ewald Hering(1834~1918). 메타심리학에 대한 프로이트의 논문을 참조.

19 카메러P. Kammerer의 「연쇄의 법칙Das Gesetz der Serie」(1919).

20 이 사실은 「쾌락 원칙을 넘어서」에 좀 더 확장된 의미의 〈반복 강박〉이라는 용어로 언급되어 있다.

그러나 이제 우리는 어쨌든 확실한 결론을 내리기가 힘든 이러한 다양한 사례 연구를 끝내고 의심할 여지 없이 두려운 낯섦의 감정을 불러일으키는 경우들을 탐구해야 할 것이다. 이 경우들에 대한 분석이 우리가 세운 가정의 유효성을 입증해 줄 수 있을 것이라는 기대를 갖고 있기 때문이다.

「폴리크라테스의 반지」[21]에서 초대받은 자는 친구의 욕망이 어떤 것이든 곧 실현되고, 또 그의 어떤 걱정도 운명의 아무런 간섭을 받지 않은 채 사라진다는 사실을 알게 되자 두려움에 몸서리를 치며 돌아서서 나와 버린다. 초대한 주인인 그의 친구가 그에게는 두려울 정도로 이상했던 것이다(그의 친구가 *unheimlich* 한 것이었다). 그가 스스로 만들어 낸 설명이란 지나치게 행복한 사람은 신의 질투를 두려워해야만 한다는 것이었는데, 이 설명은 쉽게 납득이 가지 않을 뿐만 아니라 그 의미 역시 신화적인 방식에 힘입어 가려져 있다. 이런 이유로 우리는 한 가지 다른 예를 들어 보겠는데, 훨씬 간단한 상황에서 따온 것이다. 강박 신경증에 걸린 한 환자를 다룬 글 속에서 나는 이 환자가 온천 요법을 시술하는 곳에 잠시 머물렀던 적이 있고, 또 상당한 효과도 보았다고 이야기한 적이 있다. 그러나 환자는 꽤 영리한 사람이었지만 병세가 호전된 이유를 물의 치료력에 두지 않고, 오히려 그의 방에 바로 인접해 있던 한 매력적인 여자 간호사의 방 때문이라고 생

21 헤로도토스에게서 착상을 얻은 실러의 유명한 발라드. 1797년에 쓰였다. 사모스의 전제 군주인 폴리크라테스는 신들의 노여움을 살지 모른다는 이집트의 왕 아마지스의 걱정스러운 경고에도 불구하고 계속해서 전승을 거둔다. 이집트 왕의 간곡한 권유에 승복한 폴리크라테스는 신들의 노여움을 달래기 위해 손에 끼고 있던 귀한 반지를 물속에 던져 버린다. 그러나 어부가 진상한 물고기 속에서 반지는 다시 발견된다. 신들의 노여움을 풀 수 없게 되었고, 곧 대재앙이 닥칠 것을 우려한 이집트의 왕은 친구를 내버려 둔 채 홀로 떠나고 만다. 친구가 우려했던 일마다 폴리크라테스는 보란 듯이 즉각적으로 성공을 거둔다.

각하고 있었다. 환자가 두 번째로 같은 요양소를 찾아왔을 때, 그는 당연히 이전에 그가 머물렀던 방을 요구했다. 그러나 그 방은 이미 한 늙은 신사가 차지하고 있었다. 그때 그는 참지 못하고 다음과 같은 말을 하면서 자신의 언짢은 심사를 드러냈다. 〈저 영감 태기는 갑자기 발작이라도 일으켜서 쓰러지고 말걸!〉 그런데 정말로 한 보름 후 늙은 신사는 졸도해 죽고 말았다. 내 환자에게 이 사건은 〈이상하게도 두려운〉 일이었다. 만일 내 환자가 저주를 퍼부었던 때와 실제로 사건이 일어났던 때의 시간적 간격이 훨씬 더 짧았거나, 아니면 환자가 이와 유사한 경험을 이전에도 여러 번 했다면 두려운 감정은 그만큼 더 강렬했을 것이다. 실제로 내가 치료하고 있던 환자는 자기가 당했던 경우를 마음대로 해석해서 확신을 갖게 되었다. 그러나 비단 이 사람의 경우뿐만은 아니다. 내가 연구한 모든 강박 관념적인 신경증 환자들은 엇비슷한 일들이 벌어지면 그것을 자기 탓으로 돌리곤 했다.

생각하고 있던 사람을 — 아마도 실제로 생각했던 것은 꽤 오래전일지도 모르지만 — 우연히 길거리 같은 곳에서 만나도 이들은 결코 놀라는 법이 없다. 그들은 또 전날 저녁에 〈이 친구한테서 연락이 안 온 지가 꽤 됐어〉라고 말하면 그다음 날 아침에는 꼭 그 친구에게 편지를 받게 된다고 믿고 있었다. 특히 무엇보다도 불행한 일이나 사망 소식 같은 것이 그들의 생각을 잠시 전에 스쳐 지나가지 않은 채 일어나는 경우란 거의 없었다. 환자들은 자신들이 〈예감〉을 하고 있고, 그 예감은 〈대부분의 경우〉 실현된다고 확신하며, 이런 경우들을 당연한 것으로 여긴다는 듯이 가장 평범한 어투로 말을 하곤 했다.

가장 이상하게 두렵고 또 가장 널리 퍼져 있는 미신들 중의 하나는 〈나쁜 눈〉에 대한 공포인데, 함부르크의 안과 의사인 젤리히만이 이에 대한 깊은 연구를 한 적이 있다.[22] 이 공포의 연원이 어디에 있는지는 이미 잘 알려져 있는 상태이다. 누구든지 아주 귀하면서도 연약한 것을 갖게 되면 다른 사람들이 질투하지 않을까 두려워하게 마련인데, 이것은 자신도 타인에 대해서 언젠가 비슷한 감정을 갖고 있었기 때문이다. 이런 욕망의 움직임은 아무리 숨긴다고 해도 눈빛에서 드러나는데, 심지어 입을 다물고 있거나 누군가가 특이한 행동을 통해(특히 적대적인 행동을 통해) 표현을 할 때에도 우리는 그의 질투심이 매우 강렬한 힘을 얻고 있다는 것을 읽을 수 있다. 요컨대 사람들은 상대방을 해치고 싶어 하는 자신의 은밀한 욕망을 두려워하고, 어떤 전조(前兆)들을 신뢰함으로써 자신의 의도가 저절로 실현되는 능력을 갖고 있다고 생각하는 것이다.

바로 위에서 언급한 예들은 내가 한 환자를 치료하면서 〈생각의 전능성〉이라고 명명한 원리와 관련된 것들이다.[23] 이제 우리는 우리가 도달한 지점이 어디인지를 부인할 수가 없다. 두려운 낯섦의 감정을 자아내는 사례들을 연구하면서 우리는 고대인들의 세계관이었던 정령 사상*Animismus*에 다다른 것이다. 이 정령 사상의 특징은 인간의 형상을 한 영혼들로 세상이 이루어져 있다고 보는 데 있다. 이는 곧 정신 작용의 우월성, 즉 생각의 전능성을 과대평가하는 것이기도 했고, 이러한 생각을 기본으로 한 마술의 기교에 대한 신봉을 뜻하는 것이기도 했다. 치밀하게 위계 질서가 잡혀 있는 각종 인간적 덕목과 악덕은 인간과 사물의 형상을 한 존재들에게 부여되어 있다. 그뿐만 아니라 정령 사상의 또 다

22 「나쁜 눈과 관련 현상들Der böse Blick und Verwandtes」(1910~1911) 참조.
23 본문에서 잠시 전에 언급된 바 있는 환자로서 흔히는 〈쥐 인간〉으로 불리는 환자를 지칭한다.

른 특징은 현실과 다르다는 반박에도 불구하고 고대인들의 무한한 나르시시즘이 모든 허구적인 창조 속에 숨어 있을 수 있었다는 데에서도 찾을 수 있다. 우리의 개인적인 성장 과정 속에도 고대인들의 정령 사상에 상응하는 단계가 있었을 것이고, 이 단계를 거치면서 남게 된 잔존물과 흔적들은 스스로를 표현할 수 있었을 것이다. 오늘날 우리들이 보기에 〈이상하게 불안한〉 모든 것들은 하나의 조건에 부합할 때 발생한다고 볼 수 있는데, 그 조건이란 정령 사상적인 정신적 움직임의 잔존물들과 인접해 있어야 하고, 또 그 잔존물들이 스스로를 표현할 수 있도록 자극을 주어야 한다는 것이다.[24]

이제 이 작은 연구의 핵심적인 내용을 담고 있는 두 가지 사실을 언급할 때가 된 것 같다. 우선 첫 번째로, 어떤 성격의 것이든 정서적인 움직임에 관련된 모든 정신적 충격은 억압 기제에 의해 고통으로 변형된다고 하는 정신분석의 이론이 옳은 것이라면, 억압된 그 무엇이 다시 회귀할 때 그것이 고통을 주는 것이 되는 경우들을 별도로 분리시킬 수 있을 것이다. 이런 유형의 고통스러운 것이 바로 이상하게 두려운 것인데, 이 경우에 있어 고통스러운 것은 최초부터 고통스러운 것이었는지, 아니면 다른 정서적 충격에 의해 변형된 것인지 굳이 알아볼 필요는 없을 것이다. 두 번째로 이상하게 두려운 것의 비밀스러운 성격이 정말로 여기에 있다면, 우리는 언어학적 관례에 의해 *heimlich*가 반대어인 *unheimlich*로 전이된 것을 이해할 수 있다. 왜냐하면 이 *unheimlich*는 실제

---

24 이 점에 관해서는 본인의 저서 『토템과 터부』(프로이트 전집 13, 열린책들)의 세 번째 장을 참조할 것. 이 책에서 독자들은 또한 다음과 같은 대목을 읽게 될 것이다. 〈비록 비현실적인 것으로 판단하고 있기는 하지만, 생각의 전능성과 일반적으로는 정령 사상적 사고방식의 존재를 입증해 주는 감정들이 우리는 두려운 낯섦의 연원이라고 할 수 있을 것이다.〉

로는 새로운 것도 낯선 것도 아니며, 오히려 정신적 움직임에서는 언제나 친숙한 것이었고, 또 낯선 것이 된다고 해도 그것은 단지 억압 기제에 의해서 그렇게 된 것이기 때문이다. 억압 기제와 관련을 맺어 놓게 되면 셸링이 내렸던 정의는 이제 분명해진다. 셸링은 이상하게 두려운 것이란 어둠 속에 있어야만 했으나 드러나 버린 어떤 것이라고 했다.

이제 두려운 낯섦의 감정을 자아내는 몇 가지 다른 예들에 우리가 발견한 것을 시험해 보는 일만 남은 것 같다.

대부분의 사람들에게 가장 강렬하게 두려운 낯섦의 감정을 불러일으키는 것은 죽음, 시체, 죽은 자의 생환이나 귀신과 유령 등에 관련된 것이다. 우리는 이미 많은 현대어들이 독일어의 *unheimlich*를 제대로 표현할 수 없다는 점을 알았다. *unheimlich* 한 집은 우리가 흔히 귀신 들린 집[25]이라는 말로 표현하는 집보다 훨씬 더 강력한 표현이다. 사실은 우리도 연구를 귀신 들린 집이라는 예에서부터 시작할 수 있었다. 그만큼 이는 전형적인 예이기 때문이다. 그러나 우리는 이 경우 두려운 낯섦의 감정이 소름 끼치는 것과 거의 구별되지 않기 때문에 이런 방식을 택하지 않았다. 또 실제로도 두려운 낯섦의 감정에는 소름 끼치는 공포감이 섞여 있기도 하다. 그러나 인간이 생각하고 느끼는 방식이 역사가 시작된 이래로 이토록 오랫동안 거의 변화를 겪지 않은 영역은 달리 없을 것이다. 가장 오래된 주제인 죽음과 인간의 관계는 이 작은 감정적 편린에 붙어 있는 채로 이토록 원형대로 잘 보존되어 온 것이다. 두 가지 요소를 고려해 보면 이 주제의 무변화

---

25 직역을 하면 어느 정도 의미가 와전될 수밖에 없는데, 프로이트가 한 말은 실제로 다른 언어로 옮기기가 거의 불가능하다. 〈흉가〉 정도로 옮길 수도 있을 것이고, 좀 더 산문적이 되겠지만 〈귀신 나오는 집〉이나 〈유령의 집〉 정도로 옮길 수도 있겠다.

를 이해할 수 있다. 타고난 정서적 반응들의 저항력과 과학적 지식의 불확실성이 이 두 요소이다. 생물학은 죽음이 모든 살아 있는 생명체의 피할 수 없는 운명인지, 아니면 생명의 내부에서 일어나는 피할 수 있는 사고에 지나지 않는 것인지 아직 결론을 내리지 못한 상태이다. 모든 인간은 죽는다는 명제는 논리학 교과서에서 흔히 보편적 긍정의 예로 거론되지만, 그 어느 인간도 이 명제를 자명한 것으로 받아들이지 않는다. 현재 우리들이 갖고 있는 무의식 속에는 옛날과 마찬가지로 자기 자신의 죽음을 상상할 수 있는 공간이 거의 마련되어 있지 않은 것이다.[26] 종교는 개인적인 죽음이라는 반박할 수 없는 사실에도 불구하고 죽음에 부여된 중요성을 반박해 왔고, 삶이 끝난 이후의 세계로 생명을 연장시켰다. 만일 지상의 삶을 좀 더 나은 피안의 세계에 의해 수정할 수 있다는 것을 단념해 버린다면, 국가 권력이 살아 있는 자들 사이에 윤리적 질서를 유지할 수 있다고 생각할 수 없다. 우리들이 살고 있는 대도시 여기저기에는 포스터를 붙일 수 있는 기둥들이 세워져 있고, 그 기둥들에는 죽은 자들의 영혼과 교류하는 비법을 가르쳐 주겠다는 각종 학회의 선전 문구들이 붙어 있다. 또 학자들 중에서도 가장 통찰력이 있는 사상가였고 예민한 두뇌를 가지고 있던 자들이 특히 삶을 마감할 때쯤 되어서는 이런 유형의 교류가 가능하다고 생각했다는 사실도 부인할 수 없다. 이점에서 우리들 대부분의 사고가 원시인의 사고와 거의 다르지 않다는 것을 안다면, 죽음에 대한 원초적 두려움이 우리들 속에서 여전히 강력한 힘을 발휘하고 있고, 또 이 힘은 일정한 조건만 주어진다면 언제라도 외부로 표현될 수 있다는 사실은 결코 놀라운

---

26 프로이트는 1915년에 쓴 「전쟁과 죽음에 대한 고찰」(프로이트 전집 12, 열린책들)이라는 짧은 글에서 죽음에 직면한 개인의 문제를 더욱 광범위하게 다룬 적이 있다.

일이 아닐 것이다. 이 힘은 옛날 의미를, 다시 말해 죽은 자는 산 자의 적이고 자신과 함께 새로운 삶을 나눌 수 있도록 하기 위해 산 자를 함께 끌고 갈 의도를 갖고 있다는 옛날의 의미를 그대로 간직하고 있다. 그러나 자신의 죽음을 받아들이지 못하는 우리들의 죽음에 대한 태도는 고정불변의 것이기 때문에 사람들은 오히려 원시인들의 것이든, 아니면 어린 시절의 것이든 최초의 억압이 이상하게 두려운 어떤 것으로 변해서 회귀하기 위해 요구되는 억압의 조건이 어디에 있느냐고 묻게 된다. 그러나 이 조건은 실제로는 이미 충족되어 있다. 그렇기 때문에 이른바 문명인이라고 하는 사람들은 죽은 자들이 혼백의 모습을 한 채로 눈앞에 나타난다는 것을 더 이상 믿지 않는 것이다. 문명인들은 혼백이 나타난다고 해도 그것을 실현이 거의 불가능한 추상적인 조건들에 연결시킬 뿐이고, 애초부터 애매모호한 죽음에 대한 인간의 정서적 태도는 오직 경건함으로 충만한 태도로 바뀌면서 이성과 같은 정신의 상위 층위에는 약화된 것으로 나타날 뿐이다.[27]

이제 몇 가지 보충 설명만이 필요할 것이다. 왜냐하면 지금까지 우리는 정령 사상, 마술, 주술, 생각의 전능성, 죽음과 사람의 관계, 의도적이지 않은 반복, 거세 콤플렉스 등을 살펴봄으로써 고통스러운 것을 이상하게 두려운 감정으로 변형시키는 여러 요소를 한 번씩 살펴보았기 때문이다.

또한 우리는 살아 있는 사람을 두고도 그가 이상하게 두려운 사람이라는 말을 하기도 했는데, 이것은 그가 악의를 가지고 있다고 우리가 생각했을 때였다. 그러나 이것만으로는 충분하지 않다. 우리는 그가 가지고 있다고 생각되는 남을 해치고자 하는 의도들이 특별한 힘을 수반한다는 사실을 덧붙여야 할 것이다. 〈주

---

27 「토템과 터부」의 〈터부와 감정의 양가성〉을 참조 — 원주.

사위 도박꾼〉[28]은 그 좋은 예인데, 셰퍼가 그의 소설 『요제프 몽포르』에서 풍부한 문학적 직관과 깊은 정신분석적 지식에 힘입어 선한 인물로 변형시킬 수 있었던 이 인물은 라틴계의 미신에 등장하는 이상하게 두려운 인물이었다. 그러나 이 숨어 있는 힘을 만나게 되면 우리는 다시 정령 사상의 영역으로 접어들게 된다. 경건한 여인이었던 그레트헨의 눈에 메피스토 펠레스가 그토록 이상하게 두려운 인물로 비친 것도 바로 이러한 숨어 있는 힘을 그녀가 예감했기 때문이다.

> 그 계집은 내가 틀림없이 천재거나
> 어쩌면 악마라고 느끼고 있단 말이야.[29]

간질과 정신 착란에 관련된 두려운 낯섦도 동일한 기원을 갖고 있다. 그런 모습을 처음 보는 사람이라면 자기와 똑같은 인간에게서 전혀 예상치 못했던 힘들이 나오는 장면에 직면하게 되는 것이다. 그러나 그는 동시에 뭐라고 말하기는 어렵지만 이 힘들이 자기 자신의 깊은 곳 어딘가에 숨어 있음을 절감하는 것이다. 심리학의 차원에서 보면 당연하고도 거의 정확한 것이었다고도 볼 수 있는데, 중세 시대에는 모든 병적인 모습들을 사탄의 조화로 여겼다. 정신분석학 역시 숨어 있는 힘들을 드러내려고 하는 것이기 때문에 많은 사람들에게 정신분석이 이상하게 두려운 것으로 보인다고 해도, 이 또한 그리 놀랄 만한 일은 못 될 것이다. 매우 완만하게 진행된 것이긴 했지만 나는 여러 해 동안 앓고 있던 한 소녀를 완쾌시킨 일이 있는데, 이 소녀의 어머니가 내게 했

28 셰퍼의 소설은 1918년에 출간되었다.
29 괴테의 『파우스트』 1막 3540~3541.

던 말속에서 나는 비슷한 생각을 읽을 수가 있었다.

떨어져 나온 팔다리들, 잘려진 머리, 하우프의 콩트[30]에 나오는 팔에서 절단된 손, 이미 언급한 바 있는 셰퍼의 소설에서처럼 홀로 춤을 추는 다리들은 언제든지 두려운 낯섦의 감정을 불러일으킬 수 있는 탁월한 예들인데, 특히 마지막 예처럼 분리된 신체의 한 부분에 자율적인 움직임이 부여될 때는 더욱 그렇다. 우리는 이미 이러한 종류의 두려운 낯섦이 거세 콤플렉스에서 기원한다는 것을 알고 있다. 아마도 두려운 낯섦의 감정을 평가하는 시상식 같은 것이 있다면, 당연히 대상은 가사 상태에서 매장된다는 생각에게 돌아갈 것이다. 간단히 말해 정신분석을 통해 우리는 이 무서운 환상이 처음에는 결코 무섭지 않았고 오히려 관능적인 어떤 환상, 다시 말해 어머니의 품속에서 살고 있다는 어떤 다른 환상이 변형된 것임을 알게 된다.

지금까지 우리가 정령 사상을 이야기하며 이미 언급되었던 것이지만, 일반적인 사항 한 가지와 이미 수정이 된 것이긴 해도 여전히 강조할 만한 가치가 있어 보이는 심적 장치의 몇몇 작동 양식을 덧붙여 보도록 하자. 두려운 낯섦의 감정은 환상과 현실의 경계가 사라진다거나, 이제까지 공상적인 것으로 여겨졌던 것이 눈앞에 나타난다거나, 어떤 한 상징이 상징하고 있던 사물의 모든 의미와 기능을 그대로 갖추고 나타날 때 흔히 쉽게 발생한다. 마술 행위가 자아내는 대부분의 두려운 낯섦의 감정은 바로 여기에 의존하고 있다. 유치한 것이면서도 신경증 환자들의 정신을 지배하고 있는 것, 그것은 물질적 현실을 무시한 채 정신이 지나치게 강조되고 있다는 것인데, 이는 생각의 전능성과 관련된 특

30 『잘려진 손 이야기 *Die Geschichte von der abgehauenen Hands*』.

징이다. 세계 대전이 터져 오도 가도 못하고 있을 때 나는 우연히
『스트랜드*Strand*』라는 영어 잡지 한 권을 얻게 되었는데, 잡지를
읽다가 오락 기사들 사이에서 짧은 콩트 한 편을 발견했다. 한 젊
은 부부가 어떻게 가구 딸린 아파트에 정착하게 되었는지를 이야
기하는 소설이었다. 아파트에는 조각된 악어들로 장식되어 있는
묘한 형태의 식탁이 하나 있었다. 그런데 밤만 되면 어김없이 아
파트에는 뭔가가 썩는 듯한 견딜 수 없는 고약한 냄새가 났다. 또
어둠 속에서 걷다 보면 뭔지 알 수 없는 것에 부딪쳐 넘어지기가
일쑤였는데, 뭔가 알 수 없는 어떤 물체가 계단을 통해 도망치듯
미끄러져 내려가는 것을 본 것만 같았다. 이야기의 요점은 식탁
이 집 안에 있어서 집 전체가 악어의 망령에 사로잡혔다는 것을
알아맞히거나, 혹은 죽은 나무들의 혼령이 어둠 속에서 다시 살
아났다는 것 등을 추리해 내는 것이었다. 이야기 자체는 우스꽝
스러운 것이지만 읽는 이들은 매우 강한 두려운 낯섦의 감정을
느꼈을 수도 있다.

　이런 예들을 더 모아야겠지만 여기서 사례 수집을 끝내도록 하
고, 이제 정신분석 작업을 통해 얻어 낸 실험 결과 한 가지를 언급
하고 넘어가야 할 것이다. 우연의 일치에 의한 것이 아니라면 이
실험 결과는 우리가 두려운 낯섦의 감정에 부여했던 개념의 적확
성을 입증해 줄 가장 좋은 예가 될 것이다. 신경증 환자들은 여자
의 성기가 그들에게는 왠지 이상하게 두려운 것으로 느껴진다고
종종 호소하곤 한다. 그러나 이때의 두려운 낯섦의 감정은 여자
의 성기가 인간이 태어난 옛 고향*Heimat*을, 다시 말해 우리 모두
가 태초에 한 번은 머물렀던 장소를 상기시키기 때문에 생긴다.
흔히 우스갯소리로 우리는 〈사랑은 향수병*Heimweh*〉이라고 말하
지 않는가? 어떤 이가 잠을 자면서 꿈속에서조차 〈여기는 내가 잘

아는 곳인데, 언젠가 한 번 여기에 살았던 적이 있었는데〉라며 장소나 풍경에 대해 생각할 때 이 꿈에 나타나는 공간이나 풍경은 여인의 성기나 어머니의 품으로 대치해 해석할 수 있다. 따라서 두려운 낯섦의 감정은 이 경우에도 자기 집*Das Heimische*인 것이다. 그것은 아주 오래된 것이지만 친근한 것이고, 친근한 것이지만 아주 오래전의 것이다. *Unheimliche*(두려운 낯섦)의 접두사 *un*은 이 경우 억압의 표식일 것이다.

3

앞에서 행한 분석을 읽으면서 이미 독자들은 여전히 여러 가지 의혹이 고개를 드는 것을 느꼈을 것이다. 이제 이 의혹들을 한 자리에 모아 살펴보아야 할 것이다.

두려운 낯섦의 감정이 억압을 당한 *heimlich-heimisch*이고 회귀도 바로 억압을 당한 그곳에서부터 이루어지며, 두려운 낯섦의 감정을 유발하는 모든 것은 이러한 조건을 충족시킨다고 하는 것 등은 정확한 지적일 것이다. 그러나 이렇게 분야별로 나누어 규명해 나간다고 해서 두려운 낯섦의 감정이 지닌 수수께끼 같은 비의(非義)가 설명되는 것은 아니다. 우리가 제시한 명제는 전복될 수도 있다. 억압된 충동과 각 개인의 유년 시절과 인류의 선사시대를 지배했던 사고방식들을 상기시킨다고 해서 모든 것이 다 이상하게 두려운 것이라고 할 수는 없다.

우리가 제시한 명제를 입증해 주는 것처럼 보였던 거의 모든 사례들의 경우에도 그 반대 사례들을 매번 제시할 수 있다는 사실을 우리는 숨기고 싶지 않다. 예를 들면 하우프의 콩트 『잘려진 손 이야기』에서 잘린 손이 거세 콤플렉스로 환원시킬 수 있는 이상하게 두려운 감정을 자아낸다는 점은 확실해 보인다. 그러나 헤로도토스가 이집트의 왕 람프시니트의 보물에 관해 기술해 놓은 이야기를 보면 도둑 왕의 손을 붙잡고 놓아주지 않으려고 하는 왕비에게 도둑 왕은 대신 동생의 잘려진 손을 주고 떠나는데, 이런 장면은 그 어느 누구에게도 두려운 낯섦의 감정을 불러일으키지 않을 것이다. 「폴리크라테스의 반지」 같은 작품에서는 욕망이 순식간에 실현되는데, 이런 장면들은 당사자인 이집트 왕뿐만이 아니라 우리에게도 두려운 낯섦의 감정을 자아낸다. 그러나 우리가 익히 잘 알고 있는 동화 속에 나오는 장면들은 결코 이와 같은 감정을 불러일으키지 않는다. 세 가지 소원에 관한 동화에서 부인은 불에 굽고 있는 소시지 냄새에 군침이 돈 나머지 자신도 모르는 사이에 하나 먹어 봤으면 하고 말한다. 그러자 어디서 나타났는지 접시 안에 소시지 한 개가 나타난다. 이 어처구니없는 일을 지켜보고 있던 남편은 소시지가 부인의 코에 달라붙으라고 욕설을 퍼붓게 되고, 그러자 눈 깜짝할 사이에 소시지는 정말로 부인의 코에 달라붙고 만다. 이 동화는 매우 인상적이긴 하지만 결코 두려운 낯섦의 감정을 주지는 않는다. 동화는 일반적으로 정령 사상적인 관점이나 생각의 전능성 등을 비유적으로가 아니라 완벽하게 있는 그대로 사용한다. 나는 동화 속에서는 진정한 의미에서의 두려운 낯섦의 감정을 찾을 수 없었고, 그렇기 때문에 결코 동화를 인용할 수 없을지도 모른다. 죽어 있는 사물과 형상과 인형들이 살아 움직일 때 두려운 낯섦의 감정이 유발된다는 것을 우리는 알고 있다. 그러나 가정에서 쓰는 그릇들, 가구들, 주석으로 만든 장난감 병정들이 살아서 움직이는 안데르센의 동화는 아마도 이러한 두려운 낯섦의 감정과는 전혀 상관없는 이야기들일 뿐이다. 마찬가지로 피그말리온의 그 아름다운 여인 조각상[31]이 살아 움직일 때도 우리는 두려운 낯섦을 느끼지 못한다.

31 피그말리온은 키프로스의 왕이자 전설적인 조각가. 왕은 한 여인 조각상을

죽은 자들이 가사 상태에 있다거나 다시 살아나는 광경 등이 매우 강렬하게 두려운 낯섦의 감정을 불러일으킨다는 점은 이미 앞에서 언급한 바 있다. 그러나 이런 장면들은 거듭 말하거니와 동화에서는 흔히 볼 수 있다. 예를 들어 그 누가 백설공주가 다시 눈을 뜨는 순간을 이상하게도 두려운 순간이라고 할 것인가? 마찬가지로, 예를 들어 신약 성서에 나오는 것과 같은 부활처럼, 기적을 다루는 이야기에 등장하는 죽은 자들의 부활이 자아내는 감정은 두려운 낯섦의 감정과는 아무런 관련이 없다. 의심할 여지 없이 두려운 낯섦의 감정을 불러일으키는 것처럼 보였던 비의도적인 회귀 역시 매우 다른 종류의 감정을 자아낼 수 있다. 오히려 우스운 느낌을 자아내는 경우를 우리는 앞에서 살펴보았고, 얼마든지 예를 추가할 수 있을 것이다. 반복함으로써 강조하는 효과를 내기도 할 것이다. 그렇다면 침묵과 고독과 어둠 등이 자아내는 두려운 낯섦의 감정은 어디서 오는 것일까? 이런 상황들이 비록 어린아이들이 공포감을 나타내는 상황과 같은 것이라고 해도 두려운 낯섦의 감정이 발생하는 데 있어서는 어떤 위험을 예고하는 역할을 하는 것은 아닐까? 또한 지적인 불확실성이 죽음에 관계된 두려운 낯섦의 감정에서는 중요한 것임을 인정하면서도 과연 끝까지 그것을 한쪽으로 비켜 놓을 수 있을까?

따라서 우리는 두려운 낯섦의 감정이 이제까지 우리가 다른 것에 우선해서 주장해 왔던 조건들과 다른 조건들에서도 발생할 수 있다는 사실을 받아들여야만 할 것이다. 물론 앞에서 우리가 행

사랑하고 있었는데, 아프로디테에게 조각과 똑같이 생긴 여인을 한 사람 구해 달라고 부탁한다. 부탁받은 여신은 조각에 생기를 불어넣어 살아 움직이게 한다. 왕은 갈라테이아라는 이름을 갖게 된 이 여인과 결혼해서 아들을 낳는다. 많은 문학 작품에 착상을 제공한 전설인데 버나드 쇼도 이 전설에서 영감을 얻어 희곡 「피그말리온」을 쓴 적이 있다.

한 연구로 두려운 낯섦의 감정에 대한 정신분석적 관심은 종결되었고, 나머지 문제를 다루기 위해서는 미학상의 탐구가 요구된다고 볼 수도 있다. 그러나 이런 식으로 연구를 끝낸다면 두려운 낯섦의 기원을 억압된 친숙한 것*das Heimische*에서 찾아낸 우리의 발견은 그 가치를 의심받지 않을 수 없게 될 것이다.

이러한 불확실함들은 다음과 같은 관찰을 통해 해소될 수 있다. 우리의 기대에 부응하지 않는 모든 예들은 허구와 문학 작품에서 빌려 온 것들이었다. 따라서 우리는 실제로 경험한 두려운 낯섦의 감정과, 순수하게 표현되었을 뿐이거나 책을 통해 알게 된 두려운 낯섦 사이에 차이를 두지 않을 수 없게 된다.

실제로 경험한 두려운 낯섦의 감정은 훨씬 간단한 조건 속에서 일어나는데, 빈도로 보아서는 훨씬 적게 발생한다. 이런 경우들에 대해 우리는 예외 없이 설명할 수 있고, 또 매번 그것은 이전에는 친숙했던 것인데 억압되어 버린 것으로 귀착될 것이다. 그러나 이 경우에도 우리는 대상을 선별해야만 하는데, 이 선별 작업은 여러 번에 걸쳐 이루어져야 할 것이고 또 적절한 예들을 통해 과연 심리학적으로도 큰 중요성을 지닌 것인지를 가늠해 보아야 할 것이다.

두려운 낯섦의 감정이 발생하는 다음과 같은 조건들을 택해 보자. 생각의 전능성, 욕망의 순간적인 실현, 숨어 있는 해로운 힘들, 죽은 자들의 돌아옴. 이러한 것들이 두려운 낯섦의 감정을 발생시키는 조건들이라는 사실은 부인할 수가 없다. 그런데 우리는 (혹은 우리 인류의 조상들은) 이미 아주 옛날에 이 가능성들을 실재하는 것으로 여겼고, 실현 과정도 현실에서 그대로 볼 수 있다고 믿었다. 오늘날 우리는 이런 것을 더 이상 믿지 않는다. 우리는 이러한 사고방식을 〈거쳐 간 것〉이다. 그러나 우리가 새로운 믿음을 확신하고 있는 것은 아니다. 입증될 날만을 노린 채 옛날의 것들이 그대로 우리의 가슴속에 살아 있다. 한쪽으로 비켜 놓았던 옛날의 믿음들이 사실로 입증되는 어떤 일이 〈일어나자〉마자 우리는 두려운 낯섦의 감정을 갖게 되고, 다음과 같은 판단들을 내리면서 이 감정을 한층 더 확실한 것으로 받아들인다. 〈그렇다면 단지 그러고 싶었기 때문이라는 이유만으로도 사람이 다른 사람을 죽일 수 있다는 것은 어쨌든 사실이다. 죽은 사람들은 여전히 살아 있는 것이고, 전에 자신들이 살았던 곳에 다시 나타난다는 것도 사실이구나〉 하는 생각 등. 반면에 이러한 정물 사상적인 믿음이 자신의 가슴속에 뿌리내릴 모든 여지를 철저하고도 단호하게 없애 버린 사람이 있다면, 이러한 두려운 낯섦의 감정은 그에게 아무런 영향력도 미치지 못할 것이다. 욕망의 기묘한 실현도, 같은 장소 같은 날짜에 반복해서 일어나는 유사한 경험들의 수수께끼 같기만 한 현상도, 또 착각을 불러일으키지 않을 수 없는 광경들이나 의혹을 떨쳐 버릴 수 없는 어떤 소리들도 모두 이런 사람을 결코 당황하게 하지 못할 것이고, 두려운 낯섦의 감정이라고 부를 수 있는 그 어떤 공포감도 불러일으키지 못할 것이다. 따라서 이 경우에는 현실을 새삼 확인시켜 주는 물질적 현실이 문제일 뿐이다.[32]

32 분신에 의해 유발되는 두려운 낯섦도 같은 범주에 속하므로 우리가 갑자기 예기치 않게 자기 자신의 모습을 대면할 때 생기는 정신적 충격을 살펴보는 것도 흥미로운 일이 될 것이다. 에른스트 마흐는 1900년에 나온 그의 책 『감각 작용에 대한 분석』에서 다음과 같은 두 가지 사례를 기록하고 있다. 첫 번째 사례에서 그는 그가 바라보고 있던 얼굴이 바로 자신의 얼굴이라는 사실을 깨달았을 때의 놀라움에 대해 적고 있다. 두 번째 경우에서 그는 얼른 보기에는 낯모르는 사람 같았기 때문에 자신이 타고 가던 완행열차에 함께 탄 한 사내에 대해 다음과 같이 적대적인 시선을 보냈다고 쓰고 있다. 〈저기 올라오고 있는 저 별 볼일 없이 생긴 샌님은 뭐야?〉 나 역시 유사한 경험을 한 적이 있다. 침대차에 홀로 앉아 여행을 하고 있었는데, 그날따라 유난히도 기차는 덜컹거렸고 그 충격에 바로 옆에 있는 화장실로 통하는 문이 저절로 열려 버렸

거세 콤플렉스 같은 억압된 어린 시절의 콤플렉스들과 어머니의 품[33]에 관계된 콤플렉스 때문에 발생하는 두려운 낯섦의 감정의 경우에는, 이런 유형의 두려운 낯섦의 감정을 불러일으킬 수 있는 경험이 사실에 있어서는 그리 흔하지 않다는 점을 제외하면 사정이 다르다. 실제로 경험한 이상하게 두려운 감정은 대부분 제1그룹에 속하는 것들인데, 이렇게 1그룹과 2그룹으로 나누는 것은 이론적으로 매우 중요한 의미를 갖는다. 어린 시절의 콤플렉스에서 유래하는 두려운 낯섦의 경우 물질적 현실은 전혀 고려의 대상이 되지 못한다. 왜냐하면 바로 정신적 현실 자체가 물리적 현실의 자리를 대신 차지하고 있기 때문이다. 어떤 내용이 실제로 억압되어 있는 것이고, 이렇게 억압된 것이 돌아오고 있다. 다시 말해 이러한 내용의 현실성을 계속해서 믿는 것이다. 어떤 경우에는 표현 내용이 억압당했을 수도 있고, 또 어떤 경우에는 그 내용이 (물리적으로) 실재한다는 믿음이 억압당했을 수도 있다. 그러나 두 번째 그룹의 경우 〈억압〉이라는 용어를 우리는 원래 이 단어가 쓰여야 하는 정당한 범위를 넘어서서 사용해야 할지도 모른다. 여기서 우리는 두 그룹 사이에서 느껴지는 심리적 차이를 중시해야 할 것이고, 문명인들이 지니고 있는 정령 사상적 믿음들을 완벽하게 억압이 이루어지지 못한 〈초극 상태〉로 보아야 할

다. 그러더니 잠옷 차림의 한 중년 신사가 머리에는 여행용 모자를 쓰고 내 방으로 들어오고 있었다. 처음에는 두 객실 사이에 있는 화장실을 나서다가 착각해서 방을 잘못 찾았겠거니 생각했다. 그래서 나는 그에게 일러 주려고 자리에서 일어났다. 그런데 그 순간 나는 내 방으로 들어온 그 사내가 중간 문에 달려 있는 거울에 비친 내 모습이라는 것을 알았다. 얼마나 놀랐을 것인가! 기억하건대 내 방에 들어오던 그 사내는 정말로 혐오스러웠다. 나와 마흐는 어떻든 소름이 돋는 두려움을 느끼는 대신 우선 자신들의 분신을 알아보지 못했던 것이다. 그러나 우리가 처음에 느꼈던 혐오감은 그 옛날 어린 시절에 우리가 자신의 분신을 이상하게 두려운 것으로 무서워하며 보였던 반응이 여전히 남아 있었기 때문에 가능했던 것이 아닐까? ─ 원주.

33 프로이트는 *Mutterleib*, 즉 〈어머니의 배〉라고 쓰고 있다.

것이다. 우리가 얻게 될 결과는 다음과 같이 표현될 수 있을 것이다. 우리가 실제로 두려운 낯섦의 감정을 경험하게 되는 것은 〈억압된〉 어린 시절의 콤플렉스들이 어떤 강한 인상에 의해 다시 살아나거나 혹은 〈초극된〉 원시적인 믿음들이 다시 새롭게 확인될 때이다. 그러나 어쨌든 완벽한 해답과 분명한 논리 전개를 선호하는 우리들이기는 하지만, 그렇다고 해서 위에서 제시한 두 그룹의 두려운 낯섦이 실제의 경험 속에서 선명하게 구분된다고 믿어서는 안 될 것이다. 만일 우리가 원시적인 믿음들이 어린 시절의 콤플렉스들과 매우 밀접하게 관련을 맺고 있고, 또 이 콤플렉스들 속에 그 뿌리를 두고 있다는 점을 염두에 둔다면, 이러한 구분 자체가 명료하지 못하다는 사실에 그리 놀라지 않을 수도 있다.

허구에서 파생되는 ─ 공상이든 문학 작품에 의한 것이든 ─ 두려운 낯섦은 별도로 다룰 만한 가치가 있다. 우선 무엇보다 그것은 실제로 경험한 것보다 훨씬 풍부해서 경험한 것만이 아니라 경험할 수 없는 다른 것들도 포괄하고 있다. 아마도 억압된 것과 초극된 것 사이의 대립을 상당 부분 변화시키지 않고서는 문학 작품의 두려운 낯섦에 적용시킬 수가 없을 것이다. 왜냐하면 상상력이라는 이름의 왕국은 현실이라는 잣대로 측정되지 않는 내용을 가질 때 비로소 자신의 정통성을 얻는 것이기 때문이다. 역설적으로 들릴지도 모르겠지만, 현실에서라면 이상하게 두려운 것이었어도 그런 것들이 문학에서는 대부분 두려운 것이 되지 않고, 또 삶 속에서는 만날 수 없는 많은 두려운 낯섦의 감정들이 문학에서는 얼마든지 발생할 수 있다는 것이다.

작가에게는 많은 자유가 부여되어 있는데, 그가 표현할 세계를 자신의 뜻대로 선택하는 자유도 그중 하나일 것이다. 즉 작가는 우리에게 친숙한 현실과 일치하는 세계를 선택할 수도 있고, 아니면 이러저러한 방식으로 현실에서 멀어질 수도 있다. 어떤 경우든 우리는 작가를 따라간다. 예를 들어 동화의 세계는 단번에 현실 세계를 떠나 정령 사상적 믿음과 친화력을 공개적으로 인정하는 문학이다. 동화 속에서 흔히 볼 수 있는 욕망의 실현, 숨어 있는 힘들, 생각의 전능성, 비생물체들의 살아 움직이는 현상들은 동화의 세계에서는 두려운 낯섦의 감정을 전혀 자아내지 않는다. 왜냐하면 이미 살펴본 대로 이러한 감정이 발생하기 위해서는 도저히 믿을 수 없는 일이 일어났을 때, 비록 그것이 옛날 언젠가 이미 초극된 것이라고 해도 그것이 정말로 불가능한 것인지 아닌지 다시 내적인 갈등이 일어나야만 하기 때문인데, 이미 이러한 의문은 동화의 세계가 전제로 하고 있는 것들에 의해 처음부터 제외되었다. 이렇게 동화는 우리가 제안한 두려운 낯섦에 대한 개념을 반박하는 많은 예들을 보여 주면서 위에서 언급했던 첫 번째 사실, 다시 말해 허구의 세계에서는 현실에서와는 달리 많은 것들이 이상하게 두려운 감정들을 발생시키지 않는다는 사실을 입증해 보인다. 동화의 경우에는 많은 다른 요소들이 개입하지만, 이에 대해서는 잠시 후에 간략하게 언급할 것이다.

작가는 또한 초인(超人)형 인물이나 악마 혹은 죽은 자들의 망령 등을 작품 속에 등장시킴으로써 현실 세계와는 구별되면서도 동화의 세계보다는 덜 환상적인 세계를 창조해 낼 수도 있다. 이러한 인물들은 모두 두려운 낯섦의 감정을 유발시킬 수 있는 인물들이지만, 문학이라는 별개의 현실이 갖고 있는 전제들이 그어 놓은 경계선 안에서는 두려운 낯섦이 사라진다. 단테의 지옥에 나오는 영혼들이나 셰익스피어의 『햄릿』, 『맥베스』, 『줄리어스 시저』에 나오는 유령형 인물들은 음산하고 무시무시하긴 하지만 따지고 보면, 가령 호메로스가 묘사한 신들이 사는 평온한 세계처럼 거의 두려운 낯섦의 감정을 자아내지 않는다. 일정한 조건들 속에서 작가는 이러한 현실을 꾸며 내는 데 우리의 판단력은 이 조건에 적응되어 있고, 영혼이든 혼령이든 유령이든 물질적 현실 속에서 사는 우리 자신처럼 그들을 별도의 독립된 세계에 존재하는 인물들로 보는 것이다. 이 경우 역시 사람들이 두려운 낯섦의 감정을 절약하는 경우에 해당한다.

그러나 작가가 외관상 우리 모두의 현실 속에 자리를 잡을 경우에는 사정이 다르다. 이때 작가는 그렇게 함으로써 실제의 경험 속에서 두려운 낯섦의 감정을 유발시키는 조건들을 차용하는 것이고, 아울러 삶과 문학에서 동시에 그런 결과를 발생시키는 모든 것을 작품에 끌어들이는 것이다. 그러나 이런 경우 작가는 현실에서는 결코 일어날 수 없는, 혹은 매우 드물게만 발생하는 사건들을 돌발시킴으로써 현실에서는 경험할 수 없는 두려운 낯섦의 감정을 강조하거나 반복할 수 있다. 말하자면 작가는 속임수를 써서 이미 초극한 것으로 생각하고 있던 미신의 세계로 우리를 인도한다. 모든 사람에게 공통된 현실을 보여 주는 것처럼 하면서 실제로는 현실 그 너머로 우리를 인도하여 착각에 빠뜨리는 것이다. 우리는 이런 종류의 허구적 작품들에 우리 자신들의 개인적 경험에 대해서처럼 똑같이 반응하게 된다. 우리가 속았다는 것을 알았을 때는 이미 때가 늦은 것이고, 작가는 이미 목표를 달성한 것이다. 그러나 확언하건대 그가 순수하게 자신이 목표했던 효과만 거둔 것은 아니다. 우리 마음속에는 여전히 만족스럽지 못한 어떤 감정이, 다시 말해 속임수를 썼다는 것을 알았을 때의 불쾌한 감정이 남아 있게 된다. 나는 슈니츨러[34]의 작품 『예언

34 A. Schnitzler(1862~1931). 오스트리아의 극작가 겸 소설가. 의사이기도 했던 이 작가는 세기말의 빈 풍경을 이기주의에 빠진 인물들에 대한 세련된 심리 분석을

Die Weissagung』이나 그와 유사한 환상적 분위기의 작품들을 읽고 난 후에 비슷한 불쾌감을 경험한 적이 있다. 이때도 작가는 독자들의 불평을 피하면서 자신의 의도대로 작품을 구성해 나갈 수 있도록 유리하게 상황을 이끌어 가는 수단을 갖고 있다. 그 수단이란 그가 어떤 정확한 전제들에서 출발해 자신의 세계를 세워 나가고 있는지를 오랫동안 독자들에게 숨기거나, 아니면 능란한 솜씨로 독자를 희롱하면서 결정적으로 전모가 드러날 때까지 숨어 다니는 것이다. 그러나 전체적으로 볼 때는 우리가 앞에서 말했듯이 허구적인 작품은 삶 속에서는 만날 수 없는 새로운 두려운 낯섦의 감정들을 창조해 낸다는 것을 확인할 수 있다.

이 모든 사례들은 엄밀하게 말해 초극된 것 속에 연원을 두고 있는 두려운 낯섦하고만 관련되어 있다. 억압된 콤플렉스에서 발생하는 두려운 낯섦은 훨씬 더 표현하기가 어렵고, 한 가지 차이점을 제외하면 그것은 문학 속에서나 현실 속에서나 똑같이 이상하게 두려운 감정 상태로 남아 있다. 초극된 것에서 나오는 두려운 낯섦은 경험 속에서도 자신의 특성을 간직하고 있고, 또 물질적 현실에 기초한 문학 속에서도 특성을 유지하고 있다. 그러나 이러한 두려운 낯섦은 작가가 꾸며 낸 허구들 속에서는 그 특성을 상실할 수 있다.

문학은 두려운 낯섦의 감정을 불러일으키면서도 또 그것을 억제하기도 하는데, 이런 측면에 대해 이야기하자면 이 정도의 논의로 작가의 자유에 관한 문제와 허구적인 작품이 지니고 있는 특성들을 빠짐없이 다 다루었다고 할 수는 없다. 실제로 경험하면 우리 모두는 전체적으로 수동적인 입장을 취하게 되고, 물리

통해 묘사했다. 그러나 그의 작품들은 전체적으로는 깊이가 없는 것으로 평가되고 있다. 오스트리아 영화에 많은 영향을 끼쳤다.

적인 주위 환경의 지배를 그대로 따라가고 만다. 그러나 작가를 만나는 경우 우리는 매우 특이한 흡입력을 발휘한다. 우리를 어떤 일정한 심적 상태 속으로 빠져들게 하고, 또 기대감을 부추김으로써 작가는 마치 사슬처럼 연결된 작품의 요소들에 대한 독자의 정서적 진행 과정을 다른 방향으로 유도할 수 있다. 그는 같은 주제를 갖고서도 매우 상이한 결과들을 만들어 낼 수 있다. 이 모든 것은 이미 잘 알려진 사실이고, 아마도 미학 분야의 전문가들에게는 깊이 있게 감식해 내야 할 연구 대상이었을 것이다. 우리 또한 의도했던 것은 아니면서도, 두려운 낯섦의 감정의 연원에 대한 우리의 추론을 모순된 것이라고 반박하는 많은 예들을 살펴보고자 했기 때문에, 이 미학적 연구 영역에 발을 들여놓고 말았다. 몇 가지 예들을 다시 거론해도 무방할 것 같다.

우리는 앞에서 왜 람프시니트의 보물 속에 들어 있는 잘려진 손이, 예를 들어 하우프의 「잘려진 손 이야기」 속에서처럼 똑같은 두려운 낯섦을 자아내지 않는지 의문을 제기했다. 이 질문은 중요하다. 왜냐하면 우리는 이미 억압된 콤플렉스에서 발생하는 두려운 낯섦의 감정이 엄청난 저항력에 의해 억압되어 있다는 사실을 알고 있기 때문이다. 이 의문에 답하기는 어려운 일이 아니다. 즉 이야기 속에서 우리는 왕비가 느꼈던 감정에 공감하는 것이 아니라 〈도둑 왕〉의 교활한 술책에 공모를 하고 있었던 것이다. 물론 왕비의 입장에서는 두려운 낯섦의 감정을 느꼈을 것이고, 그녀는 기절했을 수도 있다. 그러나 우리는 이런 유형의 감정을 전혀 느낄 수 없는데, 왜냐하면 우리는 왕비의 입장이 아니라 다른 사람의 입장에 서 있기 때문이다. 요한 네스트로이[35]의 소극

---

35 J. N. Nestroy(1801~1862). 오스트리아의 연극 배우 겸 극작가. 풍자적이고 동화적인 극작품을 통해 당시의 빈 관객들을 매료시켰다.

(笑劇) 「찢겨진 마음」에서 자신을 살인자로 여기고 있는 도망자
는 지하실로 통하는 작은 문을 열 때마다 살해당한 자라고 생각
되는 유령을 매번 만나는데, 그때 이 도망자는 절망적인 목소리
로 〈나는 한 사람밖에 안 죽였다. 그런데 왜 유령은 이렇게 많단
말인가?〉 하고 외친다. 그러나 이 연극을 보는 관객들은 두려운
낯섦을 느끼지 못한다. 이미 우리는 이런 장면이 어떤 사전 조건
들에 의해 준비되어 왔는지를 알고 있고, 따라서 〈찢겨진 사나이〉
처럼 똑같은 착각을 하지 않는 것이다. 이런 이유로 인해 그에게
는 두려운 낯섦의 감정일 수밖에 없었던 것이 우리에게는 견딜
수 없는 코미디에 지나지 않게 되는 것이다. 또 오스카 와일드의
『캔터빌의 유령』과 같은 소설에서처럼 심지어 〈진짜〉 유령이 나
타난다고 해도, 만일 작가가 이 유령을 재미있다는 듯이 혹은 대
수롭지 않다는 듯이 다룰 때에는 유령은 두려움을 준다는 욕심을
포기해야만 할 것이다. 실제로 정서적인 충격이란 허구의 세계에
서는 이만큼 내용의 선택과는 무관한 것이다. 동화에서는 독자들
에게 그 어떤 괴로움도 주어서는 안 되고, 따라서 그 어떤 두려운
낯섦의 감정도 유발시켜서는 안 된다. 이해할 수 있는 일이 아닌
가? 게다가 바로 이런 이유 때문에 우리는 이상한 두려움의 감정
이 생길 수 있는 경우에 대해서도 눈을 감아 주는 것이다.

　우리는 고독과 침묵과 어둠에 대해서는 단지 그런 것들이 대부
분의 인간들의 가슴속에서 영원히 사라지지 않을 어린 시절의 두
려움과 관련이 있는 상황들이라는 말 이외에 아무런 할 말이 없
다. 이 문제를 우리는 다른 곳에서 다룬 적이 있다.[36]

36 1905년에 발표된 프로이트의 「성욕에 관한 세 편의 에세이」를 지칭한다.

17세기 악마 신경증

17세기 악마 신경증

Eine Teufelsneurose im siebzehnten Jahrhundert(1923[1922])

이 논문은 존스의 『지크문트 프로이트: 생애와 업적*Sigmund Freud: Life and Works*』에 따르면 1922년의 마지막 달에 쓰였다. 프로이트는 스승인 샤르코의 악마에게 홀린 사람들에 대한 책이나 악마에 심취한 자들에 대한 책을 독일어로 번역하기도 하는 등 이전부터 악마 신경증이라는 주제에 관심을 가지고 있었다. 1897년 1월, 플리스에게 보낸 두 통의 편지에서도 그의 관심이 전혀 줄어들지 않았음을 알 수 있다.

프로이트는 악마와 계약을 맺었다는 17세기의 화가 하이츠만에 대한 기록을 입수한 파이어-투른 박사의 관심에 힘입어 이 분석을 시작했으며, 신경증 환자들에게 나타나는 악마를 아버지의 형상으로 보았다. 특히 「편집증 환자 슈레버 ― 자서전적 기록에 의한 정신분석」에서 악마뿐만 아니라 신의 모습으로 나타나는 아버지에 대한 억압된 감정을 논하고 있다.

이 논문은 1923년 『이마고』 제9권 1호에 처음 실렸으며, 1924년에는 국제 정신분석 출판사에서 발간되었다. 또한 『전집』 제13권

(1940)에도 실렸다. 영어 번역본은 1925년 글로버E. Glover가 번역하여 "A Neurosis of Demoniacal Possession in the Seventeenth Century"라는 제목으로 『논문집』 제4권에 실렸으며, 『표준판 전집』 제19권(1961)에도 수록되었다.

17세기 악마 신경증

어린 시절의 신경증들에 대한 연구를 통해, 우리는 훗날 더욱 심화된 연구가 끝난 후에야 비로소 모습을 드러내는 수많은 것들을 별 어려움 없이 이미 어린 시절의 신경증 속에서 알아볼 수 있다는 것을 알고 있다. 만일 우리가 오늘날의 신경증과는 다른 항목으로 분류되어 있는 지난 세기들의 신경증적 증상들을 발굴해 낼 마음의 준비만 되어 있다면, 우리는 이것들에 대해서도 유사한 기대감을 가지고 접근해 볼 수 있다. 심리학을 모르는 오늘날에는 신경증들이 신체적 병들로 위장된 채 심기증(心氣症)[1]이라는 옷을 입고 나타나는 반면, 지나간 먼 시대의 신경증들은 귀신학(鬼神學)이라는 옷으로 위장을 하고 나타났는데, 이는 결코 놀라운 일이 아닐 것이다. 알려진 바와 같이, 샤르코를 필두로 여러 사람이 예술 작품들 속에서 볼 수 있는 것과 같은 귀신 들린 상태나 황홀경에 대한 묘사들 속에서 히스테리*Hysterie*의 표현 형식들을 알아보았다. 만일 이런 환자들에게 좀 더 주위를 기울인다면, 그들이 지내 온 삶 속에서 신경증의 내용들을 재발견해 내기는 그리 어려운 일이 아닐지도 모른다.

잘 알려져 있지 않은 먼 과거에 존재했던 귀신론이라는 이론은

---

1 자신의 건강에 대해 지속적으로 과도한 걱정을 하는 증상을 일컫는다.

이른바 〈정확한〉 과학의 시대라고 하는 오늘날의 인간 신체에 관한 모든 이론들에 맞서 여전히 그 가치를 유지해 오고 있다. 귀신 들렸다고 하는 것은 우리가 신경증이라고 부르는 것에 해당하는데, 이 신경증을 설명하기 위해서는 우리도 나름대로 정신적인 힘들에 의존한다. 귀신은 우리가 보기에는 거부된 나쁜 욕망이자 억압되고 제외된 본능적 충동의 후예들이다. 우리가 받아들일 수 없는 것은 다름 아니라 중세(中世)가 귀신 들렸다거나 황홀경이라는 명칭을 통해 행했던 바로 외부 세계로의 투사Projektion이다. 우리는 이러한 귀신 들린 상태와 황홀경이 환자들의 내적 삶이 만들어 낸 산물이고, 이 내적 삶이 바로 귀신 들린 상태와 황홀경이 일어나는 장소라고 본다.

화가 크리스토프 하이츠만의 일생

내가 17세기에 있었던 이러한 유형의 귀신론적 신경증을 살펴볼 수 있게 된 것은, 이전에는 제국 도서관이자 왕립 도서관이었던, 현재 빈에 유증(遺贈) 도서관[2] 관장이자 추밀원 고문이기도 한 파이어-투른R. Payer-Thurn 박사의 호의에 찬 관심에 힘입어서이다. 파이어-투른은 도서관에서 순례지 마리아젤[3]에서 작성된 수사본(手寫本) 하나를 발견했는데, 이 수사본에는 한 사나이가 동정녀 마리아의 가호에 힘입어 기적적으로 악마와 맺은 계약[4]에서 풀려나게 된 사정이 상세하게 기록되어 있었다. 박사는 파우스트 전설과의 관련성이 연상되자 호기심을 느꼈고, 이 자료를 분석하여 소개할 생각까지 하게 되었다. 그러나 묘사된 인물이 경련을 일으키기도 했고 환상으로 고통당하기도 했다는 사실을

---

2 유증 기록을 보관하는 사법 도서관으로 현재는 오스트리아 국립 도서관에 부속되어 있다.

3 빈에서 남서쪽으로 백여 킬로미터 떨어져 있는 순례지.

4 *Teufelspakt*. 이 글 전체에 걸쳐 〈계약(契約)〉을 뜻하기 위해 프로이트가 가장 빈번하게 사용한 단어는 *Verschreibung*이다. 말 그대로 이 단어는 〈문서를 통해 누군가에게 자신을 속박하거나 바치는 일〉을 가리킨다. *Pakt*라는 단어도 등장하지만 한층 드물게 보이는데, 이 단어를 사용한 것은 단지 문서로 남은 흔적 때문만이 아니라, 아마도 상황 전체를 지칭하는 데 좀 더 유용했기 때문으로 보인다. 본 번역에서는 *Verschreibung*을 〈문서로 된 약속〉으로 옮긴다. 프로이트가 〈문서로 되어 있다〉는 점을 강조하고 있기 때문이다.

알게 되자, 박사는 사례에 대한 의학적 감정을 하기 위해 이 자료를 내게 의뢰해 왔다. 우리 두 사람은 각자의 작업 결과를 각각 따로 발표하기로 합의했다.[5] 나는 이 자리를 빌려 수사본을 연구하면서 그에게 받은 수많은 도움과, 연구를 시작할 수 있도록 처음으로 기회를 만들어 준 데 대하여 감사의 뜻을 표하고자 한다.

귀신론 사례에 대한 이 보고서는, 광석을 힘들여 녹인 이후에나 겨우 얻을 수 있는 순수한 금속을 그대로 캐낼 수 있는 광산에나 비교할 수 있는, 그야말로 아무런 해석이 필요 없는 귀중한 발견물에 해당한다.

정확한 사본을 현재 나는 눈앞에 펼쳐 놓고 있는데, 이 수사본은 성격이 완전히 다른 두 부분으로 나뉘어 있다. 즉 서생(書生)이나 혹은 필사생(筆寫生) 역할을 했던 한 수도승이 라틴어로 쓴 보고서와, 환자가 독일어로 쓴 일기의 단편으로 이루어져 있다. 제1부에는 서언적(序言的) 성격의 보고와 본론인 기적적인 치유 내용이 들어 있고, 제2부는 당시의 고위 성직자들의 눈에는 별 중요성이 없는 것으로 비쳤음에 틀림없는 내용을 담고 있는데, 이 두 번째 부분이야말로 우리에게는 가치가 있다. 2부를 통해 이 병적 사례에 대한 우리의 판단이 한층 공고해지는데, 만일 이 부분이 없었다면 우리의 판단은 그리 확실한 것이 되지 못했을 것이다. 따라서 우리는 자신들의 관점에 아무런 보탬이 되지 않고 나아가 그들의 관점을 혼란에 빠뜨릴 수도 있었을 이 자료를 보존해 온 성직자들에게 의당 고마워해야 할 것이다.

〈마리아젤의 전승비Trophaeum Mariano-Cellense〉라는 제목이 붙

5 파이어-투른의 글은 프로이트의 글보다 1년 후에 발표된다.

어 있는 이 작은 수사본 책자의 구성에 대해 자세히 살펴보기 전에 우선, 서언적 성격의 보고에서 발췌한 일부 내용을 먼저 이야기해야만 할 것 같다.

1677년 9월 5일, 바이에른 사람인 화가 크리스토프 하이츠만은 포텐브룬(남부 오스트리아)의 한 신부가 쓴 소개장을 소지한 채 마리아젤 마을 인근으로 옮겨 온다.[6] 이 소개장에 따르면, 그는 포텐브룬에서 그림을 그리며 여러 달을 머물렀고, 8월 29일 성당에서 끔찍한 발작을 일으켰는데, 이 경련은 이후 여러 날 동안 수시로 일어나곤 했다는 것이다. 포텐브룬의 신부는 이 화가를 억누르고 있는 것이 무엇인지, 그리고 이 화가가 혹시 악령과 부정한 관계를 맺지 않았는지 조사하기 위해 그를 관찰했다.[7] 이에 대해 화가는, 실제로 9년 전 미술 문제로 인해 극도로 침체되고 생활고로 삶에 회의를 느끼고 있었을 때 아홉 번이나 그를 찾아와 유혹을 했던 악마에게 패배했으며, 그래서 마침내는 9년 동안 악마에게 자신의 몸과 영혼을 맡겼다고 고백했다. 그런데 이제 그 계약 시한인 그달 24일이 가까워진 것이다.[8] 그런데 포텐브룬으로 오기 전에 이 불행한 사나이는 후회를 하면서 오직 마리아젤에 있는 신의 어머니만이 악마로 하여금 자신이 혈서로 써준 계약서를 취소하게 함으로써 그를 구원할 수 있다고 믿게 되었다. 〈모든 도움의 손길이 끊어진 이 가련한 인간*miserum hunc hominem omni*

6   화가의 나이는 어느 곳에도 명시되어 있지 않다. 전후 상황을 통해 짐작컨대 30세에서 40세 사이로 추측되는데, 30세 초반일 가능성이 높아 보인다. 곧 밝혀지겠지만, 그는 1700년에 사망했다.

7   화가에게 악마와의 계약이라는 환상을 불어넣어 주고, 암시해 준 것이 바로 이 조사일 수도 있다는 가능성이 우리의 머리를 스치고 지나간다 — 원주.

8   ……*quorum et finis 24 mensis hujus futurus appropinquat* — 원주. 프로이트가 각주에 인용한 라틴어 원문의 뜻은 다음과 같다. 〈게다가 이달 24일로 예정된 그 기한이 다가오고 있다.〉

auxilio destitutum〉을 마리아젤의 존귀하신 성직자들에게 보내게
되었던 것은 바로 이런 이유에서였다.

포텐브룬의 신부, 레오폴두스 브라운은 1677년 9월 1일, 위와
같이 쓴 바 있다.

이제 나는 수사본에 대한 분석을 계속해 나가겠다. 수사본은
다음과 같이 세 부분으로 구성되어 있다.

(1) 우선 제목이 찍혀 있는 착색(着色)된 표지. 이 표지에는 계
약 장면과 마리아젤 성당에서 일어난 해방 장면이 묘사되어 있다.
표지 다음에는 역시 착색되어 있는 여덟 장의 그림이 나오는데,
악마가 출현하는 장면들에 간단한 독일어 설명들이 붙어 있다.
이 그림들은 원본이 아니라 복사본인데, 우리가 공식적으로 확인
해 본 바에 따르면, 화가 하이츠만의 그림을 그대로 재현한 복사
본들이다.

(2) 엄밀한 의미에서의 *Trophaeum Mariano-Cellense*, 즉 말미
에 〈P. A. E.〉라고 서명을 하고 이 약자(略字)에 자신의 전기적 사
실을 담은 네 구절의 시를 첨가해 놓은, 종교 단체의 한 필사생이
쓴 『마리아젤의 전승비(戰勝碑)』 결론 부분은 신부, 성 랑베르의
킬리안이 1729년 9월 12일에 한 증언으로 이루어져 있는데, 필사
생의 필적과는 다른 글씨로 쓰여 있는 이 증언은 책자가 고문서
로 보관되어 있는 수사본이나 그림과 일치함을 증명하고 있다.
『전승비』의 저술 시기는 명시되어 있지 않다. 저술이 킬리안 신부
가 자신의 증언을 덧붙인 해인 1729년, 같은 해에 이루어졌는지,
혹은 책 속에 나타난 마지막 연도가 1714년이므로 필사생의 저술
을 1714년에서 1729년 사이의 어떤 한 해로 추정을 해야 하는지
는 해결되지 않은 문제다. 이 저술이 망각에서 구해 낸 문제의 그

기적은 1677년에 일어났다. 다시 말해 기적은 책이 쓰이기 37년 전에서 52년 전 사이에 일어난 것이다.

(3) 성당에 머물면서 악마에게서 풀려난 때부터 그다음 해인 1678년 1월 13일까지의 시기에 독일어로 쓰인 화가 자신의 일기. 이 일기는 『전승비』의 거의 끝부분에 위치해 있다.

순수하게 『전승비』만 놓고 볼 때, 그 중심에는 두 건의 문서 자료가 있는데, 하나는 이미 앞에서 언급했던 포텐브룬의 신부 레오폴두스 브라운의 1677년 9월 1일자 소개 편지다. 두 번째 자료는 마리아젤과 성 랑베르의 프란체스코파 신부가 쓴 1677년 9월 12일자 보고서인데, 기적이 일어난 지 며칠 후에 쓰인 보고서로 기적적인 치유를 상세하게 적고 있다. 작성자, 혹은 P. A. E.라는 서명을 남긴 필사생은 일종의 서론을 썼는데, 이 서론은 위의 두 자료를 하나로 섞어 놓은 것이었고, 다른 한편으로는 별 중요성이 없는 몇 가지 전달 과정에 대한 말을 덧붙여 놓았으며, 마지막으로 1714년에 얻은 정보에 의거해 화가의 차후 운명들에 대해 보고해 놓았다.

화가의 경력은 따라서 『전승비』 속에서 세 번에 걸쳐 언급된다.

1) 포텐브룬의 신부가 쓴 소개 편지 속에서.

2) 프란체스코파 신부가 쓴 공식 보고서 속에서.

3) 작성자의 서론 속에서.

이 세 자료를 상호 비교하면 조사해 볼 만한 가치가 있는 몇 가지 앞뒤가 맞지 않는 대목들이 드러나게 된다.

이제 화가의 일생에 관한 이야기를 계속해 나갈 수 있을 것이다. 마리아젤에서 오랫동안 고해와 기도를 드렸던 그는, 성모의 탄생일이기도 한 9월 8일 밤 12시에 날개 달린 용의 모습으로 성당에 나타난 악마에게 그가 피로 써준 계약서를 돌려받는다. 화가 크리스토프 하이츠만의 이야기에서 우리는 두 개의 계약서가 있다는 것을 알게 되는데, 놀랍게도 그중 하나는 검은 잉크로 쓰인 것이고 나머지 하나는 피로 쓰인 것이다. 우리가 책 속에서 보게 되는 마귀를 쫓아내는 장면에서 문제가 되는 것은, 책 표지에 실린 그림이 보여 주고 있듯이 피로 쓰인 편지, 즉 두 번째 편지다.

이 대목에 이르러 우리는 수도사들의 미신이 만들어 낸 이야기에 공연히 애쓰지 말고, 성직자들이 쓴 이러한 이야기의 신빙성에 대해 모종의 유보를 해야 한다는 생각이 들게 된다. 전하는 기록에 따르면, 이름까지 명시된 여러 명의 성직자들이 항상 귀신이 들렸던 이 화가의 곁에 머물며, 성당에 악마가 나타났을 때에도 화가와 함께 그 자리에 있었다고 한다. 이 성직자들 역시 악마인 용이 붉은 글씨로 쓰인 문서를 화가에게 내미는 것을 보았다고 확언한다면 우리는 유쾌하지 못한 많은 가정들을 할 수밖에 없는데, 환각도 집단으로 하게 되면 너그럽게 용서가 될 수도 있다는 것이 이러한 가정들 중의 하나다. 오직 프란체스코파 신부가 작성한 편지를 통해서만 우리의 의혹이 가시게 된다. 이 사람이 쓴 편지 어디에도 동석(同席)한 성직자들이 악마를 보았다는 기록이 없다. 그는 반대로 정직하고 간략하게 쓰고 있는데, 화가가 느닷없이 그를 붙잡고 있던 성직자들을 뿌리치면서 악마가 나타났다고 하며 성당 한쪽 구석으로 달려갔고, 다시 돌아오는 그의 손에 문서가 들려 있었다는 것이다.[9]

엄청난 기적이었고, 사탄을 물리친 성모의 승리는 의심할 여지가 없다. 그러나 안타깝게도 치유 효과는 오래가지 못했다. 이 점

---

9 〈젤의 제단 왼쪽 인근에서, 그는 작은 창을 통해 자신에게 문서를 내미는 악마를 보았다. 그는 자신을 붙들고 있던 성직자들에게서 빠져나가 그곳으로 달려갔고, 바로 그 문서를 손으로 받았다〉— 원주. 프로이트는 라틴어로 된 문장을 인용하고 있다.

에서 우리는 다시 한번 이 사실을 숨기지 않고 공개한 고위 성직 자들에게 찬사를 보내야 할 것이다. 화가는 매우 짧은 시간 동안 이었지만 완전히 건강을 회복한 상태에서 마리아젤을 떠나 빈으 로 가서 결혼한 누이의 집에 머물게 된다. 10월 11일, 바로 그곳에 서였다. 그는 다시 발작을 일으켰고, 몇 번인가는 상태가 위중했 는데, 일기에는 1월 13일까지 이 사실이 자세하게 기록되어 있다. 환상과 실신이 반복되었고, 그 와중에도 그는 너무나 다양한 것 을 직접 보고 겪었으며, 엄청난 두려움을 수반하는 발작 상태에 빠졌고, 또 한 번은 다리 근육에 마비가 오는 증상을 보이기도 했 다. 그러나 빈에서 그가 다시 발작을 일으켰을 때, 그를 찾아와 괴 롭힌 것은 악마가 아니라 바로 예수와 성모를 포함한 성자들이었 다. 기이한 것은 천상의 성자들이 나타나 화가에게 벌을 내릴 때, 그가 이전에 악마와 관계를 맺었을 때보다 덜 괴롭지 않았다는 것이다. 게다가 화가는 이 새로운 경험들을 그의 일기에 〈악마의 출현〉이라고 기록했고, 1678년 5월 다시 마리아젤로 돌아왔을 때 〈악령의 현현(顯現)maligni Spiritûs manifestationes〉에 대해 불평을 늘어놓았다.

고위 성직자들에게 그는 자신이 다시 돌아온 이유를 설명하면 서, 처음에 검은 잉크로 먼저 써준 계약서를 악마에게서 돌려받으 러 왔다고 말했다.[10] 이번에도 성모 마리아와 마음씨 착한 신부 들이 그를 도와 그의 소원을 들어준다. 그러나 당시의 상황에 대 한 설명은 무척이나 간략하게 되어 있다. 단지 〈자신의 소원을 이 루고 다시 돌아갔다quâ iuxta votum redditâ〉 정도의 몇 마디 말로 모 든 설명을 대신하고 있을 뿐이다. 그는 다시 기도를 했고 계약서

10 1668년에 작성된 이 첫 번째 계약서는 그로부터 9년 6개월 이후인 1678년 5월에 만기(滿期)에 도달한다 — 원주.

를 되찾았으며, 완전히 자유스러워진 그는 이후 〈자비 형제단〉이라는 종파에 들어가게 된다.

여기서 우리는 다시 한번 화가가 자신이 기울인 노력들을 공공연하게 고백했지만, 그렇다고 해서 이 모든 것을 기록으로 남긴 필사생이 이러한 특수한 사례에 대한 이야기를 들을 때마다 우리가 당연히 요구하게 되는 진실성을 무시하지는 않았음을 인정해야 할 것이다. 이 필사생은 〈자비 형제단〉 수도원 원장이 주재한 화가의 죽음에 대한 1714년의 조사를 그대로 기록으로 남기고 있다. 교구장이기도 했던 원장 신부님이 전하는 말에 따르면, 크리소스토무스 형제가 이후에도 여러 번 다시 계약을 맺자고 하는 악령에 의해 괴롭힘을 당했는데, 그것은 단지 〈그가 평소보다 약간 많은 양의 포도주를 마셨을 때였고〉, 이러한 유혹에도 불구하고 그는 하느님의 가호로 언제나 악령을 물리칠 수 있었다는 것이다. 크리소스토무스 형제는 1700년에 〈평화롭고도 마음의 위안이 가득한 상태에서〉 몰다우강 인근의 노이슈타트에 있는 수도원에서 소모열(消耗熱)로 인해 사망했다.

악마와 계약을 맺게 된 동기

만일 이 악마와 맺은 문서로 된 계약을 신경증의 한 사례로 간주한다면 우리의 관심은 이 계약의 동기에 쏠리게 되는데, 이 문제는 당연히 신경증을 촉발시킬 수 있었던 요인들과 긴밀하게 연관된다. 왜 문서로 악마에게 자신을 넘겨주겠다고 하는 것일까? 물론 경멸하는 어조였지만 파우스트 박사는 다음과 같이 물었다. 〈가련한 악마여, 당신이 대체 내게 무엇을 주겠다는 거요?〉 그러나 이런 질문을 한 파우스트 박사는 잘못 생각하고 있었다. 즉 악마는 영혼의 불사(不死)를 얻는 대신 인간들이 많은 가치를 부여하는 모든 종류의 것들, 즉 부(富)와 위험 속에서의 안전과 인간과 자연을 지배할 수 있는 힘과 나아가 온갖 마술적인 기술뿐만 아니라, 무엇보다도 특히 쾌락, 그중에서도 아름다운 여인들과의 향락을 줄 수 있기 때문이다. 악마와의 이러한 계약, 혹은 그 계약 내용의 실현들은 계약서상에 분명하게 명시되어 있다.[11] 그렇다면 크리스토프 하이츠만의 경우에 그가 계약을 맺게 된 동기는 무엇이었을까?

---

11 『파우스트』의 제1부 4장 〈연구실〉. 〈나《여기서》그대를 섬기려고 하네. / 신호만 보내면 쉼 없이 휴식 없이 그대를 따르겠네. / 우리가《저승에서》다시 만날 때. / 그대 또한 나를 똑같이 섬기어야 하네〉— 원주.

이상하게도 이 매우 자연스러운 동기들 중의 어느 것도 그의 동기는 아니었다. 이 문제에 관한 모든 의혹을 제거하기 위해서는 화가가 자신이 그린 악마 출현 장면에 붙인 간단한 설명들을 보는 것으로 충분하다. 세 번째 악마 장면에 붙인 다음과 같은 설명을 보자.

〈세 번째로 그는 1년 반 동안 내게 모습을 보였는데, 위와 같은 혐오스러운 모습을 한 채 손에는 오직 저주와 악마의 요술로 가득한 책을 한 권 들고 있었고…….〉

그러나 이후에 일어난 악마 출현에 붙인 설명을 읽어 보면, 악마가 왜 〈위에서 이야기한 책을 불태웠느냐〉고 물으면서 그에게 격렬한 비난을 퍼부었고, 만일 그 책을 다시 원상대로 복구해 놓지 않으면 그를 갈기갈기 찢어 놓겠다고 위협했음을 알 수 있다.

네 번째 출현했을 때, 악마는 두툼한 돈 자루와 커다란 금화 한 닢을 보여 주면서 화가에게 약속하기를 원하는 만큼 언제든지 금화를 가질 수 있고 화가로서의 영광도 보장해 주겠다고 했지만, 〈그는 그럼에도 이를 결코 받아들이지 않았다〉는 것이다.

언젠가 또 한 번은, 악마가 그에게 마음대로 즐기며 기분을 풀어 보라고 강요했다. 이러한 악마의 말에 대해 화가는 다음과 같이 적고 있다. 〈그가 바라는 대로 되었다. 그러나 나는 사흘을 넘기지 못했고, 곧 이 약속을 어기고 말았다.〉

따라서 화가는 악마가 제안한 마술과 돈과 향락을 거부하고 계약의 조건을 더 이상 지키지 않았기에, 이제 이 화가가 문서로 악마에게 자신을 바치겠다고 했을 때 그가 정확하게 무엇을 원하고 있었는지를 알아보아야 할 것이다. 어쨌든 화가가 악마와 계약을 맺었을 때에는 어떤 이유가 있었을 것이기 때문이다.

『전승비』는 이 점에서 확실한 정보들을 제공하고 있다. 화가는 완전히 의기소침해 있었고, 일을 할 수 없었을 뿐만 아니라 일을 하고 싶지도 않았으며, 삶을 꾸려 나가는 문제로 걱정이 이만저만이 아니었다. 다시 말해 그는 그림을 그릴 수 없는 자기 금기와 (당연하게도) 미래에 대한 두려움으로 우울증에 걸려 심한 정신적 압박을 받고 있었다. 우리가 지금 다루고 있는 것은 실제로 병력으로 볼 수 있다. 또한 우리는 무엇이 이 병을 촉발시켰는지 알 수 있는데, 화가 자신이 악마 그림들에 붙인 자신의 설명 속에서 우울증을 언급하고 있기 때문이다(〈나는 또한 기분을 풀어야만 했고 나의 우울증Depression을 쫓아내야만 했다〉). 세 개의 자료 중 첫 번째 것인 신부의 소개 편지는 사실상 정서적 억압 상태만을 지적하고 있는 데 반해(〈그때 그는 자신의 그림과 미래의 수입에 대해 낙담해 있었다〉), 두 번째 자료인 프란체스코파 신부의 보고서는 이러한 의기소침과 우울의 원인을 말해 주고 있다(〈그의 아버지의 죽음 때문에 낙담했다acceptâ aliquâ pusillanimitate ex morte parentis〉). 그뿐만 아니라 이와 일맥상통하는 것이기도 한데, 필사생의 서문에도 단지 순서만 바꾸어 놓은 채 똑같은 지적이 나타나 있다(〈ex morte parentis acceptâ aliquâ pusillanimitate〉). 요컨대 그의 아버지가 돌아가신 것이다. 그는 이 사실로 인해 우울증에 걸렸고, 바로 이때 악마가 왜 그토록 풀이 죽어 슬퍼하느냐고 물으면서 그에게 접근한 것이며, 약속하기를 〈어떻게 해서든 그를 도와주고 협조를 아끼지 않겠다〉고 한 것이다.[12]

화가는 결국 정서적인 의기소침 상태에서 빠져나오기 위해 악마와 문서로 계약을 맺었다. 이러한 상태의 고통을 감정 이입을 통해 절감해 볼 수 있는 사람이라면 화가의 동기가 얼마나 필연성을 띤 것이었는지 알 수 있을 것이고, 나아가 의학적 기술은 이러

12 표지 그림과 설명에 보면 악마가 정직한 시민의 모습으로 나타났다 — 원주.

한 고통을 완화시키는 데 별 도움이 되지 않는다는 것도 알 것이다. 그렇지만 이야기를 읽으며 이렇게 동감할 수 있는 사람이라고 해도 악마와 마주하여 문서로 맺은 계약서상에 나타난 용어들의 정확한 의미를 알 수는 없을 것이다(좀 더 정확히 말해, 현재 마리아젤 성당의 고문서실에 보관되어 있고 『전승비』를 통해 외부로 전해진, 검은 잉크로 쓰인 첫 번째 계약과 그로부터 1년 후에 피로 쓰인 두 번째 계약이라는 두 계약 전체의 내용을 모를 것이다).

이 두 계약은 우리에게 다음과 같은 두 가지 큰 놀라움을 준다. 우선, 악마는 화가의 영원한 지복(至福)을 대가로 하여 반대 급부(反對給付)로 무엇인가를 제공해야 할 텐데, 두 계약은 바로 이 악마가 갚아야 할 것에 대해서는 아무런 언급이 없다. 단지 화가가 따라야만 했던 악마의 요구 사항만 일러 주고 있을 뿐이다. 이것은 완전히 비논리적이고 터무니없는 것으로서 충격을 주고 있는데, 요컨대 이 화가는 악마에게서 뭔가를 얻기 위해서가 아니라 반대로 그가 악마에게 뭔가를 주어야 했기 때문에 자신의 영혼으로 도박을 했던 것이다. 화가가 속박당했던 이 무엇이 그의 글을 한층 더 기이하게 만들고 있다.

검은 잉크로 쓰인 첫 번째 선서를 보자.

나, 크리스토프 하이츠만은 이 글을 통해 앞으로 9년 동안 주님께 그의 아들로서 몸을 바친다. 1669년.

피로 쓰인 두 번째 것을 보자.

1669년.
크리스토프 하이츠만. 이 글을 통해 나는 이 사탄에 대하여 그의 아들로서 9년 동안 육체와 영혼을 바칠 것을 약속한다.

그러나 만일 이 두 선서에서 악마가 주어야만 하는 것, 즉 화가가 요구하는 것이 악마가 요구하는 사항인 것처럼 나타났다고 본다면, 이 문서를 대하면서 우리가 받았던 놀라움은 사라진다. 이해할 수 없었던 계약은 분명한 뜻을 갖게 되고, 다음과 같이 해석될 수 있다. 즉 악마는 9년 동안 화가에게 화가의 죽은 아버지를 대신하겠다고 약속한 것이다. 이 9년의 시한이 지나자 화가는 흥정의 일반적인 관례에 따라 몸과 영혼을 악마에게 준 것이다. 계약의 동기가 되었던 바 그대로, 계속 이어진 화가의 생각들은 다음과 같다. 즉 아버지의 죽음으로 인해 그는 그림을 그릴 의욕과 재능을 잃어버렸고, 만일 이제라도 아버지를 대신해 줄 누군가를 얻는다면 그는 자신이 잃어버린 것을 다시 되찾을 수 있다고 생각한 것이다.

누군가가 아버지의 죽음으로 인해 우울증에 걸린다면, 그는 아버지를 사랑했음에 틀림없다. 그러나 이런 사람이 자신이 사랑했던 아버지의 대리자로서 악마를 선택한다는 것은 기이한 일이 아닐 수 없다.

아버지의 대리자로서의 악마

악마와의 계약을 이런 식으로 해석함으로써 그 내용을 드러낸 우리와 의견을 달리하는 어떤 냉담한 비평가들이 있지 않을까 우려된다. 이런 비평은 두 종류의 이의를 우리에게 제기할 것이다.

우선, 그들은 화가가 문서로 썼다고는 하지만 이 약속을 계약의 두 당사자가 상호 간에 지켜야 할 의무를 지고 있는 계약서로 볼 필요까지는 없다고 말할 것이다. 약속에는 단지 화가에게 지워진 의무만이 있을 뿐이고 악마 편에서 져야 할 의무는, 말하자면 〈암묵적인 상태에서〉[13] 텍스트 밖에 있다. 하지만 화가는 두 종류의 의무를 약속하고 있다. 우선 9년 동안 악마의 아들이 되겠다고 했고, 두 번째로는 자신이 죽은 후에 자신을 악마에게 전적으로 귀속시키겠다고 했다. 바로 이것이 우리가 내린 해석의 한 근거가 되어 준다.

두 번째 예상되는 이의는 〈악마에게 육체적으로 종속된 아들이 되겠다〉라는 표현에 과도한 의미를 부여하는 것이 정당치 못하다는 것이다. 이런 표현은 당시 고위 성직자들에게 그러했던 것처럼, 누구나 이해할 수 있는 흔한 표현법이었다는 것이다. 하지만 성직자들은 문서로 된 약속들 속에 들어 있는 악마와의 부

13   원본에는 프랑스어 〈*sousentendu*〉로 쓰여 있다.

자(父子) 관계에 대한 약속을 라틴어로 번역할 때 옮기지 않고 대신 화가 스스로 〈소유권을 양도했다〉고만 옮겼으며, 화가가 악마에게 자신을 귀속시켰고, 죄 많은 삶을 산 것과 하느님과 삼위일체(三位一體)를 부인한 것을 자신의 책임으로 돌렸다고 썼다. 어떤 이유에서 우리는 매우 자연스럽게 이해되는 이 생각을 버려야만 하는 것일까?[14] 요컨대 상황은 간단히 말해, 우울증으로 인한 격심한 고통과 당황 속에서 누군가가 악마와 계약을 한 것이고, 그는 이 악마에게 최고의 치유력이 있다고 믿었던 것이라고 할 수 있다. 이 의기소침이 아버지의 죽음에서 유래했다는 점에서는 더 이상의 광범위한 논의가 필요 없을지도 모른다. 다시 말해 전혀 다른 사건이 원인일 수도 있다.

이런 관점은 견고하고도 합리적으로 보인다. 정신분석은 여기서 다시 한번, 도처에서 볼 수 있는 부차적이고 미미한 것들을 지나치게 강조하여 그것들을 기상천외하고도 극단적인 추론의 매개물로 삼음으로써, 단순한 것들을 일일이 따져 복잡하게 만들고 아무것도 없는 곳에서 공연히 신비한 것들과 문젯거리들을 보려고 한다는 비난에 부딪치게 된다. 이에 맞서 우리가 이런 식으로 거부해 왔기 때문에, 지금 다루고 있는 경우에서처럼 우리가 조명한 바 있는 많은 섬세한 관련성들이 파괴되었고 눈에 쉽게 들어오는 수많은 유사성들이 제거되어 왔다고 아무리 주장해도 소용이 없다. 우리를 비난하는 자들은 말하리라. 그러한 유사성과 관련성들이라는 것은 정확하게 말해 존재하지 않는 것이고, 오히려 불필요한 능란한 솜씨를 발휘한 나머지 우리가 있지도 않은

14 사실 훗날 우리가 이 문서로 된 약속들이 언제, 누구를 위하여 작성되었는지 추측하게 되었을 때, 우리 스스로도 이 텍스트가 일반적이고 보편적으로 이해할 수 있는 것일 수도 있음을 알았다. 그러나 우리로서는 이 텍스트가 모호하다는 것만으로도 충분했고, 바로 이 모호하다는 점에 우리가 행한 해석이 근거해 있다 — 원주.

것들을 사례에 끼워 넣은 것이라고.

　나는 〈정직해집시다〉라든가 혹은 〈진지해져 봅시다〉라는 등의 말을 하면서 이러한 비난에 맞서 반박하지는 않겠다. 왜냐하면 사람들은 특별히 어떤 내적인 격정을 느끼지 못한 상태에서도 언제든지 정직하고 진지해질 수 있어야만 하기 때문이다. 나는 단지, 만일 누군가 정신분석적 사고의 근거를 이미 신뢰하지 않는 사람이 있다면, 17세기까지 거슬러 올라가는 크리스토프 하이츠만의 경우에서는 그만큼 이 사람이 자신의 확신을 끌어낼 수 없다는 지적을 하고 싶을 뿐이다. 나는 또한 정신분석의 유효성을 입증해 내기 위하여 이 하이츠만의 사례를 이용할 의도도 갖고 있지 않다. 나는 오히려 이 유효성을 이미 상정하고 있는 처지이며, 이 가정에 기대어 화가의 귀신과 관련된 정서적 충격을 규명하려는 것이다. 이를 위해 나는 신경증 전반에 대해 탐구하면서 우리가 거둔 성공 사례들을 이용할 생각이다. 겸손하게 이야기하더라도, 오늘날에조차 동시대인들과 동료 의사들 중에서 정신분석에 대해 가장 적대적인 사람들도 정신분석에 의존하지 않고서는 신경증을 이해할 수 없다는 사실을 알게 되었다고 확언할 수 있다.

　소포클레스의 『필록테테스Philoctetes』에서 율리시스는 〈오직 화살들만이 트로이를 점령한다. 오직 화살들만이〉라고 인정했다.[15]

15 『필록테테스』는 소포클레스가 죽기 직전에 완성시킨 마지막 비극이다(BC 406년). 헤라클레스의 전설적인 활과 독화살을 물려받은 주인공 필록테테스는 트로이로 가는 도중 자신이 쏜 화살에 맞아 발을 다친다. 썩어 들어가는 발에서 내뿜는 악취로 인해 동료들에게 버림받은 필록테테스는 외딴섬에 홀로 남게 되는데, 헤라클레스의 활을 소유하고 있는 그를 다시 트로이로 데려와야만 트로이를 점령할 수 있다는 신탁(神託)에 따라 섬에 홀로 남게 된 지 10년이 지난 어느 날 율리시스와 아킬레스의 아들 네오프톨레모스가 그를 찾아온다. 프로이트가 인용한 율리시스의 말은 동료들에게 속아 원한을 품고 있던 주인공 필록테테스를 속이기 위해 율리시스가 한 말들 중 하나이다. 프로이트의 비유는 이중 삼중의 의미를 지니고 있다. 독화살은 정신분석이 자기 몸을 쏜 필록테테스의 독화살처럼 분석하는 자기 자신을 향해 있다는 뜻을 함축

만일 우리의 화가가 악마와 맺은 문서로 된 약속을 신경증성 환상으로 보는 것이 정확하다면, 그에게 이러한 분석 평가를 내리기 위해 다른 핑계를 찾을 필요는 없다. 미미한 징후들조차도 고유한 의미와 가치를 지니고 있는데, 신경증이 표출될 때에는 더더욱 그렇다. 물론 이런 징후들은 과소평가될 수 있는 것처럼 과대평가될 수도 있고, 따라서 이 징후들을 어느 선까지 활용할 수 있는지를 결정하는 것은 일종의 요령과 감각에 관계된 문제다. 그러나 만일 누군가 정신분석을 믿지도 않고 악마는 더더욱 믿지 않는 사람이 있다면, 우리는 화가의 경우를 그 사람이 원하는 대로 하라고 내버려 둘 것이다. 그는 자신의 방법대로 화가를 설명할 수도 있을 것이고, 또는 설명을 필요로 하는 그 무엇조차 발견하지 못할 수도 있을 것이다.

이제 화가가 문서로 약속한 악마가 그에게는 아버지의 대리자였다는 우리의 가정으로 다시 돌아가 보자. 악마가 처음 그에게 나타났을 때의 모습 역시 우리의 가정과 일치하고 있다. 아버지의 대리 역을 맡은 악마는 첫 그림에서 지긋한 나이의 점잖은 부르주아로 갈색 수염에 붉은색 외투를 걸치고 오른손에 쥔 단장에 몸을 기댄 채 검은 개 한 마리를 대동한 모습이다.[16] 나중에 그의 외관(外觀)은 갈수록 점점 더 무서운 모습으로 변해 가는데, 우리는 이 변화를 신화적인 것으로 보고 싶다. 아버지는 급기야 머리

하면서, 동시에 그가 미국 방문 시 정신분석을 〈페스트〉에 비유했듯이 정신분석 자체가 하나의 독일 수도 있음을 암시하고 있다. 물론 프로이트의 진정한 의도는, 인간 정신의 내밀한 신비는 오직 필록테테스의 독화살만이 트로이를 점령할 수 있었듯이, 그래서 몸에서 나는 악취와 이전의 배반에도 불구하고 그를 다시 필요하게 되었듯이 오직 더러운 악취를 풍기는 정신분석에 의해서만 풀릴 것이고, 현재는 세간의 몰이해로 인해 외딴섬에서 고독한 삶을 보내지만 언젠가는 정신분석 역시 필록테테스의 화살처럼 필요성이 인정되리라는 점을 강조하는 것이었다.

16 괴테의 글에서도 같은 종류의 검은 개가 악마로 변한다 — 원주.

에는 뿔이 달리고 발톱은 독수리의 발톱을 한 채 박쥐의 날개를 단 모습으로 나타난다. 마지막 그림에서 아버지는 마침내 하늘을 나는 용의 모습으로 성당에 나타난다. 이것은 아버지의 대리 역을 맡은 악마의 육체적 용모를 이루는 특이한 모습들 중의 하나인데, 이 점에 대해서는 잠시 후에 다시 언급하도록 하겠다.

만일 우리가 이런 이야기를 처음 들었다면, 악마가 사랑했던 아버지의 대리자로 선택된 것은 정말로 우리를 당황케 하는 이야기일 수밖에 없겠지만, 이미 많은 이야기를 알고 있는 우리로서는 놀라움이 한결 덜하다. 하느님이 아버지의 대리자라는, 혹은 숭배받았던 아버지의 대리자라는 사실, 좀 더 정확히 말하자면 우리가 어린 시절 보고 느꼈던 그대로의 아버지, 그리고 인류가 선사(先史) 시대 때 보았던 원시 부족의 최초의 아버지로서 아버지의 대리자라는 사실부터가 그렇다. 시간이 지나면 각자는 자신의 왜소해진 아버지를 다르게 보게 되지만, 어린 시절에 품었던 아버지에 대한 이미지는 그대로 보존되어서 최초의 아버지에게서 전해 내려온 기억의 흔적들과 섞여 각자에게 하느님으로 재현된다. 분석을 통해 드러나는 한 개인의 비밀스러운 삶의 역사에서 출발해 우리는 이 아버지와의 관계가 아마도 처음부터, 혹은 초기에 양가감정을 띠게 된다는 점을 알고 있다. 다시 말해 아버지와의 관계는 그 안에 두 가지 서로 상반되는 정서적 충동들, 즉 아버지를 향한 애정 어린 순종의 충동만이 아니라 적대적인 도전의 충동도 함께 갖고 있다는 것이다. 인간과 신의 관계에서도 역시 똑같은 양가감정이 지배한다. 아버지에 대한 그리움과 도전, 혹은 그로부터 시작되는 불안 사이에서 해결점을 찾지 못한 채 갈등에서 출발해 우리는 여러 종교의 발달 과정과 주요한 특징들을 설명한 바 있다.[17]

사악한 악마는 보통 신의 적으로 구상되어 있지만, 이 악마가 본성에 있어서는 신에 필적하는 상대라는 것을 우리는 알고 있다. 악마가 언제 어떻게 생겨났는지에 대해서는 신처럼 많은 연구가 되어 있지 않다. 모든 종교에서 신의 적(敵)인 악마를 받아들이고 있는 것은 아니다. 또한 한 개인의 삶에서 무엇이 이 악마의 역할을 했는지도 수수께끼로 남아 있다. 그러나 한 가지 확실한 것은, 새로운 신들이 출현하여 이전의 신들을 축출할 때 쫓겨난 신들이 사악한 악마가 될 수 있다는 것이다. 한 부족이 다른 부족을 점령하게 되면, 패배한 부족들의 쓰러진 신들은 승리한 부족들에 의해 흔히 악마로 취급당하곤 한다. 기독교의 사악한 악신(惡神), 즉 중세의 악마는 기독교의 신화 체계에 따르면 신과 버금가는 본성을 지닌 타락한 천사다. 신과 악마가 동일한 기원을 갖고 있다는 사실을 아는 데에는 어떤 대단한 통찰력이 필요한 것이 아니다. 동일하고도 유일한 표상(表象) 이후 상이한 두 존재로 갈라져 서로 상반되는 속성을 갖게 된 것이다.[18] 여러 종교의 초기 형성기를 살펴보면, 신 자신이 훗날 자신의 반대 세력 속에 모여 있게 되는 무서운 특징들을 함께 갖고 있었다.

이 과정은 우리가 잘 알고 있는 것으로서, 서로 반대되는 두 가지 의미의 내용을 가지고 있는 — 양가감정의 성질을 띤 내용을 가지고 있는 — 하나의 재현물이 두 개의 분명하게 대립하는 존재로 나뉘는 과정이다. 그런데 신의 본래적 속성 속에 들어 있던

17 「토템과 터부」를 참조할 것. 더 자세한 내용은 라이크의 『종교 심리학의 문제Probleme der Religionspsychologie』(1919)를 볼 것 — 원주.

18 라이크의 『고유한 신과 낯선 신Der eigene und der fremde Gott』(1923) 중에서 「신과 악마」라는 장을 참조할 것 — 원주. 어니스트 존스의 『중세 시대 미신의 확실한 형태로 드러난 관계 속의 악몽Der Alptraum in Seiner Beziehung zu gewissen Formen des mittelalterlichen Aberglaubens』(1912)을 인용한 대목.

크리스토프 하이츠만에게 나타난 악마의 처음 모습 (오스트리아 국립 도서관)

크리스토프 하이츠만에게 나타난 악마의 나중 모습 (오스트리아 국립 도서관)

이 모순들은 한 개인이 자신의 아버지와 맺고 있는 관계를 지배하는 양가감정이 투영된 것이다. 만일 선하고 정의로운 신이 아버지의 대리물이라면, 신을 미워하고 두려워하며 나아가 원망하는 적대적인 태도가 사탄을 만들어 내면서 표현되었다는 것은 그리 놀랄 일이 아니다. 아버지는 요컨대 한 개인에게서는 신과 악마 양자의 원초적 이미지다. 그러나 종교의 기원에 자리 잡고 있는 최초의 아버지는 신보다는 악마를 더 닮은, 무한에 가까운 악의 힘을 소유하고 있는 존재였고, 종교는 이 사실의 결코 지워지지 않는 반향에서 자유스러울 수가 없다.

물론 한 개인의 삶 속에서 아버지를 사탄으로 여기고 있는 생각의 흔적들을 드러낸다는 것이 그리 쉬운 일은 아니다. 한 작은 소년이 그로테스크한 얼굴이나 희화(戲畵)된 그림을 그릴 때, 어쩌면 이러한 그림들을 통해 아이가 아버지를 비웃고 있다는 사실을 확인할 수도 있을 것이다. 또 남자든 여자든 어떤 사람이 야간에 강도나 도둑이 침입하지 않을까 공포에 떨고 있다면, 이 강도나 도둑에게서 아버지의 분신들을 보는 것도 그리 어려운 일이 아닐 것이다.[19] 마찬가지로 어린아이들의 동물 공포증*Tierphobie* 속에 나타나는 동물들도, 원시 시대의 동물 토템들처럼 흔히 아버지의 대리물들이다. 그러나 우리가 다루고 있는 이 신경증에 걸린 17세기 화가의 경우처럼 악마가 분명하게 아버지를 모사하고 있고, 또 아버지를 대체하고 있는 경우는 일찍이 본 적이 없다. 바로 이런 이유로 나는 이 글의 첫머리에서, 귀신 사례에 관한 이런 유형의 이야기는 미신이 심기증을 대신하게 되는 훨씬 후대의

---

19 잘 알려져 있는 일곱 마리 어린 염소들의 이야기에서도 아버지의 대리 역인 늑대는 강도의 모습을 하고 나타난다 — 원주. 그림의 동화 「늑대와 일곱 마리 어린 양」 참조.

신경증들 속에서 오직 미미한 사건들과 징후들이라는 원광석들을 어렵게 분석함으로써 추출할 수 있는 순수한 금속이 노천에 깔려 있는 것과 마찬가지라는 기대를 표명했던 것이다.[20] 우리가 다루고 있는 화가가 보인 증상들을 좀 더 깊이 파고들어 가 본다면 아마도 우리의 확신은 한층 더 공고해질 것이다. 한 사나이가 아버지의 죽음으로 인해 우울증으로 발전하여 의기소침해져 일하는 것마저 억압당하게 되었다는 것을 통해 화가가 그의 아버지에게 매우 강한 애착을 보였을 것이라고 추론해 보았다. 우리는 또한 심각한 우울증이 얼마나 자주 애도(哀悼) 콤플렉스*Trauer*라는 신경증의 형태를 띠고 있는지도 알고 있다.[21]

이 점에서는 우리가 옳았다고 볼 수도 있다. 그러나 우리의 분석을 한 발 더 밀고 올라가 이 화가와 아버지의 관계가 순수하게 사랑의 관계였다는 추론을 끌어낸다면, 반드시 우리가 옳았다고 볼 수가 없다. 반대로 아버지와의 관계가 양가감정을 띤 것이었기에 아버지의 죽음으로 인한 애도 콤플렉스는 그만큼 더욱더 신경증으로 변화될 가능성이 높았다. 이 양가감정을 강조하게 되면

20   우리는 아직도 분석을 하면서 드문 경우이기는 하지만, 악마가 아버지를 대신하고 있는 것을 발견할 수 있는데, 이는 중세의 신화적 형상이 우리의 분석을 받은 사람들의 뇌리 속에 아주 오래전부터 잔존해 있음을 나타내는 한 증거가 될 것이다. 지난 세기의 독실한 기독교 신자들에게는, 하느님에 대한 믿음 못지않게 악마에 대한 믿음 또한 거의 의무에 가까운 것이었다. 실제로 하느님을 가까이하기 위해서는 신도들에게는 악마가 필요했다. 여러 가지 다른 이유가 있겠지만, 같은 이유로 해서 신앙이 돈독하지 못하면 우선 무엇보다도 악마에 대한 믿음도 후퇴하게 된다.
위험을 무릅쓰고 아버지의 대리물로서의 악마라는 개념을 문명사의 영역에 적용해 본다면, 중세의 마녀 재판을 다른 시각에서 볼 수도 있을 것이다 ― 원주. 존스는 그의 책『중세 시대 미신의 확실한 형태로 드러난 관계 속의 악몽』 마녀 편에서 이러한 사실에 대하여 논했다.
21   프로이트의「슬픔와 우울증」(프로이트 전집 11, 열린책들)을 참조. 애도 콤플렉스는 근친의 죽음으로 인한 정신적 충격이 병적인 상황으로까지 진전되는 과정을 총칭한다.

화가의 그림 속에 나타난 그대로 아버지의 의미가 혹시 실추된 것은 아닌지 의심하게 된다. 만일 화가 크리스토프 하이츠만이 요즈음 사람이라면 이 양가감정을 좀 더 잘 살펴볼 수 있을 것이고, 그로 하여금 기억을 떠올리게 해서 언제, 어떤 상황에서 아버지를 미워하고 두려워했는지를 물어볼 수도 있을 것이다. 더구나 만일 그가 요즈음 사람이라면 우리는 무엇보다도 특히, 아버지와 아들 사이의 자연스러운 관계 속에 어쩔 수 없이 뿌리내리고 있는 아버지에 대한 증오의 여러 전형적(典型的)인 동기에 붙여진 우연한 요인들을 밝힐 수 있을 것이고, 우리는 그때 그림을 그리지 못하도록 막아선 자기 억제의 이유에 대해서도 더욱 잘 알 수 있었을 것이다. 아버지가 화가가 되겠다는 아들의 의사에 반대했을 가능성이 있다. 아버지가 죽은 이후 화가가 그림을 그릴 수 없게 된 것은 한편으로는 잘 알려진 현상, 즉 〈사후(事後) 복종〉일 것이고,[22] 다른 한편으로는 그림을 그릴 수 없게 되자 자신의 생활 능력을 상실한 아들이 생활고에서 그를 보호해 주던 아버지를 더욱 그리워했을 수도 있다. 사후 복종으로 본다면, 그림을 그릴 수 없게 된 것은 화가가 후회를 하고 있었으며, 나아가 자기 징벌 *Selbstbestrafung*에까지 도달했다는 표현이 된다.

물론 우리로서는 1700년에 죽은 크리스토프 하이츠만을 상대로 하여 이런 식의 분석을 할 수 없으므로, 아버지에 대한 부정적인 태도가 갖고 있는 몇 가지 전형적인 동기들과 관련된, 그의 증상이 보여 주는 몇 가지 특징들을 한층 강조해 볼 수밖에 없다. 게다가 이런 특징들은 얼마되지 않으며, 그렇게 눈에 띄는 것도 아니다. 하지만 상당히 흥미로운 것들이긴 하다.

우선, 숫자 9의 역할이다. 악마와의 계약은 9년 기한으로 되어

22 「다섯 살배기 꼬마 한스의 공포증 분석」에서 이에 대한 다른 예를 볼 수 있다.

있다. 가장 믿을 만한 것인 포텐브룬의 신부가 쓴 보고서에는 이 점을 명확히 하고 있다. 〈그는 9년 기한의 문서로 된 계약서를 제출했다*pro novem annis Syngraphen scriptam tradidit.*〉 1677년 9월 1일 날짜로 되어 있는 이 소개 편지는 동시에 계약 기간이 며칠 후면 끝난다는 것도 지적하고 있다. 〈게다가 이번 달 24일로 예정되어 있는 종료 시점이 다가오고 있다*quorum et finis 24 mensis hujus futurus appropinquat.*〉 문서로 된 계약은 따라서 1668년 9월 24일에 작성되었다고 볼 수 있다.[23] 숫자 9는 이 보고서에서 다른 용도로도 쓰이고 있다. 화가가 악마의 유혹에 무릎을 꿇기 전에 저항한 횟수도 9번 — *nonies* — 이었다. 이 사실은 미미한 것이었기 때문인지 이후의 보고서들에는 더 이상 나타나지 않는다. 다음에 숫자 9는 신부의 확인서 속에 다시 나타난다. 〈9년 만에*post annos novem.*〉 마찬가지로 필사생 역시 그의 요약 속에서 〈9년 동안*ad novem annos*〉이라는 표현을 다시 쓰고 있는데, 이는 숫자 9가 우연이 아니라는 증거로 볼 수 있다.

숫자 9는 신경증성 환상에 입각해서 볼 때 우리에게는 친숙한 숫자다. 그것은 임신 개월 수를 나타내는 숫자며, 이 숫자가 나타날 때마다 우리는 임신 환상에 주목하게 된다. 물론 우리가 다루고 있는 화가의 경우에는 아홉 달이 아니라 9년이 문제다. 그렇지만 9라는 숫자는 그것 자체로 의미 있는 것이라고 말할 수 있다. 9년이라고 할 때의 9라는 숫자가 임신에서 이 숫자에 부여된 성스러운 성격을 상당 부분 갖고 있는지 아닌지를 과연 누가 알 수 있겠는가? 9개월과 9년 사이에서 더 이상 방황할 필요는 없어 보인다. 우리는 꿈을 통해 〈무의식의 지적인 작업〉이 숫자들을 얼마

---

23 전해 내려오는 그대로 두 통의 계약서는 1669년이라는 연도 표시가 되어 있는데, 이 모순은 잠시 후 다시 거론될 것이다 — 원주.

나 기기묘묘하게 사용하는지를 알고 있다. 예를 들어 우리가 꿈 속에서 5라는 숫자를 만난다면, 이 숫자의 의미를 알기 위해서는 깨어 있는 동안 진행되는 삶에서 의미를 지니고 있는 5라는 숫자로 매번 돌아가 보아야만 한다. 이 5라는 숫자는 현실 속에서는 5년이라는 연령 차이의 5일 수도 있고, 혹은 다섯 명으로 구성된 어떤 한 그룹의 5일 수도 있다. 이 숫자들은 꿈속에서 지폐 다섯 장이나 다섯 개의 과일 등의 형태를 띠고 나타난다. 다시 말해 숫자 자체는 존속되는 반면, 그 숫자가 지칭하는 내용은 전위 Verschiebung나 압축Verdichtung과 같은 꿈-작업Traum-arbeit들에 의거하여 마음대로 바뀌게 된다. 따라서 꿈속에 나타난 9년은 손쉽게 현실 속에서의 9개월에 해당될 수 있다. 나아가 꿈의 움직임은 현실 속에서의 숫자를 가지고 다른 방식으로 장난을 치기도 한다. 즉 꿈은 0을 전혀 고려하지 않을 뿐만 아니라, 숫자들을 숫자로 다루지도 않는다. 꿈속에 나타난 5달러는 현실에서의 50, 5백, 5천 달러를 나타낼 수가 있다.

화가와 악마의 관계 속에는 또 다른 미미한 사항이 하나 있는데, 이것 역시 우리를 성과 관련된 문제로 인도한다. 앞에서 이미 지적했듯이, 화가가 처음 악마를 만났을 때 악마는 꽤 점잖은 부르주아의 모습을 하고 있었다. 그러나 그다음부터 악마는 벌거벗은 기형의 몸을 갖고 나타났을 뿐만 아니라, 여자처럼 유방까지 달고 있기도 했다. 그런데 바로 이 유방은 같은 모양을 하고 있기도 하고 다양해지기도 하는데, 이후의 그림 속에서는 예외 없이 모습을 나타낸다. 단지 한 그림 속에서는 악마가 여인의 두 유방 외에 끝이 뱀의 형상을 하고 있는 커다란 남성기를 드러내고 있다. 그런데 이렇게 여성의 축 늘어진 유방을 붙임으로써 강조되고 있는 여성성은(여성의 성 기관을 나타내는 것은 어디에서도 찾아볼 수가 없다) 악마가 화가에게는 아버지의 대리물이라는 우리의 가정과 명백하게 모순되는 것처럼 보인다. 게다가 악마를 이런 식으로 그린 것 자체가 이미 유별난 것이기도 하다. 악마라는 단어가 하나의 유(類)를 지칭하는 곳에서는, 다시 말해 악마가 여러 가지 형태를 지니고 있는 고장에서는 여자 악마가 나타난다는 것이 전혀 놀랄 일이 못 된다. 그러나 하나의 거대한 개체로서 하느님의 적이요 지옥의 주인으로서의 악마가 뿔과 꼬리와 거대한 뱀-페니스를 지니고 있는 〈초(超)남성적인〉 형상으로 나타나는 수는 있지만, 남성적 존재 이외의 다른 모습을 띠고 나타난다는 것은 내가 알기로는 없었던 일이다.

이 두 가지 징후는 작은 것에 지나지 않지만, 이것만으로도 화가와 아버지의 관계를 부정적인 것으로 만든 전형적인 요인을 알 수 있다. 그가 반항한 것은 아버지와의 관계에서 그가 취했던 여성적 위치, 바로 그것이었고, 이 여성적 위치는 아버지가 자신에게 아기를 갖게 한다는 (9년) 환상에서 절정에 이르렀다. 환상에 대한 화가의 저항은 우리가 분석을 통해 이미 잘 알고 있는 종류의 저항인데, 이것은 분석이 진행되는 동안 전이*Übertragung* 과정 속에서 아주 이상한 형태를 취함으로써 우리로 하여금 많은 고생을 하게 하는 저항이기도 하다. 돌아가신 아버지에 대한 애도 콤플렉스와 강한 그리움으로 인해 오래전에 억압되었던 임신 환상이 화가에게 다시 살아난 것인데, 화가는 신경증을 통해 이 환상에 저항해야만 했고, 또한 아버지를 실추된 인물로 낮추어야만 했다.

그렇다면 악마의 수준으로 떨어진 아버지가 여성의 몸을 하고 있다는 것은 어떻게 설명해야 할 것인가? 이 특징은 얼른 보기에는 해석하기 어려운 것처럼 보인다. 그러나 이 특징에 대해서는 아주 일찍 두 가지 설명이 제시되었는데, 이 두 설명은 경쟁적이

긴 하지만 그렇다고 서로를 배제하고 있지는 않다. 사내아이가 아버지의 사랑을 얻기 위해 여자와 경쟁을 한다는 것이 자기 자신의 성기를 포기한다는 것을 의미한다는 사실, 즉 거세를 의미한다는 것을 이해하자마자 아버지에 대해 여성적 위치를 취한다는 것은 무의식 속으로 억압되어 들어가게 된다. 따라서 여성적 위치를 거부하는 것은 거세에 직면해 반항하게 된 결과다. 거세는 항상 아버지를 거세하는, 아버지를 여자로 만들겠다는 반대 환상을 통해 가장 강력하게 표현되곤 한다. 악마의 몸에 붙어 있던 두 젖가슴은 요컨대 아버지의 대리물에 투사된 화가 자신의 여성성인 셈이다. 악마의 몸이 갖고 있는 여성적 특징들에 대한 또 다른 유형의 설명은 이번에는 적대적인 것이 아니라 애정 어린 것이다. 이 설명에 따르면, 여성적인 모습의 악마란 어린 시절의 애정이 어머니에게서 아버지에게로 이동했다는 표식이다. 따라서 이 설명은 이전에 어머니에 대한 강한 고착이 있었으며, 바로 그러한 고착이 아버지에 대한 증오를 유발했음을 암시한다. 페니스가 없다는 여인의 부정적 특징이 아직 아이에게 인식되지 못했던 시기에는 축 늘어진 큰 유방이 어머니를 나타내는 적극적인 성적 표징이었다.[24]

거세를 받아들일 수 없었기 때문에 화가가 아버지에 대한 향수를 떨쳐 버릴 수 없었다면, 그가 도움과 구원을 얻기 위해 어머니의 이미지 쪽으로 돌아선 것은 이제 충분히 이해가 가는 일이다. 바로 이런 이유로 그는 오직 마리아젤의 성모만이 악마와 맺은 계약에서 그를 구원할 수 있다고 선언한 것이고, 또 동정녀 마리아의 탄신일(9월 8일)에 자유를 되찾게 된 것이다. 계약이 체결된

24 「레오나르도 다빈치의 유년의 기억」(프로이트 전집 14, 열린책들)을 참조할 것 ─원주.

날인 9월 24일이 어떤 의미를 지니고 있는지에 대해서는 우리로서는 전혀 알 수가 없다.

정신분석을 통해 밝혀진 어린아이의 정신적 삶은 정상적인 성인이 볼 때 대부분 믿을 수 없고, 또 역겨운 것이기도 하지만, 아마도 아버지에 대해 아이가 여성의 위치를 취하고, 그 결과 어린아이의 머릿속에 임신 환상이 떠오른다는 것보다 더 믿기 힘들고 거부감을 일으키는 일은 없을 것이다. 작센의 고등 법원장이었던 다니엘 파울 슈레버가 자신의 정신병 증상과 완벽한 치료 결과를 발표한 이후였기 때문에, 우리는 임신 환상이나 아버지에 대한 여성적 위치 등에 대하여 이제는 별 우려 없이, 또 사과를 해야 된다는 필요성도 느끼지 않으면서 말할 수 있게 되었다.[25] 그 가치를 이루 평가할 수 없는 출판을 통해 우리는 고등 법원장이 쉰 살가까이 되었을 무렵, 하느님이 — 이 하느님은 더군다나 그의 아버지이자 존경할 만한 의사였던 슈레버 박사의 특징들을 고스란히 간직하고 있었다 — 자신을 거세하여 여자로 이용하여 슈레버 집안의 정신을 이어받은 새로운 인류를 태어나게 하려고 한다는 확고한 믿음을 갖게 되었음을 알게 된다(그는 물론 결혼한 상태였지만 아이가 없었다). 그를 환자로 만든 것은 다름 아니라 바로 이 신의 뜻에 대한 반항이었는데, 그가 보기에 신의 뜻은 정당하지 못한 것이었고, 나아가 〈세상의 질서에 반하는 것〉이기도 했다. 그의 병은 편집증Paranoia의 형태를 띠고 있었는데, 시간이 지남에 따라 후퇴하면서 미미한 흔적만을 남기게 되었다. 이렇게 자기 자신의 경우를 대단한 지성을 발휘하여 글로 써서 발표한

---

25 슈레버D. P. Schreber의 『신경증 환자의 회상Denkwürdigkeiten eines Nerven-kranken』(1903). 슈레버에 대한 나의 분석 「편집증 환자 슈레버 — 자서전적 기록에 의한 정신분석」(프로이트 전집 9, 열린책들)을 참조할 것 — 원주.

사람이라면 확실히 자신이 그 글을 통해 자신을 병들게 했던 전형적인 병인을 공개했다는 점을 의심하지 않았을 것이다.

거세에 대한 반항 혹은 여성적 위치를 아들러A. Adler는 유기적(有機的)인 문맥에서 떼어 내 권력에 대한 갈망과 관련이 있다고 보았는데, 이는 피상적인 것이거나 혹은 그릇된 관점이다. 그는 더 나아가 이 거세에 대한 반항이나 여성적 위치에 〈남성 항거der männlicher Protest〉라는 자율적 위상을 부여하기도 했다. 신경증이라는 것이 어쨌든 두 경향 사이의 갈등에서 초래되는 것이므로, 〈모든〉 신경증들의 원인을 여성적 위치에 반항하기 위해 일어나는 남성 항거(抗拒) 속에서처럼 여성적 위치 속에서 파악해 내는 것도 정당하다. 이 남성 항거가 성격 형성에 빠짐없이 참여하고 있다는 것은 정확한 지적이다. 또 실제로 우리는 신경증에 걸린 남성들을 분석하는 도중에 악착같은 저항에 부딪치게 되는데, 이 저항이 바로 남성 항거다. 정신분석학은 남성 항거가 신경증 환자들에게 절대적이라거나 어느 누구에게서나 나타난다고 볼 수 없기 때문에, 거세 콤플렉스라는 문맥 속에서 파악한다. 내가 다루었던 남성 항거의 반응들과 분명한 특징들 중에서 가장 특징적인 사례는 강박 관념을 갖고 있는 강박 신경증으로 인해 나에게 치료를 의뢰해 온 경우인데, 이 강박 관념들 속에서는 아직 해결되지 못한 남성적 위치와 여성적 위치 사이의 갈등이 분명하게 나타나고 있었다(거세 불안Kastrationsangst과 거세 욕망Kastrationslust). 그뿐만 아니라 환자 대부분은 거세를 받아들이고 싶은 욕망에서 나오는 피학적 환상들을 갖고 있었고, 심지어 환자는 환상의 단계를 넘어서서 도착적 상황들 속에서 실제적인 만족을 얻고 있었다. 이 환자의 전체 상태는 ─ 아들러의 이론이 전체적으로 그렇듯이 ─ 억압, 즉 어린 시절의 애정적 고착에 대한

부인에 근거하고 있었다.[26]

　슈레버 고등 법원장은 거세에 대한 저항을 단념하고 신이 그에게 정해 준 여성의 역할에 복종하겠다고 결정을 내렸을 때 병에서 치료될 수 있었다. 그러자 그는 다시 마음의 평정과 고요를 되찾았고, 요양소에서 나와 정상적인 삶을 영위할 수 있었다. 다만 그는 하루에 몇 시간씩 시간을 할애해 자신의 여성성을 가꾸었는데, 그렇게 해서 하느님이 정해 준 목표에 차츰 접근하고 있다고 믿고 있었다.

　26　프로이트는 몇 년 전에 발표한 글, 「〈어떤 아이가 매를 맞고 있어요〉」(프로이트 전집 10, 열린책들)에서, 아들러의 이론인 〈남성 항거〉를 꽤 길게 다룬 적이 있다.

두 통의 계약서

화가에 관한 이야기 속에는 작지만 특이한 것이 하나 있다. 그는 서로 다른 약속을 두 번에 걸쳐 문서로 작성했는데, 자신이 약속을 했다는 사실을 명시한 것이다.

검은 잉크로 쓰인 첫 번째 약속은 다음과 같다.

나, 크리스토프 하이츠만은 이 글을 통해 앞으로 9년 동안 주님께 그의 아들로서 몸을 바친다.

피로 쓰인 두 번째 약속은 다음과 같은 말로 되어 있다.

크리스토프 하이츠만, 이 글을 통해 나는 이 사탄에 대하여 그의 아들로서 9년 동안 육체와 영혼을 바칠 것을 약속한다.

『전승비』가 쓰일 당시, 문서로 된 이 두 약속의 원본은 마리아젤 성당의 고문서실에 보관되어 있었다고 한다. 열람이 가능한 이 두 문서에는 모두 1669년이라는 연도가 적혀 있다.

이미 여러 번 이 문서로 된 두 약속에 대해 언급했으므로, 비록 사소한 것들을 과대평가한다는 것이 이런 경우에 특히 위험한 것으로 보일지라도, 나는 이제 더욱 자세하게 이 두 번의 약속을 살펴보고자 한다.

누군가가 악마와 두 번씩이나 약속한다는 것은 흔한 일이 아니다. 두 번째 약속을 함으로써 첫 번째 약속을 대체하며, 그러면서도 첫 번째 약속의 효력은 유지한 채 말이다. 어쩌면 귀신론에 친숙한 사람들에게는 이 일이 그리 당혹스러운 것이 아닐 수도 있다. 나로서는 여기서 우리가 다루고 있는 사례의 특이성만을 볼 수 있을 뿐인데, 두 약속의 관계가 서로 일치하지 않는다는 것을 확인했을 때 의심을 갖게 되었다. 두 문서 사이의 모순들을 연구해 보면 우리는 이 사례에 대해 좀 더 심도 있는 이해를 할 수 있을 것이다.

포텐브룬의 신부가 쓴 소개 편지는 상황을 단순하고 명료하게 지적하고 있다. 그의 소개 편지에서는 단지 9년 전에 피로 쓴 약속만이 문제되고 있는데, 이 약속은 며칠 후인 9월 24일에 만기에 도달한다. 따라서 이 피로 쓴 약속은 1668년 9월 24일에 쓰인 것이 틀림없다. 그런데 유감스럽게도 바로 이 날짜는 명시적으로 언급되어 있지 않다.

우리가 알고 있는 대로 며칠 후(1677년 9월 12일)의 날짜가 적혀 있는 프란체스코파 신부의 확인서는 이미 더욱 복잡하게 전개되었던 상황 전체를 일러 준다. 그래서 그사이에 화가가 좀 더 정확한 말들을 했다는 사실을 받아들이고 싶기도 하다. 이 확인서는 화가가 문서로 된 두 번의 약속을 했다고 일러 준다. 1668년에 검은 잉크로 쓰인 것이 그 하나이고(이 점은 소개 편지에서도 드러나 있다), 다른 하나는 〈다음 해인 1669년〉[27]에 피로 쓰인 것이다. 화가가 성모 마리아의 탄신일에 되찾은 약속은 피로 쓴 두 번째

27 원문에는 라틴어 〈*sequenti anno 1669*〉로 쓰여 있다.

것으로서 1669년에 작성된 것이다. 이 점은 신부의 확인서에 지적되지 않았고, 그 확인서에는 마치 단 하나의 약속만 있었다는 듯이 단지 몇 줄 뒤에 〈그가 문서를 돌려주었다*schedam redderet*〉와 〈똑같은 문서를 손으로 받았다*schedam sibi porrigentem conspexisset*〉라는 말들이 쓰여 있을 뿐이다. 그러나 이 점은 이야기의 사후 전개 과정과 『전승비』의 속표지에서 끌어낸 것인데, 이 속표지에는 용처럼 생긴 악마가 붉은 글씨로 보이는 문서를 쥐고 있다. 이미 알고 있듯이 사건은 다음과 같이 진행되었다. 1678년 5월, 화가는 빈에서 다시 악마의 공격을 받은 후 마리아첼로 돌아와 성모마리아에게 검은 잉크로 쓴 첫 번째 문서로 된 약속을 취소시켜달라고 간구한다. 일은 어떻게 전개되었을까? 이에 대한 묘사는 이번에는 첫 번째 경우만큼 자세하지 못하다. 단지 〈소원대로 약속 문서가 돌아왔다*quâ iuxta votum redditâ*〉라는 몇 마디 말만 보일 뿐이고, 다른 구절에서 필사생은 〈구겨지고 네 토막으로 찢긴 채로〉 1678년 5월 9일 저녁 9시경에 악마가 화가에게 내던진 문서가 바로 이것이라고 적고 있다.

그러나 문서로 된 두 개의 약속에는 모두 1669년이라는 동일한 연도가 적혀 있다.

이 모순은 아무것도 의미하지 않을 수도 있고, 혹은 우리를 다음과 같은 길로 인도할 수도 있다.

가장 자세한 것이므로, 프란체스코파의 신부가 쓴 확인서에서 출발한다고 해도 많은 문제들이 생긴다. 크리스토프 하이츠만이 포텐브룬의 신부에게 자신이 악마에게 사로잡혀 있고 계약 기한이 곧 돌아온다고 고백했을 때, 그는 (1677년) 단지 1668년에 쓴 약속만을, 다시 말해 검은 잉크로 쓴 첫 번째 약속(게다가 이 첫 번째 약속은 소개 편지에서는 유일하게 언급되었던 약속이었고, 또 피로 쓴 약속으로 간주되고 있었다)만을 생각하고 있었다. 그런데 며칠 지나지 않아, 마리아젤 성당에서 화가는 다른 생각만을 하고 있었다. 즉 그는 피로 쓰였으며 아직 약속 기한(1669~1677)이 도래하지 않은 두 번째 편지를 되찾을 생각만 하고 있었을 뿐, 첫 번째 약속의 기한이 지나갔다는 것에 대해서는 아무런 신경도 쓰고 있지 않았다. 그가 첫 번째 약속을 돌려달라고 요구한 시점은 1678년, 다시 말해 10년이 지난 후였다. 그렇다면 두 약속 중 하나에는 분명히 〈다음 해에〉라고 쓰여 있었는데, 왜 두 약속에는 같은 연도가 적혀 있었는지 묻게 된다.

필사생도 이와 같은 어려움에 봉착했음에 틀림없다. 왜냐하면 이 문제들은 해결하지 않으면 안 될 문제들이기 때문이다. 서언(序言)을 쓰면서 필사생은 신부의 확인서에 의존하면서도 한 가지는 완전히 수정하고 있다. 그의 말에 따르면 화가는 1669년에 검은 잉크를 사용하여, 그리고 얼마 후에는 피로 쓰면서 악마에게 약속했을 것이다. 따라서 필사생은 두 약속 중 하나가 1668년에 쓰인 것임을 일러 주는 두 보고서의 명확한 지적을 위반하고 있고, 나아가 첫 약속과 두 번째 약속 사이에 해가 바뀌었음을 일러 주는 신부의 확인서에 나타난 지적도 간과하고 있는데, 이는 악마가 문서로 된 두 약속을 돌려준 날과 일치시키려고 했기 때문이다.

신부의 확인서에는 〈그러나 다음 해인 1669년에는〉이라는 문구 다음에, 다음과 같은 글이 괄호에 묶여 적혀 있다. 〈다음 해라는 것은 여기서 흔히 말할 때 그렇게 하듯이, 아직 끝나지 않은 올해를 가리킨다. 왜냐하면 같은 해가 속표지 그림 설명들에 나타나 있는데, 검은 잉크로 쓰인 설명은 이 확인서가 쓰이기 전에는 아직 되찾지 않았기 때문이다.〉 이 구절은 의심할 나위 없이 필사생의 가필(加筆)이다. 단 하나의 문서로 된 약속만을 보았던 신부가 실제로 두 약속이 같은 날짜를 갖고 있었다고 쓸 수는 없는 것이기 때문이다. 또한 괄호가 있다는 것도 이 구절이 실제의 증언과는 무관함을 일러 주기 위한 것이었을 수 있다. 이 구절은 모순들을 조화시키기 위하여 필사생이 행한 새로운 시도인 것이다. 따라서 첫 번째 약속이 1668년에 한 것임은 확실하다. 그러나 1668년은 이미 지나간 해였으므로, 화가는 1년 후의 날짜를 쓰게 되었고, 그래서 두 약속 문서가 같은 연도를 갖게 된 것이다. 필사생이 자신의 작업에 정당성을 부여하기 위해 말을 주고받을 때에는 당시 흔히 그렇게 했다고 하는 사실을 지적하고 있는데, 이를 믿는다면 설명해 보려는 우리의 시도는 한낱 〈가련한 궁여지책〉에 지나지 않을 수도 있다.

이쯤에서 나는 내 분석이 독자들에게 어떤 인상이라도 주었는지, 그래서 독자들로 하여금 이런 자질구레한 것들에 관심을 갖도록 했는지 자문해 보지 않을 수 없다. 나는 정확하고도 의심할 여지 없이 사실들을 정립해 낼 수 없는 상황에 처해 있었다. 그러나 이 복잡한 문제를 연구해 나가면서, 비록 문서로 남아 있는 증거들이 역시 없기는 마찬가지이지만, 추측은 계속 해볼 수 있다는 생각을 갖게 되었다.

내 생각으로는 화가가 처음 마리아젤에 도착했을 때, 그는 약속 기한이 얼마 남지 않았기 때문에 신부의 소개 편지에 적혀 있는 그대로 1668년 9월에 쓰인, 추측컨대 피로 쓰인 것이었을 〈한〉 약속에 대해서만 이야기했던 것 같다. 마리아젤에서 그는 또한 이 피로 쓰인 약속 문서를 성모 마리아의 요구에 못 이겨 악마가 그에게 되돌려 준 약속으로 소개했다. 그다음의 진행 상황은 우리가 모두 알고 있다. 화가는 얼마 후 마리아젤을 떠나 빈으로 갔고, 거기서 10월 중순까지는 악마로부터 해방되었다고 느끼고 있었다. 그러나 얼마 후 그는 다시 고통과 악마의 출현에 시달렸으며, 이 모든 것이 악령의 소행이라고 생각했다. 그는 다시 해방되어야겠다는 필요성을 절감했지만, 그는 왜 성스러운 성당에서 일어난 구원이 그렇게 오래 지속되지 못하는지 그 이유를 설명해야 하는 새로운 문제에 봉착하게 된다. 아마도 그는 아직 치료가 되지 않은 휴지기에 있었기 때문에 마리아젤에서 그리 환대받지 못했을 것이다. 이런 궁지에 몰린 그는 피로 쓴 약속에 부여된 우선권(優先權)을 그럴듯한 것으로 만들기 위하여, 이전에 쓴 것이라고 하면서 검은 잉크로 된 첫 번째 약속을 꾸며 냈을 것이다. 일단 마리아젤에 다시 돌아오자, 그는 자신이 첫 번째 약속이라고 꾸며 낸 약속을 되돌려 받을 수 있도록 해달라고 요구했다. 그러자 그는 악마와 화해하게 되었다. 그러나 이렇게 함으로써 그는 우리로 하여금 신경증의 뒷배경이 되는 것을 발견토록 하는 뭔가 다른 행동을 한 것이기도 했다.

그는 마리아젤에 두 번째로 체류했을 때 모든 일을 꾸몄을 수도 있다. 동일한 구성을 보여 주는 제목이 쓰여 있는 속표지에는 두 약속 장면이 소개되어 있다. 이전에 썼던 사항들과 새로운 사항들의 앞뒤를 맞추려고 하면서, 그는 곤경에 빠지고 말았다. 나중에 한 약속은 불가능했고, 단지 먼저 한 약속을 만들 수밖에 없다는 것이 그로서는 여간 불편한 일이 아니었다. 그렇게 해서 그는 두 개의 약속 중에서 피로 쓴 것은 너무 일찍(8년째 되는 해에), 그리고 검은 잉크로 쓴 것은 너무 늦게(10년째 되는 해에) 취소를 하는 서툰 해결책밖에는 택할 수가 없었다. 그의 이러한 이중 작성을 일러 주는 흔적은 그가 두 약속을 한 날짜를 착각하고 있었고, 그래서 첫 번째 약속에도 똑같이 1669년이라고 연도를 써넣게 되었다는 사실에서 찾을 수 있다. 이 실수는 원했던 것은 결코 아니었지만 나름대로는 진지하다는 의미를 지니고 있다. 이 실수를 통해 우리는 먼저 작성되었다는 약속이 실제로는 나중에 작성된 것임을 알 수 있다. 아마도 1714년 이전에는 이 자료를 갖고 작업을 하지 않았고, 1729년쯤에나 작업을 시작했을 필사생은 가능한 한 중대한 이 모순들을 제거하려고 노력을 기울이지 않을 수가 없었다. 눈앞에 펼쳐져 있는 두 개의 문서가 똑같이 1669년이라는 연도를 갖고 있으므로, 그는 신부의 증언에 가필을 하는 편법을 이용하여 궁지에서 벗어날 수 있었다.

나름대로 흥미를 끌고 있는 그의 이 조작의 약점이 어디에 있는지는 쉽게 알 수 있다. 이미 프란체스코파의 신부가 쓴 증언 속에는 두 약속에 대한 언급, 다시 말해 검은 약속과 붉은 약속에 대한 언급이 있었다. 따라서 나로서는 필사생이 자신의 가필과 밀접한 관계가 있는 이 증언의 어느 부분을 고쳤다고 생각하든지, 아니면 이 혼란은 밝힐 수 없다고 인정을 하든지 둘 중의 하나를 선택해야만 할 것이다.[28]

28   내 말은 필사생이 두 개의 확실한 사실 사이에 꼼짝 못 하고 끼어 있었다는 것이다. 그는 한편으로 문서로 쓰인 약속이 1668년에 작성된 것이라는 지적을 신부의 소개 편지에서도, 수도원장의 확인서 속에서도 발견할 수 있었다. 다른 한편으로 고문서실에 보관되어 있는 두 개의 문서로 된 약속에는 똑같이 1669년이라는 연도가 적혀 있었다. 그로서는 자신의 눈앞에 두 개의 약속 문서를 펼쳐 놓고 있었으므로, 두 문서를 갖고 작업을 시작했다는 사실을 의심할 수는 없었다. 그런데 만일 내가 생각하는 것처럼 수도원장의 확인서에서 단 하나의 약속만이 문제되고 있었다면, 그로서는 어쩔 수 없이 수도원장의 증언 속에 다른 약속에 대한 언급을 삽입하지 않을 수 없었을 것이고, 또한 날짜를 써넣은 것은 실제 작성일보다 후라고 가정함으로써 그 모순을 제거할 수밖에 없었다. 원문(原文)을 변형시키자 연이어 그는 가필을 할 수밖에 없게 된다. 그는 〈그러나 다음 해인 1669년에〉라는 말로 수정과 가필을 연결시켜야만 했다. 왜냐하면 화가는 속표지의 그림 설명에서 (상태가 상당히 훼손되어 있지만) 분명히 다음과 같이 쓰고 있기 때문이다

1년 만에 그는 아마도 / ……끔찍한 위협을 / ……그림 제2번은 강압적으로, / ……문서로 약속을 하다…… 피.

아마도 독자들은 이미 오래전부터 이러한 논의가 한갓진 것이고, 논의의 대상이 된 미미한 것들은 쓸데없는 것이라고 생각하고 있었을 것이다. 그러나 흐름을 잘 따라가게 되면 새로운 관심을 가질 수 있다.

나는 방금 화가에 대하여 자신의 병이 악화되자 질겁한 나머지 그가 마리아젤의 고위 성직자들에게 자신의 위치를 확인시켜 주기 위하여 있지도 않은 먼저 쓴 약속 문서(검은 잉크로 쓴 것)를 지어냈다고 지적했다. 그런데 나로서는 사실 정신분석을 믿는 독자들을 위해 이 글을 쓰고 있는 것이지, 악마를 상대로 하여 쓰고 있는 것이 아니다. 독자들은 소개 편지에서 신부가 그렇게 불렀듯이, 〈이 가련한 그림쟁이〉를 비난하는 것은 사리에 맞지 않는다고 오히려 나를 힐책할지도 모른다. 사실 피로 쓴 약속이나 잉크로 쓴 만들어 낸 약속이나 환상에 근거하고 있기는 마찬가지다. 실제로는 악마 같은 것은 결코 나타나지 않았기 때문이다. 악마와의 계약이라는 것은 전적으로 그의 환상 속에서만 존재하는 것이다. 상황이 변하여 어쩔 수 없게 되었을 때, 불행한 이 사나이가 자신의 첫 번째 환상을 새로운 환상으로 보완하려는 것은 이해할 만한 일인지도 모른다.

하지만 이 점에서도 아직 이야기는 다 끝난 것이 아니다. 실제로 문서로 된 두 약속은 악마의 출현과 같은 환상이 아니다. 그것은 필사생의 확인에 의하거나, 그에 이어 개입한 수도원장 킬리

〈신그라파이Synographae〉의 고백을 하면서 화가가 부지불식간에 범한 〈잘못 쓰기 Verschreiben〉는 나로 하여금 설명을 시도하도록 하기도 했는데, 내가 보기에는 문서로 된 약속 그 자체만큼 흥미로워 보인다 — 원주. 프로이트는 우리가 이미 앞에서 본 것처럼 〈문서로 누구에게 약속하다, 자신을 바치다〉라는 뜻만이 아니라 동시에 〈쓰면서 착각하다, 잘못 쓰다〉라는 뜻도 갖고 있는 sich verschreiben의 이중적 의미를 살펴보고 있다. 이 점에 관해서는 『일상생활의 정신 병리학』을 참조.

안의 증언에 의한 것일 수도 있고, 마리아젤 성당의 고문서실에 보관되어 있는 누구나 볼 수 있고 만져 볼 수도 있는 자료들이다. 따라서 우리는 여기서 딜레마에 봉착하게 된다. 우리는 화가가 필요로 하는 순간에 나타난 신의 가호 덕분에 취소할 수 있었다는 그 두 개의 약속이 모두 화가 자신이 만들어 낸 것이라고 가정을 하든지, 아니면 도장까지 찍어 가면서 증인들이 확인한 바 있는 모든 보장에도 불구하고 마리아젤의 고위 성직자들과 킬리안 신부 모두를 신뢰하지 않든지, 둘 중에서 선택을 해야만 한다. 나로서는 고위 성직자들을 의심하기는 어려울 것 같다. 따라서 나는 일치를 시켜야만 했기 때문에 필사생이 첫 번째 신부의 증언을 왜곡했다는 생각을 하게 된다. 그러나 이러한 〈두 번째 가공〉은 현대의 비기독교도들인 역사가들도 흔히 범하는 일로서, 우리의 필사생이 이 역사 기록가들보다 더 정도를 지나쳐 가공한 것은 아니었고, 나아가 전후 상황을 고려해 볼 때 이 원본에 가해진 가공은 좋은 뜻에서 한 것이기도 하다. 고위 성직자들은 다른 측면에서도 우리의 신뢰를 받을 만했다. 이미 앞에서 말했지만, 그들은 누구의 방해도 받지 않았음에도 불구하고 치료의 결과가 불완전하고 악마의 유혹이 여전하다는 보고서를 제거하지 않았고, 틀림없이 신도들의 우려를 자아낼 수도 있었던 성당에서의 악마 퇴치 장면조차 이 성직자들은 간결하고 믿음이 가도록 묘사했다. 따라서 우리로서는 화가에게 책임을 지울 수밖에 없다. 어쩌면 화가는 고해 성사를 하기 위해 성당에 왔을 때 피로 쓴 약속 문서를 작성했는지도 모른다. 그 이후 악마에게서 해방된 그가 다시 자신을 도와주려는 성직자들을 만나게 되자, 이때 그는 이 피로 쓴 약속 문서를 공개했을 것이다. 게다가 이 약속 문서가 훗날 고문서실에 보관된 약속 문서와 동일한 것이어야 할 하등의 이유가 없다. 그러나 우리가 규명해 온 것에 비추어 볼 때 이 약속 문서가 1668년(악마 퇴치 9년 전) 것일 수도 있다.

훗날의 신경증

　그것은 신경증이 아니라 하나의 사기였는지도 모른다. 화가는 꾀병을 부리고 있었고, 따라서 귀신 들린 병자가 아니라 속임수를 부리고 있었던 것이다! 그러나 신경증과 꾀병 사이의 중간 단계들은 — 잘 알려진 대로 — 잘 느껴지지 않는 법이다. 또한 나는 화가가 이후에 쓴 다른 문서들처럼 환상과 동일시할 수 있는 특이한 상황에서 이 문서를 썼고, 그것을 몸에 지니고 다녔다고 어렵지 않게 추정할 수 있다. 악마와 계약을 맺었고, 또 그 후에 악마에게서 풀려났다는 환상을 사실로 여기기 위해서는 실제로 그에게는 다른 방법이 없었다.

　반면에 그가 두 번째로 마리아젤에 머물 때 성직자들에게 넘겨준 빈의 일기는 그의 환상이 사실이었음을 입증하고 있다. 이 일기를 보면 그가 품고 있었던 환상의 동기가 무엇이었는지를, 혹은 그가 신경증을 어떻게 이용하고 있었는지를 알 수 있다.

　일기는 악마 퇴치에 성공한 때부터 다음 해인 1678년 1월 13일까지의 기록이다. 그는 10월 11일까지는 결혼한 누이의 집이 있는 빈에서 건강하게 지냈다. 그러나 그 이후부터 그는 다시 환상들에 사로잡히거나 경련을 일으키곤 했다. 그뿐만 아니라 의식을 잃기도 하고 고통스러운 감각 혼란을 겪기도 했는데, 이로 인해 그는 1678년 5월 마리아젤로 돌아오게 된다.

이 새로운 발병은 세 단계로 나뉘어 진행되었다. 우선 악마는 화려한 옷을 입은 기병(騎兵)의 모습을 하고 나타나 화가가 성 로자리오단에 입단했음을 입증하는 증명서를 버리라고 그를 설득하려고 했다. 그가 거부하자 똑같은 환영이 그다음 날 다시 나타났는데, 이번에는 기품 있는 남자들이 아름다운 여인들과 어울려 이야기를 나누고 있는 화려하게 장식된 거실에서였다. 이미 한 번 화가를 유혹한 적이 있는 이 기병은 이번에는 화가에게 그림과 관계가 있는 한 가지 제안[29]을 했고, 그 대가로 상당한 금액의 돈을 약속했다. 기도를 통해 이 환상을 물리쳤지만 며칠 후 기병은 다시 나타나 한층 더 강한 유혹을 했다. 기병은 이번에는 한 아름다운 여인을 화가에게 보내서 모임에 합류하라고 유혹했고, 화가는 이 아름다운 여인을 도저히 물리칠 수가 없을 것만 같았다. 그러나 그가 겪은 가장 끔찍한 유혹은 잠시 후에 일어난다. 역시 무대는 한층 더 화려해진 거실이었는데, 이 거실에는 〈금화를 쌓아 올려 만든 왕좌〉가 놓여 있었다. 기병들이 그의 주위에 서 있었고, 모두들 왕이 도착하기를 기다리고 있었다. 이미 여러 번 그를 괴롭혔던 바로 그 기병이 그를 알아보고 다가오더니 왕좌(王座)에 오르라고 권했다. 그들은 〈그를 왕으로 섬기고 싶어 했으며 영원히 그를 찬양하겠다〉고 했다. 이렇게 의미가 분명하게 드러나는 유혹의 첫 번째 단계는 일탈하는 화가의 상상력으로 끝이 난다.

이제 이 상상력에 대한 반발 효과가 일어나야만 했다. 우선, 금욕적인 반작용이 고개를 들었다. 10월 20일, 그에게 강한 빛이 한 줄기 나타났고, 이 빛살 속에서 그는 예수의 목소리로 추정되는 목소리를 들었는데, 예수는 화가에게 이 사악한 세계를 떠나 사

29 나로서는 어떤 제안인지 이해할 수가 없다 — 원주.

막으로 나가 6년 동안 하느님을 섬기라고 했다. 물론 화가는 이전에 나타났던 악마의 환영들보다 이 성스러운 환영들로 인해 더심한 고통을 받았다. 그는 두 시간 반 만에야 겨우 이 상태에서 벗어날 수 있었다. 그러나 다음 환영이 나타났을 때 빛에 둘러싸여있는 성스러운 인물은 훨씬 냉담해져 있었고, 화가가 신의 제의를 받아들이지 않았다고 하면서 그를 위협했을 뿐만 아니라, 그에게 영벌(永罰)을 받은 사람들의 운명을 보여 줌으로써 겁을 주기 위해 그를 지옥으로 데려갔다. 그러나 물론 이 모든 것은 무용한 일이었다. 왜냐하면 예수가 틀림없는, 이 빛에 둘러싸인 인물은 이후에도 여러 번 나타났는데, 그때마다 화가는 몇 시간씩 지속되었던 실신 상태나 황홀경 속으로 떨어지고 말았기 때문이다. 어느 날 이러한 황홀경들 중에서도 가장 찬란한 빛에 둘러싸인 성스러운 인물은 화가를 먼저 어떤 도시로 데려갔는데, 사람들이 도시의 길가에서 타락한 짓들을 벌이고 있었다. 이후 화가는 어떤 초원으로 인도되어 갔는데, 그곳에서는 은자(隱者)들이 하느님이 기뻐하시는 삶을 영위하고 있었고, 하느님이 자신들을 위해 은총을 내리고 염려하신다는 분명한 증거를 갖고 있었다. 연이어 예수가 있던 자리에 성모 마리아가 대신 나타났고, 성모는 이전에 자신이 베풀었던 은총을 거론하며 자신이 사랑하는 아들의 명령에 따르라고 화가에게 종용했다. 〈그가 진정으로 결심을 못하자〉, 그다음 날 바로 예수가 다시 찾아와 온갖 위협과 약속으로진력이 날 정도로 그를 성가시게 굴었다. 그래서 그는 마침내 굴복하고 말았고, 이 삶을 떠나 그에게 요구받았던 것을 하기로 마음먹었다. 두 번째 단계는 이 결심으로 끝난다. 화가의 말에 따르면, 이 결심을 한 이후부터 환영은 더 이상 나타나지 않았고, 따라서 그도 더 이상 불안해하지 않았다고 한다.

그러나 이 결심은 그리 확고한 것이 아니었고, 그 실천도 너무나 먼 훗날로 미루어지고 있었다. 12월 26일, 화가가 성 슈테판 성당에서 미사를 드리고 있을 때 화려한 옷을 입고 있는 한 사나이 곁으로 어느 귀여운 여인이 지나가는 것을 보았는데, 이때 그는 자신이 그 사나이였으면 하는 생각을 떨쳐 버릴 수가 없었다는 것이다. 이 생각은 징벌을 불러왔다. 바로 그날 저녁, 그는 천둥과도 같은 소리를 들었고, 환하게 타오르는 불꽃 한가운데에 있는 자신을 보았으며, 끝내 실신했다. 사람들이 달려와 그를 깨우려고 했지만, 그는 입과 코에서 피를 흘릴 때까지 방바닥을 마구 굴러다녔다. 그는 그때 자신이 불도가니나 시궁창 속에 떨어져 있는 것 같았고, 어디선가 들려오는 목소리가 그에게 이런 상태는 무익하고 공허한 생각들을 하는 그를 벌주기 위한 것이라고 말하는 것을 들었다고 한다. 이어 악령들은 그에게 채찍질을 했고, 은자들의 모임에 참가할 때까지 계속해서 그렇게 채찍질을 당하며 고통스러워할 것이라고 했다. 이러한 경험들은 일기가 작성된 기간 내내(1월 13일까지) 계속되었다.

화가에게 있어서는 유혹 환상*Verführungsphantasie*이 금욕 환상으로 연결되고, 결국에는 처벌 환상으로까지 연결되었음을 알 수 있다. 우리는 이 고통의 이야기들이 어떻게 끝이 나는지 이미 알고 있다. 그는 5월에 마리아젤로 왔고, 거기서 자신이 아직도 악마에게 괴롭힘을 당하고 있는 것인지도 모른다는 증거로 검은 잉크로 쓴 약속 문서를 보여 주었다. 그리고 이 약속 문서가 취소되었다는 결정을 들었고, 병이 나은 것이다.

그가 『전승비』에 모사해 놓은 그림들을 그린 것은 바로 두 번째로 마리아젤에 머무는 동안이었다. 그러나 그는 그림을 그린 다음 바로 일기 속에 나타난 금욕(禁慾) 단계의 요구와 일치하는 어떤 행동을 했음에 틀림없다. 물론 그는 사막으로 나가서 은자가 되지는 않았다. 그러나 그는 〈자비 형제단〉에 들어갔다. 〈그는 성직자가 되었다.〉

우리는 그의 일기를 읽음으로써 새로운 사실을 알게 된다. 화가가 악마와 문서로 약속했다는 것을 우리는 이미 알고 있다. 그 것은 아버지의 죽음으로 인해 의기소침해지고 일에도 적응할 수 없게 된 그가 불안한 상태에서 살아갈 방도를 묻고 또 물어야만 했기 때문이었다. 이러한 요인들, 즉 의기소침, 작업을 못 하게 하는 자기 금기, 아버지의 죽음에 대한 애도 콤플렉스 등은 이런저런 방식으로 단순하게든 복잡하게든 서로 관련되어 있다. 악마가 모습을 드러낼 때마다 늘 풍만한 유방을 출렁이며 나타났다는 것은 어쩌면 악마가 먹여 살려 주는 아버지였기 때문인지도 모른다. 바람은 실현되지 않았고, 그의 상태는 갈수록 악화되어 갔다. 그가 일을 잘할 수 없었을 수도 있고, 혹은 운이 없어서 일할 기회를 얻지 못했을 수도 있다. 신부가 쓴 소개 편지에는 그를 두고 〈모든 도움을 잃어버린 이 가련한 인간〉이라고 말했다. 따라서 그는 단지 정신적으로만 의기소침한 상태에 있었던 것이 아니라, 물질적으로도 심한 곤경에 빠져 있었던 것이다. 훗날 발생한 환상들에 대한 보고서를 보면, 앞에서 보았던 장면들의 내용들을 통해 알 수 있는 것과 마찬가지로, 첫 번째 성공한 악마 퇴치 이후에도 아무것도 달라지지 않았음을 일러 주는 여러 가지 사항이 곳곳에 널려 있음을 알게 된다. 우리는 그가 그 무엇에도 성공하지 못했고, 따라서 그 누구의 신뢰도 받지 못했음을 알게 된다. 첫 번째 환영에서 기병은 그에게 〈아무도 도우려는 사람이 없는데, 무엇을 하려고 하느냐〉고 묻는다. 빈에서 겪은 첫 번째 환상들은 버림받고 쾌락에 굶주린 한 가련한 사나이의 욕망이 만들어 낸 환상과 완벽하게 일치한다. 휘황찬란한 거실들, 감미로운 삶, 번쩍거리는 은식기들과 아름다운 여인들을 보면 이 점은 분명해진다. 이런 것들은 처음에 악마와 맺었던 관계 속에서는 없었던 것들이다. 처음에 그는 우울증에 빠져 즐거움을 모르게 되었고, 가장 매혹적인 것들을 준다고 해도 포기할 수밖에 없었다. 그러나 악마 퇴치 이후, 그 당시의 모든 청년들이 욕망하던 것들이 그의 가슴 속에서도 다시 불붙기 시작한 것이다.

금욕 환상을 겪고 있었을 때, 그는 어느 날 그를 인도하는 인물에게(즉 예수에게), 아무도 당신을 믿으려고 하지 않고, 따라서 당신이 명령한 것을 나 또한 완수할 수 없다고 불평했다. 그가 그때 어떤 답변을 받았는지는 불행하게도 우리로서는 알 길이 없다(〈내 말을 믿지 못하겠지만, 그러나 일어난 일을 나는 잘 알고 있다. 하지만 그게 무엇인지는 말할 수 없다〉). 그렇지만 어쨌든 성스러운 인도자를 통해 그가 은둔자들 곁에서 살 수 있게 되었다는 것만으로도 이야기는 분명해진다. 그는 어떤 동굴에 도착해 이미 60년 전부터 그곳에서 살고 있는 한 노인을 만나 이것저것 물어보던 중에 이 노인이 하느님의 천사들이 가져다주는 일용할 양식으로 살아왔음을 알게 된다. 이어 그는 자신의 눈으로 직접 천사가 양식을 가져다주는 것을 본다. 〈세 개의 사발에 빵과 작은 만두와 마실 것이 들어 있었다.〉 은자가 식사를 마치자, 천사는 모든 것을 거두어 가져갔다. 이 경건한 환상들이 화가에게 어떤 유혹의 의미를 지니고 있는지 우리는 알고 있다. 이 환상들은 요컨대 양식 걱정 없이 살 수 있는 삶을 선택하도록 화가를 부추기고 있다. 마지막 환상에서 볼 수 있는 예수의 말 또한 특기할 만하다. 만일 복종하지 않는다면 그와 그 밖의 사람들로 하여금 믿지 않을 수 없게 하는 일이 일어날 것이라고 위협한 다음, 예수는 다음과 같이 직접 경고한다. 〈비록 저들에 의해 박해받았지만, 나는 사람들에 대해 어떤 주의를 할 필요가 없었고, 혹은 그들에게 어떤 도움도 받을 필요가 없었다. 하느님께서 나를 버리지 않으실 것이다.〉

크리스토프 하이츠만은 충분히 예술가가 될 수 있는 사람이었고, 이 죄 많은 세상을 단념할 수 없었던 그 시대의 여느 청년과 똑같은 청년이었다. 그러나 그는 결국 자신이 처해 있던 곤궁한 상황에 의해 예술과 이 죄 많은 세상을 포기하고 말았다. 그는 종교 단체에 들어간 것이다. 이로써 그는 내적인 싸움에 종지부를 찍을 수 있었을 뿐만 아니라, 물질적인 곤경에서도 벗어날 수 있었다. 그의 이러한 선택이 그가 조작한 첫 번째 약속이 취소됨으로써 발작과 환상에서 벗어났다는 사실 속에 반영되어 있음을 우리는 그의 신경증 속에서 볼 수 있다. 모든 것을 고려해 볼 때, 귀신에 사로잡혔다는 그의 두 가지 일화는 동일한 의미를 가지고 있다. 그의 유일한 바람은 언제나 그의 삶을 보장받는 것이었다. 자신의 삶을 보장받기 위해, 처음에 그는 악마의 도움을 받았고 그의 천상(天上)에서의 지복을 포기했다. 그 후 악마가 그를 실망시키자 악마를 단념하고, 종교적 상태의 도움을 받아 그의 자유와 삶이 제공하는 모든 즐거움을 포기하는 대가로 생존을 확보했던 것이다. 어쩌면 크리스토프 하이츠만 자신이 모든 행운을 박탈당한 한 가련한 악마에 지나지 않았는지도 모른다. 아마도 그는 그림을 그려서 자신의 삶을 영위하기에는 너무나 서툴고, 또 너무나 재능이 부족했는지도 모른다. 따라서 그는 〈영원한 젖먹이〉로 알려져 있는 인간형, 즉 어머니의 가슴에 파묻혀 있는 (젖먹이의) 그 충만한 상태에서 벗어날 줄 모르고 평생토록 누군가 타인이 도와주기만을 기다리는, 그런 인간형에 속하는 인물이었다. 이렇게 해서 그는 처음 아버지가 만들어 놓은 길을 따라가다가 이 아버지의 대리물인 악마를 따라가게 되었고, 마침내는 우리가 흔히 아버지라고 부르는 성직자들을 따라가게 된 것이리라.

피상적으로 살펴보면, 그의 신경증은 먹고 살기 위한 심각한 투쟁, 그러나 모든 사람들이 다 벌이고 있는 그 흔한 투쟁의 과장된 환영들처럼 보일 수도 있다. 우리가 살펴본 화가의 경우, 상황은 달랐지만 이런 일이 그리 드문 것은 아니다. 종종 정신분석가들은 〈잘 지내다가도 언제부터인가 신경증 증상을 보인다〉고 하는 상인들을 다루면서 불쾌감을 경험하는 경우가 있다. 소매상으로 하여금 위협을 느끼게 하는 금융 대란 같은 것은, 물론 이차적 결과이긴 하지만, 상인들을 신경증 속으로 밀어 넣는 경우가 있는데, 이때 상인들은 신경증의 징후들을 이용해 자신의 실제 생활의 염려들을 숨기는 경우가 있다. 그러나 이 신경증은 전적으로 부적합한 것이다. 왜냐하면 신경증은 위험한 상황에 신중하게 대처함으로써 좀 더 이익이 되는 활로(活路)를 찾을 수도 있는 힘들을 소진시켜 버리기 때문이다.

많은 경우 신경증은 더욱 독립적이고, 또 생존을 확보하고 보장하려는 이해관계와도 별 상관이 없다. 신경증에 의해 유발되는 갈등 속에서는 실제로 리비도적인 관심만이 움직일 수 있고, 이러한 리비도적인 관심은 생존을 확보하려는 관심과 내적으로 긴밀하게 연관된 경우도 있다. 신경증는 이러한 세 가지 경우에 있어 모두 동일하게 움직인다. 실제적인 만족을 얻지 못한 채 정지해 있는 리비도는 이전의 고착들로 퇴행이 이루어지면서 억압된 무의식 속으로 유입된다. 환자의 자아가 이 과정에서 병으로부터 이득을 얻게 되면, 자아는 신경증을 방치해 버리고 마는데, 이 경우 경제적 손실은 의심할 여지가 없을 것이다.

이와 마찬가지로, 우리가 다룬 화가의 어려운 상황도 만일 의

기소침에서 시작된 아버지에 대한 한층 강력해진 그리움을 그가 통제할 수 있었다면, 악마 신경증을 불러오지는 않았을 것이다. 그러나 그가 우울증과 악마에게서 벗어났을 때에도, 상황은 여전히 양자택일을 해야 되는 상황이었다. 다시 말해 그는 삶이 제공하는 리비도적 쾌락과, 생존을 확보하기 위해서는 절대적으로 단념과 금욕이 요구된다는 깨달음 사이에서 선택해야만 했던 것이다. 화가의 고통스러운 이야기를 구성하고 있는 이 두 요소의 단일성을 화가 자신도 절실하게 느끼고 있었다는 사실을 확인하는 것은 흥미로운 일인데, 그는 이 두 요소 모두를 그가 악마와 맺었을 수도 있는 문서로 된 두 약속에서까지 이야기하고 있다. 그는 또한 악령이 개입하는 것과 선한 신이 개입하는 것을 완전히 별개의 것으로 구분하지도 않았다. 그에게는 악령이든 선한 신이든, 오직 단 하나의 호칭만이 존재했다. 즉 그에게는 양자 모두 귀신의 출현이었던 것이다.

유머

Der Humor(1927)

인간 정신에 대한 구조적인 시각에서 유머의 문제를 다룬 이 글은 1927년 8월에 쓰인 것으로, 9월 1일 인스부르크에서 개최된 제10차 국제 정신분석학회에서 프로이트를 대신하여 아나 프로이트가 발표했다. 20년이 흐른 후 이 논문은 『농담과 무의식의 관계』에 함께 수록되었으며, 초심리학적 관점에서 인간 정신을 분석하려는 의도가 조금이나마 드러나 있다.

이 논문은 1927년 『연감 1928』에 처음 실렸으며, 1948년 『전집』 제14권에 수록되었다. 영어 번역본은 1928년 『국제 정신분석 저널』 제9권 1호에 존 리비어Joan Riviere가 번역하여 "Humour"라는 제목으로 수록되었으며, 『논문집』 제5권(1950), 『표준판 전집』 제21권(1961)에도 실렸다.

유머

1905년에 출간한 『농담과 무의식의 관계』에서 나는 사실 유머를 경제적인 관점에서만 다루었다.[1] 당시 내게 중요했던 것은 유머에서 얻게 되는 쾌락의 근원을 알아보는 것이었고, 유머적 쾌락이라는 소득은 절약된 감정 비용에서 기인한다는 것을 지적했다.[2]

유머러스한 과정이 발생하는 경우에는 두 가지가 있다. 하나는 유머러스한 태도를 취하는 한 사람에게서 유머러스한 과정이 발생하는 사이 다른 사람이 그에게 즐거움을 얻는 관객의 역할을

1 심리학의 이론적 장치의 한 요소로, 다시 말해 초심리학의 한 요소로 프로이트가 설정한 가설이다. 상반된 충동들의 갈등에 역점을 두고 보는 역동적 관점과 의식, 전의식, 무의식, 혹은 자아, 초자아 등으로 심적 장치의 구성 부분들에 주목하는 국부론적 관점과 더불어 정신적 에너지의 증감과 이동 등을 포괄해서 지칭하는 계량적 개념을 비유적으로 경제적 관점이라고 부른다. 욕망이 지니는 조급함 등도 최소 비용으로 최대 효과를 겨냥한다는 측면에서 경제적 관점에 따른 해석의 한 예가 될 수 있을 것이다. 이러한 경제적 관점에서 볼 때, 정신적 에너지가 일정한 연상 작용이나 외부의 사물들과 독특한 관계를 맺는 과정에 대해 프로이트가 사용한 *Besetzung*, 즉 〈집중〉이라고 한국어로 옮길 수 있는 개념을 프랑스의 정신분석계에서 〈투자〉라는 용어로 옮긴 것은 이해할 만하다. 그러나 프랑스의 투자에 해당하는 단어는 경제적 맥락 이외에서는 〈포위〉라는 뜻도 갖고 있다. 어쨌든 적절한 한국어 역어를 찾는 작업은 과제로 남아 있다.
2 흔히 우리가 음담패설이라고 부르는 것과 구별해 육담(肉談)이라고 하는 농담들을 통해 성 충동들이 순수하게 언어적 조직과 정신적 연상만을 통해 촉발되고 해소되는 전반적인 과정을 염두에 둔다면 프로이트가 반복해서 기대고 있는 경제적 비유들을 통해 이야기하고자 하는 바를 쉽게 이해할 수 있을 것이다 ― 역주.

하는 경우, 다른 하나는 두 사람 사이에서 유머러스한 과정이 발생하는 것이다. 이 경우에는 한 사람이 유머러스한 과정에 전혀 참여하지 않지만, 다른 사람에 의해 유머러스한 대상이 된다. 가장 비속한 예가 되겠지만, 가령 월요일에 교수형을 받기로 되어 있는 한 강도가 교수대로 향하면서 〈일주일이 참 보기 좋게 시작되는군〉이라고 말했을 경우, 유머를 만들어 낸 사람은 강도 자신이고 그 효과도 자신에게 돌아가 그는 어느 정도 만족감을 얻을 것이다. 강도의 유머와 관련되지 않은 나는 단지 강도의 유머러스한 연기가 자아내는 효과를 멀리서 거리를 둔 채 느낄 뿐이다. 어쩌면 나도 강도처럼 유머가 자아내는 쾌락을 느끼는 것인지도 모른다.

한 작가나 이야기꾼이 실제의 인물이나 허구적인 인물들의 행동을 유머러스하게 묘사하는 경우가 두 번째에 해당된다. 이 인물들은 그들 스스로 유머를 나타낼 필요가 전혀 없다. 유머러스한 태도를 취해야 하는 자는 이런 사람들을 유머의 대상으로 삼은 사람이고, 이때 독자나 청중은 앞의 첫 번째 경우와 마찬가지로 유머가 자아내는 쾌락을 나누어 갖게 된다. 요약하자면, 유머는 ― 그 성격이 어떤 것이든 ― 당사자에게 돌아오거나 아니면 다른 사람에게 돌아간다. 따라서 유머러스한 태도는 그런 태도를 취한 사람에게 쾌락이라는 소득을 가져다준다고 가정할 수 있다. 유머에는 관여하지 않고 듣기만 한 사람에게도 이와 유사한 소득이 돌아갈 것이다.

유머가 자아내는 쾌락의 근원을 파악하기 위한 가장 좋은 방법은 유머를 듣고 있는 사람에게서 일어나는 과정을 살펴보는 것이다. 유머의 청취자는 유머를 표현하는 사람이 감정적 흥분의 징후들로 기대되는 상황, 말하자면 화를 내거나, 푸념을 하거나,

고통을 드러내거나, 놀라거나, 전율을 느끼며 절망할 것이라고 기대되는 상황에 놓인다. 그리고 이 관객, 청취자는 유머를 하는 사람에게서와 같은 감정적 흥분을 자신에게서도 일으킬 자세가 되어 있다. 그러나 이 감정적 준비는 기대에 어긋난다. 그의 상대방은 감정적 흥분을 표현하는 것이 아니라 익살을 떨고 있다. 그 때문에 청취자에게서 절약된 감정 비용은 이제 유머의 쾌락이 된다.

여기까지는 별 어려움이 없다. 그러나 우리는 곧 유머를 드러내는 사람에게 좀 더 주의를 기울여야 할 것이라는 생각을 갖게 된다. 유머의 본질은 상황이 자아낼 수 있는 정서적 흥분들을 절약하고 익살을 통해 그러한 감정적 표현들의 가능성을 물리치는 데 있다. 여기까지는 유머를 드러내는 사람에게 일어나는 과정이 그것을 듣는 사람에게 일어나는 과정과 일치한다. 좀 더 정확히 말하자면, 유머를 듣는 사람은 유머를 드러내는 사람을 모방한다고 보아야 할 것이다. 그렇다면 유머를 드러내는 사람은 어떻게 해서 정서적 충격이 표출되는 것을 면제시켜 주는 이런 유머러스한 태도를 취하게 되는 것일까? 역동적 측면에서 볼 때 무엇이 〈유머러스한 태도〉 속에서 일어나는 것일까? 답은 물론 유머를 드러내는 사람에게서 찾아야 할 것이다. 관객에게서는 단지 메아리만을, 다시 말해 아직 알려지지 않은 이 과정의 모방만을 볼 수 있다고 생각해야 할 것이다.

이제 유머의 몇몇 특성들과 친숙해질 필요가 있을 것 같다. 유머는 농담이나 희극처럼 해방시켜 주는 것뿐만이 아니라 동시에 뭔가 위대하고, 사람을 열광하게 한다. 이러한 특성들은 앞의 두 경우와 같은 지적인 활동에서 얻을 수 있는 쾌락 속에는 없는 특성들이다. 위대하다는 특성은 물론 나르시시즘의 승리에, 다시 말해 자아의 불가침성을 성공적으로 주장한다는 데 있다. 자아는 현실적인 이유들 때문에 마음 상하고 고통받기를 거부하며, 외부 세계로부터의 외상(外傷)이 자신에게는 문제가 될 수 없다고 주장한다. 더 나아가 자아는 그것들이 자신에게는 쾌락 획득의 계기일 뿐임을 보여 준다. 이 마지막 특성은 유머에서 아주 본질적인 것이다. 다음과 경우를 가정해 보자. 월요일에 사형장으로 가는 사람이 다음과 같은 말을 한다. 〈나는 아무렇지도 않다. 나 같은 놈팡이 하나가 교수대에서 사라진다고 한들 뭐가 대수란 말인가! 그렇다고 해서 잘 돌고 있던 지구가 멈출 것도 아닐 텐데.〉 우리는 물론 이 말이 현실 상황을 훌륭하게 넘어서는 내용이며, 현명하고 정당하다고 평가해야만 할 것이다. 그러나 이 말은 유머로서 아무런 흔적도 보이지 않을뿐더러 유머와는 정반대되는 현실 평가에 기초한다. 유머는 체념적이지 않고 도전적이다. 유머는 자아의 승리를 의미할 뿐 아니라 쾌락 원칙의 개가, 즉 현실적 조건의 불리함에도 불구하고 자신을 관철시킬 수 있는 쾌락 원칙의 개가를 의미한다.

이러한 두 가지 특성, 즉 빠져나갈 수 없는 현실을 밀어내고 쾌락 원칙의 우월성을 확인하는 과정을 통해 유머는 정신 병리 현상 속에서 흔히 볼 수 있는 퇴행적이거나 혹은 반항적인 과정과 근접해 있다고 할 수 있다. 고통의 가능성에 맞서 유머가 행하는 이러한 방어를 고려할 때 우리는 유머를 인간의 정신 활동이 고통의 속박에서 벗어나기 위해 만들어 낸 일련의 많은 방법들 속에 포함시킬 수 있다. 신경증에서 출발해 광기 속에서 절정에 이르는 이 일련의 행위들에 우리는 또한 몰두, 도취, 엑스터시 등도 포함시켜야 할 것이다.[3] 이러한 일련의 정신적 움직임들과 관계

3 「문명 속의 불만」(프로이트 전집 12, 열린책들)에서 논의하고 있는 고통을 피

를 맺고 있는 유머는 농담에서는 찾아볼 수 없는 위엄을 갖고 있다고 볼 수 있는데, 왜냐하면 농담은 쾌락을 얻는 데만 쓰이거나 그렇게 해서 얻어진 쾌락을, 공격성을 발휘하는 데 사용하기 때문이다. 그렇다면 이 유머러스한 태도, 다시 말해 고통을 거부하고 현실에 맞서 자아의 불가침성을 주장하고 또 쾌락의 원칙을 자신만만하게 확인하는, 그럼에도 같은 목적을 추구하는 다른 정신적 활동들과는 달리 정신 건강을 그대로 유지하는 이 유머러스한 태도의 본질은 어디에 있는 것일까? 정신 건강과 유머는 혹시 서로 어울릴 수 없는 것은 아닐까?

어떤 사람이 다른 사람들에 대해 유머러스한 태도를 취했을 때 우리는 이 상황을 내가 농담을 다루면서 어렴풋이 암시한 바 있는 방식으로 생각하고 싶어진다. 다시 말해 그는 다른 사람들을 마치 어른이 어린아이를 다루는 것처럼 대하는데, 이럴 때 그는 어린아이에게는 상당한 의미를 갖고 있는 이해관계와 고통들을 미소 지으며 별것 아닌 것으로 치부해 버리는 식으로 행동한다. 따라서 유머를 보이는 사람은 자신을 어른의 위치에 놓음으로써, 아버지와 동일시하고, 다른 사람들은 아이처럼 취급하면서 우월성을 획득하는 것이다. 이런 견해는 현실과 부합하는 것일지는 모르지만 결정적인 견해는 아니다. 유머를 드러내는 사람에게 이런 역할을 하도록 허락하는 것이 과연 무엇인지 묻지 않을 수가 없기 때문이다.

우리는 더욱 근원적이고 더욱 의미 있는 유머의 다른 상황을 기억하고 있다. 즉 어떤 사람이 자신에게 다가올 수 있는 고통의 가능성들에서 스스로를 보호하기 위해 유머러스한 태도를 취하는 상황을 기억하고 있다. 자기 자신을 어린아이로 취급하면서도
하는 다양한 방법을 참조.

이 어린아이에 대해 월등한 어른의 역할을 동시에 한다는 것이
어떤 의미를 갖고 있을까?

병리적 현상들을 다루면서 알게 된 자아가 갖고 있는 구조를
고려한다면 잘 납득이 가지 않는 이러한 묘사가 실제로는 튼튼한
근거가 있는 것임을 알게 된다. 자아는 결코 단순하지 않다. 자아
는 그 핵심에 초자아⁴라는 매우 특이한 하나의 심급(審級)을 갖고
있다. 종종 자아와 초자아는 서로 일치하기도 해서 어떤 경우에
는 양자를 구별하기가 어렵지만, 또 다른 경우들에서는 선명하게
구분되기도 한다. 초자아는 그 발생에 있어 부모가 차지하고 있
던 정신적 위상에서 비롯된 것인데, 그것은 종종 자아를 엄격한
통제하에 두고 마치 먼 옛날 부모들이 — 혹은 아버지가 — 아이
를 다룰 때와 똑같은 방식으로 자아를 다룬다. 따라서 유머러스
한 태도의 본질은 유머를 보이는 사람이 정신적 강조점을 자아에
서 초자아로 옮겼다는 데 있다고 생각한다면, 우리는 유머러스한
태도에 대한 역동적인 설명을 얻게 되는 것이다. 그런데 이렇게
거대해진 초자아가 보기에 자아는 한없이 초라하고, 그의 이해관
계 또한 대수롭지 않은 것으로 비칠 뿐이다. 이러한 정신적 에너
지의 새로운 배분으로 인해 초자아는 자아의 반항 가능성들을 손
쉽게 억누를 수가 있다.

관례적인 표현 방식에 충실하자면, 정신적 강조점이 옮겨졌다
고 말하는 대신 다량의 리비도 집중이 전위되었다고 말해야 할
것이다. 이때 문제는 심적 장치의 한 심급에서 다른 심급으로의
광범위한 전위를 묘사하는 것이 정당한 것이냐 하는 것이다. 이
는 임시변통으로 만들어 낸 새로운 가정인 듯 보인다. 그러나 매

---

4 「자아와 이드」(프로이트 전집 11, 열린책들)에서 프로이트는 〈인지-의식 체
계만이 자아의 핵심으로 간주될 수 있다〉고 말한다.

우 자주는 아니더라도 우리가 정신적 움직임을 메타 심리학적으로 표현하려고 할 때 이러한 요소를 여러 번에 걸쳐 고려했다는 사실을 상기해야 할 것이다. 이런 이유로 해서 우리는 다음과 같은 가정을 했다. 통상적인 성애적 대상 리비도 집중과 사랑에 빠진 상태와의 차이는 후자의 경우 비교할 수도 없을 정도로 많은 리비도 집중이 대상으로 이행하여 자아는 말하자면 대상을 위해 자신을 텅 비운다는 것이다. 신경증 사례들을 연구하면서 나는 어떤 특기할 만한 결과를 초래하지 않으면서도 일찍 형성되어 오랫동안 지속되던 피해망상들이 특정한 계기로 많은 리비도 집중을 획득하게 될 때에야 지배적인 것으로 드러난다는 사실을 확인할 수 있었다. 마찬가지로 이러한 망상적 질환들에 대한 치료는 망상들을 없애고 수정하는 데 있는 것이 아니라, 망상들에 대한 리비도 집중을 회수하는 데 있다. 우울증과 편집증 사이의, 그리고 초자아의 자아에 대한 잔인한 압제와 이 압제가 끝났을 때에 찾아오는 자아의 해방 사이에서 일어나는 변화는 이런 식으로 리비도 집중이 이동했다는 것을 암시한다. 더욱이 이러한 리비도 집중의 이동은 정상적인 정신 활동 과정을 설명하기 위해서도 살펴보아야 한다. 우리가 지금까지 이것을 미미한 정도로밖에는 살펴보지 못했다면, 그 이유는 칭찬받아야 할 일일지도 모르는데, 우리가 어쩔 수 없이 이 작업을 삼가야 했기 때문이다. 다시 말해 분석하는 우리가 안전하다고 느끼는 지대는 정신 활동의 병적인 영역이다. 우리 스스로를 관찰할 수 있고 확신을 가질 수 있는 곳이 바로 정신 질환의 영역인 것이다. 우리는 현재로서는 병적인 것을 가려내고 변형시킴으로써 정상적인 것을 식별해 낼 수 있는 한에서만 정상적인 것에 대해 판단을 내리는 모험을 해보려고 한다. 이러한 우려가 일단 불식되고 나면 우리는 정신적 움직임에

대한 이해에 있어서 정태적인 관계에 못지않게 정신적 에너지의
집중에 비례해서 일어나는 다양한 역동성이 중요하다는 것을 알
게 된다.

따라서 나는 여기서 제시된 가능성이, 즉 다시 말해 어떤 주어
진 상황 속에서 한 개인이 자신의 초자아에 에너지를 과잉 집중
하게 되면 그때부터 이 초자아는 자아의 반항들을 변형시킨다는
가능성이 충분히 가치가 있다고 생각한다. 내가 유머와 관련해서
추측했던 것도 역시 농담에 대해서 했던 추측들과 유사한 것이다.
농담을 설명하기 위해 나는 전의식의 사고가 무의식의 가공에 잠
시 동안 내맡겨진다고 전제해야만 했다. 말하자면 농담은 희극에
대한 무의식의 기여라는 것이다. 이와 완전히 유사하게, 유머는
초자아의 중개를 통해 희극에 기여하는 것이라고 볼 수 있다.

우리는 초자아를 엄격한 주인으로 알고 있다. 초자아가 거드름
을 피우면서 자아에게 작은 쾌락을 얻을 수 있게 한다는 것은 그
런 성격과 잘 맞지 않는다고 사람들은 말할 것이다. 유머가 자아
내는 쾌락이 희극이나 농담에서 느낄 수 있는 것과 같은 강렬한
것이 아님은 사실이고, 또 폭소를 터뜨리게 하면서 드러나는 것
도 아니다. 그리고 유머러스한 태도를 취한 초자아가 현실을 무
시하고 환상을 품게 한다는 것도 사실이다. 그러나 — 그 이유에
대해서는 잘 알려져 있지 않지만 — 우리는 이 강렬하지 못한 쾌
락에 매우 높은 가치를 부여하고 있고, 또 그것에서 우리를 자유
스럽게 하고 흥이 나게 하는 것을 느낀다. 유머의 익살은 유머에
본질적인 것도 아니며, 그것은 일종의 예비 연습으로서의 가치만
을 갖는다. 중요한 것은 유머가 드러내는 의도, 즉 이 드러남을 통
해 유머를 보인 당사자와 주위의 사람들에게 미치는 의도인 것이
다. 유머는 다음과 같이 말하고 싶을지도 모른다. 〈보아라, 이것이

그렇게 위험해 보이는 세계다. 그러나 애들 장난이지, 기껏해야 농담거리밖에는 안 되는 애들 장난이지!〉

겁에 질려 있는 자아에게 유머를 통해 위안이 가득 담긴 말을 해주는 자가 정말로 초자아라고 하더라도 우리는 아직 초자아의 본질에 대해서 살펴보아야 할 것이 많이 남아 있다는 사실을 잊어서는 안 될 것이다. 게다가 모든 사람들이 다 유머를 구사할 수 있는 것도 아니다. 유머는 희귀하고도 귀중한 재질이다. 또 다른 사람이 들려주는 유머를 느끼지 못하는 사람도 많이 있다. 끝으로 한 가지 덧붙여, 만일 초자아가 자아를 위로해 주고 고통에서 보호해 주고자 한다면, 이는 부모가 어린아이의 정신 속에서 차지하고 있던 심급에서 초자아가 비롯되었다는 사실과 상치되는 것은 아닌 것이다.

도스토옙스키와 아버지 살해

Dostojewsky und die Vatertötung(1928[1927])

프로이트가 최고의 작가로 꼽고 있는 도스토옙스키에 대해 자신의 견해를 밝힌 이 글은, 1925년 독일어판 도스토옙스키 전집의 증보판을 작업 중이던 편집자가 『카라마조프 씨네 형제들』과 관련하여 작품과 작가의 심리에 대한 서문의 글을 부탁하여 쓰게 되었다. 프로이트 스스로 글이 수록될 위치에 대한 고려로 자신의 생각이 방해를 많이 받아 결과적으로는 내키지 않는 글을 썼다고 고백한 이 글은, 성격상 〈특별한 경우〉를 위해 쓴 글임을 보여 주는 흔적이 곳곳에 보이기도 한다. 그러나 오이디푸스 콤플렉스, 죄의식 등 프로이트 자신의 후기 견해를 재기술한 부분이나 초기의 저술에서는 찾아볼 수 없는 자위행위에 대한 정보 등은 독자의 흥미를 끌기에 충분하다.

이 논문은 1928년 독일어판 『카라마조프 씨네 형제들』의 해설로 처음 발표되었으며, 『연감 1930』(1929), 『전집』 제14권(1948)에 수록되었다. 영어 번역본은 1929년 테이트D. F. Tait가 번역하여 "Dostoevsky and Parricide"라는 제목으로 『리얼리스트』지 제

1권 4호에 수록되었으며, 1945년에는 "Dostoevsky and Parri-cide"라는 제목으로 『국제 정신분석 저널』 제26권 1호와 2호에 실렸다. 또한 『파티잔 리뷰*Partisan Review*』 제12권 4호(1945), 울프V. Woolf와 코텔리안스키S. S. Koteliansky가 번역하여 뉴욕에서 출간된 도스토옙스키의 『스타브로긴의 고백*Stavrogin's Confession*』(1947)에도 수록되었으며, 『논문집』 제5권(1950), 『표준판 전집』 제21권(1961)에도 실렸다.

도스토옙스키와 아버지 살해[1]

도스토옙스키가 지니고 있는 다양한 인간적 면모들 속에서 우리는 네 가지 모습을 구별해 낼 수 있다. 즉 그는 작가였고, 신경증 환자였고, 인간 본성에 대한 탐구자로서 윤리주의자였으며, 또 죄인이기도 했다. 우리를 당황케 하는 이 다양성 속에서 과연 어떻게 길을 찾아 나가야 할 것인가?

그가 작가였다는 것은 이의를 제기할 수 없는 가장 확실한 사실이다. 그는 셰익스피어에 버금가는 자리를 차지하고 있다. 『카라마조프 씨네 형제들』은 지금까지 쓰인 작품 중 가장 장엄한 소설이고, 대심문관의 이야기는 세계 문학사상 가장 뛰어난 압권 중의 하나로 보아도 지나친 평가는 아니다. 그러나 정신분석은 불행하게도 창조적인 작가의 문제 앞에서는 손을 들 수밖에 없다.

도스토옙스키가 갖고 있는 윤리주의자의 면모는 가장 쉽게 비난을 받을 수 있는 부분이다. 죄를 지은 상태가 어떤 것인지를 아는 사람만이 가장 높은 윤리적 단계에 도달할 수 있다는 이유를

1 이 글은 분명하게 두 부분으로 나뉜다. 첫 부분은 도스토옙스키의 전반적인 성격에 관한 것으로, 그의 마조히즘, 죄의식, 간질병, 오이디푸스 콤플렉스에 대한 이중적 태도 등이 논의된다. 두 번째 부분은 도박에 탐닉한 도스토옙스키의 심리에 초점을 맞추고 있으며, 뒤이어 그와 같은 도박에 대한 탐닉의 원인이 무엇인지에 대한 설명이 주를 이룬다.

내세우며 도스토옙스키를 도덕적 인간으로서 가장 높은 경지에 도달한 사람으로 보려 한다면, 이는 성급한 판단이다. 실제로도 의문이 생긴다. 자신 속에도 유혹이 있음을 깨달으면서 그 유혹에 지지 않은 채 저항하는 사람이 윤리적이리라. 매번 죄를 지은 후 매우 윤리적인 덕목들을 앞세우며 뉘우치지만 반복해서 죄를 짓고 후회한다는 것은 너무나도 쉬운 일이라는 비난을 면하기 어렵다. 이런 사람은 도덕성의 본질이 단념에 있다는 것을 깨닫지 못한 것이다. 윤리적인 삶을 산다는 것은 실천의 문제이기 때문이다. 이런 사람을 보면 옛날에 침략을 일삼던 야만인들을 떠올리게 된다. 그들도 침략해서 수많은 사람들을 살육한 후 잘못을 빌었고, 그런 다음 죄가 씻겨진 듯이 다시 살육에 나서곤 했다. 폭군 이반 제정 러시아 황제[2]의 행동도 다른 것이 아니었다. 죄와 도덕의 이러한 손쉬운 화해는 실제로 러시아인들의 중요한 한 특징이다. 도스토옙스키가 치렀던 윤리적인 싸움들의 결과 역시 결코 영광스러운 것들이 아니다. 한 개인의 충동이 요구하는 것과 그것을 막아서는 사회 공동체의 제약을 화해시키기 위해 격렬한 싸움을 치른 후 그는 뒤로 물러서고 만다. 그는 이러한 물러서는 자세 속에서 세속적인 권력과 영적인 권위에 동시에 굴복했다. 차르와 기독교도들의 신에 대한 두려운 존경과 러시아식의 편협한 민족주의도 포함되어 있었다. 그의 자세라고 하는 것은 한마디로 말해 치졸한 인간들이 힘들이지 않고 취할 수 있는 자세였다. 이것이 이 위대한 인간의 약점이라고 할 수 있다. 도스토옙스키는 결코 교육자적인 인간이 될 수 없던 사람이었고, 인간을 해방시

---

2 이반 4세(1530~1584)를 지칭한다. 어린 나이에 왕위를 물려받아 지방 토후들의 힘으로 왕권을 유지하면서 중앙 집권적 체제로 이행할 것을 꿈꾸었던 그는 치세 후반에 토후들과의 세력 다툼 속에서 광포해져 장남을 살해하기도 했다. 왕권 신수설의 신봉자였던 그는 차르라는 황제 칭호를 처음 사용했다.

킬 수 있는 인물도 아니었다. 그는 스스로 인간을 가두고 감시하는 간수 역할을 하고 있었다. 인류의 문화가 그에게 빚진 것은 거의 전무하다. 그래서 그가 신경증 때문에 이런 실패에서 벗어날 수 없었다는 사실은 설득력이 있어 보인다. 그의 높은 지성과 인간에 대한 깊은 사랑은 신경증이 없었다면 그에게 사도들이 걸었던 생명의 길과 같은, 다른 길을 열어 주었을지도 모른다.

도스토옙스키를 죄인이나 범죄자로 간주할 때 우리는 그에 대해 심한 혐오감을 느끼지 않을 수 없는데, 우리가 느끼는 이 혐오감은 죄가 무엇인지 모르는 사람이 죄에 대해 갖게 되는 순진한 판단에 기초하는 것은 아니다. 그에게는 실제로 범죄를 일으킬 수 있는 두 가지 심리적인 동기가 있었고, 이 두 가지 동기는 범죄자들에게서 가장 흔히 찾아볼 수 있는 것이기도 하다. 그는 끝이 없는 자아 중심주의에 사로잡혀 있었고, 강한 파괴 욕구를 갖고 있었다. 이 두 가지 동기 사이의 공통점이자 외부로 나타나는 표현의 조건이 되는 것은 사랑의 부재, 즉 다시 말해 다른 인간을 사랑함으로써 사랑의 대상을 가치 있게 여겨야 했는데 이러한 과정이 그에게는 없었던 것이다. 그러나 이러한 우리의 지적은 그가 사랑받고자 하는 대단한 욕구를 갖고 있었고, 또 사랑할 수 있는 엄청난 능력도 소유하고 있었다는 상반된 그의 모습을 즉각적으로 떠올리게 한다. 이러한 사랑의 욕구와 능력은 그가 과도한 선행을 베풀 때 잘 드러난다. 이런 모습은 그를 사랑하지 않을 수 없기도 하지만, 예를 들어 첫 번째 부인과 그녀의 애인에 대해서 그랬던 것처럼 정당하게 증오했고 복수할 수 있는 상황에서도 그로 하여금 도움을 베풀도록 했다. 우리는 여기서 도스토옙스키를 범죄자로 분류하려는 유혹이 어디서 오는 것인지 자문하게 된다. 답은 다음과 같다. 즉 우리가 그를 범죄자로 간주하고 싶은 유혹을 느끼는 것은 작가가 소설의 제재를 선택할 때 많은 다른 가능성들 중에서 유독 과격하고, 살인을 저지르고, 자아 중심적인 성격들을 지닌 인물들을 선호하는 그의 편향된 선택 때문이다. 또한 이런 경향들 자체가 그의 내부에 있다고 생각되기도 하고, 나아가 그의 노름에 대한 집착과 아마도 한 어린 소녀에 대한 성폭력에서(작가 자신의 고백)[3] 볼 수 있는 것처럼 그의 삶 자체에서도 이런 경향들을 볼 수 있기 때문에 그를 범죄자로 여기고 싶은 것이다. 그를 쉽게 범죄자로 만들 수도 있었던 도스토옙스키가 갖고 있던 매우 강한 파괴 충동은 그의 삶 속에서 주로 자기 자신에게로 향했고, (외부에 있는 존재가 아니라 내부로 향했고) 그렇게 해서 피학대 음란증과 죄의식의 형태를 띠고 표현되었던 것이다. 이 점을 통해 언뜻 보아 모순처럼 보이는 것을 이해할 수 있을 것이다. 그럼에도 그에게는 여전히 학대 음란증적 특징들이 남아 있었고, 이러한 특징들은 그의 신경과민과, 남에게 고통을 주고자 하는 강한 성향과, 심지어 자신이 사랑하는 사람들에 대해서조차 용서하지 못하는 편협함들을 통해 드러나기도 하며, 또 그가 작가로서 독자들을 대하는 방식 속에서도 나타난다. 이렇게 그는 작은 일들에서 학대 음란증적인 태도를 갖고 있었지만, 그것은 자기 자신에 대한 것이었고, 따라서 이 성향은 피학대 음란

---

3 이 점에 관해서는 퓔뢰프-밀러Fülöp-Miller와 엑슈타인Eckstein이 쓴 『알려지지 않은 도스토옙스키Der Unbekannte Dostojewski』(1926)를 볼 것. 또 슈테판 츠바이크 Stefan Zweig는 다음과 같이 썼다. 〈그는 부르주아 윤리가 쳐놓은 방책에 걸리지 않았고, 아무도 그가 어느 정도로까지 삶 속에서 사법적 경계를 넘나들었는지, 또 그가 묘사한 인물들의 범죄적인 충동들이 어느 정도 그의 것인지 정확하게 말할 수 없다.〉(『세 명의 스승들』, 1920) 소설의 인물들과 작가 자신의 경험들 사이의 밀접한 관련에 대해서는 퓔뢰프-밀러가 니콜라이 스트라호프의 연구(1921)에 근거해 펴낸 그의 저서 『도스토옙스키』(1925)의 서론에서 지적한 점들을 참고하라 — 원주. 어린 소녀에 대한 성폭행이라는 주제는 도스토옙스키의 저술, 특히 그의 사후에 출판된 『스타브로긴의 고백』과 『중죄인의 삶』에도 등장한다.

544

증적인 것이기도 했다. 그는 작은 일들에서는 인간들 중에서 가장 온화하고, 최고의 인격을 지니고 있으며, 구원받을 수 있는 인간이었던 것이다.

도스토옙스키의 복잡한 인성 속에서 우리는 세 가지 중요한 요소를 끌어냈는데, 하나는 양적인 것이었고 나머지 둘은 질적인 것이었다. 그의 놀라운 감정 충일 상태와 그를 학대-피학대 음란증적 인간 혹은 범죄자로 유도해야만 했던 도착적인 충동들, 그리고 분석이 불가능한 나머지 하나인 예술가로서 그의 재능이 그것들이다. 이것들은 신경증과 관련을 맺지 않은 채 얼마든지 하나의 전체로 존재할 수 있었다. 실제로 신경증적이지 않은 상태에 있는 피학대 음란증 환자들이 있다. 그런데 한편으로는 충동들의 요구와 그에 길항(拮抗)하는 (승화의 가능성들을 고려하지 않고 본다면) 금지들 사이의 역학 관계를 놓고 볼 때 도스토옙스키는 흔히 〈충동적 성격〉이라고 불리는 부류에 속하는 사람이라고 볼 수 있다. 그런데 상황은 그가 신경증 환자였다는 사실이 개입하면서 불분명해진다. 신경증은 앞에서 지적했듯이 이런 조건 속에서는 피할 수 없는 것이었겠지만, 자아가 제압해야만 하는 합병증적 상황이 워낙 심각했던 만큼 쉽게 형성되기도 했다. 신경증이란 실제로 자아가 이러한 종합에 성공하지 못했고, 종합을 시도하면서 자신의 전일성(全一性)을 상실했다는 신호라고 볼 수 있다.

그렇다면 엄밀한 의미에서의 신경증은 어떤 방법을 통해 드러나는가? 도스토옙스키는 자신을 간질 환자로 여기고 있었고, 다른 사람들도 그렇게 인정했다. 이는 졸도와 근육 경련과 그 결과로 찾아오는 갑작스러운 무기력 증상 등을 수반하곤 했던 신경증의 가혹한 발작 등에 근거해 자신이 내린 판단이었다. 그러나 스

도스토옙스키와 아버지 살해 **545**

스로 간질이라고 부른 것은 신경증의 징후였고, 따라서 그의 경우는 히스테리성 간질, 다시 말해 심각한 히스테리로 불러야만 했을 것이다. 하지만 우리는 다음과 같은 두 가지 이유에서 확언할 수가 없다. 우선 도스토옙스키를 두고 간질이라고 말하지만 이에 대한 기록 군데군데에 허점이 많고 의심스러우며, 둘째로는 간질성 발작에 관련된 병적 상태에 대해 우리도 분명히 알지 못하고 있기 때문이다.

우선 두 번째 문제부터 다루어 보자. 여기서 간질과 관련된 모든 질환들을 반복할 필요는 없다. 게다가 그렇게 한다고 해서 어떤 결정적인 도움을 얻을 수 있는 것도 아니다. 하지만 다음과 같은 점은 말할 수 있을 것이다. 간질이라는 이 이상한 질병, 예상할 수도 없고 언뜻 보기에는 외부의 자극에 의해 유발된 것 같지도 않은, 경련을 수반하는 갑작스러운 발작인 이 질병은 신경질과 공격성으로 그 성격이 변모되기도 하고, 또 정신 능력을 점진적으로 감소시키기도 한다. 그러나 이러한 질병인 간질 속에서 모습을 드러내는 것은 항상 옛날의 무시무시한 증세*morbus sacer*이다. 하지만 이 모든 특징들은 불분명하고 불확실한 것들이다. 혀를 깨물거나 요실금을 수반하기도 하는 이 갑작스러운 발작은 심각한 부상을 초래하는 위험한 간질 상태에까지 이를 수도 있지만, 어떤 때에는 잠시 동안의 의식 불명이나 단순한 현기증으로 끝날 수도 있고, 때로는 마치 무의식의 지배에 들어간 것처럼 잠시 동안 자신이 모르는 행동을 저지르는 경우도 있을 수 있다. 어떤 경로를 통해서인지는 알려져 있지 않지만, 보통은 순전히 육체적인 조건들에 의해 발생하는 것으로 간주되는 이 발작들은 그것들이 최초로 형성될 때에는 순수하게 정신적인 영향(경악과 같은)만을 받고, 여전히 정신적인 자극들에 대항해 반응을 보여야만 하는 현상으로 볼 수도 있다. 대부분의 경우에서 발견할 수 있는 지력 쇠퇴가 아무리 특징적인 것이라고 해도, 적어도 우리는 고도의 지적 능력을 손상시키지 않는 경우를 알고 있다(헬름홀츠의 경우가 이에 해당된다. 다른 경우들에 대해서도 흔히 같은 이야기를 하지만 불확실하기는 마찬가지이고, 도스토옙스키의 경우와 똑같은 의혹을 자아내고 있다). 간질에 걸린 사람은 마비되고 억압되었다는 인상을 주게 되고, 이 병에는 또한 비록 병의 중요한 구성 요소는 아니지만, 쉽게 알 수 있는 지능 저하와 심각한 두뇌 손상이 수반된다. 그러나 이런 다양한 형태를 지니고 있는 발작은 정신이 완벽하게 발달한 사람들이 충분히 통제되지 못한 과도한 감정 상태를 보일 때에도 나타난다. 이런 상황 속에서는 〈간질〉이라는 임상적 증상을 하나의 독립된 질병으로 분류해 내기가 불가능하다고 해도 그리 놀라운 일이 아닐 것이다. 겉으로 드러난 징후들 속에서 유사성을 발견할 때 하나의 기능적 개념이 필요하게 된다. 마치 비정상적인 충동을 해소하는 해소 기제가 신체 기관상으로 사전에 미리 형성되어 있는 것만 같은 것이다. 다시 말해 매우 상이한 조건과 상황 속에서 동일하게 의지하게 되는 기제가 있는 것만 같다. 세포 조직의 심각한 손상과 독극물에 의한 손상으로 인해 뇌 활동이 마비되는 경우와 마찬가지로, 정신적 통제가 불충분한 경우에도 정신 활동 속에서 이루어져야 하는 에너지의 움직임이 손상된 지점에 타격을 가하는 것처럼 보이기 때문이다. 이렇게 양분해서 보더라도 충동을 해소하는 잠재적인 기제가 동일하다는 것을 알 수 있다. 이 기제는 근본적으로 생리적 물질에 기원을 둔 성행위와 그리 멀리 떨어져 있지 않다. 옛날부터 의사들은 이미 성교를 작은 규모의 간질이라고 불렀고, 그렇게 함으로써 성행위 속에서 간질적 자극을 완화하고 해소하

는 현상이 일어나고 있음을 지적했던 것이다.[4]

〈간질적 반응〉이라고 부를 수 있는 이 공통된 요소는 의심할 여지 없이 정신적으로 이겨 낼 수 없는 흥분의 덩어리들을 신체적인 방법을 통해 배출한다는 데 본질이 있는 신경증을 그대로 따르고 있다. 이렇게 해서 간질 발작은 히스테리의 한 징후가 되고, 정상적인 성행위가 진행되는 동안 간질 발작이 그렇듯 히스테리에 의해 조정되고 변형된다. 따라서 〈정서적〉 간질과 신체적 간질을 구별할 수 있다. 신체적 간질에 걸린 사람은 뇌의 손상으로 고통받는 것이고, 정서적 간질을 갖고 있는 자는 신경증 환자인 것이다. 첫 번째 경우에 정신 활동은 정신적인 것과 무관한 혼란에 종속되어 있는 반면, 두 번째 경우에 혼란은 정신 활동 자체의 한 표현인 것이다.

도스토옙스키의 간질은 두 번째 종류일 가능성이 매우 높다. 이것을 확실하게 입증해 낼 수는 없다. 그렇게 하기 위해서는 첫 번째로 일어난 발작과 그 이후의 진행 과정을 그의 정신 활동 전체 속에 위치시킬 수 있어야만 하는데, 그렇게 하기에는 알려진 것이 거의 없다. 발작에 대한 묘사들도 거의 아무것도 일러 주지 못하고 있을 뿐만 아니라, 발작과 그의 생활 사이의 관계에 대한 정보들도 군데군데 빠진 것이 많고 자주 상호 모순되는 것들이기도 하다. 가장 개연성이 있는 가정은 도스토옙스키의 어린 시절에 이미 발작이 일어났고, 매우 가벼운 것들이긴 했겠지만 징후들로 이 발작들이 대체되었으며, 아버지가 살해되었다는 그의 나이 18세에 일어난 대사건 이전까지는 아직 간질의 형태를 갖고 있지 않았다는 것이다.[5] 그가 시베리아에 유배되어 있는 동안 간

---

4 히스테리적 공격에 대한 프로이트의 초기 논문 「히스테리 발작에 관하여」(프로이트 전집 10, 열린책들)를 참조.

질 발작이 완벽하게 중단되었다는 것을 확증할 수만 있다면, 이 것은 그의 정신 상태를 규명하는 데 매우 중요한 요소가 될 것이다. 그러나 어떤 소문들은 이 사실을 부정하고 있다.[6]

『카라마조프 씨네 형제들』에 나오는 아버지 살해Vatetötung와 도스토옙스키의 아버지가 겪어야 했던 운명 사이에는 분명한 관계가 있었고, 이 관계는 많은 전기 작가들을 놀라게 했을 뿐만 아니라 그들에게 〈현대 심리학의 새로운 경향〉을 참고하도록 인도하기도 했다. 정신분석적 관점에서 보면 이 사건 속에서 가장 가혹한 정신적 충격을 읽어 낼 수 있을 것만 같고, 나아가 이 사건에 대한 도스토옙스키의 반응 속에서 신경증의 핵심을 이루는 요소가 보고 싶어진다. 그러나 이런 나의 생각을 정신분석에 근거해 개진한다면 정신분석의 표현 방식과 내용에 익숙치 못한 사람들에게 나는 아무런 이해도 얻지 못할 위험이 있다.

5 1924년『지식과 삶』19~20호에 실린 필립-밀러의 「도스토옙스키의 성스러운 병」을 참조. 작가의 어린 시절에 〈뭔가 잊을 수 없는 끔찍하고 고문당하는 것처럼 고통스러운 일이 갑자기 일어났다〉는 매우 중요한 정보를 얻을 수 있는데,『새 시대Novoe Vremya』(1881)에 실린 수보린의 글(이 글은『도박장의 도스토옙스키』의 서론에 인용되어 있다)에서 얻을 수 있는 그의 병의 초기 증상들과 관련지어 생각해야 할 것이다. 페르너 오레스트 밀러Ferner Orest Miller는 그의 저서『도스토옙스키의 자전적 글들』에서 다음과 같이 쓰고 있다. 〈표도르 미하일로비치의 병에 대해서는 그의 어린 시절과 관계가 있는 다른 증언이 있는데, 이 증언은 도스토옙스키의 가족에게 일어난 비극적인 사건과 그의 병이 관련이 있음을 일러 준다. 그러나 표도르 미하일로비치와 매우 가까운 사이였던 사람에게 직접 들은 것이기는 하지만, 이 증언을 내가 들은 대로 그대로 옮겨 적을 수는 없다. 왜냐하면 그 이후 이 증언을 다른 사람을 통해 확인할 수 없었기 때문이다.〉 작가의 삶과 신경증에 관심이 있는 사람들에게는 이러한 신중함이 별로 고마운 것이 아닐 것이다 — 원주.

6 이와는 반대로 도스토옙스키 자신의 설명을 포함한 대부분의 설명에서는 시베리아 유배 중에 간질병이 거의 중단된 상태였다고 주장한다. 하지만 불행하게도 신경 발작증에 대한 그와 같은 자전적 설명을 믿지 못할 이유가 있다. 경험에 비추어 보면 대개 그런 환자들의 기억은 그 불쾌했던 연관 관계를 중단하고 싶은 심리로 허위의 기억을 만들어 낼 수 있기 때문이다. 그렇지만 도스토옙스키가 시베리아 감옥에 투옥되었던 그 기간 동안 그의 병리적 상태가 급격한 변화를 일으켰으리라는 것은 분명해 보인다 — 원주.

우리에게는 하나의 확실한 출발점이 있다. 〈간질〉로 발전하기 이전에 도스토옙스키가 어린 시절 경험한 최초의 발작들이 어떤 의미를 갖고 있었는지 우리는 알고 있다. 이 발작들은 죽음의 의미를 갖고 있다. 다시 말해 그것들은 죽음에 대한 두려움으로 인해 나타난 것이고, 혼수상태에 가까운 수면으로 이루어져 있었다. 병은 우선 그가 어린 소년이었을 때 근거 없는 갑작스러운 우울증으로 그에게 엄습해 왔다. 훗날 친구인 솔로비예프에게 말했듯이, 당시 그는 당장 죽을 것만 같다는 느낌을 갖고 있었고, 또 실제로 이런 느낌으로 인해 모든 점에서 실제의 죽음과 유사한 상태에 빠지기도 했다. 그의 형인 안드레이의 증언에 따르면, 표도르는 이미 어린 시절부터 잠들기 전에 머리맡에 작은 메모를 남겨 두곤 했다고 한다. 밤사이에 죽음과도 같은 잠에 빠져들지 모르기 때문에 자신의 매장을 5일 동안 미뤄 달라고 부탁하는 내용이었다(『도박장의 도스토옙스키』).

우리는 죽음과 관련된 이러한 발작들이 무엇을 의미하는지 알고 있고, 그 의도에 대해서도 알고 있다.[7] 이 발작들은 죽은 자와 자신을 동일시하고 있다는 것을 뜻한다. 죽은 자와 동일시하는 것일 수도 있고, 아직 살아 있지만 죽기를 원하는 자와 동일시하는 것일 수도 있다. 두 번째 경우가 좀 더 심각한 의미를 지닌다. 발작은 이때 응징의 의미를 갖게 된다. 누군가가 죽었으면 했고, 스스로 죽었으면 하는 사람이 되었으며, 끝내는 자신이 죽은 것이다. 정신분석 이론은 여기서 다음과 같은 사실을 확인해 준다. 어린 소년의 경우에 죽었으면 하고 바라는 사람은 통상 아버지이며, 그렇게 해서 발작 — 히스테리라는 이름의 발작 — 은 미워했

---

7 프로이트는 1897년 2월 8일 플리스에게 보낸 편지에서 이미 이러한 내용을 설명하고 있다(프로이트, 편지 58).

던 아버지의 죽음을 원했던 것에 대한 자기 응징이다.

아버지 살해는 잘 알려진 대로 한 개인뿐만이 아니라 인류 전체의 차원에서도 최초의 가장 큰 범죄다(『토템과 터부』를 볼 것). 죄의식을 느끼는 감정은 그 주된 원천을 여기에 두고 있다. 이것이 유일한 원천인지 어떤지는 아직 확실하지 않다. 지금까지의 연구 상황으로 보아 죄의식과 속죄 욕구의 정신적 근원을 확정하기는 불가능해 보인다. 그러나 근원이 반드시 하나일 필요는 없다. 지금 문제가 되고 있는 심리적 상황은 복합적인 것이어서 좀 더 자세하게 규명될 필요가 있다. 어린 소년과 아버지의 관계는 우리가 이미 밝혔듯이 양의성(兩意性)을 갖는 관계다. 아버지를 경쟁자로 여기며 제거하도록 부추기는 증오에는 일반적으로 아버지에 대한 애정이 함께 존재한다. 이러한 두 가지 태도는 모두 아버지와 자신을 동일시하도록 인도한다. 아버지의 자리에 있고 싶다면 그것은 아버지를 찬미해서 아버지처럼 되고 싶기 때문이며, 동시에 아버지를 멀리 떼어 놓고 싶기 때문이기도 한 것이다. 이 모든 형성 과정은 강력한 장애물에 부딪치게 된다. 어느 땐가 아이는 아버지를 경쟁자로 여기며 제거하려는 기도가 아버지가 행하는 거세로 응징받을 것이라는 사실을 알게 된다. 따라서 거세의 두려움 속에서 자신의 남성성을 보존하기 위해서, 아이는 어머니를 소유하고 아버지를 제거하려는 욕망을 단념하게 된다. 그러나 이 욕망은 무의식 속에 남아 죄의식이라는 감정에 터전을 제공한다. 그러나 지금까지 약술한 것은 〈오이디푸스 콤플렉스 Ödipuskomplex〉라는 이름으로 불리는 정상적인 과정일 뿐이고 중요한 사항을 추가해야 할 것이다.

우리가 양성 소질이라고 부르는, 어린아이가 갖고 있는 중요한 성향이 더욱 강하게 발달될 때 또 다른 합병 증상이 발생한다. 남성성에 대한 거세 위협이 느껴질수록 아이는 여성적인 태도 속으로 숨게 되고, 자신을 어머니의 자리에 놓으면서 아버지의 사랑의 대상이 되려고 한다. 이러한 해결책을 불가능한 것으로 만드는 것도 역시 거세 불안이다. 만일 아버지에게 여자처럼 사랑받고자 한다면 거세를 받아들여야만 한다는 것은 이해할 수 있는 일이다. 이렇게 해서 아버지에 대한 증오와 사랑이라는 두 충동은 억압에 의해 무의식으로 침잠하게 된다. 하지만 심리적인 차이점이 존재한다. 아버지에 대한 증오는 외부에서 주어지는 위험(거세)에 대한 두려움으로 포기하지만, 반면에 아버지에 대한 사랑은 근본에 있어서는 동일한 외적 위험에 처하게 된다고 해도 내적이고 충동적인 위험으로 간주된다.

아버지에 대한 증오를 받아들일 수 없는 것으로 만드는 것은 아버지 앞에서 느끼는 두려움이다. 아버지의 사랑을 얻기 위해 치러야 하는 대가로서만이 아니라 응징으로서도 거세는 끔찍한 것이다. 아버지에 대한 증오를 억압하는 두 요소 중에서 우리가 정상적이라고 부르는 것은 첫 번째 요소, 즉 거세라는 응징에 대한 직접적인 두려움이다. 병인적 환경이 악화되는 것은 다른 요소, 즉 여성적 위치를 취할 때 찾아오는 두려움과 더불어 일어난다. 양성적 성향이 유난히 강할 경우 이렇게 신경증이 발생할 수 있는 조건이 생성되기도 하고, 혹은 한층 신경증을 악화시키기도 한다. 도스토옙스키에게 이런 양성적 성향이 있었다는 가정은 설득력을 갖는다. 이 성향은 잠재적 형태(내재적인 동성애)를 띠고 있는데, 그가 남자 친구들과 나누었던 우정과 연적이었던 남자들에 대한 그의 특이한 애착, 그리고 그가 쓴 중편 소설들 속에서 찾아볼 수 있는 많은 예들이 일러 주듯, 억압된 동성애밖에는 달리 설명할 방법이 없는 상황에 대한 그의 놀라운 이해력 등에서 발견할 수 있다.

증오와 사랑이 섞여 있는 아버지에 대한 이러한 태도와, 이 태도들이 거세 불안에 의해 받아들여야 했던 변형에 대해 이런 식으로 설명하게 되면 정신분석에 친숙하지 못한 독자들은 아무런 흥미도 느끼지 못할 것이고 의심하게 될 터인데, 이 점이 못내 안타깝지만 나로서도 달리 방법이 없다. 거세 콤플렉스가 어김없이 가장 전반적인 혐오를 불러일으키리라는 것도 충분히 예상할 수 있다. 그러나 정신분석적 경험을 통해 볼 때 위에서 지적한 관계들은 의심할 여지가 없고, 모든 신경증의 열쇠를 갖고 있다는 사실을 믿어 주었으면 한다. 따라서 우리가 다루고 있는 작가가 앓고 있었다고 하는 간질에도 이 열쇠를 사용해 보아야 할 것이다. 그러나 우리의 무의식적인 정신 활동을 지배하는 이러한 것들은 의식의 세계에서 얼마나 멀리 떨어져 있는가!

내가 지금까지 오이디푸스 콤플렉스와 아버지에 대한 증오가 억압되는 과정에 관해 말한 것이 발생될 수 있는 모든 결과들을 망라하고 있는 것은 아니다. 뭔가 새로운 것을 추가해야만 한다. 다시 말해 아버지와 자신을 동일시하는 것은 자아 속에 영구적인 하나의 위치를 차지하게 되는 것이다. 이런 동일시는 자아에 의해 받아들여지고 자아 속에 자리를 잡지만, 조화를 이루는 것이 아니라 특이한 심급으로서 자아의 다른 구성 부분과 대립하게 된다. 이 특이한 심급에 우리는 초자아라는 이름을 부여했으며, 그것이 부모들의 영향력을 물려받은 것이므로 가장 중요한 기능들을 부여했었다. 만일 아버지가 거칠고 폭력적이었고 잔인했다면, 그때 초자아는 이러한 특징들을 물려받을 것이고, 억압되어야만 했던 수동적 태도는 초자아와 자아의 관계 속에서 다시 형성된다. 초자아는 가학적으로 되고 반면에 자아는 자학적, 다시 말해 수동적이고 여성적으로 되는 것이다. 이때 응징을 받고 싶다는 강한 욕구가 자아 속에 일게 되는데, 자아는 한편으로는 자신을 운명의 희생자로 내주는 것이고, 다른 한편으로는 초자아가(죄의식이) 가하는 가혹한 처벌 속에서 만족을 얻는 것이다. 모든 응징은 근본적으로 거세이고, 거세로서 아버지에 대한 옛날의 수동적 태도에서 나오는 만족이기도 하다. 운명이란 결국 훗날 아버지의 모습이 다시 투사되는 것에 지나지 않는 것이다.

윤리 의식이 형성되는 정상적인 과정은 위에서 묘사한 비정상적인 과정과 유사할 수밖에 없다. 양자 사이의 경계를 아직은 분명히 알아낼 수는 없지만, 양자가 갈라지는 지점에서 억압되어 있는 여성성이라는 수동적 구성 요소가 주요한 역할을 맡고 있다는 지적을 할 수 있다. 나아가 우연적인 것이라고 하더라도, 아버지가 — 어떤 경우에도 두려운 존재이긴 하지만 — 현실에서 각별히 폭력적인 사람인지 아닌지는 매우 중요한 문제다. 도스토옙스키의 경우가 그랬는데, 그의 특이한 죄의식과 자학적 행동들은 이상하리만치 강했던 그의 여성적 편향에 기원을 두고 있다고 할 수 있다. 그래서 우리는 다음과 같이 도스토옙스키의 경우를 정리해 볼 수 있다. 즉 그에게는 특이하게 강했던 양성 소질이 있었고, 또 특이하게 가혹했던 아버지에게 종속되지 않기 위해 그는 유난히 격렬하게 스스로를 보호해야만 했던 것이다. 이미 알려진 것들에 이 양성적 특질을 첨가해야 할 것이다. 따라서 〈죽음의 엄습〉이라는 이 조숙한 징후는 아버지와 자아의 동일시였고, 이 동일시는 초자아가 응징으로서 허락한 동일시이기도 했다. 〈너는 너 자신이 아버지가 되기 위해 아버지를 죽이고자 했다. 이제 너는 아버지가 되었다. 그러나 너는 죽은 아버지밖에는 될 수가 없다.〉 이것이 바로 히스테리성 증후에서 흔히 볼 수 있는 기제다.

이뿐만이 아니다. 〈이제 아버지가 너를 죽이고 있는 중이다〉라는 생각 역시 도사리고 있다. 자아에게 있어서 죽음의 증후는 환상 속에서 이루어지는 남성적 욕망의 충족이면서 동시에 자학적 충족이기도 하다. 초자아에게 있어서 그것은 처벌을 통한 충족, 다시 말해 가학적 충족이다. 자아와 초자아라는 두 심급이 다시 아버지의 역을 맡고 있다.

요약하자면 한 개인인 아버지와 욕망의 대상인 아버지의 관계는 그 내용을 그대로 간직한 채 자아와 초자아의 관계로 변형되는 것이다. 두 번째 무대에서 다시 연극이 이루어지고 있는 형국이라고 볼 수 있다. 오이디푸스 콤플렉스에서 유래한 이러한 어린아이의 반응들은 현실에서 자양분을 얻을 수 없을 때 사라지게 된다. 그러나 아버지의 특성은 그대로 유지된다. 아니, 그대로 남는 정도가 아니라 이 특성은 세월과 함께 변질되어서 도스토옙스키의 경우에서 볼 수 있는 것처럼 나쁜 아버지에 대한 증오와 아버지가 죽었으면 하는 바람만이 여전히 남게 되는 것이다. 그런데 현실이 이러한 억압된 욕망들을 충족시킬 때 위험이 찾아온다. 환상이 현실이 되고 모든 방어 조치들이 강화된다. 이때 도스토옙스키의 발작들은 간질적 경향을 띠게 된다. 그의 발작들은 언제나 응징으로서 아버지와 동일시한다는 의미를 지니게 되지만, 자기 아버지의 죽음이 그랬던 것처럼 발작들 역시 끔찍하고 두려운 것이 된다. 이 발작들은 사후에 어떤 내용을 받아들인 것일까? 좁혀 말해 어떤 성적 내용을 받아들인 것일까? 이것을 알아낸다는 것은 불가능하다.

다만 한 가지는 특기할 만하다. 발작이 일어나려고 하는 전단계에서는 지복(至福)의 순간이 체험된다는 것이다. 이 순간은 아버지의 죽음을 접했을 때 느낄 수 있었던 승리감과 해방감을 다시 느끼는 순간일 수도 있겠지만, 이 순간에는 그만큼 더 잔혹한 응징이 즉각적으로 따르게 된다. 승리와 애도, 혹은 즐거운 축제와 슬픈 초상이 공존하는 이 단계를 우리는 이미 아버지를 죽이고 토템 식의 음식 잔치를 벌이는 원시 부족에게서 볼 수 있었다.[8] 도스토옙스키가 시베리아로 유형을 갔을 때 발작을 일으키지 않았다는 것이 사실이라면, 이는 그가 일으켰던 발작들이 응징의 의미를 갖고 있었다는 것을 입증해 주는 것이리라. 다른 식으로 응징받고 있을 때 더 이상 다른 응징이 필요치 않았던 것이다. 어쨌든 도스토옙스키의 정신 활동이 필요로 했던 이 응징은 그가 가난과 모멸의 세월을 보내면서도 결코 좌절하지 않고 견뎌 내는 데 성공했다는 사실을 설명해 준다. 도스토옙스키를 정치범으로 가둔 것은 부당한 처사였고, 그 자신도 이 점을 모르지 않았지만, 그는 차르가 그에게 가한 이 부당한 형벌을 받아들였다. 차르는 그에게 하늘에 계신 아버지에 버금가는, 말하자면 〈작은아버지〉였고, 형벌을 받아들인 것은 그가 이 형벌을 실제의 아버지에 대해 저지른 죄로 인해 받아야 할 응징을 대신하는 것으로 여겼기 때문이다. 스스로를 응징하는 대신 그는 아버지를 대신하는 다른 존재가 그에게 형벌을 가하도록 방임해 버린 것이다. 여기서 우리는 사회가 가하는 형벌이 심리학적 정당성을 갖고 있다는 점을 알 수 있다. 많은 범죄자들이 형벌을 받고 싶어 한다는 것은 잘 알려져 있는 사실이다. 그들의 초자아가 형벌을 요구하는 것이고, 그럼으로써 스스로 자신에게 내려야 할 응징을 피하는 것이다.[9]

8 「토템과 터부」를 볼 것.
9 프로이트의 「정신 분석에 의해서 드러난 몇 가지 인물 유형」(프로이트 전집 14, 열린책들)에서 세 번째 유형 참조.

히스테리성 증후가 갖고 있는 의미가 복잡한 변화를 보인다는
것을 아는 사람이라면, 도스토옙스키가 겪었던 발작들의 의미를
앞에서 살펴본 초기 단계를 넘어서서 심화시키는 것이 문제가 아
니라는 것을 알 것이다.[10] 우리로서는 발작들의 최초의 의미가 그
이후 그에 덧붙여진 모든 것의 밑에 변하지 않은 채 그대로 남아
있다는 가정을 하는 것으로 충분하다. 아버지를 죽이고 싶다는
욕망이 의식에 남겨 놓은 그 무거운 죄의식에서 도스토옙스키는
결코 벗어날 수 없었다고 말할 수 있다. 아버지와의 관계가 결정
적인 영향력을 미치고 있었던 다른 두 영역에서, 다시 말해 국가
의 권위와 신에 대한 신앙에서 그의 행동을 결정했던 것도 바로
이 죄의식이었다. 국가와 관계에서 그는 하늘에 계신 아버지에
버금가는 〈작은아버지〉였던 차르에게 완벽에 가까운 복종을 보
였다. 도스토옙스키는 실제로도 차르와 죽음의 연극[11]을 벌였고,
차르는 또 매우 빈번하게 그의 발작 속에 모습을 나타내곤 했다.
여기서는 그에게 형벌이 가해짐으로써 문제가 해결된다. 도스토
옙스키는 종교의 영역에서는 더욱 많은 자유를 가질 수 있었다.
겉으로 보기에는 믿을 수 있을 것처럼 보이는 몇몇 증언들에 따
르면, 그는 죽는 순간까지 신앙과 무신론 사이에서 흔들렸다. 대

---

10 누구보다도 도스토옙스키 자신이 발작의 의미와 내용을 잘 알고 있었다. 친
구인 스트라호프에게 그는 간질성 발작을 일으킨 이후 자신이 극심한 신경과민과 의
기소침을 경험하게 되는 것은 스스로를 죄인으로 느끼게 하고 자신을 짓누르는 알 수
없는 무거운 죄의식에 벗어날 수 없기 때문이며, 자신이 어떤 나쁜 짓을 저질렀기 때
문이라고 고백한 적이 있다(퓔뢰프-밀러의 『도스토옙스키의 신성한 병』). 이러한 자
아 규탄 속에서 정신분석학은 도스토옙스키가 〈정신적 현실〉을 알고 있었다는 흔적을
보게 되고, 이 알 수 없는 죄의식을 의식할 수 있도록 시도할 것이다 ─ 원주.
11 페트라솁스키 사건에 연루되어 투옥된 후, 차르 니콜라이 1세의 잔인한 장난
에 의해 사형이 집행되기 직전에 특사령이 내려진 사건을 지칭한다. 물론 사형 의도는
처음부터 없었고, 형장에 끌려 나가는 것조차 미리 계획된 각본이었다. 당시 같이 투
옥되었던 사람들 중 한 명은 이 연극으로 실성하고 만다.

단한 지성을 갖고 있던 그는 신앙이 제기하는 여러 가지 지적인 문제를 극복하고 신앙을 향해 나갈 수가 없었다. 세계사의 차원에서 일어났던 일을 개인적으로 되풀이하면서 그는 그리스도의 이상으로 말미암아 죄에서 벗어날 수 있는 출구를 찾을 수 있기를 희망했고, 자신이 당하고 있는 고통을 내세우며 그리스도의 필요성을 주장하기도 했다. 그가 결국 자유스러워질 수 없었고 반동적이 되었다면, 그것은 모든 인간의 가슴속에 현존하고 있고 종교적 감정의 기반이기도 한 친족 관계 속에서 형성된 죄의식이 도스토옙스키에게서는 일종의 초개인적인 힘을 갖고 있었기 때문이다. 그는 자신의 대단한 지성에도 불구하고 이 힘을 극복할 수 없었다. 공정해야 할 분석이 공정성을 잃었고, 오직 편파적인 세계관을 가졌을 때만 내릴 수 있는 판단으로 도스토옙스키를 심판했다고 혹자는 우리를 비판할 수도 있을 것이다. 보수적인 사람이라면 종교 재판관의 입장을 취하면서 도스토옙스키를 전혀 다르게 심판할 수도 있을 것이다. 이런 이의 제기가 근거 없는 것은 아니지만, 우리로서는 도스토옙스키의 결정이 신경증 때문에 생긴 사고 금지 현상[12]에 의해 내려진 것이라고 말함으로써 이러한 이의 제기에 약간의 토를 달아 볼 수는 있을 것이다.

세계 문학사의 영원한 세 걸작인 소포클레스의 『오이디푸스 왕』과 셰익스피어의 『햄릿』과 도스토옙스키의 『카라마조프 씨네 형제들』이 모두 아버지 살해라는 동일한 주제를 다루고 있음은 결코 우연이 아니다. 이 세 작품에서는 행동의 동기 — 한 사람의

12 생각해서는 안 됨에도 불구하고 반복해서 떠오르는 생각들을 금지하는 의식 작용으로서 무의식의 차원에서 일어나는 심적 갈등의 주요한 한 증후다. 일상적인 경험 속에서도 간혹 관찰할 수 있지만, 도스토옙스키를 다루고 있는, 특히 그의 신앙 문제를 다루고 있는 프로이트의 이 말을 이해하기 위해서는 〈신은 없다〉고 말해야 될 때 〈신은 죽었다〉는 식의 환언법을 쓰는 경우가 적절한 예가 될 것이다.

여인을 향한 성적 경쟁 관계 — 또한 드러나 있다.

가장 꾸밈없이 표현된 경우는 물론 그리스 전설을 따르고 있는 비극이다. 이 비극에서도 행동을 저지르는 사람은 역시 주인공 자신이다. 그러나 문학적으로 표현하자면 완화시키거나 숨겨야 만 한다. 분석하면 아버지 살해라는 결론에 도달하게 되지만, 우회적으로 표현되지 않을 때 이 아버지 살해의 의도는 분석의 준비 과정이 없는 상황 속에서는 참을 수 없는 것이 되어 버린다. 그리스 비극은 주인공의 무의식적인 동기를, 그 자신과 전혀 무관하게 벌어졌지만 빠져나갈 수는 없었던 운명의 장난을 통해 표현함으로써 사실들이 주는 충격을 탁월하게 완화시키고 있다. 주인공이 저지른 행위는 전혀 비의도적인 것이었고, 겉으로 보기에는 여인에게 아무런 영향을 받지 않은 행위였다. 그러나 주인공은 이 두 가지 사실이 서로 긴밀히 관련되어 있다는 점을 알고 있었다. 왜냐하면 주인공이 왕비인 어머니를 차지할 수 있는 것은 오직 아버지를 상징하는 괴물에 맞서 자신의 행동을 반복할 때뿐이기 때문이다. 자신이 저지른 과오가 드러나고 이를 의식하게 되었을 때, 주인공은 빠져나갈 수 없는 운명의 장난이라는 핑계에 의존하지 않는다. 그의 죄악은 마치 분명한 의식 상태 속에서 저질러진 범죄처럼 인정되고 응징받는다. 독자들이 보기에 이것은 부당하지만 심리적으로 볼 때는 완벽하게 정확한 것이다.

영국의 희곡 작품 속에서는 이야기의 전개가 한층 간접적이다. 다시 말해 주인공이 직접 죄악을 저지르지 않는다. 죄악은 누군가 다른 사람에 의해 저질러지는데, 이 사람에게는 그의 행동이 아버지 살해의 의미를 지니고 있지 않다. 따라서 여인을 향한 성적 경쟁 관계라는 상궤를 벗어난 듯한 행동의 동기도 위장될 필요가 없었다. 또한 우리는 다른 사람이 저지른 죄악이 주인공에게 미치는 영향을 관찰함으로써, 비유적으로 말하자면 반사된 빛을 통해 그가 갖고 있던 오이디푸스 콤플렉스를 볼 수 있다. 주인공은 범죄를 저지른 자에게 복수해야만 했지만 이상하게도 그렇게 할 수 없는 상태에 처하게 된다. 죄의식이 그를 마비시켰다는 것을 우리는 알고 있다. 죄의식은 신경증의 진전 과정과 완벽하게 똑같은 방식으로 복수할 수 없는 그의 무능에 대한 지각 행위 쪽으로 이동해 있다. 몇 가지 흔적들을 통해 우리는 주인공이 자신의 죄의식을 초개인적인 것으로 인식하고 있음을 알 수 있다. 〈한사람 한사람의 자격을 따진다면, 과연 누가 이 채찍을 피할 수 있을 것인가?〉[13]

도스토옙스키의 소설은 앞의 두 작품보다 한 발 더 나아가 있다. 이 소설에서도 살해는 다른 사람에 의해 저질러진다. 그러나 이 다른 사람은 주인공인 드미트리와 살해당한 사람과 같은 친족 관계를 맺고 있고, 또 그의 행동에서 성적 경쟁 관계가 동기였다는 점이 공개적으로 밝혀져 있다. 그는 주인공의 동생인데, 특기할 만한 것은 도스토옙스키가 마치 그의 가슴속에 있는 간질병 환자와 신경증 환자가 아버지 살해자였다고 고백이라도 하는 듯이 자신이 앓고 있던, 이른바 간질병이라는 병을 이 인물에게 부여하고 있다는 점이다. 재판이 진행되는 동안 행했던 변론에서 독자들은 심리학에 대한 잘 알려진 조롱을 대할 수 있다 — 이것은 양날을 지닌 칼이었다.[14] 이는 기가 막힌 위장인데, 왜냐하면 도스토옙스키의 관점이 지닌 깊은 의미를 알아내기 위해서는 이 위장을 거꾸로 뒤집기만 하면 되기 때문이다. 조롱을 받아야 했

13 『햄릿』제2막 2장.
14 원문대로 표현하자면 〈두 끝을 지닌 막대〉 정도가 될 것이다. 〈양날을 지닌 칼〉은 콘스탄스 가넷이 영어로 옮긴 것에서 차용했다.

던 것은 심리학이 아니라 수사 과정이었다. 누가 실제로 행동을 저질렀느냐의 문제는 거의 아무런 중요성도 없다. 심리학이 염두에 두고 있는 것은 단지 누가 이 행동을 원하고 있었으며, 완결된 행동을 누가 마음속으로 받아들이고 있었느냐를 밝히는 것이다.[15] 이런 이유로 해서, 다른 사람들과는 대비가 되는 알료샤를 제외한 모든 형제들은 똑같이 죄인이었다. 충동을 이겨 내지 못하고 방탕한 생활을 하는 자나, 냉소적인 회의주의자나 또 간질 성향을 보이는 살인자나 모두 죄인이었다. 소설 『카라마조프 씨네 형제들』에는 도스토옙스키에 관해 매우 시사적인 한 장면이 나온다. 그의 아버지는 드미트리와 이야기를 나누던 중 그가 자기를 살해할 준비를 하고 있다는 사실을 알게 되고, 그의 앞에 엎드리고 만다. 물론 이것은 존경의 표시가 아니다. 오히려 이것은 한 성자가 살인자를 경멸하고 증오하려 했던 자신의 유혹을 떨쳐버리고, 이런 유혹을 느꼈던 자기 자신을 형편없는 인간으로 생각했다는 것을 의미한다고 보아야 할 것이다. 범죄자에 대해 도스토옙스키가 가지고 있던 애정은 실제로 끝이 없는 것이었다. 그의 공감은 불행한 자에게 보내는 동정의 수준을 훨씬 넘어서는 것이었다. 그의 애정은 고대 사람들이 간질환자나 광인들을 보면서 느꼈던 성스러운 공포를 연상시킨다. 그가 보기에 범죄자는 그가 아니었다면 다른 사람들에게 돌아갔을 과오를 대신 짊어진 속죄자로 비쳤던 것이다. 그가 이미 살인을 저질렀기 때문에 죽인다는 것이 이제는 더 이상 필요치 않은 것이고, 따라서 그에게 고마워해야 하는 것이다. 측은한 마음에서 우러나오는 단순한 동

---

15 할스만의 경우에 대한 프로이트의 언급에서 능동적인 범죄에 대한 실제적인 적용을 찾아볼 수 있다. 프로이트는 여기에서 『카라마조프 씨네 형제들』에 대하여 다시 논하고 있다.

정심이 아니라 죄인에 대한 그의 애정은 유사한 충동에 기초한 동일시이고, 약간 변형된 나르시시즘이라고 보아야 한다. 그렇다고 이러한 선행의 도덕적 가치가 부정되어야 하는 것은 아니다. 왜냐하면 일반적으로 우리로 하여금 다른 사람들의 생활에 일어난 불행에 대해 동정을 느끼게 하는 것이 바로 이 메커니즘이기 때문이다. 죄의식에 짓눌려 있는 작가의 극단적인 경우에서 단지 좀 더 수월하게 이 메커니즘을 식별해 낼 수 있는 것뿐이다. 동일시에 의한 이러한 애정이 도스토옙스키가 주제를 선택할 때 결정적인 영향을 미쳤다는 것은 의심할 여지가 없다. 그는 처음에는 평범한 범인(이기심에서 죄를 저지르는)이나 정치범과 종교 사범들을 다루었다. 근원적인 죄악인 아버지 살해를 저지른 죄인을 다룬 것은 그의 말년에 이르러서였고, 이런 죄인을 다루면서 그는 문학적으로 고해를 하고 있었던 것이다.

도스토옙스키의 유고집과 부인의 일기가 훗날 출간됨으로써 그가 독일에서 노름에 빠져 지내던 시기의 생활에 대해 많은 것이 알려지게 되었다(『도박장의 도스토옙스키』). 이 글 속에서는 오직 당시의 그가 병적인 상태에 빠져 있었다는 것만이 두드러져 나타날 뿐이다. 이 특이하고도 점잖지 못한 행위를 합리화시키는 논리가 없지는 않다. 신경증 환자에게서는 결코 드물지 않은 죄의식은 이 경우 뭔가 손으로 만지는 것으로 대체된 것인데, 노름을 하며 지게 된 빚이 바로 그것이었다. 물론 도스토옙스키는 빚쟁이들에게서 벗어나 러시아로 돌아가기 위해서는 노름에서 돈을 따야만 했다는 주장을 펼칠 수 있었다. 그러나 이는 핑계일 뿐이다. 도스토옙스키는 이 사실을 모를 만큼 명민하지 못한 사람이 아니었고, 정직한 사람이기도 해서 스스로 고백하고 있기도 하다. 본질은 도박 그 자체였다는 것을 그는 잘 알고 있었다. 그는 도박을 위한 도박을 하고 있었던 것이다.[16] 충동에 사로잡혀 있었다는 것을 알 수 있는 그의 모든 행동들은 위 사실을 잘 일러 줄뿐만 아니라 다음과 같은 점도 알려 주고 있다. 즉 그는 완전히 다 잃기 전까지 결코 자리에서 일어나지 않았다. 그에게 도박은 자기 응징의 또 다른 방법이었던 것이다. 매번 그는 자신의 젊은 아내에게 다시는 노름을 하지 않겠다고, 혹은 적어도 그날 하루만은 하지 않겠다고 다짐에 다짐을 했지만, 그의 아내의 이야기에 따르면 그가 이 약속을 지킨 적은 한 번도 없다. 돈을 몽땅 털린 다음 두 사람이 적빈(赤貧)의 상태에 빠지게 되었을 때, 도스토옙스키는 다시 병적인 만족감을 맛보곤 했다. 그는 자기 자신에게 욕설을 해댔고, 아내 앞에서 자신을 한없이 비하시킬 수 있었으며, 아내로 하여금 자신을 경멸하도록 부추겼고, 또 자신과 같은 늙은 죄인과 결혼한 것을 후회하도록 할 수 있었다. 그러고 나서 그는 다시 가벼워진 의식을 가지고 다음 날 또다시 도박을 하곤 했다. 젊은 아내는 이 악순환에 익숙해져 갔다. 우리는 이 사실을 그녀의 글 속에서 확인할 수 있는데, 그녀는 구원을 얻을 수 있는 유일한 출구였던 남편의 문학 창작이 가장 잘 진전되는 때는 바로 그들이 가지고 있는 모든 것을 잃고 마지막 재산마저 저당을 잡혔을 때였다고 쓰고 있다. 물론 아내가 이 관계를 파악하고 있었던 것은 아니다. 도스토옙스키의 죄의식이 그가 자기 자신에게 스스로 가한 응징에 의해 해소되었을 때, 비로소 작업을 방해하던 금지가 사라졌던 것이고, 성공을 향해 몇 발자국 옮겨 놓을 수

---

16 도스토옙스키는 한 편지에서 다음과 같이 쓴 적이 있다. 〈중요한 것은 도박 그 자체다. 맹세하건대, 비록 지금 그 어느 때보다 더 돈이 필요한 처지이지만, 돈 욕심이 나서 도박을 하는 것은 결코 아니다〉 ── 원주.

있었던 것이다.[17]

어린 시절의 어떤 부분이 오랫동안 파묻혀 있다가 이렇게 도박 강박의 형태를 띠고 나타난 것일까? 현대 작가의 한 중편 소설을 읽으면 이 질문에 대해 답을 어렵지 않게 찾을 수 있을 것이다. 도스토옙스키에 대한 연구서도 한 권 낸 바 있는(『세 사람의 스승』) 슈테판 츠바이크는 『혼란스러운 감정들』이라는 제목으로 세 편의 소설을 묶어 소설집을 내면서, 그 안에 「한 여인의 24시간」이라는 중편 소설을 포함시켰다. 이 작은 걸작은 여자가 어느 정도로 무책임한 존재일 수 있는지를, 또 여자가 뜻하지 않았던 경험을 하면서 자신도 스스로 놀라는 어떤 과잉 상태에 빠지게 되는지를 보여 준다. 그러나 실제로 소설은 이보다 훨씬 더 많은 것을 이야기하고 있다. 소설을 일단 분석적으로 해석해 보면, 우리는 소설이 제목에서 기대했던 것과는 완전히 다른 이야기를, 즉 여자에 대한 이야기가 아니라 인간 일반에 대한 이야기를, 혹은 오히려 남성에 대한 이야기라고 해야 옳을 이야기를 하고 있음을 알게 된다. 이런 해석은 너무나도 명백해서 누구도 부정할 수 없을 것이다. 나의 친구이기도 한 작가가, 비록 소설 속에 나오는 많은 자질구레한 것들이 독자들에게 어떤 비밀스러운 흔적을 전달하기 위해 의도적으로 배치된 것처럼 보일지라도, 내가 한 해석이 자신이 알고 있는 것이나 의도했던 것과는 너무나도 다르다고 알려 왔을 때, 이는 예술 창조의 한 본성으로 생각하면 이해할 만한 일이다.

품위 있어 보이는 한 나이 든 여인이 20여 년 전에 경험한 일을

17 필리프-밀러는 『도박장의 도스토옙스키』에서 다음과 같이 쓰고 있다. 〈다 잃을 때까지, 완전히 파산할 때까지 그는 테이블에 남아 있었다. 완전한 파멸을 맞이했을 때가 되어서야 비로소 악령은 창조의 수호신에게 자리를 양보하고 그의 영혼에서 빠져나갔다〉 — 원주.

작가에게 털어놓는다. 일찍 과부가 되었던 그녀는 이제 그녀의 보살핌이 필요치 않은 두 아들의 어머니로서 인생에서 더 이상 기대할 것이 없는 허전한 삶을 살고 있었다. 42세가 되는 해 어느 날, 그녀는 이곳저곳 여행하던 중 우연히 모나코의 카지노에 들르게 된다. 장소가 주는 이상한 인상들을 음미하고 있던 그녀의 눈에 문득 두 손이 들어왔다. 그녀가 본 두 손은 낙담한 한 불행한 노름꾼의 모든 심적 상태를 숨김없이 그대로 드러냈으며, 보는 이의 가슴을 뭉클하게 했다. 잘생긴 젊은이의 손이었고 ─ 작가는 이 청년의 나이를 마치 의도적이 아닌 것처럼 하면서도 여인의 장남과 같은 나이로 설정해 놓았다 ─ 청년은 모두 다 잃은 후 깊은 절망감에 싸여 홀을 나서고 있었다. 그의 표정은 카지노의 정원에 나가자마자 자살할 것만 같은 표정이었다. 어떻게 설명해야 좋을지 모를 동정심에 이끌려 그녀는 청년을 따라갔고, 어떻게 해서든지 그를 살려야만 할 것 같았다. 그러나 청년은 그녀를 그런 장소를 흔히 기웃거리는 귀찮은 여인 정도로만 여겨 상대하려고 하지 않았다. 하지만 여인은 계속 청년과 함께 남아 있었고, 그의 호텔 방까지 따라 들어가고 말았다. 마침내는 침대를 함께 쓰게 된다. 즉흥적으로 이루어진 그날 밤의 사랑이 끝난 후 여인은 겉으로는 아무렇지도 않아 보이는 청년에게 다시는 도박하지 않겠다는 엄숙한 약속을 얻어 낸다. 여인은 청년에게 집으로 돌아갈 돈을 주고 기차역에서 만나기로 약속한 후에 헤어진다. 그러나 청년을 정말로 사랑하게 된 여인은 그를 위해서라면 모든 것을 희생할 수도 있을 것 같았고, 마침내 그와 헤어지는 대신 함께 여행하기로 결정한다. 그러나 우연찮은 일들이 겹쳐지면서 그녀는 기차 시간에 맞추어 역에 도착할 수 없게 된다. 사라진 청년을 그리워하며 다시 카지노를 찾은 여인은 그곳에서 놀랍게도 전날 억누를 수 없는 동정심을 자아냈던 그 손을 다시 보게 된다. 약속을 저버리고 청년은 다시 도박장을 찾은 것이다. 여인은 약속을 상기시켰지만 노름에 빠진 청년에게 여인은 흥을 깨는 귀찮은 존재에 불과했고, 빌려 준 돈을 그녀의 면전에 던지면서 꺼지라고 소리를 지른다. 수치스러운 나머지 여인은 그 자리를 떠나야만 했고, 얼마 후 여인은 자신이 청년을 죽음에서 구원해 내지 못했음을 알게 된다.

흠잡을 데 없는 구성을 갖고 있는 이 소설은 그 자체로 스스로를 설명하고 있다. 또 틀림없이 독자들에게 강한 인상도 남겼을 것이다. 그러나 분석해 보면 소설이 사춘기 시절의 환상적인 욕망에서 비롯되었다는 것을 알 수 있다. 많은 사람들의 의식 속에 추억으로 남아 있는 것이기도 한 이 환상은 어머니는 청년을 자위라고 하는 두려운 위험에서 보호하기 위해서 그를 성에 입문시킬 수 있을 것인가 하는 의문에 기초해 있다(속죄를 다루는 많은 소설들은 같은 기원에서 비롯된 작품들이다). 자위라는 〈악습〉이 노름으로 바뀌었을 뿐이다.[18] 작가가 두 손의 격정적인 움직임을 특이할 정도로 강조하고 있다는 데서 자위행위와 노름벽 사이의 파생 관계를 읽을 수 있다. 실제로도 노름벽은 옛날에 자위행위를 지배했던 강박과 등가 관계를 맺고 있다. 방에 숨어 손으로 성기를 만지작거릴 때 아이들이 사용하는 단어도 똑같이 〈논다〉는 단어다.[19] 견딜 수 없는 유혹, 다시는 하지 않겠다는, 그러나 언제나 거짓으로 끝나 버리고 마는 비장한 각오, 혹은 멍멍한 쾌감과 뒤에 남는 견딜 수 없는 죄책감 — 자괴감(自壞感) — 이 모든 것

18 1897년 12월 22일 플리스에게 보낸 편지에서 프로이트는 이후 모든 탐닉으로 대체되는 〈첫 번째 탐닉〉이 이 자위라고 추측했다(프로이트, 편지 79) — 원주.
19 우리말의 〈노름〉이라는 단어도 〈놀다〉라는 으뜸꼴에서 파생된 명사이다.

은 판이 바뀌어도 변하지 않은 채 남아 있다. 물론 츠바이크의 소설은 아들이 아니라 어머니에 의해 이야기되고 있다. 이런 상황은 아들에게 다음과 같은 생각을 하도록 했을 것이다. 만일 내가 자위를 하면서 어떤 위험에 처하는지를 안다면, 어머니는 분명히 내 모든 애정이 어머니의 몸을 향하는 것을 허락함으로써 나를 보호해 줄 것이다. 츠바이크의 소설 속에서 젊은 청년이 그랬던 것처럼, 어머니를 창녀로 간주하는 것도 동일한 환상과 관련되어 있다. 접근할 수 없는 여인을 창녀는 쉽게 접근이 가능한 여인으로 만들어 놓는다. 소설의 비극적 결말은 이러한 환상에 수반되게 마련인 견딜 수 없는 죄책감에서 비롯된 것이다. 소설가가 소설의 표면을 통해 우리가 분석했던 의미들을 어떻게 은폐시키려고 했는지를 살펴보는 것도 흥미로운 일이 될 것이다. 여자가 이해할 수 없는 돌연한 충동에 사로잡혀 사랑하게 된다는 것은 이론의 여지가 많은 이야기이다. 분석을 통해 우리는 오히려 이제까지 사랑에 등을 돌린 채 살아왔던 이 여인의 갑작스러운 행동이 나름대로 적절한 동기를 갖고 있었다는 것을 알게 된다. 고인이 된 남편을 생각하며 여인은 계속 정절을 지켜 왔다. 그러나 — 이 점에서 아들의 환상은 정확한 것이었는데 — 여인은 어머니로서 전적으로 그녀의 무의식 속에서 일어나는, 아들을 향한 사랑의 전이 현상에서 벗어날 수는 없었다. 이 감시받지 않는 자리에 있던 한 여인을 운명이 낚아챈 것이다.

　언제나 실패로 끝나고 마는 노름에서 벗어나려는 싸움이 뒤따랐던 노름벽과 그로 인해 반복되었던 자기 응징의 기회들이 자위의 강박적 반복과 동질의 것이라면, 자위의 강박적 반복이 도스토옙스키 생애에서 엄청난 비중을 차지하고 있다는 사실은 그리 놀라운 일이 아니다. 실제로 심각한 신경증 증세 속에서 어린 시절과 사춘기 때에 자위행위를 통해 만족을 얻었던 경험이 나타나지 않는 경우란 없다. 이러한 만족을 억압하려는 노력과 아버지에 대한 두려움 사이의 관계는 너무나도 잘 알려진 것이므로 일일이 언급할 필요는 없어 보인다.[20]

---

20 지금까지 내가 취했던 관점들은 노이펠트Jolan Neufeld가 쓴 「도스토옙스키, 정신분석적 소묘」라는 탁월한 글에서 대부분 이야기되었던 것들이다 ― 원주.

괴테와 정신분석

괴테와 정신분석

Brief an Dr Alfons Paquet(1930)

Ansprache im Frankfurter Goethe-Haus(1930)

1927년 프랑크푸르트 시는 〈괴테를 기념하여, 그 명성에 걸맞는 가치 있고 창조적인 작업을 이룩한 사람〉에게 수여한다는 취지로 〈괴테상〉을 제정했다. 프로이트는 당시 재단 이사회의 비서이자 유명한 문필가였던 알폰스 파케트Alfons Paquet의 제안에 따라 1930년도 수상자로 결정되었다.

이 글은 1930년 『정신분석 운동Psychoanalytische Bewegung』 제2권 5호에 처음 실렸으며, 『전집』 제14권(1948)에도 수록되었다. 영어 번역본은 앤절라 리처즈Angela Richards가 번역하여 "The Goethe Prize"라는 제목으로 『표준판 전집』 제21권(1961)에 수록되었다.

알폰스 파케트 박사에게 보내는 편지

1930년 3월 8일
친애하는 파케트 박사

나는 대중들 앞에서 영광스러운 일을 얻는다고 해서 우쭐거리는 사람도 아니며, 또 그런 영광 없이도 내가 할 수 있는 현재의 일에 스스로 잘 적응해 온 사람입니다. 그러나 프랑크푸르트 시에서 나에게 괴테상을 수여한다는 말에 얼마나 기뻤는지, 그 사실은 부인할 수가 없군요. 특히 이 상의 경우 나의 상상력을 자극하는 부분도 있고, 또 그 규정 가운데 하나는 다른 경우라면 그런 명예로운 경우에 따라다니는 부끄러움마저 감히 찾아들지 못하게 하는군요.

당신이 보내 주신 편지에 각별히 감사드립니다. 나의 마음을 움직인 놀라운 편지였습니다. 내 작업의 본질을 꿰뚫어 보는 듯한 당신의 그 공감적 통찰력은 미뤄 두더라도, 그 통찰력 뒤에 숨어 있는, 당신이 그렇게 분명하게 인식하고 있는 것과 같은 은밀하고 개인적인 의도를 나는 전혀 알아차리지 못했습니다. 당신이 어떻게 그런 지식을 얻을 수 있었는지 정말 진지하게 물어보고 싶군요.

당신이 우리 딸에게 보낸 편지를 통해 알게 된 사실입니다만, 조만간에 만날 수가 없다니 유감입니다. 내 인생에서 운 좋은 일은 항상 뒤로 미루어지더군요. 물론 나는 당신이 말한 그 신사(미첼 박사)의 방문을 기꺼이 받아들일 겁니다.

안타깝게도 나는 프랑크푸르트에서 열릴 그 기념식에 참석할 수가 없습니다. 기력이 없어 그 일을 감당할 수가 없을 것 같군요. 그렇다고 그 기념식이 빛바랜 기념식이 되지는 않을 겁니다. 나보다는 우리 딸인 아나를 보면 더 즐겁고, 또 그 애의 말을 듣는 것이 더 좋을 테니까 말입니다. 내가 준비한 글을 아나가 대신 읽을 겁니다. 그 내용은 괴테와 정신분석의 관계, 그리고 정신분석가들이 그 위대한 작가를 대상으로 감히 분석 작업을 하여 그에 대한 당연한 존경심을 훼손시켰다는 비난에 대해 그 분석가들을 변호하는 것으로 이루어져 있습니다. 제안하신 그 주제 — 한 인간과 과학자로서 괴테와 나의 내적인 관계 — 에 합당한 것인지 모르겠습니다. 만일 그렇지 않다면 속히 알려 주시기 바랍니다.

프로이트

프랑크푸르트 괴테 하우스에서의 연설

제 전생애의 작업은 오로지 한 가지 목표를 향한 것이었습니다. 저는 건강한 사람과 병든 사람들의 정신 기능이 생각 이상으로 미묘하게 교란되고 있다는 사실을 관찰해 왔으며, 그러한 징후에서 인간의 정신 기능에 기여하는 기관이나 장치가 어떻게 구성되고 또 그 속에서 서로 상응하거나 서로 대립되는 세력들이 무엇인지를 추론하고자 — 아니, 추측하고자 — 노력해 왔습니다. 그 길을 따라가는 가운데 저와 제 동료들이 어렵게 얻어 낸 것이 우리에게는 정상적인 과정과 병리적인 과정 모두가 자연스러운 정신 과정의 일부라는 사실을 이해 가능하게 해주는 일종의 정신 과학을 확립하는 데 아주 중요한 것이었습니다.

그런데 여러분이 저를 그 좁은 사고의 영역에서 이 놀라운 영광의 자리로 불러 주셨습니다. 이 집에서 태어나 어린 시절을 이 집의 이 방에서 보냈던 보편적 인격의 위대한 인물을 저에게 다시 회상하게 만든 여러분의 이 환대는, 말하자면 저로 하여금 그 인물 앞에서 스스로를 정당화시킬 수 있는 자리를 마련해 준 셈이며, 또한 과학의 혁신에 늘 관심을 두었던 그 인물이 정신분석학으로 시선을 돌렸다면 어떠한 반응을 보였을까 하는 문제를 거론할 수 있게 해준 셈입니다.

괴테는 그 다재다능한 재능에 있어서 르네상스 시대의 대가인 레오나르도 다빈치와 비교될 수 있는 사람입니다. 괴테와 마찬가지로 다빈치는 예술가이자 과학 탐구자였습니다. 하지만 사람의 이미지는 반복될 수 없는 것이며, 이 두 위대한 인물 사이에도 큰 차이점이 있습니다. 레오나르도 다빈치의 본성은 과학자적인 속성과 예술가적인 속성이 조화를 이루고 있지 못합니다. 과학자적인 속성이 예술가적인 속성을 방해하며, 궁극적으로는 그 예술가적인 속성을 억눌렀습니다. 레오나르도가 불안한 심리를 보였다면, 그것은 그가 자신의 관심사의 영역에서 성적인 모든 것, 결국은 심리학 자체를 배제시켰던 그런 심리적인 억제 내지는 억압 때문이었다고 설명할 수 있습니다. 이런 점에 비추어 보면 괴테의 성격은 좀 더 자유롭게 형성, 발전되었다고 할 수 있는 것입니다.

저는 현대의 많은 사람들처럼 괴테가 그렇게 비우호적인 태도로 정신분석을 거부했으리라고는 생각하지 않습니다. 그는 자기 작품의 많은 대목에서 정신분석적 접근을 시도하기도 했으며, 우리가 확인해 왔듯이 탁월한 식견으로 정신분석의 상당 부분을 인정해 온 사람입니다. 또한 우리를 비판하고 무시하던 그의 몇몇 견해들도 그 스스로가 분명하게 설명하기도 했습니다. 말하자면 그는 사람들이 느낄 수 있는 최초의 정서적인 유대감의 그 놀라운 힘을 잘 알고 있었던 것입니다. 그가 『파우스트』의 헌시에서 표현한 그 감정의 끈끈함을 다시 한번 되살려 봅시다.

다시 오라, 그대 떠도는 형상들이여! 내 그대들을 보았으니,
이른 아침 내 흐릿한 두 눈에 그렇게 빛나던 그대들을!
내 그대들을 잡아 묶어나 볼까?
......

이제는 낡아 거의 소멸해 버린 전통처럼,
우정을 뒤로하고 첫사랑이 돌아오니.

그는 자신이 성인이 되어 경험한 사랑의 그 강렬한 충동을 사랑하는 사람을 불러내는 방식으로 표현했습니다. 〈아, 내 지나간 삶에서 그대는 나의 누이, 혹은 나의 아내였으니.〉[1]

괴테는 이와 같은 첫 감정의 영원한 파장이 자기 가족을 대상으로 형상화되고 있음을 부인하지 않았던 것입니다.

그는 또한 꿈-생활의 내용을 다음과 같은 환기적인 언어로 표현하기도 했습니다.

사람들이 알지도 못하고
주목하지도 않는 것이
심장의 미로를 통해
밤을 배회하나니.[2]

우리는 이 언어의 마술 뒤에서 정신분석이 우리 정신의 영역에 처음 덧붙인 무의식의 영역을 인정하면서 아리스토텔레스가 경탄할 만큼 정확하게 했던 말, 즉 꿈이라는 것은 우리의 정신 활동이 잠자는 동안까지 계속 지속되는 상태라는 표현의 의미를 찾을 수 있습니다. 단지 꿈의 왜곡에 대한 수수께끼만이 해결되지 못하고 있을 뿐입니다.

그의 가장 장엄한 시편 중의 하나라고 알려진 『이피게니에

1 괴테가 샤를로테 폰 슈타인에게 보낸 시 「왜 그대는 우리에게 그리도 깊은 눈길을 보내는가」 중에서.
2 시 「달에게」 중에서.

Iphigenie』에서 괴테는 속죄의 놀라운 예, 즉 고통받는 정신이 죄의식에서 벗어나는 그 놀라운 예를 보여 주고 있으며, 또한 그와 같은 정서의 정화가 사랑의 공감이 펼치는 그 부드러운 영향 속에서 격렬한 감정의 분출을 통해 이루어짐을 제시하고 있습니다. 실제로 그는, 가령 그의 편지 속에 나타난 크라프트라는 이름의 불행한 사람과 『프랑스에서의 종군*Campagne in Frankreich*』에서 그가 얘기한 플레싱 교수와 같은 인물들에게 계속해서 심리적인 도움을 주려고 노력했던 것입니다. 그리고 이렇게 도움을 주는 과정에서 그가 이용한 수단은 가톨릭의 고해의 방법을 넘어서 놀라울 정도로 우리 정신분석의 기법에 근접한 것이었습니다. 더욱이 괴테가 농담이라고 묘사한 심리치료 효과의 한 예도 있습니다. 이 예는 그리 잘 알려지지 않은 것이지만, 그래도 매우 특징적인 요소를 지니고 있기에 여기서 저는 그 부분을 있는 그대로 다 인용하고자 합니다. 이것은 폰 슈타인 부인에게 보내는 편지에 나와 있습니다.

어제 저녁 나는 심리학상의 놀라운 업적을 하나 수행했다오. 헤르더 부인이 칼스바트에서 겪은 온갖 불쾌한 일 때문에 흡사 심기증 비슷한 긴장 상태에서 아직도 빠져나오지 못하고 있었소. 특히 집에서 같이 지내는 여자 친구 때문에 더욱 그런 것 같았소. 그래서 내가 그 부인에게 말을 하도록 했소. 모든 것을 다 고백하라고 말이오. 눈에 거슬리는 다른 사람들의 행동, 자신의 결점, 당시의 세세한 주변 환경, 그리고 그 결과, 모두를 말이오. 결국 나는 그 부인의 기분을 풀어 줄 수가 있었소. 그리고 농담 비슷하게 그 부인에게 이제 그 모든 것들은 다 끝났고, 모두 다 바다 깊은 곳에 던져진 셈이라고 분명히 말했다오. 그러자 부인도 모두 별것 아니라고 코웃음을 치는 것이 이젠 완전히 치료가 되었다오(1444번, 1785년 9월 5일).

괴테는 에로스를 항상 높이 평가했으며, 그 힘을 결코 과소평가하지 않았습니다. 그리고 에로스에 관한 고상한 표현들 못지않게 그 유치하고 방종스러운 표현에도 관심을 기울였으며, 옛날 플라톤 못지않은 결단력으로 에로스의 그 모든 표현을 통해 그것이 지니고 있는 본질적인 통일성을 설명한 사람입니다. 실제로 괴테가 『친화력 *Die Wahlverwandtschaften*』이란 작품에서, 화학에서 따온 개념을 사랑에 적용시킨 것은 우연의 일치를 넘어서는 일이었습니다. 이 화학적 개념과 사랑의 관계는 사실 우리가 정신분석이란 이름으로 목격한 것이기도 합니다.

저는 정신분석을 괴테에 적용함으로써 응당 그에게 돌아가야 할 존경심을 훼손시켰기 때문에 정신분석가인 우리가 괴테의 후원 아래 들어갈 수 있는 권리를 박탈당한 셈이라는 비난을 얼마든지 감수할 준비가 되어 있습니다. 말하자면 그 비난은 우리가 그 위대한 인물을 분석 탐구 대상의 위치로 격하시켰다는 것입니다. 그러나 저는 우리가 위대한 인물을 격하시킬 의도도, 또 은연중 그런 뜻이 나타나도록 하지 않았다고도 주장하고 싶습니다.

괴테를 존경하는 우리 모두는 현존하는 여러 가지 설명과 증거들을 토대로 그의 삶을 재창조해 왔던 전기 작가들의 노력을 별다른 항의 없이 그대로 참아 왔습니다. 그러나 그런 전기들이 우리를 위해 해줄 수 있는 일이 무엇입니까? 아무리 충실하고 잘된 전기라고 할지라도 우리가 알아야 할 필요가 있는 두 가지 질문에는 답변해 주지 못합니다. 하나는, 전기가 그를 예술가로 만들었던 수수께끼 같은 놀라운 재능을 설명하는 데 아무런 빛도 던져 주지 못한다는 겁니다. 그리고 또 다른 하나는, 전기가 그의 작품이 지니는 가치와 그 영향을 잘 이해하는 데 아무런 도움도 줄수가 없다는 겁니다. 그럼에도 그런 전기가 우리 내면에 자리 잡은 어떤 강한 욕구를 충족시켜 준다는 것은 의심할 바 없습니다. 예를 들어 셰익스피어와 같이, 역사의 유산이 이런 우리 욕구의 충족을 한사코 거절하는 경우 우리는 전기의 효용을 더욱 분명히 느낄 수 있는 것입니다. 실제로 셰익스피어가 썼다는 희극과 비극과 소네트의 원작자가 진정 누구인지 지금까지도 알 수 없다는 사실이 우리 모두에게는 고통스러운 일이라는 것도 부인하지 못합니다. 그 작가가 스트랫퍼드에 거주했던 한 시민의 아들로 교육을 받지도 못했고 그저 런던에서 활약하는 배우라는 보잘것없는 위치에 있었던 사람인지, 아니면 귀족 집안에서 태어나 교양도 있고 정력적이며 어떤 의미에서는 계급 의식에 물들지 않았던 17세기 옥스퍼드 백작이자 잉글랜드의 세습 체임벌린 경이었던 에드워드 드 비어인지 모릅니다.[3] 하지만 그의 작품 그 자체만으로도 우리에게 충분한 의미가 있는데, 그의 삶의 환경을 꼭 알아야 할 필요성이 있을까요? 사람들은 일반적으로 이렇게 얘기합니다. 그런 사람을 인간적인 면에서 더 가까이에서 바라보고자 하는 우리의 욕구가 바로 그런 것이라고 말입니다. 그렇다고 인정합시다. 그런 경우는 바로 그 인물과 정서적인 관계를 획득할 필요성과 그런 인물을 우리가 익히 알고 있는, 그리고 우리가 그 영향력을 이미 경험한 바 있는 아버지들, 스승들, 본보기가 되는 사람들과 연관 지어 생각할 필요성이 우리가 지금 소유하고 있는

3 셰익스피어 작품의 원작자가 누군가에 대한 프로이트의 견해가 최초로 언급된 곳은 1930년판 『꿈의 해석』 다섯 번째 장에 덧붙인 각주이다. 또한 1935년의 「나의 이력서」 제6장에 추가한 주와 1939년 발표한 「인간 모세와 유일신교」에서도 그 문제가 다시 언급되어 있다.

그의 작품들만큼이나 훌륭하고 찬사를 아끼지 않을 정도의 것이 되어야 합니다.

동시에 우리는 또 다른 동기가 있다는 사실도 받아들일 수 있습니다. 전기 작가의 정당성에는 고백의 문제가 포함되어 있습니다. 전기 작가가 자신의 영웅에 대해 전기를 쓰는 것은 그를 깎아내리려고 하는 것이 아니라, 그 사람을 좀 더 우리 가까이 다가오도록 하기 위해서라는 것은 사실입니다. 그러나 그것은 그 인물과 우리를 구별지어 주는 거리를 줄이는 것으로, 따지고 보면 실제적으로는 그 인물의 폄하로 나아갈 수 있는 것입니다. 그리고 만일 우리가 어떤 한 위대한 인물의 삶에 관해 더 많은 것을 알게 되면 그 인물이 실제로는 우리와 그리 다를 바 없는 사람이며, 한 사람의 인간으로서 우리와 아주 가까이에 있는 사람이라는 이야기를 듣는 경우도 있을 수 있습니다. 그래도 저는 전기의 노력이 정당하다고 선언할 수 있습니다. 우리의 경우를 보아도, 아버지나 스승에 대한 우리의 태도 역시 그들에 대한 존경심 속에 어떤 적대적인 반항의 감정을 숨기고 있다는 사실에 비추어 애증의 감정이 양립되어 있기 때문입니다. 그것이 바로 우리의 심리적인 숙명인 것입니다. 그리고 이 숙명은 강압에 의한 진실의 억압 없이는 바뀔 수가 없는 것이며, 결국은 우리가 삶의 역사를 조사하고자 하는 그 위인과 우리의 관계를 확장시켜 줄 수밖에 없는 것입니다.[4]

정신분석이 전기에 도움이 된다면 당연히 정신분석은 전기와 마찬가지로 가혹하게 취급당하지 않을 자격이 있습니다. 정신분석은 어떤 다른 수단으로는 알아낼 수 없는 정보를 제공해 줄 수

4 프로이트는 레오나르도 다빈치에 관한 글에서도 정신분석과 전기의 관계에 대해 언급하고 있다. 그의 글 「레오나르도 다빈치의 유년의 기억」 참조.

있으며, 〈직공의 걸작품〉5 속에서 예술가의 타고난 본능적 자질과 예술가의 경험, 그리고 작품을 연결해 주는 새로운 실타래를 보여 줄 수 있습니다. 외부의 물리적 세계를 지배하는 것이 우리 사고의 주요 기능 가운데 하나이기 때문에, 제가 보기에는 위인의 위대한 업적을 이해하는 데 우리의 사고가 기여하는 바가 있다면 그것은 바로 정신분석의 덕택이라고 할 수 있습니다. 그러나 괴테의 경우, 아직 우리는 크게 성공을 거두지 못했다는 사실을 인정해야 할 것입니다. 그 이유는 괴테가 시인이자 위대한 자기 현시자이면서, 또한 동시에 적지 않은 자서전적 기록에도 불구하고 많은 것을 조심스럽게 감추고 있는 인물이기 때문입니다. 우리는 여기서 마지막으로 『파우스트』 제1부 4장에 나오는 메피스토펠레스의 말을 상기하지 않을 수 없을 것 같습니다.

그대가 알고 있는 최선의 지식도
결국엔 아이들에게도 얘기할 수 없는 것이리니.

5 『파우스트』 제1부에 나오는 사상의 직물에 관한 메피스토펠레스의 말에서 인용했다. 프로이트는 이 말이 포함된 구절 전체를 꿈의 연상 작용과 관련하여 『꿈의 해석』 여섯 번째 장에서도 인용하고 있다.

프로이트의 삶과 사상

— 제임스 스트레이치

　　지크문트 프로이트Sigmund Freud는 1856년 5월 6일, 그 당시
에는 오스트리아-헝가리 제국의 일부였던 모라비아의 소도시 프
라이베르크에서 출생했다. 83년에 걸친 그의 생애는 겉으로 보기
에는 대체로 평온무사했고, 따라서 장황한 서술을 요하지 않는다.
　　그는 중산층 유대인 가정에서 두 번째 부인의 맏아들로 태어났
지만, 집안에서 그의 위치는 좀 이상했다. 프로이트 위로 첫 번째
부인 소생의 다 자란 두 아들이 있었기 때문이다. 그들은 프로이
트보다 스무 살 이상 나이가 많았고, 그중 하나는 이미 결혼해서
어린 아들을 두고 있었다. 그랬기에 프로이트는 사실상 삼촌으로
태어난 셈이었지만, 적어도 그의 유년 시절에는 프로이트 밑으로
태어난 일곱 명의 남동생과 여동생 못지않게 조카가 중요한 역할
을 했다.
　　그의 아버지는 모피 상인이었는데, 프로이트가 태어난 후 얼마
지나지 않아 사업이 어려워지기 시작했다. 그래서 프로이트가 겨
우 세 살이었을 때 그는 프라이베르크를 떠나기로 결심했고, 1년
뒤에는 온 가족이 빈으로 이주했다. 이주하지 않은 사람은 영국
맨체스터에 정착한 두 이복형과 그들의 아이들뿐이었다. 프로이
트는 몇 번인가 영국으로 건너가서 그들과 합류해 볼까 하는 생

각을 했지만, 그것은 거의 80년 동안 실행에 옮겨지지 못했다.

프로이트가 빈에서 어린 시절을 보내는 동안 그의 집안은 몹시 궁핍한 상태였지만, 어려운 형편에도 불구하고 그의 아버지는 언제나 셋째 아들의 교육비를 최우선으로 꼽았다. 프로이트가 매우 총명했을 뿐 아니라 공부도 아주 열심히 했기 때문이다. 그 결과 그는 아홉 살이라는 어린 나이에 김나지움에 입학했고, 그 학교에서 보낸 8년 가운데 처음 2년을 제외하고는 자기 학년에서 수석을 놓친 적이 없었다. 그는 열일곱 살 때 아직 어떤 진로를 택할 것인지 결정을 하지 못한 채 김나지움을 졸업했다. 그때까지 그가 받았던 교육은 지극히 일반적인 것이어서, 어떤 경우에든 대학에 진학할 것으로 보였으며, 서너 곳의 학부로 진학할 길이 그에게 열려 있었다.

프로이트는 수차례에 걸쳐, 자기는 평생 동안 단 한 번도 〈의사라는 직업에 선입관을 가지고 특별히 선호한 적이 없었다〉고 주장했다.

나는 그보다는 오히려 일종의 호기심을 느꼈다. 하지만 그것은 자연계의 물체들보다는 인간의 관심사에 쏠린 것이었다.[1]

그리고 어딘가에서는 이렇게 적었다.

어린 시절에 나는 고통받는 인간을 도우려는 어떤 강한 열망도 가졌던 기억이 없다. (……) 그러나 젊은이가 되어서는 우리가 살고 있는 세상의 수수께끼들 가운데 몇 가지를 이해하고, 가능하다면 그 해결책으로 뭔가 기여도 하고 싶은 억누를 수 없는 욕망을

1 「나의 이력서」(1925) 앞부분 참조.

느꼈다.[2]

또 그가 만년에 수행했던 사회학적 연구를 논의하는 다른 글에서는 이렇게 적기도 했다.

나의 관심은 평생에 걸쳐 자연 과학과 의학과 심리 요법을 두루 거친 뒤에 오래전, 그러니까 내가 숙고할 수 있을 만큼 충분히 나이가 들지 않았던 젊은 시절에 나를 매혹시켰던 문화적인 문제들로 돌아왔다.[3]

프로이트가 자연 과학을 직업으로 택하는 데 직접적인 계기가 되었던 사건은 — 그의 말대로라면 — 김나지움을 졸업할 무렵 괴테가 썼다고 하는(아마도 잘못된 것으로 보인다) 〈자연〉에 관한 매우 화려한 문체의 에세이를 낭독하는 독회에 참석한 일이었다고 한다. 하지만 그 선택이 자연 과학이긴 했지만, 실제로는 의학으로 좁혀졌다. 그리고 프로이트가 열일곱 살 때인 1873년 가을, 대학에 등록했던 것도 의과대 학생으로서였다. 하지만 그는 서둘러 의사 자격을 취득하려고 하지는 않았다. 한두 해 동안 그가 다양한 과목의 강의에 출석했던 것만 보더라도 이를 알 수 있다. 그러나 차츰차츰 관심을 기울여 처음에는 생물학에, 다음에는 생리학에 노력을 집중했다. 그가 맨 처음 연구 논문을 쓴 것은 대학 3학년 때였다. 당시 그는 비교 해부학과 교수에게 뱀장어를 해부해서 세부 사항을 조사하라는 위임을 받았는데, 그 일에는 약 4백 마리의 표본을 해부하는 일이 포함되었다. 그로부터 얼마 지

2 「비전문가 분석의 문제」(1927)에 대한 후기 참조.
3 「나의 이력서」에 대한 후기 참조.

나지 않아서 그는 브뤼케Brücke가 지도하는 생리학 연구소로 들어가 그곳에서 6년 동안 근무했다. 그가 자연 과학 전반에 대해 보이는 태도의 주요한 윤곽들이 브뤼케에게서 습득되었다는 것은 의심할 여지가 없는 일이다. 그 기간 동안 프로이트는 주로 중추 신경계의 해부에 대해서 연구했고, 이미 책들을 출판하고 있었다. 그러나 실험실 연구자로서 벌어들이는 수입은 대가족을 부양하기에는 충분하지 못했다. 그래서 마침내 1881년 그는 의사 자격을 따기로 결정했고, 그로부터 1년 뒤에는 많은 아쉬움을 남긴 채 브뤼케의 연구소를 떠나 빈 종합 병원에서 근무하기 시작했다.

그러나 결국 프로이트의 삶에 변화를 가져다준 결정적인 계기가 있었다면, 그것은 생각보다도 더 절박한 가족에 대한 것이었다. 1882년에 그는 약혼을 했고, 그 이후 결혼을 성사시키는 데 모든 노력을 기울였다. 그의 약혼녀 마르타 베르나이스Martha Bernays는 함부르크의 이름 있는 유대인 집안 출신으로, 한동안 빈에서 지내고 있었지만 얼마 안 가서 곧 머나먼 독일 북부에 있는 그녀의 집으로 돌아가야 했다. 그 뒤로 4년 동안 두 사람이 서로를 만나 볼 수 있었던 것은 짧은 방문이 있을 때뿐이었고, 두 연인은 거의 매일같이 주고받는 서신 교환으로 만족해야 했다. 그 무렵 프로이트는 의학계에서 지위와 명성을 확립해 가고 있었다. 그는 병원의 여러 부서에서 근무했지만, 얼마 지나지 않아 곧 신경 해부학과 신경 병리학에 몰두하기 시작했다. 또 그 기간 중에 코카인을 의학적으로 유용하게 이용하는 첫 번째 연구서를 출간했고, 그렇게 해서 콜러에게 그 약물을 국부 마취제로 사용하도록 제안하기도 했다. 바로 뒤이어 그는 두 가지 즉각적인 계획을 수립했다. 하나는 객원 교수 자리에 지명을 받는 것이었고, 다른 하나는 장학금을 받아 얼마 동안 파리로 가서 지내려는 것이었다. 그곳에서는 위대한 신경 병리학자 샤르코Charcot가 의학계를 주도하고 있었다. 프로이트는 그 두 가지 목적이 실현된다면 자기에게 커다란 도움이 될 것이라고 생각했고, 열심히 노력한 끝에 1885년에 두 가지 모두를 얻어 냈다.

프로이트가 파리 살페트리에르 병원(신경 질환 치료로 유명한 병원)의 샤르코 밑에서 보냈던 몇 달 동안, 그의 삶에는 또 다른 변화가 있었다. 이번에는 실로 혁명적인 변화였다. 그때까지 그의 일은 전적으로 자연 과학에만 관련되었고, 파리에 있는 동안에도 그는 여전히 뇌에 관한 병력학(病歷學) 연구를 계속하고 있었다. 그 당시 샤르코의 관심은 주로 히스테리와 최면술에 쏠려 있었는데, 빈에서는 그런 주제들이 거의 생각할 만한 가치가 없는 것으로 여겨졌다. 그러나 프로이트는 그 일에 몰두하게 되었다. 비록 샤르코 자신조차 그것들을 순전히 신경 병리학의 지엽적인 부문으로 보았지만, 프로이트에게는 그것이 정신의 탐구를 향한 첫걸음인 셈이었다.

1886년 봄, 빈으로 돌아온 프로이트는 신경 질환 상담가로서 개인 병원을 열고, 뒤이어 오랫동안 미루어 왔던 결혼식을 올렸다. 하지만 그렇다고 해서 그가 당장 자기가 하던 모든 신경 병리학 업무를 그만둔 것은 아니었다. 그는 몇 년 더 어린아이들의 뇌성 마비에 관한 연구를 계속했고, 그 분야에서 주도적인 권위자가 되었다. 또 그 시기에 실어증에 관해서 중요한 연구 논문을 쓰기도 했지만, 최종적으로는 신경증의 치료에 더욱 노력을 집중했다. 전기 충격 요법 실험이 허사로 돌아간 뒤 그는 최면 암시로 방향을 돌려서, 1888년에 낭시를 방문하여 리에보Liébeault와 베르넴Bernheim이 그곳에서 괄목할 만한 성공을 거두는 데 이용한 기법을 배웠다. 하지만 그 기법 역시 불만족스러운 것으로 밝혀지자, 또 다른 접근 방법을 강구하지 않을 수 없었다. 그는 빈의 상담가이자 상당히 손위 연배인 요제프 브로이어Josef Breuer 박사가 10년 전쯤 아주 새로운 치료법으로 어떤 젊은 여자의 히스테리 증세를 치료했다는 사실을 알고 있었다. 그는 브로이어에게 그 방법을 한 번 더 써보도록 설득하는 한편, 그 스스로도 새로운 사례에 그 방법을 몇 차례 적용해서 가망성 있는 결과를 얻었다. 그 방법은 히스테리가 환자에게 잊힌 어떤 육체적 충격의 결과라는 가정에 근거를 둔 것이었다. 그리고 치료법은 잊힌 충격을 떠올리기 위해 적절한 감정을 수반하여 환자를 최면 상태로 유도하는 것으로 이루어져 있었다. 얼마 지나지 않아 프로이트는 그 과정과 저변에 깔린 이론 모두에서 변화를 일으키기 시작했고, 마침내는 그 일로 브로이어와 갈라설 정도까지 되었지만, 자기가 이루어 낸 모든 사상 체계의 궁극적인 발전에 곧 정신분석학이라는 이름을 붙였다.

그때부터 — 아마도 1895년부터 — 생을 마감할 때까지 프로이트의 모든 지성적인 삶은 정신분석학의 발전과 그 광범위한 언외(言外)의 의미, 그리고 그 학문의 이론적이고 실제적인 영향을 탐구하는 데 바쳐졌다. 프로이트의 발견과 사상에 대해서 몇 마디 말로 일관된 언급을 하기란 물론 불가능하겠지만, 그가 우리의 사고 습관에 불러일으킨 몇 가지 주요한 변화를 단절된 양상으로나마 지적하기 위한 시도는 얼마 안 가서 곧 이루어질 것이다. 그러는 동안 우리는 그가 살아온 삶의 외면적인 과정을 계속 좇을 수 있을 것이다.

빈에서 그가 영위했던 가정생활에는 본질적으로 에피소드가 결여되어 있다. 1891년부터 47년 뒤 그가 영국으로 떠날 때까지 그의 집과 면담실이 같은 건물에 있었기 때문이다. 그러나 행복한 결혼 생활과 불어나는 가족 — 세 명의 아들과 세 명의 딸 — 은 그가 겪는 어려움들, 적어도 그의 직업적 경력을 둘러싼 어려움들에 견실한 평형추가 되어 주었다. 의학계에서 프로이트에 대해 편견을 가지고 있었던 이유는 그가 발견한 것들의 본질 때문만이 아니라, 어쩌면 그에 못지않게 빈의 관료 사회를 지배하고 있던 강한 반유대 감정의 영향 때문이기도 했을 것이다. 그가 대학교수로 취임하는 일도 정치적 영향력 탓으로 끊임없이 철회되었다.

그러한 초기 시절의 특별한 일화 한 가지는 그 결과 때문에 언급할 필요가 있다. 그것은 프로이트와, 명석하되 정서가 불안정한 베를린의 의사 빌헬름 플리스Wilhelm Fließ의 우정에 관한 것이다. 플리스는 이비인후과를 전공했지만 인간 생태학과 생명 과정에서 일어나는 주기적 현상의 영향에 이르기까지 관심 범위가 매우 넓었다. 1887년부터 1902년까지 15년 동안 프로이트는 그와 정기적으로 편지를 교환하면서 자기의 발전된 생각을 알렸고, 자기가 앞으로 쓸 책들의 윤곽을 개술한 긴 원고를 그에게 미리 보냈다. 그리고 무엇보다도 중요한 것은 「과학적 심리학 초고」라는 제목이 붙은 약 4만 단어짜리 논문을 보낸 것이었다. 이 논문은 프로이트의 경력에서 분수령이라고도 할 수 있는, 즉 그가 어쩔 수 없이 생리학에서 심리학으로 옮겨 가고 있던 1895년에 작성된 것으로, 심리학의 사실들을 순전히 신경학적 용어들로 서술하려는 시도였다. 다행스럽게도 이 논문과 프로이트가 플리스에게 보낸 다른 편지들도 모두 보존되어 있는데, 그것들은 프로이트의 사상이 어떻게 발전되었는가에 대해 매혹적인 빛을 던질 뿐 아니라, 정신분석학에서 나중에 발견된 것들 중 얼마나 많은 것이 초기 시절부터 이미 그의 마음속에 있었는지를 보여 준다.

플리스와의 관계를 제외한다면, 프로이트는 처음에는 외부의 지원을 거의 받지 못했다. 빈에서 점차 프로이트 주위로 몇몇 문하생이 모여들었지만, 그것은 대략 10년쯤 후인 1906년경, 즉 다수의 스위스 정신 의학자가 그의 견해에 동조함으로써 분명한 변화가 이루어진 뒤의 일이었다. 그들 가운데 중요한 인물로는 취리히 정신 병원장인 블로일러E. Bleuler와 그의 조수인 융C. G. Jung이 있었는데, 그것으로 우리는 정신분석학이 처음으로 확산되기 시작했음을 알 수 있다. 1908년에는 잘츠부르크에서 정신분석학자들의 국제적인 모임이 열린 데 이어, 1909년에는 미국에서 프로이트와 융을 초청해 여러 차례의 강연회를 열어 주었다. 프로이트의 저서들이 여러 나라 말로 번역되기 시작했고, 정신분석을 실행하는 그룹들이 세계 각지에서 생겨났다. 그러나 정신분석학의 발전에 장애가 없지는 않았다. 그 학문의 내용이 정신에 불러일으킨 흐름들은 쉽게 받아들이기에는 너무 깊이 흐르고 있었던 것이다. 1911년 빈의 저명한 프로이트 지지자들 중 한 명인 알프레트 아들러Alfred Adler가 그에게서 떨어져 나갔고, 이삼 년 뒤에는 융도 프로이트와의 견해 차이로 결별했다. 그 일에 바로 뒤이어 제1차 세계 대전이 발발하자, 정신분석의 국제적인 확산은 중단되었다. 그리고 얼마 안 가서 곧 가장 중대한 개인적 비극이 닥쳤다. 딸과 사랑하는 손자의 죽음, 그리고 삶의 마지막 16년 동안 그를 가차 없이 쫓아다닌 악성 질환의 발병이었다. 그러나 어떤 질병도 프로이트의 관찰과 추론의 발전을 막을 수는 없었다. 그의 사상 체계는 계속 확장되었고, 특히 사회학 분야에서 더욱더 넓은 적용 범위를 찾았다. 그때쯤 그는 세계적인 명사로서 인정받는 인물이 되어 있었는데, 1936년 그가 여든 번째 생일을 맞던 해에 영국 왕립 학회Royal Society의 객원 회원으로 선출된 명예보다 그를 더 기쁘게 한 일은 없었다. 1938년 히틀러가 오스트리아를 침공했을 때 국가 사회주의자들의 가차 없는 박해로부터 그를 보호해 주었던 것도 — 비록 그들이 프로이트의 저서들을 몰수해서 없애 버리기는 했지만 — 들리는 말로는 루스벨트 대통령까지 포함된, 영향력 있는 찬양자들의 노력으로 뒷받침된 그의 명성이었다. 그렇다 하더라도 프로이트는 어쩔 수 없이 빈을 떠나 그해 6월 몇몇 가족과 함께 영국으로 건너갔고, 그로부터 1년 뒤인 1939년 9월 23일 그곳에서 세상을 떠났다.

프로이트를 현대 사상의 혁명적인 창립자들 중 한 사람으로 일컬으며, 그의 이름을 아인슈타인Albert Einstein에 결부시켜 생각하는 것은 신문이나 잡지에 실릴 법한 진부한 이야기가 되었다. 그러나 대부분의 사람은 그나 아인슈타인에 의해 도입된 변화들을 간략하게 설명하기가 매우 어려울 것이다.

프로이트의 발견들은 물론 서로 연관되어 있기는 하지만 크게 세 가지로 묶을 수 있다. 연구의 수단, 그 수단에 의해 생겨난 발견들, 그리고 그 발견들에서 추론할 수 있는 이론적 가설들이 그것이다. 그런데 여기서 우리는 프로이트가 수행했던 모든 연구 이면에 결정론 법칙의 보편적 타당성에 대한 믿음이 있었다는 사실을 인정해야 한다. 자연 과학 현상과 관련해서는 이 믿음이 아마도 브뤼케의 연구소에서 근무한 경험에서 생겨났을 것이고, 궁극적으로는 헬름홀츠Helmholtz 학파로부터 생겨났을 것이다. 그러나 프로이트는 단호히 그 믿음을 정신 현상의 분야로 확장시켰는데, 그러는 데는 자기의 스승이자 정신 의학자인 마이네르트Meynert에게서, 그리고 간접적으로는 헤르바르트Herbart의 철학에서 영향을 받았을 수도 있다.

무엇보다도 먼저 프로이트는 인간의 정신을 과학적으로 탐구하기 위한 첫 번째 도구를 찾아낸 사람이었다. 천재적이고 창조적인 작가들은 단편적으로 정신 과정을 통찰해 왔지만, 프로이트 이전에는 어떤 체계적인 탐구 방법도 없었다. 그는 이 방법을 단지 점차적으로 완성시켰을 뿐인데, 그것은 그러한 탐구에서 장애가 되는 어려움들이 점차적으로 분명해졌기 때문이다. 브로이어가 히스테리에서 설명한 잊힌 충격은 가장 최초의 문제점을 제기했고, 어쩌면 가장 근본적인 문제점을 제기했을 수도 있다. 관찰자나 환자 본인 모두에 의해서 검사에 즉각적으로 개방되지 않는, 정신의 활동적인 부분들이 있다는 것을 결정적으로 보여 주었기 때문이다. 정신의 그러한 부분들을 프로이트는 형이상학적 논쟁이나 용어상의 논쟁을 고려하지 않고 〈무의식〉이라고 기술했다. 무의식의 존재는 최면 후의 암시라는 사실로도 증명되는데, 이 경우 환자는 암시 그 자체를 완전히 잊었다 하더라도 충분히 깨어 있는 상태에서 조금 전 그에게 암시되었던 행동을 수행한다. 그러므로 어떠한 정신의 탐구도 그 범위에 이 무의식적인 부분이 포함되지 않고는 완전한 것으로 여겨질 수 없었다. 그렇다면 이것이 어떻게 완전해질 수 있었을까? 명백한 해답은 〈최면 암시라는 수단에 의해서〉인 것처럼 보였다. 그리고 이 방법은 처음엔 브로이어에 의해, 다음에는 프로이트에 의해 이용된 수단이었다. 그러나 얼마 안 가서 곧 그 방법은 불규칙하거나 불명확하게 작용하고, 때로는 전혀 작용하지 않는 불완전한 것임이 밝혀졌다. 따라서 프로이트는 차츰차츰 암시의 이용을 그만두고 나중에 〈자유 연상〉이라고 알려진 완전히 새로운 방법을 도입했다. 즉 정신을 탐구하려는 상대방에게 단순히 무엇이든 머릿속에 떠오르는 것을 말하라고 요구하는, 전에는 들어 보지 못했던 계획을 채택했다. 이 중대한 결정 덕분에 곧바로 놀라운 결과가 도출되었다. 프로이트가 채택한 수단이 초보적인 형태였음에도 불구하고 그것은 새로운 통찰력을 제시했던 것이다. 한동안은 이런저런 연상들이 물 흐르듯 이어진다 하더라도 조만간 그 흐름은 고갈되기 마련이고, 환자는 더 말할 것을 아무것도 생각하지 않거나 또는 할 수 없게 된다. 그렇게 해서 저항의 진상, 즉 환자의 의식적인 의지와 분리되어 탐구에 협조하기를 거부하는 힘의 진상이 드러난다. 여기에 아주 근본적인 이론의 근거, 즉 정신을 뭔가 역동적인 것으로, 일부는 의식적이고 일부는 무의식적이며, 때로는 조화롭게 작용하고 때로는 서로 상반되는 다수의 정신적인 힘들로 이루어져 있다고 가정할 근거가 있었다.

그러한 현상들은 결국 보편적으로 생겨난다는 것이 밝혀지기는 했지만, 처음에는 신경증 환자들에게서만 관찰 연구되었고, 처음 몇 년 동안 프로이트의 연구는 주로 그러한 환자들의 〈저항〉을 극복하여 그 이면에 있는 것을 밝혀낼 수단을 발견하는 일과 관련되었다. 그 해결책은 오로지 프로이트 편에서 극히 이례적인 자기 관찰 — 지금에 와서는 자기 분석이라고 기술되어야 할 — 을 함으로써만 가능해졌다. 다행스럽게도 우리는 앞에서 얘기한, 그가 플리스에게 보냈던 편지로 그 당시의 상황을 직접적으로 알 수 있다. 즉 그는 분석 덕분에 정신에서 작용하는 무의식적인 과정의 본질을 발견하고, 어째서 그 무의식이 의식으로 바뀔 때 그처럼 강한 저항이 있는지를 이해할 수 있었다. 또 그의 환자들에게서 저항을 극복하거나 피해 갈 기법을 고안할 수 있었고, 무엇보다도 중요한 것, 즉 그러한 무의식적인 과정의 기능 방식과 익히 알려진 의식적인 과정의 기능 방식 사이에 아주 큰 차이점이 있음을 알아낼 수 있었다는 것이다. 다음 세 가지는 그 하나하나에 대해서 언급이 좀 필요할 것 같다. 왜냐하면 사실 그것들은 정신에 관한 우리의 지식에 프로이트가 미친 공적들의 핵심을 구성하고 있기 때문이다.

정신의 무의식적인 내용들은 대체로 원초적인 육체적 본능에서 직접 그 에너지를 이끌어 내는 능동적인 경향의 활동 — 욕망이나 소망 — 으로 이루어져 있는 것으로 보인다. 이 무의식은 즉각적인 만족을 얻는 것 외에는 전혀 아무것도 고려하지 않고 기능하며, 따라서 현실에 적응하고 외부적인 위험을 피하는 것과 관련된, 정신에서 더욱더 의식적인 요소들과 동떨어져 있기 마련이다. 더군다나 이러한 원초적인 경향은 훨씬 더 성적이거나 파괴적인 경향을 지니며, 좀 더 사회적이고 개화된 정신적인 힘들과 상충할 수밖에 없다. 이것을 계속 탐구함으로써 프로이트는 오랫동안 숨겨져 있던 어린아이들의 성적인 삶과 오이디푸스 콤플렉스의 비밀을 알아낼 수 있었다.

두 번째로, 그는 자기 분석을 함으로써 꿈의 본질을 탐구하기 시작했다. 이 꿈들은 신경증 증상들과 마찬가지로 원초적인 무의식적 충동과 2차적인 의식적 충동 사이에서 생겨나는 갈등과 타협의 산물임이 밝혀졌다. 그것들을 구성 요소별로 나누어 분석함으로써 프로이트는 숨어 있는 무의식적인 내용들을 추론할 수 있었으며, 꿈이 거의 모든 사람들에게 보편적으로 일어나는 공통된 현상인 만큼 꿈의 해석이 신경증 환자의 저항을 간파하기 위한 기술적 도구 중의 하나임을 밝혀냈다.

마지막으로, 꿈에 대해 면밀하게 고찰함으로써 프로이트는 그가 생각의 1차적 과정과 2차적 과정이라고 명명한 것, 즉 정신의 무의식적 영역에서 일어나는 일과 의식적 영역에서 일어나는 일

사이의 엄청난 차이점들을 분류할 수 있었다. 무의식에서는 조직이나 조화는 전혀 발견되지 않고, 하나하나의 독립적인 충동이 다른 모든 충동과 상관없이 만족을 추구한다. 그 충동들은 서로 영향을 받지 않고 진행되며, 모순은 전혀 작용하지 않고 가장 대립되는 충동들이 아무런 갈등 없이 병존한다. 그러므로 무의식에서는 또한 생각들의 연상이 논리와는 아무런 관련도 없는 노선들을 따라 진행되며, 유사한 것들은 동일한 것으로, 반대되는 것들은 긍정적으로 동등하게 다루어진다. 또 무의식에서는 능동적인 경향을 수반한 대상들이 아주 이례적으로 가변적이어서, 하나의 무의식이 아무런 합리적 근거도 없는 온갖 연상의 사슬을 따라 다른 무의식으로 대체될 수도 있다. 프로이트는 원래 1차적 과정에 속하는 심리 기제가 의식적인 생각으로 침투하는 것이 꿈뿐만 아니라 여러 가지 다른 정상적 또는 정신 병리학적인 정신적 사건의 기이한 점을 설명해 준다는 사실도 분명히 알아냈다.

　프로이트가 했던 연구의 후반부는 모두 이러한 초기의 사상들을 무한히 확장하고 정교하게 다듬는 데 바쳐졌다고 해도 과언이 아닐 것이다. 그러한 사상들은 정신 신경증과 정신 이상의 심리 기제뿐 아니라 말이 헛나온다거나 농담을 한다거나 예술적 창조 행위라거나 정치 제도 같은 정상적인 과정의 심리 기제를 설명하는 데도 적용되었고, 여러 가지 응용과학 — 고고학, 인류학, 범죄학, 교육학 — 에 새로운 빛을 던지는 데도 일익을 담당했다. 그리고 정신분석 요법의 효과를 설명하는 데도 도움이 되었다. 마지막으로, 프로이트는 이러한 근본적인 관찰들을 근거로 해서 그가 〈초심리학〉이라고 명명한 좀 더 일반적인 개념의 이론적인 구조를 세우기도 했다. 그러나 많은 사람들이 이 일반적 개념을 매혹적이라고 생각할지라도, 프로이트는 언제나 그것이 잠정적인 가설의 속성을 띤다고 주장했다. 만년에 그는 〈무의식〉이라는 용어의 다의성과 그것의 여러 가지 모순되는 용법에 많은 영향을 받아 정신에 대한 새로운 구조적 설명 — 여러 가지 문제점을 해명하기 위해 만들어진 것이 분명한 새로운 설명 — 을 제시했는데, 거기에서는 조화되지 않은 본능적인 경향은 〈이드〉로, 조직된 현실적인 부분은 〈자아〉로, 비판적이고 도덕적인 기능은 〈초자아〉로 불렸다.

  지금까지 훑어본 내용으로 독자들은 프로이트의 삶에 있었던 외면적인 사건들의 윤곽과 그가 발견한 것에 대해 어느 정도 조망했을 것이다. 그런데 더 많은 것을 요구하는 것이, 좀 더 깊이 파고들어 가서 프로이트가 어떤 부류의 사람이었는지를 알아보는 것이 과연 적절할까? 아마도 그렇지 않을 것이다. 그러나 위인에 대한 사람들의 호기심은 만족할 줄 모르며, 그 호기심이 진실된 설명으로 충족되지 않으면 필연적으로 꾸며 낸 이야기라도 붙잡으려고 할 것이다. 프로이트는 초기에 낸 두 권의 책(『꿈의 해석』과 『일상생활의 정신 병리학』)에서 그가 제기한 논제로 인해 개인적인 사항들을 예외적으로 많이 제시하지 않을 수 없었다. 그럼에도 불구하고, 또는 바로 그런 이유로 그는 자기의 사생활이 침해당하는 것을 완강히 거부했으며, 따라서 여러 가지 근거 없는 얘깃거리의 소재가 되었다. 일례로 처음에 떠돌았던 아주 단순한 소문에 따르자면, 그는 공공 도덕을 타락시키는 데 온 힘을 쏟는 방탕한 난봉꾼이라는 것이었다. 또 이와 정반대되는 터무니없는 평가도 없지 않았다. 그는 엄격한 도덕주의자, 가차 없는 원칙주의자, 독선가, 자기중심적이고 웃지도 않는 본질적으로 불행한 남자로 묘사되었다. 그를 조금이라도 알고 있는 사람들이라면 누구에게나 위의 두 가지 모습은 똑같이 얼토당토않은 것으로 보일 것이다. 두 번째 모습은 분명히 부분적으로는 그가 말년에 육체적으로 고통받았다는 것을 아는 데서 기인한 것이다. 그러나 또 한편으로는 가장 널리 퍼진 그의 몇몇 사진이 불러일으킨 불행해 보이는 인상에 기인한 것일 수도 있다. 그는 적어도 직업적인 사진사들에게는 사진 찍히기를 싫어했으며, 그의 모습은 때때로 그런 사실을 드러냈다. 화가들 역시 언제나 정신분석학의 창시자를 어떻게든 사납고 무서운 모습으로 표현할 필요를 느꼈던 것처럼 보인다. 그러나 다행히도 좀 더 다정하고 진실한 모습을 보여 주는 다른 증거물들도 있다. 예를 들면 그의 장남이 쓴 아버지에 대한 회고록(마르틴 프로이트Martin Freud, 『명예로운 회상』, 1957)에 실려 있는, 휴일에 손자들과 함께 찍은 스냅 사진 같은 것들이다. 이 매혹적이고 흥미로운 책은 실로 여러 가지 면에서 좀 더 형식적인 전기들 — 그것들도 매우 귀중하기는 하지만 — 의 내용에서 균형을 회복하는 데 도움을 주는 한편, 일상생활을 하는 프로이트의 모습도 얼마간 드러내 준다. 이러한 사진들 가운데 몇 장은 그가 젊은 시절에 매우 잘생긴 용모였다는 것을 보여 준다. 하지만 나중에 가서는, 그러니까 제1차 세계 대전 뒤 병이 그를 덮치기 얼마 전부터는 더 이상 그렇지 못했고, 그의 용모는 물론 전체적인 모습(대략 중간 키 정도인)도 주로 긴장된 힘과 빈틈없는 관찰력을 풍기는 인상으로 널리 알려졌다. 그는 공식적인 자리에서는 진지하되 다정하고 사려 깊었지만, 사사로운 곳에서는 역설적인 유머 감각을 지닌 유쾌하고 재미있는 사람이기도 했다. 그가 가족에게 헌신적인 애정을 기울인 사랑받을 만한 남자였다는 것을 알아보기란 그리 어려운 일이 아니다. 그는 다방면으로 여러 가지 취미가 있었고 — 그는 외국 여행과 시골에서 보내는 휴일, 그리고 등산을 좋아했다 — 미술, 고고학, 문학 등 좀 더 전념해야 하는 주제에도 관심이 많았다. 프로이트는 독일어 외에 여러 외국어에도 능통해서 영어와 프랑스어를 유창하게 구사했을 뿐 아니라, 스페인어와 이탈리아어에도 상당한 지식을 갖고 있었다. 또 그가 후기에 받은 교육은 주로 과학이었지만(대학에서 그가 잠시 철학을 공부했던 것은 사실이다), 김나지움에서 배웠던 고전들에 대한 애정 또한 잃지 않았다. 우리는 그가 열일곱 살 때 한 급우[4]에게 보냈던 편지를 가지고 있는데, 그 편지에서 그는 졸업 시험의 각기 다른 과목에서 거둔 성과들, 즉 로마의 시인 베르길리우스에게서 인용한 라틴어 구절, 그리고 무엇보다도 『오이디푸스왕』에서 인용한 30행의 그리스어 구절을 적고 있다.

한마디로 우리는 프로이트를, 영국에서라면 빅토리아 시대 교육의 가장 뛰어난 산물과 같은 인물로 볼 수도 있을 것이다. 그러므로 프로이트의 문학과 예술에 대한 취향은 분명 우리와 다를 것이며, 윤리에 대한 견해도 자유롭고 개방적일지언정 프로이트 이후 세대에 속하지는 않을 것이다. 그러나 우리는 그에게서 많은 고통을 겪으면서도 격한 태도를 보이지 않는, 충만한 감성을 지닌 인간형을 본다. 그에게서 두드러지는 특징들은 완전한 정직과 솔직성, 그리고 아무리 새롭거나 예외적이더라도 자기에게 제시된 사실을 어떤 것이든 기꺼이 받아들여 숙고할 준비가 되어 있는 지성이다. 그가 이처럼 놀라운 면을 지니게 된 것은, 아마도 표면적으로 사람들을 싫어하는 태도가 숨기지 못한 전반적인 너그러움을 그러한 특징들과 결합하여 확장시킨 필연적인 결과일 것이다. 미묘한 정신을 지녔음에도 불구하고 그는 본질적으로 순

4 에밀 플루스Emil Fluss. 이 편지는 『프로이트 서간집』(1960)에 들어 있다.

박했으며, 때로는 비판 능력에서 예기치 않은 착오를 일으키기도 했다. 예를 들어 이집트학이나 철학 같은 자기 분야가 아닌 주제에서 신빙성이 없는 전거(典據)를 받아들이는 실수를 한다든가, 그리고 무엇보다도 이상한 것은 그 정도의 인식력을 지닌 사람으로 믿기 어려울 만큼 때로는 그가 알고 있는 사람들의 결점을 보지 못한 것 등이 그렇다. 그러나 프로이트가 우리와 같은 인간이라고 단언함으로써 허영심을 만족시킬 수 있다 하더라도, 그 만족감은 쉽사리 도를 넘어설 수 있다. 이제까지는 정상적인 의식에서 제외되었던 정신적 실체의 모든 영역을 처음으로 알아볼 수 있었던 사람, 처음으로 꿈을 해석하고, 유아기의 성욕이라는 사실을 처음으로 인정하고, 사고의 1차적 과정과 2차적 과정을 처음으로 구분한 사람 — 우리에게 무의식을 처음으로 현실로 제시한 사람 — 에게는 사실상 매우 비범한 면들이 있었을 것이다.

프로이트 연보

1856년 5월 6일, 오스트리아 모라비아의 프라이베르크에서 태어남.

1860년 가족들 빈으로 이주, 정착.

1865년 김나지움(중등학교 과정) 입학.

1873년 빈 대학 의학부에 입학.

1876년 1882년까지 빈 생리학 연구소에서 브뤼케의 지도 아래 연구 활동.

1877년 해부학과 생리학에 관한 첫 번째 논문 출판.

1881년 의학 박사 과정 졸업.

1882년 마르타 베르나이스와 약혼. 1885년까지 빈 종합 병원에서 뇌 해부학을 집중 연구, 논문 다수 출판.

1884년 1887년까지 코카인의 임상적 용도에 관한 연구.

1885년 신경 병리학 강사 자격(프리바트도첸트) 획득. 10월부터 1886년 2월까지 파리의 살페트리에르 병원(신경 질환 전문 병원으로 유명)에서 샤르코의 지도 아래 연구. 히스테리와 최면술에 대해 소개하기 시작.

1886년 마르타 베르나이스와 결혼. 빈에서 개업하여 신경 질환 환자를 치료하기 시작. 1893년까지 빈 카소비츠 연구소에서 계속 신경학을 연구. 특히 어린이 뇌성 마비에 관심을 가지고 많은 출판 활동을 함. 신경학에서 점차 정신 병리학으로 관심을 돌리게 됨.

1887년 장녀 마틸데 출생. 1902년까지 베를린의 빌헬름 플리스와 교분을 맺고 서신 왕래. 이 기간에 프로이트가 플리스에게 보낸 편지는 프로이트 사후인 1950년에 출판되어 그의 이론 발전 과정에 많은 시사점을 주고 있음. 최면 암시 요법을 치료에 사용하기 시작.

1888년 브로이어를 따라 카타르시스 요법을 통한 히스테리 치료에 최면술을 이용하기 시작. 그러나 점차 최면술 대신 자유 연상 기법을 시도하기 시작.

1889년 프랑스 낭시에 있는 베르넴을 방문. 그의 〈암시〉 요법을 연구. 장남 마르틴 출생.

1891년 실어증에 관한 연구 논문 발표. 차남 올리버 출생.

1892년 막내아들 에른스트 출생.

1893년 브로이어와 함께 히스테리의 심적 외상(外傷) 이론과 카타르시스 요법을 밝힌 『예비적 보고서』 출판. 차녀 소피 출생. 1896년까지 프로이트와 브로이어 사이에 점차 견해차가 생기기 시작. 방어와 억압의 개념, 그리고 자아와 리비도 사이의 갈등의 결과로 생기는 신경증 개념을 소개하기 시작. 1898년까지 히스테리, 강박증, 불안에 관한 연구와 짧은 논문 다수 발표.

1895년 브로이어와 함께 치료 기법에 대한 증례 연구와 설명을 담은 『히스테리 연구』 출판. 감정 전이 기법에 대한 설명이 이 책에서 처음으로 나옴. 『과학적 심리학 초고』 집필. 플리스에게 보내는 편지 속에 그 내용이 포함되어 있는 이 책은 1950년에야 비로소 첫 출판됨. 심리학을 신경학적인 용어로 서술하려는 이 시도는 처음에는 빛을 보지 못했지만 프로이트의 후기 이론에 관한 많은 시사점을 담고 있음. 막내딸 아나 출생.

1896년 〈정신분석〉이란 용어를 처음으로 소개. 부친 향년 80세로 사망.

1897년 프로이트의 자기 분석 끝에 심적 외상 이론을 포기하는 한편, 유아 성욕과 오이디푸스 콤플렉스에 대해 인식하게 됨.

1900년 『꿈의 해석』 출판. 책에 표시된 발행 연도는 1900년이지만 실제로 책이 나온 것은 1899년 11월임. 이 책의 마지막 장에서 정신 과정, 무의식, 〈쾌락 원칙〉 등에 대한 프로이트의 역동적인 관점이 처음으로 자세하게 설명됨.

1901년 『일상생활의 정신 병리학』 출판. 이 책은 꿈에 관한 저서와 함께 프로이트의 이론이 병적인 상태뿐만 아니라 정상적인 정신생활에까지 적용된다는 것을 분명히 보여주고 있음.

1902년 특별 명예 교수에 임명됨.

1905년 「성욕에 관한 세 편의 에세이」 발표. 유아에서 성인에 이르기까지 인간의 성적 본능의 발전 과정을 처음으로 추적함.

1906년 융이 정신분석학의 신봉자가 됨.

1908년 잘츠부르크에서 제1회 국제 정신분석학회가 열림.

1909년 프로이트와 융이 미국으로부터 강의 초청을 받음. 〈꼬마한스〉라는 다섯 살 어린이의 병력(病歷) 연구를 통해 처음으로 어린이에 대한 정신분석을 시도. 이 연구를 통해

성인들에 대한 분석에서 수립된 추론들이 특히 유아의
성적 본능과 오이디푸스 콤플렉스 및 거세 콤플렉스에
까지 적용될 수 있음을 확인함.

1910년 〈나르시시즘〉 이론이 처음으로 등장함.

1911년 1915년까지 정신분석 기법에 관한 몇 가지 논문 발표.
아들러가 정신분석학회에서 탈퇴. 정신분석학 이론을
정신병 사례에 적용한 슈레버 박사의 자서전 연구 논문
이 나옴.

1912년 1913년까지 『토템과 터부』 출판. 정신분석학을 인류학
에 적용한 저서.

1914년 융의 학회 탈퇴. 「정신분석 운동의 역사」라는 논문 발표.
이 논문은 프로이트가 아들러 및 융과 벌인 논쟁을 담고
있음. 프로이트의 마지막 주요 개인 병력 연구서인 『늑
대 인간』(1918년에 비로소 출판됨) 집필.

1915년 기초적인 이론적 의문에 관한 〈초심리학〉 논문 12편을
시리즈로 씀. 현재 이 중 5편만 남아 있음. 1917년까지
『정신분석 강의』 출판. 제1차 세계 대전까지의 프로이트
의 관점을 광범위하고도 치밀하게 종합해 놓은 저서임.

1919년 나르시시즘 이론을 전쟁 신경증에 적용.

1920년 차녀 사망. 『쾌락 원칙을 넘어서』 출판. 〈반복 강박〉이라
는 개념과 〈죽음 본능〉 이론을 처음 명시적으로 소개.

1921년 『집단 심리학과 자아 분석』 출판. 자아에 대한 체계적이
고 분석적인 연구에 착수한 저서.

1923년 『자아와 이드』 출판. 종전의 이론을 크게 수정해 마음의
구조와 기능을 이드, 자아, 초자아로 나누어 설명. 암에
걸림.

1925년 여성의 성적 발전에 관한 관점을 수정.

1926년 『억압, 증상 그리고 불안』 출판. 불안의 문제에 대한 관점을 수정.

1927년 『어느 환상의 미래』 출판. 종교에 관한 논쟁을 담은 책. 프로이트가 말년에 전념했던 다수의 사회학적 저서 중 첫 번째 저서.

1930년 『문명 속의 불만』 출판. 이 책은 파괴 본능(〈죽음 본능〉의 표현으로 간주되는)에 대한 프로이트의 첫 번째 본격적인 연구서임. 프랑크푸르트시로부터 괴테상(賞)을 받음. 어머니 향년 95세로 사망.

1933년 히틀러 독일 내 권력 장악. 프로이트의 저서들이 베를린에서 공개적으로 소각됨.

1934년 1938년까지 『인간 모세와 유일신교(有一神敎)』 집필. 프로이트 생존 시 마지막으로 출판된 책.

1936년 80회 생일. 영국 왕립 학회의 객원 회원으로 선출됨.

1938년 히틀러의 오스트리아 침공. 빈을 떠나 런던으로 이주. 『정신분석학 개요』 집필. 미완성의 마지막 저작인 이 책은 정신분석학에 대한 결정판이라 할 수 있음.

1939년 9월 23일 런던에서 사망.

역자 해설

프로이트의 예술론

1. 프로이트와 예술

(1) 전율 혹은 분석

루브르 박물관에 소장되어 있는 다빈치의 「모나리자」는 인상주의 박물관으로 알려진 파리 오르세 박물관의 밀레의 「만종(晚鐘)」과 더불어 전 세계인들에게 가장 많이 알려져 있는 그림이다. 두 그림은 그림 엽서는 물론이고 티셔츠나 심지어는 컵 받침 같은 것들에도 들어가 있을 정도다. 그래서인지 실제로 두 그림을 직접 대하고 보면 감동 같은 것을 느끼기보다는 실물을 직접 보았다는 정도의 감흥이 먼저 찾아온다. 하지만 이러한 속물적 감각 체계를 인식하고 난 이후에 두 그림을 좀 더 자세히 보려고 해도 실제로는 상황이 결코 여의치가 않다. 두 작은 그림 앞에는 언제나 수십 명이 넘는 관광객들이 북적대고 있기 때문이다. 「모나리자」의 미소도 「만종」의 그 침묵도 관광객, 특히 단체 관광객들의 번잡하고 수선스러운 모습에 거의 완전히 사라져 버리고 만다. 예술과 민주주의의 관계를 되묻게 한다.

하지만 비록 혼자 있다고 하더라도, 모나리자의 미소 속에서 〈어머니의 유혹하는 미소〉를 느끼기 위해서는 얼마 동안이나 그림을 쳐다보아야 할 것인가? 두세 시간? 한 일주일? 어쩌면 미소

역자 해설 **607**

를 바라보면서 그 미소가 소름 끼치는 어떤 전율을 느끼게 할 때까지 바라보고 있어야 한다면, 단지 그림을 보는 것만으로는 충분치 않을지도 모른다. 그렇다고 다빈치의 다른 그림들 속에도 유사한 미소가 들어 있음을 안다고 하여 충분할 것인가? 모나리자가 짓고 있는 미소의 그 신비함은 오랫동안 수많은 사람들을 매혹시켜 왔지만, 이 미소의 비의(秘意)가 드러난 것은 확실히 프로이트가 미소를 〈어머니의 유혹〉과 연결시키면서부터이다.

프로이트의 예술에 관한 글들을 읽게 되면, 우선은 그의 글이 지나치다 싶을 정도로 건조한 분석에 치우쳐 있다는 인상을 지울 수 없다. 그러나 이것은 인상에 지나지 않는다. 그의 글들이, 특히 「레오나르도 다빈치의 유년의 기억」이나 「미켈란젤로의 모세상」에서 두드러져 나타나는 것처럼, 세세한 것들에 대한 꼼꼼한 분석에 의존하고 있기는 하다. 그럼에도 이 모든 분석이 최초의 강렬한 경험에서, 즉 전율이라고 불러 마땅할 작품과의 첫 만남에서 시작되고 있음을 알 수 있다. 다빈치나 미켈란젤로, 혹은 그 이전에 이미 수행된 소포클레스나 셰익스피어 등에 대한 그의 분석은 모두 최초의 〈전율〉에서 출발하고 있다. 미켈란젤로의 모세상 앞에서 그가 경험한 〈전율〉이 어떤 것이었는지를 잠시 보자.

이 조각을 두고 〈근대 조각의 완성〉이라는 말을 들을 때마다 나는 기쁨을 감출 수가 없다. 왜냐하면 그 어떤 조각도 이 조각만큼 나에게 강렬한 인상을 남기지 못했기 때문이다. 모든 매력이 사라진 카부르 광장에서 버려진 듯이 서 있는 성당 광장으로 이어지는 그 가파른 계단을 나는 수도 없이 오르내렸고, 그때마다 나는 조각의 주인공이 내쏘는 그 경멸의 빛이 가득한 노기 어린 눈빛을 견뎌 내려고 했다. 어떤 때는 종종 마치 내가 그 주인공의 눈빛을 받았던 유대인들, 즉 어떤 확신도 없었고, 기다릴 줄도 믿을 줄도 몰랐으며, 우상이 제공하는 환상을 보자 곧 그것에 흠뻑 젖어 들고 말았던 유대의 그 천민들 속에 나 자신이 섞여 있기라도 한 듯이, 그 무서운 눈빛을 피해 슬그머니 어둠침침한 성당 중앙 홀을 빠져나오기도 했다.[1]

이러한 전율이 미학적인 성격을 넘어서 있는 것임을 우리는 알고 있다. 프로이트에게는 언제나 자신을 전율케 했던 작가들의 천재성을 인정하면서도 그 작가들과 겨루어 보려는, 혹은 나아가 그 작가들을 극복해 내려는 묘한 충동이 있다. 걸작들 앞에서 그가 보이는 이러한 심적 움직임의 배후에는 또, 언제나 정신분석의 근간을 이루는 무의식에 대한 확고부동한 믿음과 이 믿음에 기초해 그가 갖고 있었던, 모든 인간은 무의식 앞에서 평등하다는 생각이 놓여 있다. 무의식 앞에서 평등하다는 말은 정신분석의 핵심 테제인 오이디푸스 콤플렉스*Ödipuskomplex*의 보편성과 항존성(恒存性)을 일컫는데, 이러한 믿음으로 해서 프로이트는 문학 작품과 예술 작품을 대할 때 형식적·미학적 측면을 제외시키고 거의 언제나 〈의미와 내용〉만을 주로 다루게 된다. 즉 그는 소포클레스는 말할 것도 없고 셰익스피어나 입센 같은 극작가를 다룰 때, 혹은 다빈치나 미켈란젤로 같은 화가나 조각가를 다룰 때, 나아가서는 하이츠만 같은 정신 이상자를 다룰 때에도 언제나 작품의 〈의미와 내용〉을 이루고 있는 오이디푸스 콤플렉스만을 보려고 했다. 셰익스피어 이후의 근대극들이 고전극의 비극적 격조를 잃어버린 이유를 그는 이 오이디푸스 콤플렉스의 부재에서 찾기도 한다. 그의 고백을 잠시 들어 보자.

1 「미켈란젤로의 모세상」 참조.

나는 우선 예술에 있어서 내가 전문가가 아니라 문외한임을 정확하게 밝혀 두고자 한다. 또한 나는 예술가가 우선적인 가치를 두는 형식과 기법보다 예술 작품의 내용이 더 나를 매혹시켰다는 점을 자주 지적했다.[2]

그런데 스스로도 기이하게 생각하고 있었고, 그래서 누차에 걸쳐 자신이 행하고 있는 분석의 신빙성을 되묻기도 했지만, 굳이 프로이트의 분석을 따르지 않더라도, 그가 다룬 모든 작품들 속에서 우리 역시 오이디푸스 콤플렉스가 핵심적인 화두(話頭)로 자리 잡고 있음을 인정하지 않을 수 없다. 하지만 프로이트가 발견해 낸 정신분석의 한 개념으로서의 오이디푸스를 모르고 있었다고 해도 우리가 예술 작품 속에 꾸준하게 모습을 나타내면서 작품의 〈의미와 내용〉을 형성하고 있는 무의식의 움직임을 알 수 있었을까? 이 점에 있어 우리는 프로이트의 오이디푸스 발견과 그에 이어지는 무의식의 발견에 대해 모든 위대한 발견에 걸맞은 정당한 존경과 찬사를 보내야 할 것이다. 이 존경과 찬사는 의례적인 것이어서는 안 될 것이다. 왜냐하면 앞에서도 말했듯이, 자신의 가슴속에 숨어 혀를 낼름거리며 언제든지 그 음습하고 흉칙한 모습을 드러내려고 하는 오이디푸스를 〈전율〉 속에서 직접 보아야만 했던 프로이트를 잊어서는 안 되기 때문이다.

정신분석은 몇 가지 조작된 개념을 갖고 벌이는 사변적인 지적 유희가 아니며, 그렇다고 생화학적인 실증적 실험이 가능한 영역도 아니기 때문이다. 정신분석은 아직 완성된 학문이 아닐지도 모르고, 나아가서는 인간의 삶을 이루는 다른 영역에 꾸준히 상상력과 새로운 사고를 제공하면서도 자신은 고유의 영역을 계속

2 「미켈란젤로의 모세상」 참조.

610

찾아 떠나야 하는 운명을 갖고 있는지도 모른다. 바로 이러한 정신분석의 이중적 위상으로 인해 정신분석이 정신 치료 이외의 영역에 〈적용〉될 때 놀라움과 함께 경계심을 동시에 불러일으키는지도 모른다.

(2) 작은 것과 숨겨진 것

예술에 적용될 때 정신분석은 정신 이상자의 임상 기록과 예술 작품을 동일시한다는 비난을 받게 되고, 정신 이상자의 이상 심리를 분석할 때에는 의학적 문제를 문화적 패러다임으로 해석한다는 비판에 직면하게 된다. 그러나 오이디푸스 콤플렉스가 예술 작품과 정신 이상자의 이상 심리 속에 동일하게 들어 있다는 사실은 프로이트의 무의식에 대한 발견에 이어 그가 구체적인 대상에 대해 행한 작업에서부터 시작해 그 이후 지금까지 이루어진 적지 않은 분석적 작업들에 의해 이미 입증된 사실이다. 예술과 문학에 대한 초기의 정신분석적 접근이 주로 창조자의 어린 시절에 대한 규명의 차원에서 크게 벗어나지 못했다면, 후기로 들어올수록, 특히 구조주의에 영향을 받아 이루어진 정신분석의 일정한 경향 속에서는 〈텍스트의 무의식〉을 운위(云謂)할 정도로 작가의 실존적 위상이 고려의 대상에서 점차 멀어지게 되었다. 그러나 어떤 경우이든 예술 작품에 정신분석적으로 접근할 때, 우리는 대부분의 비평가들이 두 가지 기본적인 인식론, 혹은 방법론에 의존하고 있음을 알게 되는데, 이는 곧 프로이트의 인식론이자 방법론이기도 했다.

첫 번째 방법론은 작고 미미한 부분에 대한 그의 집요한 관심과 관련되어 있다. 정신 이상자의 거동과 언술은 문법과 논리성이 파괴된 것들이고, 따라서 비교적 쉽게 억압의 증후들과 유아기 때의 심신적 상처를 알아볼 수 있다. 반면에 예술 작품들에서는 오히려, 프로이트가 「무대 위에 나타나는 정신 이상에 걸린 등장인물들」이라는 짧은 글에서 잘 간파했듯이, 별로 의미 있어 보이지 않는 것 같아 흔히 간과하고 마는 것들에 의외로 심대한 의미들이 숨어 있다는 것을 알게 된다. 이러한 세세하고 미미한 것들에 대한 관심은 프로이트의 모든 분석에서 언제든지 확인되는 것으로, 치밀한 그의 정신적 성향의 일정한 반영이기도 할 것이다. 이는 작가와 예술가들의 무의식은, 개괄적으로 말하자면, 마치 완전 범죄를 꿈꾸는 무의식적 욕망이 의식이나 초자아의 감시와 응징을 피해, 작고 미미한 것들을 통해서만 충족될 수 있다는 인식에 기초해 있다. 이는 또한 예술 작품을 보는 시각의 일대 변혁이기도 하다. 다시 말해 예술 작품은 현실의 반영이나 자연에 대한 모사(模寫)이기 이전에, 거의 동시에 욕망이 발생하고 충족되고 소진되는 현상이라는 것이다. 프로이트가 자주 예술 활동을 어린아이들의 유희와 비교하고 있음은 이런 면에서 당연한 것이라고 볼 수 있다.

또한 이는 무의식이 고정된 요소와 논리를 지닌 단일한 실체가 아니라 요소와 논리에 있어 가변적이고 그 표출 강도에 있어서도 다양하기만 한, 아직도 전모가 다 드러나지 않은 신비한 것임을 인정하는 것이기도 하다. 그러나 무의식은 결코 혼자 존재할 수는 없다. 무의식은 의식의 통제를 받기도 하지만, 무엇보다 강조되어야 할 것은 의식을 통해서만 이야기될 수 있다는 점이다. 다시 말해 꿈의 경우에서처럼 꿈 자체가 있고, 꿈에 대한 꿈꾼 자의 이야기가 있고, 또 이 꿈과 꿈꾼 자의 이야기를 함께 분석하고 종합하는 메타언어로서의 꿈-해석*Traumdeutung*이 있듯이, 무의식은 의식이 있는 한에서만 그 형태와 양상을 드러낼 수 있다.

역설적으로 들릴 수도 있겠지만, 이성의 영역을 확대 심화하려는 것이 프로이트의 의도였다. 이 의도가 특히 교회와 부르주아 사회의 이기적이고 한없이 보수적인 이성관에 대한 근본에서부터의 일대 변혁이었다면, 이 변혁은 예술 작품을, 나아가서는 예술 활동을 삶에 여유가 있을 때에만 가능한 어떤 장식으로 여기는 부르주아 예술관에 대한 반발일 것이다. 또한 겉으로 드러난 외관만 중히 여기는 부르주아의 부박(浮薄)한 속물근성에 대한 질타이기도 할 것이다.

작은 것은 정신분석에서만이 아니라 예술과 일상생활에서도 항상 〈큰 것이다〉. 아무리 거대한 구조물이라고 해도 작은 나사못 하나가 부실할 경우 붕괴는 이미 시작되고 있을 것이다. 또한 그 누구도 자신을 완전히 기만하지는 못한다. 눈빛이 이상하든지, 목소리가 떨리든지, 아니면 평소에 안 하던 짓을 하게 마련이다. 모든 추리물들은 실낱같은 단서를 통해 드러난 모순에서부터 풀리지 않는가. 셜록 홈스에서 애거서 크리스티를 거쳐 콜롬보에 이르기까지 모든 탐정들과 이 탐정들을 만들어 낸 작가들은 독자와 벌이는 지적 게임에서 언제나 작은 것으로 승부수를 던지곤 한다. 우리는 이러한 탐정 소설의 기원에 소포클레스의 오이디푸스왕이 있음을 알고 있다. 작은 것이 늘 규모나 양의 문제만은 아니다. 이른바 알리바이라고 하는 부재 증명이 문제될 때를 보자. 오이디푸스는 과연 범죄 현장에 있었을까? 그는 명백하게 아버지를 살해하고 어머니와 몸을 섞어 아이들까지 낳았지만, 그러나 그는 무죄(無罪)였다. 전혀 고의가 아니었을 뿐만 아니라, 신탁의 저주에 의한 범죄였기 때문이다. 그렇다면 범죄 현장에 있었던 것은 오이디푸스가 아니라 오직 신탁이라는 초자아와 함께 있을 때에만 의미와 형태를 지닐 수 있는 또 다른 오이디푸스, 즉 무의식의 욕망으로서의 오이디푸스였다. 이때 무의식의 활동 영역인 범죄 현장은 그대로 전설과 신화의 형태로 승화된 연극이 된다. 관객들은 모두 자신들의 가슴속에 도사리고 있는 오이디푸스와 함께 무대 위에서 천역(天逆)의 죄를 짓는, 그러나 의식적으로는 전혀 죄가 없는 오이디푸스를 따라 욕망을 충족시키고, 그 이후 자신의 두 눈을 후벼 파는 모든 연극을 함께 공연하고 있었던 것이다.

무대는 그대로 무의식의 욕망이 구현되는 현장이 된다. 그러나 그것은 처음부터 무대일 뿐이었다. 연극과 제의가 아직 그리 명확하게 구분되지 않았던 시대라고 하더라도, 또 자아와 세계의 대립이 아직 심각한 갈등으로까지 치닫지 않았던 시대였다고 하더라도, 무대는 알리바이를 증명하는 무의식의 범행 장소였던 것이다. 의식은 그때 그 장소에 없었다. 진정한 죄의식은 이 최초의 범죄에서 기원한다. 자신의 알리바이를 증명할 수 없었던 오이디푸스는 그래서 논리적으로는 아무런 죄도 짓지 않았음에도 불구하고 자신의 두 눈을 후벼 팔 수밖에 없었을 것이다.

현장에 있었던 것은 무의식의 오이디푸스, 다시 말해 소포클레스의 오이디푸스가 아닌 바로 프로이트의 오이디푸스였다. 무의식은 자신의 알리바이를 입증해 낼 수가 없다. 알리바이는 의식의 몫이기 때문이다. 정신분석은 비유를 하자면 형사가 죄인을 찾는 수색 작업 같은 것일 수도 있는데, 형사와 범인이 구별할 수 없도록 서로 닮아 있다는 면에서 비유는 끝나고 만다. 형사가 범인인 것이다. 모든 탐정물들에서처럼 정신분석도 우선은 작고 미세한 모순들에서 시작된다.

이 실수는 정신분석가가 아닌 다른 사람들의 눈에는 전혀 보이지 않는 작은 실수에 지나지 않는다.[3]

우리는 눈에 잘 띄지 않는 몇몇 세세한 것들을 이용함으로써, 조각 작품 전체와 그 의도들에 대한 예기치 못했던 해석에 도달할 수 있었다.[4]

작은 것은 우선 작기 때문에, 그리고 평범하고 자명한 것으로 보이기 때문에 의식의 관심에서 멀어지고, 바로 이런 이유로 무의식(無意識)의 처소가 된다. 그러나 의식의 관심에서 멀어졌다고 해서 모든 것이 자동적으로 무의식의 움직임을 가능케 하는 조건이 되는 것은 아니다. 작고 자명한 것들 중 의미 있는 것은 〈거부된 것들〉인데, 이 거부된 것들은 그것들끼리 나름대로의 논리에 따라, 즉 무의식의 욕망이 충족되는 논리를 좇아 작품 속에서 움직이게 된다. 조각이나 회화 등 조형 예술을 다루는 프로이트는, 따라서 우선은 심적 움직임이 외부로 표출될 때 가장 눈여겨보아야 할 것으로 다음과 같이 〈부차적이고 세세한 부분들〉을 강조하고자 한다.

그가 (이반 레르몰리예프라는 예술 평론가가) 이러한 결과를 얻게 된 것은 그림의 전체적인 인상이나 몇 가지 큰 특징들에서 손톱, 귓불, 후광 등과 같이 사람들이 흔히 눈여겨보지 않는 것들로 시선을 돌려 모사가들이 모사(模寫)할 때 소홀히 취급하는 부차적이고 세세한 부분들을 부각시켰기 때문이었다. 이런 부분들을 예술가들은 자기만의 독특한 방식으로 처리하곤 한다. 훗날 나는 러시아식 가명 뒤에 실제로는 모렐리라는 한 이탈리아인 의사가 숨어 있다는 사실을 알게 되었는데, 이 사실이 매우 흥미로웠

3 「레오나르도 다빈치의 유년의 기억」 참조.
4 「미켈란젤로의 모세상」 참조.

던 기억이 난다. 그는 1891년 이탈리아 왕국의 상원 의원으로 일생을 마치게 된다. 나는 그의 기법이 정신분석의 기술(技術)과 밀접한 상관관계가 있다고 생각한다. 정신분석 역시 사람들이 고려하지 않거나 혹은 소홀히 취급하는 특징들에서 출발하여 나아가서는 관찰에서 제외된 찌꺼기들 ─ 즉 〈거부된 것들〉─ 에 숨겨져 있는 은밀한 것들을 간파해 내는 데 익숙해져 있다.[5]

작은 것은 크기의 문제이면서 동시에 깊이의 문제이기도 하다. 다시 말해 작다는 것은 은밀함과 관련된 것인데, 조형 예술이든 언어 예술이든 예술 작품의 경우 주로 성(性)과 관계된 이 은밀함은, 프로이트가 자신의 논의에서 도외시하겠다고 선언했던 바로 예술의 형식에 의해 은밀함을 유지하지 않을 수 없게 된다. 즉 예를 들어 환상(幻想) 소설의 경우나 초현실주의 계열의 그림들 속에서는 역사적으로 문화적으로 선결되어 있는 장르상의 규약들이 성과 관련된 은밀함을 과장된 모양새 속에서 나타내는 것을 허락하고 있는 반면, 과장이 허락되지 않는 사실주의 계열의 소설이나 구상화(具象畵) 속에서 은밀함은 장르의 형식적 요구성을 초자아로 받아들임으로써 다른 형식이나 테크닉에 의존할 수밖에 없다.

프로이트는 「17세기 악마 신경증」을 집필하면서 하이츠만의 일기 속에 자주 등장하는 9라는 숫자에 주목했는데, 이는 9라는 숫자가 임신과 출산에 관계된 숫자였기 때문이다. 이때 프로이트는 꿈의 논리에 근거하여 9라는 아무것도 아닐 수 있는 숫자의 수수께끼를 푼 것이다. 9라는 숫자는 그것 자체로는 아무 의미가 있을 수 없다. 그러나 숫자 9가 화가 하이츠만이 망상(妄想)과 착란

5 「미켈란젤로의 모세상」 참조.

상태에서 그린 일련의 귀신 그림 속에 나타난 젖가슴 달린 악마와 연결되면서 어린 시절 화가가 품었던 환상 — 아버지의 아이를 임신하고 싶다는 욕망, 혹은 아이를 임신해서는 안 된다는 거부 등 — 과 관련을 맺게 될 때, 그것은 작고 은밀하지만 무의식의 수미일관한 움직임 속에서는 적지 않은 의미를 지니고 있는 기호인 셈이다. 즉 9라는 숫자는 아이가 모태(母胎) 속에 들어 있는 임신 기간을 나타내는 숫자였던 것이다. 이러한 작고 미미한 것 속에 무의식의 움직임이 숨어 있다는 인식이 없었다면, 아마도 프로이트는 다빈치의 회계 장부에 꼼꼼하게 적혀 있는 지출 내역의 의미를 결코 의미 있는 것으로 여길 수 없었을 것이다. 의미 있는 작은 것은 은밀할 뿐만 아니라 동시에 반복되기도 한다. 그러나 반복의 진정한 의미는 작고 은밀한 것의 출현 빈도에 있는 것이 아니라, 어린 시절의 결핍이나 상처가 그 구조 전체로 회귀(回歸)한다는 데 있다.

(3) 무의식의 회귀 혹은 반복되는 유비적 동일성

우리는 앞에서 작은 것에 대한 관심이 프로이트의 한 인식론이라고 했다. 프로이트가 기대고 있는 두 번째 인식론은 꿈과 예술 작품, 유년기와 선사 시대, 나아가서는 고통받는 개인과 시련으로 점철된 역사를 갖고 있는 민족 등 사이에 유비적(類比的) 동일성이 존재한다고 보는 관점이다. 그의 이러한 관점을 우리는 도처에서 볼 수 있다.

우리는 이제 한 개인의 정신적 발달이 인류가 발전해 온 길을 단축하여 반복하고 있다는 사실을 양자 사이에 존재하는 엄청난 양의 생물학적 유사성을 통해 받아들일 준비가 된 셈이다. 따라서 아이의 성 기관들에 대한 판단의 문제를 다루면서 어린아이의 영혼에 대한 정신분석적 탐구가 도달한 결과에 개연성이 없다고 볼 수는 없다. 따라서 어머니의 페니스에 대한 어린아이의 가정은 모성신의 자웅 동체와 이집트의 〈무트〉, 그리고 레오나르도의 어린 시절의 환상에 나오는 독수리의 〈꽁지〉에 공통된 기원을 둔 것이라고 할 수 있다.[6]

하느님이 아버지의 대리자라는, 혹은 숭배받았던 아버지의 대리자라는 사실, 좀 더 정확히 말하자면 우리가 어린 시절 보고 느꼈던 그대로의 아버지, 그리고 인류가 선사(先史) 시대 때 보았던 원시 부족의 최초의 아버지로서의 아버지의 대리자라는 사실부터가 그렇다. (중략) 아버지에 대한 그리움과 도전, 혹은 그로부터 시작되는 불안 사이에서 해결점을 찾지 못한 채 갈등에서 출발해 우리는 여러 종교의 발달 과정과 주요한 특징들을 설명한 바 있다.[7]

어린 시절 동안 지속되었던 질병으로 인해 발생한 성격 이상과 고통의 세월로 점철된 역사를 살아온 민족들의 행동 사이에는 명백한 유사성이 존재한다.[8]

이 대담한 논리는 확실히 당혹스러운 데가 없지 않다. 동일한 요소들과 이 요소들을 조합하는 논리로서의 동일한 구조가 반복된다는 점에서 보면 프로이트의 이 관점은 구조주의의 맹아(萌芽)로도 볼 수 있지만, 유아기에 대한 과도한 의미 부여는 여전히

6 「레오나르도 다빈치의 유년의 기억」 참조.
7 「미켈란젤로의 모세상」 참조.
8 「정신분석에 의해서 드러난 몇 가지 인물 유형」 참조.

의심스럽기 때문이다. 무의식과 그 중심에 놓여 있는 오이디푸스 콤플렉스가 한 개인에게서 지니는 중요성을 인정한다고 해도 이러한 개인적 심리 기제들이 역사적으로 사회적으로 전승 변천되는 과정에 대한 고려가 없다는 점은 프로이트가 개인과 집단, 현실과 역사의 관련을 형성하는 경제사(經濟史)적인 동시에 형이상학적인 형식들을 생물학적 기원으로 환원하려고 했다는 의심을 불러일으키고 있다. 다른 한편으로는 융과의 결별로 인해 집필이 시작된 「토템과 터부」가 시사하듯이, 무의식의 형성에서 성적인 것이 지니는 의미를 절대적인 것으로 봄으로써 부분적인 진실일 뿐인 정신분석의 논리를 전체적이고 통합적인 진실로 보려는 자신의 이론에 대한 지나친 확신의 분위기도 느껴진다. 이 점은 자세한 논의가 뒤따라야 할 것이다.

20세기 들어 언어가 중심적인 화두가 되었고, 문학 논의에서도 텍스트의 구조와 작품의 형식이 먼저 문제가 되었지만, 확실히 내용이나 의미와 불가분의 관계를 이루고 있는 형식의 문제는 프로이트 스스로 공언했듯이 그의 주된 관심사는 아니었다. 그러나 우리는 그가 고구(考究)해 낸 1차, 2차 심적 기제와 그 밖의 초심리학적 이론 작업을 고려할 때 그가 결코 형식의 문제나 나아가서는 형이상학에 무관심하지 않았음을 알 수 있다. 특히 그가 초자아를 정의하면서 아버지를 아버지이게 하는 선험적(先驗的) 조직이라는 말을 할 때 우리는 프로이트가 개인의 내적인 심리를 초월해서 존재하는 형식을 무의식의 생리학적 근원과 연결시키는 데 결코 성공하지 못했고, 이 작업이 포스트 프로이트*Post-Freud*의 세대들에게 남겨져 있음을 알 수 있다. 프로이트의 글은, 특히 문학과 예술에 관한 그의 글은 믿고 따라야 할 이론서가 아니라 오히려 재해석되어야 할 자료로서 가치를 인정할 수 있을 것이다.

2. 프로이트와 문학

정신분석학은 이론이나 학문이기에 앞서, 우선은 하나의 이미지로 우리 곁에 있는지도 모른다. 사물과 만날 때 우리는 먼저 느낌으로 만나고 인상으로 그 만남을 기억하기 때문이다. 그리고 이러한 느낌과 인상은 우리의 인식이 사실의 깊이와 명료성을 향해 가는 도정에 많은 경우 장애물로 작용하게 된다. 정신분석이 1990년대 들어 이전보다 활발히 논의되고 있긴 해도, 그것이 지니고 있는 야릇하고 서먹서먹한 분위기는 여전하다. 의학의 한 분야이면서 문화를 이해하고 해석하는 논리이기도 한 정신분석이 실증적인 정밀과학과 인문학(人文學)의 경계를 넘어서서 분석 대상과 이론의 장을 얻고 있다는 정신분석에 대한 위와 같은 인상을 주는 것은 사실이지만, 한편 현상에 대한 해석 작업에서 정신분석이 지나치다 싶을 정도로 환원적인 논리를 취하는 것이 그 철학적·과학적 근거 자체를 의심케 하기도 했다. 포퍼와 비트켄슈타인과 사르트르의 비난은 이런 면에서 귀 기울일 만한 것이기도 하다.

아마도 정신분석이 가장 격렬한 논쟁의 대상이 되는 것은 그것이 문학과 예술에 적용될 때일 것이다. 종교 재판을 겪으며 인간은 지구 중심적 환상에서 깨어났고, 또 얼마 후에는 진화론의 서열 속에서 유인원에게 조상의 자리를 내주는 수모를 겪어야 했다. 신화 속에서 살며 마음껏 자아에 대한 환상을 품었던 인간이 두 차례나 수모를 겪은 후, 이제는 자신의 생각마저도 자기의 것으로 확신할 수 없게 된 것이다. 무의식이라는 이름의 의식 없는 의식이, 혹은 무(無)에 대한 의식이 코기토Cogito의 논리를 대신하게 된 것이다. 수천 년의 문화 유산들이, 특히 민담과 전설과 신화들이, 그리고 수많은 고전들과 현대의 문학 작품들이 어린 시절의 환상과 콤플렉스에서 비롯되었다는 것은 여전히 믿기 어려운 것이 사실이다. 어쩌면 문학에 대한 정신분석의 해석이 수미일관한 상상력을 기계적으로 드러낼 때 왠지 자의적인 해석이라는 느낌을 주기도 할 것이다. 나아가 정신분석은 한 개인의 심리에 매달림으로써 인간과 인간 사이에 존재하는 것, 그리고 인간과 자연, 인간과 역사 사이에 존재하는 것, 다시 말해 사회적이고 역사적인 것에 대해 무관심했다는 비난을 면하기 어려운 것도 사실일 것이다. 원형 개념에 의거해 있는 집단 무의식으로도 역사와 사회는 결코 이해되지 않는다. 한편, 정신 분열이나 신경증, 히스테리 혹은 동성애나 도착적 성애 등에 대해 정신분석이 개입하는 것은 당연하게 여기면서도 이러한 임상 자료에 근거해 정상인의 의식 활동이나 문화 현상, 나아가서는 시인이나 작가의 예술 행위를 연구하려고 할 때면 정신분석은 이내 비난의 대상이 되고 만다.

그러나 이러한 피상적인 인상이나 오해가 본능적인 망설임이나 혐오감에서만 비롯되는 것은 아니다. 마치 정신분석이 몇 개의 조작적 개념에 의지해 대상의 특성과 형성 과정을 무시한 채 손쉽게 적용하고 해석하는 일인 양 생각하는 적지 않은 사람들의 태도가 이러한 인상과 오해를 불러일으키고 있음을 부인할 수 없는 것이다.

프로이트의 글을 한 인간의 고백으로 읽으려고 하지 않고 지식의 체계나 사상으로만 보려고 하는 이들은 어쩌면 몇몇 개론서들만으로도 그들의 사상적 토대를 충분히 공고하게 했다고 생각할 수 있을 것이다. 그러나 프로이트를 제대로 이해하려면, 대부분의 큰 생각들을 이해하려고 할 때 항상 그렇게 해야 하듯이, 아마도 처음부터 질문을 바꿔야 할지도 모른다. 다시 말해 무엇을 모르느냐가 아니라 무엇을 못 느끼는가이다.

헨리 제임스[9]가 루브르 박물관의 갈르리 다폴롱[10]의 천장화를 바라보면서 느꼈던 환상과 프로이트가 폼페이에서 느꼈던 환상은 어떻게 이해해야 할 것인가? 백년 전 같은 해에 태어났다고 해서 마세나 장군[11]과 자신을 동일시했던 환상을 깨우쳤을 때 어린 프로이트는 꿈의 장엄함과 현실의 누추함 중 어떤 것을 선택해야 살아남을 수 있다고 느꼈을 것인가? 성자 앙투안의 유혹을 읽으면서 흘긋 훔쳐본 비밀과 프로이트가 죽을 때까지 견지했던 엄밀성을 향한 의지는 어떤 관련을 가질 것인가?

발자크의 그랑데 영감[12]이 오직 돈만을 욕망했을까? 마담 라파예트가 클레브 부인[13]의 손에 들려준 기가 막힌 인도산 지팡이와 스탕달의 앙리 브륄라르[14]의 어린 시절은 소설이면 으레 그런 것이므로 조용히 넘어가야 할 것인가? 니체가 쓴 『비극의 탄생』이 부정확한 것이라고 해서 버릴 것인가?

김진명의 핵미사일이 한 〈어린 꼬마의 장난감〉이었다면, 이인화의 금등지사가 〈아버지의 책〉이었다면? 그럼에도 소설 같지도 않은 소설들이 수백만 권씩 팔리는 1990년대의 이 가벼움은 그 역시 소설일까? 신경숙의 홍당무가 제주산 당근 즙을 만드는 야채가 아니었다면? 김승옥의 「무진기행」 속에 나오는 태양을 그 누구도 한 번도 눈여겨보지 않았다면? 「서편제」가 영화화되면서 소설 속에서 스물세 번이나 등장하던 태양이 사라지고 그 결과 인물들의 혈연 관계가 근본에서부터 바뀌어야 했다면?

9 19세기 영국의 소설가.
10 들라크루아가 그린 신화적 벽화.
11 나폴레옹 휘하에 있었던 장군.
12 발자크의 소설 『외제니 그랑데』에 나오는 탐욕스러운 주인공.
13 마담 라파예트가 쓴 17세기 프랑스 소설 『클레브 공작 부인』의 주인공.
14 스탕달의 자전적 소설 『앙리 브륄라르』의 주인공.

문학이 지고(至高)의 것이라는 점도 하나의 환상일 것이다. 『카라마조프 씨네 형제들』이 한 인간의 분신들이라는 프로이트의 해석은 전혀 설득력이 없는 것이었을까? 그의 노름벽에 대한 해석이 사춘기 시절의 수음과 관계가 있다고 한다면 세계 문학사의 기념비라고 하는 이 도스토옙스키의 소설이 평가 절하되는 것일까?

　　프로이트와 문학의 관계, 나아가서는 정신분석과 문학의 관계를 묻기 위해서는 그의 글을 개인적인 고백으로 보기보다는 한 시대의 고백으로 보아야겠지만, 우선 개인적인 토로가 담겨 있는 기록을 진지하게 읽어야 할 것이다. 따라서 프로이트가 쓴 문학 관계의 글들을 모아 따로 읽는다는 것은 어쩌면 큰 의미가 없는 일인지도 모른다. 그것은 한편으로는 그가 쓴 문학 관계의 글들이 그의 개인적인 면모들을 읽을 수 있는 서한집과 병행해 읽고 해석되어야 할 대상이기 때문이고, 다른 한편으로는 그의 정신의학과 관련된 글들과도 중첩해서 읽어야 하기 때문이다. 프로이트 전집이 출간되는 이 기회에 관심 있는 사람들의 비판적인 독서와 논의가 있기를 기대해 본다.

　　잘 알려져 있는 프로이트의 오이디푸스 콤플렉스는 소포클레스의 비극에서 착상을 얻은 것이다. 장 피에르 베르낭[15]의 비판대로 당시 고대인들은 비극을 프로이트처럼 느끼지는 않았다고 한다. 그렇다면 우리는 똑같은 논리를 좇아 프로이트가 아내인 마르타와 친구인 플리스에게 보낸 편지부터 읽어야 할 것이고, 아울러 당시 빈의 분위기부터 살펴야 할 것이다. 모리아크가 니체의 책이 아니라 니체라는 인간에게 이끌려 갔듯이, 우리 또한 인간 지크문트에게 더 관심을 가져야 하기 때문이다. 이때 비로소

15　현재 활동 중인 프랑스의 그리스 문학 전문가.

우리는 비극이 콤플렉스를 낳았는지, 아니면 콤플렉스가 비극을 탄생시켰는지 스스로 질문하는 법을 배울 수 있을 것이다. 그만큼 문학은 이미 프로이트 이래로 사고의 한 수단이 되어 왔고, 철학의 영역으로 변해 있었다. 그가 햄릿에서 같은 콤플렉스를 보고 호프만과 괴테에게서 유사한 것을 보았다면, 정신분석은 그 수미일관함과 비시간적이고 반복적인 사고로 인해 이미 의미심장한 것일 수 있을 것이다.

프로이트가 받은 고전에 대한 교육은 탄탄한 것이었다. 모리아크가 보불 전쟁의 패인을 뒤떨어진 프랑스의 교육에서 찾았을 정도로 당시 독일의 교육은 충실한 것이어서 자연 과학도라고 해도 고전 문학에 대한 독서는 필수적인 것이었다. 그러나 프로이트는 기회가 있을 때마다 자신이 문학에서는 아마추어에 지나지 않는다고 겸손을 부렸다. 미학에 관계된 의문을 그는 항상 미학자들에게 맡겼고, 주로 작품의 내용 속에서 움직이는 작가의 무의식과 어린 시절의 기억만을 분석 대상으로 삼았다. 그의 형이상학에 대한 무관심은 남다른 데가 있을 정도였고, 종교에 대한 증오 또한 유별난 것이었다. 철학과 종교와 예술 중에서 그는 예술만을 사랑했었다. 그의 눈으로 보기에 예술은 순수하게 허구였던 것이다. 아무에게 그 어떤 해악도 끼치지 않는 허구로서 예술은 프로이트에게는 욕망이 충족되는 꿈의 세계이기도 했다. 그러나 꿈은 보여 주기 위한 것도, 의사소통을 하기 위한 것도 아니다. 그것은 자발적인 만큼 난삽하고, 신비한 만큼 순간적이다. 반면에 예술은 사회적 제도의 산물로서 초자아의 검열이 예술의 형태 속에 들어와 있는, 그래서 말하자면 일종의 투쟁과 타협의 영역이 된다. 꿈을 읽기 위해서는 고고학 같은 시원(始原) 탐색이 필요하겠지만, 예술을 읽기 위해서는 인간 정신의 집단적인 움직임이 보이는 신비하고 음습한 장소들을 따라가야 할 것이다. 그러나 동시에 이미 상품이 된 지 오래인 문학이 새로운 정서 시장을 만들어 가는 자본주의의 메커니즘 속에서 우리가 어쩔 수 없이 공유하게 된 부박(浮薄)한 신화들과 인식 논리들이 예술과 문학을 지배하고 있음도 그 자체로 독서와 해석의 대상이 되어야 할 것이다. 다시 말해 꿈이 정형화되어 있듯이 언제부터인가 우리가 본래부터 자신의 것이라고 여겼던 감정과 느낌들마저도 대대로 내려온 집단적인 형식의 생성물인 것이고, 이 형식이 부정적인 것이든 긍정적인 것이든 형식 속에서만 보존과 전승이 가능한 것이었다. 언어는 이러한 형식들 중에서 가장 대표적인 것이다. 프로이트는 벤베니스트에게 욕을 먹어 가면서도 이미 언어의 중요성을 예감하고 있었고, 프로이트의 이러한 생각은 라캉에게 와서 정신분석의 핵심적인 화두가 되었음은 잘 알려진 사실이다.

　프로이트는 무의식이 행하는 압축과 이동과 시각적 형상화를 근간으로 하는 꿈의 방정식들이 넓게 보아 문학의 수사학이라고 믿었다. 그러나 그가 자신의 탄탄한 문학에 대한 식견(識見)에도 불구하고 미학에 관계된 부분을 분리시켜 논의를 자제했다면, 이는 그에게 (시인이 될) 시간이 없었기 때문이다. 그는 아내가 될 여인에게 보낸 편지 속에서 소설가가 될 것이라는 꿈을 밝힌 적이 있었다. 나아가 그의 분석적인 글들이 마치 소설처럼 읽힐 수 있는 글들임도 누누이 지적되어 왔다. 그래서 토마스 만은 정신분석을 낭만적인 과학이라고 불렀다. 프로이트는 엔젠의 보잘것없는 소설을 분석할 때나 호프만의 소설을 읽을 때 작품에 대해 나름대로 긴 요약을 했다. 그의 요약이 의심스러운 것으로 여겨진다면 이는 그의 요약이 부정확하기 때문이 아니라 (요약은 처음부터 부정확할 수밖에 없지만) 개인적인 선택이 개입된, 말하자면 해석된 요약이기 때문이었다. 똑같은 작품이 왜 그토록 다르게 읽히는가 하는 것이 문제가 되는 것은 아니다. 문제는 이 차이가 깊이에 있다는 것이다. 작가 자신도 이미 작품의 주인이 아닌지도 모른다. 프로이트가 자신의 해석을 들이밀었을 때 옌젠도 츠바이크도 결코 그런 의도를 갖고 있지 않았다고 했다. 누가 틀린 것인가?

프로이트 스스로도 이 점이 의심스러웠다. 그래서 그는 한 작가의 여러 작품 속에 반복해서 나타나는 주제들을 상호 비교하는 방법을 시도해 보았다. 이는 훗날 샤를 모롱[16]이 사용한 중첩의 기교와 같은 것이었다. 그는 동시에 자신이 작품의 거의 눈에 띄지 않는 자질구레한 묘사에 주의를 기울인 것이 잘못인지도 되물어야 했다. 프로이트는 기회 있을 때마다 작은 것들의 중요성을 강조했다. 꿈에서와 마찬가지로 문학에서도 〈큰 의미는 작은 것 속에〉 들어 있기 때문이다. 그리고 작고 미미하고 전혀 의미 없어 보이는 것에 대한 지나치다 싶은 그의 강조는 언제나 옳았다.

완전 범죄를 꿈꾸는 무의식이 의식의 검열을 빠져나가기 위해서 의지하는 속임수들은 늘 작은 부분에서 그 허술함을 드러낸다. 뒤틀려 있는 구문들, 혹은 어울리지 않는 토씨들, 순간적인 착각과 혼돈, 스쳐 지나가는 미소나 어떤 사물의 색깔들, 이유 없이 손에 들려 있는 꽃이나 소품들의 세계는 그냥 우연히, 아무런 이유 없이 작품 속에 들어와 있는 것이 아니다. 자식을 낳아 이름을 지어 줄 때면 신화적인 상상력까지 동원하면서도 우리는 소설의 인물들이 갖고 있는 이름들에는 상대적으로 거의 아무런 중요성도 부여하지 않고 소설을 읽고 만다. 이름들의 기호학은 결코 자명한 것이 아니다. 자구적(字句的) 의미나 한 고유 명사가 지니고 있

16 프랑스 현대 비평의 심리 분석 대가.

는 숨은 뜻이 작품들 속에서 의외의 중요성을 지니고 있음은 우리가 작품을 꼼꼼하게 읽을수록 새삼 절감하는 것이기도 하다. 프로이트는 반복되는 것의 의미와 변주에 주의를 기울이고, 작은 것에서 무의식의 틈새는 읽을 수 있었지만, 동시에 고고학적 상상력에 힘입어 가려진 것, 숨겨진 것에 대한 끝없는 호기심에 시달려야만 했다. 그의 모든 글들 속에서 우리는 고고학과의 유비적(類比的) 동일성을 감지해 낼 수 있다. 옌젠의 소설에 대한 그의 분석은 대표적인 예에 지나지 않는다. 그러나 숨겨진 것, 가려진 것은 언제나 이미 옛날에 한 번 존재했던 것이어야만 했다. 이러한 실증적 사고는 그가 오이디푸스의 신화 속에서 무의식의 핵심을 찾아내는 데 기여했다.

무에서 창조되는 것은 없는 것이다. 모든 것은 이유가 있다. 그러나 앞날은 우연과 위험으로 가득 차 있다. 하지만 결정론을 피하기 위해 인간은 어느 정도까지 자유를 외칠 수 있을 것인가? 우리는 개인의 역사와 집단의 역사를 구별해야만 할 것이고, 의식의 시간과 사건의 시간, 광년을 단위로 하는 천문학의 시간과 다람쥐 쳇바퀴 도는 듯한 일상의 시간도 구별해야 할 것이다. 인간적인 것 중의 인간적인 것인 문학에 있어 모든 것은 지나간 것에 대한 해석일 뿐이다. 그것은 언제나 〈사후에〉 뒤늦게 찾아져야만 하는 의미에 대한 요구인 것이다. 이 현재의 요구에 의해 찾아야 하는 과거의 필요성은 한편으론 과거를 복구하고 싶은 욕망에서 비롯되는 것인지도 모른다. 고해가 하나의 성사(聖事)로서, 또 일상적 의례로서 오랜 역사를 지니고 있는 서구인들에게 고백이나 자서전은 어쩌면 자연스러운 문학 형식일 수도 있었을 것이고, 환자의 이야기에 전적으로 의존하는 정신분석 역시 같은 전통의 연장선 위에 있을 것이다. 어떤 이들은 자아 예찬의 신화를 복구하고 싶어 할 것이고, 또 어떤 이들은 거세 불안에 질겁을 하던 아픈 경험에 다다라 진저리를 치며 죽음에 끝도 한도 없는 의문을 던질 것이다. 자신이 한 개체로서 지니고 있는 육체적·존재론적 한계와 의식의 깊이가 지닌 신비한 세계를 화해시키지 못하는 이 욕망을 정신분석이 화해시키려고 할 때, 이 시도는 금욕주의의 한 변형된 형태였을지도 모른다.

문학을 이야기하는 데 어떤 특수한 방법론이 필요한 것은 아니다. 자신의 느낌과 학식이 허락하는 한에서 작품과 사상의 흐름에 대해 탁월한 해석을 하는 비평가나 문학사가들을 우리는 알고 있다. 박학(博學)에 기초해 신뢰해야 할 진실과 인정해야 할 사실을 구분 짓고 가늠해 내는 그들의 신중한 안목은 또 다른 가능성과 확신을 주기도 한다. 어쩌면 방법이 독서와 사고의 진전을 방해하는 경우도 있을 수 있다. 그러나 어떤 것이 더 가치 있는 것인가라는 조야한 물음 대신 우리는 기질과 취향까지를 포함해 우리 모두의 선택이 전적으로 자기 자신에 달린 것이 아니라는 점을 먼저 인정해야 할 것이다. 문학에 대한 이야기가 이루어지는 계기와 영역은 이미 사회적인 결정에서 자유로워질 수 없다. 이 제한이 담론의 성격과 형식마저 지배한다는 것을 우리는 알고 있지 않은가? 문제가 되는 것은 우리 모두가 알고 있듯이 어느 경우이든 인간적인 성실함이나 집요한 관심이나 철저함과 같은 상식적이면서도 결코 쉽지 않은 덕목들의 구체적인 실천일지도 모른다. 그러나 이런 것들이 이야기의 대상이 아니라는 것도 우리는 알고 있다.

프로이트의 문학에 관련된 글들을 읽으면서 우리는 방법이라든가 이론을 얻으려고 하기보다는, 오히려 스스로의 특이성을 인식하고 그것의 보편성을 확인하려는 한 외로운 인간의 고백을 들으려고 해야 할지도 모른다. 인문학에서 방법은 부수적인 것이고,

이론 역시 이론을 필요로 하는 혼란이 있기까지는 부차적인 것에 지나지 않을 것이다. 그러나 덕담류의 훈화나 인생 상담류의 시적인 넋두리가 주조를 이루고 있는 우리의 비평 현실에서 방법에 대한 논의는 반드시 부정적이지만은 않을 것이다. 작품을 자세하고 꼼꼼하게 읽는 어떤 자세와도 관계가 되는 방법의 문제는 사실 단 한 번도 문학 논의에서 쟁점이 되어 본 적이 없었다. 문학에 대한 수많은 개론서들에도 불구하고 구체적인 대상에 대한 제대로 된 논쟁은 별반 없었다. 경직되어 있는 교육 제도, 외국어 학습소가 되어 버리지 않을까 우려되는 대학의 인문학과들, 책가방은 고시실에 두고 아무런 열의 없이 문학 강의를 듣고 있는 적지 않은 수의 문과대 학생들, 이러한 풍토와 방법론적인 독서의 부재는 어떤 상관관계가 있을 것인가? 어쩌면 무의식에 대한 이야기를 하는 의식에 관심을 가질 때 정신분석은 인문학의 한 영역으로 들어올 수 있을지도 모른다. 그리고 그때서야 비로소 정신분석은 토론의 대상으로서의 가치를 가질 수 있을 것이다.

문학에 대한 정신분석의 관심은 이런 면에서 보면 필연적인 것이었다. 문학이 의미론의 대상일 뿐만 아니라 기호론의 대상으로 간주될 수 있다는 주장의 배후에서 우리는 정신분석 또한 문학과 아울러 한 특수한 기호들의 체계일 수 있다는 느낌을 받을 수 있기 때문이다. 따라서 문학에 대한 정신분석의 담론은 대상과 방법의 적합성에 관련된 인식론적인 문제뿐만이 아니라, 상이한 두 언어의 만남에서 비롯되는 문학만도 아니고 정신분석만도 아닌 다른 대상에 대한 인식의 장일 수 있다. 다시 말해 여러 인접 학문의 도움을 받아야 가능한 현실이라는 이 대상, 현실이라고 말은 하지만, 그 혼란스럽고 측정할 길 없는 다양성으로 인해 때때로 무(無) 그 자체처럼 보이기도 하는 이 현실이라는 대상에 대한 인식의 장인 것이다. 프로이트는 흔히 말하듯이 무의식을 발견한 것이 아니라 무의식이 현실의 일부라는 것을 지적했을 뿐이다. 동시에 그는 이 발견, 혹은 이 발견으로 인해 가능했던 현실에 대한 새로운 시선으로 인해 인간의 이성이 위치해 있는 자리가 어디인지를 되돌아보게 했다.

문학의 한 기능이 이성의 영역과 깊이를 확대하고 심화하는 데 있다면, 문학에 대한 정신분석적 담론은 문학과 그리 멀리 떨어져 있지는 않을 것이다. 이성의 보잘것없음을 비웃을 때조차도 정신분석은 이성 그 자체가 아니라 이성에 대한 환상과 과도한 믿음을 두려워하고 증오해야 하기 때문이다.

이 책의 대본으로는 프랑스의 갈리마르Gallimard 출판사에서 나온 *L'inquiétante étrangeté et autres essais*(1985), *L'inquiétante Étrangeté*(1985), *Le Délire et les Rêves dans la Gradiva*(1986), *Un souvenir d'enfance de Léonard de Vinci*(1987)를 사용했으며, *The Standard Edition of the Complete Psychological Works of Sigmund Freud*, London: the Hogarth Press and the Institute of Psycho-Analysis(1955)를 참고했다.

1996년 가을
정장진

참고 문헌

프로이트의 저술은 『표준판 전집』에 있는 논문 제목과 권수를 표시하고 열린책
들 프로이트 전집의 권수를 병기했다. *표로 표시한 문헌은 『표준판 전집』의 편집자들
이 확인할 수 없었던 문헌을 가리킨다.

Adler, A. (1910) "Der psychische Hermaphroditismus im Leben und in der
  Neurose", *Fortschr. Med.*, 28, 486.

Binet, A. (1888) *Études de psychologie expérimentale: le fétichisme dans l'amour*,
  Paris.

Bleuler, E. (1906) *Affektivität, Suggestibilität, Paranoia*, Halle.

Boito, C. (1883) *Leonardo, Michelangelo, Andrea Palladio* (2nd ed.), Milano.

Bottazzi, F. (1910) "Leonardo biologico e anatomico", in *Conferenze Fiorentine*,
  Milano, 181.

Brandes, G. (1896) *William Shakespeare*, Paris, Leipzig und München.

Burckhardt, J. (1927) *Der Cicerone, Leipzig.* (1st ed., 1855.)

Conferenze Fiorentine (1910) *Leonardo da Vinci: Conferenze Fiorentine*, Milano.

Conti, A. (1910) "Leonardo pittore", in *Conferenze Fiorentine*, Milano, 81.

Darmesteter, J. (ed.) (1881) *Macbeth*, Paris.

Dostoevsky, A. (1921) *Fyodor Dostoevsky: A Study*, London.

Ellis, Havelock (1910) Review of S. Freud's *Eine Kindheitserinnerung des
  Leonardo da Vinci, J. Ment. Sci.*, 56, 522.

Federn, P. (1914) "Über zwei typische Traumsensationen", *Jb. Psychoanal.*, 6, 89.

Ferenczi, S. (1912) "Über passagère Symptombildung während der Analyse",
  Zentbl. Psychoanal., 2, 588.

Freud, M. (1957) *Glory Reflected*, London.

Freud, S. (1886f) "Preface to the Translation of Charcot's *Lectures on the Diseases
  of the Nervous System*", Standard Ed., 1, 19.

  (1891b) *On Aphasia*, London and New York, 1953.

  (1892-94) "Preface and Footnotes to the Translation of Charcot's *Tuesday*

Lectures", *Standard Ed.*, 1, 131.

(1893a) & Breuer, J., "On the Psychical Mechanism of Hysterical Phenomena: Preliminary Communication", in *Studies on Hysteria, Standard Ed.*, 2, 3; 열린책들 3.

(1893f) "Charcot", *Standard Ed.*, 3, 9.

(1895b [1894]) "On the Grounds for Detaching a Particular Syndrome from Neurasthenia under the Description 'Anxiety Neurosis'", *Standard Ed.*, 3, 87; 열린책들 10.

(1895d) & Breuer, J., *Studies on Hysteria*, London, 1956; *Standard Ed.*, 2; 열린 책들 3.

(1896b) "Further Remarks on the Neuro-Psychoses of Defence", *Standard Ed.*, 3, 159.

(1900a) The Interpretation of Dreams, London and New York, 1955; *Standard Ed.*, 4-5; 열린책들 4.

(1901b) *The Psychopathology of Everyday Life, Standard Ed.*, 6; 열린책들 5.

(1905c) *Jokes and their Relation to the Unconscious, Standard Ed.*, 8; 열린책들 6.

(1905d) *Three Essays on the Theory of Sexuality*, London, 1962; *Standard Ed.*, 7, 125; 열린책들 7.

(1905e [1901]) "Fragment of an Analysis of a Case of Hysteria", *Standard Ed.*, 7, 3; 열린책들 8.

(1906f) "Contribution to a Questionnaire on Reading", Int. J. *Psycho-Analysis*, 32 (1951), 319; *Standard Ed.*, 9, 245.

(1907a) *Delusions and Dreams in Jensen's "Gradiva", Standard Ed.*, 9, 3; 열린책들 14.

(1908a) "Hysterical Phantasies and their Relation to Bisexuality", *Standard Ed.*, 9, 157; 열린책들 10.

(1908b) "Character and Anal Erotism", *Standard Ed.*, 9, 169; 열린책들7.

(1908c) "On the Sexual Theories of Children", *Standard Ed.*, 9, 207; 열린책들 7.

(1908e [1907]) "Creative Writers and Day-Dreaming", *Standard Ed.*, 9, 143; 열린책들 14.

(1909a [1908]) "Some General Remarks on Hysterical Attacks", *Standard Ed.*, 9, 229; 열린책들 10.

(1909b) "Analysis of a Phobia in a Five-Year-Old Boy", *Standard Ed.*, 10, 3; 열린책들 8.

(1909d) "Notes upon a Case of Obsessional Neurosis", *Standard Ed.*, 10, 155;

열린책들 9.

(1910a [1909]) *Five Lectures on Psycho-Analysis, Standard Ed.*, 11, 3; in *Two Short Accounts of Psycho-Analysis*, Penguin Books, Harmondsworth, 1962.

(1910c) *Leonardo da Vinci and a Memory of his Childhood, Standard Ed.*, 11, 59; 열린책들 14.

(1911c [1910]) "Psycho-Analytic Notes on an Autobiographical Account of a Case of Paranoia (Dementia Paranoides)", *Standard Ed.*, 12, 3; 열린책들 9.

(1912c) "Types of Onset of Neurosis", *Standard Ed.*, 12, 229; 열린책들 10.

(1912f) "Contribution to a Discussion on Masturbation", *Standard Ed.*, 12, 243.

(1912-13) *Totem and Taboo*, London, 1950; New York, 1952; *Standard Ed.*, 13, 1; 열린책들 13.

(1913f) "The Theme of the Three Caskets", *Standard Ed.*, 12, 291; 열린책들 14.

(1914b) "The Moses of Michelangelo", *Standard Ed.*, 13, 211; 열린책들 14.

(1914c) "On Narcissism: an Introduction", *Standard Ed.*, 14, 69; 열린책들 11.

(1914d) "On the History of the Psycho-Analytic Movement", *Standard Ed.*, 14, 3; 열린책들 15.

(1915b) "Thoughts for the Times on War and Death", *Standard Ed.*, 14, 275; 열린책들 12.

(1915e) "The Unconscious", *Standard Ed.*, 14, 161; 열린책들 11.

(1916a) "On Transience", *Standard Ed.*, 14, 305; 열린책들 14.

(1916d) "Some Character-Types Met with in Psycho-Analytic Work", *Standard Ed.*, 14, 311; 열린책들 14.

(1916-17 [1915-17]) *Introductory Lectures on Psycho-Analysis*, New York, 1966; London, 1971; *Standard Ed.*, 15-16; 열린책들 1.

(1917b) "A Childhood Recollection from *Dichtung und Wahrheit*", *Standard Ed.*, 17, 147; 열린책들 14.

(1917e [1915]) "Mourning and Melancholia", *Standard Ed.*, 14, 239; 열린책들 11.

(1918b [1914]) "From the History of an Infantile Neurosis", *Standard Ed.*, 17, 3; 열린책들 9.

(1919e) "A Child is Being Beaten", *Standard Ed.*, 17, 177; 열린책들 10.

(1919h) "The 'Uncanny' ", *Standard Ed.*, 17, 219; 열린책들 14.

(1920a) "The Psychogenesis of a Case of Homosexuality in a Woman", *Standard Ed.*, 18, 147; 열린책들 9.

(1920g) *Beyond the Pleasure Principle*, London, 1961; *Standard Ed.*, 18, 7; 열린

책들 11.

(1921c) *Group Psychology and the Analysis of the Ego*, London and New York, 1959; *Standard Ed.*, 18, 69; 열린책들 12.

(1922a) "Dreams and Telepathy", *Standard Ed.*, 18, 197.

(1922b [1921]) "Some Neurotic Mechanisms in Jealousy, Paranoia and Homosexuality", *Standard Ed.*, 18, 223; 열린책들 10.

(1923b) *The Ego and the Id*, London and New York, 1962; *Standard Ed.*, 19, 3; 열린책들 11.

(1923d [1922]) "A Seventeenth-Century Demonological Neurosis", *Standard Ed.*, 19, 69; 열린책들 14.

(1925d [1924]) *An Autobiographical Study*, *Standard Ed.*, 20, 3; 열린책들 15.

(1925h) "Negation", *Standard Ed.*, 19, 235; 열린책들 11.

(1926d [1925]) *Inhibitions, Symptoms and Anxiety*, London, 1960; *Standard Ed.*, 20, 77; 열린책들 10.

(1927a) "Postscript to The Question of Lay Analysis", *Standard Ed.*, 20, 251; 열린책들 15.

(1927b) "Postscript to 'The Moses of Michelangelo'", *Standard Ed.*, 13, 237; 열린책들 14.

(1927c) *The Future of an Illusion*, London, 1962; *Standard Ed.*, 21, 3; 열린책들 12.

(1927d) "Humour", *Standard Ed.*, 21, 161; 열린책들 14.

(1927e) "Fetishism", *Standard Ed.*, 21, 149; 열린책들 7.

(1928b) "Dostoevsky and Parricide", *Standard Ed.*, 21, 175; 열린책들 14.

(1930a [1929]) *Civilization and its Discontents*, New York, 1961; London, 1963; *Standard Ed.*, 21, 59; 열린책들 12.

(1930d) "Letter to Dr Alfons Paquet", *Standard Ed.*, 21, 207; 열린책들 14.

(1930e) "Address delivered in the Goethe House at Frankfurt", *Standard Ed.*, 21, 208; 열린책들 14.

(1930f [1929]) "Letter to Theodor Reik", in Reik, *From Thirty Years with Freud*, New York, 1940; London, 1942; *Standard Ed.*, 21, 195.

(1931d [1930]) "The Expert Opinion in the Halsmann Case", *Standard Ed.*, 21, 251.

(1935a) "Postscript(1935) to *An Autobiographical Study*", new ed., London and New York; *Standard Ed.*, 20, 71; 열린책들 15.

(1936a) "A Disturbance of Memory on the Acropolis", *Standard Ed.*, 22, 239;

열린책들 11.

(1939a [1934-38]) *Moses and Monotheism, Standard Ed.*, 23, 3; 열린책들 13.

(1940a [1938]) *An Outline of Psycho-Analysis*, New York, 1968; London, 1969; *Standard Ed.*, 23, 141; 열린책들 15.

(1942a [1905-6]) "Psychopathic Characters on the Stage", *Standard Ed.*, 7, 305; 열린책들 14.

(1950a [1887-1902]) *The Origins of Psycho-Analysis*, London and New York, 1954.

(1956a [1886]) "Report on my Studies in Paris and Berlin, 1885-86", *Int. J. Psycho-Analysis*, 37, 2; *Standard Ed.*, 1, 3.

(1957a [1911]) & Oppenheim, D. E., *Dreams in Folklore*, New York, 1958, Part 1; *Standard Ed.*, 12, 177.

(1960a) *Letters 1873-1939* (ed. E. L. Freud), New York, 1960; London, 1961.

(1963a [1909-39]) *Psycho-Analysis and Faith. The Letters of Sigmund Freud and Oskar Pfister* (ed. H. Meng and E. L. Freud), London and New York, 1963.

(1965a [1907-26]) *A Psycho-Analytic Dialogue. The Letters of Sigmund Freud and Karl Abraham* (ed. H. C. Abraham and E. L. Freud), London and New York, 1965.

(1966a [1912-36]) *Sigmund Freud and Lou Andreas-Salomé: Letters* (ed. E. Pfeiffer), London and New York, 1972.

(1968a [1927-39]) *The Letters of Sigmund Freud and Arnold Zweig*(ed. E. L. Freud), London and New York, 1970.

(1970a [1919-35]) *Sigmund Freud as a Consultant. Recollections of a Pioneer in Psychoanalysis* (Freud가 Edoardo Weiss에게 보낸 편지, Weiss의 회고와 주석, Martin Grotjahn의 서문과 해설 포함), New York, 1970.

(1974a [1906-23]) *The Freud/Jung Letters* (ed. W. McGuire), London and Princeton, N. J., 1974.

Fülop-Miller, R. (1924) "Dostojewsky heilige Krankheit", *Wissen und Leben*, Heft 19-20, Zürich.

Fülop-Miller, R., and Eckstein, F. (eds)(1925) *Dostojewsky am Roulette*, München.

(1926) *Der unbekannte Dostojewsky*, München.

(1928) *Die Urgestalt der Brüder Karamasoff*, München.

Gardiner, Sir A. (1950) *Egyptian Grammar* (2nd ed.), London.

Graf, M. (1942) "Reminiscences of Professor Sigmund Freud", *Psychoanal. Quart.*, 11, 465.

Grimm, H. (1900) *Leben Michelangelos* (9th ed.), Berlin und Stuttgart.

Grimm, J., and Grimm, W. (1877) *Deutsches Wörterbuch*, Vol. 4, Leipzig.

(1918) *Die Märchen der Brüder Grimm*, Leipzig. (1st ed., *Kinder- und Hausmärchen*, 1812-22.)

Guillaume, E. (1876) "Michel-Ange Sculpteur", *Gazette des Beaux-Arts*, 96.

Hartleben, H. (1906) *Champollion:sein Leben und sein Werk*, Berlin.

Hauser, F. (1903) "Disiecta membra neuattischer Reliefs", *Jh. österr. archäol. Inst.*, 6, 79.

Herzfeld, M. (1906) *Leonardo da Vinci:der Denker, Forscher und Poet* (2nd ed.), Jena.

Jekels, L. (1917) "Shakespeare's Macbeth", *Imago*, 5, 170.

(1926) "Zur Psychologie der Komödie", *Imago*, 12, 328.

Jensen, W. (1903) *Gradiva: ein pompejanisches Phantasiestück*, Dresden und Leipzig.

Jentsch, E. (1906) "Zur Psychologie des Unheimlichen", *Psychiat. neurol. Wschr.*, 8, 195

Jones, E. (1912) *Der Alptraum in seiner Beziehung zu gewissen Formen des mittelalterlichen Aberglaubens*, Leipzig und Wien.

(1953) *Sigmund Freud:Life and Work*, Vol. 1, London and New York.

(1955) *Sigmund Freud:Life and Work*, Vol. 2, London and New York.

(1957) *Sigmund Freud:Life and Work*, Vol. 3, London and New York.

Jung, C. G. (1906) *Diagnostische Assoziationsstudien* (2 vols), Leipzig.

(1910) "Über Konflikte der kindlichen Seele", *Jb. psychoanalyt. psychopath. Forsch.*, 2, 33.

Justi, C. (1900) *Michelangelo*, Leipzig.

Kammerer, P. (1919) *Das Gesetz der Serie*, Wien.

Knackfuss, H. (1900) *Michelangelo* (6th ed.), Bielefeld und Leipzig.

Knapp, F. (1906) *Michelangelo*, Stuttgart und Leipzig.

Knight, R. P. (1883) *Le culte de Priape*, Brussels.

Konstantinova, A. (1907) *Die Entwicklung des Madonnentypus bei Leonardo da Vinci*, Strasbourg.

Krafft-Ebing, R. von (1893) *Psychopathia sexualis* (8th ed.), Stuttgart. (1st ed., 1886.)

Lanzone, R. (1882) *Dizionario di mitologia egizia*, Vol. 2, Turin.

Leemans, C. (ed.) (1835) *Horapollonis Niloï Hieroglyphica*, Amsterdam.

Leonardo da Vinci *Codex Atlanticus*, Ambrosian Library, Milano. Publ. G. Piumati, Milano, 1894-1994.

Quaderni d'Anatomia, Royal Library, Windsor. Catalogued by Sir Kenneth Clark, Cambridge, 1935.

Lloyd, W. Watkiss (1863) *The Moses of Michael Angelo*, London.

Lübke, W. (1863) *Geschichte der Plastik*, Leipzig.

Ludwig, H. (1909) *Traktat von der Malerei* (2nd ed.), Jena.

Macalpine, I. and Hunter, R. A. (1956) *Schizophrenia 1677*, London.

Mach, E. (1900) *Die Analyse der Empfindung* (2nd ed.), Jena.

Merezhkovsky, D. S. (1903) *Leonardo da Vinci*, Leipzig. (Russian original, 1902.)

Miller, O. (1921) "Zur Lebensgeschichte Dostojewsky", in F. M. Dostojewsky, *Autobiographische Schriften*, München. (Russian original, 1883.)

Mitchell, H. P. (1921) "Two Bronzes of the Twelfth Century", *Burlington Magazine*, 38, No. 217(April), 157-66.

Müntz, E. (1895) *Histoire de l'Art pendant la Renaissance:Italie*, Paris.

(1899) *Léonard de Vinci*, Paris.

Muther, R. (1909) *Geschichte der Malerei* (3 vols), Leipzig.

Neufeld, J. (1923) *Dostojewsky:Skizze zu seiner Psychoanalyse*, Wien.

Pater, W. (1873) *Studies in the History of the Renaissance*, London.

Payer-Thurn, R. (1924) "Faust in Mariazell", *Chronik des Wiener Goethe-Vereins*, 34, 1.

Pfister, O. (1913) "Kryptolalie, Kryptographie und unbewußtes Vexierbild bei Normalen", *Jb. psychoanalyt. psychopath. Forsch.*, 5, 115.

Popham, A. E. (1953) *The Drawings of Parmigianino*, London.

Preller, L. (1894) *Griechische Mythologie* (4th ed.), ed. C. Robert, Berlin. (1st ed., Leipzig, 1854.)

Rank, O. (1909) *Der Mythus von der Geburt des Helden*, Leipzig und Wien.

(1912) *Das Inzest-Motiv in Dichtung und Sage*, Leipzig und Wien.

(1914) "Der Doppelgänger", *Imago*, 3, 97.

Reik, T. (1919) *Probleme der Religionspsychologie*, Wien.

(1923) *Der eigene und der fremde Gott*, Leipzig, Wien und Zürich.

Reitler, R. (1917) "Eine anatomisch-künstlerische Fehlleistung Leonardos da Vinci", *Int. Z. ärztl. Psychoanal.*, 4, 205.

Richter, I. A. (1952) *Selections from the Notebooks of Leonardo da Vinci*, London.

Richter, J. P. (1939) *The Literary Works of Leonardo da Vinci* (2nd ed.), Oxford.

(1st ed., London, 1883.)

Römer, L. von(1903) "Über die androgynische Idee des Lebens", *Jb. sex. Zwischenst.*, 5, 732.

Roscher, W. H..(ed.) (1884–97) *Ausführliches Lexikon der griechischen und römischen Mythologie*, Leipzig.

Rosenberg, A. (1898) *Leonardo da Vinci*, Leipzig.

Sadger, I. (1908) *Conrad Ferdinand Meyer: eine pathographischpsychologische Studie*, Wiesbaden.

(1909a) *Aus dem Liebesleben Nicolaus Lenaus*, Leipzig und Wien.

(1909b) *Heinrich von Kleist: eine pathographisch-psychologische Studie*, Wiesbaden.

Sanctis, Sante de (1899) *I sogni*, Turin.

Sanders, D. (1860) *Wörterbuch der Deutschen Sprache*, Leipzig.

Schreber, D. P. (1903) *Denkwürdigkeiten eines Nervenkranken*, Leipzig.

Seidlitz, W. von (1909) *Leonardo da Vinci, der Wendepunkt der Renaissance* (2 vols), Berlin.

Seligmann, S. (1910–11) *Der böse Blick und Verwandtes*, Berlin.

Smiraglia Scognamiglio, N. (1900) *Ricerche e Documenti sulla Giovinezza di Leonardo da Vinci(1452-1482)*, Naples.

Solmi, E. (1908) *Leonardo da Vinci*, Berlin.

(1910) "La resurrezione dell' opera di Leonardo", in *Conferenze Fiorentine*, Milano, 1.

Springer, A. (1895) *Raffael und Michelangelo*, Vol. 2, Leipzig.

Steinmann, E. (1899) *Rom in der Renaissance*, Leipzig.

Stekel, W. (1911) *Die Sprache des Traumes*, Wiesbaden. (2nd ed., 1922.)

Strakhov, N. (1921) "Über Dostojewsky Leben und literarische Tätigkeit", in F. M. Dostojewsky, *Literarische Schriften*, München. (Russian original, 1883.)

Stucken, E. (1907) *Astralmythen der Hebräer, Babylonier und Agypter*, Leipzig.

Thode, H. (1908) *Michelangelo: kritische Untersuchungen über seine Werke*, Vol. 1, Berlin.

Vandendriessche, G. (1965) *The Parapraxis in the Haizmann Case of Sigmund Freud*, Louvain and Paris.

Vasari, G. (1550) *Le Vite de'più eccellenti Architetti, Pittori et Scultori Italiani*, Florence. (2nd ed., 1568; ed. Poggi, Florence, 1919.)

Vold, J. Mourly (1910–12) *Über den Traum* (2 vols), Leipzig.

Wilson, C. Heath (1876) *Life and Works of Michelangelo Buonarroti*, London.

Wölfflin, H. (1899) *Die klassische Kunst: eine Einführung in die italienische Renaissance*, München.

Zinzow, A. (1881) *Psyche und Eros*, Halle.

Zweig, S. (1920) *Drei Meister*, Leipzig.

(1927) *Die Verwirrung der Gefühle*, Leipzig.

찾아보기

기욤Guillaume, E. 308

꿈-작업Traumarbeit / dream-work 502

나르시시즘Narzissmus / narcissism 217, 364, 439, 442, 443, 451, 532, 562

나이트Knight, R. P. 214

남성 항거der männlicher protest / masculine protest 506, 507

늑대 인간Wolf-man 76

니체Nietzsche, F. 395, 442

다메스테터Damesteter, J. 377, 379

다빈치da Vinci, Leonardo 167, 169~179, 182~188, 192, 193, 195, 200, 204, 206,
   221~223, 231, 232, 237, 238, 240, 243, 244, 246, 248, 249, 251, 253, 257, 264,
   269, 504, 576, 581

대상 선택Objektselektion / object-choice 216, 217

덮개-기억Deckerinnerung / screen-memory 195

동물 공포증Tierphobie / animal phobia 498

동성애Homosexualität / homosexuality 167, 181, 192, 199~201, 208, 212,
   215~219, 226, 247, 262, 552

동일시Identifizierung / identification 45, 49, 68, 97, 138, 152, 159, 160, 211, 246,
   247, 442, 518, 533, 550, 551, 553~555, 562

라이크Reik, Theodor 423, 495

라이틀러Reitler, R. 179, 181

란초네Lanzone, R. 201, 209

랑크Rank, Otto 277, 279, 290, 391, 436, 442, 444

로셔Roscher, W. H. 201, 285

로이드Lloyd, W. W. 337, 338

로젠베르크Rosenberg, A. 240

뢰머Römer, R. von 202, 210

리만스Leemans, C. 203, 204

리비도Libido / libido 80, 104, 191, 192, 219, 225, 226, 262, 264, 266, 267, 349~351,
   366, 368, 525, 526

리비도 집중 Libidobesetzung / libidinal cathexis 369, 534, 535
리히터 Richter, J. P. 177, 204, 257

●

마이어 Meyer, C. F. 161
마조히즘 Masochismus / masochism 541
망각 Vergessenheit / forgetting 29, 46, 54, 63, 89, 111, 245, 289, 329, 401, 480
망상 Wahn / delusion 20, 23~26, 28~30, 32~36, 38, 42, 49, 50, 51, 53, 54, 59~61,
　63, 65~75, 77~79, 82~84, 86~88, 90~92, 94, 100~106, 109~116, 118, 120,
　127, 130, 432~434, 436, 443, 535
메레시콥스키 Merezhkovsky, D. S. 167, 182, 221, 223, 235, 248, 249
메인 Mayne, E. C. 355
모방 Imitation / imitation 17, 50, 66, 153, 247~249, 253, 531
몽상 Phantasie / phantasy 22, 51, 121, 147, 149~157, 159~163
무의식 das Unbewußte / the unconscious 63~65, 68~72, 79, 80, 82, 83, 86, 88, 93,
　98~100, 103, 105~107, 109~112, 116, 117, 119~121, 152, 157, 163, 191, 211,
　216~218, 224, 225, 240, 242, 245, 247, 262, 264, 288, 304, 339, 368, 385, 389,
　390, 394, 427, 443, 447, 453, 501, 504, 525, 527, 529, 536, 546, 551~553, 558,
　559, 567, 577
무의식적 억압 das Unbewußt-Verdrängung / unconscious repression 443
무터 Muther, R. 228, 236, 238, 243, 252
뮌츠 Müntz, E. 177, 204, 229, 244, 251, 257, 305, 308
미첼 Mitchell, H. P. 341

●

바르 Bahr, H. 135, 145
바자리 Vasari, G. 170, 175, 230, 232, 235, 247, 251, 255~257
반복 강박 Wiederholungszwang / repetition compulsion 447
반추 강박 Grübelzwang / obsessive brooding 191, 261
방어 Abwehr / defence 48, 49, 90, 216, 444, 532, 555
백일몽 Tagtraum / day-dream 143, 156, 157, 159
베이컨 Bacon, F. B. 172
보상(작용) Restitution / restitution 20, 105, 140, 278, 330, 359, 362, 364
보이토 Boito, C. 305
보타치 Bottazzi, F. 177, 182

자기애Narzißmus, Selbstliebe / narcissism 155, 364

자기 징벌Selbstbestrafung / self-punishment 500

자드거Sadger, I. 216

자아das Ich / ego 159, 160, 162, 185, 251, 263, 264, 350, 366, 368, 369, 442~444,
525, 529, 532~537, 543~545, 553~555, 557

자위(행위)Onanie(Selbstbeflekung) / masturbation 539, 566~568

자유 연상die freie Assoziation / free association 96

자이틀리츠Seidlitz, W. von 175, 176, 238, 248, 264

저항Widerstand / resistance 46, 64, 65, 70, 77, 78, 83, 88, 141, 142, 144, 190, 357,
360, 363, 371, 389, 408, 453, 469, 501, 503, 506, 507, 542

전위Verschiebung / displacement 284, 502, 534

전의식das Vorbewußte / preconscious 529, 536

전이(轉移)Übertragung / transference 103, 159, 185, 218, 282, 408, 451, 457, 503,
567

정서Affekt / affectivity 69, 137, 162, 178, 181, 222, 245, 246, 259, 300, 317, 324,
330, 349, 430, 439, 451, 453, 454, 469, 470, 487, 492, 494, 531, 548, 576, 578, 580

정령 사상Animismus / animism 450, 451, 454, 456, 464, 466

정신 신경증die psychische Neurose / psychological neurosis 116

정신 이상Psychose / psychosis 59, 74, 135, 156

존속 증상Perseveration / perseveration 245, 246

존스Jones, Ernest 301, 341, 473, 495, 499

중간 상태Mittelvorstellung / intermediate idea 45

쥐 인간Rat man 402, 450

증후Symptom / symptom 60, 69, 71, 72, 80, 81, 112, 117, 157, 554, 555, 557, 558

✪

초심리학Metapsychologie / metapsychology 527, 529

초자아das Über-Ich / super-ego 529, 534~537, 553~556

충동Impuls(Trieb) / impulse 31, 39, 42, 69, 71, 72, 85, 90, 93, 114, 117, 123, 131,
139, 142~144, 175, 183~189, 191, 212, 225, 227, 242, 245, 247, 253, 257, 258,
262~268, 357, 404, 447, 459, 476, 494, 529, 542, 544, 545, 547, 552, 561, 562,
567, 577

츠바이크Zweig, Stefan 564, 567

ㅎ

하르틀레벤Hartleben, H. 52, 202

하우저Hauser, H. 125

학대 음란증Sadismus / sadism 544, 545

항문 성애Analerotik / anal eroticism 226

해석Deutung / interpretation 9, 11~14, 26, 45, 58, 67, 74, 76, 78, 80~82, 84, 89, 96,
97, 100, 106~110, 118, 119, 121, 125, 143, 157, 181, 196~198, 201, 207, 208, 211,
214, 215, 223, 224, 226~229, 231, 239~241, 276, 278~280, 282, 285, 287, 293,
301, 308~316, 323, 327~331, 335, 336, 338~341, 343, 362, 372, 374, 402,
404~406, 408, 409, 413, 439, 449, 458, 478, 489~491, 503, 529, 564, 580

헤르츠펠트Herzfeld, M. 178, 179, 186, 221, 222, 232, 251, 253, 257, 269

현실 원칙Realitiätsprinzip / reality principle 359

호라폴로Horapollo 201~204

환각Halluzination / hallucination 24, 199, 431, 438, 482

환상Wahnbildung / illusion 15, 18, 24, 39, 42, 46, 47, 56, 60, 61, 66, 67, 69, 70, 75,
77, 78, 92, 104, 118, 129, 130, 132, 138, 140, 161~163, 167, 195, 197~199,
205~209, 214, 215, 218, 224, 226, 227, 235~237, 241, 243, 246, 251, 253, 256,
260, 268, 269, 289, 302, 321, 365, 368, 369, 390, 431, 437, 439, 443, 444, 456, 466,
468, 477, 479, 483, 501, 503~506, 515, 518, 519, 521~524, 536, 555, 566, 567

회귀Rekurrenz / recurrence 46~48, 117, 286, 442, 447, 451, 454, 459, 461

회상Erinnerung / recollection 45, 197, 254, 404, 406, 434, 505, 575

후크-헬무트Hug-Hellmuth H. von 410

히스테리Hysterie/ hysteria 60, 71, 72, 199, 475, 546, 548, 550, 554, 557

옮긴이 **정장진** 1956년에 태어나, 고려대학교 불문학과에서 석사 학위를 받은 뒤, 파리 제8대학에서 20세기 소설과 현대 문학 비평을 전공하여 박사 학위를 받았다. 고려대학교, 서강대학교 등에서 강의하며 문학 평론가와 미술 평론가로 활동하고 있다. 성균관대학교 대학원 겸임 교수를 역임했다. 주요 저서로는 『미술을 알아야 산다』, 『광고로 읽는 미술사』, 『문학과 방법』, 『두 개의 소설, 두 개의 거짓말』, 『영화가 사랑한 미술』 등이 있으며, 옮긴 책으로는 드니 드 루즈몽의 『사랑과 서구 문명』, 카타리나 잉엘만순 드베리의 『감옥에 가기로 한 메르타 할머니』, 『메르타 할머니, 라스베이거스로 가다』, 『메르타 할머니의 우아한 강도 인생』, 마리 다리외세크의 『암 돼지』, 장자크 상페의 『뉴욕 스케치』 등이 있다. 2011년 고려대 석탑강의상을 수상했다.

프로이트 전집 14

예술, 문학, 정신분석

발행일	1996년	10월 15일 초판	1쇄
	1998년	1월 20일 초판	4쇄
	2003년	9월 30일 2판	1쇄
	2019년	5월 20일 2판	20쇄
	2020년	10월 30일 신판	1쇄
	2022년	11월 10일 신판	3쇄

지은이 지크문트 프로이트
옮긴이 정장진
발행인 홍예빈·홍유진
발행처 주식회사 열린책들

경기도 파주시 문발로 253 파주출판도시
전화 031-955-4000 팩스 031-955-4004
www.openbooks.co.kr

ISBN 978-89-329-2062-7 94180
ISBN 978-89-329-2048-1 (세트)

이 도서의 국립중앙도서관 출판예정도서목록(CIP)은 서지정보유통지원시스템 홈페이지(http://seoji.nl.go.kr)와 국가자료공동목록시스템(http://www.nl.go.kr/kolisnet)에서 이용하실 수 있습니다.(CIP제어번호:CIP2020040086)